Aktienrückerwerb bei asymmetrischer Informationsverteilung

Europäische Hochschulschriften
Publications Universitaires Européennes
European University Studies

Reihe V
Volks- und Betriebswirtschaft

Série V Series V
Sciences économiques, gestion d'entreprise
Economics and Management

Bd./Vol. 3039

PETER LANG
Frankfurt am Main · Berlin · Bern · Bruxelles · New York · Oxford · Wien

Michael Jaeger

Aktienrückerwerb bei asymmetrischer Informationsverteilung

PETER LANG
Europäischer Verlag der Wissenschaften

Bibliografische Information Der Deutschen Bibliothek
Die Deutsche Bibliothek verzeichnet diese Publikation in der Deutschen Nationalbibliografie; detaillierte bibliografische Daten sind im Internet über <http://dnb.ddb.de> abrufbar.

Zugl.: Hohenheim, Univ., Diss., 2003

D 100
ISSN 0531-7339
ISBN 3-631-51901-X

www.peterlang.de

Vorwort

Die vorliegende Arbeit ist während meiner Tätigkeit als wissenschaftlicher Mitarbeiter von Herrn Prof. Dr. Wolfgang Eisele am Lehrstuhl für Rechnungswesen und Finanzierung der Universität Hohenheim entstanden. Sie wurde im Juni 2003 von der dortigen Fakultät für Wirtschafts- und Sozialwissenschaften als Dissertation angenommen.

Mein besonderer Dank gilt zunächst meinem lieben Doktorvater, Herrn Prof. Dr. Wolfgang Eisele. Er hat mir stets die fachliche und persönliche Unterstützung gegeben, die für das Entstehen einer solchen Arbeit notwendig ist. Sehr herzlich möchte ich mich auch bei Herrn Prof. Dr. Ernst Troßmann für die Erstellung des Zweitgutachtens und bei Herrn Prof. Dr. Helmut Kuhnle für die spontane Übernahme des Vorsitzes im Kolloquium bedanken.

Zu tiefem Dank verpflichtet bin ich meinem lieben ehemaligen Kollegen Herrn Dr. Alois Knobloch, mit dem ich eine Vielzahl von befruchtenden Diskussionen während meiner Zeit am Lehrstuhl geführt habe. Seine konstruktiven Anmerkungen zu verschiedenen Fassungen der Arbeit haben zweifelsohne zu einer erheblichen Steigerung ihres Niveaus beigetragen. Dank schulde ich darüber hinaus Herrn Dr. Wolfgang Renner, der mein Interesse an informationsökonomischen Fragestellungen geweckt und die Bearbeitung des zugrunde liegenden Themas angeregt hat. Herrn Bodo Knoll danke ich für das engagierte Korrekturlesen von Teilen der Arbeit.

Ganz herzlich möchte ich mich schließlich bei meiner Frau Jutta und meinen Eltern für ihre gehörige Portion Geduld und ihren Rückhalt bedanken. Sie haben zum Gelingen der Arbeit zwar nicht direkt, aber dennoch nicht unwesentlich beigetragen.

Michael Jaeger

Inhaltsverzeichnis

Abbildungsverzeichnis

Abkürzungsverzeichnis

Abs.	Absatz
AktG	Aktiengesetz
Aufl.	Auflage
BGBl.	Bundesgesetzblatt
bspw.	beispielsweise
bzw.	beziehungsweise
d.h.	das heißt
EStG	Einkommensteuergesetz
et al.	et alii
f.	folgende
ff.	fortfolgende
Fn.	Fußnote
Hrsg.	Herausgeber
i.V.m.	in Verbindung mit
KonTraG	Gesetz zur Kontrolle und Transparenz im Unternehmensbereich
KStG	Körperschaftsteuergesetz
Nr.	Nummer
Q.E.D.	Quod Erat Demonstrandum
S.	Seite(n); Satz
U.S.A.	United States of America
vgl.	vergleiche
z.B.	zum Beispiel

Verzeichnis wichtiger Symbole

Nachfolgend ist die in den Kapiteln drei, vier und fünf verwendete Basissymbolik aufgeführt. Die hier angegebenen Symbole werden im Text gegebenenfalls um eine Indizierung erweitert.

Symbolik Kapitel 3

A	Menge der Kleinaktionäre
$\alpha_k(\cdot \mid z_r)$	Reaktionsfunktion des Kleinaktionärs k
$\alpha_k(s \mid z_r)$	Wahrscheinlichkeit, dass der Kleinaktionär k die Aktion s wählt, wenn er sich der Rückerwerbsofferte z_r gegenübersieht
c	Betrag des freien Cashflows
E	Erwartungswertoperator
G_k	Auszahlungsfunktion des Kleinaktionärs k
H	Unternehmenstyp guter Qualität
h	Aktion Halten eines Kleinaktionärs
η	Lagrange-Multiplikator
I	Masse der Kleinaktionäre, die ihren Anteilsbesitz zum Rückerwerb anbieten
Θ	Menge der Unternehmenstypen
K	Masse der Kleinaktionäre
k_i	Gegenwartswert einer Geldeinheit, die ein Unternehmen vom Typ i thesauriert
$\overline{k}$	erwarteter Gegenwartswert einer thesaurierten Geldeinheit, bedingt auf die a priori-Wahrscheinlichkeitsverteilung über die beiden Unternehmenstypen
L	Unternehmenstyp schlechter Qualität
$\mathcal{L}$	Lagrangefunktion
λ	Lagrange-Multiplikator
μ	Lagrange-Multiplikator

$\mu(\cdot\|z_r)$	Wahrscheinlichkeitsverteilung über die beiden Unternehmenstypen, welche die revidierten Vermutungen der Kleinaktionäre widerspiegelt
$\mu(\cdot\|z_r, P_r)$	Wahrscheinlichkeitsverteilung über die beiden Unternehmenstypen, welche die revidierten Vermutungen der Kleinaktionäre im modifizierten Rückerwerbsspiel widerspiegelt
n	Anzahl der Aktien, die von den strategischen Aktionären gehalten werden
ν	Lagrange-Multiplikator
$P_r(i)$	Rückerwerbspreis, den das Management eines Unternehmens vom Typ i den Kleinaktionären bietet
$P_r^{i,max}$	Rückerwerbspreis, den das Management von i den Kleinaktionären maximal zu zahlen bereit ist
P_0	Aktienkurs vor Ankündigung und Durchführung des Aktienrückerwerbs
$P_1(z_r)$	Akienkurs nach Ankündigung, aber vor Durchführung der Rückerwerbsofferte z_r
$P_2(z_r)$	Aktienkurs nach Ankündigung und Durchführung der Rückerwerbsofferte z_r
π_i	a priori-Wahrscheinlichkeit eines Unternehmens vom Typ i
S	Menge der zulässigen Aktionen der Kleinaktionäre
s	Aktion eines Kleinaktionärs
$\sigma_i(\cdot)$	Strategie des Managements eines Unternehmens vom Typ i
$\sigma_i(z_r)$	Wahrscheinlichkeit, dass das Management eines Unternehmens vom Typ i die Rückerwerbsofferte z_r abgibt
t	Aktion Tendern eines Kleinaktionärs
U_i	Auszahlungsfunktion des Managements von i
V_i	Gegenwartswert des bereits realisierten Investitionsprogramms eines Unternehmens vom Typ i
$\overline{V}$	erwarteter Gegenwartswert des Investitionsprogramms, bedingt auf die a priori-Wahrscheinlichkeitsverteilung über die beiden Unternehmenstypen
Z	Menge zulässiger Rückerwerbsofferten
Z_{ug}	Menge der ungleichgewichtigen Rückerwerbsofferten
z	Anzahl der Aktien, die von den Kleinaktionären gehalten werden

z_a	Anzahl der Aktien, welche von den Kleinaktionären zum Rückerwerb angeboten werden
$z_r(i)$	Anzahl der Aktien, die das Management eines Unternehmens vom Typ i zurückzunehmen bereit ist
$z_r^{i,max}$	Anzahl der Aktien, die das Management von i maximal zurückzuerwerben bereit ist
ZP	Menge der zulässigen Rückerwerbsofferten im modifizierten Rückerwerbsspiel
ZP_{ug}	Menge der ungleichgewichtigen Rückerwerbsofferten im modifizierten Rückerwerbsspiel

Symbolik Kapitel 4

a	Aktion Annehmen einer Kapitalerhöhungsofferte/Finanzierungsofferte
α	Beteiligungsquote des Eigentümer-Managers vor Durchführung der Kapitalerhöhung
c	Anschaffungskosten des Investitionsvorhabens
D	Ausgabe- und Rückzahlungsbetrag eines risikolosen Bonds
d	Dividendenausschüttung
E	Erwartungswertoperator
$\tilde{\epsilon}$	stochastische Rückflusskomponente in t_2
F	Verteilungsfunktion
f	Dichtefunktion
G	Auszahlungsfunktion des Kapitalmarkts
H	Unternehmenstyp guter Qualität
η	Lagrange-Multiplikator
I_0	zu finanzierendes Investitionsvorhaben
Θ	Menge der Unternehmenstypen
θ	Unternehmenstyp
$K(\theta)$	bereits initiierte Investitionsprojekte eines Unternehmens vom Typ θ
L	Unternehmenstyp schlechter Qualität
$\mathcal{L}$	Lagrangefunktion
λ	Lagrange-Multiplikator

M	Menge der zulässigen Kapitalerhöhungsofferten einschließlich eines Investitionsverzichts
m	Anzahl der im Wege der Kapitalerhöhung emittierten Anteile
μ	Lagrange-Multiplikator
$\mu(\cdot\|m)$	Wahrscheinlichkeitsverteilung über die beiden Unternehmenstypen, welche die revidierten Vermutungen des Kapitalmarkts im Kapitalerhöhungsspiel widerspiegelt
$\mu(\cdot\|m, z)$	Wahrscheinlichkeitsverteilung über die beiden Unternehmenstypen, welche die revidierten Vermutungen des Kapitalmarkts im Finanzierungsspiel widerspiegelt
n	Anzahl der vor Durchführung der Kapitalerhöhung ausgegebenen Aktien
na	Aktion Ablehnen einer Kapitalerhöhungsofferte/Finanzierungsofferte
ν	Lagrange-Multiplikator
t_i	Zeitpunkt i
π_θ	a priori-Wahrscheinlichkeit eines Unternehmens vom Typ θ
p_0	Aktienkurs in t_0
p_1	Aktienkurs in t_1, gegebenenfalls abhängig vom Unternehmenstyp
$r(\cdot)$	Reaktionsfunktion des Kapitalmarkts
t	Steuersatz
U	Nutzenfunktion des Eigentümer-Managers
U'	Grenznutzenfunktion des Eigentümer-Managers
U''	Ableitung der Grenznutzenfunktion des Eigentümer-Managers
V	Auszahlungsfunktion des Eigentümer-Managers
v_2	Rückfluss, den das Investitionsvorhaben I_0 im Falle einer Realisation in t_2 erwirtschaftet
$\tilde{W}_2^\theta$	stochastisches Endvermögen des Eigentümer-Managers von θ
x_1^θ	Rückfluss in t_1, der aus den bereits realisierten Investitionsprojekten eines Unternehmens vom Typ θ resultiert
x_2^θ	Erwartungswert der Rückflüsse in t_2, die aus den bereits initiierten Investitionsprojekten eines Unternehmens vom Typ θ resultieren
$z(\theta)$	Anzahl der Aktien, die der Eigentümer-Manager eines Unternehmens vom Typ θ zurückzuerwerben beabsichtigt

z_a	Anzahl der von den Aktionären zum Rückerwerb angebotenen Aktien

Ergänzende Symbolik Kapitel 5

A	Menge der zulässigen Rückerwerbsvolumina
α	Anzahl der zurückzuerwerbenden Wertpapiere
F	Menge der zulässigen Finanzierungsofferten
F_a	Menge der vom Kapitalmarkt akzeptierten zulässigen Finanzierungsofferten
F_{na}	Menge der vom Kapitalmarkt zurückgewiesenen zulässigen Finanzierungsofferten
$F(\cdot,\theta)$	vom Unternehmenstyp abhängige Verteilungsfunktion der Rückflüsse, die aus den bereits initiierten Investitionsprojekten in t_2 resultieren
$f(\cdot,\theta)$	vom Unternehmenstyp abhängige Dichtefunktion der Rückflüsse, die aus den bereits initiierten Investitionsprojekten in t_2 resultieren
$\mathcal{F}$	Lagrangefunktion
$\mu(\cdot\|s,\alpha)$	Wahrscheinlichkeitsverteilung über die beiden Unternehmenstypen, welche die revidierten Vermutungen des Kapitalmarkts widerspiegelt, wenn ihm die Finanzierungsofferte (s,α) präsentiert wird
S	Menge der zulässigen Auszahlungsfunktionen
$s(\cdot)$	Auszahlungsfunktion
x_1	vom Unternehmenstyp unabhängiger, in t_1 anfallender Rückfluss aus den bereits realisierten Investitionsprojekten
x_2	Realisation der stochastischen Investitionsrückflüsse in t_2, die aus den bereits initiierten Investitionsprojekten resultieren
$\tilde{x}_2^\theta$	stochastische, vom Unternehmenstyp abhängige und in t_2 anfallende Rückflüsse, welche aus den bereits initiierten Investitionsprojekten resultieren
X_2	Menge möglicher Rückflussrealisationen aus den bereits realisierten Investitionsprojekten

Tabellenverzeichnis

Kapitel 1

Zum Untersuchungsgegenstand: Informationsgehalt der Ankündigung eines Aktienrückerwerbs

Mit der Ergänzung des § 71 Abs. 1 AktG um eine Nr. 8 durch das Gesetz zur Kontrolle und Transparenz im Unternehmensbereich (KonTraG)[1] steht nun auch deutschen Aktiengesellschaften die Möglichkeit offen, den freien Cashflow im Wege eines Aktienrückerwerbs anstelle einer Dividendenzahlung an die Anteilsinhaber auszukehren. Vor dem Hintergrund, dass Aktienrückkäufe sowohl in Deutschland als auch in den U.S.A. regelmäßig einen erheblichen Steuervorteil gegenüber Dividendenzahlungen besitzen, ist das in diesen beiden Ländern beobachtbare Ausschüttungsgebaren nicht unmittelbar plausibel: Aktiengesellschaften schütten den freien Cashflow in der Regel über eine Dividende an die Anteilsinhaber aus, während Aktienrückkäufe hierzu relativ *selten* verwendet werden. Erstaunlich erscheinen darüber hinaus die in zahlreichen empirischen Studien belegten signifikant positiven Aktienkursreaktionen, die von der Ankündigung eines Aktienrückerwerbs ausgelöst werden. Auf dem U.S.-amerikanischen Kapitalmarkt reicht die durchschnittliche abnormale Ankündigungsrendite von rund 3% für einen Offenmarktrückerwerb bis hin zu 15% für eine Festpreisofferte. Zum Aktienrückerwerb auf dem deutschen Kapitalmarkt

[1]Das KonTraG (BGBl. I (1998), S. 786) wurde am 5.3.1998 vom Bundestag und am 27.3.1998 vom Bundesrat gebilligt. Es wurde am 27.4.1998 verkündet und trat am 1.5.1998 in Kraft.

liegt inzwischen ebenfalls eine empirische Untersuchung vor, die von *Schremper* (2002) durchgeführt wurde und dem Aktienrückerwerb auch hierzulande einen positiven Ankündigungseffekt bescheinigt: *Schremper* diagnostiziert eine durchschnittliche Überrendite von 4,1% für solche Aktienrückkäufe, die von deutschen börsennotierten Aktiengesellschaften im Zeitraum vom 1.5.1998 bis zum 31.12.2000 angekündigt wurden.[2] Die Ergebnisse dieser empirischen Untersuchungen legen nun die Vermutung nahe, dass der Kapitalmarkt von der Bekanntgabe eines Aktienrückerwerbs auf eine Unterbewertung des zugrunde liegenden Unternehmens schließt. Um die empirischen Beobachtungen zum Aktienrückerwerb und die daraus gewonnene Hypothese vom positiven Informationsgehalt der Ankündung eines Aktienrückerwerbs theoretisch zu untermauern, müssen Antworten auf eine Reihe von Fragen gefunden werden:

1. Ist die Dominanz von Dividendenzahlungen gegenüber Aktienrückkäufen darauf zurückzuführen, dass der Anteilsrückerwerb ein ineffizientes Ausschüttungsinstrument darstellt?

2. Über welche Mechanismen kann das Management mit der Bekanntgabe eines Aktienrückerwerbs eine Unterbewertung des zugrunde liegenden Unternehmens glaubhaft enthüllen?

3. Gibt die Unternehmensleitung mit der Ankündigung eines Aktienrückerwerbs ihren Informationsvorsprung im Hinblick auf die zukünftigen Unternehmensrückflüsse ungewollt preis oder signalisiert sie diesen bewusst?

4. Welche Motive können das Management dazu bewegen, den wahren Unternehmenswert mit Hilfe eines Aktienrückerwerbs glaubhaft zu signalisieren?

5. Wie effizient ist ein Aktienrückerwerb als Signalisierungsinstrument?

Zielsetzung der vorliegenden Arbeit ist es, modelltheoretisch fundierte Antworten auf diese Fragen zu geben. Die Arbeit soll damit einen Beitrag zur theoretischen Erklärung der empirischen Befunde zum Aktienrückerwerb leisten. Das zugrunde gelegte Untersuchungsziel legt folgenden Aufbau der Arbeit nahe:

---

[2]Vgl. *Schremper* (2002), S. 132 und S. 202 f.

Zur Abgrenzung des Untersuchungsgegenstands wird im **zweiten Kapitel** zunächst der Begriff des Rückerwerbs eigener Aktien aus juristischer Sicht definiert. Daran schließt eine Analyse der Unterschiede zwischen den beiden konkurrierenden Ausschüttungsinstrumenten Aktienrückerwerb und Dividendenzahlung an, um mögliche Ansatzpunkte für eine Erklärung der empirisch beobachtbaren Dominanz von Dividendenausschüttungen gegenüber Aktienrückkäufen zu finden. Darüber hinaus werden im zweiten Kapitel verschiedene Methoden des Aktienrückerwerbs theoretisch und empirisch beleuchtet. Besonderes Augenmerk wird dabei auf die Präsentation der Ergebnisse von empirischen Studien gerichtet, welche den positiven Ankündigungseffekt von Aktienrückkäufen für den deutschen und den U.S.-amerikanischen Kapitalmarkt belegen. Daran anknüpfend erfolgt eine Diskussion alternativer Erklärungsansätze für dieses empirische Phänomen. Als besonders vielversprechend erweisen sich dabei solche Erklärungen, die auf der Annahme einer asymmetrischen Informationsverteilung zwischen Management und Aktionären basieren. Von dieser Prämisse gehen deshalb sämtliche Modelle aus, die im weiteren Verlauf der Arbeit entwickelt werden.

Das im **dritten Kapitel** präsentierte spieltheoretische Modell stellt die mit einem Aktienrückerwerb bei asymmetrischer Informationsverteilung verbundenen Kosten der adversen Selektion als mögliche Ursache für die Dominanz von Dividendenausschüttungen gegenüber Aktienrückkäufen heraus. Das Modell ist dadurch charakterisiert, dass das Management mit der Ankündigung einer Ausschüttung im Wege eines Aktienrückerwerbs die Unterbewertung des zugrunde liegenden Unternehmens gegebenenfalls unfreiwillig offenbart und auf diese Weise einen positiven Ankündigungseffekt auslöst. Anknüpfend an eine Darstellung der Modellprämissen wird zunächst der Referenzfall einer symmetrischen Informationsverteilung zwischen Management und Kleinaktionären (First-best-Fall) untersucht und nachgewiesen, dass sich in diesem Falle ein effizientes Ausschüttungsvolumen mit Hilfe eines Aktienrückerwerbs realisieren lässt. Im Anschluss daran wird der Second-best-Fall analysiert, in dem das Management gegenüber den Kleinaktionären einen Informationsvorsprung im Hinblick auf den Wert des zugrunde liegenden Unternehmens besitzt. Dabei zeigt sich, dass drei unterschiedliche Gleichgewichtstypen existieren können: Pooling-Gleichgewichte, Semi-Pooling-Gleichgewichte und separierende Gleichgewichte. Für jeden Gleichgewichtstyp wird untersucht, ob sich mit einem Aktienrückerwerb ein effizientes Ausschüttungsvolumen erreichen lässt und welche Aktienkursreaktion die Ankündigung eines Aktienrückerwerb auslöst. Es stellt sich heraus, dass ein Aktienrückerwerb für die daran nicht teilnehmenden Anteilsinhaber eines überbewerteten Unternehmens regelmäßig mit Vermögenseinbußen befrachtet ist. Anschließend wird geprüft, ob die präsentierten Gleichgewichte dem so genannten Intuitiven Kriterium von *Cho/ Kreps* (1987) genügen. Dieses stellt ein Kriterium zur Eliminierung solcher Gleichgewichte dar, die auf unplausibel pessimistischen Vermutungen der Kleinaktionäre beruhen. Anknüpfend an die Ergebnisse der Modellanalyse wird abschließend eine Begründung dafür geliefert, warum für überbewertete Unternehmen – zumindest bei Vernachlässigung von Steuerwirkungen – eine Dividendenzahlung gegenüber einem Aktienrückkauf als überlegenes Ausschüttungsinstrument erscheint.

Gerade weil ein Aktienrückerwerb für diejenigen Anteilsinhaber eines überbewerteten Unternehmens, die auf eine Veräußerung ihrer Aktien im Rahmen des Rückerwerbsprogramms verzichten, mit Vermögensverlusten verbunden ist, ermöglicht dieser den daran nicht teilnehmenden Anteilsinhabern eines unterbewerteten Unternehmens, den wahren Wert ihres Unternehmens glaubwürdig zu signalisieren. Damit offenbart sich eine Eigenschaft des Aktienrückerwerbs, der im Schrifttum bisher keine Beachtung geschenkt wurde: Der Aktienrückerwerb kann genau deshalb Signalkraft entfalten und zur Lösung von mit Wohlfahrtsverlusten verbundenen Problemen der adversen Selektion beitragen, weil er als Ausschüttungsinstrument – bei isolierter Betrachtung – selbst die Gefahr einer adversen Selektion heraufbeschwört und zu Wohlfahrtsverlusten führt. Diese Facette des Aktienrückerwerbs wird im **vierten Kapitel** elaboriert. Das hierzu entwickelte Signalling-Modell bietet zugleich eine Lösung für das – von *Myers/Majluf* (1984) entdeckte – Problem der adversen Selektion, das bei einer Finanzierung von profitablen Investitionsprojekten im Wege einer freien Aktienemission besteht. Ausgangspunkt des vierten Kapitels ist die Formulierung eines Grundmodells, welches von einem Informationsvorsprung des Managements gegenüber dem Kapitalmarkt im Hinblick auf den tatsächlichen Unternehmenswert ausgeht und die Gefahr einer Negativauslese bei der Finanzierung von Investitionsvorhaben durch Ausgabe junger Aktien aufgreift.[3] Nachgewiesen wird die Existenz eines Pooling-Gleichgewichts sowie eines separierenden Gleichgewichts, in dem lediglich das Management eines ursprünglich überbewerteten Unternehmens das profitable Investitionsvorhaben realisiert und die anfallenden Anschaffungskosten durch eine Aktienemission

[3] Das vorgestellte Modell unterscheidet sich dabei in einigen wesentlichen Details vom *Myers/Majluf*-Modell.

aufbringt. Dagegen verzichtet das Management eines unterbewerteten Unternehmens im separierenden Gleichgewicht auf die Durchführung des Investitionsprojekts. Das damit verknüpfte Unterinvestitionsproblem resultiert aus der Annahme, dass es dem Management des unterbewerteten Unternehmens nicht gelingt, die ex ante bestehende Informationsasymmetrie zu überwinden, und ließe sich vermeiden, wenn das Management den wahren Unternehmenswert glaubwürdig signalisieren könnte. Dass dies in der Tat möglich ist, wird mit Hilfe eines Signalling-Modells nachgewiesen, dass auf dem Grundmodell aufbaut und dem Management die Möglichkeit einräumt, den wahren Unternehmenswert mit Hilfe eines Aktienrückerwerbs über die Börse und/oder Underpricing der neu auszugebenden Anteile glaubwürdig zu enthüllen. Ausgehend von einer Kennzeichnung der Prämissen des Signalling-Modells wird zunächst gezeigt, dass das Management bei symmetrischer Informationsverteilung (First-best-Fall) sowohl auf Underpricing als auch auf Aktienrückkäufe verzichtet. Daran schließt sich eine Charakterisierung der Bedingungen an, denen eine gleichgewichtige Signalisierungspolitik des Managements eines unterbewerteten Unternehmens zu genügen hat. Aus der Vielzahl möglicher Signalling-Gleichgewichte wird dann dasjenige bestimmt, welches dem Intuitiven Kriterium von *Cho/Kreps* (1987) genügt und sich aus der Perspektive des Managements eines unterbewerteten Unternehmens als effizient erweist. Besonderes Augenmerk wird dabei auf die Charakterisierung der Eigenschaften des effizienten Signalling-Gleichgewichts gelegt. Des Weiteren wird analysiert, unter welchen Voraussetzungen die Existenz eines Signalling-Gleichgewichts und damit eine Lösung für das von *Myers/Majluf* (1984) entdeckte Unterinvestitionsproblem gewährleistet ist. Abschließend erfolgt eine Untersuchung der relativen Vorteilhaftigkeit des – an eine reine Beteiligungsfinanzierung gekoppelten – Signals Aktienrückerwerb gegenüber den konkurrierenden Signalen (1) Underpricing, (2) Dividendenausschüttung und (3) partielle Finanzierung des Investitionsvorhabens mit Hilfe der Ausgabe risikoloser Bonds. Dabei zeigt sich, dass keines dieser alternativen Signale das mit einer Aktienemission verknüpfte Problem der adversen Selektion auf effizientere Weise als der Aktienrückerwerb zu lösen in der Lage ist.

Im **fünften Kapitel** wird die Effizienzanalyse des Signals Aktienrückerwerb in einen allgemeineren Modellrahmen eingebettet. Hierzu wird das im vierten Kapitel vorgestellte Modell insofern erweitert, als zur Finanzierung des profitablen Investitionsvorhabens nicht nur Aktien und risikolose Anleihen, sondern Wertpapiere mit grundsätzlich beliebigem Rückzahlungsprofil emittiert werden können. Darüber hinaus wird ein späterer Rückerwerb der emittierten Wertpapiere zugelassen. In einem ersten Schritt wird das optimale Rückzahlungsprofil desjenigen Wertpapiers bestimmt, welches das Management bei symmetrischer Informationsverteilung zur Finanzierung des Investitionsprojekts emittiert. Es erfolgt der Nachweis, dass das Management in diesem Falle auf einen Wertpapierrückerwerb verzichtet und die Anschaffungskosten des Investitionsvorhabens niemals im Wege einer Aktienemission aufbringt. Im Anschluss daran wird untersucht, unter welchen Voraussetzungen das Problem der adversen Selektion bei asymmetrischer Informationsverteilung zwischen Management und Kapitalmarkt existiert, wenn die Menge der zulässigen Finanzkontrakte auf die im First-best-Fall optimalen beschränkt wird. Es lässt sich eine Parameterrestriktion identifizieren, welche notwendig und hinreichend für die Existenz eines separierenden Gleichgewichts ist, in dem lediglich das Management eines überbewerteten Unternehmens das Investitionsvorhaben durchführt und mit Hilfe des First-best-Kontrakts finanziert, während das Management des unterbewerteten Unternehmens von einer Realisation des Investitionsprojekts absieht (Unterinvestitionsproblem). Ausschlaggebend für den Investitionsverzicht des Managements ist wiederum die implizit getroffene Annahme einer Nichtabbaubarkeit des Informationsvorsprungs gegenüber dem Kapitalmarkt. Erweitert man die Menge der zulässigen Finanzkontrakte auf solche mit grundsätzlich beliebigem Rückzahlungsprofil und lässt man darüber hinaus Wertpapierrückkäufe zu, dann gibt man dem Management eines unterbewerteten Unternehmens zwei Signale zur Hand, mit denen es den wahren Unternehmenswert enthüllen und die ex ante bestehende Informationsasymmetrie überwinden kann. Dass sich damit das Unterinvestitionsproblem in der Tat lösen lässt, wird mit Hilfe eines Signalling-Modells demonstriert. Hierzu werden zunächst die Bedingungen charakterisiert, denen eine gleichgewichtige Signalisierungspolitik des Managements eines ex ante unterbewerteten Unternehmens zu genügen hat. Wiederum zeigt sich, dass eine Vielzahl von Signalling-Gleichgewichten existieren kann, von denen jedoch nur das effiziente dem Intuitiven Kriterium von *Cho/Kreps* (1987) genügt. Dessen Eigenschaften werden anschließend genauer analysiert. Besonderes Augenmerk wird dabei auf die Beantwortung der Frage gerichtet, ob das Management eines ursprünglich unterbewerteten Unternehmens im effizienten Signalling-Gleichgewicht auf einen Wertpapierrückerwerb zurückgreift. Darüber hinaus werden die Eigenschaften des Finanzkontrakts analysiert, den das Management in einem solchen Gleichgewicht zur Finanzierung des Investitionsvorhabens emittiert. Des Weiteren wird untersucht, unter welchen Voraussetzungen die Existenz eines Signalling-Gleichgewichts und damit eine Lösung für das Unterinvestitionsproblem sichergestellt ist. Ein wohlfahrtstheoretischer Vergleich der in den Kapiteln vier und fünf ermittelten Signalling-Gleichgewichte sowie eine kritische Analyse der praktischen Implementierbarkeit der optimalen Finanzkontrakte beschließen das fünfte Kapitel.

Das **sechste Kapitel** fasst die gewonnenen Erkenntnisse zusammen.

Kapitel 2

Der Aktienrückerwerb als Ausschüttungsinstrument

2.1 Kennzeichnung des Rückerwerbs eigener Aktien

2.1.1 Begriff des Aktienrückerwerbs aus juristischer Sicht

Eine Charakterisierung des Aktienrückerwerbs aus juristischer Sicht setzt zunächst die Bestimmung des Begriffs der Aktie voraus. Hierunter versteht man eine verselbständigte, nicht an eine Person gebundene Mitgliedschaft in einer Aktiengesellschaft.[1] Die Mitgliedschaft repräsentiert dabei die Gesamtheit der Rechte und Pflichten des Aktionärs gegenüber der Gesellschaft.[2] Aufgrund ihrer Verselbständigung – d.h. der Abkoppelung von der Person des Aktionärs – ist die Mitgliedschaft grundsätzlich auf eine andere Person übertragbar. Darüber hinaus ergibt sich aus der Verselbständigung der Mitgliedschaft, dass eine Person mehrere Aktien erwerben kann, ohne dass sich die damit verknüpften Mitgliedschaftsrechte und -pflichten in seiner Person vereinen.[3] Da nicht nur natürliche, sondern auch juristische Personen Rechte und Pflichten übernehmen können, ist es einer Aktiengesellschaft grundsätzlich möglich, Mitgliedschaften zu erwerben.

---

[1] Vgl. *Benckendorff* (1998), S. 31 f., und *Hüffer* (2002), S. 4.
[2] Vgl. *Heider* (2000), S. 119.
[3] Vgl. *Benckendorff* (1998), S. 32.

Der Erwerb einer Aktie ist ein Rechtsgeschäft, das den Übergang der Mitgliedschaft auf den Erwerber herbeiführt. Da Aktien urkundlich verbrieft sind und damit den Charakter von Wertpapieren besitzen, werden sie nach wertpapierrechtlichen Grundsätzen übertragen. Aus der Perspektive einer Aktiengesellschaft sind eigene Aktien solche urkundlich verbrieften Mitgliedschaften, die sie selbst ausgegeben hat. Unter dem Rückerwerb eigener Aktien ist deshalb der Übergang von Mitgliedschaften in einer Aktiengesellschaft auf diese selbst zu verstehen. Der Erwerb eigener Aktien kann grundsätzlich gegen Entgelt im Wege eines Kaufs oder Tauschs oder unentgeltlich - beispielsweise durch Schenkung oder Erbschaft - erfolgen.[4] In dieser Arbeit wird jedoch lediglich der entgeltliche Erwerb eigener Aktien betrachtet, der im Folgenden synonym als Aktienrückkauf oder Aktienrückerwerb bezeichnet wird.

2.1.2 Der Aktienrückerwerb als Alternative zu einer Dividendenausschüttung

Ein (entgeltlicher) Rückerwerb eigener Aktien ist mit einem Transfer liquider Mittel von der Gesellschaft an die veräußernden Aktionäre verknüpft. Aus ökonomischer Sicht ist der Aktienrückkauf deshalb als *Ausschüttungsinstrument* und damit als Alternative zu einer Dividendenzahlung aufzufassen.[5] Da der Aktienrückerwerb in Deutschland bis zur Verabschiedung des KonTraG im Jahre 1998 mit einem weitgehenden Verbot belegt war, besitzt er als Ausschüttungsinstrument (noch) einen relativ geringen Stellenwert.[6] In den U.S.A. wird dem Aktienrückerwerb dagegen eine relativ große Bedeutung beigemessen: Im Jahre 1996 entfielen auf ihn ca. 35% der gesamten Ausschüttungszahlungen. Tabelle 2.1 gibt einen Überblick über die Entwicklung der Ausschüttungsvolumina von Aktienrückkäufen und Dividendenzahlungen in den U.S.A. für die Zeitspanne von 1985 bis 1996.[7] Ihr ist zu entnehmen, dass der Aktienrückerwerb seit 1993 wieder zunehmend auf Resonanz stößt, nachdem er zu Beginn der 90er Jahre erheblich an Bedeutung verloren hatte.

---

[4]Vgl. *Kopp* (1996), S. 1, und *Lutter* (1988), S. 885.

[5]Vgl. *Bagwell/Shoven* (1989), S. 130.

[6]Vgl. *Schremper* (2002), S. 2.

[7]Die für die Berechnungen verwendeten Daten wurden aus *Jagannathan/Stephens/Weisbach* (2000) entnommen.

Jahr	Rückerwerbsvolumen		Dividendenvolumen		Payout insges. (in Mio. U.S.-$)
	in Mio. U.S.-$	in % des ges. Payout	in Mio. U.S.-$	in % des ges. Payout	
1985	30.763	31,3%	67.602	68,7%	98.365
1986	30.163	28,0%	77.574	72,0%	107.737
1987	38.914	31,0%	86.543	68,9%	125.457
1988	51.536	33,1%	103.996	66,9%	155.532
1989	44.962	30,5%	102.447	69,5%	147.409
1990	34.404	23,9%	107.718	74,7%	144.122
1991	25.397	19,1%	107.775	80,9%	133.172
1992	23.526	18,0%	107.089	82,0%	130.615
1993	28.002	20,3%	109.811	79,7%	137.813
1994	35.499	23,2%	117.426	76,8%	152.925
1995	62.434	30,5%	142.118	69,5%	204.552
1996	78.570	35,7%	141.687	64,5%	220.267
$\sum$	486.170	27,7%	1.271.786	72,3%	1.757.956

Tabelle 2.1: Jährliche Ausschüttungen in den U.S.A. im Zeitraum von 1985 bis 1996

Die beiden Ausschüttungsmechanismen Aktienrückkauf und Dividendenzahlung weisen einige Unterschiede auf. So ist jeder Aktionär zum Empfang einer Dividendenzahlung verpflichtet, wenn eine solche vom zuständigen Gremium – in Deutschland ist dies die Hauptversammlung der Aktiengesellschaft – beschlossen wurde. Dagegen kann ein Aktionär das von der Gesellschaft unterbreitete Angebot zum Aktienrückerwerb ausschlagen und damit gegen den Erhalt einer Ausschüttungszahlung optieren.[8] Daraus wird deutlich, dass dem Aktionär mit der Auflegung eines Aktienrückerwerbsprogramms lediglich eine *Option* auf eine Ausschüttungszahlung eingeräumt wird, zu deren Ausübung er nicht gezwungen werden kann.

Im Gegensatz zur Dividendenausschüttung bewirkt der Aktienrückerwerb regelmäßig eine Änderung in der Zusammensetzung des Kreises der Anteilsinhaber und damit eine Verschiebung der Machtverhältnisse innerhalb der Ge-

[8] Vgl. *Masulis* (1980), S. 305.

sellschaft.[9] Lediglich dann, wenn alle Aktionäre *pro rata* – d.h. mit einem identischen relativen Anteil ihres Aktienbesitzes – am Rückerwerb partizipieren, ändert sich die Anteilsinhaberstruktur der Gesellschaft nicht. Hiervon kann in der Regel jedoch nicht ausgegangen werden. Diejenigen Aktionäre, die am Rückerwerb nicht oder nur in geringem Umfang teilnehmen, halten nach vollzogenem Aktienrückkauf eine höhere Beteilung an der Gesellschaft. Dies hat zur Konsequenz, dass ihre Machtposition gegenüber der Unternehmensleitung tendentiell anwächst. An Einfluss verlieren dagegen solche Anteilsinhaber, die den Großteil ihres Aktienbestandes an die Gesellschaft veräußern und infolgedessen eine Reduktion ihrer Beteiligungsquote hinzunehmen haben. Grundsätzlich sind nur jene Aktionäre zur Anteilsveräußerung bereit, die ihren Aktien einen Wert beimessen, welcher den Rückerwerbspreis nicht überschreitet. Nach vollzogenem Aktienrückerwerb verbleiben damit insbesondere solche Aktionäre in der Gesellschaft, die ihren Anteilen einen relativ hohen Wert zuweisen. Mit Hilfe eines Aktienrückerwerbs kann der Vorstand der Gesellschaft deshalb die Aktionäre mit den geringsten Grenzveräußerungspreisen gezielt auskaufen.[10]

Eine Dividendenzahlung lässt sich als *deterministischer Ausschüttungsmechanismus* auffassen, weil das Ausschüttungsvolumen mit der Festlegung der Dividendenhöhe sicher und sowohl dem Vorstand als auch den Anteilsinhabern bekannt ist. Bei einem Aktienrückerwerb ist das Ausschüttungsvolumen jedoch nur dann deterministisch,

(1) wenn die Gesellschaft sowohl den Rückerwerbspreis als auch die Anzahl der zurückzuerwerbenden Aktien vorab festlegt und sichergestellt ist, dass die Aktionäre die gewünschte Zahl von Aktien zum Rückerwerb tatsächlich anbieten, oder

(2) wenn die Gesellschaft Aktien über die Börse so lange zurückerwirbt, bis das angestrebte Ausschüttungsvolumen erreicht ist.

---

[9] Unter anderem deshalb ist der Aktienrückerwerb auch ein beliebtes Instrument zur Abwehr feindlicher Übernahmeversuche. Vgl. hierzu bspw. *Nathan/Sobel* (1980), *Harris/Raviv* (1988), *Stulz* (1988), *Bagnoli/Gordon/Lipman* (1989), *Bagwell* (1991) und *Sinha* (1991). Einen knappen Überblick über die Wirkungsweisen des Aktienrückerwerbs als Instrument zur Abwehr feindlicher Übernahmen gibt *Kopp* (1995), S. 41-46. Diesem Motiv eines Aktienrückerwerbs wird im weiteren Verlauf der Arbeit jedoch keine Beachtung geschenkt.

[10] Vgl. *Stulz* (1988), S. 49, und *Bagwell* (1991), S. 73. Einschränkend ist anzumerken, dass der Auskauf der Aktionäre mit den geringsten Reservationspreisen nicht mit allen Verfahren des Aktienrückerwerbs gleich gut gelingt. Als besonders geeignet erweist sich hierzu der Aktienrückerwerb im Wege eines holländischen Auktionsverfahrens, das in Abschnitt 2.3.2.2 ausführlich präsentiert wird.

Spezifiziert die Gesellschaft lediglich einen festen Rückerwerbspreis oder eine feste Anzahl zurückzuerwerbender Aktien sowie ein Intervall zulässiger Werte für die jeweils andere Handlungsvariable und ist das Rückerwerbsverhalten der Aktionäre nicht mit Sicherheit bekannt, dann ist das tatsächliche Ausschüttungsvolumen zum Zeitpunkt der Ankündigung des Aktienrückerwerbs unsicher. In diesem Falle besitzt der Aktienrückerwerb den Charakter eines *stochastischen Ausschüttungsmechanismus.*[11]

Sowohl in den U.S.A. als auch in Deutschland unterscheidet sich die *steuerliche Behandlung* von Ausschüttungen im Wege eines Aktienrückerwerbs gegenüber derjenigen von Dividendenzahlungen. Nach U.S.-amerikanischem Steuerrecht unterliegen die aus einer Aktienveräußerung an die Gesellschaft resultierenden Kapitalerträge („capital gains") der Besteuerung. Der Kapitalertrag als Bemessungsgrundlage der Kapitalertragsteuer („capital gains tax") entspricht dabei grundsätzlich der Differenz zwischen dem Veräußerungspreis und den Anschaffungskosten der Aktie.[12] Im Gegensatz dazu werden Dividenden als gewöhnliches Einkommen betrachtet („ordinary income") und sind regelmäßig in *voller Höhe* zu versteuern.[13] Im U.S.-amerikanischen Steuersystem wird für einen einzelnen Aktionär ein Aktienrückerwerb gegenüber einer betragsgleichen Dividendenausschüttungen in der Regel mit einem Steuervorteil versehen sein, denn der aus dem Aktienrückerwerb resultierende Veräußerungsgewinn kann in diesem Falle nicht höher als die Dividendenzahlung sein. Dadurch bewirkt eine Anteilsveräußerung im Rahmen eines Aktienrückerwerbsprogramms niemals einen stärkeren Anstieg der steuerlichen Bemessungsgrundlage als eine betragsgleiche Dividendenausschüttung.[14]

In Deutschland hängen die steuerlichen Konsequenzen von Dividendenausschüttungen und Aktienrückkäufen insbesondere davon ab, ob der die Ausschüttung empfangende (inländische) Aktionär eine andere Kapitalgesellschaft, ein an der Aktiengesellschaft wesentlich beteiligter Gesellschafter oder eine nicht wesentlich beteiligte natürliche Person ist. Wird die Ausschüttung von einer Kapitalgesellschaft vereinnahmt, dann ist sie grundsätzlich steuerfrei – unabhängig davon, ob sie in Gestalt einer Dividendenzahlung oder eines Aktienrückerwerbs vorgenommen wird (§ 8b Abs. 1 und 2 KStG). Partizipiert ein nach § 17 EStG wesentlich beteiligter Gesellschafter an einem Ak-

---

[11] Vgl. *Hausch/Seward* (1993), S. 122.

[12] Vgl. *Benckendorff* (1998), S. 54.

[13] Vgl. *Barclay/Smith* (1988), S. 63.

[14] Vgl. hierzu auch *Bagwell/Shoven* (1989), S. 130, und *Allen/Bernardo/Welch* (2000), S. 2499.

tienrückerwerb, so erwirtschaftet er in Höhe des Veräußerungsgewinns, der sich aus der Differenz zwischen dem Veräußerungspreis der Aktien und ihren Anschaffungskosten ergibt, Einkünfte aus Gewerbebetrieb (§ 17 Abs. 1 und 2 EStG). Diese Einkünfte erhöhen seine steuerliche Bemessungsgrundlage wegen § 3 Nr. 40 c) EStG i.V.m. § 3c Abs. 2 EStG grundsätzlich zur Hälfte. Dividendenausschüttungen führen ebenfalls hälftig zu einem Anstieg der steuerlichen Bemessungsgrundlage des wesentlich beteiligten Gesellschafters (§ 3 Nr. 40 d) EStG i.V.m. § 20 Abs. 1 Nr. 1 EStG). Da der aus einem Aktienrückerwerb resultierende Veräußerungsgewinn niemals höher und bei positiven Anschaffungskosten der veräußerten Aktien strikt kleiner als eine betragsgleiche Dividendenzahlung ist, wird der wesentlich beteiligte Aktionär eine Ausschüttung im Wege eines Aktienrückerwerbs gegenüber einer (betragsgleichen) Dividendenzahlung präferieren. Nimmt eine nicht wesentlich beteiligte natürliche Person an einem Aktienrückerwerb teil, erzielt sie gegebenenfalls einen Veräußerungsgewinn in Höhe des Differenzbetrags zwischen dem Veräußerungspreis und den Anschaffungskosten der Aktien. Ein solcher Veräußerungsgewinn ist nicht steuerbar, wenn zwischen Erwerb und Veräußerung der Aktien ein Zeitraum von mehr als einem Jahr (Spekulationsfrist) verstrichen ist. Andernfalls sind die Veräußerungsgewinne als sonstige Einkünfte grundsätzlich hälftig zu versteuern (§ 23 Abs. 1 Nr. 2 EStG i.V.m. § 3 Nr. 40 j) EStG und § 3c Abs. 2 EStG). Wie bei einem wesentlich beteiligten Gesellschafter unterliegt eine Dividendenausschüttung auch bei einer nicht wesentlich beteiligten natürlichen Person zur Hälfte der Besteuerung. Da diese eine im Wege eines Aktienrückerwerbs vorgenommene Ausschüttung außerhalb der Spekulationsfrist steuerfrei vereinnahmen kann, während sie eine Dividendenausschüttung hälftig zu versteuern hat, wird sie eine Ausschüttung im Wege eines Aktienrückerwerbs einer Dividendenzahlung grundsätzlich vorziehen. Festzuhalten bleibt, dass das deutsche Steuerrecht einen Aktienrückkauf gegenüber einer Dividendenausschüttung tendenziell begünstigt.

Als Ausschüttungsinstrument beeinflusst ein Aktienrückerwerb – ebenso wie eine Dividendenzahlung – immer auch die *Kapitalstruktur* einer Aktiengesellschaft:[15] Ein Aktienrückkauf geht ceteris paribus mit einer Verminderung des Eigenkapitals der Gesellschaft einher, was von einem Anstieg des Verschuldungsgrads begleitet wird.[16] Das Ausmaß der zusätzlichen Verschuldung

---

[15]Vgl. *Kopp* (1995), S. 49 f.

[16]Dieser ist dabei definiert als das Verhältnis zwischen dem Wert des Fremdkapitals und dem Wert des Eigenkapitals. Als Wertgerüst können sowohl Buchwerte als auch Marktwerte

hängt dabei davon ab, wie der Aktienrückerwerb finanziert wird: Eine Kreditfinanzierung des Aktienrückerwerbs bewirkt regelmäßig eine stärkere Zunahme des Verschuldungsgrads als ein Rückkauf aus vorhandenen Mitteln der Gesellschaft. Da eine Ausschüttung im Allgemeinen sowie ein Aktienrückerwerb im Besonderen zu einer Kapitalstrukturvariation führen, sind Aktienrückerwerbs- und Kapitalstrukturpolitiken interdependent und können grundsätzlich nicht isoliert voneinander analysiert werden. Um jedoch die Komplexität der nachfolgend entwickelten Modelle zum Aktienrückerwerb auf ein noch handhabbares Maß zu reduzieren, wird der Einfluss des Aktienrückerwerbs auf die Kapitalstruktur eines Unternehmens - wie im informationsökonomischen Schrifttum üblich - ausgeblendet.[17]

2.2 Zulässigkeit des Aktienrückerwerbs nach deutschem Recht

Die Regelungen zur Zulässigkeit des Rückerwerbs eigener Aktien sind vom deutschen Gesetzgeber in den §§ 71-71e AktG kodifiziert. Diese Vorschriften, die insbesondere dem Gläubigerschutzgedanken verpflichtet sind, wurden im Zuge der Aktienrechtsnovelle[18] vom 13. Dezember 1978 in das deutsche Aktiengesetz eingefügt und sind bis zur Verabschiedung des Gesetzes zur Kontrolle und Transparenz im Unternehmenbereich (KonTraG) nur geringfügig modifiziert worden. Sie sahen ein grundsätzliches Verbot zum Rückerwerb eigener Aktien vor, das nur in wenigen Ausnahmefällen durchbrochen wurde.[19] Mit der Ergänzung des § 71 Abs. 1 AktG um eine Nr. 8 hat das KonTraG nunmehr die Möglichkeiten zum Rückkauf eigener Aktien erheblich erweitert und damit das bisher bestehende Rückerwerbsverbot weitgehend aufgehoben.

Verwendung finden. Wenn der Verschuldungsgrad allerdings zu Buchwerten gemessen wird und die Gesellschaft den Aktienrückerwerb aus vorhandenen liquiden Mitteln bestreitet sowie einen aktivischen bilanziellen Ausweis der erworbenen eigenen Anteile anstrebt, dann wird der Rückerwerb eigener Anteile weder von einer Verminderung des Eigenkapitals noch von einem Anstieg des Verschuldungsgrads begleitet. Zur Definition des Verschuldungsgrads vgl. beispielsweise *Swoboda* (1994), S. 101.

[17] Ein bemerkenswertes agency-theoretisches Modell, in dem Ausschüttungs- und Kapitalstrukturpolitiken simultan bestimmt werden, wurde von *Zwiebel* (1996) entwickelt. Eine solche Vorgehensweise stellt jedoch die Ausnahme dar.

[18] Vgl. BGBl. I (1978), S. 1959 ff.

[19] Vgl. *Benckendorff* (1998), S. 209.

Aufgrund von § 57 Abs. 1 S. 1 AktG ist der Erwerb eigener Aktien als verbotene Einlagenrückgewähr zu betrachten und deshalb grundsätzlich unzulässig. Ausnahmen von diesem Erwerbsverbot sind in § 71 AktG kodifiziert.[20] Danach ist ein Aktienrückerwerb gestattet, sofern einer der in § 71 Abs. 1 AktG abschließend aufgezählten Erwerbstatbestände erfüllt ist:

1. Erwerb zur Abwendung eines schweren Schadens von der Gesellschaft (§ 71 Abs. 1 Nr. 1 AktG),

2. Erwerb zum Angebot von Aktien an Arbeitnehmer der Gesellschaft (§ 71 Abs. 1 Nr. 2 AktG),

3. Erwerb zur Abfindung von Aktionären (§ 71 Abs. 1 Nr. 3 AktG),

4. unentgeltlicher Erwerb oder Erwerb im Zuge der Ausführung einer Einkaufskommission durch ein Kreditinstitut (§ 71 Abs. 1 Nr. 4 AktG),

5. Erwerb im Wege einer Gesamtrechtsnachfolge (§ 71 Abs. 1 Nr. 5 AktG),

6. Erwerb zum Zwecke der Herabsetzung des Grundkapitals (§ 71 Abs. 1 Nr. 6 AktG),

7. Erwerb durch ein Kreditinstitut, Finanzdienstleistungsinstitut oder Finanzunternehmen zum Zwecke des Wertpapierhandels (§ 71 Abs. 1 Nr. 7 AktG),

8. Erwerb durch Beschluss der Hauptversammlung (§ 71 Abs. 1 Nr. 8 AktG).

Offensichtlich ist, dass in den Nummern 1 bis 5 und 7 des § 71 Abs. 1 AktG sehr spezielle Erwerbstatbestände aufgeführt sind, die einen Aktienrückerwerb nur in Ausnahmefällen erlauben. Als rechtliche Grundlage für regelmäßige Ausschüttungen im Wege eines Aktienrückerwerbs verbleiben deshalb nur § 71 Abs. 1 Nr. 6 AktG und § 71 Abs. 1 Nr. 8 AktG.

Nach § 71 Abs. 1 Nr. 6 AktG ist ein Aktienrückerwerb zulässig, sofern die Hauptversammlung einen Kapitalherabsetzungsbeschluss gefasst hat. Da die Kapitalherabsetzung in diesem Falle durch Einziehung der von der Gesellschaft erworbenen Aktien erfolgt, ist § 237 AktG einschlägig, der ergänzend auf die

[20] Wegen § 57 Abs. 1 S. 2 AktG erfüllen die Ausnahmen vom grundsätzlichen Rückerwerbsverbot nicht den Tatbestand einer verbotenen Einlagenrückgewähr.

in den §§ 222-228 AktG kodifizierten Regelungen zur ordentlichen Kapitalherabsetzung verweist (§ 237 Abs. 2 S. 1 AktG). Der Ablauf der ordentlichen Kapitalherabsetzung lässt sich wie folgt skizzieren:[21]

1. Beschlussfassung über die Herabsetzung des Grundkapitals mit 3/4-Mehrheit, sofern die Satzung kein größeres Mehrheitserfordernis bestimmt (§ 222 Abs. 1 AktG).

2. Anmeldung zur Eintragung des Kapitalherabsetzungsbeschlusses in das Handelsregister durch den Vorstand und den Vorsitzenden des Aufsichtsrats (§ 223 AktG). Mit der Eintragung in das Handelsregister wird die Kapitalherabsetzung wirksam (§ 224 AktG).

3. Sicherheitsleistung für die Forderungen von Gläubigern (§ 225 Abs. 1 AktG), die sich binnen sechs Monaten nach Bekanntmachung der Eintragung des Kapitalherabsetzungsbeschlusses in das Handelsregister melden.

4. Aus der Kapitalherabsetzung resultierende Zahlungen an die Aktionäre dürfen erst nach Ablauf von sechs Monaten nach Bekanntmachung der Eintragung der Kapitalherabsetzung in das Register und erst dann geleistet werden, wenn den Gläubigern, die sich fristgerecht gemeldet haben, Sicherheitsleistungen gewährt oder Befriedigung verschafft wurde (§ 225 Abs. 2 AktG i.V.m. § 237 Abs. 2 S. 3 AktG).

Aus dieser Ablaufskizze ist ersichtlich, dass die Durchführung einer – den Vorschriften über die ordentliche Kapitalherabsetzung genügenden – Herabsetzung des Grundkapitals durch Einziehung von Aktien relativ viel Zeit in Anspruch nimmt und nicht zuletzt aufgrund der zu beachtenden Gläubigerschutzvorschriften mit beträchtlichen Kosten befrachtet sein wird. Vor diesem Hintergrund erweist sich der Aktienrückerwerb über § 71 Abs. 1 Nr. 6 AktG als unflexibles, nicht regelmäßig einsetzbares Ausschüttungsinstrument.[22] Allerdings sieht § 237 Abs. 3 AktG die Möglichkeit einer Kapitalherabsetzung durch Einziehung von Aktien vor, ohne dass die Vorschriften über die ordentliche Kapitalherabsetzung zu beachten sind. Eine solche Herabsetzung des Grundkapitals ist dann zulässig, wenn der Ausgabebetrag der einzuziehenden Aktien – d.h.

---

[21] Vgl. *Günther/Muche/White* (1998), S. 341, *Eisele* (2002), S. 986-990, und *Olfert/Körner/Langenbeck* (1994), S. 212 f.

[22] Vgl. hierzu auch *Günther/Muche/White* (1998), S. 341.

der Nennbetrag zuzüglich eines Aufgelds – voll einbezahlt ist und die Aktien zu Lasten des Bilanzgewinns, einer anderen Gewinnrücklage (§ 237 Abs. 3 Nr. 2 AktG) oder eines Gewinnvortrags eingezogen werden.[23] Darüber hinaus verlangt § 237 Abs. 5 AktG, dass in die Kapitalrücklage ein Betrag einzustellen ist, der dem Gesamtnennbetrag der eingezogenen Aktien entspricht. Folglich erfährt die Summe aus gezeichnetem Kapital und Kapitalrücklage im Zuge der Kapitalherabsetzung keine Änderung, so dass der einer Ausschüttung entzogene Teilbetrag des Eigenkapitals konstant bleibt. Ein Aktienrückerwerb zum Zwecke einer Kapitalherabsetzung nach § 237 Abs. 3 Nr. 2 AktG wird materiell wie eine Dividendenausschüttung behandelt, weil deren Zulässigkeit ebenfalls an das Vorhandensein einer anderen Gewinnrücklage, eines Gewinnvortrags bzw. eines Bilanzgewinns geknüpft ist (§ 158 Abs. 1 AktG i.V.m. § 58 Abs. 4 AktG).[24] Da die zurückerworbenen Aktien vollständig zu Lasten der Gewinne der Gesellschaft einzuziehen sind, werden diese im selben Umfang wie bei einer betragsgleichen Dividendenausschüttung aufgezehrt.

Ein Aktienrückerwerb zum Zwecke einer Kapitalherabsetzung nach § 237 Abs. 3 Nr. 2 AktG, welche von der Hauptversammlung mit einfacher Stimmenmehrheit zu beschließen (§ 237 Abs. 4 S. 2 AktG) und vom Vorstand zur Eintragung ins Handelsregister anzumelden ist (§ 238 AktG), stellt einen gangbaren Weg zur Ausschüttung liquider Mittel dar, der bereits vor Verabschiedung des KonTraG eingeschlagen werden konnte. Dennoch ist diese – zugegebenermaßen etwas umständliche – Möglichkeit des Aktienrückerwerbs von deutschen Aktiengesellschaften nur in sehr geringem Umfang in Anspruch genommen worden.[25] Erheblich an Attraktivität gewonnen hat der Aktienrückkauf jedoch mit der Erweiterung des § 71 Abs. 1 AktG im Rahmen des KonTraG. Die neu eingefügte Nr. 8 des § 71 Abs. 1 AktG gestattet einer Aktiengesellschaft nunmehr den Rückerwerb eigener Aktien auf der Grundlage einer höchstens 18 Monate geltenden Ermächtigung durch die Hauptversammlung. Im Ermächtigungsbeschluss ist dabei der niedrigste und höchste Rückerwerbspreis sowie das Rückerwerbsvolumen, welches 10% des Grundkapitals nicht überschreiten darf, festzulegen.

Im Gegensatz zu den Regelungen in § 71 Abs. 1 Nr. 1-7 AktG sieht § 71 Abs. 1 Nr. 8 AktG keinen bestimmten Erwerbszweck vor und erklärt den

---

[23] Dass ein bestehender Gewinnvortrag hierzu verwendet werden kann, folgt zwar nicht unmittelbar aus dem Gesetz, wird aber von der herrschenden Meinung bejaht. Vgl. hierzu *Lutter* (1995), S. 808.

[24] Vgl. *Günther/Muche/White* (1998), S. 341.

[25] Vgl. *Günther/Mucher/White* (1998), S. 341.

Aktienrückerwerb damit für allgemein zulässig.[26] Mit einem Verbot belegt diese Vorschrift lediglich den Erwerb zum Zwecke des Handels in eigenen Aktien.[27] Darüber hinaus ist beim Aktienrückerwerb – ebenso wie bei einer späteren Veräußerung der zurückerworbenen Aktien – das in § 53a AktG kodifizierte Gleichbehandlungsgebot zu beachten, das eine willkürliche, sachlich nicht gerechtfertigte Ungleichbehandlung von Aktionären untersagt und insbesondere bei der Auswahl der Methoden des Aktienrückerwerbs zu beachten ist.[28] Im Ergebnis ist davon auszugehen, dass neben dem im Gesetz explizit aufgeführten Aktienrückerwerb über die Börse die so genannten öffentlichen Rückerwerbsverfahren – die Festpreisofferte, das holländische Auktionsverfahren sowie die Ausgabe übertragbarer Veräußerungsrechte – dem Gleichbehandlungsgebot genügen.[29]

Die Zulässigkeit des Rückerwerbs eigener Aktien nach § 71 Abs. 1 Nr. 8 AktG wird durch § 71 Abs. 2 S. 1, 2 und 3 AktG mit drei Einschränkungen versehen.[30] *Erstens* darf der Nennwert des Gesamtbestands der eigenen Aktien, welche die Gesellschaft nach vollzogenem Rückerwerb direkt oder indirekt hält, nicht mehr als 10% des Grundkapitals betragen (§ 71 Abs. 2 S. 1 AktG). *Zweitens* darf die nach § 272 Abs. 4 HGB vorgeschriebene Rücklage für eigene Anteile nicht durch Minderung des Grundkapitals oder solcher gesetzlichen oder satzungsmäßigen Rücklagen gebildet werden, welche sich nicht für Ausschüttungszwecke verwenden lassen (§ 71 Abs. 2 S. 2 AktG). Die Rücklage für eigene Anteile ist somit aus frei verfügbaren Gewinnrücklagen oder einem Gewinnvortrag bzw. einem Jahresüberschuss zu dotieren. Da diese „Mittel" auch für eine Dividendenausschüttung hätten verwendet werden können, wird der Aktienrückerwerb in dieser Hinsicht wie eine Dividendenzahlung behandelt. *Drittens* wird für die Zulässigkeit des Rückerwerbs verlangt, dass der Ausgabebetrag der zurückzuerwerbenden Aktien voll einbezahlt ist (§ 71 Abs. 2 S. 3 AktG).[31]

---

[26] Vgl. *Benckendorff* (1998), S. 223.

[27] Diese Verbotsbestimmung ist als missglückt zu betrachten, weil der Begriff des „Handels" zu allgemein gehalten ist. Vgl. hierzu *Martens* (1997), S. 86.

[28] Zum Gleichbehandlungsgebot vgl. auch *Lutter/Zöllner* (1988), S. 569.

[29] Eine Begründung hierfür gibt *Benckendorff* (1998), S. 243-250. Zu den Methoden des Aktienrückerwerbs vgl. ausführlich Abschnitt 2.3.

[30] Die in § 71 Abs. 2 S. 1 und 2 AktG kodifizierten Einschränkungen gelten auch für Aktienrückkäufe gemäß § 71 Abs. 1 Nr. 1-3 und 7 AktG.

[31] Dies gilt nicht nur für Aktienrückkäufe nach § 71 Abs. 1 Nr. 8 AktG, sondern auch für solche nach § 71 Abs. 1 Nr. 1, 2, 4 und 7 AktG.

Festzuhalten bleibt, dass die Durchführbarkeit eines Aktienrückerwerbs mit der Erweiterung des § 71 Abs. 1 AktG um eine Nr. 8, welche den Erwerb eigener Aktien nicht an eine bestimmte Zwecksetzung koppelt, erheblich erleichtert worden ist.

2.3 Methoden des Rückerwerbs eigener Aktien

Sowohl auf dem deutschen als auch auf dem U.S.-amerikanischen Kapitalmarkt, der auf eine lange Tradition des Aktienrückerwerbs zurückblicken kann, sind drei verschiedene Methoden des Rückerwerbs eigener Anteile gebräuchlich: der Rückkauf über die Börse, das öffentliche Rückerwerbsangebot an die Aktionäre sowie der Paketerwerb von einem einzelnen Aktionär bzw. einer Aktionärsgruppe.[32]

2.3.1 Rückerwerb über die Börse

In den U.S.A. stellt der *Rückkauf über die Börse* („open market share repurchase“) das am häufigsten verwendete Verfahren zum Erwerb eigener Aktien dar.[33] Obwohl eine Gesellschaft in den U.S.A. nicht durch gesetzliche Vorschriften zur Ankündigung eines Offenmarktrückerwerbs verpflichtet wird, ist dies dennoch übliche Praxis.[34] Die Gesellschaft gibt dabei insbesondere bekannt, wie viele Aktien sie innerhalb von welcher Zeitspanne über den Kapitalmarkt zurückzuerwerben wünscht. Grundsätzlich ist sie jedoch nicht verpflichtet, den angekündigten Aktienrückerwerb auch tatsächlich durchzuführen. In der Regel können die Kapitalmarktakteure allerdings darauf vertrauen, dass die Gesellschaft ihr Rückerwerbsversprechen einhält. So analysierten *Stephens/Weisbach* (1998) das Rückerwerbsverhalten von Gesellschaften, die im Zeitraum von 1981 bis 1990 einen Aktienrückerwerb initiierten, und stellten fest, dass die betreffenden Unternehmen zwischen 74% und 82% der angestrebten Anzahl zurückzukaufender Aktien innerhalb von drei Jahren tatsächlich zurückerworben hatten. Darüber hinaus komplettierten die meisten Unternehmen das angekündigte Rückerwerbsprogramm, wenngleich sie hierfür in der Regel mehrere

---

[32] Vgl. hierzu auch *Hampel* (1994), S. 11-18, und *Kopp* (1996), S. 35-38.

[33] Vgl. *Dann* (1981), S. 113. Es scheint sich abzuzeichnen, dass auch in Deutschland eine Präferenz für den Rückerwerb über die Börse besteht. Vgl. hierzu *Schremper* (2002), S. 203.

[34] Vgl. *Jagannathan/Stephens/Weisbach* (2000), S. 358 f.

Jahre benötigten.[35] Üblicherweise wird das Ende des Rückerwerbsprogramms von der Gesellschaft publik gemacht.

Der Preis, den die Gesellschaft zum Erwerb eines Anteils bei einer Offenmarkttransaktion zu entrichten hat, entspricht dem Börsenkurs zum Zeitpunkt der Ausführung der Kauforder. Da die Gesellschaft den Erwerb der Aktien unter Einschaltung eines Brokers und damit anonym abwickelt, ist dem veräußernden Aktionär nicht bewusst, dass er seine Anteile an die Gesellschaft und nicht im Rahmen einer gewöhnlichen Sekundärmarkttransaktion an einen Dritten abgibt. In der Regel existieren auch keine Vorschriften, die der Gesellschaft die Ankündigung des Zeitpunkts auferlegen, zu dem sie die Kauftransaktion tatsächlich durchführt.[36] Deshalb kann die *Ausführung* einer Rückerwerbstransaktion keinen Einfluss auf den Börsenkurs besitzen, sofern der Markt für die Aktien der Gesellschaft hinreichend liquide ist.

2.3.2 Öffentliche Rückerwerbsofferten

2.3.2.1 Festpreisofferten

Bei einem *Festpreisangebot* („fixed price tender offer“) offeriert der Vorstand einen bestimmten Preis, zu dem die Aktionäre ihre Anteile an die Gesellschaft veräußern können. Neben dem Rückerwerbspreis spezifieren die Konditionen einer Festpreisofferte regelmäßig die Laufzeit des Angebots – diese beträgt häufig einen Monat – sowie die Anzahl von Aktien, welche die Gesellschaft maximal zurückzuerwerben bereit ist.[37] Um ausreichend viele Anteilsinhaber zu einem Verkauf ihrer Aktien an die Gesellschaft zu bewegen, überschreitet der gebotene Rückerwerbspreis in der Regel den Börsenkurs vor Ankündigung des Aktienrückerwerbs und sieht damit eine Prämienzahlung für die veräußerungswilligen Aktionäre vor. Wird die Festpreisofferte von den Aktionären überzeichnet, erwirbt die Gesellschaft die angebotenen Aktien *pro rata* zurück.

Mit der Unterbreitung eines Festpreisangebots räumt die Gesellschaft ihren Anteilsinhabern quasi eine Verkaufsoption ein: Den Anteilsinhabern wird das Recht gewährt, ihre Aktien innerhalb der Geltungsdauer des Angebots zu einem vorab festgelegten Preis an die Gesellschaft zu veräußern. Allerdings sind der Ausübbarkeit des Veräußerungsrechts Grenzen gesetzt, weil die Ge-

---

[35] Vgl. *Stephens/Weisbach* (1998), S. 324.

[36] Vgl. hierzu auch *Kopp* (1996), S. 35.

[37] Vgl. *Hampel* (1994), S. 13 f.

sellschaft das Quantum an Aktien, das sie höchstens zurückzunehmen bereit ist, auf einen Teil der außenstehenden Aktien beschränkt. Dadurch kann der einzelne Aktionär nur dann die gewünschte Anzahl von Aktien an die Gesellschaft veräußern, wenn die Rückerwerbsofferte nicht überzeichnet ist. Nicht zuletzt aufgrund der beschränkten Ausübbarkeit des Optionsrechts erfüllt eine Festpreisofferte nicht alle Merkmale einer Verkaufsoption auf Aktien.

Insbesondere vor dem Hintergrund der Abwehr einer feindlichen Übernahme verfolgt der Vorstand der Gesellschaft mit einem Aktienrückerwerb häufig die Zielsetzung, diejenigen Anteilsinhaber aus der Gesellschaft auszukaufen, die ihren Anteilen den geringsten Wert beimessen. Ist dem Vorstand die Verteilung der Reservationspreise der Aktionäre jedoch nicht bekannt, dann steht er bei einer Festpreisofferte vor dem Problem der Bestimmung des minimalen Rückerwerbspreises, der ihm den Erwerb der gewünschten Aktienzahl erlaubt. Setzt er den Rückerwerbspreis zu gering an, besitzen zu wenige Aktionäre einen Anreiz, ihre Anteile zum Rückerwerb anzubieten. In diesem Falle gelingt es dem Vorstand nicht, die angestrebte Anzahl von Aktien zurückzukaufen. Ein zu hoher Rückerwerbspreis bewirkt dagegen eine Überzeichnung der Rückerwerbsofferte: Das Aktienangebot überschreitet die Anzahl von Aktien, welche die Gesellschaft maximal zurückzunehmen bereit ist. Da der Aktienrückerwerb in diesem Fall auf pro rata-Basis erfolgt, scheidet kein Aktionär aus dem Kreis der Anteilsinhaber vollständig aus. Folglich verbleiben auch solche Aktionäre in der Gesellschaft, welche die kleinsten Reservationspreise besitzen. Ein Rückerwerbspreis, der den zum Erwerb der gewünschten Aktienzahl erforderlichen Preis überschreitet, ist darüber hinaus mit einem unnötigen Vermögenstransfer von den am Rückerwerb nicht teilnehmenden Aktionären an die veräußernden Aktionäre verknüpft.[38]

Sofern die Gesellschaft das mit einer Festpreisofferte verknüpfte Problem der Bestimmung des Rückerwerbspreises auf die Aktionäre abwälzen möchte, bietet sich ein Aktienrückerwerb im Wege eines holländischen Auktionsverfahrens an.

2.3.2.2 Holländisches Auktionsverfahren

Bei einem Aktienrückerwerb im Wege eines *holländischen Auktionsverfahrens* („dutch auction share repurchase") gibt die Gesellschaft eine maximale Anzahl zurückzuerwerbender Aktien sowie eine *Preisspanne* vor, innerhalb derer

[38]Vgl. *Gay/Kale/Noe* (1996), S. 57.

sie Aktien von den Anteilsinhabern zurückzuerwerben bereit ist. Aus diesem Intervall muss nun jeder veräußerungswillige Aktionär einen Preis auswählen, zu dem er die von ihm gewünschte Anzahl von Aktien an die Gesellschaft verkaufen möchte. Nach Ablauf der Angebotsfrist ordnet die Gesellschaft die eingegangenen Verkaufsgebote nach aufsteigenden Preisen und ermittelt daraus den minimalen Preis, der ihr den Rückerwerb der vorab festgelegten Aktienzahl erlaubt. Jeder Aktionär, der seine Veräußerungsofferte mit einem Preis versehen hat, welcher diesen minimalen Preis (Closing Price) nicht überschreitet, kommt dann beim Aktienrückerwerb zum Zuge. Er kann allerdings nur dann seinen Veräußerungswunsch in vollem Umfang realisieren, wenn das Aktienangebot zum Closing Price das Quantum der Aktien nicht übersteigt, welches die Gesellschaft maximal zurückzunehmen beabsichtigt. Andernfalls werden seine Anteile pro rata zurückerworben. Da allen am Aktienrückkauf teilnehmenden Aktionären derselbe Preis gezahlt wird, kommen auch diejenigen Aktionäre in den Genuss des Closing Price, die bereits zu einem geringeren Preis veräußerungswillig sind.

Für einen verkaufsbereiten Aktionär ist die Bestimmung der optimalen Bietstrategie im Rahmen eines holländischen Aktionsverfahrens wesentlich komplizierter als die Festlegung der optimalen Tenderstrategie bei einer Festpreisofferte.[39] Die Ursache hierfür ist darin zu sehen, dass der einzelne Aktionär bei einem holländischen Auktionsverfahren nicht nur die Anzahl der zum Rückerwerb anzubietenden Aktien, sondern auch den kleinsten akzeptablen Veräußerungspreis zu spezifizieren hat. Da den Aktionären auf diese Weise Informationen über ihre Grenzveräußerungspreise entlockt werden, erlaubt das holländische Auktionsverfahren die Konstruktion einer Angebotsfunktion, welche die Gesamtzahl der zum Rückerwerb angebotenen Aktien in Abhängigkeit vom Rückerwerbspreis wiedergibt. Damit lässt sich der minimale Rückerwerbspreis, welchen die Gesellschaft den Aktionären zum Erwerb des gewünschen Quantums eigener Aktien zu bieten hat, sehr präzise ermitteln. Deshalb erweist sich das holländische Auktionsverfahren gegenüber einer Festpreisofferte als überlegenes Instrument, um die Aktionäre mit den geringsten Reservationspreisen aus der Gesellschaft auszukaufen. Das mit einer Festpreisofferte verbundene Problem der Festlegung des „richtigen“ Rückerwerbspreises entfällt. Welcher Rückerwerbspreis „richtig“ ist, kann dabei grundsätzlich nur in Abhängigkeit vom Motiv des Aktienrückerwerbs beantwortet werden.

[39]Wie die optimale Bietstrategie für einen Aktionär bei heterogener Aktionärsstruktur zu ermitteln ist, wird von *Gay/Kale/Noe* (1996) aufgezeigt.

2.3.2.3 Ausgabe übertragbarer Veräußerungsrechte

Bei einem Aktienrückerwerb mit Hilfe von übertragbaren Veräußerungsrechten („transferable put rights", TPRs) gibt die Gesellschaft Verkaufsoptionen an ihre Aktionäre aus. Jede der emittierten Verkaufsoptionen gewährt dem Inhaber das Recht, eine Aktie zu einem vorab festgelegten Preis innerhalb eines bestimmten Zeitraums an die Gesellschaft zu veräußern.[40] Wie viele der insgesamt emittierten Veräußerungsrechte ein einzelner Aktionär von der Gesellschaft erhält, ergibt sich aus seiner Beteiligungsquote am Unternehmen: Sofern die Gesellschaft von n außenstehenden Aktien z Stück zurückzuerwerben beabsichtigt, emittiert sie insgesamt z Veräußerungsrechte und teilt jedem Anteilsinhaber ein Veräußerungsrecht für n/z Aktien zu.

Die übertragbaren Veräußerungsrechte werden regelmäßig auf einem Sekundärmarkt gehandelt. Deshalb können Anteilsinhaber, welche ihre Aktien nicht der Gesellschaft zum Rückerwerb anzubieten wünschen, die ihnen gewährten Verkaufsoptionen über die Börse weiterveräußern. Als Käufer der Putoptionen treten solche Anteilsinhaber auf, die eine größere Zahl von Aktien an die Gesellschaft abzutreten gewillt sind, als es ihnen über die von der Gesellschaft direkt zugeteilten Veräußerungsrechte zusteht.[41] Da die Gesamtzahl der Aktien, die von den Anteilsinhabern zum Rückerwerb angeboten werden können, durch die Anzahl der emittierten Veräußerungsrechte nach oben beschränkt wird, ist die Gefahr einer Repartierung – d.h. eines pro rata-Rückerwerbs – gebannt. Nicht auszuschließen ist dagegen, dass die Gesellschaft mit dem Rückerwerb der gewünschten Zahl von Aktien scheitert.[42] Dies ist dann der Fall, wenn nicht alle emittierten Veräußerungsoptionen bereits vor Laufzeitende ausgeübt worden sind und der Basispreis des Puts den Aktienkurs am Verfalltag unterschreitet.[43]

---

[40]Bei den TPRs handelt es sich somit um Verkaufsoptionen amerikanischen Typs. Vgl. *Kale/Noe/Gay* (1989), S. 141. Ein übertragbares Veräußerungsrecht repräsentiert quasi das Spiegelbild des Bezugsrechts auf Aktien, das den Anteilsinhabern bei einer Aktienemission eingeräumt wird.

[41]Vgl. *Gay/Kale/Noe* (1991), S. 45. Ein Handel mit Veräußerungsrechten findet nur dann statt, wenn unterschiedliche Anteilsinhaber der zugrunde liegenden Aktie – beispielsweise aufgrund von heterogenen Erwartungen im Hinblick auf die zukünftigen Unternehmensrückflüsse – unterschiedliche Werte beimessen.

[42]Vgl. *Gay/Kale/Noe* (1991), S. 47 f.

[43]In Abhängigkeit von der Aktienkursentwicklung kann eine vorzeitige Ausübung einer amerikanischen Verkaufsoption rational sein. Vgl. hierzu *Bingham/Kiesel* (1998), S. 123-126.

2.3.3 Paketerwerb von einem Aktionär oder einer Aktionärsgruppe

In den U.S.A. steht einer Gesellschaft grundsätzlich die Möglichkeit offen, einem einzelnen Aktionär oder einer bestimmten Aktionärsgruppe ein Rückerwerbsangebot zu unterbreiten. Die Konditionen der Offerte werden dabei direkt mit dem Kreis der Anteilsinhaber ausgehandelt, an die sich das Angebot richtet. Deshalb wird diese Methode des Aktienrückerwerbs auch als *negotiated transfer* bezeichnet. Da der vereinbarte Rückerwerbspreis in der Regel erheblich über dem Börsenkurs bzw. dem inneren Wert einer Aktie zum Rückerwerbszeitpunkt liegt, leisten die vom Rückerwerb ausgeschlossenen Aktionäre häufig einen Vermögenstransfer an die veräußerungsberechtigen Anteilsinhaber.

Der individuell ausgehandelte Aktienückerwerb dient vornehmlich als Instrument zur Abwehr feindlicher Übernahmeversuche, indem das Management der Zielgesellschaft das von der potenziellen Übernehmerin bereits aquirierte Aktienpaket zurückerwirbt. Hierzu hat das Management der Zielgesellschaft in der Regel einen Rückerwerbspreis zu bieten, welcher den Börsenkurs einer Aktie wesentlich überschreitet. Eine solche Prämienzahlung wird im Schrifttum als „greenmail“ bezeichnet.[44] In den U.S.A. ist ein individuell ausgehandelter Aktienrückerwerb nicht unüblich.

2.4 Der positive Ankündigungseffekt von Aktienrückkäufen

2.4.1 Empirische Befunde zum Aktienrückerwerb in den U.S.A und in Deutschland

Aufgrund eines sehr weitgehenden Verbots zum Rückerwerb eigener Aktien hat dieser in Deutschland lange Zeit ein Schattendasein gefristet. Faktisch ist deutschen Aktiengesellschaften erst im Jahre 1998 mit der Ergänzung von § 71 Abs. 1 AktG um eine Nr. 8 die Möglichkeit zum Rückerwerb eigener Aktien eröffnet worden. Seither hat eine nicht unerhebliche Anzahl von deutschen Aktiengesellschaften Aktienrückkaufprogramme initiiert. So stellt *Schremper* (2002) im Rahmen der ersten umfassenden empirischen Studie zum Akti-

---

[44] *Benckendorff* (1998), S. 79.

enrückerwerb in Deutschland fest, dass im Zeitraum vom 1.5.1998 bis zum 31.12.2000 von inländischen börsennotierten Aktiengesellschaften insgesamt 143 Aktienrückerwerbsprogramme mit einem Gesamtvolumen von ungefähr 29,6 Mrd. Euro angekündigt wurden.[45] Als Verfahren des Aktienrückerwerbs ziehen deutsche Gesellschaften den Erwerb über die Börse vor. In dem von *Schremper* untersuchten Sample von 112 Aktiengesellschaften wählten 105 (94%) einen Rückkauf über die Börse, 5 (4%) ein öffentliches Rückerwerbsangebot und 2 (2%) einen privat ausgehandelten Aktienrückerwerb. Darüber hinaus diagnostiziert *Schremper* eine signifikant positive Aktienkursreaktion infolge der Ankündigung eines Aktienrückerwerbs: Die durchschnittliche abnormale Ankündigungsrendite beläuft sich für sein Untersuchungssample auf 4,1%.[46] Dies ist ein erstes Indiz dafür, dass der Aktienrückerwerb auch in Deutschland von einem *positiven Ankündigungseffekt* begleitet wird.

In den U.S.A. haben Aktienrückkäufe mit dem Beginn der 90er Jahre erheblich an Bedeutung gewonnen. So kündigten U.S.-amerikanische Industrieunternehmen im Jahre 1985 lediglich 244 Aktienrückkäufe an, während 1996 bereits 889 Rückerwerbsprogramme initiiert wurden.[47] Dies entspricht einem Anstieg von 264%. Von allen Verfahren des Aktienrückerwerbs hatte dabei der Aktienrückkauf über die Börse das größte Wachstum zu verzeichnen: Die Anzahl der angekündigten Offenmarktrückkäufe stieg von 115 im Jahre 1985 auf 755 im Jahre 1996, was einem Zuwachs von 556% entspricht. Der Offenmarktrückerwerb erfreut sich auch absolut der größten Beliebtheit. Sein Anteil an der Gesamtzahl aller angekündigten Aktienrückkäufe belief sich 1996 insgesamt auf 74,4%. Die relative Bedeutung der Festpreisofferten ist dagegen signifikant zurückgegangen: Während ihr Anteil an den insgesamt bekannt gegebenen Aktienrückerwerbsprogrammen im Jahre 1995 noch 28,3% betrug, ist er nun auf 5% geschmolzen. Relativ stabil bei etwas über 1% verweilte der Anteil der Aktienrückkäufe im Wege eines holländischen Auktionsverfahrens. Lediglich im Zuge der Welle feindlicher Übernahmen Ende der 80er Jahre stieg die relative Popularität von holländischen Auktionsverfahren an, weil sie als

[45] Vgl. *Schremper* (2002), S. 132 und S. 176.

[46] Vgl. *Schremper* (2002), S. 203.

[47] Die Daten, welche den nachfolgend durchgeführten Berechnungen zugrunde liegen, wurden von der *Securities Data Company* publiziert und der empirischen Studie von *Jagannathan/Stephens/Weisbach* (2000) entnommen. Nicht erfasst sind Aktienrückkäufe durch Ausgabe von übertragbaren Veräußerungsrechten. Empirische Studien, welche dieses Rückerwerbsverfahren analysieren, existieren bisher nicht.

Instrument zur Abwehr feindlicher Übernahmen verwendet wurden.[48] Tabelle 2.2 gibt einen Überblick über die von U.S.-amerikanischen Industrieunternehmen im Zeitraum von 1985 bis 1996 angekündigten Aktienrückkäufe.

Jahr	Offenmarkt-rückerwerb		Negotiated Repurchase		Dutch Auction		Festpreis-offerte		Anzahl insges.
	Anzahl	in %	Anzahl	in %	Anzahl	in %	Anzahl	in %	
1985	115	47,1	55	22,5	5	2,0	69	28,3	244
1986	161	58,1	49	17,7	9	3,2	58	20,9	277
1987	606	86,0	34	4,8	8	1,1	57	8,1	705
1988	183	58,7	58	18,6	19	6,1	52	16,7	312
1989	356	46,8	91	16,6	19	3,5	81	14,8	547
1990	567	76,6	98	13,2	9	1,2	66	8,9	740
1991	211	56,4	93	24,9	4	1,1	66	17,6	374
1992	354	74,7	67	14,1	6	1,3	47	9,9	474
1993	324	73,3	70	15,8	5	1,1	43	9,7	442
1994	547	79,7	85	12,4	11	1,6	43	6,3	686
1995	574	81,9	85	12,1	8	1,1	34	4,9	701
1996	755	84,9	73	8,2	17	1,9	44	5,0	889
$\sum$	4.753	74,4	858	13,4	120	1,9	660	10,3	6.391

Tabelle 2.2: Anzahl der von U.S.-Industrieunternehmen angekündigten Aktienrückkäufe im Zeitraum von 1985 bis 1996

Die Entwicklung des Gesamtwerts der angekündigten Aktienrückkäufe zeigt ein ähnliches Bild. Belief sich das Rückerwerbsvolumen, welches von U.S.-amerikanischen Industrieunternehmen im Jahre 1985 bekannt gegeben wurde, lediglich auf 37 Milliarden U.S.-Dollar, so betrug der Gesamtwert der angekündigten Aktienrückkäufe 1996 schon 128 Milliarden U.S.-Dollar. Dies bedeutet einen Zuwachs von 246%, der fast ausschließlich auf den enormen Anstieg des Volumens der angekündigten Offenmarktprogramme – von 15 Milliarden U.S.-Dollar im Jahre 1985 auf 113 Milliarden U.S.-Dollar im Jahre 1996 (653%) – zurückzuführen ist. Auch wertmäßig ist der Rückerwerb über die Börse inzwischen das dominante Rückerwerbsverfahren. Sein Anteil am Ge-

[48]Vgl. *Jagannathan/Stephens/Weisbach* (2000), S. 362.

samtwert der angekündigten Aktienrückkäufe belief sich 1996 auf 88%. Die Popularität von öffentlichen Rückerwerbsofferten im Allgemeinen und Festpreisangeboten im Besonderen ist hingegen in den letzten Jahren deutlich zurückgegangen. Tabelle 2.3 gibt einen Eindruck von der wertmäßigen Entwicklung der angekündigten Aktienrückkäufe im Zeitraum von 1985 bis 1996.

Jahr	Offenmarkt-rückerwerb		Negotiated Repurchase		Dutch Auction		Festpreis-offerte		Payout insges.
	in Mrd. U.S.-$	in %	in Mrd. U.S.-$	in %	in Mrd. U.S.-$	in %	in Mrd. U.S.-$	in %	in Mrd. U.S.-$
1985	15.416	41,3	4.146	11,1	1.092	2,9	16.639	44,6	37.293
1986	19.854	55,9	5.517	15,5	2.228	6,3	7.933	22,3	35.532
1987	41.019	80,4	2.791	5,5	1.494	2,9	5.741	11,2	51.045
1988	28.517	55,1	3.624	7,0	7.516	14,5	12.094	23,4	51.751
1989	52.574	82,2	3.116	4,9	4.985	7,8	3.322	5,2	63.997
1990	24.988	69,1	2.810	7,8	1.931	5,3	6.429	17,8	36.158
1991	13.872	60,6	4.007	17,5	739	3,2	4.290	18,7	22.908
1992	27.835	86,4	1.676	5,2	1.597	5,0	1.091	3,4	32.199
1993	28.831	89,5	2.210	6,9	604	1,9	553	1,7	32.198
1994	53.238	89,9	1.065	1,8	951	1,6	3.981	6,7	59.235
1995	52.343	76,6	12.951	19,0	1.444	2,1	1.553	2,3	68.291
1996	112.792	88,1	9.334	7,3	2.339	1,8	3.576	2,8	128.041
$\sum$	471.279	76,2	53.247	8,6	26.920	4,4	67.202	10,9	618.648

Tabelle 2.3: Wert der von U.S.-Industrieunternehmen angekündigten Aktienrückkäufe im Zeitraum von 1985 bis 1996

Zu betonen ist, dass sich die in den Tabellen 2.2 und 2.3 aufgeführten Zahlen lediglich auf *angekündigte* Aktienrückkäufe beziehen. Da sich ein Unternehmen mit der Bekanntgabe eines Offenmarktrückerwerbs nicht verpflichtet, diesen auch tatsächlich durchzuführen, sind die angekündigten Volumina von Rückkäufen über die Börse in der Regel nicht identisch mit dem *tatsächlichen* Payout.[49]

[49] Zu den Schwierigkeiten einer Messung der tatsächlichen Ausschüttungen im Wege eines Aktienrückerwerbs über die Börse vgl. *Jagannathan/Stephens/Weisbach* (2000), S. 359 f.

Mit Ausnahme des individuell ausgehandelten Aktienrückerwerbs, dessen Bekanntgabe einen Aktienkursverfall auslöst, wird die Ankündigung eines Aktienrückkaufs im Durchschnitt von einer signifikant positiven abnormalen Aktienkursreaktion begleitet.[50] Der relativ kleinste Aktienkursanstieg geht dabei von der Bekanntgabe eines Offenmarktrückkaufs aus: Wie Tabelle 2.4 zeigt, liegt die durchschnittliche abnormale Ankündigungsrendite zwischen 2% und 3,4%.

Autoren	Charakteristika der Stichprobe	durchschnittliche abnormale Aktienkursrendite
Vermaelen (1981)	243 Offenmarktrückkäufe in der Zeit von 1962 bis 1977	3,4%
Comment/Jarrell (1991)	1.197 Offenmarktrückkäufe im Zeitraum von 1985 bis 1988	2,3%
Ikenberry/Vermaelen (1996)	892 Offenmarktrückkäufe im Zeitraum von 1980 bis 1990	3,4%
Guay/Harford (2000)	1.062 Offenmarktrückkäufe im Zeitraum von 1981 bis 1993	2,06%

Tabelle 2.4: Empirische Studien zum positiven Ankündigungseffekt von Offenmarktrückkäufen im Überblick

Darüber hinaus legen die Ergebnisse der empirischen Studien von *Comment/Jarrell* (1991) und *Ikenberry/Vermaelen* (1996) die Vermutung nahe, dass die abnormale Ankündigungsrendite mit zunehmender Zahl requirierter

[50] *Bradley/Wakeman* (1983) sowie *Dann/DeAngelo* (1983) weisen in ihren empirischen Studien durchschnittliche Ankündigungsrenditen von -3,0% bzw. -4,5% für einen individuell ausgehandelten Aktienrückerwerb nach. Der Adressat einer solchen Rückerwerbsofferte ist in der Regel eine Aktionärsgruppe, die bereits ein relativ großes Aktienpaket an der Gesellschaft erworben hat und diese im Wege einer feindlichen Übernahme akquirieren möchte. Um den Übernahmeversuch abzuwehren, offeriert das Management der Zielgesellschaft der potenziellen Übernehmerin einen Rückerwerbspreis, der den Börsenkurs einer Aktie bzw. deren inneren Wert erheblich überschreitet. Dies hat zur Konsequenz, dass die am Rückerwerb nicht teilnehmenden Aktionäre einen Vermögenstransfer an die potenzielle Übernehmerin leisten. Dadurch fällt der Wert einer Aktie nach vollzogenem Rückerwerb.

Aktien ansteigt. Bei Gesellschaften, die einen Rückerwerb von mehr als 20% der außenstehenden Aktien bekannt geben, ermitteln *Comment/Jarrell* eine Zunahme der durchschnittlichen Überrendite auf 6%.[51] *Ikenberry/Vermaelen* konstatieren, dass mit einem Anstieg der Rückerwerbsquote von 2,5%-4,5% auf über 10% ein Anstieg der durchschnittlichen abnormalen Rendite von 2,6% auf 4,4% einhergeht.[52]

Im Vergleich zum Offenmarktrückkauf bewirkt die Bekanntgabe eines Aktienrückerwerbs im Wege eines holländischen Auktionsverfahrens eine stärkere positive Aktienkursreaktion. So ermittelt *Bagwell* (1992) eine durchschnittliche abnormale Ankündigungsrendite von 6,7%, während *Comment/Jarrell* (1991) hierfür gar 8,3% ausweisen. Die abnormale Ankündigungsrendite wird dabei aus dem Aktienkurs *nach* Durchführung des holländischen Auktionsverfahrens – dem so genannten full information value – und dem Aktienkurs *unmittelbar vor* Ankündigung des Aktienrückerwerbs berechnet. Der tatsächlich gezahlte Rückerwerbspreis (der Closing Price) liegt durchschnittlich sogar um 13,4% (*Bagwell* (1992)) bzw. 15,7% (*Comment/Jarrell* (1991)) über dem Aktienkurs vor Bekanntgabe des Rückerwerbs. Er überschreitet damit auch den Aktienkurs unmittelbar nach Durchführung des Aktienrückerwerbs. Folglich beinhaltet der Rückerwerbspreis nicht nur eine Prämienzahlung auf den Börsenkurs vor Ankündigung des Rückerwerbs, sondern auch eine Prämie auf den full information value.

Die heftigste positive Aktienkursreaktion löst die Ankündigung einer Festpreisofferte aus. In Abhängigkeit von der zugrunde gelegten Stichprobe, den verwendeten ökonometrischen Verfahren und der Definition des Zeitraums, für den die abnormale Aktienkursrendite berechnet wird, liegt diese im Durchschnitt zwischen 6,2% und 17%. Tabelle 2.5 zeichnet ein genaueres Bild von den empirischen Studien, welche sich mit Festpreisofferten befasst haben.

Autoren	Charakteristika der Stichprobe	durchschnittliche abnormale Aktienkursrendite
Masulis (1980)	199 Festpreisofferten im Zeitraum von 1963 bis 1978	17%
Dann (1981)	143 Festpreisofferten im Zeitraum von 1962 bis 1976	15,4%

[51]Vgl. *Comment/Jarrell* (1991), S. 1262.
[52]Vgl. *Ikenberry/Vermaelen* (1996), S. 18.

Autoren	Charakteristika der Stichprobe	durchschnittliche abnormale Aktienkursrendite
Vermaelen (1981)	131 Festpreisofferten im Zeitraum von 1962 bis 1977	15,4%
Lakonishok/Vermaelen (1990)	258 Festpreisofferten im Zeitraum von 1962 bis 1986	6,2%
Comment/Jarrell (1991)	68 Festpreisofferten im Zeitraum von 1984 bis 1989	11,9%
Howe/He/Kao (1992)	55 Festpreisofferten im Zeitraum von 1979 bis 1989	7,5%

Tabelle 2.5: Empirische Studien zum positiven Ankündigungseffekt von Festpreisofferten im Überblick

Der bei Festpreisofferten gebotene Rückerwerbspreis enthält in der Regel eine Prämie auf den full information value. Er liegt im Durchschnitt um 20,6% - 23% über dem Börsenkurs vor Ankündigung des Rückerwerbs.

Auffälliges Merkmal von Aktienrückkäufen ist, dass sich *Unternehmensinsider* – hierzu gehören das Management sowie Großaktionäre – häufig explizit oder implizit verpflichten, an einem Aktienrückerwerb nicht teilzunehmen. Dies hat zur Konsequenz, dass die Unternehmensinsider nach vollzogenem Aktienrückerwerb eine höhere Beteiligung an der Gesellschaft halten. Für Offenmarktrückkäufe beträgt die Zunahme der Beteiligungsquote der Unternehmensinsider im Zuge eines Aktienrückerwerbs 9,7%.[53] Gibt das Management der Gesellschaft vorab bekannt, dass es auf eine Partizipation am Rückerwerbsprogramm verzichtet, führt dies im Durchschnitt zu einem stärkeren Anstieg der positiven abnormalen Ankündigungsrendite.

Tabelle 2.6 präsentiert die Ergebnisse empirischer Studien zu den Methoden des Aktienrückerwerbs in kompakter Form.

[53]Quelle: eigene Berechungen auf Basis der Daten von *McNally* (1999a), S. 59.

Rückerwerbs-verfahren	Offenmarkt-rückerwerb	Festpreisoffer-te	Holländisches Auktionsver-fahren	Negotiated Repurchase
prozentualer Anteil an der Gesamtzahl der in 1996 angekündigten Aktienrück-käufe	84,9%	8,2%	1,9%	5,0%
Rückerwerbs-quote (in % der außenstehen-den Aktien)	5%	14,6% - 18,8%	13,1% - 15,3%	9,8% - 11,1%
durchschnittli-che Prämie auf den Börsenkurs	0%	20,6% - 23%	13,4% - 15,7%	9,81% - 10,2%
durchschnittli-che abnormale Aktienkursren-dite	2% - 3%	11% - 17,5%	6,7% - 8%	-4,5% - -3,0%
durchschnitt-licher Anstieg der Insider-Be-teiligung	1,6%-9,7%	6,2%	2,6%	—

Tabelle 2.6: Empirische Befunde zu den Methoden des Aktienrückerwerbs

Zusammenfassend bleibt festzuhalten: Die Ankündigung von Aktienrückkäufen über die Börse sowie im Wege einer Festpreisofferte oder eines holländischen Auktionsverfahrens löst signifikant positive Aktienkursreaktionen aus, was durch eine Vielzahl empirischer Studien belegt wird. Darüber hinaus ist empirisch feststellbar, dass Unternehmensinsider in der Regel auf eine Teilnahme an Aktienrückerwerbsprogrammen verzichten.

2.4.2 Ansätze zur Erklärung des positiven Ankündigungseffekts von Aktienrückkäufen

Auch der Finanzpresse sind die positiven Aktienkursreaktionen infolge der Ankündigung eines Aktienrückerwerbs nicht entgangen. Sie hat hierfür eine einfache Erklärung parat: „Werden die Titel nach dem Rückkauf eingezogen und vernichtet, verteilt sich der Gewinn je Aktie auf weniger Anteile. Damit wird die Aktie unter klassischen Bewertungsmaßstäben billiger und hat somit ein größeres Kurspotential. Zudem verbessern sich in diesem Falle einige Bilanzkennzahlen, wie beispielsweise die Eigenkapital- und die Gesamtkapitalrendite, weil sich der Gewinn nur auf ein geringeres Kapital bezieht.“[54] Diese Erklärung basiert auf der Hypothese, dass allein die bilanzielle Behandlung des Aktienrückerwerbs - Einziehung der eigenen Anteile versus Aktivierung der eigenen Anteile - Aktienkursreaktionen bewirken kann. Wenn aber die Ankündigung eines Aktienrückerwerbs nicht den Informationsstand der Kapitalmarktakteure hinsichtlich der auf eine Aktie entfallenden zukünftigen Unternehmensrückflüsse beeinflusst, dann kann sie – zumindest bei rationalen und am Konsum orientierten Akteuren – keine Aktienkursreaktionen bewirken. Der positive Ankündigungseffekt eines Aktienrückerwerbs lässt sich somit nur dadurch erklären, dass die Kapitalmarktakteure mit der Bekanntgabe eines Aktienrückerwerbs ihre Einschätzungen im Hinblick auf die Höhe der zukünftigen Rückflüsse pro Aktie revidieren. Eine solche Vermutungsrevision mag einerseits darauf zurückzuführen sein, dass eine im Wege eines Aktienrückerwerbs vorgenommene Ausschüttung den *Gesamtwert* des *Aktionärsvermögens* tatsächlich *erhöht* und dies den Aktionären auch bewusst ist. In diesem Falle muss die Annahmenmenge, auf Basis derer *Miller/Modigliani* (1961) die Irrelevanz der Ausschüttungspolitik für den Unternehmensgesamtwert mit Hilfe eines Arbitragearguments nachweisen, verletzt sein.[55] Zum anderen kann mit der Bekanntgabe des Aktienrückerwerbs lediglich eine bestehende Unterbewertung des Unternehmens aufgedeckt werden; die Ankündigung des Aktienrückkaufs besitzt in diesem Falle *wertenthüllenden* Charakter. Folglich lassen sich zwei – einander nicht ausschließende – Gründe identifizieren, die für eine Vermutungsrevision der Kapitalmarktakteure ausschlaggebend sein können.

---

[54] *Schürmann* (2000), S. 271.

[55] Vgl. hierzu auch *Copeland/Weston* (1988), S. 544-556, und *Hartmann-Wendels* (1986), 9-17. Einen auf sehr schwachen Annahmen beruhenden Beweis der Irrelevanz der Dividendenpolitik für das Aktionärsvermögen liefert *Stiglitz* (1974).

Im akademischen Schrifttum sind mehrere Erklärungen dafür vorgeschlagen worden, warum eine Ausschüttung im Wege eines Aktienrückerwerbs eine Zunahme des Aktionärsvermögens bewirken kann.

Steuerliche Optimierung der Kapitalstruktur. Denkbar ist zunächst, dass der Aktienrückerwerb als Vehikel zur Herstellung einer *steuerlich günstigeren Kapitalstruktur* dient. Wird ein Aktienrückerwerb durch Aufnahme von Fremdkapital finanziert, erhöht sich der Verschuldungsgrad der Unternehmung bei unverändertem Investitionsvolumen. Da Fremdkapitalzinsen in der Regel von der steuerlichen Bemessungsgrundlage der Unternehmung abzugsfähig sind, vermindert sich durch eine höhere Verschuldung die Steuerlast auf der Ebene der Gesellschaft. Das so genannte tax shield aufgrund der steuerlichen Abzugsfähigkeit der Fremdkapitalzinsen führt deshalb zu einer Zunahme der auf die Eigen- und Fremdkapitalgeber insgesamt entfallenden Unternehmensrückflüsse.[56] Ignoriert man die steuerlichen Konsequenzen von Zins- und Dividendenzahlungen auf der Ebene der Kapitalgeber, dann bewirkt eine höhere Verschuldung einen Anstieg des Unternehmensgesamtwerts. Da der Unternehmenswertzuwachs den Aktionären zugute kommt, sollte die Ankündigung eines – von den Kapitalmarktakteuren nicht antizipierten – Aktienrückerwerbs zum Zwecke einer steuerlichen Optimierung des Verschuldungsgrads von einem Aktienkursanstieg begleitet werden.[57] Dies lässt sich mit Hilfe eines simplen Modells nachweisen: Betrachtet wird eine auf Dauer angelegte Unternehmung in der Rechtsform einer Aktiengesellschaft, die insgesamt n Anteilsscheine emittiert hat und zunächst rein eigenfinanziert ist. Die Unternehmung erwirtschaftet zu jedem zukünftigen Zeitpunkt einen konstanten erwarteten Bruttorückfluss in Höhe von $E[\tilde{x}]$. Auf Unternehmensebene fällt eine Körperschaftsteuer auf den Unternehmensgewinn an, der dem Bruttorückfluss abzüglich der Zinsen auf das Fremdkapital entspricht. Der Körperschaftsteuersatz ist konstant und beträgt s. Dividendenausschüttungen und Zinszahlungen werden auf Gesellschafterebene nicht besteuert. Die Kapitalmarktakteure diskontieren die erwarteten Bruttorückflüsse der rein eigenfinanzierten Unternehmung mit einem risikoangepassten Kapitalkostensatz von ρ. Der Marktwert der unverschuldeten Unternehmung U beträgt folglich

$$V^U = \frac{(1-s)E[\tilde{x}]}{\rho}.$$

[56] Zum Begriff des tax shield vgl. auch *Kruschwitz* (2002), S. 242.

[57] Vgl. *McNally* (1999a), S. 55.

Der Aktienkurs beläuft sich somit auf

$$v^U = \frac{V^U}{n} = \frac{(1-s)E[\tilde{x}]}{n \cdot \rho}. \tag{2.1}$$

Angenommen, der Vorstand möchte den Verschuldungsgrad der Gesellschaft erhöhen, ohne das geplante Investitionsprogramm zu ändern. Deshalb kündigt er eine (zusätzliche) Ausschüttung an die Aktionäre an, die er durch Aufnahme von risikolosem Fremdkapital zu finanzieren gedenkt. Die Ausschüttung soll dabei im Wege eines Aktienrückerwerbs zum Börsenkurs erfolgen. Das Investitionsvolumen der Gesellschaft ändert sich nur dann nicht, wenn das Rückerwerbsvolumen mit dem Marktwert der emittierten Bonds übereinstimmt:

$$z\,p_0 = FK. \tag{2.2}$$

Dabei wird mit p_0 der (unbekannte) Börsenkurs einer Aktie unmittelbar nach Ankündigung des Aktienrückerwerbs, mit z die Anzahl zurückzuerwerbender Aktien ($z < n$) und mit FK der Marktwert der risikolosen Bonds bezeichnet. Nach Durchführung des kreditfinanzierten Aktienrückerwerbs beträgt der erwartete Gesamtrückfluss an die Kapitalgeber zu jedem zukünftigen Zeitpunkt

$$(1-s)\,(E[\tilde{x}] - i\,FK) + i \cdot FK = (1-s)E[\tilde{x}] + s\,i\,FK.$$

Der erste Summand nach dem Gleichheitszeichen ist identisch mit dem erwarteten Rückfluss, den ein rein eigenfinanziertes Unternehmen zu jedem zukünftigen Zeitpunkt generiert. Da auch die Rückflussrisiken übereinstimmen, ist der korrekte Kapitalkostensatz zur Diskontierung der durch den ersten Summanden repräsentierten erwarteten Rückflüsse ρ. Der zweite Summand entspricht dem Steuervorteil (tax shield) aus der Aufnahme von Fremdkapital, das als risikolos betrachtet wird. Folglich ist auch das tax shield sicher und mit dem risikolosen Zinssatz i zu diskontieren. Für den Marktwert des verschuldeten Unternehmens erhält man somit

$$V^L = \frac{(1-s)E[\tilde{x}]}{\rho} + \frac{s\,i\,FK}{i} = \frac{(1-s)E[\tilde{x}]}{\rho} + s\,FK = V^U + s\,FK.$$

Da sich der Marktwert des verschuldeten Unternehmens aus dem Marktwert des Fremd- und des Eigenkapitals zusammensetzt - $V^L = EK^L + FK$ (mit EK^L: Marktwert des Eigenkapitals) –, gilt

$$\frac{(1-s)E[\tilde{x}]}{\rho} + s\,FK = EK^L + FK.$$

Auflösen nach EK^L ergibt

$$EK^L = \frac{(1-s)E[\tilde{x}]}{\rho} - (1-s)\,FK,$$

was auf einen Aktienkurs nach Durchführung des Aktienrückerwerbs in Höhe von

$$v^L = \frac{EK^L}{n-z} = \left(\frac{(1-s)E[\tilde{x}]}{\rho} - (1-s)\,FK\right)/(n-z)$$

führt. Unter Berücksichtigung von (2.2) lässt sich dies auch schreiben als

$$v^L = \left(\frac{(1-s)E[\tilde{x}]}{\rho} - (1-s)\,z\,p_0\right)/(n-z). \tag{2.3}$$

Die Aktionäre werden nur dann zu einer Veräußerung ihrer Anteile im Rahmen des Aktienrückerwerbsprogramms bereit sein, wenn der Rückerwerbskurs den Aktienkurs nach Durchführung des Aktienrückerwerbs nicht unterschreitet: $p_0 \geq v^L$. Überschreitet der Börsenkurs unmittelbar nach Ankündigung des Aktienrückerwerbs den Börsenkurs nach Durchführung des Rückerwerbs ($p_0 > v^L$), sind Veräußerungsgewinne realisierbar, die bei vollkommenem Wettbewerb unter den Kapitalmarktakteuren jedoch wegkonkurriert werden. Deshalb muss der Börsenkurs unmittelbar nach Ankündigung des Aktienrückerwerbs mit dem Börsenkurs nach Durchführung des Rückerwerbs übereinstimmen: $p_0 = v^L$. Ersetzen von v^L durch p_0 in (2.3) ergibt

$$p_0 = \left(\frac{(1-s)E[\tilde{x}]}{\rho} - (1-s)\,z\,p_0\right)/(n-z).$$

Auflösen nach p_0 führt auf

$$p_0 = \left(\frac{(1-s)E[\tilde{x}]}{(n-s\,z)\rho}\right). \tag{2.4}$$

Aus einem Vergleich von (2.1) und (2.4) folgt $p_0 > v^U$. Unter den getroffenen Annahmen löst die Ankündigung eines Aktienrückerwerbs somit einen Anstieg des Börsenkurses um $p_0 - v^U$ aus. Empirische Studien wecken jedoch erhebliche Zweifel daran, dass die tax shield Hypothese einen wesentlichen Beitrag zur Erklärung des – insbesondere für den U.S.-amerikanischen Kapitalmarkt beobachteten – positiven Ankündigungseffekts eines Aktienrückerwerbs leistet.[58]

[58] Vgl. *Vermaelen* (1981), S. 157.

Steuervorteil von Aktienrückkäufen gegenüber Dividendenzahlungen. Ausschüttungen im Wege eines Aktienrückerwerbs besitzen in den U.S.A. aus der Perspektive eines Gesellschafters regelmäßig einen Steuervorteil gegenüber Dividendenausschüttungen, wenngleich dieser im Zuge des Tax Reform Act im Jahre 1986 etwas vermindert wurde.[59] Ein Anstieg des Aktionärsvermögens kann folglich daraus resultieren, dass die Gesellschaft eine Dividendenausschüttung durch einen betragsgleichen Aktienrückerwerb substituiert, der auf Gesellschafterebene einer geringeren Besteuerung unterliegt. Die – von den Kapitalmarkakteuren nicht antizipierte – Ankündigung eines Aktienrückerwerbs anstelle einer Dividendenausschüttung kann deshalb eine positive Aktienkursreaktion auslösen. Die relativ neue empirische Studie von *McNally* (1999a) attestiert dem Argument der *steuerlichen Vorteilhaftigkeit* von Aktienrückkäufen gegenüber Dividendenzahlungen jedoch eine geringe Erklärungskraft für den positiven Ankündigungseffekt eines Aktienrückerwerbs.[60]

Ausschüttung des freien Cashflows. Eine Ausschüttung führt immer dann zu einem Anstieg des Aktionärsvermögens, wenn die hierzu verwendeten liquiden Mittel in der Gesellschaft nicht mehr rentabel investiert werden können, d.h. den Anteilsinhabern außerhalb der Gesellschaft lukrativere Anlagemöglichkeiten offen stehen. Der Bestand an liquiden Mitteln, für den die Unternehmung keine profitablen Investitionsmöglichkeiten mehr besitzt, wird dabei als freier Cashflow bezeichnet.[61] Da die Anteilsinhaber eine Ausschüttung des freien Cashflows regelmäßig gegenüber einer Thesaurierung präferieren, wird ein im Vermögensinteresse der Aktionäre handelndes Management eine solche Ausschüttung immer vornehmen. Sofern den Aktionären das uneigennützige Verhalten des Managements und die Höhe des freien Cashflows bekannt sind, muss der aus einer Ausschüttung des freien Cashflows resultierende Zuwachs des Aktionärsvermögens bereits zum Zeitpunkt der Ankündigung der Ausschüttung im Börsenkurs korrekt eingepreist sein. In diesem Falle kann die Bekanntgabe einer Ausschüttung im Wege eines Aktienrückerwerbs keine Börsenkursreaktion auslösen. Allerdings ist davon auszugehen, dass ein eigennützig agierendes Management in der Regel an einer Einbehaltung des freien Cashflows interessiert ist.[62] Hierfür sprechen mehrere Gründe: Zunächst erleichtert eine Thesaurierung des freien Cashflows die Finanzierbarkeit wertver-

[59]Vgl. *Bagwell/Shoven* (1989), S. 134.
[60]Vgl. *McNally* (1999a), S. 65.
[61]Vgl. *Jensen* (1986), S. 323.
[62]Vgl. *Jensen* (1986), S. 142.

nichtender Prestigeinvestitionen, die ein hohes Unternehmenswachstum fördern und dem Management gerade deshalb einen erheblichen Nutzen stiften („empire building"). Darüber hinaus erweitert eine Einbehaltung des freien Cashflows die Möglichkeiten zum Konsum am Arbeitsplatz („consumption on the job"). Schließlich trägt der Aufbau einer hohen Liquiditätsreserve zu einer Verminderung der Insolvenzwahrscheinlichkeit der Unternehmung und damit zu einer Sicherung der Arbeitsplätze der Mitarbeiter im Allgemeinen und der Führungskräfte im Besonderen bei.[63] Deshalb können die Anteilsinhaber einer Unternehmung grundsätzlich nicht davon ausgehen, dass das Management zu einer Auskehrung des freien Cashflows aus eigenem Antrieb bereit sein wird. Hierzu lässt sich das Management in der Regel nur durch Anreiz- oder Sanktionierungssysteme bewegen. Wenn das Management eine – von den Kapitalmarktakteuren nicht antizipierte – Ausschüttung des freien Cashflows dennoch bekannt gibt, löst dies einen Aktienkursanstieg aus. Dieser positive Ankündigungseffekt tritt unabhängig davon ein, ob das Management als Ausschüttungsinstrument einen Aktienrückerwerb oder eine Dividende wählt. Strebt das Management jedoch eine kontinuierliche Dividendenpolitik an („dividend smoothing") und unterliegt der freie Cashflow eines Unternehmens starken Schwankungen, dann bietet sich zur Ausschüttung von Cashflow-Spitzen insbesondere ein Aktienrückerwerb an.[64] Die Ergebnisse der empirischen Untersuchung von *Nohel/Tarhan* (1998) sind in der Tat ein Indiz dafür, dass der positive Ankündigungseffekt eines Aktienrückerwerbs in den U.S.A. auf eine nicht antizipierte Ausschüttung des freien Cashflows zurückzuführen ist. Dagegen zieht *McNally* (1999a) aus seiner empirischen Studie den Schluss, dass die Free Cashflow-Hypothese keinen Beitrag zur Erklärung des positiven Ankündigungseffekts von Aktienrückkäufen über die Börse leistet.

Die bisher präsentierten Ansätze zur Erklärung des positiven Ankündigungseffekts von Aktienrückkäufen knüpfen an die Hypothese an, dass die Durchführung des Aktienrückerwerbs einen tatsächlichen Anstieg des Aktionärsvermögens bewirkt. Denkbar ist jedoch auch, dass das Management mit der Ankündigung des Aktienrückerwerbs lediglich eine bestehende Unterbewertung des zugrunde liegenden Unternehmens glaubhaft aufdeckt. Dieser Erklärungsansatz basiert auf der plausiblen Annahme, dass das Management gegenüber den Kapitalmarktakteuren einen *Informationsvorsprung* hinsichtlich

[63] Vgl. *Pellens/Schremper* (2000), S. 142.

[64] Dass Unternehmen tendenziell eine kontinuierliche Dividendenpolitik verfolgen, wurde bereits von *Lintner* (1956) in seiner berühmten empirischen Studie festgestellt.

der Höhe künftiger Unternehmensrückflüsse besitzt. Gemessen am besseren Informationsstand der Unternehmensleitung gehen die Kapitalmarktakteure dabei von zu geringen zukünftigen Einzahlungsüberschüssen aus. Da sich diese Erwartungen der Kapitalmarktteilnehmer im Aktienkurs widerspiegeln, sind die Anteile des Unternehmens aus der Sicht des Managements unterbewertet. Mit der Bekanntgabe des Aktienrückerwerbs offenbart nun die Unternehmensleitung ihren Informationsvorsprung hinsichtlich der Höhe künftiger Unternehmensrückflüsse, was die rationalen Kapitalmarktakteure zu einer Revision ihrer Vermutungen bewegt. Dadurch wird die bisherige Fehlbewertung der Aktien beseitigt.

Um die Hypothese vom positiven Informationsgehalt der Ankündigung eines Aktienrückerwerbs theoretisch zu untermauern, liegt es nahe, auf die zu Beginn der siebziger Jahre von *Michael Spence* entwickelte *Signalling-Theorie* zurückzugreifen.[65] Diese ist bereits recht erfolgreich zur theoretischen Erklärung des Informationsgehalts einer Dividendenzahlung, die ebenso wie ein Aktienrückerwerb eine Ausschüttung an die Anteilsinhaber darstellt, herangezogen worden.[66] Die relativ kleine Zahl der im Schrifttum bisher vorzufindenden theoretischen Signalling-Modelle zum Aktienrückerwerb fußt auf dem Grundgedanken, dass das besser informierte Management mit Hilfe der Wahl einer bestimmten Aktion - der verbindlichen Ankündigung des Aktienrückerwerbs - die schlechter informierten Kapitalmarktakteure wahrheitsgemäß über den tatsächlichen Unternehmenswert unterrichten möchte. Dabei ist der Aktienrückerwerb aus der Perspektive der Kapitalmarktakteure nur dann ein *glaubwürdiges Signal* für eine Unterbewertung des zugrunde liegenden Unternehmens, wenn zwar das Management einer unterbewerteten Gesellschaft, nicht jedoch dasjenige einer überbewerteten Gesellschaft einen Anreiz besitzt, einen Aktienrückerwerb verbindlich anzukündigen. Die Signalling-Hypothese wurde bereits zahlreichen empirischen Tests unterzogen und gilt derzeit als die überzeugendste Erklärung für den empirisch beobachtbaren positiven Ankün-

[65] Vgl. hierzu insbesondere *Spence* (1973), *Spence* (1974a) und *Spence* (1974b). Gemeinsam mit *George Akerlof* und *Joseph Stiglitz* wurde *Michael Spence* für seine Arbeiten zur Informationsökonomie im Jahre 2001 mit dem Nobelpreis für Wirtschaftswissenschaften bedacht.

[66] Vgl. zum Dividenden-Signalling beispielsweise *Bhattacharya* (1979), *Bhattacharya* (1980), *Talmor* (1981), *Miller/Rock* (1985), *Kumar* (1988), *John/Williams* (1985), *Ambarish/John/Williams* (1987), *Williams* (1988), *Bernheim* (1991), *Allen/Bernardo/Welch* (2000) und *Bernheim/Redding* (2001). Einen Überblick über die frühen Modelle zum Dividenden-Signalling gibt *Hartmann-Wendels* (1986).

digungseffekt eines Aktienrückerwerbs.[67]

Der Signalling-Ansatz zum Aktienrückerwerb basiert auf dem Grundgedanken, dass das Management die Unterbewertung des Unternehmens *gezielt* aufdeckt – die Unternehmensleitung besitzt also einen Anreiz, ihren Informationsvorsprung gegenüber den Kapitalmarktakteuren kundzutun. Ein positiver Ankündigungseffekt könnte jedoch auch daraus resultieren, dass das Management mit der Ankündigung eines Aktienrückerwerbs seine günstigeren Informationen hinsichtlich der künftigen Unternehmensrückflüsse *ungewollt* preisgibt. Diese Vermutung lässt sich durch folgendes Argument plausiblisieren:[68] Wenn ein *unterbewertetes* Unternehmen Aktien zum aktuellen Börsenkurs zurückerwirbt, leisten die veräußernden Aktionäre einen Vermögenstransfer an diejenigen Anteilsinhaber, welche auf eine Teilnahme am Aktienrückerwerb verzichten. Das Management wird jedoch gerade im Interesse derjenigen Aktionäre handeln, die langfristig mit der Gesellschaft verbunden sind, also nicht im Zuge des Aktienrückerwerbs aus dem Kreis der Anteilsinhaber ausscheiden. Denn diese Aktionärsgruppe bestimmt über Entlohnung und Beschäftigung des Managements nach Durchführung des Aktienrückerwerbs. Folglich hat das Management eines unterbewerteten Unternehmens einen Anreiz zum Aktienrückerwerb, weil sich dadurch die langfristig mit dem Unternehmen verbundenen Aktionäre zu Lasten der veräußernden Aktionäre bereichern können. Da die grundsätzlich verkaufsbereiten Aktionäre das opportunistische Rückerwerbsverhalten des Managements antizipieren, schließen sie von der Ankündigung eines Aktienrückerwerbs auf eine Unterbewertung des zugrunde liegenden Unternehmens. Sie werden deshalb nur zu einem höheren Aktienkurs veräußerungswillig sein. Der positive Ankündigungseffekt des Aktienrückerwerbs ist in diesem Falle das Resultat einer *unfreiwilligen Offenbarung* der *Unterbewertung* seitens des Managements. Eine genaue Ausarbeitung dieses – im Schrifttum bisher nur rudimentär formulierten – Grundgedankens ist nun dem nächsten Kapitel vorbehalten.

---

[67] Vgl. *Comment/Jarrell* (1991), S. 1266, *McNally* (1999a), S. 66, *McNally* (1999b), S. 145.

[68] Ein ähnliches Argument konstruieren *Chowdhry/Nanda* (1994), S. 321, *Lucas/McDonald* (1998), S. 234, und *Arnold/Gillenkirch* (2002), S. 24.

Kapitel 3

Aktienrückerwerb bei Informationsasymmetrie und die Gefahr einer Unterausschüttung

3.1 Informationsvorsprung des Managements beim Aktienrückerwerb und das Problem der adversen Selektion

Eine restlos überzeugende Antwort auf die Frage, warum Unternehmen den Großteil ihres freien Cashflows im Wege einer Dividendenzahlung an die Anteilsinhaber auskehren, steht bisher aus.[1] Das beobachtete Ausschüttungsgebaren erscheint umso verwunderlicher, als mit Aktienrückkäufen in vielen Ländern ein alternatives Ausschüttungsinstrument zur Verfügung steht, das gegenüber Dividendenausschüttungen in der Regel einen erheblichen Steuervorteil besitzt. Dennoch werden Aktienrückkäufe relativ selten durchgeführt. Zur Erklärung dieses Phänomens wird in diesem Kapitel ein Modell zum Aktienrückerwerb entwickelt, das – ausgehend von einer asymmetrischen Informationsverteilung zwischen Management und Aktionären – die mit einem Aktienrückerwerb verknüpften Kosten der *adversen Selektion* als mögliche Ursache dafür herausstellt, dass eine Dividendenausschüttung gegenüber einem Aktienrückerwerb als überlegenes Ausschüttunginstrument erscheint.[2]

---

[1]Vgl. *Lucas/McDonald* (1998), S. 233.

[2]Die Gefahr einer adversen Selektion droht dann, wenn eine Kontraktpartei gegenüber der anderen vor Vertragsschluss einen Informationsvorsprung im Hinblick auf die Qualität

Der Grundgedanke, den das Modell formalisiert, ist relativ einfach:[3] Angenommen, ein Unternehmen verfügt über einen freien Cashflow, der im Falle einer Thesaurierung eine geringere Rendite als im Falle einer Ausschüttung erwirtschaftet. Das Management des Unternehmens kann eine Ausschüttung lediglich in Gestalt eines Aktienrückerwerbs vornehmen. Darüber hinaus ist das Management über den Wert des zugrunde liegenden Unternehmens besser als die Aktionäre informiert und handelt im Interesse derjenigen Anteilsinhaber, die auf eine Teilnahme am Aktienrückerwerb verzichten. Dann ist die Durchführung eines Aktienrückerwerbs besonders attraktiv für das Management eines unterbewerteten Unternehmens, weil ein Aktienrückerwerb zum Börsenkurs einen Vermögenstransfer der veräußernden Aktionäre an die am Aktienrückerwerb nicht teilnehmenden Anteilsinhaber bewirkt. Erwirbt dagegen ein überbewertetes Unternehmen Aktien zum Börsenkurs zurück, leisten die nicht am Rückerwerbsprogramm partizipierenden Aktionäre einen Vermögenstransfer an die veräußernden Aktionäre. Da das Management eines überbewerteten Unternehmens diese mit einem Aktienrückerwerb verknüpfte Vermögensverschiebung zu Lasten der am Rückerwerb nicht teilnehmenden Aktionäre zu vermeiden wünscht, wird es gegebenenfalls den freien Cashflow ganz oder teilweise thesaurieren. Dies geht allerdings mit einer Verminderung des Gesamtwerts des Aktionärsvermögens einher, weil der thesaurierte Teilbetrag des freien Cashflows im Unternehmen nicht mehr profitabel investiert werden kann. Diese Kosten einer Thesaurierung haben auch diejenigen Aktionäre zu tragen, welche auf eine Teilnahme am Aktienrückerwerb verzichten. Um die aus der Perspektive dieser Aktionärsgruppe optimale Rückerwerbsofferte zu bestimmen, muss das Management eines überbewerteten Unternehmens unter Beachtung des gleichgewichtigen Tenderverhaltens der grundsätzlich veräußerungswilligen Aktionäre zwei Kostenarten gegeneinander abwägen: Die Kosten einer *Vermögensvernichtung* aufgrund einer (partiellen) Thesaurierung des freien Cashflows und die Kosten einer *Vermögensverschiebung* zu Lasten der am Rückerwerb nicht partizipierenden Aktionäre.

Welche Rückerwerbsstrategie sich für das Management eines überbewerteten Unternehmens als gleichgewichtig erweist, hängt von der zugrunde liegenden Parameterkonstellation und der Spezifikation der so genannten Ungleichgewichtsvermutungen der Aktionäre ab. Es können drei unterschiedliche Gleichgewichtstypen existieren: Pooling-, Semi-Pooling- und separierende Gleichge-

---

eines Gutes besitzt. Vgl. hierzu grundlegend *Akerlof* (1970).

[3]Eine Rechtfertigung für die getroffenen Annahmen wird weiter unten geliefert.

wichte. In einem Pooling-Gleichgewicht wählt das Management eines überbewerteten Unternehmens dieselbe Rückerwerbsofferte wie das Management eines unterbewerteten Unternehmens, so dass die Aktionäre von der abgegebenen Rückerwerbsofferte nicht auf den Typ des zugrunde liegenden Unternehmens schließen können. Ein separierendes Gleichgewicht zeichnet sich dadurch aus, dass das Management eines ursprünglich überbewerteten Unternehmens ein anderes Rückerwerbsangebot als das Management eines ursprünglich unterbewerteten Unternehmens abgibt. In diesem Falle enthüllen die Konditionen der Rückerwerbsofferte den Typ des zugrunde liegenden Unternehmens. In einem Semi-Pooling-Gleichgewicht spielt das Management eines unterbewerteten Unternehmens eine gemischte Strategie und randomisiert über zwei verschiedene Rückerwerbsangebote, während sich das Management eines überbewerteten Unternehmens für eine dieser beiden Rückerwerbsofferten mit Wahrscheinlichkeit eins entscheidet. Dasjenige Rückerwerbsangebot, das von beiden Unternehmenstypen unterbreitet wird – vom Management des unterbewerteten Unternehmens allerdings nur mit positiver Wahrscheinlichkeit –, stellt eine gepoolte Rückerwerbsofferte dar. Eine separierende Offerte repräsentiert das andere Rückerwerbsangebot, welches nur vom Management eines unterbewerteten Unternehmens mit positiver Wahrscheinlichkeit gewählt wird.

Semi-Pooling-Gleichgewichte und separierenden Gleichgewichte sind dadurch charakterisiert, dass das Management eines überbewerteten Unternehmens ein zu geringes Ausschüttungsvolumen realisiert. Mit einem Aktienrückerwerb ist in diesem Fall ein *Unterausschüttungsproblem* verknüpft. Darüber hinaus zeigt sich, dass die Bekanntgabe einer separierenden Offerte eine stärkere positive Aktienkursreaktion als die Ankündigung einer gepoolten Rückerwerbsofferte auslöst. Dies steht völlig in Einklang mit den Ergebnissen empirischer Untersuchungen, wenn man eine gepoolte Rückerwerbsofferte als Offenmarktrückkauf und eine separierende Rückerwerbsofferte als Festpreisangebot interpretiert. Das Modell sagt schließlich voraus, dass die Ankündigung einer separierenden Offerte einen umso stärkeren nachhaltigen Aktienkursanstieg bewirkt, je höher der Rückerwerbspreis ist. Auch dieser Ankündigungseffekt lässt sich empirisch nachweisen. Das im nächsten Abschnitt präsentierte Modell liefert somit eine mit den empirischen Fakten in Einklang stehende Begründung dafür, warum eine Ausschüttung im Wege eines Aktienrückerwerbs mit Kosten der adversen Selektion befrachtet ist und auf ein gesamtwirtschaftlich ineffizientes Ausschüttungsvolumen führen kann. Da bei einer Dividendenausschüttung das mit einer asymmetrischen Informationsverteilung verknüpfte

Problem der adversen Selektion nicht präsent ist, erhält man darüber hinaus eine mögliche Erklärung für die Dominanz der – steuerlich gegenüber Aktienrückkäufen in der Regel nachteiligen – Dividendenausschüttungen.

Ob das im nächsten Abschnitt vorgestellte Modell eine überzeugende Erklärung für die empirisch beobachtbaren Aktienkursreaktionen abgibt, hängt nicht zuletzt von der Plausibilität der zugrunde gelegten Annahmen ab. Deshalb sollen die als besonders wichtig erachteten Prämissen bereits an dieser Stelle offen gelegt und diskutiert werden.

- Betrachtet wird ein Unternehmen, das über eine Menge von bereits realisierten Investitionsprojekten und einen positiven freien Cashflow verfügt. Dieser ist definiert als derjenige Teilbetrag der Unternehmensrückflüsse, der sich im Unternehmen nicht mehr profitabel reinvestieren lässt: „Free cash flow is cash flow in excess of that required to fund all projects that have positive net present values when discounted at the relevant cost of capital."[4]

- Das Management kann den freien Cashflow (partiell) thesaurieren oder im Wege eines Aktienrückerwerbs an die Anteilsinhaber auskehren. Von der Möglichkeit einer Dividendenausschüttung wird abstrahiert, um die mit einem Aktienrückerwerb verknüpften Kosten der adversen Selektion isoliert herauszustellen.

- Aus der Perspektive der Aktionäre besteht die beste Verwendungsmöglichkeit des freien Cashflows in einer Ausschüttung. Diese Annahme erscheint durchaus gerechtfertigt, weil eine Thesaurierung des freien Cashflows regelmäßig Begehrlichkeiten bei den Mitarbeitern des Unternehmens weckt. Diese äußern sich beispielsweise in höheren Lohnforderungen oder einem verstärkten Drang nach Konsum am Arbeitsplatz. Darüber hinaus begünstigt eine Einbehaltung des freien Cashflows die Realisierbarkeit von unprofitablen und damit wertvernichtenden Prestigeinvestitionen („empire building"), die nicht zuletzt auch von Mitarbeitern auf mittleren und unteren Führungsebenen initiiert werden können.[5] Der Einsatz von Kontrollmechanismen, die zu einer Disziplinierung der Mitarbeiter bei der Mittelverwendung beitragen können, ist ebenfalls nicht kostenlos. Schließlich ist eine Unternehmung mit gut gefüllter Kasse im-

[4] *Jensen* (1986), S. 323.
[5] Vgl. hierzu auch *Jensen* (1986), S. 323, und *Stulz* (1990), S. 6-7.

mer ein lohnenswertes Ziel für Schadenersatzklagen.[6] Um diese Ineffizienzen abzubilden, wird unterstellt, dass der freie Cashflow im Falle einer Thesaurierung eine geringere Rendite als im Falle einer Ausschüttung erwirtschaftet.

- Das Management besitzt gegenüber den Kleinaktionären einen Informationsvorsprung hinsichtlich der Höhe des Barwerts der zukünftigen Rückflüsse, die aus den bereits initiierten Investitionsprojekten resultieren. Der Betrag des freien Cashflows des Unternehmens ist dagegen allen Akteuren bekannt.

- Das Management agiert im Interesse derjenigen Aktionäre, die auf eine Veräußerung ihrer Aktien im Rahmen des Rückerwerbsprogramms verzichten. Dies ist unmittelbar plausibel, denn die im Zuge des Rückerwerbs aus dem Kreis der Anteilsinhaber ausscheidenden Aktionäre verlieren ihre Machtposition gegenüber dem Management. Aus dessen Perspektive erscheint es individuell rational, die Interessen der dauerhaft mit dem Unternehmen verbunden Aktionäre zu wahren, weil diese über Bestellung und Entlohnung des Managements nach Durchführung des Aktienrückerwerbs zu entscheiden haben. Sofern das Management noch nicht ausübbare Aktienoptionen besitzt oder Anteile des Unternehmens im Privatvermögen hält und aufgrund von Sperrfristen keine Aktien zum Rückerwerb anbieten darf, führt die zugrunde gelegte Zielfunktion auch zu einer Maximierung des Werts der Anteile, die sich im Besitz des Managements befinden.

Das Schrifttum hat der mit einem Aktienrückerwerb verknüpften Gefahr der adversen Selektion bisher kaum Beachtung geschenkt. Dieser Thematik widmen sich meines Wissens lediglich die Arbeiten von *Brennan/Thakor* (1990), *Chowdhry/Nanda* (1994) und *Lucas/McDonald* (1998). Wenngleich im Detail sehr unterschiedlich, so greifen diese Arbeiten doch allesamt die mit einem Aktienrückerwerb verbundenen Kosten der adversen Selektion auf, um die Persistenz von – steuerlich gegenüber Aktienrückkäufen nachteiligen – Dividendenausschüttungen zu erklären. Gemeinsames Merkmal dieser Arbeiten ist die *simultane* Analyse von Dividenden und Aktienrückkäufen.

Brennan/Thakor (1990) präsentieren ein Modell zum Aktienrückerwerb, in dem der Informationsstand des Managements *keine Rolle* spielt. Sie unterstellen zwei unterschiedliche Aktionärsgruppen, von denen die eine einen

[6]Vgl. *Chowdhry/Nanda* (1994), S. 323.

Informationsvorsprung gegenüber der anderen besitzt. Im Hinblick auf die verwendete Informationsstruktur besteht somit ein wesentlicher Unterschied zu dem in dieser Arbeit vorgestellten Modell. Das Problem der adversen Selektion beim Aktienrückerwerb resultiert im Modell von *Brennan/Thakor* aus der Annahme, dass die besser informierten Aktionäre ihren Informationsvorsprung *aktiv* nutzen. Sie bieten ihre Anteile nur dann zum Aktienrückerwerb an, wenn der Rückerwerbspreis den inneren Wert einer Aktie überschreitet; andernfalls verzichten sie auf eine Teilnahme am Aktienrückerwerb. Ein nicht informierter Aktionär muss deshalb befürchten, dass er einen Vermögenstransfer an einen informierten Aktionär leistet. Dies ist immer dann der Fall, wenn der Rückerwerbspreis den inneren Wert einer Aktie übersteigt und der uninformierte Aktionär seine Anteile hält oder wenn der Rückerwerbspreis den inneren Wert einer Aktie unterschreitet und der uninformierte Aktionär seine Anteile veräußert. Da eine Ausschüttung in Gestalt einer Dividende allen Aktionären entsprechend ihrer Beteiligungsquote, d.h. pro rata, zufließt, resultieren hieraus keine Vermögensverschiebungen zwischen den Aktionären. Die uninformierten Aktionäre werden deshalb eine Dividendenausschüttung gegenüber einem Aktienrückerwerb präferieren. Dagegen ziehen die informierten Aktionäre einen Rückerwerb vor, weil dieser ihnen die Möglichkeit einer Bereicherung zu Lasten der uninformierten Aktionäre eröffnet. Besitzen nun die uninformierten Aktionäre eine Stimmenmehrheit auf der Hauptversammlung, wird für eine Dividende als Ausschüttungsinstrument votiert; bei Stimmenmehrheit der informierten Aktionäre beschließt die Hauptversammlung einen Aktienrückerwerb als Ausschüttungsmechanismus. Das Modell von *Brennan/Thakor* liefert auf den ersten Blick eine sehr überzeugende Erklärung dafür, warum einige Unternehmen eine Dividendenausschüttung gegenüber einem Aktienrückerwerb vorziehen – und zwar selbst dann, wenn Dividenden im Vergleich zu Aktienrückkäufen steuerlich nachteilig behandelt werden.[7] Dennoch weist das Modell meines Erachtens zwei Schwächen auf. Zum einen blenden *Brennan/Thakor* die Möglichkeit einer Thesaurierung des freien Cashflows aus. Dies ist insofern problematisch, als im Modell keine wirkliche Notwendigkeit für die Durchführung einer Ausschüttung besteht – der Gesamtwert des Aktionärsvermögens ist letztlich unabhängig vom Ausschüttungsvolumen.[8]

---

[7] Vgl. *Allen/Bernardo/Welch* (2000), S. 2523.

[8] Diesem Kritikpunkt ist das nachfolgend präsentierte Modell nicht ausgesetzt, weil es dem Management im Ergebnis die Option einer (teilweisen) Thesaurierung des freien Cashflows einräumt. Da der freie Cashflow im Falle einer Einbehaltung eine geringere Rendite als im Falle einer Ausschüttung erwirtschaftet, ist eine Thesaurierung jedoch mit Kosten

Zum anderen hat die Annahme zweier unterschiedlich informierter Aktionärsgruppen zur Konsequenz, dass das Problem der adversen Selektion nicht nur beim Aktienrückerwerb, sondern auch beim „gewöhnlichen" Aktienhandel präsent ist. Unter der Voraussetzung, dass die nicht informierten Aktionäre am Börsenhandel teilnehmen, kann ihnen auch eine Dividendenausschüttung keinen wirklichen Schutz vor einem Vermögenstransfer an die informierten Aktionäre bieten: Unterschreitet der Börsenkurs den inneren Wert einer Aktie, verwenden die informierten Aktionäre eine Dividendenausschüttung, um die unterbewerteten Aktien von den nicht informierten Aktionären über die Börse zu erwerben. Dadurch erleiden diese einen Vermögensverlust. Überschreitet der Börsenkurs dagegen den inneren Wert einer Aktie, veräußern die informierten Aktionäre ihre Anteile an die nicht informierten, weshalb diese ebenfalls eine – durch eine Dividendenausschüttung nicht zu vermeidende – Vermögenseinbuße hinzunehmen haben. Eine Dividendenausschüttung belässt den informierten Anteilsinhabern somit die Möglichkeit, die nicht informierten Aktionäre über den Börsenhandel im Anschluss an die Durchführung der Dividendenausschüttung zu expropriieren. Folgt man dieser Argumentation, dann entfällt der Vorteil einer Dividendenausschüttung gegenüber einem Aktienrückerwerb. Dies stellt meines Erachtens einen gravierenden Einwand gegen das von *Brennan/ Thakor* entwickelte Modell dar.

Chowdhry/Nanda (1994) konstruieren ein intertemporales Modell zum Aktienrückerwerb, in dem das Management einen Informationsvorsprung gegenüber den Aktionären im Hinblick auf den wahren Wert des zugrunde liegenden Unternehmens besitzt. Den zu einem Zeitpunkt anfallenden freien Cashflow kann das Management im Wege einer zu versteuernden Dividende oder im Wege eines Aktienrückerwerbs an die Aktionäre auskehren. Eine gemischte Ausschüttungspolitik – eine Kombination aus Aktienrückerwerb und Dividende – wird per Annahme ausgeschlossen. Darüber hinaus besitzt das Management die Option, den freien Cashflow ganz oder teilweise zu thesaurieren. Der thesaurierte Teilbetrag des Cashflows erwirtschaftet dabei eine erwartete Rendite, die unterhalb des Marktzinssatzes liegt. Deshalb erweist sich eine Ausschüttung grundsätzlich als vorteilhaft. Weiterhin richtet das Management die Ausschüttungs- bzw. Thesaurierungspolitik an den Interessen derjenigen Aktionäre aus, die am Ende der betrachteten Periode im Unternehmen verbleiben: Es maximiert den Barwert der Netto-Cashflows (nach Steuern), die auf einen Durchschnittsaktionär dieser Aktionärsgruppe entfallen. Somit be-

verbunden.

stehen sowohl im Hinblick auf die verwendete Informationsstruktur und die zugrunde gelegte Zielfunktion als auch hinsichtlich der Annahme einer partiellen Versickerung thesaurierter Cashflows Parallelen zu dem im nachfolgenden Abschnitt entwickelten Modell. Allerdings belassen es *Chowdhry/Nanda* bei einer sehr rudimentären, spieltheoretisch nicht ausgearbeiteten Modellierung des Aktienrückerwerbs. Faktisch unterstellen sie die Existenz eines separierenden „Gleichgewichts", in dem das Management nur im Falle eines hohen Unternehmenswerts eine Rückerwerbsofferte abgibt und ansonsten auf die Durchführung eines Aktienrückerwerbs vollständig verzichtet. Offen bleibt jedoch, ob neben einem solchen separierenden „Gleichgewicht" auch noch andere – poolende oder separierende – Gleichgewichte existieren können, in denen das Management selbst bei Vorliegen eines geringen Unternehmenswertes zumindest einen Teil des freien Cashflows im Wege eines Aktienrückerwerbs auskehrt. Um diese Frage zu beantworten, benötigt man jedoch ein wesentlich detaillierteres Modell zum Aktienrückerwerb, in dem insbesondere die (revidierten) Vermutungen der Aktionäre im Hinblick auf den zugrunde liegenden Unternehmenstyp und sowie ihre Veräußerungsstrategien explizit berücksichtigt werden. Genau diesen Weg schlägt das im folgenden Abschnitt entwickelte Modell ein.

Lucas/McDonald (1998) betrachten ein Unternehmen, das über eine zukünftige Cashflows generierende Produktionstechnologie und einen freien Cashflow verfügt. Dieser kann im Wege eines Aktienrückerwerbs und/oder als zu versteuernde Dividendenzahlung an die Aktionäre ausgekehrt werden. Die Möglichkeit einer Thesaurierung von Teilen des freien Cashflows wird dagegen per Annahme ausgeschlossen. Gerechtfertigt wird dies durch die Behauptung, dass eine Ausschüttung die bestmögliche Verwendung des freien Cashflows darstellt.[9] In der von *Lucas/McDonald* gewählten Modellformulierung bewirkt eine Ausschüttung jedoch keine Steigerung des Aktionärsvermögens; sie ist vielmehr *irrelevant* für den Gesamtwert des zur Verteilung anstehenden Vermögens.[10] Damit enthält es – im Gegensatz zu dem in nächsten Abschnitt vorgestellten Modell – kein formalisiertes Argument dafür, warum eine Ausschüttung ökonomisch sinnvoll ist. Des Weiteren gehen *Lucas/McDonald* davon aus, dass das Management im Hinblick auf den wahren Wert der Produktionstechnologie einen Informationsvorsprung gegenüber den Aktionären besitzt. Damit rekurrieren sie auf dieselbe Informationsstruktur, wie sie im

[9] Vgl. *Lucas/McDonald* (1998), S. 236.

[10] Diesen Kritikpunkt teilt das Modell von *Lucas/McDonald* mit demjenigen von *Brennan/Thakor* (1990).

nachfolgend präsentierten Modell zugrunde gelegt wird. Auch die verwendeten Zielfunktionen weisen Ähnlichkeiten auf: *Lucas/McDonald* nehmen an, dass das Management im Interesse eines Medianaktionärs handelt, der zumindest einen Teil seines Aktienbestandes nicht zum Rückerwerb anbietet. Die beiden Modelle unterscheiden sich insbesondere im Hinblick auf die Handlungsoptionen des Managements: Während im Modell von *Lucas/McDonald* der gesamte freie Cashflow im Wege einer Dividende und/oder eines Aktienrückerwerbs auszuschütten ist, besitzt das Management im nachfolgend präsentierten Modell die Möglichkeit, den freien Cashflow (teilweise) zu thesaurieren oder ihn (teilweise) in Gestalt eines Aktienrückerwerbs auszukehren. Darüber hinaus untersuchen *Lucas/McDonald* lediglich ein separierendes Gleichgewicht, in dem das Management eines ursprünglich überbewerteten Unternehmens den zugrunde liegenden Unternehmenstyp im Wege einer Dividendenausschüttung signalisiert. Hier dagegen werden neben separierenden Gleichgewichten, in denen das Management den Typ des – ursprünglich überbewerteten – Unternehmens mit Hilfe einer (teilweisen) Thesaurierung des freien Cashflows enthüllt, auch Pooling- und Semi-Pooling-Gleichgewichte analysiert.

3.2 Aktienrückerwerb bei atomistischer Struktur der Kleinaktionäre – ein formales Modell

3.2.1 Kennzeichnung der Modellprämissen

Im Folgenden wird ein Unternehmen betrachtet, das in der Rechtsform einer Aktiengesellschaft geführt wird. Das Management des Unternehmens hat in der Vergangenheit ein Investitionsprogramm realisiert, dessen Gegenwartswert $V_i > 0$ davon abhängt, welcher der beiden möglichen Umweltzustände $i \in \{L, H\}$ eingetreten ist. Im günstigen Umweltzustand H besitzt das Investitionsprogramm einen höheren Wert als im ungünstigen Umweltzustand L: $V_H > V_L$. Darüber hinaus verfügt das Unternehmen über einen freien Cashflow in Höhe von $c > 0$, der entweder ausgeschüttet oder thesauriert werden kann. Im Falle einer Ausschüttung kann der freie Cashflow einer risikolosen Kapitalmarktanlage zugeführt werden, welche eine Verzinsung des investierten Betrags zum Marktzinssatz r_m verspricht. Der Marktzinssatz wird ohne Beschränkung der Allgemeinheit auf $r_m \equiv 0$ normiert. Weiterhin wird unterstellt, dass der freie Cashflow im Falle einer Thesaurierung eine geringere Rendite als im Falle einer Ausschüttung erwirtschaftet. Diese Annahme erscheint durchaus gerechtfertigt, denn eine Thesaurierung des freien Cashflows weckt regelmäßig Begehrlichkeiten bei den Mitarbeitern, die sich in höheren Lohnforderungen oder einem verstärkten Konsum am Arbeitsplatz („Consumption on the job") äußern. Darüber hinaus erleichtert eine Thesaurierung des freien Cashflows die Finanzierung von unrentablen Prestigeinvestitionen. Um die mit einer Thesaurierung verknüpfte partielle „Versickerung" des freien Cashflows formal zu erfassen, wird angenommen, dass die im Unternehmen reinvestierten Mittel eine zustandsabhängige Rendite in Höhe von $-1 < r_i < 0$ ($\forall i \in \{L, H\}$) erwirtschaften. An dieser Stelle kann offen bleiben, ob die Reinvestitionsrendite bei Eintritt des günstigen Umweltzustands H höher oder niedriger als diejenige bei Realisation des ungünstigen Umweltzustands L ist. Es wird jedoch davon ausgegangen, dass Umweltzustand H auf einen höheren Unternehmenswert als Umweltzustand L führt, wenn der gesamte freie Cashflow im Unternehmen einbehalten wird: $V_H + (1 + r_H) \cdot c > V_L + (1 + r_L) \cdot c$. Unter Verwendung von $k_i \equiv 1 + r_i$ ($\forall i \in \{L, H\}$) lässt sich dies schreiben als

Annahme 3.1 $V_H + k_H \cdot c > V_L + k_L \cdot c.$

Es ist unmittelbar einsichtig, dass die Annahme zweier alternativer Umweltzustände L und H äquivalent zur Unterstellung der Existenz zweier verschiedener Unternehmenstypen ist. Zur sprachlichen Vereinfachung wird im Folgenden der Umweltzustand L (H) mit dem Unternehmenstyp L (H) gleichgesetzt.

Da die Kapitalmarktalternative eine höhere Rendite verspricht als eine Reinvestition des freien Cashflows im Unternehmen ($r_m > r_i \; \forall i$), ist eine Ausschüttung des gesamten freien Cashflows in Höhe von c gesamtwirtschaftlich *effizient*. Um die mit einem Aktienrückerwerb bei asymmetrischer Informationsverteilung verknüpften Kosten der adversen Selektion isoliert herauszuarbeiten, wird von der Möglichkeit einer Ausschüttung des freien Cashflows in Gestalt einer Dividende zunächst abstrahiert.

Annahme 3.2 *Eine Ausschüttung des freien Cashflows erfolgt im Wege eines Aktienrückerwerbs.*

An dem in der Rechtsform einer Aktiengesellschaft geführten Unternehmen sind zwei verschiedene – in sich jedoch homogene – Aktionärsgruppen beteiligt: strategische Investoren und Kleinaktionäre. Die strategischen Investoren halten insgesamt $n > 0$ Aktien der Gesellschaft, während auf die Kleinaktionäre $z > 0$

Anteile entfallen; insgesamt hat die Gesellschaft $n + z$ beliebig teilbare Aktien emittiert.

Die strategischen Investoren sind langfristig mit dem Unternehmen verbunden und daran interessiert, bei der Gestaltung der Unternehmenspolitik mitzuwirken. Darüber hinaus sind sie nicht abgeneigt, ihre Beteiligungsquote am Unternehmen aufzustocken, um so ihren Einfluss auf die Unternehmensführung zu stärken. Das langfristige Engagement der strategischen Investoren spiegelt sich im Modell darin wider, dass sie zu einer Veräußerung ihrer Anteile – insbesondere im Rahmen eines Aktienrückerwerbs – nicht bereit sind.

Annahme 3.3 *Strategische Investoren verzichten auf eine Teilnahme am Aktienrückerwerb.*

Die Zielsetzung, welche die strategischen Investoren mit der Unternehmensbeteiligung verfolgen, ist zumindest auch monetärer Art – sie streben nach einer Maximierung des Wertes ihres Anteilsbesitzes. Strategische Investoren sind beispielsweise in verbundenen Unternehmen oder Kapitalanlagegesellschaften zu sehen, die jeweils eine dauerhafte Bindung zum betrachteten Unternehmen knüpfen. Darüber hinaus ist das Management selbst als strategischer Investor aufzufassen, wenn es Anteile am Unternehmen besitzt, die nur nach Ablauf bestimmter Sperrfristen veräußert werden dürfen.

Die Aktien, welche sich nicht im Besitz der strategischen Investoren befinden, werden von einer sehr großen Zahl von Kleinaktionären gehalten. Ein solch breit gestreuter Aktienbesitz lässt sich durch eine *atomistische Aktionärsstruktur* – ein Kontinuum von Kleinaktionären – approximieren. Die Menge der als identisch betrachteten, masselosen Kleinaktionäre wird mit $A = [0, K]$ bezeichnet. Jeder Kleinaktionär $k \in A$ verfügt über einen gleich großen, auf eins normierten Bestand an Aktien des Unternehmens: $z(k) \equiv 1$. Da die Kleinaktionäre insgesamt z Aktien halten, muss

$$\int_0^K z(k)dk = z$$

gelten, was aufgrund von $z(k) = 1$ $K = z$ impliziert. Den Anlageentscheidungen der Kleinaktionäre liegt eine rein monetäre Zielvorstellung zugrunde: Sie maximieren den Wert ihres Vermögens, das aus dem Aktienhandel resultiert. Deshalb sind die Kleinaktionäre zur Veräußerung ihres Aktienbestandes – insbesondere im Rahmen eines Aktienrückerwerbsprogramms – immer dann bereit, wenn der erzielbare Veräußerungspreis den inneren Wert einer Aktie nicht unterschreitet.

Um die Modellstruktur möglichst einfach zu halten, wird im Hinblick auf die Risikoeinstellung der beiden Aktionärsgruppen folgende Annahme getroffen:

Annahme 3.4 *Sowohl die strategischen Investoren als auch die Kleinaktionäre sind risikoneutral.*

Diese Annahme erscheint im Ergebnis zumindest dann gerechtfertigt, wenn beide Aktionärsgruppen breit diversifiziert sind und die Rückflüsse aus der Beteiligung am Unternehmen eine relativ geringe Korrelation mit der Wertentwicklung der Portfolios aufweisen, welche aus den anderen Vermögensanlagen der Aktionäre gebildet werden.

Dem *Management* des Unternehmens wird die Kompetenz zugewiesen, die (weiter unten beschriebenen) Modalitäten des Aktienrückerwerbs festzulegen. Da die strategischen Investoren annahmegemäß am Aktienrückerwerbsprogramm nicht teilnehmen, steigt ihre Beteiligungsquote nach vollzogenem Rückerwerb. Dies zieht einen wachsenden Einfluss der strategischen Investoren auf das Management des Unternehmens nach sich. Somit ist es plausibel anzunehmen, dass das Management den Aktienrückerwerb im Interesse der strategischen Aktionäre ausgestaltet. Andernfalls wären diese in der Lage, das Management zu sanktionieren – sei es durch eine Beschneidung von Entscheidungskompetenzen, eine Gehaltskürzung oder gar eine Entlassung. Deshalb wird sich auch ein eigennütziges Management bei der Durchführung des Aktienrückerwerbs an den Präferenzen der strategischen Investoren orientieren. Die Interessen von strategischen Investoren und Management stimmen insbesondere dann überein, wenn das Management Anteile am Unternehmen bzw. Aktienoptionen besitzt und – beispielsweise aufgrund von Sperrfristen bei der Anteilsveräußerung bzw. der Optionsausübung – am Aktienrückerwerb nicht teilnehmen darf. Wie bereits erläutert, ist in diesem Fall das Management selbst der Gruppe der strategischen Investoren zuzuordnen. Dagegen erscheint es wenig sinnvoll zu unterstellen, dass das Management den Aktienrückerwerb an den Zielvorstellungen der Kleinaktionäre ausrichtet, weil diese zur Veräußerung ihrer Anteile und damit zum Verlassen des Unternehmens grundsätzlich bereit sind.

Annahme 3.5 *Das Management handelt im Interesse der strategischen Investoren und legt die Modalitäten des Aktienrückerwerbs so fest, dass der erwartete innere Wert der von den strategischen Investoren gehaltenen Anteile maximiert wird.*

Der innere Wert der sich im Besitz der strategischen Investoren befindlichen Anteile entspricht dabei dem erwarteten Barwert der Rückflüsse, welche auf diese Anteile entfallen. Im Ergebnis vertritt das Management somit die Interessen derjenigen Aktionäre, die von einer Teilnahme am Aktienrückerwerb absehen.

Der Aktienrückerwerb erfolgt mit Hilfe eines *Festpreisverfahrens*, das wie folgt ausgestaltet ist: Das Management eines Unternehmens vom Typ i ($\forall i \in \{L, H\}$) bietet an, maximal $z_r(i) \in Z = [0, z]$ Aktien zum Preis von $P_r(i)$ zurückzuerwerben. Sofern nicht auf die Durchführung eines Aktienrückerwerbs verzichtet wird – dies wird durch $(z_r(i), P_r(i)) = (0, 0)$ abgebildet –, sind $z_r(i)$ und $P_r(i)$ so zu wählen, dass das resultierende Ausschüttungsvolumen den gesamten freien Cashflow aufzehrt:

$$z_r(i) \cdot P_r(i) = c \qquad \text{für} \quad z_r(i) > 0. \tag{3.1}$$

Dies hat zur Konsequenz, dass mit der Wahl von $z_r(i)$ der Rückerwerbspreis $P_r(i)$ eindeutig festgelegt ist:

$$P_r(i) = \frac{c}{z_r(i)} \qquad \text{für} \quad z_r(i) > 0. \tag{3.2}$$

Aus Gleichung (3.1) folgt, dass das Management keine (positive) Rückerwerbsofferte abgeben darf, bei der das maximal zulässige Ausschüttungsvolumen den freien Cashflow unterschreitet. Abgesehen vom Rückerwerbsverzicht $(z_r(i), P_r(i)) = (0, 0)$ werden damit nur solche Rückerwerbsangebote betrachtet, welche ökonomisch effiziente Ausschüttungen nicht bereits im vorhinein verhindern.[11]

Da nur eine Höchstzahl $z_r(i)$ von Aktien zurückgenommen wird, ist das Rückerwerbsangebot nach oben *beschränkt.* Darüber hinaus kann die Rückerwerbsofferte grundsätzlich mit einer *Bedingung* versehen werden. Diese knüpft den Bestand der Offerte an eine Mindestzahl $m_r(i) \in [0, z]$ zum Verkauf angebotener Aktien: Werden weniger als $m_r(i)$ Aktien offeriert, dann verzichtet das Management auf einen Vollzug des Aktienrückerwerbs und gibt die angebotenen Aktien wieder zurück. Dagegen hat das Management bei einer *unbedingten* Rückerwerbsofferte die angebotenen Aktien auch dann abzunehmen, wenn insgesamt weniger als $z_r(i)$ Aktien getendert werden. Da bedingte Rückerwerbsofferten empirisch nicht beobachtbar sind, werden im Folgenden

[11] In Abschnitt 3.4.5.3.2 wird jedoch ein modifiziertes Modell analysiert, in dem genau diese Prämisse aufgehoben wird.

lediglich unbedingte Rückerwerbsofferten analysiert, die durch $m_r(i) = 0$ gekennzeichnet sind.

Weiterhin sei unterstellt, dass das Management nur *eine* Rückerwerbsofferte abgibt („take it or leave it-offer“) und sich glaubwürdig an diese binden kann. Damit ist beispielsweise das Nachbessern eines Angebots bei (partiellem) Scheitern ausgeschlossen. Die Selbstbindung des Managements an das Rückerwerbsangebot hat zur Konsequenz, dass für ex post effiziente Nachverhandlungen des Rückerwerbsergebnisses – d.h. solche Nachverhandlungen, die sowohl das Management (bzw. die strategischen Investoren) als auch die Kleinaktionäre besser stellen – kein Raum ist. Dies beeinflusst das Tender-Verhalten der Kleinaktionäre, was sich ex ante als günstig für das Management erweisen kann.

Im Anschluss an die Abgabe des Rückerwerbsangebots durch das Management entscheiden die Kleinaktionäre gleichzeitig und unabhängig voneinander, ob sie ihren Aktienbestand halten oder zum Rückerwerb offerieren sollen.

Annahme 3.6 *Jeder Kleinaktionär kann entweder seinen gesamten Aktienbesitz zum Rückerwerb anbieten oder auf eine Teilnahme am Aktienrückerwerb verzichten.*

Diese Annahme dient allein zur Beschränkung der Menge der Aktionen, die von den Kleinaktionären gewählt werden können, und erleichtert die Modellierung. Eine Aufhebung dieser Prämisse hätte jedoch keine wesentliche Änderungen der Modellergebnisse zur Folge. Die Gesamtzahl der Aktien, die zum Rückerwerb angeboten werden, sei mit z_a ($z_a \in Z$) bezeichnet. Übersteigt die Anzahl getenderter Aktien die Obergrenze, die das Management zurückzunehmen beabsichtigt ($z_a > z_r$), werden die Aktien *pro rata* zurückerworben. Alternativ hierzu käme ein Losverfahren in Betracht, bei dem die angebotenen Aktienbestände mit einer Wahrscheinlichkeit von z_r/z_a zurückerworben werden. Da die Kleinaktionäre als risikoneutral aufgefasst werden, führen Losverfahren und anteiliger Aktienrückerwerb zu einem identischen Tender-Verhalten der Aktionäre. Nach Durchführung des Aktienrückkaufs werden die zurückerworbenen Aktien eingezogen.[12]

Im Hinblick auf den Informationsstand der Akteure werden zwei Fälle unterschieden: Im *First-best-Fall* besitzen sowohl das Management als auch die

[12] Alternativ hierzu könnte die Annahme getroffen werden, dass die mit einer zurückerworbenen Aktie verknüpften Rechte so lange ruhen, wie sich die Aktien im Besitz des Unternehmens befinden. Dadurch ändern sich die Modellergebnisse jedoch nicht.

Kleinaktionäre Kenntnis vom Typ des zugrunde liegenden Unternehmens. Dagegen verfügt das Management im *Second-best-Fall* über einen Informationsvorsprung gegenüber den Kleinaktionären. Es wird davon ausgegangen, dass das Management zum Zeitpunkt der Formulierung des Angebots zum Aktienrückerwerb den Typ i ($i \in \{L, H\}$) des Unternehmens kennt. Dagegen besitzen die Kleinaktionäre lediglich Kenntnis von der a priori-Wahrscheinlichkeit π_i ($0 < \pi_i < 1$), dass dem Rückerwerbsangebot ein Unternehmen vom Typ i ($i \in \{L, H\}$) zugrunde liegt. Alle anderen Modellparameter sind den Akteuren sowohl im First-best- als auch im Second-best-Fall bekannt („common knowledge"). Die im Second-best-Fall bestehende asymmetrische Informationsverteilung zwischen Management und Kleinaktionären ist ursächlich für das Problem der adversen Selektion beim Aktienrückerwerb. Da sich die strategischen Investoren beim Aktienrückerwerb passiv verhalten und keine Aktien zur Veräußerung anbieten, sind Annahmen im Hinblick auf ihren Informationsstand nicht erforderlich.

Eine Ausschüttung des gesamten freien Cashflows im Wege eines Aktienrückerwerbs ist nur dann möglich, wenn der Wert der Beteiligung, welche die grundsätzlich veräußerungswilligen Kleinaktionäre am Unternehmen halten, den Betrag des freien Cashflows übersteigt. Um die Kleinaktionäre vollständig aus dem Unternehmen auszukaufen, soll deshalb selbst beim kleinsten noch sinnvollen Rückerwerbspreis $(V_L + k_L c)/(n + z)$ ein Ausschüttungsvolumen erforderlich sein, welches den freien Cashflow nicht unterschreitet. Dies wird durch folgende Parameterrestriktion sichergestellt:

Annahme 3.7 $V_L > (n/z + 1 - k_L)c$.

3.2.2 Spieltheoretische Formulierung des Modells

Um das Modell eines Aktienrückerwerbs bei asymmetrischer Informationsverteilung präzise analysieren zu können, ist es in einen spieltheoretischen Rahmen einzubetten. Eine spieltheoretische Formulierung des Modells verlangt eine Festlegung der Menge der Spieler, der Aktionen und Strategien für jeden Spieler sowie der Auszahlungsfunktion jedes Spielers. Die Menge der *Spieler* wird durch das jeweilige Management eines Unternehmens vom Typ i ($i = L, H$) sowie die Menge A der Kleinaktionäre gebildet. Da die strategischen Investoren am Aktienrückerwerb nicht teilnehmen, kommen sie als Spieler nicht in Betracht. Sie wurden lediglich eingeführt, um die gewählte Ziel- bzw. Auszahlungsfunktion des Managements zu begründen.

Die *Aktion des Managements* eines Unternehmens vom Typ i besteht in der Wahl der Obergrenze $z_r(i) \in Z = [0, z]$ für die Anzahl der zurückzuerwerbenden Aktien. Aufgrund von Gleichung (3.2) ist mit einer Festlegung von $z_r(i) > 0$ auch der Rückerwerbspreis $P_r(i)$ in eindeutiger Weise bestimmt. Verzichtet das Management von Typ i auf die Durchführung eines Aktienrückerwerbs, dann wählt es $z_r(i) = 0$. Der Rückerwerbspreis wird in diesem Falle auf $P_r(i) = 0$ gesetzt. Eine *Strategie des Managements* von Typ i ist eine Funktion $\sigma_i : [0, z] \rightarrow [0, 1]$, die jeder zulässigen Aktion z_r des Managements eine Wahrscheinlichkeit $\sigma_i(z_r) \in [0, 1]$ zuweist, mit der sie gespielt wird.

Die Entscheidung $s \in S = \{t, h\}$ hinsichtlich der Annahme des Rückerwerbsangebots determiniert die Menge der möglichen *Aktionen*, welche der *Kleinaktionär* k wählen kann: Akzeptanz ($s(k) = t$) oder Ablehnung ($s(k) = h$) der Rückerwerbsofferte. Eine *Strategie des Kleinaktionärs* k wird durch eine Funktion $\alpha_k(\cdot|z_r) : \{t, h\} \rightarrow [0, 1]$ für jedes z_r beschrieben. Eine solche Funktion gibt für ein Rückerwerbsangebot z_r die Wahrscheinlichkeit $\alpha_k(s|z_r) \in [0, 1]$ an, mit welcher der Kleinaktionär k die Aktion s wählt.

Das Management eines Unternehmens vom Typ i legt die Rückerwerbsofferte so fest, dass der erwartete innere Wert der von den strategischen Investoren gehaltenen Anteile maximiert wird. Dabei hat das Management quasi als Nebenbedingung zu beachten, dass die strategischen Investoren am Aktienrückerwerb nicht partizipieren. Die *Auszahlung* $U_i(z_r)$ an das *Management* eines Unternehmens vom Typ i entspricht deshalb dem inneren Wert einer Aktie des Unternehmens nach Durchführung des Rückerwerbs:

$$U_i(z_r) \quad = \quad \frac{V_i + k_i \cdot (c - \min[z_r; z_a] \cdot P_r)}{n + z - \min[z_r; z_a]}. \tag{3.3}$$

Anzumerken ist, dass die Auszahlungsfunktion des Managements von i auch einen Rückerwerbsverzicht erfasst, der durch $(z_r(i), P_r(i)) = (0, 0)$ abgebildet wird.

Die *Auszahlung* $G_k(s)$ an den *Kleinaktionär* k eines Unternehmens vom Typ i, der entweder seinen gesamten Aktienbestand in Höhe von $z_k \equiv 1$ halten ($s(k) = h$) oder zum Rückerwerb anbieten kann ($s(k) = t$), beläuft sich für die Aktion Halten auf

$$G_k(h) \quad = \quad \frac{V_i + k_i \cdot (c - \min[z_r; z_a] \cdot P_r)}{n + z - \min[z_r; z_a]}. \tag{3.4}$$

Ein Vergleich von (3.3) und (3.4) zeigt, dass die Auszahlung an einen Kleinaktionär im Falle eines Verzichts auf eine Teilnahme am Aktienrückerwerb immer mit der Auszahlung übereinstimmt, welche das Management bzw. ein strategischer Investor erhält. Der Kleinaktionär kann sich damit eine erwartete Auszahlung sichern, die mindestens so hoch wie diejenige des Managements ist. Die Aktion Veräußern (Tendern) verspricht dem Kleinaktionär k eine Auszahlung in Höhe von

$$\begin{aligned} G_k(s) &= \min[1; \frac{z_r}{z_a}] \cdot P_r \\ &+ \left(1 - \min[1; \frac{z_r}{z_a}]\right) \frac{V_i + k_i \cdot (c - \min[z_r; z_a] \cdot P_r)}{n + z - \min[z_r; z_a]} \quad \text{für } z_r > 0, \end{aligned} \tag{3.5}$$

wobei für den an der Stelle $z_a = 0$ grundsätzlich nicht definierten Quotienten $q(z_a) = z_r/z_a$ $(z_r > 0)$ $q(0) \equiv \infty$ festgelegt wird. Eine weitergehende Spezifikation des Rückerwerbsspiels sowie die Festlegung eines geeigneten (verfeinerten) Nash-Gleichgewichtskonzeptes kann nur in Abhängigkeit vom Informationsstand der Kleinaktionäre vorgenommen werden.[13] Deshalb wird zunächst der Referenzfall einer symmetrischen Informationsverteilung zwischen Management und Kleinaktionären untersucht. Im Anschluss daran erfolgt eine Analyse des Rückerwerbsspiels für den Fall, dass das Management gegenüber den Kleinaktionären einen Informationsvorsprung im Hinblick auf den Typ des zugrunde liegenden Unternehmens besitzt.

3.3 Gleichgewicht des Rückerwerbsspiels bei symmetrischer Informationsverteilung – der Referenzfall

Im Falle einer symmetrischen Informationsverteilung zwischen Management und Kleinaktionären besitzen alle Akteure Kenntnis vom Typ des zugrunde liegenden Unternehmens. Den Kleinaktionären ist somit bekannt, welchem Unternehmenstyp die präsentierte Rückerwerbsofferte zuzuordnen ist. Folglich ist die Informationsmenge, die der Aktionswahl der Kleinaktionäre zugrunde liegt, eine Punktmenge. Dies hat zur Konsequenz, dass das Rückerwerbsspiel bei symmetrischer Informationsverteilung ein Teilspiel besitzt, in dem die Kleinaktionäre simultan und unabhängig voneinander über Annahme oder Ab-

[13] Das Nash-Gleichgewicht stellt das Standard-Gleichgewichtskonzept in der Spieltheorie dar und geht auf *Nash* (1950) zurück.

lehnung des Rückerwerbsangebots zu entscheiden haben (*Tender-Teilspiel*).[14] Als Standard-Gleichgewichtskonzept für solche Spiele hat sich das auf *Selten* (1965) zurückgehende teilspielperfekte Nash-Gleichgewicht herauskristallisiert.[15] Dieses weist folgende Eigenschaften auf: (1) Die von den Spielern gewählte Strategiekombination bildet ein Nash-Gleichgewicht des Gesamtspiels. (2) In jedem Teilspiel führt der jeweils relevante Ausschnitt aus dieser Strategiekombination auf ein Nash-Gleichgewicht.

Um das teilspielperfekte Gleichgewicht des Rückerwerbsspiels bei symmetrischer Informationsverteilung zu bestimmen, ist das Gesamtspiel rekursiv mit Hilfe der Rückwärtsinduktion zu lösen. Zunächst wird die Lösung des *Tender-Teilspiels* ermittelt, indem für ein gegebenes Rückerwerbsangebot $z_r(i) = z_r^i$ des Managements von i diejenigen Tender-Strategien der Kleinaktionäre $\alpha_k(\cdot|z_r^i)$ bestimmt werden, welche auf ein Nash-Gleichgewicht des Tender-Teilspiels führen. Basierend auf diesen bedingten gleichgewichtigen Tender-Strategien ist dann die gleichgewichtige Rückerwerbsstrategie des Managements eines Unternehmens vom Typ i ($i \in \{L, H\}$) zu ermitteln.

Das Tender-Teilspiel, welches die zweite und letzte Stufe des Rückerwerbsspiels bildet, wird nur dann erreicht, wenn das Management nicht von der Durchführung eines Aktienrückerwerbs absieht. Deshalb muss für das Tender-Teilspiel, in dem die Kleinaktionäre simultan und unabhängig voneinander über Annahme oder Ablehnung der unbedingten Rückerwerbsofferte zu entscheiden haben, $z_r^i > 0$ gelten. Über Gleichung (3.2) ist dann auch der Rückerwerbspreis eindeutig festgelegt. Im Folgenden werden die gleichgewichtigen Tender-Strategien der Kleinaktionäre für gegebene Rückerwerbsangebote z_r^i bestimmt.

Lemma 3.1 *Das Tender-Teilspiel, in dem die Kleinaktionäre simultan und unabhängig voneinander über eine Annahme oder Ablehnung der Rückerwerbsofferte z_r^i ($0 < z_r^i \leq z$) zu entscheiden haben, besitzt die folgenden Nash-Gleichgewichte in reinen Strategien:*

(i) $z_r^i \leq \frac{(n+z)c}{V_i+c}$ und $P_r^i = c/z_r^i$. Jeder Kleinaktionär k tendert seinen Aktienbestand mit Wahrscheinlichkeit $\alpha_k(t|z_r^i) = 1$ ($\forall k \in [0, K]$). Von den insgesamt $z_a^i = z$ zum Rückerwerb angebotenen Aktien werden z_r^i Stück aufgekauft; der Aktienrückerwerb gelingt in vollem Umfang.

---

[14] Zur Definition eines Teilspiels vgl. bspw. *Gintis* (2000), S. 92, oder *Kreps* (1990), S. 423.
[15] Vgl. *Gintis* (2000), S. 93, und *Lutz* (1993), S. 96.

(ii) $\frac{(n+z)c}{V_i+c} < z_r^i < \frac{(n+z)c}{V_i+k_i \cdot c}$ *und* $P_r^i = c/z_r^i$. *Dann tendern* $I = (z_a^i/z)K < K$ *Kleinaktionäre mit Wahrscheinlichkeit* $\alpha_k(t|z_r^i) = 1$ *(*$\forall k \in [0, I]$*), während die restlichen* $K - I$ *Kleinaktionäre ihren Aktienbestand mit Wahrscheinlichkeit eins (*$\alpha_k(t|z_r^i) = 0 \; \forall k \in (I, K]$*) halten. Insgesamt werden*

$$z_a^i = \frac{(n+z)P_r^i - (V_i + k_i \cdot c)}{(1-k_i)P_r^i} < z_r^i \tag{3.6}$$

Aktien getendert. Der Aktienrückerwerb kann nicht in vollem Umfang realisiert werden.

(iii) $z \geq z_r^i \geq \frac{(n+z)c}{V_i+k_i \cdot c}$ *und* $P_r^i = c/z_r^i$. *Jeder Kleinaktionär hält seinen Aktienbesitz mit Wahrscheinlichkeit eins (*$\alpha_k(t|z_r^i) = 0 \; \forall k$*). Da keine Aktien getendert werden (*$z_a^i = 0$*), scheitert der Aktienrückerwerb vollständig.*

Beweis: Aufgrund der unterstellten atomistischen Struktur der Kleinaktionäre besitzt die Tender-Entscheidung eines als masselos betrachteten Kleinaktionärs k keinen Einfluss auf die Gesamtzahl z_a^i der von den Kleinaktionären getenderten Aktien. Die Auszahlung, die der Kleinaktionär k bei Wahl einer reinen Haltestrategie erhält, beläuft sich auf

$$G_k(h) = \frac{V_i + k_i(c - \min[z_a^i; z_r^i]P_r^i)}{n + z - \min[z_a^i; z_r^i]}. \tag{3.7}$$

Entscheidet er sich für eine reine Veräußerungsstrategie, vereinnahmt er eine Auszahlung in Höhe von

$$\begin{aligned} G_k(t) &= \min[1; \frac{z_r^i}{z_a^i}]P_r^i + \left(1 - \min[1; \frac{z_r^i}{z_a^i}]\right) \cdot \frac{V_i + k_i(c - \min[z_a^i; z_r^i]P_r^i)}{n + z - \min[z_a^i; z_r^i]} \\ &= \frac{V_i + k_i(c - \min[z_a^i; z_r^i]P_r^i)}{n + z - \min[z_a^i; z_r^i]} \\ &\quad + \min[1; \frac{z_r^i}{z_a^i}] \cdot \left(P_r^i - \frac{V_i + k_i(c - \min[z_a^i; z_r^i]P_r^i)}{n + z - \min[z_a^i; z_r^i]}\right) \\ &= G_k(h) + \min[1; \frac{z_r^i}{z_a^i}] \cdot \left(P_r^i - \frac{V_i + k_i(c - \min[z_a^i; z_r^i]P_r^i)}{n + z - \min[z_a^i; z_r^i]}\right). \end{aligned} \tag{3.8}$$

Für die Auszahlungsdifferenz der beiden Strategien erhält man

$$\Delta \equiv G_k(t) - G_k(h) = \min[1; \frac{z_r^i}{z_a^i}] \cdot \left(P_r^i - \frac{V_i + k_i(c - \min[z_a^i; z_r^i]P_r^i)}{n + z - \min[z_a^i; z_r^i]}\right). \tag{3.9}$$

ad (i): Für Rückerwerbsofferten, die durch $z_r^i \leq \frac{(n+z)c}{V_i+c}$ und $P_r^i = c/z_r^i$ charakterisiert sind, resultiert für die Auszahlungsdifferenz Δ wegen $P_r^i \geq \frac{V_i+c}{n+z}$

$$\begin{aligned}
\Delta &= \min[1; \frac{z_r^i}{z_a^i}] \cdot \left(P_r^i - \frac{V_i + k_i(c - \min[z_a^i; z_r^i]P_r^i)}{n + z - \min[z_a^i; z_r^i]} \right) \\
&\geq \min[1; \frac{z_r^i}{z_a^i}] \cdot \left(P_r^i - \frac{V_i + c - \min[z_a^i; z_r^i]P_r^i}{n + z - \min[z_a^i; z_r^i]} \right) \\
&= \min[1; \frac{z_r^i}{z_a^i}] \cdot \frac{(n + z - \min[z_a^i; z_r^i])P_r^i - (V_i + c - \min[z_a^i; z_r^i]P_r^i)}{n + z - \min[z_a^i; z_r^i]} \\
&= \min[1; \frac{z_r^i}{z_a^i}] \cdot \frac{(n + z)P_r^i - (V_i + c)}{n + z - \min[z_a^i; z_r^i]} \\
&\geq \min[1; \frac{z_r^i}{z_a^i}] \cdot \frac{(n + z)\frac{V_i+c}{n+z} - (V_i + c)}{n + z - \min[z_a^i; z_r^i]} = 0,
\end{aligned}$$

d.h. $G_k(t) \geq G_k(h)$. Eine Tender-Strategie verspricht dem Kleinaktionär k niemals eine geringere Auszahlung als eine Haltestrategie. Gelingt der Rückerwerb nicht in vollem Umfang ($z_a^i < z_r^i$), erhält man in der zweiten Zeile wegen $k_i < 1$ und $z_a^i \cdot P_r^i < c$ eine strikte Ungleichung, was $G_k(t) > G_k(h)$ impliziert. Folglich ist eine Tender-Strategie niemals schlechter und für $z_a^i < z_r^i$ strikt besser als eine Haltestrategie, d.h. die Tender-Strategie dominiert die Haltestrategie. Da jeder Kleinaktionär k keinen Anreiz besitzt, von einer Tender-Strategie abzuweichen – unabhängig davon, welche Strategien die anderen Kleinaktionäre wählen –, resultiert ein Gleichgewicht in dominanten Strategien und damit ein Nash-Gleichgewicht. Jeder Kleinaktionär k bietet mit Wahrscheinlichkeit $\alpha_k(t|z_r^i) = 1$ ($\forall k \in [0, K]$) seinen Anteilsbesitz zum Rückerwerb an ($z_a^i = z$). Der Rückerwerb gelingt somit im geplanten Umfang.

ad (ii): In einem ersten Schritt wird durch Widerspruch demonstriert, dass Ungleichung (3.6) erfüllt sein muss. Angenommen,

$$z_a^i = \frac{(n + z)P_r^i - (V_i + k_i \cdot c)}{(1 - k_i)P_r^i} \geq z_r^i.$$

Nach einer Umformung resultiert

$$(n + z)P_r^i - (V_i + k_i \cdot c) \geq z_r^i \cdot (1 - k_i)P_r^i.$$

Aufgrund von $P_r^i \cdot z_r^i = c$ vereinfacht sich dies zu

$$(n + z)P_r^i - (V_i + k_i \cdot c) \geq (1 - k_i)c.$$

Auflösen nach P_r^i ergibt $P_r^i \geq \frac{V_i+c}{n+z}$ bzw. $z_r^i \leq \frac{(n+z)c}{V_i+c}$, was im Widerspruch zu $\frac{(n+z)c}{V_i+c} < z_r^i < \frac{(n+z)c}{V_i+k_i \cdot c}$ steht. Folglich muss $z_a^i < z_r^i$ gelten.

Angenommen,

$$z_a^i = \frac{(n+z)P_r^i - (V_i + k_i \cdot c)}{(1-k_i)P_r^i} < z_r^i \tag{3.10}$$

Aktien werden von den Kleinaktionären insgesamt zum Rückerwerb angeboten. Ein Kleinaktionär $k \in [0, I]$, der seine Anteile mit Wahrscheinlichkeit $\alpha_k(t|z_r^i) = 1$ tendert, vereinnahmt wegen $\min[z_a^i, z_r^i] = z_a^i$ eine Auszahlung in Höhe von $G_k(t) = P_r^i$. Ein Kleinaktionär $k \in (I, K]$, der seinen Anteilsbesitz mit Wahrscheinlichkeit eins hält ($\alpha_k(t|z_r^i) = 0$), erreicht eine Auszahlung in Höhe von

$$G_k(h) \;=\; \frac{V_i + k_i(c - \min[z_a^i; z_r^i]P_r^i)}{n + z - \min[z_a^i; z_r^i]} = \frac{V_i + k_i(c - z_a^i \cdot P_r^i)}{n+z-z_a^i}.$$

Einsetzen von (3.10) führt auf

$$\begin{aligned} G_k(h) &= \frac{V_i + k_i(c - z_a^i \cdot P_r^i)}{n+z-z_a^i} = \frac{V_i + k_i\left(c - \frac{(n+z)P_r^i - (V_i+k_i \cdot c)}{(1-k_i)P_r^i} \cdot P_r^i\right)}{n+z-\frac{(n+z)P_r^i-(V_i+k_i\cdot c)}{(1-k_i)P_r^i}} \\ &= \frac{(1-k_i)V_i + k_i((1-k_i)c - (n+z)P_r^i + (V_i + k_i \cdot c))}{(1-k_i)(n+z)P_r^i - (n+z)P_r^i + (V_i + k_i \cdot c)} \cdot P_r^i \\ &= \frac{V_i + k_i \cdot c - k_i(n+z)P_r^i}{V_i + k_i \cdot c - k_i(n+z)P_r^i} \cdot P_r^i = P_r^i, \end{aligned}$$

d.h. $G_k(h) = G_k(t)$. Da die Auszahlungen beider Strategien übereinstimmen, besitzt weder ein Kleinaktionär $k \in [0, I]$, der seine Anteile mit Wahrscheinlichkeit eins tendert, noch ein Kleinaktionär $k \in (I, K]$, der seine Anteile mit Wahrscheinlichkeit eins hält, einen Anreiz, auf die jeweils andere Strategie überzuwechseln. Folglich führt die in (ii) beschriebene Strategienkombination auf ein Nash-Gleichgewicht des Tender-Teilspiels. Aufgrund von $z_a^i < z_r^i$ kann der Aktienrückerwerb nicht vollständig realisiert werden.

ad (iii): Für Rückerwerbsofferten z_r^i, die durch $z \geq z_r^i \geq \frac{(n+z)c}{V_i+k_i \cdot c}$ gekennzeichnet sind, erhält man für die Differenz zwischen den Auszahlungen einer Tender-

und einer Haltestrategie wegen $P_r^i \leq \frac{V_i + k_i \cdot c}{n+z}$

$$\begin{aligned}
\Delta &= \min[1; \frac{z_r^i}{z_a^i}] \cdot \left(P_r^i - \frac{V_i + k_i(c - \min[z_a^i; z_r^i]P_r^i)}{n + z - \min[z_a^i; z_r^i]}\right) \\
&\leq \min[1; \frac{z_r^i}{z_a^i}] \cdot \frac{(n + z - \min[z_a^i; z_r^i]) \cdot P_r^i - (V_i + k_i c) + \min[z_a^i; z_r^i]P_r^i}{n + z - \min[z_a^i; z_r^i]} \\
&= \min[1; \frac{z_r^i}{z_a^i}] \cdot \frac{(n + z) \cdot P_r^i - (V_i + k_i c)}{n + z - \min[z_a^i; z_r^i]} \\
&\leq \min[1; \frac{z_r^i}{z_a^i}] \cdot \frac{(n + z) \cdot \frac{V_i + k_i c}{n+z} - (V_i + k_i c)}{n + z - \min[z_a^i; z_r^i]} = 0,
\end{aligned}$$

d.h. $G_k(t) \leq G_k(h)$. Folglich resultiert aus einer Tender-Strategie keine höhere Auszahlung als aus einer Haltestrategie. Im Falle von $z_a^i > 0$ erhält man wegen $k_i > 0$ und $\min[z_a^i, z_r^i]P_r^i > 0$ ein striktes Ungleichheitszeichen in der zweiten Zeile, was auf $G_k(t) < G_k(h)$ führt. Somit erzeugt eine Haltestrategie niemals eine geringere Auszahlung als eine Tender-Strategie und für $z_a^i > 0$ eine höhere Auszahlung. Dies hat zur Folge, dass eine Haltestrategie eine Tender-Strategie dominiert. Deshalb wird jeder Kleinaktionär $k \in [0, K]$ mit Wahrscheinlichkeit eins ($\alpha_k(t|z_r^i) = 0$) eine Haltestrategie wählen – unabhängig davon, welche Strategien die anderen Kleinaktionäre wählen. Es resultiert ein Gleichgewicht in dominanten Strategien und damit ein Nash-Gleichgewicht. Insgesamt werden $z_a^i = 0$ Anteile zum Rückerwerb angeboten, der also vollständig scheitert. ■

Um Lemma 3.1 zu verstehen, muss man sich Folgendes vor Augen halten:

ad (i): Eine Ausschüttung des gesamten freien Cashflows maximiert den Gesamtwert des Aktionärsvermögens, weil die mit einer Thesaurierung verbundenen Versickerungskosten vollständig vermieden werden. Der Wert eines Unternehmens vom Typ i kann somit $V_i + c$ nicht überschreiten. Bei gleichmäßiger Verteilung des Unternehmensvermögens auf die emittierten Aktien wird der Wert einer Aktie durch den Betrag $(V_i + c)/(n + z)$ nach oben begrenzt. Ist der Rückerwerbspreis einer Aktie höher ($P_r^i > \frac{V_i + c}{n+z}$), dann wird das zur Aufteilung auf die Aktionäre zur Verfügung stehende Vermögen, das $V_i + c$ nicht übersteigen kann, ungleichmäßig auf die Aktionäre verteilt. Ein veräußernder Aktionär stellt sich besser und ein nicht am Rückerwerb teilnehmender Aktionär schlechter als bei einer gleichmäßigen Verteilung des maximal möglichen Vermögens auf die ausgegebenen Aktien. Folglich wird jeder Kleinaktionär seine Anteile zum Rückerwerb anbieten. Entspricht der Rückerwerbskurs genau dem Maximalwert einer Aktie bei gleichmäßiger Vermögensaufteilung ($P_r^i = \frac{V_i+c}{n+z}$), dann stimmt die Auszahlung eines veräußernden Aktionärs mit der Auszahlung eines nicht am Rückerwerb partizipierenden Aktionärs unter der Voraussetzung überein, dass der gesamte freie Cashflow ausgeschüttet wird. Dies ist jedoch nur dann der Fall, wenn die Rückerwerbsofferte vollständig gezeichnet wird ($z_a^i \geq z_r^i$). Wird diese lediglich teilweise gezeichnet, so unterschreitet das resultierende Gesamtvermögen das maximal mögliche. Eine Vermögenseinbuße tragen dann allein die nicht am Rückerwerb teilnehmenden Aktionäre; sie stellen sich in diesem Fall schlechter als die veräußernden Aktionäre. Folglich stellt Tendern auch für $P_r^i = \frac{V_i+c}{n+z}$ eine dominante Strategie dar, die von jedem Kleinaktionär gewählt wird.

ad (iii): Eine Thesaurierung des gesamten freien Cashflows führt zu einer Maximierung der Versickerungsverluste und damit zu einer Minimierung des Aktionärsvermögens, das in diesem Fall $V_i + k_i c$ beträgt. Bei gleichmäßiger Aufteilung dieses Vermögens auf alle emittierten Aktien entfällt auf einen Anteil ein Minimalbetrag in Höhe von $(V_i + k_i c)/(n + z)$. Wird den Aktionären ein Rückerwerbskurs geboten, der diesen Betrag unterschreitet ($P_r^i < \frac{V_i+k_i c}{n+z}$), dann erhält ein veräußernder Aktionär weniger als den Minimalwert einer Aktie. Ein veräußernder Aktionär würde folglich einen Vermögenstransfer an die nicht am Rückerwerbsprogramm teilnehmenden Aktionäre leisten, die mindestens den Minimalwert einer Aktie vereinnahmen. Dies hat zur Konsequenz, dass eine Haltestrategie eine höhere Auszahlung als eine Tenderstrategie verspricht, weshalb alle Kleinaktionäre die Rückerwerbsofferte ausschlagen. Stimmt der Rückerwerbskurs mit dem Minimalwert einer Aktie überein ($P_r^i = \frac{V_i+c}{n+z}$), dann entspricht die Auszahlung einer Veräußerungsstrategie nur dann der Auszahlung einer Haltestrategie, wenn der gesamte freie Cashflow versickert. Dies ist der Fall, wenn von den Kleinaktionären keine Anteile zum Rückerwerb angeboten werden ($z_a^i = 0$). Für $z_a^i > 0$ überschreitet das verteilungsfähige Gesamtvermögen den Minimalbetrag des Vermögens. Der resultierende Vermögenszuwachs kommt allein denjenigen Aktionären zugute, die nicht am Aktienrückerwerb partizipieren. Folglich stellt Halten auch für $P_r^i = \frac{V_i+c}{n+z}$ eine dominante Strategie dar, die von jedem Kleinaktionär gewählt wird.

ad (ii): Wird den Kleinaktionären ein Rückerwerbskurs offeriert, der größer als der Minimal- und kleiner als der Maximalwert einer Aktie bei gleichmäßiger Vermögensverteilung ist ($\frac{V_i+k_i c}{n+z} < P_r^i < \frac{V_i+c}{n+z}$), dann kann weder eine komplette Zeichnung der Rückerwerbsofferte noch ihr vollständiges Scheitern auf ein

Nash-Gleichgewicht des Tender-Teilspiels führen. Werden keine Anteile zum Rückerwerb angeboten ($z_a^i = 0$), dann kann sich ein Kleinaktionär durch den Wechsel auf eine Veräußerungsstrategie besser stellen: $P_r^i > \frac{V_i + k_i c}{n+z}$. Im Falle einer vollständigen Zeichnung der Offerte ($z_a \geq z_r^i$) erhält ein Aktionär, der bisher seine Aktien zu veräußern beabsichtigt, wegen $P_r < \frac{V_i + c}{n+z}$ eine höhere Auszahlung, wenn er auf eine Haltestrategie überwechselt. Die Kleinaktionäre besitzen nur dann keinen Anreiz, von einer Tender- bzw. einer Haltestrategie abzuweichen, wenn genau so viele Anteile zum Rückerwerb angeboten werden, dass beide Strategien übereinstimmende Auszahlungen erwirtschaften. Dies wird durch Gleichung (3.6) gewährleistet.

Auf der ersten Stufe des Rückerwerbsspiels bestimmt das Management eines Unternehmens vom Typ i ($i \in \{L, H\}$) die Zahl $z_r(i) = z_r^i$ der Aktien, die es von den Kleinaktionären zum Preis $P_r(i) = P_r^i$ zurückzuerwerben beabsichtigt. Dabei sind P_r^i und z_r^i gemäß Restriktion (3.2) so zu wählen, dass im Falle einer vollständigen Zeichnung des Rückerwerbsprogramms der gesamte freie Cashflow ausgeschüttet wird: $z_r^i \cdot P_r^i = c$. Bei der Festlegung des optimalen Rückerwerbsangebots geht das Management eines Unternehmens vom Typ i davon aus, dass die Kleinaktionäre eine gleichgewichtige Tender-Strategie wählen.

Proposition 3.1 *Im Nash-Gleichgewicht des Rückerwerbsspiels bei symmetrischer Informationsverteilung offeriert das Management eines Unternehmens vom Typ i ($i \in \{L, H\}$) mit Wahrscheinlichkeit $\sigma_i(z_r^i) = 1$, $z_r^i = (n+z)c/(V_i + c)$ Aktien zum Preis von $P_r^i = (V_i + c)/(n+z)$ zurückzuerwerben. Jeder Kleinaktionär $k \in [0, K]$ akzeptiert die Offerte mit Wahrscheinlichkeit $\alpha_k(t|z_r^i) = 1$. Von den $z_a^i = z$ zum Rückerwerb angebotenen Aktien werden z_r^i Stück zurückgekauft, d.h. der gesamte freie Cashflow kann im Wege eines Aktienrückerwerbs ausgeschüttet werden. Das resultierende Ausschüttungsvolumen ist somit gesamtwirtschaftlich effizient.*

Beweis: Zunächst ist festzuhalten, dass aufgrund von Annahme 3.7 die Beziehung $z_r^i = (n+z)c/(V_i + c) < z$ erfüllt ist, so dass z_r^i grundsätzlich realisierbar ist. Aus Teil (i) von Lemma 3.1 folgt, dass eine Offerte $z_r^i = (n+z)c/(V_i+c)$ von jedem Kleinaktionär k mit Wahrscheinlichkeit eins akzeptiert wird. Von den $z_a^i = z$ zum Rückerwerb angebotenen Aktien werden z_r^i Stück zurückerworben, d.h. der gesamte freie Cashflow wird ausgeschüttet. Das Management erhält in diesem Fall eine Auszahlung in Höhe von

$$U_i(z_r^i) = \frac{V_i}{n + z - z_r^i} = \frac{V_i + c}{n + z}.$$

Es verbleibt nun zeigen, dass die Rückerwerbsofferte $z_r^i = (n+z)c/(V_i+c)$ die Auszahlung des Managements von i maximiert.

Angenommen, das Management i weicht auf eine Rückerwerbsofferte $\hat{z}_r^i$ ab, die durch $\hat{z}_r^i < z_r^i = (n+z)c/(V_i+c)$ gekennzeichnet ist. Eine solche Offerte wird aufgrund von Teil (i) von Lemma 3.1 von jedem Kleinaktionär angenommen. Insgesamt werden $\hat{z}_a^i = z$ Anteile getendert, so dass der gesamte freie Cashflow ausgeschüttet werden kann. Das Management von i vereinnahmt dann eine Auszahlung in Höhe von

$$U_i(\hat{z}_r^i) = \frac{V_i}{n+z-\hat{z}_r^i} < \frac{V_i}{n+z-z_r^i} = U_i(z_r^i),$$

d.h. es besitzt keinen Anreiz, von z_r^i auf $\hat{z}_r^i < (n+z)c/(V_i+c)$ abzuweichen.

Angenommen, das Management von i wählt eine Offerte $\hat{z}_r^i$, die durch $\frac{(n+z)c}{V_i+c} = z_r^i < \hat{z}_r^i < \frac{(n+z)c}{V_i+k_ic} < z$ charakterisiert ist. Aus Teil (ii) von Lemma 3.1 ergibt sich, dass von den Kleinaktionären dann insgesamt

$$\hat{z}_a^i = \frac{(n+z)\hat{P}_r^i - (V_i + k_i \cdot c)}{(1-k_i)\hat{P}_r^i} < \hat{z}_r^i$$

Aktien getendert werden. Das Management von i erreicht folglich eine Auszahlung in Höhe von

$$\begin{aligned}
U_i(\hat{z}_r^i) &= \frac{V_i + k_i(c - \min[\hat{z}_a^i; \hat{z}_r^i]\hat{P}_r^i)}{n+z-\min[\hat{z}_a^i; \hat{z}_r^i]} = \frac{V_i + k_i(c - \hat{z}_a^i \hat{P}_r^i)}{n+z-\hat{z}_a^i} \\
&= \frac{V_i + k_i(c - \frac{(n+z)\hat{P}_r^i - (V_i+k_i\cdot c)}{1-k_i})}{n+z-\frac{(n+z)\hat{P}_r^i-(V_i+k_i\cdot c)}{(1-k_i)\hat{P}_r^i}} \\
&= \frac{(1-k_i)V_i + k_i((1-k_i)c - (n+z)\hat{P}_r^i + (V_i + k_i \cdot c))}{(1-k_i)(n+z)\hat{P}_r^i - (n+z)\hat{P}_r^i + (V_i + k_i \cdot c)} \cdot \hat{P}_r^i \\
&= \frac{V_i + k_i c - k_i(n+z)\hat{P}_r^i}{V_i + k_i c - k_i(n+z)\hat{P}_r^i} \cdot \hat{P}_r^i = \hat{P}_r^i.
\end{aligned}$$

Wegen

$$U_i(\hat{z}_r^i) = \hat{P}_r^i = c/\hat{z}_r^i < \frac{V_i+c}{n+z} = U_i(z_r^i)$$

ist es für das Management von i nicht lohnend, von z_r^i auf $\hat{z}_r^i$ abzuweichen.

Angenommen, das Management von i gibt eine Rückerwerbsofferte $\hat{z}_r^i$ ab, die sich durch $z \geq \hat{z}_r^i \geq \frac{(n+z)c}{V_i+k_ic}$ auszeichnet. Aus Teil (iii) von Lemma 3.1

folgt, dass solche Offerten von allen Kleinaktionären mit Wahrscheinlichkeit eins abgelehnt werden, d.h. $\hat{z}_a^i = 0$. Folglich muss der gesamte freie Cashflow thesauriert werden. Das Management von i erhält dann eine Auszahlung in Höhe von

$$U_i(\hat{z}_r^i) = \frac{V_i + k_i\, c}{n+z} < \frac{V_i + c}{n+z} = U_i(z_r^i),$$

d.h. das Management von i hat keinen Anreiz, anstelle von z_r^i die Rückerwerbsofferte $\hat{z}_r^i \geq \frac{(n+z)c}{V_i + k_i c}$ zu wählen. Auch im Falle eines Rückerwerbsverzichts $(\hat{z}_r^i, \hat{P}_r^i) = (0,0)$ erreicht das Management von i eine Auszahlung von $U_i(0) = (V_i + k_i\, c)/(n+z)$ und damit weniger als bei Wahl von z_r^i.

Es zeigt sich, dass jede von $z_r^i = (n+z)c/(V_i + c)$ abweichende Rückerwerbsofferte dem Management von i eine geringere Auszahlung als z_r^i verspricht. Folglich maximiert z_r^i die Auszahlung des Managements von i. ■

Hinter Proposition 3.1 verbirgt sich folgender Gedanke: Wie in Abschnitt 3.2.1 erläutert, maximiert das Management das Vermögen der strategischen Aktionäre, die auf eine Teilnahme am Aktienrückerwerb verzichten. Deshalb legt das Management die Konditionen des Rückerwerbs so fest, dass der innere Wert einer nicht zum Rückerwerb angebotenen Aktie maximiert wird. Den resultierenden Aktienkurs kann sich jedoch auch ein Kleinaktionär sichern, wenn er eine Haltestrategie wählt und am Aktienrückerwerb nicht teilnimmt. Folglich ist ein Kleinaktionär nur dann zu einer Veräußerung seiner Anteile bereit, wenn der Rückerwerbskurs den Aktienkurs nach Durchführung des Rückerwerbs – dieser wird mit dem inneren Wert einer Aktie nach vollzogenem Rückerwerb gleichgesetzt – nicht unterschreitet. Bei symmetrischer Informationsverteilung ist eine Vermögensverschiebung zu Lasten der Kleinaktionäre mit Hilfe eines Aktienrückerwerbs somit *nicht* realisierbar.

Die Rückerwerbsofferte beeinflusst jedoch den Gesamtwert des Aktionärsvermögens: Wenn der gesamte freie Cashflow im Wege eines Aktienrückerwerbs ausgeschüttet wird, lassen sich die mit einer Thesaurierung verbundenen Versickerungskosten vollständig vermeiden. Da das Management niemals eine höhere Auszahlung als die Kleinaktionäre erhalten kann – der Aktienkurs nach Durchführung des Rückerwerbs kann nicht höher als der Rückerwerbspreis einer von den Kleinaktionären zumindest partiell akzeptierten Rückerwerbsofferte sein –, stellt der Aktienkurs $P_r^i = (V_i + c)/(n+z)$, der sich aus einer gleichmäßigen Aufteilung des maximalen Aktionärsvermögen auf die emittierten Aktien ergibt, die theoretische Obergrenze für die Auszahlung des Managements dar. Diese Auszahlung lässt sich in der Tat erreichen, wenn das

Management den Rückerwerb von $z_r^i = (n+z)c/(V_i+c)$ zum Preis von P_r^i offeriert. Da eine solche Offerte von allen Kleinaktionären akzeptiert wird, kann der gesamte freie Cashflow ausgeschüttet werden. Jede mit einem geringeren Rückerwerbspreis ausgestattete Offerte wird von den Kleinaktionären nicht in vollem Umfang gezeichnet und ist somit nicht in der Lage, den gesamten freien Cashflow auszukehren. Die damit einhergehenden Versickerungsverluste reduzieren den Gesamtwert des Aktionärsvermögens und damit auch die Auszahlung des Managements.

Zusammenfassend bleibt festzuhalten: Im Falle einer symmetrischen Informationsverteilung zwischen Management und Kleinaktionären lässt sich der gesamte freie Cashflow im Wege eines Aktienrückerwerbs auskehren. Das resultierende Ausschüttungsvolumen ist *effizient* und maximiert den Gesamtwert des Aktionärsvermögens, das gleichmäßig auf alle Aktionäre aufgeteilt wird. Ob mit einem Aktienrückerwerb auch bei asymmetrischer Informationsverteilung ein effizientes Ausschüttungsvolumen einhergeht, ist Fragestellung des nächsten Abschnitts.

3.4 Gleichgewichte des Rückerwerbsspiels bei asymmetrischer Informationsverteilung

3.4.1 Charakterisierung perfekter Bayes-Nash-Gleichgewichte des Rückerwerbsspiels

Bei asymmetrischer Informationsverteilung besitzt das Management gegenüber den Kleinaktionären einen Informationsvorsprung im Hinblick auf den Typ des zugrunde liegenden Unternehmens. Den Kleinaktionären ist deshalb *a priori* nicht bekannt, von welchem Unternehmenstyp die vorliegende Rückerwerbsofferte stammt. Folglich enthält die Informationsmenge, auf Basis derer die Kleinaktionäre ihre Aktionen auszuwählen haben, beide Unternehmenstypen und ist somit nicht einelementig, d.h. keine Punktmenge. Dies hat zur Konsequenz, dass das Rückerwerbsspiel bei asymmetrischer Informationsverteilung kein Teilspiel besitzt. Zur Charakterisierung des gleichgewichtigen Verhaltens der Akteure eignet sich in einem solchen Falle das perfekte *Bayes-Nash-Gleichgewichtskonzept.*[16] Dieses Gleichgewichtskonzept verlangt, dass je-

[16]Die formale Definition eines perfekten Bayes-Nash-Gleichgewichts geht auf *Fudenberg/Tirole* (1991) zurück. Dieses Gleichgewichtskonzept, das explizit oder impli-

der Spieler in sämtlichen denkbaren Spielsituationen, in denen er eine Aktion auszuführen hat, entsprechend einer optimalen – d.h. seine erwartete Auszahlung maximierenden – Strategie für den Rest des Spiels vorgeht. Aufgrund der asymmetrischen Informationsverteilung hängt jedoch die Strategiewahl jedes Spielers davon ab, wie sich die Vermutungen der Akteure hinsichtlich des zugrunde liegenden Unternehmenstyps im Verlauf des Spiels entwickeln („updating beliefs“). Da jeder Spieler bei der Revision seiner Vermutungen davon ausgeht, dass die anderen Spieler jeweils ihre gleichgewichtigen Strategien spielen, sind Strategie- und Erwartungsbildung der Spieler wechselseitig miteinander verknüpft. Deshalb besteht ein Bayes-Nash-Gleichgewicht aus der Menge der wechselseitig optimalen Strategien der Spieler und der Menge der Vermutungen, die dazu führen, dass die Strategien wechselseitig beste Antworten sind.

An Informationsknoten des Spiels, die im Gleichgewicht mit positiver Wahrscheinlichkeit erreicht werden, ist eine konsistente Erwartungsbildung ohne weiteres möglich: Derjenige Spieler, der an einem solchen Informationsknoten eine Aktion auszuführen hat, kann aufgrund seiner Kenntnis über die gleichgewichtigen Strategien der anderen Spieler den Satz von Bayes anwenden, um seine Vermutungen hinsichtlich des zugrunde liegenden Unternehmenstyps zu revidieren. Für die Erwartungsformierung an Informationsknoten des Spiels, die im Gleichgewicht mit einer Wahrscheinlichkeit von null erreicht werden, ist der Satz von Bayes jedoch nicht anwendbar. Zur Spezifizierung dieser „out-of-equilibrium beliefs“ lässt es sich nicht vermeiden, bestimmte Annahmen zu treffen, die nicht vollkommen frei von Willkür sind.

Im betrachteten Rückerwerbsspiel kann das Management mit der Bekanntgabe des Rückerwerbsangebots Informationen über den zugrunde liegenden Unternehmenstyp enthüllen: Die Ankündigung des Signals $z_r \in Z$ hat zur Konsequenz, dass die Kleinaktionäre ihre Vermutungen über die Wahrscheinlichkeitsverteilung der Unternehmenstypen revidieren. Die aktualisierte Verteilung ist auf das Rückerwerbsangebot z_r bedingt und wird mit $\mu(\cdot|z_r)$ bezeichnet. Sofern die angekündigte Rückerwerbsofferte eine gleichgewichtige Aktion z_r^* des Managements darstellt und daher im Gleichgewicht mit positiver Wahr-

---

zit in einer Vielzahl von informationsökonomischen Modellen verwendet wird, ist etwas weniger streng als das von *Kreps/Wilson* (1982) stammende sequentielle Bayes-Nash-Gleichgewichtskonzept. Eine informelle Beschreibung des sequentiellen Bayes-Nash-Gleichgewichts liefern *Riley* (2001), S. 444, und *Rasmusen* (1995), S. 146. Die hier präsentierten Gleichgewichte genügen auch dem sequentiellen Bayes-Nash-Gleichgewichtskonzept.

scheinlichkeit gewählt wird, verwenden die Kleinaktionäre den Satz von Bayes zur Revision ihres Wahrscheinlichkeitsurteils über die Unternehmenstypen:

$$\mu(i|z_r^*) = \frac{\sigma_i^*(z_r^*) \cdot \pi_i}{\sigma_L^*(z_r^*) \cdot \pi_L + \sigma_H^*(z_r^*) \cdot \pi_H}. \tag{3.11}$$

Wie die Kleinaktionäre auf Rückerwerbsofferten reagieren, die im Gleichgewicht nicht präsentiert werden, wird weiter unten festgelegt. Ein perfektes Bayes-Nash-Gleichgewicht für das zugrunde liegende Rückerwerbsspiel lässt sich nun – vorbehaltich einer geeigneten Spezifikation der „out-of-equilibrium beliefs“ – wie folgt charakterisieren:

(i) Die Rückerwerbsstrategie $\sigma_i^*(\cdot)$ maximiert die erwartete Auszahlung des Managements eines Unternehmens vom Typ i ($i = L, H$) bei gegebenen Tender-Strategien der Kleinaktionäre $\alpha_k^*(\cdot|z_r)$ ($\forall k$).

(ii) Für jedes zulässige Rückerwerbsangebot $z_r \in Z$ maximiert $\alpha_k^*(\cdot|z_r)$ die erwartete Auszahlung des Kleinaktionärs k bei gegebenen Tender-Strategien der anderen Kleinaktionäre $\alpha_j^*(\cdot|z_r)$ ($\forall j \neq k$).

(iii) Präsentiert das Management ein gleichgewichtiges Rückerwerbsangebot z_r^*, dann revidieren die Kleinaktionäre ihr Urteil über die Wahrscheinlichkeitsverteilung der Unternehmenstypen mit Hilfe des Satzes von Bayes.

Im Folgenden wird spezifiziert, wie die Kleinaktionäre ihr Urteil über die Wahrscheinlichkeitsverteilung der Unternehmenstypen revidieren, wenn sie sich einer ungleichgewichtigen Rückerwerbsofferte

$$z_r \in Z_{ug} = \{z_r \in Z | \forall i : \sigma_i^*(z_r) = 0\}$$

gegenübersehen. Hierzu wird zunächst derjenige Rückerwerbspreis $P_r^{i,max}$ bestimmt, den das Management eines Unternehmens vom Typ i maximal zu zahlen bereit ist: Offeriert das Management von i, $z_r^{i,max}$ Aktien zum Preis von $P_r^{i,max}$ zurückzukaufen, dann ist es indifferent zwischen einer Durchführung des Rückerwerbsprogramms und einem Verzicht auf Abgabe der Rückerwerbsofferte. Dies ist der Fall, wenn der Wert einer Aktie nach vollzogenem Aktienrückerwerb mit dem Wert einer Aktie bei Rückerwerbsverzicht übereinstimmt:

$$\frac{V_i}{n + z - z_r^{i,max}} = \frac{V_i + k_i \cdot c}{n + z}.$$

Nach einer Umformung ergibt sich

$$z_r^{i,max} = \frac{(n+z)\cdot k_i \cdot c}{V_i + k_i \cdot c}.$$

Unter Verwendung von $z_r^{i,max} \cdot P_r^{i,max} = c$ erhält man schließlich

$$P_r^{i,max} = \frac{V_i/k_i + c}{n+z}.$$

Im Hinblick auf die Ungleichgewichtsvermutungen der Kleinaktionäre wird nun folgende Annahme getroffen:

Annahme 3.8 *Die Kleinaktionäre gehen davon aus, dass eine ungleichgewichtige Rückerwerbsofferte* $z_r \in \overline{Z}_{ug} \equiv \{z_r \in Z_{ug} | z_r \geq z_r^{H,max}\}$ *mit Wahrscheinlichkeit eins vom Management eines Unternehmens vom Typ H stammt.*

Eine Spezifikation der Vermutungen bezüglich solcher Rückerwerbsofferten $z_r \in Z_{ug}$, die sich durch $z_r < z_r^{H,max}$ auszeichnen, ist nicht erforderlich. Wie in Abschnitt 3.4.2 gezeigt wird, werden diese Offerten von den Kleinaktionären für alle denkbaren Ungleichgewichtsvermutungen mit Wahrscheinlichkeit eins akzeptiert.

Annahme 3.8 geht von einer sehr vorsichtigen Vermutungsrevision der Kleinaktionäre aus. Da diese eine ungleichgewichtige Rückerwerbsofferte $z_r \in \overline{Z}_{ug}$ immer einem Unternehmen vom Typ H zuordnen, werden sie ihre Aktien „abseits des Gleichgewichtspfads“ niemals zu einem Preis veräußern, welcher den inneren Wert einer Aktie des zugrunde liegenden Unternehmens unterschreitet. Annahme 3.8 ist hinreichend, um die nachfolgend präsentierten Bayes-Nash-Gleichgewichte des Gesamtspiels zu stützen. Zum Zwecke einer Prüfung der Plausibilität der zugrunde gelegten out-of-equilibrium beliefs wird in Abschnitt 3.4.6 für jedes Gleichgewicht gesondert untersucht, ob es dem so genannten Intuitiven Kriterium von *Cho/Kreps* (1987) genügt. Mit Hilfe dieses Kriteriums lassen sich solche Gleichgewichte eliminieren, die auf unplausibel pessimistischen Ungleichgewichtsvermutungen der Kleinaktionäre basieren.

Für die Ermittlung der Gleichgewichte des Rückerwerbsspiels wird eine Annahme hinsichtlich der Aktionswahl der Spieler verwendet, die auf dem Begriff der dominierten Aktion aufbaut.[17]

[17] Vgl. *Giammarino/Lewis* (1988), S. 274.

Definition 3.1 *Eine Aktion wird dominiert, wenn die mit dieser Aktion verknüpfte maximal mögliche Auszahlung nicht größer ist als die kleinste Auszahlung, die eine andere durchführbare Aktion mindestens erzeugt.*

Unterstellt wird, dass kein Spieler eine dominierte Aktion wählt und jeder Spieler Kenntnis davon besitzt.

Auch wenn das Rückerwerbsspiel bei asymmetrischer Informationsverteilung kein Teilspiel besitzt, bietet sich zur Lösung eine rekursive Vorgehensweise an. Zunächst werden die wechselseitig besten Antworten der Kleinaktionäre $\alpha_k(\cdot|z_r)$ auf ein gegebenes Rückerwerbsangebot z_r für eine gegebene a posteriori-Wahrscheinlichkeitsverteilung der Unternehmenstypen $\mu(\cdot|z_r)$ bestimmt. Basierend auf diesen bedingten gleichgewichtigen Tender-Strategien und unter Berücksichtigung einer konsistenten Revision der Wahrscheinlichkeitsurteile der Kleinaktionäre ist dann die gleichgewichtige Rückerwerbsstrategie des Managements eines Unternehmens vom Typ i ($i \in \{L, H\}$) zu ermitteln.

3.4.2 Beste Antworten der Kleinaktionäre auf alternative Rückerwerbsofferten

Ausgehend von gegebenen a posteriori-Wahrscheinlichkeitsverteilungen $\mu(\cdot|z_r)$ über die beiden Unternehmenstypen, werden im Folgenden die wechselseitig besten Antworten der Kleinaktionäre auf alternative Rückerwerbsangebote z_r (mit $z_r > 0$) bestimmt. Im Ergebnis hat man Nash-Gleichgewichte eines Spiels zu ermitteln, in dem zunächst die Natur mit Wahrscheinlichkeit $\mu(i|z_r)$ den Unternehmenstyp i auswählt und anschließend die Kleinaktionäre, welche die Wahl der Natur nicht beobachten können, simultan und unabhängig voneinander über Annahme oder Ablehnung der gegebenen Rückerwerbsofferte z_r befinden.[18] Unter Verwendung der bedingten Erwartungswerte

$$\overline{V} \equiv E[\tilde{V}|z_r] = \mu(L|z_r) \cdot V_L + \mu(H|z_r) \cdot V_H$$

und

$$\overline{k} \equiv E[\tilde{k}|z_r] = \mu(L|z_r) \cdot k_L + \mu(H|z_r) \cdot k_H$$

erhält man

[18]Dieses Spiel lässt sich als *Fuzzy Subgame* des Rückerwerbsspiels bei asymmetrischer Informationsverteilung auffassen. Zur Definition eines Fuzzy Subgame vgl. *Gintis* (2000), S. 110-112.

Lemma 3.2 *(i) Offeriert das Management,* $z_r = c/P_r$ *Aktien zum Preis von* $P_r > \frac{\overline{V}+c}{n+z}$ *zurückzuerwerben, dann ist Tendern dominant für den Kleinaktionär* k $(\forall k \in [0, K])$. *(ii) Offeriert das Management,* $z_r = c/P_r$ *Aktien zum Preis von* $P_r = \frac{V_H+c}{n+z}$ *zurückzuerwerben, dann ist Tendern dominant für den Kleinaktionär* k $(\forall k \in [0, K])$. *(iii) Offeriert das Management,* $z_r = c/P_r$ *Aktien zum Preis von* $P_r = \frac{V_L+k_L\cdot c}{n+z}$ *zurückzuerwerben, dann ist Halten dominant für den Kleinaktionär* k $(\forall k \in [0, K])$. *(iv) Offeriert das Management,* $z_r = c/P_r$ *Aktien zum Preis von* $P_r < \frac{\overline{V}+\overline{k}\cdot c}{n+z}$ *zurückzuerwerben, dann ist Halten dominant für den Kleinaktionär* k $(\forall k \in [0, K])$. *Es gilt also*

$$\alpha_k(t|z_r) = \begin{cases} 1 & \text{für } z_r < \frac{c\cdot(n+z)}{\overline{V}+c} \\ 1 & \text{für } z_r = \frac{c\cdot(n+z)}{V_H+c} \\ 0 & \text{für } z_r = \frac{c\cdot(n+z)}{V_L+k_L\cdot c} \\ 0 & \text{für } z_r > \frac{c\cdot(n+z)}{\overline{V}+\overline{k}\cdot c} \end{cases}$$

Beweis: Da der Kleinaktionär k als masselos betrachtet wird, besitzt seine Tender-Entscheidung keinen Einfluss auf die Gesamtzahl z_a der zum Rückerwerb angebotenen Aktien. Entschließt er sich mit Wahrscheinlichkeit eins für Halten, dann beläuft sich seine erwartete Auszahlung auf

$$\begin{aligned} E[G_k(h)] &= \mu(L|z_r)\cdot\frac{V_L+k_L\cdot(c-\min[z_r;z_a]\cdot P_r)}{n+z-\min[z_r;z_a]} + \mu(H|z_r)\cdot\frac{V_H+k_H\cdot(c-\min[z_r;z_a]\cdot P_r)}{n+z-\min[z_r;z_a]} \\ &= \frac{\overline{V}+\overline{k}\cdot(c-\min[z_r;z_a]\cdot P_r)}{n+z-\min[z_r;z_a]}. \end{aligned}$$

Bei Wahl einer Tender-Aktion erhält er eine erwartete Auszahlung in Höhe von

$$\begin{aligned} & E[G_k(t)] \\ =\ & \mu(L|z_r)\cdot\left[\min[1;\tfrac{z_r}{z_a}]\cdot P_r + \left(1-\min[1;\tfrac{z_r}{z_a}]\right)\frac{V_L+k_L\cdot(c-\min[z_r;z_a]\cdot P_r)}{n+z-\min[z_r;z_a]}\right] \\ & +\mu(H|z_r)\cdot\left[\min[1;\tfrac{z_r}{z_a}]\cdot P_r + \left(1-\min[1;\tfrac{z_r}{z_a}]\right)\frac{V_H+k_H\cdot(c-\min[z_r;z_a]\cdot P_r)}{n+z-\min[z_r;z_a]}\right] \\ =\ & \min[1;\frac{z_r}{z_a}]\cdot P_r + \left(1-\min[1;\frac{z_r}{z_a}]\right)\frac{\overline{V}+\overline{k}\cdot(c-\min[z_r;z_a]\cdot P_r)}{n+z-\min[z_r;z_a]} \\ =\ & E[G_k(h)] + \min[1;\frac{z_r}{z_a}]\left[P_r - \frac{\overline{V}+\overline{k}\cdot(c-\min[z_r;z_a]\cdot P_r)}{n+z-\min[z_r;z_a]}\right]. \end{aligned}$$

Subtrahiert man die mit einer Tender-Aktion verknüpfte Auszahlung von der aus einer Halte-Aktion resultierenden, ergibt sich

$$\begin{aligned}\Delta E[G_k] &= E[G_k(h)] - E[G_k(t)] \\ &= \min[1; \frac{z_r}{z_a}] \left[\frac{\overline{V} + \overline{k} \cdot (c - \min[z_r; z_a] \cdot P_r)}{n + z - \min[z_r; z_a]} - P_r\right].\end{aligned}$$

ad (i): Angenommen, $P_r > \frac{\overline{V}+c}{n+z}$. Dann gilt für die erwartete Auszahlungsdifferenz

$$\begin{aligned}\Delta E[G_k] &= \min[1; \frac{z_r}{z_a}] \left[\frac{\overline{V} + \overline{k} \cdot (c - \min[z_r; z_a] \cdot P_r)}{n + z - \min[z_r; z_a]} - P_r\right] \\ &\leq \min[1; \frac{z_r}{z_a}] \left[\frac{\overline{V} + \overline{k} \cdot (c - \min[z_r; z_a] \cdot \frac{\overline{V}+c}{n+z})}{n + z - \min[z_r; z_a]} - P_r\right] \\ &\leq \min[1; \frac{z_r}{z_a}] \left[\frac{\overline{V} + c - \min[z_r; z_a] \cdot \frac{\overline{V}+c}{n+z}}{n + z - \min[z_r; z_a]} - P_r\right] \\ &= \min[1; \frac{z_r}{z_a}] \left[\frac{(n + z - \min[z_r; z_a]) \cdot (\overline{V} + c)}{(n + z) \cdot (n + z - \min[z_r; z_a])} - P_r\right] \\ &= \min[1; \frac{z_r}{z_a}] \left[\frac{\overline{V} + c}{n + z} - P_r\right] \\ &< 0,\end{aligned}$$

was $E[G_k(h)] < E[G_k(t)]$ impliziert. Folglich ist Tendern eine dominante Aktion für den Kleinaktionär k, d.h. er bietet seinen Aktienbestand mit Wahrscheinlichkeit $\alpha_k(t|z_r) = 1$ zum Rückerwerb an.

ad (ii): Angenommen, $P_r = \frac{V_H+c}{n+z}$. Dann resultiert für die Auszahlungsdifferenz wegen

$$\begin{aligned}\frac{\overline{V} + \overline{k} \cdot (c - \min[z_r; z_a] \cdot P_r)}{n + z - \min[z_r; z_a]} &\leq \frac{\overline{V} + c - \min[z_r; z_a] \cdot P_r}{n + z - \min[z_r; z_a]} \\ &= \frac{\overline{V} + c - \min[z_r; z_a] \cdot \frac{V_H+c}{n+z}}{n + z - \min[z_r; z_a]} \\ &\leq \frac{\overline{V} + c - \min[z_r; z_a] \cdot \frac{\overline{V}+c}{n+z}}{n + z - \min[z_r; z_a]} \\ &= \frac{(n + z - \min[z_r; z_a]) \cdot (\overline{V} + c)}{(n + z - \min[z_r; z_a])(n + z)} \\ &= \frac{\overline{V} + c}{n + z} \leq P_r\end{aligned}$$

$\Delta E[G_k] \leq 0$, d.h. $E[G_k(h)] \leq E[G_k(t)]$. Somit ist die Auszahlung einer Halteaktion niemals größer als die einer Tender-Aktion. Halten verspricht dem Kleinaktionär im günstigsten Fall – der Rückerwerb gelingt in vollem Umfang und das zugrunde liegende Unternehmen ist vom Typ H – eine Auszahlung in Höhe von $\frac{V_H}{n+z-z_r} = \frac{V_H+c}{n+z} = P_r$. Dies entspricht genau der Auszahlung einer Tender-Aktion. Bei einer weniger günstigen Konstellation – der Rückerwerb gelingt nur teilweise und/oder das zugrunde liegende Unternehmen ist vom Typ L – gilt die strikte Ungleichung

$$P_r > \frac{\overline{V} + \overline{k} \cdot (c - \min[z_r; z_a] \cdot P_r)}{n + z - \min[z_r; z_a]},$$

und Tendern ist günstiger als Halten. Da Halten bei keiner Konstellation eine höhere Auszahlung als Tendern generiert und bei bestimmten Konstellationen geringere Auszahlungen, wird die Aktion Halten von der Aktion Tendern dominiert. Folglich wählt ein Kleinaktionär k mit Wahrscheinlichkeit $\alpha_k(t|z_r) = 1$ ($\forall k \in [0, K]$) die Tender-Aktion.

ad (iii): Angenommen, $P_r = \frac{V_L+k_L \cdot c}{n+z}$. Dann gilt für die Auszahlungsdifferenz aufgrund von

$$\begin{aligned}
\frac{\overline{V} + \overline{k} \cdot (c - \min[z_r; z_a] \cdot P_r)}{n + z - \min[z_r; z_a]} &\geq \frac{\overline{V} + \overline{k}c - \min[z_r; z_a] \cdot P_r}{n + z - \min[z_r; z_a]} \\
&= \frac{\overline{V} + \overline{k}c - \min[z_r; z_a] \cdot \frac{V_L+k_L c}{n+z}}{n + z - \min[z_r; z_a]} \\
&\geq \frac{\overline{V} + \overline{k}c - \min[z_r; z_a] \cdot \frac{\overline{V}+\overline{k}c}{n+z}}{n + z - \min[z_r; z_a]} \\
&= \frac{(n + z - \min[z_r; z_a]) \cdot (\overline{V} + \overline{k}c)}{(n + z - \min[z_r; z_a])(n + z)} \\
&= \frac{\overline{V} + \overline{k}c}{n + z} \geq P_r
\end{aligned}$$

$\Delta E[G_k] \geq 0$, d.h. $E[G_k(h)] \geq E[G_k(t)]$. Tendern verspricht somit niemals eine höhere Auszahlung als Halten. Im ungünstigsten Fall – der Rückerwerb scheitert vollständig und das zugrunde liegende Unternehmen ist vom Typ L – beläuft sich die Auszahlung einer Halte-Aktion auf $\frac{V_L+k_L \cdot c}{n+z}$, was genau der Auszahlung einer Tender-Aktion entspricht. Bei jeder anderen Konstellation – der Rückerwerb gelingt zumindest teilweise und/oder das zugrunde liegende Unternehmen ist vom Typ H – ist die Auszahlung einer Halte-Aktion wegen

$$\frac{\overline{V} + \overline{k} \cdot (c - \min[z_r; z_a] \cdot P_r)}{n + z - \min[z_r; z_a]} > P_r$$

höher als die einer Tender-Aktion. Diese wird folglich von einer Halte-Aktion dominiert, weshalb sich der Kleinaktionär k ($\forall k \in [0; K]$) mit Wahrscheinlichkeit eins ($\alpha_k(t|z_r) = 0$) für Halten entscheiden wird.

ad (iv): Angenommen, $P_r < \frac{\overline{V}+\overline{k}\cdot c}{n+z}$. Dann erhält man für die Auszahlungsdifferenz

$$\begin{aligned}
\Delta E[G_k] &= \min[1; \frac{z_r}{z_a}] \left[\frac{\overline{V} + \overline{k} \cdot (c - \min[z_r; z_a] \cdot P_r)}{n + z - \min[z_r; z_a]} - P_r \right] \\
&\geq \min[1; \frac{z_r}{z_a}] \left[\frac{\overline{V} + \overline{k}c - \min[z_r; z_a] \cdot P_r}{n + z - \min[z_r; z_a]} - P_r \right] \\
&\geq \min[1; \frac{z_r}{z_a}] \left[\frac{\overline{V} + \overline{k}c - \min[z_r; z_a] \cdot \frac{\overline{V}+\overline{k}\cdot c}{n+z}}{n + z - \min[z_r; z_a]} - P_r \right] \\
&= \min[1; \frac{z_r}{z_a}] \left[\frac{(n + z - \min[z_r; z_a]) \cdot (\overline{V} + \overline{k} \cdot c)}{(n + z) \cdot (n + z - \min[z_r; z_a])} - P_r \right] \\
&= \min[1; \frac{z_r}{z_a}] \left[\frac{\overline{V} + \overline{k} \cdot c}{n + z} - P_r \right] \\
&> 0.
\end{aligned}$$

Dies hat $E[G_k(h)] > E[G_k(t)]$ zur Konsequenz, so dass Halten eine dominante Aktion für den Kleinaktionär k ist. Folglich bietet er seinen Aktienbestand mit Wahrscheinlichkeit $\alpha_k(t|z_r) = 0$ zum Rückerwerb an. ■

Mit Hilfe dieses Ergebnisses lassen sich nun die wechselseitig besten Antworten der Kleinaktionäre auf alternative Rückerwerbsofferten bei gegebenen revidierten Vermutungen vollständig charakterisieren:

Lemma 3.3 *Die wechselseitig besten Antworten $\alpha_k(\cdot|z_r)$ der Kleinaktionäre auf alternative Rückerwerbsofferten z_r ($0 < z_r \leq z$) besitzen in Abhängigkeit von den Vermutungen $\mu(\cdot|z_r)$ der Kleinaktionäre über den zugrunde liegenden Unternehmenstyp folgende Gestalt:*

(i) $P_r > \frac{\overline{V}+c}{n+z}$ und $z_r \cdot P_r = c$. Jeder Kleinaktionär tendert seinen Aktienbestand mit Wahrscheinlichkeit $\alpha_k(t|z_r) = 1$. Von den insgesamt $z_a = z$ zum Rückerwerb angebotenen Aktien werden z_r Stück aufgekauft; der Aktienrückerwerb gelingt im geplanten Umfang.

(ii) $P_r = \frac{V_H+c}{n+z}$ und $z_r \cdot P_r = c$. Jeder Kleinaktionär tendert seinen Aktienbestand mit Wahrscheinlichkeit $\alpha_k(t|z_r) = 1$. Von den insgesamt $z_a = z$ zum Rückerwerb angebotenen Aktien werden z_r Stück aufgekauft; der Aktienrückerwerb gelingt im geplanten Umfang.

(iii) $P_r = \frac{\overline{V}+c}{n+z}$ *und* $z_r \cdot P_r = c$ *sowie* $\mu(H|z_r) < 1$. *Dann tendern* $I = (z_a/z) \cdot K \leq K$ *Kleinaktionäre ihren Aktienbestand mit Wahrscheinlichkeit* $\alpha_k(t|z_r) = 1$ *(*$\forall k \in I$*), während die restlichen* $K - I$ *Kleinaktionäre ihren Aktienbestand mit Wahrscheinlichkeit eins (*$\alpha_k(t|z_r) = 0$*) halten. Insgesamt werden* $z_r \leq z_a \leq z$ *Aktien zum Rückerwerb angeboten, der im geplanten Umfang realisiert werden kann.*

(iv) $\frac{\overline{V}+\overline{k}\cdot c}{n+z} < P_r < \frac{\overline{V}+c}{n+z}$ *und* $z_r \cdot P_r = c$. *Dann bieten* $I = (z_a/z) \cdot K < K$ *Kleinaktionäre ihren Aktienbestand mit Wahrscheinlichkeit* $\alpha_k(t|z_r) = 1$ *zum Rückerwerb an, während die restlichen* $K - I$ *Aktionäre mit Wahrscheinlichkeit eins (*$\alpha_k(t|z_r) = 0$*) auf eine Teilnahme am Aktienrückerwerb verzichten. Insgesamt werden*

$$z_a = \frac{(n+z) \cdot P_r - (\overline{V} + \overline{k} \cdot c)}{(1-\overline{k}) \cdot P_r} < z_r \tag{3.12}$$

Aktien getendert. Der Aktienrückerwerb kann nicht in vollem Umfang realisiert werden.

(v) $P_r = \frac{\overline{V}+\overline{k}\cdot c}{n+z}$ *und* $z_r \cdot P_r = c$. *Jeder Kleinaktionär verzichtet mit Wahrscheinlichkeit eins (*$\alpha_k(t|z_r) = 0$*) auf eine Teilnahme am Aktienrückerwerb. Da keine Aktien getendert werden (*$z_a = 0$*), scheitert das Rückerwerbsangebot in vollem Umfang.*

(vi) $P_r < \frac{\overline{V}+\overline{k}\cdot c}{n+z}$ *und* $z_r \cdot P_r = c$. *Jeder Kleinaktionär hält seinen Aktienbestand mit Wahrscheinlichkeit eins (*$\alpha_k(t|z_r) = 0$*). Es werden keine Aktien zum Rückerwerb angeboten (*$z_a = 0$*), d.h. die Rückerwerbsofferte scheitert vollständig.*

Beweis:

ad (i) und (ii): Aus den Teilen (i) und (ii) von Lemma 3.2 folgt, dass Tendern eine dominante Aktion für den Kleinaktionär k ($\forall k \in [0, K]$) ist. Deshalb bieten alle Kleinaktionäre ihren Aktienbestand mit Wahrscheinlichkeit $\alpha_k(t|z_r) = 1$ zum Rückerwerb an ($z_a = z$). Tendern stellt somit für jeden Kleinaktionär eine beste Antwort auf die Rückerwerbsofferte dar. Wegen $z_r < z_a$ kann der Aktienrückerwerb im geplanten Umfang realisiert werden.

ad (iii): Zunächst ist festzuhalten, dass die Tender-Entscheidung eines Kleinaktionärs aufgrund dessen Masselosigkeit keinen Einfluss auf das Rückerwerbsergebnis – die Anzahl z_a der zum Rückerwerb angebotenen Aktien – besitzt.

Angenommen, $z_a \geq z_r$ Aktien werden getendert. Der Kleinaktionär $k \in [0, I]$, der mit Wahrscheinlichkeit $\alpha_k(t|z_r) = 1$ tendert, erwartet in diesem Fall eine Auszahlung in Höhe von

$$\begin{aligned} E[G_k(t)] &= \min[1; \frac{z_r}{z_a}] \cdot P_r + \left(1 - \min[1; \frac{z_r}{z_a}]\right) \frac{\overline{V} + \overline{k} \cdot (c - \min[z_r; z_a] \cdot P_r)}{n + z - \min[z_r; z_a]} \\ &= \frac{z_r}{z_a} \cdot P_r + \left(1 - \frac{z_r}{z_a}\right) \frac{\overline{V}}{n + z - z_r}. \end{aligned} \quad (3.13)$$

Unter Verwendung von $z_r = c/P_r$ und $P_r = \frac{\overline{V}+c}{n+z}$ resultiert $z_r = \frac{(n+z)\cdot c}{\overline{V}+c}$. Einsetzen in (3.13) führt auf

$$E[G_k(t)] = \frac{z_r}{z_a} \cdot P_r + \left(1 - \frac{z_r}{z_a}\right) \frac{\overline{V} + c}{n + z} = \frac{z_r}{z_a} \cdot P_r + \left(1 - \frac{z_r}{z_a}\right) \cdot P_r = P_r.$$

Entscheidet sich der Kleinaktionär stattdessen für Halten, erhält er eine Auszahlung in Höhe von

$$E[G_k(h)] = \frac{\overline{V}}{n + z - z_r} = \frac{\overline{V} + c}{n + z} = P_r.$$

Damit gilt $E[G_k(t)] = E[G_k(h)]$. Ein Kleinaktionär $k \in [0, I]$ besitzt deshalb keinen Anreiz, von einer Tender-Aktion abzuweichen und stattdessen die Aktion Halten zu wählen. Umgekehrt hat der Kleinaktionär $k \in (I, K]$, der sich mit Wahrscheinlichkeit eins ($\alpha_k(t|z_r) = 0$) für Halten entscheidet und eine Auszahlung in Höhe von $E[G_k(h)]$ vereinnahmt, wegen $E[G_k(t)] = E[G_k(h)]$ keinen Grund, auf eine Tender-Aktion überzuwechseln. Somit liegen für jedes $z_a \geq z_r$ wechselseitig beste Antworten der Kleinaktionäre vor, wenn $(z_a/z) \cdot K$ Kleinaktionäre ihre Aktien zum Rückerwerb anbieten und die restlichen Aktionäre ihren Aktienbestand halten. Der Aktienrückerwerb kann im geplanten Umfang realisiert werden.

ad (iv): In einem ersten Schritt wird durch Widerspruch gezeigt, dass Ungleichung (3.12) erfüllt ist. Angenommen,

$$z_a = \frac{(n + z) \cdot P_r - (\overline{V} + \overline{k} \cdot c)}{(1 - \overline{k}) \cdot P_r} \geq z_r.$$

Dies lässt sich zu

$$(n + z) \cdot P_r - \overline{V} - \overline{k} \cdot c \geq z_r \cdot (1 - \overline{k}) \cdot P_r$$

umformen, was unter Verwendung von $z_r = c/P_r$ in

$$(n+z) \cdot P_r - \overline{V} - \overline{k} \cdot c \geq (1-\overline{k}) \cdot c$$

überführt werden kann. Nach einer weiteren Umformung erhält man

$$P_r \geq \frac{\overline{V}+c}{n+z}$$

und damit einen Widerspruch. Folglich muss $z_a < z_r$ gelten.

Angenommen,

$$z_a = \frac{(n+z) \cdot P_r - (\overline{V} + \overline{k} \cdot c)}{(1-\overline{k}) \cdot P_r} < z_r$$

Aktien werden getendert. Dann vereinnahmt der Kleinaktionär $k \in [0, I]$, der seine Aktie mit Wahrscheinlichkeit eins zum Rückerwerb offeriert, eine erwartete Auszahlung in Höhe von

$$\begin{aligned} E[G_k(t)] &= \min[1; \frac{z_r}{z_a}] \cdot P_r + \left(1 - \min[1; \frac{z_r}{z_a}]\right) \frac{\overline{V} + \overline{k} \cdot (c - \min[z_r; z_a] \cdot P_r)}{n + z - \min[z_r; z_a]} \\ &= P_r. \end{aligned}$$

Hält er stattdessen seine Anteile, dann beläuft sich seine erwartete Auszahlung auf

$$E[G_k(h)] = \frac{\overline{V} + \overline{k} \cdot (c - \min[z_r; z_a] \cdot P_r)}{n + z - \min[z_r; z_a]} = \frac{\overline{V} + \overline{k} \cdot (c - z_a \cdot P_r)}{n + z - z_a}$$

Unter Verwendung von Gleichung (3.12) lässt sich dies schreiben als

$$\begin{aligned} E[G_k(h)] &= \frac{\overline{V} + \overline{k} \cdot (c - z_a \cdot P_r)}{n + z - z_a} \\ &= \frac{\overline{V} + \overline{k} \cdot (c - \frac{(n+z) \cdot P_r - (\overline{V} + \overline{k} \cdot c)}{(1-\overline{k}) \cdot P_r} \cdot P_r)}{n + z - \frac{(n+z) \cdot P_r - (\overline{V} + \overline{k} \cdot c)}{(1-\overline{k}) \cdot P_r}} \\ &= \frac{(1-\overline{k}) \cdot \overline{V} + \overline{k} \cdot ((1-\overline{k}) \cdot c - (n+z) \cdot P_r + \overline{V} + \overline{k} \cdot c)}{(1-\overline{k}) \cdot (n+z) \cdot P_r - (n+z) \cdot P_r + \overline{V} + \overline{k} \cdot c} \cdot P_r \\ &= \frac{\overline{V} + \overline{k} \cdot (c - (n+z) \cdot P_r)}{\overline{V} + \overline{k} \cdot (c - (n+z) \cdot P_r)} \cdot P_r \\ &= P_r, \end{aligned}$$

was $E[G_k(h)] = E[G_k(t)]$ impliziert. Halten verspricht somit keine höhere erwartete Auszahlung als Tendern. Folglich besitzt der Kleinaktionär $k \in [0, I]$ keinen Anreiz, von der mit Wahrscheinlichkeit $\alpha_k(t|z_r) = 1$ gewählten Aktion Tendern abzuweichen.

Ein Kleinaktionär $k \in (I, K]$, der die Aktion Halten wählt ($\alpha_k(t|z_r) = 0$), erzielt eine erwartete Auszahlung in Höhe von $E[G_k(h)] = P_r$. Wegen $E[G_k(h)] = E[G_k(t)]$ besteht für ihn kein Anlass, von Halten auf Tendern überzuwechseln. Bieten $I = (z_a/z) \cdot K$ Kleinaktionäre ihren jeweiligen Aktienbestand zum Rückerwerb an und halten die verbleibenden $K - I$ Aktionäre ihren Aktienbestand, dann erweist es sich für keinen Kleinaktionär als lohnend, von seiner jeweiligen Aktion abzuweichen. Die charakterisierte Aktionskombination repräsentiert somit

$$z_a = \frac{(n+z) \cdot P_r - (\overline{V} + \overline{k} \cdot c)}{(1-\overline{k}) \cdot P_r}$$

die wechselseitig besten Antworten der Kleinaktionäre auf die Rückerwerbsofferte z_r. Aufgrund von $z_a < z_r$ wird das Rückerwerbsprogramm nicht in vollem Umfang realisiert.

ad (v): Angenommen, $z_a = 0$, d.h. alle Kleinaktionäre halten ihren Aktienbestand. In diesem Falle vereinnahmt der Kleinaktionär k ($\forall k \in [0, K]$) eine erwartete Auszahlung in Höhe von

$$E[G_k(h)] = \frac{\overline{V} + \overline{k} \cdot c}{n+z}.$$

Wechselt er auf Tendern über, beläuft sich seine erwartete Auszahlung auf $E[G_k(t)] = P_r = \frac{\overline{V}+\overline{k} \cdot c}{n+z}$, was $E[G_k(h)] = E[G_k(t)]$ impliziert. Deshalb besitzt ein Kleinaktionär k ($\forall k \in [0, K]$) keinen Anreiz, von einer Halte- auf eine Tender-Aktion auszuweichen. Die Aktionskombination $\alpha_k(t|z_r) = 0 \; \forall k \in [0, K]$ repräsentiert damit die wechselseitig besten Antworten der Kleinaktionäre auf die Rückerwerbsofferte.

ad(vi): Teil (iv) von Lemma 3.2 besagt, dass Halten eine dominante Aktion für den Kleinaktionär k ($\forall k \in [0; K]$) ist. Folglich verzichten alle Kleinaktionäre mit Wahrscheinlichkeit eins auf eine Teilnahme am Rückerwerbsprogramm, d.h. $\alpha_k(t|z_r) = 0$ und $z_a = 0$. ■

Lemma 3.3 stellt eine Verallgemeinerung von Lemma 3.1 dar. Da eine Vollausschüttung des freien Cashflows den Erwartungswert des Aktionärsvermögens maximiert, kann der *erwartete* Wert einer Aktie – bei gleichmäßiger Aufteilung des Vermögens auf alle Anteile – den Betrag $(\overline{V}+c)/(n+z)$ nicht überschreiten. Wird den Kleinaktionen ein höherer Rückerwerbspreis offeriert *(Fall (i))*, dann erhält ein veräußernder Aktionär mehr als ihm bei gleichmäßiger Vermögensaufteilung im Erwartungswert maximal – d.h. bei Vollausschüttung – zusteht. Folglich leistet ein am Rückerwerb nicht teilnehmender Aktionär einen Vermögenstransfer an einen Aktionär, der zur Veräußerung seiner Anteile bereit ist. Deshalb werden alle Kleinaktionäre ihre Anteile zum Rückerwerb anbieten. Stimmt der Rückerwerbspreis mit dem Wert überein, der auf die Aktie eines Unternehmens vom Typ H bei gleichmäßiger Vermögensaufteilung maximal entfallen kann *(Fall (ii))*, dann stellt sich ein am Rückerwerb nicht teilnehmender Aktionär nur dann nicht schlechter als ein veräußernder Aktionär, wenn der gesamte freie Cashflow ausgeschüttet wird *und* das zugrunde liegende Unternehmen vom Typ H ist. In allen anderen Fällen – es wird nur ein Teil des freien Cashflows ausgekehrt *und/oder* das zugrunde liegende Unternehmen ist vom Typ L – vereinnahmt der veräußernde Aktionär eine strikt höhere Auszahlung. Folglich ist Tendern eine dominante Aktion, die von allen Kleinaktionären gewählt wird. Entspricht der Rückerwerbspreis genau dem *erwarteten* Wert einer Aktie bei Vollausschüttung und gleichmäßiger Vermögensaufteilung *(Fall (iii))*, so stimmt die Auszahlung der Aktion Veräußern lediglich für den Fall, dass der gesamte freie Cashflow ausgekehrt wird, mit der erwarteten Auszahlung der Aktion Halten überein. Sofern die Rückerwerbsofferte nicht vollständig gezeichnet und ein Teil des freien Cashflows thesauriert wird, unterschreitet der erwartete Gesamtwert des Aktionärsvermögens den Maximalbetrag. Da der damit einhergehende Vermögensverlust allein von denjenigen Aktionären getragen wird, welche am Rückerwerb nicht teilnehmen, erhalten diese eine geringere Auszahlung als jene Aktionäre, die ihre Anteile zum Rückerwerb anbieten. Die von den Kleinaktionären gewählten Aktionen können folglich nur dann wechselseitig beste Antworten sein, wenn mindestens $z_r = (n+z)c/(\overline{V}+c)$ Anteile von den Kleinaktionären zum Rückerwerb angeboten werden, was eine Vollausschüttung des freien Cashflows gewährleistet.

Eine Thesaurierung des gesamten freien Cashflows bewirkt eine Minimierung des erwarteten Aktionärsvermögens. Bei gleichmäßiger Vermögensaufteilung kann der erwartete Wert einer Aktie somit nicht unter den Betrag $(\overline{V} + \overline{k}c)/(n+z)$ fallen. Wird den Kleinaktionären ein Rückerwerbspreis offeriert, welcher diesen Betrag unterschreitet *(Fall (vi))*, schlagen sie das Rückerwerbsangebot aus ($z_a = 0$). Ist die Rückerwerbsofferte mit einem Preis ausgestattet, der dem erwarteten Minimalwert einer Aktie bei gleichmäßiger Vermögensaufteilung genau entspricht *(Fall (v))*, führen Tendern und Halten nur dann zu übereinstimmenden Auszahlungen, wenn keine Anteile zum Rückerwerb angeboten werden. Ist dagegen die Anzahl der getenderten Aktien positiv, kann zumindest ein Teil des freien Cashflows ausgeschüttet werden. Der damit einhergehende Anstieg des erwarteten Aktionärsvermögens infolge der vermiedenen Versickerungskosten kommt allein denjenigen Aktionären zugute, welche auf eine Partizipation am Aktienrückerwerb verzichten. Sie erreichen folglich eine höhere Auszahlung als diejenigen Aktionäre, die zu einer Veräußerung ihrer Anteile bereit sind. Dies hat zur Konsequenz, dass die Rückerwerbsofferte von allen Kleinaktionären ausgeschlagen wird. Wird den Kleinaktionären ein Rückerwerbskurs angeboten, welcher den – bei gleichmäßiger Vermögensverteilung resultierenden – erwarteten Minimalwert einer Aktie über- und den erwarteten Maximalwert einer Aktie unterschreitet (*Fall (iv)*), kann weder eine vollständige Zurückweisung der Rückerwerbsofferte noch ihre vollständige Zeichnung gleichgewichtig sein: Während im ersten Fall ein veräußernder Aktionär eine höhere Auszahlung als ein am Rückerwerb nicht teilnehmender Aktionär erhält, ist im zweiten Fall mit der Aktion Halten eine höhere Auszahlung als mit der Aktion Tendern verknüpft. Die von den Kleinaktionären gewählten Aktionen können nur dann wechselseitig beste Antworten sein, wenn Tendern und Halten übereinstimmende Auszahlungen versprechen. Dies ist genau dann der Fall, wenn die in Gleichung (3.12) angegebene Anzahl von Aktien zum Rückerwerb angeboten wird.

3.4.3 Pooling-Gleichgewicht des Rückerwerbsspiels

Ein Pooling-Gleichgewicht des Rückerwerbsspiels ist dadurch charakterisiert, dass beide Unternehmenstypen mit Wahrscheinlichkeit eins dieselbe Rückerwerbsofferte z_r^* abgeben. Da eine solche Offerte keinerlei Informationen über den wahren Typ des Unternehmens enthüllt, stimmen die mit Hilfe des Satzes von Bayes revidierten Vermutungen $\mu(i|z_r^*)$ der Kleinaktionäre, das zugrunde liegende Unternehmen sei vom Typ i ($i \in \{L, H\}$), mit der a priori-Wahrscheinlichkeit π_i überein, welche die Kleinaktionäre einem Unternehmen vom Typ i zuweisen: $\mu(i|z_r^*) = \pi_i$. Unter Verwendung von

$$V^* = \pi_L \cdot V_L + \pi_H \cdot V_H$$

lässt sich ein Kandidat für ein Pooling-Gleichgewicht wie folgt charakterisieren:

(i) Das Management eines Unternehmens vom Typ H offeriert mit Wahrscheinlichkeit eins, $z_r^* = (n+z)c/(V^*+c)$ Aktien zum Preis von $P_r^* = (V^*+c)/(n+z)$ zurückzuerwerben:

$$\sigma_H(z_r) = \begin{cases} 1 & \text{für } z_r = z_r^* \\ 0 & sonst. \end{cases}$$

(ii) Das Management eines Unternehmens vom Typ L offeriert mit Wahrscheinlichkeit eins, $z_r^* = (n+z)c/(V^*+c)$ Aktien zum Preis von $P_r^* = (V^*+c)/(n+z)$ zurückzuerwerben:

$$\sigma_L(z_r) = \begin{cases} 1 & \text{für } z_r = z_r^* \\ 0 & sonst. \end{cases}$$

(iii) (1) Die Rückerwerbsofferte z_r^* wird von $I = (z_a^*/z) \cdot K \leq K$ Kleinaktionären mit Wahrscheinlichkeit $\alpha_k(t|z_r^*) = 1$ ($\forall k \in [0, I]$) angenommen. Dagegen halten die restlichen $K - I$ Kleinaktionäre ihren Aktienbestand mit Wahrscheinlichkeit eins ($\alpha_k(t|z_r^*) = 0$). Insgesamt werden $z_r^* \leq z_a^* \leq z$ Aktien zum Rückerwerb getendert. (2) Eine Rückerwerbsofferte $z_r \leq z_r^H$ ($P_r \geq P_r^H$) wird vom Kleinaktionär k mit Wahrscheinlichkeit $\alpha_k(t|z_r) = 1$ ($\forall k \in [0, K]$) akzeptiert. Insgesamt werden $z > z_r$ Aktien getendert. (3) Rückerwerbsofferten, für die $z_r = c/P_r$ und

$$\frac{V_H + k_H\, c}{n+z} < P_r < \frac{V_H + c}{n+z}$$

sowie $z_r \neq z_r^*$ gilt, werden von $I = (z_a/z) \cdot K$ Kleinaktionären mit Wahrscheinlichkeit $\alpha_k(t|z_r) = 1$ ($\forall k \in [0, I]$) angenommen und von $K - I$ Kleinaktionären mit Wahrscheinlichkeit eins ($\alpha_k(t|z_r) = 0$ $\forall k \in (I, K]$) abgelehnt. Insgesamt werden

$$z_a = \frac{(n+z) \cdot P_r - (V_H + k_H \cdot c)}{(1 - k_H) \cdot P_r} < z_r$$

Aktien zum Rückerwerb angeboten. (4) Alle anderen Rückerwerbsofferten

$$z_r \in \hat{Z} \equiv \{z_r \in Z | z_r \neq z_r^* \wedge z_r \geq (n+z)c/(V_H + k_H\, c)\}$$

werden von jedem Kleinaktionär $k \in [0, K]$ mit Wahrscheinlichkeit eins ($\alpha_k(t|z_r) = 0$) abgelehnt.

(iv) Die Kleinaktionäre gehen mit Wahrscheinlichkeit $\mu(H|z_r^*) = \pi_H$ ($\mu(L|z_r^*) = \pi_L$) davon aus, dass das Rückerwerbsangebot z_r^* vom Management eines Unternehmens vom Typ H (L) stammt. Sehen sie sich einer ungleichgewichtigen Rückerwerbsofferte $z_r \in \overline{Z}_{ug}$ gegenüber, revidieren sie ihre Vermutungen entsprechend Annahme 3.8.

Zu klären ist nun die Frage, ob und wenn ja unter welchen Voraussetzungen die unter (i) bis (iii) charakterisierten Strategien in Verbindung mit den unter (iv) aufgeführten revidierten Vermutungen der Kleinaktionäre auf ein Pooling-Gleichgewicht führen. Eine Antwort hierauf gibt

Proposition 3.2 *Wenn die Parameterrestriktion*

$$\frac{V_L}{k_L} \geq \frac{V_H}{k_H} \tag{3.14}$$

erfüllt ist, dann existiert ein Pooling-Gleichgewicht, das durch die in (i) bis (iii) aufgeführten Strategien in Verbindung mit den unter (iv) charakterisierten revidierten Vermutungen der Kleinaktionäre konstituiert wird.

Beweis: Zu zeigen ist, dass die Strategien der Akteure wechselseitig optimal sind und die Kleinaktionäre ihre Vermutungen in konsistenter Weise revidieren, wenn die Parameterrestriktion (3.14) erfüllt ist.

(a) *Vermutungsrevision der Kleinaktionäre.* Analysiert wird zunächst die *Vermutungsrevision* der Kleinaktionäre, wenn das Management eines Unternehmens vom Typ i die Strategie $\sigma_i(z_r^*) = 1$ ($i \in \{L, H\}$) wählt. Wird den Kleinaktionären die als gleichgewichtig betrachtete Offerte z_r^* präsentiert, revidieren sie ihre Vermutungen über den zugrunde liegenden Unternehmenstyp mit Hilfe des Satzes von Bayes:

$$\mu(L|z_r^*) = \frac{\sigma_L(z_r^*) \cdot \pi_L}{\sigma_L(z_r^*) \cdot \pi_L + \sigma_H(z_r^*) \cdot \pi_H} = \pi_L$$

$$\mu(H|z_r^*) = \frac{\sigma_H(z_r^*) \cdot \pi_H}{\sigma_L(z_r^*) \cdot \pi_L + \sigma_H(z_r^*) \cdot \pi_H} = \pi_H.$$

Sehen sich die Kleinaktionäre einer ungleichgewichtigen Rückerwerbsofferte $z_r \in \overline{Z}_{ug}$ gegenüber, revidieren sie ihre Vermutungen entsprechend Annahme 3.8. Damit sind die in (iv) formulierten revidierten beliefs der Kleinaktionäre konsistent mit den unter (i) und (ii) aufgeführten Strategien des Managements eines Unternehmens vom Typ i ($i \in \{L, H\}$).

(b) *Beste Antworten der Kleinaktionäre auf alternative Rückerwerbsofferten.* Ausgehend von diesen revidierten beliefs ist nun zu zeigen, dass die unter (iii) aufgeführten Aktionskombinationen der Kleinaktionäre wechselseitig beste Antworten auf die möglichen Rückerwerbsofferten darstellen.

ad (1): Unter Verwendung der revidierten Vermutungen lässt sich der Rückerwerbspreis schreiben als

$$P_r^* = \frac{V^* + c}{n + z} = \frac{\pi_L \cdot V_L + \pi_H \cdot V_H}{n + z} = \frac{\mu(L|z_r^*) \cdot V_L + \mu(H|z_r^*) \cdot V_H}{n + z} = \frac{\overline{V} + c}{n + z}.$$

Die in (1) formulierte Aussage ergibt sich dann unmittelbar aus Teil (iii) von Lemma 3.3.

ad (2): Betrachtet wird zunächst das als ungleichgewichtig aufgefasste Angebot, $z_r < z_r^H$ Aktien zum Preis von $P_r > P_r^H$ zurückzuerwerben. Aufgrund von $V_H \geq \overline{V}$ gilt für beliebiges $\mu(\cdot|z_r)$

$$P_r > P_r^H = \frac{V_H + c}{n + z} \geq \frac{\overline{V} + c}{n + z}.$$

Aus Teil (i) von Lemma 3.3 folgt dann, dass ein solches Rückerwerbsangebot mit Wahrscheinlichkeit $\alpha_k(t|z_r) = 1$ von jedem Kleinaktionär k ($k \in [0, K]$) angenommen wird. Dass das Angebot, z_r^H Aktien zum Preis von P_r^H zurückzukaufen, von jedem Kleinaktionär k mit Wahrscheinlichkeit $\alpha_k(t|z_r^H) = 1$ ($\forall k \in [0, K]$) akzeptiert wird, resultiert aus Teil (ii) von Lemma 3.3.

ad (3): Im betrachteten Gleichgewicht wird eine Rückerwerbsofferte, die durch $z_r = c/P_r$ und

$$\frac{V_H + k_H \cdot c}{n + z} < P_r < \frac{V_H + c}{n + z}$$

sowie $z_r \neq z_r^*$ gekennzeichnet ist, nicht abgegeben. Sehen sich die Kleinaktionäre einer solchen Offerte dennoch gegenüber, gehen sie gemäß Annahme 3.8 davon aus, dass sie vom Management eines Unternehmens vom Typ H stammt: $\mu(H|z_r) = 1$. Dies impliziert $V_H = \overline{V}$ und $k_H = \overline{k}$. Die unter (3) formulierte Behauptung folgt dann aus Teil (iv) von Lemma 3.3.

ad (4): Für die verbleibenden Offerten gilt $z_r = c/P_r$ und $P_r \leq (V_H + k_H \cdot c)/(n + z)$ sowie $z_r \neq z_r^*$; sie werden im postulierten Gleichgewicht nicht präsentiert. Aufgrund von Annahme 3.8 vermuten die Kleinaktionäre mit Wahrscheinlichkeit eins, dass solche Rückerwerbsofferten vom Management eines Unternehmens vom Typ H abgegeben wurden: $\mu(H|z_r) = 1$. Dies hat $V_H = \overline{V}$ und $k_H = \overline{k}$ zur Konsequenz. Aus den Teilen (v) und (vi) von Lemma 3.3 resultiert dann die in (4) formulierte Behauptung.

Als Zwischenergebnis bleibt festzuhalten: Die unter (iii) aufgeführten Strategiekombinationen der Kleinaktionäre stellen wechselseitig beste Antworten auf alternative Rückerwerbsofferten dar.

(c) *Gleichgewichtige Rückerwerbsstrategie des Managements von H.* Untersucht wird nun, ob das Management eines Unternehmens vom Typ H einen Anreiz besitzt, von der in (i) aufgeführten Rückerwerbsofferte abzuweichen, wenn die Kleinaktionäre wie in (iii) beschrieben reagieren. Die als gleichgewichtig betrachtete Rückerwerbsofferte $z_r^* = (n+z)c/(V^*+c)$ kann mit Wahrscheinlichkeit eins in vollem Umfang realisiert werden, weil die Kleinaktionäre $z_a \geq z_r^*$ Aktien tendern. Das Management erhält dann eine Auszahlung von

$$U_H(z_r^*) = \frac{V_H}{n+z-z_r^*} = \frac{V_H}{V^*} \cdot \frac{V^*+c}{n+z}.$$

Wählt das Management von H ein Rückerwerbsangebot $z_r \leq z_r^H = (n+z)c/(V_H+c)$, das von jedem Kleinaktionär mit Wahrscheinlichkeit eins akzeptiert wird ($z_a = z > z_r$), vereinnahmt es eine Auszahlung in Höhe von

$$U_H(z_r) = \frac{V_H}{n+z-z_r} \leq \frac{V_H}{n+z-z_r^H} = \frac{V_H+c}{n+z}.$$

Wegen $V^* = \pi_L \cdot V_L + \pi_H \cdot V_H < V_H$ gilt

$$U_H(z_r^*) = \frac{V_H}{V^*} \cdot \frac{V^*+c}{n+z} = \frac{V_H + \frac{V_H}{V^*} \cdot c}{n+z} > \frac{V_H+c}{n+z} = U_H(z_r^H) \geq U_H(z_r).$$

Somit erweist es sich als nicht lohnend, von z_r^* auf $z_r \leq z_r^H$ abzuweichen. Entscheidet sich das Management von H, $z_r = c/P_r$ ($z_r \neq z_r^*$) Aktien zum Preis von

$$\frac{V_H + k_H \cdot c}{n+z} < P_r < \frac{V_H+c}{n+z}$$

zurückzukaufen, werden $z_a < z_r$ Anteile von den Kleinaktionären getendert. Die Auszahlung an das Management beträgt in diesem Falle

$$U_H(z_r) = \frac{V_H + k_H(c - z_a \cdot P_r)}{n+z-z_a}.$$

Einsetzen von

$$z_a = \frac{(n+z) \cdot P_r - (V_H + k_H c)}{(1-k_H) \cdot P_r}$$

führt auf

$$\begin{aligned} U_H(z_r) &= \frac{(V_H + k_H\, c)(1-k_H) - k_H \cdot [(n+z)P_r - (V_H + k_H\, c)]}{(n+z)\,(1-k_H) \cdot P_r - (n+z)\,P_r + V_H + k_H\, c} \cdot P_r \\ &= \frac{V_H + k_H\, c - k_H \cdot (n+z)P_r}{V_H + k_H\, c - (n+z)\,k_H\, P_r} \cdot P_r = P_r < \frac{V_H+c}{n+z}. \end{aligned}$$

Aufgrund von

$$U_H(z_r) < \frac{V_H + c}{n + z} = U_H(z_r^H) < U_H(z_r^*)$$

besitzt das Management von H keinen Anreiz, anstelle von z_r^* die Offerte z_r zu wählen. Auch die verbleibenden Rückerwerbsofferten $z_r \in \hat{Z}$ – diese sind durch $z \geq z_r \geq (n+z)c/(V_H + k_H c)$, $z_r \neq z_r^*$ und $P_r \leq (V_H + k_H c)/(n+z)$ gekennzeichnet – erweisen sich für das Management von H als nicht lohnend: Da solche Rückerwerbsangebote mit Wahrscheinlichkeit eins von jedem Kleinaktionär abgelehnt werden, beläuft sich die Gesamtzahl der getenderten Aktien auf $z_a = 0$. Die Auszahlung an das Management beträgt deshalb

$$U_H(z_r) = \frac{V_H + k_H c}{n + z} < \frac{V_H + c}{n + z} < U_H(z_r^*).$$

Wegen $U_H(0) = (V_H + k_H c)/(n + z) < U_H(z_r^*)$ ist für das Management von H auch ein Rückerwerbsverzicht nicht lohnend. Das Management von H hat somit keinen Anlass, von der unter (i) aufgeführten Strategie $\sigma_H(z_r^*) = 1$ abzuweichen.

(d) *Gleichgewichtige Rückerwerbsstrategie des Managements von L.* Abschließend ist zu untersuchen, ob das Management eines Unternehmens vom Typ L einen Anreiz besitzt, von der gepoolten Rückerwerbsofferte z_r^* abzuweichen. Die als gleichgewichtig betrachtete Rückerwerbsofferte $z_r^* = (n+z)c/(V^* + c)$, die mit Wahrscheinlichkeit eins in vollem Umfang akzeptiert wird ($z_a \geq z_r^*$), verspricht dem Management von L eine Auszahlung in Höhe von

$$U_L(z_r^*) = \frac{V_L}{n + z - z_r^*} = \frac{V_L}{V^*} \cdot \frac{V^* + c}{n + z} = \frac{V_L + \frac{V_L}{V^*} \cdot c}{n + z}.$$

Weicht das Management stattdessen auf ein Rückerwerbsangebot $z_r \leq z_r^H$ aus, das von jedem Kleinaktionär mit Wahrscheinlichkeit eins angenommen wird ($z_a = z > z_r^H$), erhält es eine Auszahlung in folgender Höhe:

$$U_L(z_r) = \frac{V_L}{n + z - z_r} \leq \frac{V_L}{n + z - z_r^H} = \frac{V_L}{V_H} \cdot \frac{V_H + c}{n + z} = \frac{V_L + \frac{V_L}{V_H} \cdot c}{n + z}.$$

Unter Verwendung von $V_H > V^*$ erhält man

$$U_L(z_r) < \frac{V_L + \frac{V_L}{V^*} \cdot c}{n + z} = U_L(z_r^*),$$

d.h. eine Abweichung von z_r^* auf $z_r \leq z_r^H$ erweist sich als unvorteilhaft. Offeriert das Management von L, $z_r = c/P_r$ ($z_r \neq z_r^*$) Aktien zum Preis von

$$\frac{V_H + k_H \cdot c}{n+z} < P_r < \frac{V_H + c}{n+z}$$

zurückzuerwerben, werden insgesamt $z_a < z_r$ Anteile von den Kleinaktionären getendert. Dies führt auf eine Auszahlung an das Management in Höhe von

$$U_L(z_r) \quad = \quad \frac{V_L + k_L(c - z_a \cdot P_r)}{n + z - z_a} = \frac{V_L}{V_H} \cdot \frac{V_H + k_L \cdot \frac{V_H}{V_L}(c - z_a \cdot P_r)}{n + z - z_a}.$$

Die Parameterrestriktion (3.14), die $V_L/k_L \geq V_H/k_H$ vorgibt, lässt sich auch schreiben als $k_H \geq k_L \cdot \frac{V_H}{V_L}$. Damit kann $U_L(z_r)$ wie folgt nach oben abgeschätzt werden:

$$\begin{aligned} U_L(z_r) &= \frac{V_L}{V_H} \cdot \frac{V_H + k_L \cdot \frac{V_H}{V_L}(c - z_a \cdot P_r)}{n + z - z_a} \\ &\leq \frac{V_L}{V_H} \cdot \frac{V_H + k_H(c - z_a \cdot P_r)}{n + z - z_a} = \frac{V_L}{V_H} \cdot U_H(z_r). \end{aligned} \tag{3.15}$$

Unter Verwendung von

$$z_a = \frac{(n+z)P_r - (V_H + k_H \cdot c)}{(1 - k_H)P_r}$$

ergibt sich für $U_H(z_r)$

$$\begin{aligned} U_H(z_r) &= \frac{V_H + k_H(c - z_a \cdot P_r)}{n + z - z_a} = \frac{V_H + k_H \left(c - \frac{(n+z)P_r - (V_H + k_H \cdot c)}{1 - k_H} \right)}{n + z - \frac{(n+z)P_r - (V_H + k_H \cdot c)}{(1 - k_H)P_r}} \\ &= P_r < \frac{V_H + c}{n+z} = U_H(z_r^H). \end{aligned}$$

Damit erhält man für (3.15)

$$\begin{aligned} U_L(z_r) \leq \frac{V_L}{V_H} \cdot U_H(z_r) < \frac{V_L}{V_H} \cdot U_H(z_r^H) &= \frac{V_L}{V_H} \cdot \frac{V_H + c}{n+z} \\ &= \frac{V_L + \frac{V_L}{V_H} \cdot c}{n+z} < \frac{V_L + \frac{V_L}{V^*} \cdot c}{n+z} = U_L(z_r^*), \end{aligned}$$

wobei die letzte Ungleichung aus $V_H > V^*$ folgt. Wegen $U_L(z_r) < U_L(z_r^*)$ besitzt das Management von L somit keinen Anreiz, von der Offerte z_r^* zum Rückerwerbsangebot z_r überzuwechseln. Schließlich ist noch zu prüfen, ob sich für das Management von L eine Abweichung auf ein Rückerwerbsangebot $z_r \geq (n+z)c/(V_H + k_H c)$ ($z_r \neq z_r^*$) als lohnend erweist. Da eine solche Offerte von jedem Kleinaktionär mit Wahrscheinlichkeit eins abgelehnt wird, werden insgesamt $z_a = 0$ Aktien getendert. Das Management erhält somit eine Auszahlung in Höhe von $U_L(z_r) = (V_L + k_L c)/(n+z)$. Unter Verwendung der Parameterrestriktion (3.14), die $k_H \geq k_L \cdot \frac{V_H}{V_L}$ impliziert, lässt sich die Auszahlung an das Management von L wie folgt abschätzen:

$$\begin{aligned} U_L(z_r) = \frac{V_L + k_L \cdot c}{n+z} &= \frac{V_L}{V_H} \cdot \frac{V_H + k_L \cdot \frac{V_H}{V_L} \cdot c}{n+z} \\ &\leq \frac{V_L}{V_H} \cdot \frac{V_H + k_H \cdot c}{n+z} \\ &< \frac{V_L}{V_H} \cdot \frac{V_H + c}{n+z} = \frac{V_L + \frac{V_L}{V_H} \cdot c}{n+z} \\ &< \frac{V_L + \frac{V_L}{V^*} \cdot c}{n+z} = \frac{V_L}{V^*} \cdot \frac{V^* + c}{n+z} = U_L(z_r^*), \end{aligned}$$

d.h. $U_L(z_r) < U_L(z_r^*)$. Deshalb besteht für das Management von L kein Anlass, von z_r^* auf z_r abzuweichen. Wegen $U_L(0) = (V_L + k_L\, c)/(n+z) < U_L(z_r^*)$ erweist sich folglich auch ein Rückerwerbsverzicht für das Management von L als nicht lohnend. Die Rückerwerbsstrategie $\sigma_L(z_r^*) = 1$ ist für das Management von L optimal.

Zusammenfassend bleibt festzuhalten: Wenn die Parameterrestriktion (3.14) erfüllt ist, sind die aufgeführten Strategien der Spieler wechselseitig optimal, und die Kleinaktionäre revidieren ihre Vermutungen in konsistenter Weise. Somit liegt ein Bayes-Nash-Gleichgewicht vor. Die Parameterrestriktion (3.14) ist folglich hinreichend für die Existenz des Pooling-Gleichgewichts. ■

Mit dem Pooling-Gleichgewicht, dessen Existenz in Proposition 3.2 nachgewiesen wird, ist ein gesamtwirtschaftlich *effizientes* Ausschüttungsvolumen verknüpft, denn sowohl das Management von L als auch dasjenige von H kehren den gesamten freien Cashflow im Wege eines Aktienrückerwerbs aus. Zumindest für bestimmte Parameterkonstellationen ist somit gewährleistet, dass die mit einer Thesaurierung verbundenen Wohlfahrtsverluste in Gestalt von Versickerungskosten selbst bei asymmetrischer Informationsverteilung zwischen Management und Kleinaktionären vollständig vermieden werden können.

Der Kurs P_r^*, zu dem z_r^* Anteile von den Kleinaktionären zurückerworben werden, entspricht dem durchschnittlichen (erwarteten) Gesamtwert der Unternehmensrückflüsse pro Aktie im Falle eines effizienten Ausschüttungsvolumens:

$$P_r^* = \frac{V^* + c}{n+z} = \frac{\pi_L \cdot V_L + \pi_H \cdot V_H + c}{n+z}.$$

Er ist somit geringer (höher) als der Wert der Unternehmensrückflüsse, der auf eine Aktie des Unternehmenstyps H (L) entfällt. Folglich vereinnahmt das Management von H im betrachteten Pooling-Gleichgewicht eine höhere Auszahlung als im Referenzfall einer symmetrischen Informationsverteilung zwischen Management und Kleinaktionären. Der Vermögenstransfer ΔW_H, den die (veräußernden) Kleinaktionäre – gemessen am First-best-Fall – an das Management von H bzw. an die strategischen Investoren leisten, beläuft sich insgesamt auf

$$\begin{aligned}\Delta W_H &= z_r^* \cdot \frac{n}{n+z-z_r^*} \cdot \left(\frac{V_H + c}{n+z} - P_r^*\right) = \frac{nc}{V^*} \cdot \left(\frac{V_H + c}{n+z} - \frac{V^* + c}{n+z}\right) \\ &= \frac{n}{n+z} \frac{V_H - V^*}{V^*} \cdot c > 0.\end{aligned}$$

Ein veräußernder Kleinaktionär eines Unternehmens vom Typ H erleidet gegenüber dem First-best-Fall einen Vermögensverlust in Höhe der Differenz zwischen dem inneren Wert einer Aktie $(V_H + c)/(n + z)$ bei gleichmäßiger Vermögensverteilung auf alle Aktionäre und dem niedrigeren Rückerwerbspreis P_r^*. Da insgesamt z_r^* Aktien zurückerworben werden, beläuft sich der Vermögensverlust der veräußernden Kleinaktionäre insgesamt auf $z_r^* \cdot (\frac{V_H+c}{n+z} - P_r^*)$. Diesem Vermögensverlust steht ein betragsgleicher Vermögenszuwachs derjenigen Aktionäre gegenüber, die am Aktienrückerwerb nicht teilnehmen. Da die strategischen Aktionäre von H nach Durchführung des Rückerwerbs eine Beteiligungsquote von $n/(n + z - z_r^*)$ besitzen, erfahren sie infolge des Aktienrückerwerbs einen Vermögenszuwachs von $\Delta W_H = n \cdot z_r^* \cdot (\frac{V_H+c}{n+z} - P_r^*)/(n+z-z_r^*)$. Umgekehrt erreicht das Management von L im Pooling-Gleichgewicht eine geringere Auszahlung als im First-best-Fall. Die Vermögenseinbuße ΔW_L, welche die strategischen Aktionäre von L gegenüber dem First-best-Fall erleiden, beträgt insgesamt

$$\begin{aligned}\Delta W_L &= z_r^* \cdot \frac{n}{n+z-z_r^*} \cdot \left(\frac{V_L + c}{n+z} - P_r^*\right) = \frac{nc}{V^*} \cdot \left(\frac{V_L + c}{n+z} - \frac{V^* + c}{n+z}\right) \\ &= \frac{n}{n+z} \cdot \frac{V_L - V^*}{V^*} \cdot c < 0.\end{aligned}$$

Ursächlich für den Vermögensverlust der strategischen Aktionäre von L ist der zu hohe Rückerwerbskurs, der den auf eine Aktie entfallenden Wert der Unternehmensrückflüsse von L übersteigt. Um die Gründe aufzudecken, die das Management von L dennoch zu einer Durchführung des Aktienrückerwerbs bewegen, bietet sich die Bestimmung der Obergrenze $P_r^{i,max}$ für den Rückerwerbskurs an, bei dem das Management eines Unternehmens vom Typ i indifferent ist zwischen einer Ausschüttung des gesamten freien Cashflows im Wege eines Aktienrückerwerbs und einer vollständigen Thesaurierung des freien Cashflows.[19] Die hierzu korrespondierende Anzahl $z_r^{i,max}$ der zurückzuerwerbenden Aktien ergibt sich aus

$$U_i(z_r^{i,max}) \equiv \frac{V_i}{n+z-z_r^{i,max}} = \frac{V_i + k_i \cdot c}{n+z} \equiv \hat{U}_i. \tag{3.16}$$

Dabei entspricht $\hat{U}_i$ der Auszahlung, die das Management von L im Falle eines vollständigen Ausschüttungsverzichts vereinnahmt. Auflösen von (3.16) nach $z_r^{i,max}$ führt auf

$$z_r^{i,max} = \frac{(n+z) \cdot k_i \cdot c}{V_i + k_i \cdot c}.$$

Unter Verwendung von $z_r^{i,max} \cdot P_r^{i,max} = c$ erhält man für die Obergrenze des Rückerwerbskurses

$$P_r^{i,max} = \frac{c}{z_r^{i,max}} = \frac{V_i/k_i + c}{n+z}. \tag{3.17}$$

Für die in Proposition 3.2 unterstellte Parameterrestriktion $V_L/k_L \geq V_H/k_H$, die wegen $V_H > V_L$ die Beziehung $k_L < k_H$ impliziert, resultiert $P_r^{L,max} \geq P_r^{H,max}$. Hinreichend für die Existenz des Pooling-Gleichgewichts ist somit, dass der Rückerwerbskurs $P_r^{H,max}$, den das Management von H den Kleinaktionären höchstens zu zahlen bereit ist, nicht höher als der Rückerwerbskurs $P_r^{L,max}$ ist, den das Management von L den Kleinaktionären maximal einzuräumen gewillt ist. Das Management von L besitzt folglich ein größeres Interesse an einer Ausschüttung als das Management von H. Dies ist darauf zurückzuführen, dass eine Thesaurierung des freien Cashflows wegen $k_L < k_H$ höhere Versickerungskosten bei einem Unternehmen vom Typ L auslöst. Da der Rückerwerbskurs im Pooling-Gleichgewicht den fairen Preis P_r^H für die Aktien eines Unternehmens vom Typ H und damit auch den Rückerwerbskurs

[19] Vgl. hierzu auch Abschnitt 3.4.1.

$P_r^{H,max}$ unterschreitet, den das Management von H maximal zu zahlen bereit ist, erweist sich der Rückerwerb für das Management eines Unternehmens vom Typ H als lohnend – und damit auch für das Management von L.

Welche *empirisch beobachtbaren Aktienkursreaktionen* impliziert nun das beschriebene Pooling-Gleichgewicht? Da die gepoolte Rückerwerbsofferte den wahren Typ des zugrunde liegenden Unternehmens nicht preisgibt, entspricht der Aktienkurs P_2 nach Durchführung des Rückerwerbs dem über die beiden Unternehmenstypen gebildeten Durchschnittswert (Erwartungswert) der verbleibenden Rückflüsse pro Aktie:[20]

$$P_2 = \pi_L \cdot \frac{V_L}{n+z-z_r^*} + \pi_H \cdot \frac{V_H}{n+z-z_r^*} = \frac{V^*}{n+z-z_r^*} = \frac{V^*+c}{n+z}.$$

Dieser Wert ist identisch mit dem Aktienkurs P_1 unmittelbar *nach* Ankündigung, aber *vor* Durchführung des Rückerwerbs, weil die rationalen Kleinaktionäre das Rückerwerbsergebnis antizipieren. Auch der Aktienkurs P_0 unmittelbar *vor* Ankündigung des Anteilsrückerwerbs muss mit dem Aktienkurs nach Bekanntgabe bzw. nach Durchführung des Rückerwerbs übereinstimmen, denn die Ankündigung des Managements, z_r^* Anteile zum Preis von $(V^*+c)/(n+z)$ zurückzuerwerben, signalisiert den Kleinaktionären keinerlei Informationen über den zugrunde liegenden Unternehmenstyp. Folglich muss das Rückerwerbsergebnis bereits im Ausgangskurs $P_0 = (V^*+c)/(n+z)$ vorweggenommen sein. Ein solcher Aktienrückerwerb löst deshalb *keine Aktienkursreaktionen* aus – weder nach Ankündigung des Rückerwerbs noch nach dessen Durchführung. Darüber hinaus stimmt der Rückerwerbskurs P_r^* mit dem Börsenkurs zum Rückerwerbszeitpunkt überein, d.h. das Rückerwerbsangebot entspricht einer Festpreisofferte zum aktuellen Börsenkurs. Diese lässt sich folglich auch als Offenmarktrückerwerb (open-market repurchase) interpretieren. Wie die empirischen Untersuchungen von *Vermaelen* (1981), *Comment/Jarrell* (1991), *Ikenberry/Vermaelen* (1996) und *Guay/Harford* (2000) zeigen, sind mit Offenmarktrückkäufen im Durchschnitt leicht positive abnormale Aktienkursreaktionen verknüpft. Damit scheint die mit dem Pooling-Gleichgewicht einhergehende Aktienkursreaktion infolge der Ankündigung eines Aktienrückerwerbs im Widerspruch zu den empirischen Beobachtungen zum Offenmarktrückerwerb zu stehen. Ein leicht positiver abnormaler Ankün-

[20]Es wird unterstellt, dass die gegebenenfalls besser informierten strategischen Investoren weder unmittelbar vor noch unmittelbar nach Durchführung des Anteilsrückerwerbs am Aktienhandel teilnehmen. Der Aktienkurs spiegelt deshalb allein den Informationsstand der Kleinaktionäre wider.

digungseffekt lässt sich allerdings dann mit dem zugrunde liegenden Modell vereinbaren, wenn dieses mit einer kleinen Modifikation versehen wird: Führt man einen dritten Unternehmenstyp LL ein, der über keinen freien Cashflow verfügt und ansonsten mit Unternehmenstyp L identisch ist, dann wird mit der Ankündigung einer Ausschüttung in Gestalt eines Aktienrückerwerbs signalisiert, dass das zugrunde liegende Unternehmen nicht vom Typ LL sein kann. Da LL den geringsten Unternehmenswert aufweist, ist der revidierte, auf die beiden Unternehmenstypen L und H bedingte Erwartungswert der Unternehmensrückflüsse höher als der a priori-Erwartungswert. In diesem Fall geht mit der Ankündigung eines Aktienrückerwerbs ein Kursanstieg einher. Folglich stehen die Aktienkursreaktionen, die das Pooling-Gleichgewicht impliziert, grundsätzlich im Einklang mit der empirischen Evidenz.

Die Parameterrestriktion (3.14) ist hinreichend, aber nicht notwendig für die Existenz des Pooling-Gleichgewichts, das durch ein effizientes Ausschüttungsvolumen gekennzeichnet ist. Allerdings kann ein solches Gleichgewicht nicht für alle zulässigen Parameterkonstellationen existieren. Seine Existenz ist dann ausgeschlossen, wenn die mit einem Rückerwerbsverzicht verknüpfte Auszahlung an das Management von L die Pooling-Auszahlung überschreitet: $\hat{U}_L > U_L(z_r^*)$. Diese Bedingung ist äquivalent zu

$$\frac{V_L + k_L c}{n+z} > \frac{V_L}{V^*} \cdot \frac{V^* + c}{n+z}.$$

Unter Verwendung von $V^* = \pi_L \cdot V_L + (1 - \pi_L) \cdot V_H$ erhält man eine Parameterrestriktion, welche hinreichend für die Nichtexistenz eines Pooling-Gleichgewichts ist:

$$V_H > \frac{1 - \pi_L \cdot k_L}{k_L \cdot (1 - \pi_L)} \cdot V_L.$$

Welche Gleichgewichte das Rückerwerbsspiel neben dem bisher analysierten Pooling-Gleichgewicht noch aufweisen kann, wird in den nachfolgenden Abschnitten untersucht.

3.4.4 Semi-poolendes Gleichgewichte des Rückerwerbsspiels

Das Rückerwerbsspiel besitzt in Abhängigkeit von der zugrunde liegenden Parameterkonstellation eine Vielzahl von Semi-Pooling-Gleichgewichten.[21] Diese

[21]Zum Begriff eines Semi-Pooling-Gleichgewichts vgl. auch *Giammarino/Lewis* (1988), insbesondere S. 277 ff. *Fudenberg/Tirole* (1995), S. 327, bezeichnen solche Gleichgewichte

basieren auf folgenden Strategien: Das Management von H spielt eine gemischte Strategie und randomisiert über zwei verschiedene Rückerwerbsofferten $\hat{z}_r$ und z_r^H. Das Management von L wählt eine reine Strategie; es gibt mit Wahrscheinlichkeit eins die Rückerwerbsofferte $\hat{z}_r$ ab. Folglich handelt es sich bei $\hat{z}_r$ um eine *gepoolte Rückerwerbsofferte*, aus der die Kleinaktionäre nicht mit Sicherheit auf den zugrunde liegenden Unternehmenstyp schließen können. Dagegen stellt z_r^H ein separierendes Rückerwerbsangebot dar, weil es nur vom Management eines Unternehmens vom Typ H offeriert wird. Sehen sich die Kleinaktionäre einer solchen Offerte gegenüber, können sie mit Wahrscheinlichkeit eins davon ausgehen, dass sie vom Management eines Unternehmens vom Typ H stammt. Alle Kleinaktionäre nehmen die separierende Offerte des Managements von H mit Wahrscheinlichkeit eins an, während die gepoolte Offerte von einigen Kleinaktionären abgelehnt wird. Ein Kandidat für ein Semi-Pooling-Gleichgewicht lässt sich wie folgt formal beschreiben:

(i) Das Management eines Unternehmens vom Typ H spielt eine gemischte Strategie: Mit Wahrscheinlichkeit $\sigma_H(z_r^H)$ offeriert es, $z_r^H = c/P_r^H$ Aktien zum Preis von $P_r^H = (V_H + c)/(n + z)$ zurückzuerwerben. Mit Wahrscheinlichkeit $\sigma_H(\hat{z}_r) = 1 - \sigma_H(z_r^H)$ bietet das Management den Rückerwerb von $\hat{z}_r = c/\hat{P}_r > z_r^H$ Anteilen zum Preis von $\hat{P}_r$ an, der $\frac{V_L + k_L c}{n+z} < \hat{P}_r \leq \frac{V_L/k_L + c}{n+z}$ und $0 < \sigma_H(\hat{z}_r) < 1$ zu erfüllen hat. Für die Rückerwerbsstrategie $\sigma_H(\cdot)$ gilt

$$\sigma_H(z_r) = \begin{cases} \frac{(1-\pi_L)(V_H + k_H(c - \hat{z}_a \cdot \hat{P}_r)) - (n+z-\hat{z}_a)\hat{P}_r + \pi_L(V_L + k_L(c - \hat{z}_a \cdot \hat{P}_r))}{(1-\pi_L)(V_H + k_H(c - \hat{z}_a \cdot \hat{P}_r) - (n+z-\hat{z}_a) \cdot \hat{P}_r)} & \text{für } z_r = z_r^H \\ \frac{\pi_L}{1-\pi_L} \cdot \frac{(n+z-\hat{z}_a)\hat{P}_r - (V_L + k_L(c - \hat{z}_a \cdot \hat{P}_r))}{V_H + k_H(c - \hat{z}_a \cdot \hat{P}_r) - (n+z-\hat{z}_a) \cdot \hat{P}_r} & \text{für } z_r = \hat{z}_r \\ 0 & \text{sonst,} \end{cases} \tag{3.18}$$

wobei sich $\hat{z}_a$ aus

$$\hat{z}_a = \frac{(1 - k_H) \cdot (n + z)c}{V_H + c - k_H \cdot (n + z)\hat{P}_r} < \hat{z}_r \tag{3.19}$$

ergibt.

(ii) Das Management eines Unternehmens vom Typ L spielt eine reine Strategie: Mit Wahrscheinlichkeit $\sigma_L(\hat{z}_r) = 1$ offeriert es den Rückerwerb von $\hat{z}_r > z_r^H$ Aktien zum Preis von $\hat{P}_r$ ($\frac{V_L + k_L c}{n+z} < \hat{P}_r \leq \frac{V_L/k_L + c}{n+z}$).

$$\sigma_L(z_r) = \begin{cases} 1 & \text{für } z_r = \hat{z}_r \\ 0 & \text{sonst.} \end{cases}$$

---

auch als hybride oder semi-separierende Gleichgewichte.

(iii) (1) Eine Rückerwerbsofferte $z_r \leq z_r^H$ ($P_r \geq P_r^H$) wird von jedem Kleinaktionär k mit Wahrscheinlichkeit $\alpha_k(t|z_r) = 1$ ($\forall k \in [0, K]$) akzeptiert. Insgesamt werden $z_a = z > z_r$ Aktien getendert. (2) Die Rückerwerbsofferte $\hat{z}_r$ wird von $I = (\hat{z}_a/z) \cdot K < K$ Kleinaktionären mit Wahrscheinlichkeit $\alpha_k(t|\hat{z}_r) = 1$ ($\forall k \in [0, I]$) angenommen. Dagegen halten die restlichen $K - I$ Kleinaktionäre ihren Aktienbestand mit Wahrscheinlichkeit eins ($\alpha_k(t|\hat{z}_r) = 0 \; \forall k \in (I, K]$). Insgesamt werden

$$\hat{z}_a = \frac{(1 - k_H) \cdot (n + z)c}{V_H + c - k_H \cdot (n + z)\hat{P}_r} < \hat{z}_r$$

Aktien getendert. (3) Rückerwerbsofferten, für die $z_r = c/P_r$ und

$$\frac{V_H + k_H \cdot c}{n + z} < P_r < \frac{V_H + c}{n + z}$$

gilt, werden von $I = (z_a/z) \cdot K < K$ Kleinaktionären mit Wahrscheinlichkeit $\alpha_k(t|z_r) = 1$ ($\forall k \in [0, I]$) angenommen und von $K - I$ Kleinaktionären mit Wahrscheinlichkeit eins ($\alpha_k(t|z_r) = 0 \; \forall k \in (I, K]$) abgelehnt. Insgesamt werden

$$z_a = \frac{(n + z) \cdot P_r - (V_H + k_H \cdot c)}{(1 - k_H) \cdot P_r} < z_r$$

Aktien zum Rückerwerb angeboten. (4) Alle anderen Rückerwerbsofferten – diese sind durch $z_r \geq (n+z)c/(V_H+k_H \cdot c)$ und $z_r \neq \hat{z}_r$ gekennzeichnet – werden von jedem Kleinaktionär $k \in [0, K]$ mit Wahrscheinlichkeit eins ($\alpha_k(t|z_r) = 0$) abgelehnt, d.h. $z_a = 0$.

(iv) Die Kleinaktionäre gehen mit Wahrscheinlichkeit $\mu(H|z_r^H) = 1$ davon aus, dass das Rückerwerbsangebot z_r^H vom Management eines Unternehmens vom Typ H stammt. Wird den Kleinaktionären das Rückerwerbsangebot $\hat{z}_r$ präsentiert, dann vermuten sie mit Wahrscheinlichkeit

$$\mu(H|\hat{z}_r) = \frac{(n + z - \hat{z}_a)\hat{P}_r - (V_L + k_L(c - \hat{z}_a \cdot \hat{P}_r))}{V_H + k_H(c - \hat{z}_a \cdot \hat{P}_r) - (V_L + k_L(c - \hat{z}_a \cdot \hat{P}_r))}, \tag{3.20}$$

dass es vom Management eines Unternehmens vom Typ H abgegeben wurde. Die Wahrscheinlichkeit, dass das Angebot $\hat{z}_r$ vom Management eines Unternehmens vom Typ L stammt, beträgt dann $\mu(L|\hat{z}_r) = 1 - \mu(H|\hat{z}_r)$. Aufgrund von Annahme 3.8 ordnen die Kleinaktionäre alle ungleichgewichtigen Rückerwerbsofferten $z_r \in \overline{Z}_{ug}$ dem Management eines Unternehmens vom Typ H zu.

Um die Existenz solcher Semi-Pooling-Gleichgewichte nachzuweisen, ist das folgende rein technische Ergebnis hilfreich.

Lemma 3.4 *Seien*

$$\begin{aligned} V_H &\geq \frac{V_L}{k_L} + (1-k_H)c \\ \hat{z}_a(\hat{P}_r) &= \frac{(1-k_H)\cdot(n+z)c}{V_H + c - k_H\cdot(n+z)\hat{P}_r} \end{aligned}$$

und

$$\sigma_H(\hat{P}_r) = \frac{\pi_L}{1-\pi_L}\cdot\frac{(n+z-\hat{z}_a(\hat{P}_r))\hat{P}_r - (V_L + k_L(c-\hat{z}_a(\hat{P}_r)\hat{P}_r))}{V_H + k_H(c-\hat{z}_a(\hat{P}_r)\cdot\hat{P}_r) - (n+z-\hat{z}_a(\hat{P}_r))\cdot\hat{P}_r}.$$

Dann existiert ein $\hat{P}_r^*$, so dass gilt: $(V_L + k_Lc)/(n+z) < \hat{P}_r^* \leq (V_L/k_L + c)/(n+z)$ und $0 < \sigma_H(\hat{P}_r^*) < 1$.

Beweis: Zunächst ist festzuhalten, dass aufgrund von $V_H \geq \frac{V_L}{k_L} + (1-k_H)c$ die Ungleichung

$$\frac{V_L/k_L + c}{n+z} \leq \frac{V_H + k_H\cdot c}{n+z} < \frac{V_H + c}{n+z} = P_r^H$$

erfüllt ist. Wegen

$$\hat{z}_a(\hat{P}_r) = \frac{(1-k_H)\cdot(n+z)c}{V_H + c - k_H\cdot(n+z)\hat{P}_r}$$

gilt für $\hat{P}_r \in]0, (V_H + c)/(n+z)[$

$$0 < \hat{z}_a(\hat{P}_r) < \frac{(1-k_H)\cdot(n+z)c}{V_H + c - k_H\cdot(V_H + c)} = \frac{(n+z)c}{V_H + c} = c/P_r^H,$$

was $0 < \hat{z}_a(\hat{P}_r)\cdot\hat{P}_r < c$ $(\forall \hat{P}_r \in]0, (V_H + c)/(n+z)[)$ impliziert. Betrachtet wird nun der Nennerterm

$$N(\hat{P}_r) \equiv V_H + k_H(c - \hat{z}_a(\hat{P}_r)\cdot\hat{P}_r) - (n+z-\hat{z}_a(\hat{P}_r))\cdot\hat{P}_r$$

von $\sigma_H(\hat{P}_r)$ für den Definitionsbereich $\hat{P}_r \in D \equiv]0, (V_H + k_H\cdot c)/(n+z)]$. Unter Berücksichtigung von $\hat{z}_a(\hat{P}_r)\cdot\hat{P}_r > 0$, $k_H < 1$ und $\hat{P}_r \leq (V_H + k_H\cdot c)/(n+z)$ erhält man

$$\begin{aligned} N(\hat{P}_r) &= V_H + k_H(c - \hat{z}_a(\hat{P}_r)\cdot\hat{P}_r) - (n+z-\hat{z}_a(\hat{P}_r))\cdot\hat{P}_r \\ &> V_H + k_H\cdot c - \hat{z}_a(\hat{P}_r)\cdot\hat{P}_r - (n+z-\hat{z}_a(\hat{P}_r))\cdot\hat{P}_r \\ &= V_H + k_H\cdot c - (n+z)\hat{P}_r \\ &\geq 0, \end{aligned}$$

d.h. $N(\hat{P}_r) > 0$. Darüber hinaus gilt für $\hat{P}_r \in D$ wegen $\hat{z}_a(\hat{P}_r) \cdot \hat{P}_r < c$

$$\begin{aligned} N(\hat{P}_r) &< V_H + c - \hat{z}_a(\hat{P}_r) \cdot \hat{P}_r - (n + z - \hat{z}_a(\hat{P}_r)) \cdot \hat{P}_r \\ &= V_H + c - (n+z)\hat{P}_r \\ &< V_H + c, \end{aligned}$$

d.h. $0 < N(\hat{P}_r) < V_H + c$ für $\hat{P}_r \in D =]0, (V_H + k_H \cdot c)/(n+z)]$. Somit ist der Nenner auf dem Definitionsbereich D positiv und endlich; darüber hinaus ist $N(\hat{P}_r)$ stetig im Bereich $]0, (V_H + k_H \cdot c)/(n+z)[$ und linksseitig stetig an der Randstelle $(V_H + k_H \cdot c)/(n+z)$. Der Zählerterm

$$Z(\hat{P}_r) \equiv (n + z - \hat{z}_a(\hat{P}_r))\hat{P}_r - (V_L + k_L(c - \hat{z}_a(\hat{P}_r)\hat{P}_r))$$

von $\sigma_H(\hat{P}_r)$ nimmt an der Stelle $\hat{P}_r^1 = (V_L + k_L \cdot c)/(n+z) \in D$ den Wert

$$Z(\hat{P}_r^1) = (n + z - \hat{z}_a(\hat{P}_r^1)) \cdot \frac{V_L + k_L \cdot c}{n+z} - \left(V_L + k_L \left(c - \hat{z}_a(\hat{P}_r^1) \cdot \frac{V_L + k_L \cdot c}{n+z}\right)\right)$$

an. Aufgrund von $0 < \hat{z}_a(\hat{P}_r^1) \cdot \hat{P}_r^1$ gilt

$$\begin{aligned} Z(\hat{P}_r^1) &< (n + z - \hat{z}_a(\hat{P}_r^1)) \cdot \frac{V_L + k_L \cdot c}{n+z} - (V_L + k_L \cdot c) + \hat{z}_a(\hat{P}_r^1) \cdot \frac{V_L + k_L \cdot c}{n+z} \\ &= 0. \end{aligned}$$

An der Stelle $\hat{P}_r^2 = (V_L/k_L + c)/(n+z) \in D$ (wegen $V_L/k_L + c \leq V_H + k_H \cdot c$) beläuft sich der Wert des Zählers auf

$$Z(\hat{P}_r^2) = (n + z - \hat{z}_a(\hat{P}_r^2)) \cdot \frac{V_L/k_L + c}{n+z} - \left(V_L + k_L \left(c - \hat{z}_a(\hat{P}_r^2) \cdot \frac{V_L/k_L + c}{n+z}\right)\right).$$

Wegen $0 < \hat{P}_r^2 < (V_H + c)/(n+z) = P_r^H$ ist $0 < \hat{z}_a(\hat{P}_r^2) \cdot \hat{P}_r^2 < c$ erfüllt. Der Wert des Zählers $Z(\hat{P}_r^2)$ lässt sich dann wie folgt nach unten abschätzen:

$$\begin{aligned} Z(\hat{P}_r^2) &> (n + z - \hat{z}_a(\hat{P}_r^2)) \cdot \frac{V_L/k_L + c}{n+z} - \left(V_L + c - \hat{z}_a(\hat{P}_r^2) \cdot \frac{V_L/k_L + c}{n+z}\right) \\ &= V_L/k_L + c - V_L - c \\ &> 0. \end{aligned}$$

Aufgrund der Stetigkeit des Zählers $Z(.)$ innerhalb der Grenzen des Definitionsbereichs D und der linksseitigen Stetigkeit des Zählers an der Randstelle

$(V_H + k_H \cdot c)/(n+z)$ sowie wegen $Z(\hat{P}_r^1) < 0$ und $Z(\hat{P}_r^2) > 0$ existiert (mindestens) eine Nullstelle $\hat{P}_r^0$ von $Z(.)$ im Intervall

$$\left]\frac{V_L + k_L c}{n+z}, \frac{V_L/k_L + c}{n+z}\right[,$$

d.h. $\exists \hat{P}_r^0 : Z(\hat{P}_r^0) = 0$. Da sowohl $Z(.)$ als auch $N(.)$ innerhalb des Definitionsbereich D stetig und an der oberen Intervallgrenze $(V_H + k_H \cdot c)/(n+z)$ linksseitig stetig sind sowie $N(\hat{P}_r) > 0$ $(\forall \hat{P}_r \in]0, (V_H + k_H \cdot c)/(n+z)]$ gilt, ist der Quotient $Z(.)/N(.)$ und damit auch $\sigma_H = \frac{\pi_L}{1-\pi_L} \cdot \frac{Z(.)}{N(.)}$ stetig im Definitionsbereich D und linksseitig stetig an der oberen Intervallgrenze (vgl. *Bosch* (1991), S. 51). Wegen $N(\hat{P}_r) > 0$ $(\forall \hat{P}_r \in D)$ ist $\hat{P}_r^0$ eine Nullstelle von σ_H: $\sigma_H(\hat{P}_r^0) = 0$. Aufgrund von $N(\hat{P}_r) > 0$ und $Z(\hat{P}_r^2) > 0$ erhält man an der Stelle $\hat{P}_r^2$ $\sigma_H(\hat{P}_r^2) > 0$. Aus der Stetigkeit von σ_H folgt dann, dass ein $\hat{P}_r^* \in]P_r^0, \frac{V_L/k_L+c}{n+z}]$ existiert, für das $0 < \sigma_H(\hat{P}_r^*) < 1$ gilt. ■

Es lässt sich nun eine Parameterrestriktion angeben, für welche die Existenz eines Semi-Pooling-Gleichgewichts gewährleistet ist.

Proposition 3.3 *Wenn die Parameterrestriktion*

$$V_H \geq \frac{V_L}{k_L} + (1 - k_H)c \tag{3.21}$$

erfüllt ist, dann führen die unter (i) bis (iii) charakterisierten Strategien in Verbindung mit den in (iv) aufgeführten revidierten Vermutungen der Kleinaktionäre auf ein semi-poolendes Bayes-Nash-Gleichgewicht.

Beweis:

Schritt 1. Zunächst wird gezeigt, dass – wie in Ungleichung (3.19) behauptet – die Bedingung $\hat{z}_a < \hat{z}_r$ gelten muss. Unter Verwendung von $\hat{P}_r \leq \frac{V_L/k_L+c}{n+z}$ und der Parameterrestriktion $V_H \geq \frac{V_L}{k_L} + (1-k_H)c$ erhält man $\hat{P}_r \leq \frac{V_H+k_H \cdot c}{n+z} < \frac{V_H+c}{n+z}$, was $\hat{P}_r < P_r^H$ impliziert. Somit lässt sich $\hat{z}_a$ nach oben abschätzen durch

$$\begin{aligned} \hat{z}_a = \frac{(1-k_H)(n+z)c}{V_H + c - k_H(n+z)\hat{P}_r} = \frac{(1-k_H)c}{\frac{V_H+c}{n+z} - k_H\hat{P}_r} &= \frac{(1-k_H)c}{P_r^H - k_H\hat{P}_r} \\ &< \frac{(1-k_H)c}{(1-k_H)\hat{P}_r} = c/\hat{P}_r. \end{aligned}$$

Wegen $\hat{z}_r = c/\hat{P}_r$ resultiert dann $\hat{z}_a < \hat{z}_r$. Aufgrund von $(1-k_H)(n+z)c > 0$ und $V_H + c - k_H(n+z)\hat{P}_r > 0$ für $\hat{P}_r \leq \frac{V_L/k_L+c}{n+z}$ gilt darüber hinaus $\hat{z}_a > 0$.

Schritt 2. Das Bayes-Nash-Gleichgewicht kann nur existieren, wenn die Menge der Rückerwerbspreise $\hat{P}_r$, welche $\frac{V_L+k_Lc}{n+z} < \hat{P}_r \leq \frac{V_L/k_L+c}{n+z}$ und $0 < \sigma_H(\hat{z}_r) < 1$ unter Beachtung von (3.18), (3.19) und (3.21) erfüllen, nicht leer ist. Dass sich ein Rückerwerbspreis finden lässt, der diesen Bedingungen genügt, ergibt sich aus Lemma 3.4.

Schritt 3. Es verbleibt nachzuweisen, dass die unter (i), (ii) und (iii) aufgeführten Strategien der am Rückerwerbsspiel beteiligten Akteure in Verbindung mit den unter (iv) charakterisierten revidierten Vermutungen ein Bayes-Nash-Gleichgewicht konstituieren, wenn die Parameterrestriktion (3.21) erfüllt ist.

(a) *Vermutungsrevision der Kleinaktionäre.* Im Folgenden wird verifiziert, dass die unter (iv) aufgeführten revidierten Vermutungen der Kleinaktionäre konsistent mit den in (i) bzw. (ii) beschriebenen Strategien des Managements eines Unternehmens vom Typ H bzw. L sind: Unter Verwendung des Satzes von Bayes erhält man für die Wahrscheinlichkeit, dass die Rückerwerbsofferte z_r^H vom Management eines Unternehmens vom Typ H stammt,

$$\mu(H|z_r^H) = \frac{\sigma_H(z_r^H) \cdot \pi_H}{\sigma_L(z_r^H) \cdot \pi_L + \sigma_H(z_r^H) \cdot \pi_H} = \frac{\sigma_H(z_r^H) \cdot \pi_H}{0 + \sigma_H(z_r^H) \cdot \pi_H} = 1.$$

Die Wahrscheinlichkeit, dass die Rückerwerbsofferte $\hat{z}_r$ vom Management eines Unternehmens vom Typ H abgegeben wurde, beläuft sich auf

$$\begin{aligned}
\mu(H|\hat{z}_r) &= \frac{\sigma_H(\hat{z}_r) \cdot \pi_H}{\sigma_L(\hat{z}_r) \cdot \pi_L + \sigma_H(\hat{z}_r) \cdot \pi_H} \\
&= \frac{(1-\pi_L) \cdot \frac{\pi_L}{1-\pi_L} \cdot \frac{(n+z-\hat{z}_a)\hat{P}_r - (V_L + k_L(c - \hat{z}_a \cdot \hat{P}_r))}{V_H + k_H(c - \hat{z}_a \cdot \hat{P}_r) - (n+z-\hat{z}_a) \cdot \hat{P}_r}}{\pi_L + (1-\pi_L) \cdot \frac{\pi_L}{1-\pi_L} \cdot \frac{(n+z-\hat{z}_a)\hat{P}_r - (V_L + k_L(c - \hat{z}_a \cdot \hat{P}_r))}{V_H + k_H(c - \hat{z}_a \cdot \hat{P}_r) - (n+z-\hat{z}_a) \cdot \hat{P}_r}} \\
&= \frac{(n+z-\hat{z}_a)\hat{P}_r - (V_L + k_L(c - \hat{z}_a \cdot \hat{P}_r))}{V_H + k_H(c - \hat{z}_a \cdot \hat{P}_r) - (V_L + k_L(c - \hat{z}_a \cdot \hat{P}_r))}.
\end{aligned}$$

Für die Wahrscheinlichkeit, dass die Rückerwerbsofferte $\hat{z}_r$ vom Management eines Unternehmens vom Typ L stammt, erhält man dann $\mu(L|\hat{z}_r) = 1 - \mu(H|\hat{z}_r)$. Die unter (iv) formulierten revidierten Vermutungen der Kleinaktionäre sind somit konsistent mit den in (i) und (ii) wiedergegebenen Strategien $\sigma_H(\cdot)$ und $\sigma_L(\cdot)$. Da die gepoolte Rückerwerbsofferte $\hat{z}_r$ der Bedingung $0 < \sigma_H(\hat{z}_r) < 1$ zu genügen hat, gilt $0 < \mu(L|\hat{z}_r) = \pi_L/(\pi_L + \sigma_H(\hat{z}_r) \cdot \pi_H) < 1$ und damit auch $0 < \mu(H|\hat{z}_r) = 1 - \mu(L|\hat{z}_r) < 1$. Somit ist gewährleistet, dass $\mu(\cdot|\hat{z}_r)$ die Eigenschaften eines Wahrscheinlichkeitsmaßes aufweist.

(b) *Beste Antworten der Kleinaktionäre auf alternative Rückerwerbsofferten.* Ausgehend von den in (iv) aufgeführten revidierten Vermutungen und den in (i) und (ii) beschriebenen Strategien von H und L wird nun gezeigt, dass die in (iii) gekennzeichneten Aktionskombinationen der Kleinaktionäre jeweils wechselseitig beste Antworten auf alternative Rückerwerbsofferten darstellen.

ad (1): Betrachtet wird zunächst das Angebot, $z_r = c/P_r < z_r^H$ Aktien zum Preis von $P_r > P_r^H$ zurückzuerwerben. Aufgrund von $V_H \geq \overline{V}$ für beliebiges $\mu(\cdot|z_r)$ gilt

$$P_r > P_r^H = \frac{V_H + c}{n+z} \geq \frac{\overline{V} + c}{n+z}.$$

Aus Teil (i) von Lemma 3.3 folgt dann, dass ein solches Rückerwerbsangebot mit Wahrscheinlichkeit $\alpha_k(t|z_r) = 1$ von jedem Kleinaktionär k ($k \in [0, K]$) angenommen wird. Dass das Angebot, z_r^H Aktien zum Preis von P_r^H zurückzukaufen, von jedem Kleinaktionär k mit Wahrscheinlichkeit $\alpha_k(t|z_r^H) = 1$ ($\forall k \in [0, K]$) akzeptiert wird, ergibt sich aus Teil (ii) von Lemma 3.3.

ad (2): Wird den Kleinaktionären die Offerte $\hat{z}_r$ präsentiert, dann vermuten sie mit Wahrscheinlichkeit $0 < \mu(i|\hat{z}_r) < 1$ ($i \in \{L, H\}$), dass das Angebot vom Management eines Unternehmens vom Typ i stammt. Angenommen, $I = (\hat{z}_a/z)K < K$ Aktionäre tendern ihre Aktien mit Wahrscheinlichkeit $\alpha_k(t|\hat{z}_r) = 1$ ($\forall k \in [0, I]$), während die restlichen $K - I$ Aktionäre mit Wahrscheinlichkeit eins ($\alpha_k(t|\hat{z}_r) = 0$ $\forall k \in (I, K]$) von einer Teilnahme am Aktienrückerwerb absehen. Insgesamt werden $\hat{z}_a < \hat{z}_r$ Aktien zum Rückerwerb angeboten. Die erwartete Auszahlung eines tendernden Kleinaktionärs $k \in [0, I]$ beträgt

$$\begin{aligned} E[G_k(t)] &= \min[1; \frac{\hat{z}_r}{\hat{z}_a}] \cdot \hat{P}_r \\ &\quad + (1 - \min[1; \frac{\hat{z}_r}{\hat{z}_a}]) \cdot \left[\mu(L|\hat{z}_r) \cdot \frac{V_L + k_L(c - \min[\hat{z}_r; \hat{z}_a]\hat{P}_r)}{n + z - \min[\hat{z}_r; \hat{z}_a]} \right. \\ &\quad \left. + \mu(H|\hat{z}_r) \cdot \frac{V_H + k_H(c - \min[\hat{z}_r; \hat{z}_a]\hat{P}_r)}{n + z - \min[\hat{z}_r; \hat{z}_a]} \right] \\ &= \hat{P}_r. \end{aligned}$$

Weicht der Kleinaktionär auf die Aktion Halten ab, vereinnahmt er eine erwartete Auszahlung in Höhe von

$$\begin{aligned}
E[G_k(h)] &= \mu(L|\hat{z}_r)\cdot\frac{V_L+k_L(c-\min[\hat{z}_r;\hat{z}_a]\hat{P}_r)}{n+z-\min[\hat{z}_r;\hat{z}_a]} \\
&\quad +\mu(H|\hat{z}_r)\cdot\frac{V_H+k_H(c-\min[\hat{z}_r;\hat{z}_a]\hat{P}_r)}{n+z-\min[\hat{z}_r;\hat{z}_a]} \\
&= \mu(L|\hat{z}_r)\cdot\frac{V_L+k_L(c-\hat{z}_a\cdot\hat{P}_r)}{n+z-\hat{z}_a} \\
&\quad +(1-\mu(L|\hat{z}_r))\cdot\frac{V_H+k_H(c-\hat{z}_a\cdot\hat{P}_r)}{n+z-\hat{z}_a} \\
&= \frac{V_H+k_H(c-\hat{z}_a\cdot\hat{P}_r)}{n+z-\hat{z}_a} \\
&\quad -\mu(L|\hat{z}_r)\cdot\frac{V_H+k_H(c-\hat{z}_a\cdot\hat{P}_r)-(V_L+k_L(c-\hat{z}_a\cdot\hat{P}_r))}{n+z-\hat{z}_a}.
\end{aligned}$$

Unter Verwendung von (3.20) und $\mu(L|\hat{z}_r)=1-\mu(H|\hat{z}_r)$ erhält man

$$\begin{aligned}
E[G_k(h)] &= \frac{V_H+k_H(c-\hat{z}_a\cdot\hat{P}_r)}{n+z-\hat{z}_a} \\
&\quad -\frac{V_H+k_H(c-\hat{z}_a\cdot\hat{P}_r)-(n+z-\hat{z}_a)\hat{P}_r}{V_H+k_H(c-\hat{z}_a\cdot\hat{P}_r)-(V_L+k_L(c-\hat{z}_a\cdot\hat{P}_r))} \\
&\quad \times\frac{V_H+k_H(c-\hat{z}_a\cdot\hat{P}_r)-(V_L+k_L(c-\hat{z}_a\cdot\hat{P}_r))}{n+z-\hat{z}_a} \\
&= \frac{V_H+k_H(c-\hat{z}_a\cdot\hat{P}_r)}{n+z-\hat{z}_a}-\frac{V_H+k_H(c-\hat{z}_a\cdot\hat{P}_r)-(n+z-\hat{z}_a)\hat{P}_r}{n+z-\hat{z}_a} \\
&= \frac{n+z-\hat{z}_a}{n+z-\hat{z}_a}\cdot\hat{P}_r=\hat{P}_r.
\end{aligned}$$

Dies impliziert $E[G_k(t)] = E[G_k(h)]$, d.h. ein Kleinaktionär $k \in [0, I]$ hat keinen Anreiz, von der Aktion Tendern abzuweichen. Umgekehrt ist es für einen Kleinaktionär $k \in (I, K]$ wegen $E[G_k(t)] = E[G_k(h)]$ nicht lohnend, von Halten auf Tendern überzuwechseln. Folglich konstituieren die unter (2) beschriebenen Aktionskombinationen wechselseitig beste Antworten auf die Rückerwerbsofferten $\hat{z}_r$.

ad (3): Die Offerte, $z_r = c/P_r$ Aktien zum Preis von

$$\frac{V_H+k_H\cdot c}{n+z}<P_r<\frac{V_H+c}{n+z}$$

zurückzuerwerben, wird im betrachteten Bayes-Nash-Gleichgewicht nicht präsentiert. Werden die Kleinaktionäre dennoch mit einer solchen Offerte konfrontiert, gehen sie annahmegemäß mit Wahrscheinlichkeit $\mu(H|z_r) = 1$ davon aus, dass sie vom Management eines Unternehmens vom Typ H stammt. Somit gilt $\overline{V} = V_H$ und $\overline{k} = k_H$. Aus Teil (iv) von Lemma 3.3 ergibt sich dann, dass die in (3) aufgeführten Aktionskombinationen wechselseitig beste Antworten sind, wenn insgesamt $z_a = \frac{(n+z)\cdot P_r-(V_H+k_H\cdot c)}{(1-k_H)\cdot P_r}$ Aktien getendert werden.

ad (4): Rückerwerbsangebote, die durch $z_r \geq (n+z)c/(V_H + k_H \cdot c)$ und $z_r \neq \hat{z}_r$ gekennzeichnet sind, werden im betrachteten Gleichgewicht ebenfalls nicht abgegeben. Sehen sich die Kleinaktionäre dennoch einem solchen Angebot gegenüber, vermuten sie mit Wahrscheinlichkeit $\mu(H|z_r) = 1$, dass es vom Management eines Unternehmens vom Typ H abgegeben wurde. Damit gilt $\overline{V} = V_H$ und $\overline{k} = k_H$. Aus den Teilen (v) und (vi) von Lemma 3.3 folgt dann, dass jeder Kleinaktionär $k \in [0, K]$ mit Wahrscheinlichkeit eins $(\alpha_k(t|z_r) = 0)$ auf eine Veräußerung seiner Anteile verzichtet.

Als *Zwischenergebnis* bleibt festzuhalten: Die Kleinaktionäre haben keinen Anreiz, von den unter (iii) aufgeführten Strategien abzuweichen, wenn H und L die unter (i) bzw. (ii) beschriebenen Strategien spielen und die Vermutungen der Kleinaktionäre in konsistenter Weise revidiert werden.

(c) *Gleichgewichtige Rückerwerbsstrategie des Managements von H.* Demonstriert wird, dass das Management eines Unternehmens vom Typ H keinen Anlass besitzt, von der in (i) spezifizierten Strategie abzuweichen, wenn die Kleinaktionäre wie unter (iii) wiedergegeben auf alternative Rückerwerbsofferten reagieren. Notwendige Bedingung dafür, dass das Management von H die in (i) beschriebene gemischte Strategie spielt, ist seine Indifferenz gegenüber den reinen Strategien z_r^H und $\hat{z}_r$, über die es im Rahmen der gemischten Strategie randomisiert. Zu zeigen ist folglich $U_H(z_r^H) = U_H(\hat{z}_r)$. Eine Rückerwerbsofferte $z_r^H = (n+z)c/(V_H+c)$ wird von jedem Kleinaktionär k mit Wahrscheinlichkeit $\alpha_k(t|z_r^H) = 1$ akzeptiert ($\forall k \in [0, K]$); das Management von H erhält wegen $z_a^H = z > z_r^H$ eine Auszahlung in Höhe von

$$U_H(z_r^H) = \frac{V_H}{n+z-z_r^H} = \frac{V_H + c}{n+z}.$$

Entscheidet sich das Management für die gepoolte Offerte $\hat{z}_r$, beläuft sich die Auszahlung wegen $\hat{z}_a < \hat{z}_r$ auf

$$U_H(\hat{z}_r) = \frac{V_H + k_H(c - \hat{z}_a \cdot \hat{P}_r)}{n+z-\hat{z}_a}.$$

Einsetzen von $\hat{z}_a = \frac{(1-k_H)\cdot(n+z)c}{V_H+c-k_H\cdot(n+z)\hat{P}_r}$ führt auf

$$\begin{aligned} U_H(\hat{z}_r) &= \frac{V_H + k_H(c - \frac{(1-k_H)\cdot(n+z)c}{V_H+c-k_H\cdot(n+z)\hat{P}_r}\cdot\hat{P}_r)}{n+z-\frac{(1-k_H)\cdot(n+z)c}{V_H+c-k_H\cdot(n+z)\hat{P}_r}} = \frac{V_H + k_H\cdot c\cdot\frac{V_H+c-(n+z)\cdot\hat{P}_r}{V_H+c-k_H\cdot(n+z)\hat{P}_r}}{(n+z)\cdot\frac{V_H+k_H\cdot c-k_H\cdot(n+z)\hat{P}_r}{V_H+c-k_H\cdot(n+z)\hat{P}_r}} \\ &= \frac{V_H(V_H+c-k_H\cdot(n+z)\hat{P}_r)+k_H\cdot c\cdot(V_H+c-(n+z)\cdot\hat{P}_r)}{(n+z)\cdot(V_H+k_H\cdot c-k_H\cdot(n+z)\hat{P}_r)} \\ &= \frac{(V_H+k_H\cdot c-k_H\cdot(n+z)\hat{P}_r)\cdot(V_H+c)}{(n+z)\cdot(V_H+k_H\cdot c-k_H\cdot(n+z)\hat{P}_r)} = \frac{V_H+c}{n+z}. \end{aligned}$$

Somit gilt $U_H(z_r^H) = U_H(\hat{z}_r)$, was zu zeigen war. Da $\hat{P}_r$ der Restriktion $0 < \sigma_H(\hat{P}_r) < 1$ genügen muss, ist sichergestellt, dass das Management von H über $\hat{z}_r$ und z_r^H randomisiert. Dass ein solches $\hat{P}_r$ existiert, wurde in *Schritt 2* bewiesen.

Bietet das Management von H an, $z_r = c/P_r < z_r^H$ Aktien zum Preis von $P_r > P_r^H$ zurückzukaufen, tendert jeder Kleinaktionär k mit Wahrscheinlichkeit $\alpha_k(t|z_r) = 1$ $(\forall k \in [0, K])$ die von ihm gehaltenen Anteile. Insgesamt werden dann $z_a = z > z_r$ Anteile zum Rückerwerb offeriert. Das Management erhält in diesem Falle eine Auszahlung von

$$U_H(z_r) = \frac{V_H}{n+z-z_r} < \frac{V_H}{n+z-z_r^H} = \frac{V_H+c}{n+z} = U_H(z_r^H).$$

Folglich besteht für das Management von H kein Anlass, die Rückerwerbsofferte $z_r < z_r^H$ mit positiver Wahrscheinlichkeit zu präsentieren. Weicht das Management von H auf die Offerte aus, $z_r = c/P_r$ Anteile zum Preis von

$$\frac{V_H+k_H\cdot c}{n+z} < P_r < \frac{V_H+c}{n+z}$$

zurückzuerwerben, werden insgesamt $z_a = \frac{(n+z)\cdot P_r-(V_H+k_H\cdot c)}{(1-k_H)\cdot P_r} < z_r$ Aktien getendert. Die Auszahlung an das Management beträgt dann

$$\begin{aligned} U_H(z_r) &= \frac{V_H+k_H\cdot(c-z_a\cdot P_r)}{n+z-z_a} = \frac{V_H+k_H\cdot(c-\frac{(n+z)\cdot P_r-(V_H+k_H\cdot c)}{(1-k_H)\cdot P_r}\cdot P_r)}{n+z-\frac{(n+z)\cdot P_r-(V_H+k_H\cdot c)}{(1-k_H)\cdot P_r}} \\ &= \frac{V_H(1-k_H)+k_H\cdot(c(1-k_H)-(n+z)\cdot P_r+V_H+k_H\cdot c)}{(n+z)(1-k_H)P_r-(n+z)\cdot P_r+V_H+k_H\cdot c}\cdot P_r \\ &= \frac{V_H+k_H\cdot c-k_H(n+z)\cdot P_r}{V_H+k_H\cdot c-k_H(n+z)\cdot P_r}\cdot P_r = P_r. \end{aligned}$$

Aufgrund von $P_r < (V_H + c)/(n + z)$ resultiert hieraus $U_H(z_r) < U_H(z_r^H)$, d.h. für das Management von H lohnt es sich nicht, die Rückerwerbsofferte z_r mit positiver Wahrscheinlichkeit abzugeben. Schließlich sind noch Rückerwerbsofferten zu betrachten, die durch $z_r \geq (n+z)c/(V_H + k_H \cdot c)$ und $z_r \neq \hat{z}_r$ gekennzeichnet sind. Da solche Offerten von jedem Kleinaktionär k mit Wahrscheinlichkeit eins ($\alpha_k(t|z_r) = 0 \ \forall k \in [0, K]$) ausgeschlagen werden, beläuft sich die Gesamtzahl der getenderten Aktien auf $z_a = 0$. Das Management von H erhält im Falle der Abgabe eines solchen Angebots eine Auszahlung in Höhe von

$$U_H(z_r) = \frac{V_H + k_H \cdot c}{n+z} < \frac{V_H + c}{n+z} = U_H(z_r^H).$$

Somit hat das Management keinen Anreiz, das Rückerwerbsangebot z_r mit positiver Wahrscheinlichkeit zu präsentieren. Wegen $U_H(0) = (V_H + k_H\, c)/(n + z) < U_H(z_r^H)$ erweist sich folglich auch ein Rückerwerbsverzicht für das Management von H als nicht lohnend. Zusammenfassend lässt sich festhalten: Wenn die Kleinaktionäre die unter (iii) aufgeführten Strategien spielen, dann besitzt das Management von H keinen Anreiz, von der in (i) charakterisierten gemischten Strategie $\sigma_H(\cdot)$ abzuweichen.

(d) *Gleichgewichtige Rückerwerbsstrategie des Managements von L.* In einem letzten Schritt ist zu zeigen, dass sich das Management von L durch Abweichen von der in (ii) spezifizierten Strategie nicht besser stellen kann, wenn die Kleinaktionäre auf eine Rückerwerbsofferte wie in (iii) wiedergegeben reagieren. Wählt das Management von L die als gleichgewichtig betrachtete Rückerwerbsofferte $\hat{z}_r$, werden insgesamt $\hat{z}_a < \hat{z}_r$ Anteile von den Kleinaktionären getendert. Daraus resultiert eine Auszahlung an das Management in Höhe von

$$U_L(\hat{z}_r) = \frac{V_L + k_L(c - \hat{z}_a \cdot \hat{P}_r)}{n + z - \hat{z}_a}.$$

Beabsichtigt das Management von L, $z_r \leq z_r^H$ Aktien zum Preis von $P_r \geq P_r^H$ zurückzuerwerben, bietet jeder Kleinaktionär seinen Aktienbesitz mit Wahrscheinlichkeit $\alpha_k(t|z_r) = 1$ ($\forall k \in [0, K]$) zum Rückerwerb an, was $z_a = z > z_r$ impliziert. Eine solche Rückerwerbsofferte verspricht dem Management eine Auszahlung von

$$U_L(z_r) = \frac{V_L}{n + z - z_r} \leq \frac{V_L}{n + z - z_r^H} = \frac{V_L}{V_H} \cdot \frac{V_H + c}{n+z} = \frac{V_L}{V_H} \cdot U_H(z_r^H).$$

Für die Differenz der aus den Rückerwerbsofferten $z_r \leq z_r^H$ und $\hat{z}_r$ resultierenden Auszahlungen gilt somit

$$\begin{aligned}
\Delta_1 &\equiv U_L(\hat{z}_r) - U_L(z_r) \\
&\geq U_L(\hat{z}_r) - U_L(z_r^H) \\
&= \frac{V_L + k_L(c - \hat{z}_a \cdot \hat{P}_r)}{n + z - \hat{z}_a} - \frac{V_L}{V_H} \cdot U_H(z_r^H) \\
&= \frac{V_L}{V_H} \cdot \frac{V_H + \frac{V_H}{V_L} \cdot k_L(c - \hat{z}_a \cdot \hat{P}_r)}{n + z - \hat{z}_a} - \frac{V_L}{V_H} \cdot U_H(z_r^H).
\end{aligned}$$

Aus der Parameterrestriktion (3.21) und $k_H < 1$ folgt $V_H/k_H > V_L/k_L$, was sich zu $\frac{V_H}{V_L} k_L > k_H$ umformen lässt. Damit kann die Auszahlungsdifferenz Δ_1 wie folgt nach unten abgeschätzt werden:

$$\begin{aligned}
\Delta_1 &\geq \frac{V_L}{V_H} \cdot \frac{V_H + \frac{V_H}{V_L} \cdot k_L(c - \hat{z}_a \cdot \hat{P}_r)}{n + z - \hat{z}_a} - \frac{V_L}{V_H} \cdot U_H(z_r^H) \\
&> \frac{V_L}{V_H} \cdot \frac{V_H + k_H \cdot (c - \hat{z}_a \cdot \hat{P}_r)}{n + z - \hat{z}_a} - \frac{V_L}{V_H} \cdot U_H(z_r^H) \\
&= \frac{V_L}{V_H} \cdot \left[U_H(\hat{z}_r) - U_H(z_r^H)\right] \\
&= 0,
\end{aligned}$$

d.h. $U_L(\hat{z}_r) > U_L(z_r)$. Folglich hat das Management eines Unternehmens vom Typ L keinen Anreiz, die Rückerwerbsofferte $z_r \leq z_r^H$ anstelle von $\hat{z}_r$ abzugeben. Präsentiert das Management die Rückerwerbsofferte $z_r \geq (n+z)c/(V_H + k_H \cdot c)$ ($z_r \neq \hat{z}_r$), werden von den Kleinaktionären keine Anteile getendert: $z_a = 0$. In diesem Fall vereinnahmt das Management eine Auszahlung in Höhe von

$$U_L(z_r) = \frac{V_L + k_L \cdot c}{n + z} \equiv \tilde{U}_L$$

Subtrahiert man dies von $U_L(\hat{z}_r)$, resultiert

$$\Delta_2 \equiv U_L(\hat{z}_r) - U_L(z_r) = \frac{V_L + k_L(c - \hat{z}_a \cdot \hat{P}_r)}{n + z - \hat{z}_a} - \frac{V_L + k_L \cdot c}{n + z}.$$

Angenommen, $\Delta_2 < 0$. Dann gilt

$$\frac{V_L + k_L(c - \hat{z}_a \cdot \hat{P}_r)}{n + z - \hat{z}_a} < \frac{V_L + k_L \cdot c}{n + z},$$

was sich in

$$(V_L + k_L(c - \hat{z}_a \cdot \hat{P}_r))(n+z) \quad < \quad (V_L + k_L \cdot c)(n + z - \hat{z}_a)$$

überführen lässt. Nach einer Vereinfachung erhält man

$$-k_L \cdot \hat{z}_a \cdot \hat{P}_r \cdot (n+z) \quad < \quad -(V_L + k_L \cdot c)\hat{z}_a.$$

Eine weitere Umformung ergibt unter Berücksichtigung von $\hat{z}_a > 0$

$$\hat{P}_r \quad > \quad \frac{V_L/k_L + c}{n+z},$$

was im Widerspruch zur Restriktion $\hat{P}_r \leq \frac{V_L/k_L+c}{n+z}$ steht. Folglich muss $\Delta_2 \geq 0$ gelten, weshalb das Management von L keinen Anreiz besitzt, anstelle von $\hat{z}_r$ die Rückerwerbsofferte $z_r \geq (n+z)c/(V_H + k_H \cdot c)$ $(z_r \neq \hat{z}_r)$ abzugeben. Wegen $U_L(0) = (V_L + k_L\, c)/(n+z) < U_L(\hat{z}_r)$ erweist sich folglich auch ein Rückerwerbsverzicht für das Management von L als nicht lohnend. Schließlich ist noch zu prüfen, ob das Management von L auf eine Rückerwerbsofferte ausweicht, die durch $z_r = c/P_r$ und

$$\frac{V_H + k_H \cdot c}{n+z} < P_r < \frac{V_H + c}{n+z}$$

gekennzeichnet ist. Im Falle eines solchen Angebots werden von den Kleinaktionären insgesamt $z_a = \frac{(n+z)\cdot P_r - (V_H + k_H \cdot c)}{(1-k_H)\cdot P_r} < z_r$ Aktien getendert. Damit ist eine Auszahlung an das Management von L in Höhe von

$$U_L(z_r) = \frac{V_L + k_L(c - z_a \cdot P_r)}{n + z - z_a}$$

verknüpft. Subtrahiert man dies von $\tilde{U}_L = (V_L + k_L\, c)/(n+z)$, erhält man

$$\Delta_3 \quad \equiv \quad \tilde{U}_L - U_L(z_r) = \frac{V_L + k_L \cdot c}{n+z} - \frac{V_L + k_L(c - z_a \cdot P_r)}{n + z - z_a}.$$

Angenommen, $\Delta_3 < 0$. Dann gilt

$$(V_L + k_L \cdot c)(n + z - z_a) < (V_L + k_L(c - z_a \cdot P_r))(n+z),$$

was sich zu

$$P_r < \frac{V_L/k_L + c}{n+z}$$

umformen lässt. Wegen $P_r > \frac{V_H + k_H \cdot c}{n+z}$ muss dann auch

$$\frac{V_H + k_H \cdot c}{n + z} < \frac{V_L / k_L + c}{n + z}$$

erfüllt sein. Nach einer Vereinfachung wird diese Bedingung zu $V_H < V_L/k_L + (1 - k_H)c$, was im Widerspruch zur Parameterrestriktion (3.21) steht. Deshalb muss $\Delta_3 \geq 0$ gelten. Unter Verwendung von $\Delta_2 = U_L(\hat{z}_r) - \tilde{U}_L \geq 0$ folgt dann $U_L(\hat{z}_r) \geq U_L(z_r)$, d.h. für das Management von L ist es nicht lohnend, von $\hat{z}_r$ auf z_r überzuwechseln. Zusammenfassend bleibt festzuhalten, dass das Management von L keinen Anreiz besitzt, von der in (ii) beschriebenen Strategie $\sigma_L(\hat{z}_r) = 1$ abzuweichen.

Da die in (i), (ii) und (iii) beschriebenen Strategien der beteiligten Spieler wechselseitig optimal und die in (iv) aufgeführten revidierten Vermutungen der Kleinaktionäre konsistent mit den Strategien von L und H sind, liegt ein perfektes Bayes-Nash-Gleichgewicht vor. ■

Die in Proposition 3.3 beschriebenen Semi-Pooling-Gleichgewichte führen bei einem Unternehmen vom Typ L *immer* – d.h. mit Wahrscheinlichkeit eins – zu einer *ineffizienten Ausschüttungspolitik*, denn die gepoolte Rückerwerbsofferte $\hat{z}_r$ wird nicht in vollem Umfang von den Kleinaktionären akzeptiert. Dies hat zur Konsequenz, dass der freie Cashflow nicht vollständig im Wege eines Aktienrückerwerbs ausgekehrt werden kann, sondern teilweise im Unternehmen einbehalten wird. Da der thesaurierte Teilbetrag des freien Cashflows annahmegemäß nicht profitabel im Unternehmen investiert wird, resultiert ein *Überinvestitionsproblem*, das mit Wohlfahrtsverlusten einhergeht. Auch das Management von H wählt mit positiver Wahrscheinlichkeit die gepoolte Rückerwerbsofferte und folglich ein ineffizientes, weil zu geringes Ausschüttungsvolumen. Damit erhält man ein wichtiges *Ergebnis*: Bei asymmetrischer Informationsverteilung zwischen Management und Kleinaktionären existieren Gleichgewichte des Rückerwerbsspiels, bei denen beide Unternehmenstypen (mit positiver Wahrscheinlichkeit) ein zu geringes Ausschüttungsvolumen wählen (*Unterausschüttungsproblem*). Beschränkt man die zulässigen Ausschüttungsinstrumente auf Aktienrückkäufe, kann das aus der Perspektive des Managements optimale Ausschüttungsvolumen ineffizient sein und mit Wohlfahrtsverlusten einhergehen.

Damit sich für das Management von H eine gemischte Strategie als lohnend erweist, muss es indifferent zwischen der gepoolten und der separierenden Rückerwerbsofferte sein. Die separierende Rückerwerbsofferte, welche ein

Unternehmen vom Typ H signalisiert, löst die zwischen Management und Kleinaktionären bestehende Informationsasymmetrie vollständig auf und versetzt die Kleinaktionäre quasi in den First-best-Informationsstand. Sie muss deshalb mit der First-best-Rückerwerbsofferte z_r^H des Managements von H übereinstimmen, die von den Kleinaktionären im vollen Umfang akzeptiert wird. Alle Rückerwerbsofferten, die gegenüber z_r^H durch eine geringere Zahl zurückzuerwerbender Aktien und einen höheren Rückerwerbspreis gekennzeichnet sind, werden von den Kleinaktionären – unabhängig vom zugrunde liegenden Unternehmenstyp – ebenfalls mit Wahrscheinlichkeit eins angenommen. Sie versprechen dem Management von H jedoch eine geringere Auszahlung als die First-best-Offerte z_r^H und können deshalb nicht Bestandteil der gemischten Strategie sein. Folglich muss die gepoolte Rückerwerbsofferte $\hat{z}_r$ gegenüber z_r^H eine größere Anzahl zurückzuerwerbender Aktien und einen geringeren Rückerwerbspreis vorsehen. Im Falle einer vollständigen Zeichnung von $\hat{z}_r$ würde das Management von H allerdings ein Auszahlungsniveau erreichen, welches dasjenige von z_r^H überstiege. Da beide Rückerwerbsofferten jedoch übereinstimmende Auszahlungen generieren müssen – ansonsten würde das Management von H keine gemischte Strategie wählen –, kann die gepoolte Offerte nicht in vollem Umfang akzeptiert werden. Somit bleibt festzuhalten: (1) Der Rückerwerbspreis der gepoolten Offerte unterschreitet denjenigen der separierenden Offerte: $\hat{P}_r < P_r^H$. (2) Die gepoolte Rückerwerbsofferte wird im Gegensatz zur separierenden Offerte nicht in vollem Umfang von den Kleinaktionären angenommen, was ein zu geringes und damit ineffizientes Ausschüttungsvolumen zur Folge hat: $\hat{z}_a < \hat{z}_r$.

Da das Management von H mit positiver Wahrscheinlichkeit die separierende Rückerwerbsofferte wählt, ist die Wahrscheinlichkeit, dass die gepoolte Rückerwerbsofferte vom Management eines Unternehmens vom Typ L stammt, höher als die a priori-Wahrscheinlichkeit, welche die Kleinaktionäre dem Unternehmenstyp L zuweisen. Im Vergleich zu einem reinen Pooling-Gleichgewicht geht dies mit einer Verminderung des Rückerwerbspreises einher, was ceteris paribus – d.h. bei gegebener Zahl der zum Rückerwerb angebotenen Aktien – einen Anstieg der Auszahlung des Managements von L bewirkt. Wie bereits erläutert, wird die gepoolte Offerte im Semi-Pooling-Gleichgewicht jedoch nicht vollständig gezeichnet, weshalb im Gegensatz zum reinen Pooling-Gleichgewicht ein Teil des freien Cashflows im Unternehmen thesauriert werden muss. Die damit verbundenen Versickerungskosten hat auch das Management von L zu tragen, was ceteris paribus zu einer Verminderung seiner Auszahlung führt. Sind diese Versickerungskosten nicht zu hoch, dann wird das Management von L die gepoolte Rückerwerbsofferte $\hat{z}_r$ der separierenden Offerte des Managements von H vorziehen. Notwendige und hinreichende Bedingung hierfür ist $V_H/k_H > V_L/k_L$.[22] Ist diese Parameterrestriktion erfüllt, dann folgt aus (3.17) $P_r^{H,max} > P_r^{L,max}$; das in Proposition 3.3 charakterisierte Semi-Pooling-Gleichgewicht kann somit nur dann existieren, wenn das Management von H einen höheren maximalen Rückerwerbspreis zu zahlen bereit ist als das Management von L.

Die Parameterrestriktion $V_H/k_H > V_L/k_L$ ist allerdings nicht streng genug, um ein Abweichen des Managements von L auf eine Rückerwerbsofferte zu verhindern, die im Gleichgewicht von keinem Unternehmenstyp präsentiert wird. Hinreichend dafür, dass das Management von L die gepoolte Offerte jeder anderen vorzieht, ist die Bedingung

$$V_H \geq V_L/k_L + (1 - k_H)c.$$

Diese gewährleistet, dass der maximale Rückerwerbspreis $P_r^{L,max}$ des Managements von L geringer ist als der kleinste Rückerwerbspreis, den eine ungleichgewichtige Rückerwerbsofferte aufweisen muss, damit sie von einer positiven Anzahl von Kleinaktionären akzeptiert wird.

Interessant ist nun eine Analyse der Aktienkursreaktionen, welche von den Semi-Pooling-Gleichgewichten impliziert werden. Im Modell können grundsätzlich zwei Auslöser für Aktienkursreaktionen identifiziert werden: (1) die Ankündigung der Rückerwerbsofferte (*Ankündigungseffekt*) und (2) die Durchführung des Aktienrückerwerbs. Zur Bestimmung der Aktienkursreaktionen sind deshalb die Aktienkurse vor Ankündigung des Rückerwerbs, nach Ankündigung, aber vor Durchführung des Rückerwerbs sowie nach Durchführung des Rückerwerbs zu ermitteln.

(a) Der Aktienkurs P_2 *nach* Durchführung des Rückerwerbs entspricht dem Erwartungswert der Rückflüsse pro Aktie nach Abfluss der für den Rückerwerb verwendeten Mittel und beläuft sich allgemein auf

$$P_2(z_r) = \frac{\mu(L|z_r)V_L + \mu(H|z_r)V_H + (\mu(L|z_r)k_L + \mu(H|z_r)k_H)(c - \min[z_a; z_r]P_r)}{n + z - \min[z_a; z_r]}.$$

Da die separierende Offerte z_r^H den Unternehmenstyp H offenbart und von jedem Kleinaktionär mit Wahrscheinlichkeit eins akzeptiert wird, resultiert

[22]Dies ergibt sich aus Schritt 3 (d) des Beweises von Proposition 3.3. Der Gleichheitsfall $V_H/k_H = V_L/k_L$ wird ignoriert.

$\mu(H|z_r^H) = 1$ sowie $z_a = z > z_r^H$ und damit

$$P_2(z_r^H) = \frac{V_H}{n + z - z_r^H} = \frac{V_H + c}{n + z}.$$

Der Aktienkurs $P_2(z_r^H)$ stimmt folglich mit dem Rückerwerbspreis P_r^H überein. Die gepoolte Rückerwerbsofferte $\hat{z}_r$ enthüllt nicht den zugrunde liegenden Unternehmenstyp und wird nicht in vollem Umfang von den Kleinaktionären angenommen; es ergibt sich ein Aktienkurs von

$$P_2(\hat{z}_r) = \frac{\mu(L|\hat{z}_r)V_L + \mu(H|\hat{z}_r)V_H + (\mu(L|\hat{z}_r)k_L + \mu(H|\hat{z}_r)k_H)\,(c - \hat{z}_a \cdot \hat{P}_r)}{n + z - \hat{z}_a},$$

der dem gepoolten Rückerwerbspreis $\hat{P}_r$ entspricht. Es gilt

$$P_2(z_r^H) = P_r^H > \hat{P}_r = P_2(\hat{z}_r).$$

(b) In den Aktienkurs P_1 unmittelbar nach Ankündigung, aber vor Durchführung des Rückerwerbs gehen sämtliche Informationen ein, welche die Kleinaktionäre aus den Konditionen der Rückerwerbsofferte über den zugrunde liegenden Unternehmenstyp entnehmen können. Da die rationalen Kleinaktionäre das Rückerwerbsergebnis antizipieren, muss dieses in P_1 bereits enthalten sein. Die Aktienkurse P_1 und P_2 stimmen jedoch nicht zwingend überein; sie fallen dann auseinander, wenn der Rückerwerbspreis P_r höher ist als der Aktienkurs nach Durchführung des Rückerwerbs bei vollständiger Zeichnung der Rückerwerbsofferte. Dies ist hier jedoch nicht der Fall: Der Rückerwerbspreis ist bei beiden Offerten identisch mit dem Aktienkurs nach vollzogenem Rückerwerb. Folglich stimmt der Aktienkurs nach Ankündigung, aber vor Durchführung des Rückerwerbs mit dem Aktienkurs nach Durchführung des Rückerwerbs und dem Rückerwerbskurs überein: $P_1(z_r) = P_2(z_r) = P_r(z_r)$ für $z_r = \hat{z}_r, z_r^H$. Die Durchführung des Aktienrückerwerbs löst damit im betrachteten Modell keine Kursreaktionen aus.

(c) Vor Ankündigung des Aktienrückerwerbs sind den Kleinaktionären lediglich die a priori-Wahrscheinlichkeitsverteilung über die beiden Unternehmenstypen sowie die typabhängigen Rückerwerbsstrategien bekannt. Der Aktienkurs P_0 vor Ankündigung des Aktienrückerwerbs muss deshalb dem Erwartungswert der Aktienkurse nach Ankündigung des Rückerwerbs entsprechen. Die Wahrscheinlichkeit, dass der Aktienkurs nach Ankündigung des Rückerwerbs $P_1(z_r^H)$ $(P_1(\hat{z}_r))$ beträgt, stimmt mit der a priori-Wahrscheinlichkeit überein, dass den Kleinaktionären die Offerte z_r^H ($\hat{z}_r$) präsentiert wird, und beläuft sich auf $\pi_H \cdot \sigma_H(z_r^H)$ $(\pi_L + \pi_H \sigma_H(\hat{z}_r))$. Damit erhält man

$$P_0 = (\pi_L + \pi_H \sigma_H(\hat{z}_r))\, P_1(\hat{z}_r) + \left(\pi_H \cdot \sigma_H(z_r^H)\right) P_1(z_r^H),$$

was sich unter Verwendung von $\sigma_H(\hat{z}_r) = 1 - \sigma_H(z_r^H)$ und $\pi_L = 1 - \pi_H$ auch wie folgt schreiben lässt:

$$P_0 = \left(1 - \pi_H \cdot \sigma_H(z_r^H)\right) P_2(\hat{z}_r) + \pi_H \cdot \sigma_H(z_r^H) P_2(z_r^H). \tag{3.22}$$

Wegen $P_2(\hat{z}_r) < P_2(z_r^H)$ folgt aus (3.22) $P_2(\hat{z}_r) < P_0 < P_2(z_r^H)$, d.h. die Aktienkurse vor und nach Ankündigung des Rückerwerbs stimmen nicht überein. Es ergibt sich ein *Ankündigungseffekt*, der sowohl positiv als auch negativ sein kann. Ein positiver Ankündigungseffekt resultiert dann, wenn das Management Aktien zu einem Festpreis P_r^H zurückzuerwerben bereit ist, der den aktuellen Börsenkurs P_0 überschreitet. Eine solche Offerte enthüllt ein Unternehmen vom Typ H und zeigt den Kleinaktionären auf, dass ihre Anteile bisher unterbewertet waren. Der aus dem Modell abgeleitete positive Ankündigungseffekt einer Festpreisofferte wird durch eine Vielzahl empirischer Untersuchung bestätigt.[23] Das Modell liefert somit eine Erklärung für die empirisch beobachtbare positive Aktienkursreaktion infolge der Ankündigung einer Festpreisofferte.

Mit der Offerte, Aktien zu einem Preis unterhalb des aktuellen Börsenkurses zurückzuerwerben, ist ein negativer Ankündigungseffekt verknüpft. Ein solches Rückerwerbsangebot in der Gestalt einer Festpreisofferte ist allerdings empirisch nicht beobachtbar. Der negative Ankündigungseffekt von $\hat{z}_r$ lässt sich jedoch für bestimmte Parameterkonstellationen beseitigen, wenn man das zugrunde liegende Modell um einen dritten Unternehmenstyp LL erweitert, der im Vergleich zu den Unternehmenstypen L und H über einen geringeren Unternehmenswert und keinen freien Cashflow verfügt. Dann eliminiert die Ankündigung des Managements, eine Ausschüttung im Wege eines Aktienrückerwerbs durchzuführen, den neu eingeführten Unternehmenstyp LL und bewirkt ceteris paribus einen Aktienkursanstieg, der den ansonsten negativen Ankündigungseffekt der Rückerwerbsofferte $\hat{z}_r$ zumindest teilweise kompensiert. Wenn nun die a priori-Wahrscheinlichkeit eines Unternehmens vom Typ LL hinreichend hoch und diejenige eines Unternehmens vom Typ H hinreichend klein ist, dann unterschreitet der Börsenkurs vor Ankündigung eines Aktienrückerwerbs den inneren Wert einer Aktie von L. In diesem Falle wird auch die Bekanntgabe von

[23] Vgl. hierzu beispielsweise *Comment/Jarrell* (1991) sowie Abschnitt 2.4.1.

$\hat{z}_r$ von einer positiven Aktienkursreaktion begleitet, was im Einklang mit den Ergebnissen empirischer Untersuchungen steht. Festzuhalten bleibt, dass die Ankündigung der Rückerwerbsofferte z_r^H einen relativ stärkeren Aktienkursanstieg auslöst als die Bekanntgabe des mit einem geringeren Rückerwerbspreis ausgestatteten Angebots $\hat{z}_r$. Auf den ersten Blick erscheint diese Erkenntnis trivial. Führt man sich jedoch vor Augen, dass die tatsächliche Durchführung des Aktienrückerwerbs keine Kursreaktion - insbesondere keinen Aktienkursverfall - zur Folge hat, dann erhält man ein bemerkenswertes Ergebnis, das durch die empirische Studie von *Comment/Jarrell* (1991) gestützt wird: Der relativ stärkere Aktienkursanstieg infolge der Bekanntgabe einer mit einem höheren Rückerwerbspreis versehenen Offerte bleibt ceteris paribus dauerhaft - d.h. auch nach Abwicklung des Aktienrückkaufs - erhalten.

Wie bereits ausgeführt, wird die mit einem höheren Rückerwerbspreis ausgestattete separierende Rückerwerbsofferte z_r^H in vollem Umfang akzeptiert, während die Kleinaktionäre nicht zur vollständigen Zeichnung der gepoolten Offerte $\hat{z}_r$ bereit sind. Daraus lässt sich die Hypothese ableiten, dass das tatsächlich realisierte Ausschüttungsvolumen mit zunehmendem Rückerwerbspreis ansteigt. Auch diese Hypothese steht im Einklang mit den Ergebnissen der empirischen Untersuchung von *Comment/Jarrell* (1991).

Aus der Analyse der Semi-Pooling-Gleichgewichte können vier Ergebnisse gewonnen werden: (1) Beschränkt man die zulässigen Ausschüttungsinstrumente auf Aktienrückkäufe, dann droht bei asymmetrischer Informationsverteilung zwischen Management und Kleinaktionären die Gefahr einer zu *geringen* und damit ineffizienten Ausschüttung, und zwar sowohl bei überbewerteten Unternehmen (Typ L) als auch bei unterbewerteten Unternehmen (Typ H). (2) Mit der Ankündigung, Aktien über dem aktuellen Börsenkurs im Wege einer Festpreisofferte zurückzuerwerben, geht ein Kurssprung einher (*positiver* Ankündigungseffekt einer Festpreisofferte). (3) Eine mit einem höheren Festpreis versehene Rückerwerbsofferte löst einen stärkeren Aktienkursanstieg aus. Das resultierende höhere Aktienkursniveau bleibt dauerhaft erhalten. (4) Ein höherer Rückerwerbspreis geht mit einem höheren Ausschüttungsvolumen einher. Ein Beispiel soll die Eigenschaften der relativ komplizierten Semi-Pooling-Gleichgewichte veranschaulichen.

Beispiel 3.1 *Semi-Pooling-Gleichgewichte*

Für eine vorgegebene Parameterkonstellation werden zulässige Werte für $\hat{P}_r$, $\hat{z}_r$, $\hat{z}_a$, $\sigma_H(\hat{z}_r)$, P_r^H sowie z_r^H ermittelt, welche auf ein semipoolendes Bayes-

Nash-Gleichgewicht führen. Zusätzlich wird die Auszahlung bestimmt, die das Management von L im resultierenden Gleichgewicht erhält. Die Auszahlung, welche das Management von H im Gleichgewicht vereinnahmt, entspricht P_r^H und wird deshalb nicht gesondert aufgeführt. Um sicherzustellen, dass die vorgegebene Parameterkonstellation Annahme 3.7 und Bedingung (3.21) genügt und der gepoolte Rückerwerbspreis $\hat{P}_r$ die Restriktion $\hat{P}_r \leq (V_L/k_L+c)/(n+z)$ erfüllt, werden die Kontrollvariablen

$$\begin{aligned} A &\equiv (V_L/k_L + c)/(n + z), \\ B &\equiv V_H - (V_L/k_L + (1 - k_H) \cdot c) \geq 0 \\ C &\equiv z - \frac{n\,c}{V_L - (1 - k_L)\,c} > 0 \end{aligned}$$

eingeführt. Die Parameterwerte sowie die sich daraus ergebenden Ausprägungen der Kontrollvariablen sind nachfolgender Tabelle zu entnehmen:

Parameter	V_H	V_L	c	k_H	k_L	n	z	π_L	A	B	C
Werte	150	100	20	0.8	0.9	100	30	0.6	1.009	34.889	9.60

Tabelle 3.1: Semi-Pooling-Gleichgewichte – Parameterwerte und Ausprägungen der Kontrollvariablen im Beispiel

Ausgehend von diesen Parameterausprägungen erhält man für alternativ zulässige Werte von $\hat{P}_r$ die in Tabelle 3.2 aufgeführten gleichgewichtigen Variablenwerte.

Variable	$\hat{z}_r$	$\hat{z}_a$	$\sigma_H(\hat{z}_r)$	z_r^H	P_r^H	$U_L(\hat{z}_r)$
$\hat{P}_r$=1.005	19.900	7.941	0.481	15.294	1.308	0.9079
$\hat{P}_r$=1.000	20.000	7.879	0.448	15.294	1.308	0.9082
$\hat{P}_r$=0.975	20.513	7.580	0.295	15.294	1.308	0.9096
$\hat{P}_r$=0.950	21.052	7.303	0.164	15.294	1.308	0.9108
$\hat{P}_r$=0.930	21.505	7.096	0.072	15.294	1.308	0.9118
$\hat{P}_r$=0.920	21.739	6.997	0.030	15.294	1.308	0.9122

Tabelle 3.2: Semi-Pooling-Gleichgewichte – gleichgewichtige Variablenwerte im Beispiel

Beispiel 3.1 weist auf einige bemerkenswerte Eigenschaften der Semi-Pooling-Gleichgewichte hin. Tabelle 3.2 weckt zunächst den Verdacht, dass die Gesamtzahl $\hat{z}_a$ der Aktien, welche die Kleinaktionäre zum gepoolten Rückerwerbspreis $\hat{P}_r$ zu veräußern bereit sind, mit sinkendem $\hat{P}_r$ abnimmt. Eine Differentiation der Funktion $\hat{z}_a(\hat{P}_r)$ gemäß Gleichung (3.19) nach $\hat{P}_r$ bestätigt diesen Verdacht:

$$\frac{d\hat{z}_a(\hat{P}_r)}{d\hat{P}_r} = \frac{k_H(1-k_H)(n+z)^2 c}{(V_H + c - k_H(n+z)\hat{P}_r)^2} > 0.$$

Dieses Ergebnis ist wenig überraschend. Da das Ausschüttungsvolumen bei ceteris paribus *konstanter* Zahl zum Rückerwerb angebotener Aktien mit abnehmendem Rückerwerbspreis sinkt, steigt – ceteris paribus – der Wert einer Aktie nach vollzogenem Rückerwerb. Folglich wächst die Auszahlung, die das Management von H bei Wahl der gepoolten Offerte $\hat{z}_r$ erhält. Dies hat zur Konsequenz, dass das Management von H die gepoolte Rückerwerbsofferte der separierenden Offerte z_r^H vorzieht. Das Management von H spielt jedoch nur dann eine gemischte Strategie, wenn die gepoolte und die separierende Rückerwerbsofferte übereinstimmende Auszahlungen versprechen. Folglich kann die Anzahl $\hat{z}_a$ der zum Rückerwerb angebotenen Aktien bei einer Verminderung des gepoolten Rückerwerbspreises nicht konstant bleiben. Da der gepoolte Rückerwerbspreis den Wert einer Aktie eines Unternehmens vom Typ H immer unterschreitet, steigt die Auszahlung des Managements von H mit zunehmender Zahl zurückerworbener Aktien. Deshalb kann eine Verminderung des gepoolten Rückerwerbspreises nur mit einer Abnahme der Anzahl zum Rückerwerb angebotener Aktien einhergehen; andernfalls würde die Auszahlung des Managements von H bei Wahl der gepoolten Offerte ansteigen.

Darüber hinaus legt Tabelle 3.2 die beiden folgenden Vermutungen nahe: (1) Die Wahrscheinlichkeit $\sigma_H(\hat{z}_r)$, mit der das Management von H die gepoolte Rückerwerbsofferte wählt, sinkt mit abnehmendem Rückerwerbspreis $\hat{P}_r$. (2) Die Auszahlung $U_L(\hat{z}_r)$ des Managements von L steigt mit abnehmendem gepoolten Rückerwerbspreis $\hat{P}_r$. Wenn diese beiden Vermutungen zutreffen sollten, würde der Grenzfall eines Semi-Pooling-Gleichgewichts – das Management von H gibt die gepoolte Rückerwerbsofferte mit Wahrscheinlichkeit $\sigma_H(\hat{z}_r) = 0$ ab – die Auszahlung des Managements von L maximieren. Dass dies in der Tat der Fall ist, wird in Abschnitt 3.4.6 nachgewiesen. Bereits an dieser Stelle sei erwähnt, dass der für $\sigma_H(\hat{z}_r) = 0$ resultierende Grenzfall eines Semi-Pooling-Gleichgewichts als separierendes Gleichgewicht aufzufassen ist, weil die „gepoolte“ Rückerwerbsofferte dann den Unternehmenstyp L mit Wahrscheinlichkeit eins enthüllt.

3.4.5 Separierende Gleichgewichte des Rückerwerbsspiels

3.4.5.1 Merkmale und Existenz separierender Gleichgewichte des Rückerwerbsspiels

Separierende Bayes-Nash-Gleichgewichte des Rückerwerbsspiels sind dadurch charakterisiert, dass das Management eines Unternehmens vom Typ L mit Wahrscheinlichkeit $\sigma_L(z_r^L) = 1$ eine Rückerwerbsofferte z_r^L abgibt, die von der mit Wahrscheinlichkeit $\sigma_H(z_r^H) = 1$ präsentierten Offerte z_r^H des Managements von H abweicht ($z_r^H \neq z_r^L$). Folglich können die Aktionäre von der abgegebenen Rückerwerbsofferte auf den Typ des Unternehmens schließen, so dass die zwischen Management und Aktionären ex ante bestehende Informationsasymmetrie vollständig aufgelöst wird. Dies spiegelt sich in den revidierten Vermutungen der Kleinaktionäre wider. Unter Verwendung des Satzes von Bayes erhält man hierfür

$$\begin{aligned}
\mu(L|z_r^L) &= \frac{\sigma_L(z_r^L)\cdot\pi_L}{\sigma_L(z_r^L)\cdot\pi_L+\sigma_H(z_r^L)\cdot\pi_H} = 1 \quad \text{und} \quad \mu(H|z_r^L) = 0 \\
\mu(L|z_r^H) &= \frac{\sigma_L(z_r^H)\cdot\pi_L}{\sigma_L(z_r^H)\cdot\pi_L+\sigma_H(z_r^H)\cdot\pi_H} = 0 \quad \text{und} \quad \mu(H|z_r^H) = 1.
\end{aligned}$$

Das Management von L kann seinen Unternehmenstyp nur dann glaubhaft signalisieren, wenn es den Aktionären ein Rückerwerbsangebot z_r^L unterbreitet, dessen Imitierung für das Management von H nicht lohnend ist. Folglich muss das Management von L die Offerte so konstruieren, dass die Auszahlung $U_H(z_r^L)$ an das Management von H bei Wahl einer Imitierungspolitik nicht höher als die Auszahlung U_H^* ist, welche das Management von H bei einer Separierung maximal erreichen kann. Da im Falle einer Separierung der wahre Unternehmenstyp mit Wahrscheinlichkeit eins enthüllt wird, handelt es sich aus der Perspektive des Managements von H um einen Aktienrückerwerb bei symmetrischer Informationsverteilung zwischen Management und Aktionären. Deshalb wird das Management von H bei Wahl einer Separierungspolitik die im First-best-Falle optimale Rückerwerbsofferte $z_r^H = (n+z)c/(V_H+c)$ – mit Wahrscheinlichkeit $\sigma_H(z_r^H) = 1$ – abgeben, die von den Kleinaktionären vollständig gezeichnet wird und ihm eine Auszahlung in Höhe von $U_H^* = U_H(z_r^H) = (V_H+c)/(n+z)$ verspricht. Sofern die aus einer Imitierungspolitik resultierende Auszahlung nicht höher ist, hat das Management von H keinen Anreiz, die Rückerwerbspolitik z_r^L des Managements von L zu imitieren. Ein Imitierungsverzicht seitens des Managements von H erfordert somit $U_H^* = U_H(z_r^H) \geq U_H(z_r^L)$. Diese Bedingung lässt sich unter Verwendung von

$$U_H(z_r^L) = \frac{V_H + k_H \cdot (c - \min[z_a^L; z_r^L] P_r^L)}{n + z - \min[z_a^L; z_r^L]}$$

schreiben als

$$\frac{V_H + c}{n + z} \geq \frac{V_H + k_H \cdot (c - \min[z_a^L; z_r^L] P_r^L)}{n + z - \min[z_a^L; z_r^L]}. \tag{3.23}$$

Ein separierendes Gleichgewicht verlangt andererseits, dass es sich für das Management von L als lohnend erweist, den Typ des von ihm geführten Unternehmens mit Hilfe der separierenden Rückerwerbsstrategie $\sigma_L(z_r^L) = 1$ zu signalisieren. Zum einen darf die hieraus resultierende Auszahlung $U_L(z_r^L)$ nicht geringer sein als die Auszahlung $U_L(z_r^H)$, welche das Management von L im Falle einer Imitierung der First-best-Rückerwerbsofferte z_r^H des Managements von H erhalten würde: $U_L(z_r^L) \geq U_L(z_r^H)$. Diese Restriktion kann unter Berücksichtigung von $z_r^H = c/P_r^H = (n+z)c/(V_H + c)$ sowie

$$U_L(z_r^H) = \frac{V_L}{n + z - z_r^H} = \frac{V_L}{V_H} \cdot \frac{V_H + c}{n + z}$$

und

$$U_L(z_r^L) = \frac{V_L + k_L(c - \min[z_a^L; z_r^L] P_r^L)}{n + z - \min[z_a^L; z_r^L]}$$

wie folgt dargestellt werden:

$$\frac{V_L + k_L(c - \min[z_a^L; z_r^L] P_r^L)}{n + z - \min[z_a^L; z_r^L]} \geq \frac{V_L}{V_H} \cdot \frac{V_H + c}{n + z}. \tag{3.24}$$

Im Folgenden wird eine Parameterrestriktion angegeben, die notwendig und hinreichend für die Existenz einer *separierenden* Rückerwerbsofferte z_r^L ist, welche die Bedingungen (3.23) und (3.24) simultan erfüllt.

Lemma 3.5 *Die Parameterrestriktion $V_H/k_H \geq V_L/k_L$ ist notwendig und hinreichend für die Existenz (mindestens) einer separierenden Rückerwerbsofferte z_r^L, welche die Bedingungen (3.23) und (3.24) simultan erfüllt.*

Beweis: Siehe Abschnitt 3.7, S. 210.

Zum anderen muss gewährleistet sein, dass die mit der Rückerwerbsofferte z_r^L verknüpfte Auszahlung $U_L(z_r^L)$ nicht geringer als die Auszahlung $U_L(z_r^u)$

ist, die das Management von L bei Abgabe einer ungleichgewichtigen Offerte $z_r^u \in Z_{ug} = \{z_r^u \in Z | z_r^u \neq z_r^L, z_r^H\}$ maximal erreichen kann: $U_L(z_r^L) \geq U_L(z_r^u)$ $(\forall z_r^u \in Z_{ug})$. Dass diese Restriktion gegebenenfalls für manche z_r^L, welche den Bedingungen (3.23) und (3.24) genügen, verletzt sein kann, lässt sich nicht ausschließen: Werden die Kleinaktionäre mit einem ungleichgewichtigen Rückerwerbsangebot $z_r^u \geq z_r^{H,max}$ konfrontiert, gehen sie aufgrund von Annahme 3.8 mit Wahrscheinlichkeit eins davon aus, dass die Offerte vom Management eines Unternehmens vom Typ H stammt.[24] Weicht das Management von z_r^L auf $z_r^u \geq z_r^{H,max}$ oder z_r^H ab, wird das Unternehmen von den Kleinaktionären folglich als vom Typ H klassifiziert.[25] Aus der Teilmenge der Rückerwerbsofferten, die einem Unternehmen vom Typ H zugeordnet werden, wird diejenige Rückerwerbsofferte, welche die Auszahlung des Managements von L maximiert, in der Regel nicht mit z_r^H übereinstimmen. Dies lässt sich wie folgt belegen: Angenommen, $V_H \geq V_L/k_L$, d.h. die in Lemma 3.5 formulierte Restriktion ist erfüllt. Wählt das Management von L anstelle von z_r^L eine Offerte $z_r^u \in]\frac{(n+z)c}{V_H+c}, \frac{(n+z)c}{V_H+k_H \cdot c}]$ (mit $z_r^u \neq z_r^L$), wird das Unternehmen mit Wahrscheinlichkeit $\mu(H|z_r^u) = 1$ als vom Typ H identifiziert. Der mit einer solchen Offerte einhergehende Rückerwerbspreis beträgt $P_r^u \in [\frac{V_H+k_H \cdot c}{n+z}, \frac{V_H+c}{n+z}[$. Aufgrund von $\mu(H|z_r^u) = 1$ und den Teilen (iv) und (v) von Lemma 3.3 folgt, dass von den Kleinaktionären insgesamt

$$0 \leq \min[z_a^u, z_r^u] = z_a^u = \frac{(n+z)P_r^u - (V_H + k_H \cdot c)}{(1-k_H)P_r^u} < z_r^u \qquad (3.25)$$

Aktien zum Rückerwerb getendert werden. Entscheidet sich das Management, z_r^H Aktien zum Preis von $P_r^H = (V_H + c)/(n+z)$ zurückzuerwerben, ergibt sich

---

[24]Für ungleichgewichtige Rückerwerbsofferten, die durch $z_r^u \leq z_r^{H,max}$ gekennzeichnet sind, ist eine Spezifikation der out-of-equilibrium beliefs der Kleinaktionäre nicht erforderlich. Solche Offerten werden von jedem Kleinaktionär mit Wahrscheinlichkeit eins akzeptiert, weil Tendern eine dominante Aktion ist – unabhängig von den Vermutungen der Kleinaktionäre.

[25]Das Management von L wird niemals eine Rückerwerbsofferte wählen, die sich durch $z_r^u < z_r^{H,max}$ auszeichnet. Eine solche Offerte wird ebenso wie die Offerte $z_r^{H,max} = \frac{(n+z)c}{V_H/k_H+c}$ mit Wahrscheinlichkeit eins von jedem Kleinaktionär akzeptiert – dies folgt aus Teil (i) von Lemma 3.3. Aufgrund von $z_r^u < z_r^{H,max}$ und der Tatsache, dass all diese Offerten mit einer Ausschüttung des gesamten freien Cashflows einhergehen, resultiert

$$U_L(z_r^u) = \frac{V_L}{n+z-z_r^u} < \frac{V_L}{n+z-z_r^{H,max}} = U_L(z_r^{H,max}),$$

d.h. das Management von L präferiert $z_r^{H,max}$ gegenüber $z_r^u < z_r^{H,max}$. Folglich können alle Offerten, die durch $z_r^u < z_r^{H,max}$ charakterisiert sind, sofort eliminiert werden.

aus Teil (ii) von Lemma 3.3, dass jeder Kleinaktionär seinen Aktienbestand mit Wahrscheinlichkeit eins tendert. Folglich werden insgesamt $z_a^H = z$ Anteile zum Rückerwerb angeboten, von denen z_r^H zurückgekauft werden: $\min[z_a^H, z_r^H] = z_r^H$. Verknüpft man dies mit Gleichung (3.25), erhält man für die Gesamtzahl $\hat{z}$ der Aktien, deren Rückerwerb eine Offerte $z_r \in [\frac{(n+z)c}{V_H+c}, \frac{(n+z)c}{V_H+k_H \cdot c}]$ (mit $z_r \neq z_r^L$) erlaubt,

$$\hat{z}(P_r) \equiv \min[z_a, z_r] = \frac{(n+z)P_r - (V_H + k_H \cdot c)}{(1-k_H)P_r}, \tag{3.26}$$

wobei $P_r \in [\frac{V_H+k_H \cdot c}{n+z}, \frac{V_H+c}{n+z}]$. Die Auszahlung an das Management von L beläuft sich für solche Offerten allgemein auf

$$U_L(P_r) = \frac{V_L + k_L(c - \hat{z}(P_r) \cdot P_r)}{n + z - \hat{z}(P_r)}. \tag{3.27}$$

Differenziert man (3.27) unter Berücksichtigung von (3.26) und

$$\frac{d\hat{z}(P_r)}{dP_r} = \frac{V_H + k_H \cdot c}{(1-k_H)P_r^2} > 0$$

nach P_r, resultiert

$$\frac{dU_L(P_r)}{dP_r} = \frac{-k_L(\hat{z} + P_r \cdot \frac{d\hat{z}}{dP_r})(n+z-\hat{z}) + (V_L + k_L(c - \hat{z} \cdot P_r))\frac{d\hat{z}}{dP_r}}{(n+z-\hat{z})^2}.$$

An der Randstelle $P_r = P_r^H = (V_H + c)/(n+z)$ ergibt sich für die (linksseitige) Ableitung

$$\begin{aligned} \left.\frac{dU_L}{dP_r}\right|_{P_r = \frac{V_H+c}{n+z}} &= \frac{-k_L(\frac{c}{P_r^H} + \frac{V_H+k_H \cdot c}{(1-k_H)P_r^H}) \cdot \frac{V_H}{P_r^H} + V_L \cdot \frac{V_H+k_H \cdot c}{(1-k_H)(P_r^H)^2}}{(n+z-\hat{z})^2} \\ &= \frac{1}{(1-k_H) \cdot (P_r^H)^2} \cdot \frac{-k_L(V_H+c) \cdot V_H + V_L \cdot (V_H + k_H \cdot c)}{(n+z-\hat{z})^2}. \end{aligned}$$

Das Vorzeichen der Ableitung an dieser Stelle ist genau dann negativ, wenn $-k_L(V_H + c) \cdot V_H + V_L \cdot (V_H + k_H \cdot c) < 0$ erfüllt ist. Diese Bedingung lässt sich auch schreiben als

$$V_H \cdot \frac{V_H + c}{V_H + k_H \cdot c} > \frac{V_L}{k_L}. \tag{3.28}$$

Wegen der eingangs getroffenen Annahme $V_H > V_L/k_L$ ist diese Bedingung erfüllt, wenn

$$\frac{V_L}{k_L} \cdot \frac{V_H + c}{V_H + k_H \cdot c} > \frac{V_L}{k_L} \tag{3.29}$$

nicht verletzt ist. Dies ist wegen $k_H < 1$ immer der Fall, so dass Bedingung (3.28) in der Tat erfüllt ist, d.h.

$$\left.\frac{dU_L}{dP_r}\right|_{P_r=\frac{V_H+c}{n+z}} < 0.$$

Ausgehend von der Offerte z_r^H steigt somit die Auszahlung an das Management von L, wenn der Rückerwerbspreis vermindert wird. Folglich existiert (mindestens) ein $z_r^u > z_r^H$, für das $U_L(z_r^u) > U_L(z_r^H)$ gilt. Dies hat zur Konsequenz, dass eine separierende Rückerwerbsofferte z_r^L des Managements von L nicht nur den Restriktionen (3.23) und (3.24), sondern auch der Bedingung $U_L(z_r^L) \geq U_L(z_r^u)$ $(\forall z_r^u \in Z_{ug})$zu genügen hat. Deshalb wird die in Lemma 3.5 wiedergegebene Parameterrestriktion verschärft, um die Existenz einer separierenden Offerte z_r^L sicherzustellen, welche allen drei Bedingungen genügt.

Lemma 3.6 *Die Parameterrestriktion*

$$V_H \geq V_L/k_L + (1 - k_H)c \tag{3.30}$$

ist hinreichend für die Existenz eines separierenden Bayes-Nash-Gleichgewichts.

Beweis: Siehe Abschnitt 3.7, S. 214.

Legt man die Parameterrestriktion (3.30) zugrunde, ist es für das Management von L niemals lohnend, von einer Restriktion (3.23) genügenden und von den Kleinaktionären als separierend betrachteten Rückerwerbsofferte $z_r^L \in\ ](n+z)c/(V_L+c), (n+z)c/(V_L+k_L c)]$ abzuweichen. Ursächlich hierfür ist, dass die Auszahlung, die das Management von L im Falle eines Abweichens maximal erhalten kann, $(V_L+k_L \cdot c)/(n+z)$ beträgt. Dies entspricht der Auszahlung, die mit einem Verzicht auf Durchführung eines Aktienrückerwerbs verknüpft ist. Wenn das Management von L nun im Rahmen einer als separierend angenommenen Offerte anbietet, Aktien zu einem Preis zurückzuerwerben, der $(V_L + k_L \cdot c)/(n + z)$ geringfügig überschreitet, tendern die Kleinaktionäre eine relativ geringe Zahl von Aktien. Dies hat zur Konsequenz, dass nur ein kleiner Teil des freien Cashflows im Wege des Aktienrückerwerbs ausgeschüttet wird. Das Management von H besitzt keinen Anreiz zur Imitierung dieser Ausschüttungspolitik, weil der daraus resultierende Zusatznutzen in Gestalt eines Vermögenstransfers zu Lasten der veräußernden Aktionäre nicht ausreicht, um die mit dem geringen Ausschüttungsvolumen verbundenen Versickerungskosten zu kompensieren. Für das Management von L erweist sich ein solcher Aktienrückerwerb im Vergleich zum Ausschüttungsverzicht dennoch als vorteilhaft, da zumindest ein Teil der Versickerungskosten, die mit einer Thesaurierung des freien Cashflows einhergehen, vermieden werden können. Folglich kann das Management von L den freien Cashflow wenigstens partiell mit Hilfe einer separierenden Rückerwerbsofferte auskehren.[26] Die hieraus resultierende Auszahlung übersteigt regelmäßig diejenige Auszahlung, welche bei einem Abweichen von der separierenden Offerte maximal erreichbar ist. Eine als separierend angenommene Rückerwerbsofferte $z_r^L \in](n+z)c/(V_L+c),(n+z)c/(V_L+k_Lc)]$, welche Restriktion (3.23) genügt, kann folglich niemals die Bedingungen (3.24) und $U_L(z_r^L) \geq U_L(z_r^u)$ verletzen – vorausgesetzt, die Parameterrestriktion (3.30) ist erfüllt. Hiervon soll im Folgenden ausgegangen werden.

Annahme 3.9 $V_H \geq V_L/k_L + (1-k_H)c$.

Die Rückerwerbsofferte, die das Management von H in einem separierenden Gleichgewicht wählt, stimmt mit der im First-best-Fall optimalen überein. Sie wird von jedem Kleinaktionär gezeichnet und führt deshalb zu einer vollständigen Ausschüttung des freien Cashflows. Somit realisiert das Management von H in einem separierenden Gleichgewicht ein *effizientes* Ausschüttungsvolumen. Dagegen muss das Management von L in einem separierenden Gleichgewicht zumindest einen Teil des freien Cashflows thesaurieren.

Proposition 3.4 *In einem separierenden Gleichgewicht gibt das Management von L eine Rückerwerbsofferte ab, die niemals zu einer Ausschüttung des gesamten freien Cashflows führt. Das resultierende Ausschüttungsvolumen ist folglich ineffizient.*

Beweis: Die Aussage ergibt sich bereits aus Schritt (i) des Beweises von Lemma 3.5. Das dort verwendete Widerspruchsargument sei hier nochmals kurz skizziert. Angenommen, es existiert eine separierende Rückerwerbsofferte z_r^L, welche von den Kleinaktionären vollständig gezeichnet wird ($z_a^L \geq z_r^L$) und deshalb eine Ausschüttung des gesamten freien Cashflows sicherstellt. Da das Rückerwerbsangebot z_r^L annahmegemäß separierend ist, enthüllt es ein Unternehmen vom Typ L. Für die revidierten Vermutungen der Kleinaktionäre gilt deshalb $\mu(L|z_r^L) = 1$. Im Falle von $\mu(L|z_r^L) = 1$ werden gemäß Lemma 3.3

[26] Allerdings existiert auch ein separierendes Gleichgewicht, in dem das Management von L auf die Durchführung eines Aktienrückerwerbs verzichtet. Hierauf wird in Abschnitt 3.4.5.2 gesondert eingegangen.

nur solche Rückerwerbsofferten von den Kleinaktionären vollständig gezeichnet (d.h. $z_a^L \geq z_r^L$), die durch

$$P_r^L \geq \frac{V_L + c}{n + z} \tag{3.31}$$

und $z_r^L = c/P_r^L$ gekennzeichnet sind. Auf diese Rückerwerbsofferten kann die nachfolgende Betrachtung beschränkt werden.

(i) Angenommen, $z_r^L = \frac{(n+z)c}{V_H+c} = z_r^H$ und $P_r^L = \frac{V_H+c}{n+z} = P_r^H$. Dann stimmt die annahmegemäß separierende Offerte des Eigentümer-Managers von L mit derjenigen überein, die der Eigentümer-Manager von H im separierenden Gleichgewicht wählt. Folglich kann z_r^L nicht separierend sein, was auf einen Widerspruch führt.

(ii) Angenommen, $P_r^L > \frac{V_H+c}{n+z}$ und $z_r^L = c/P_r^L$. Dann erhält das Management von L eine Auszahlung in Höhe von $U_L(z_r^L) = \frac{V_L}{n+z-z_r^L}$. Aufgrund von $P_r^L > P_r^H$ bzw. $z_r^L < z_r^H$ ergibt sich

$$U_L(z_r^L) = \frac{V_L}{n + z - z_r^L} < \frac{V_L}{n + z - z_r^H} = U_L(z_r^H),$$

d.h. das Management von L besitzt einen Anreiz, von der als separierend angenommenen Offerte z_r^L auf z_r^H – die Offerte des Managements von H – abzuweichen. Das Rückerwerbsangebot $z_r^L < (n+z)c)/(V_H + c)$ kann somit nicht auf ein separierendes Gleichgewicht führen (Verletzung von Restriktion (3.24)).

(iii) Angenommen, $\frac{V_L+c}{n+z} \leq P_r^L < \frac{V_H+c}{n+z}$ und $z_r^L = c/P_r^L$. Wählt das Management von H anstelle von $z_r^H = (n+z)c/(V_H + c)$ die annahmegemäß separierende Offerte des Managements von L, vereinnahmt es wegen $z_r^H < z_r^L$

$$U_H(z_r^L) = \frac{V_H}{n + z - z_r^L} > \frac{V_H}{n + z - z_r^H} = U_H(z_r^H).$$

Für das Management von H erweist es sich somit als lohnend, von z_r^H auf z_r^L überzuwechseln. Folglich kann $\frac{(n+z)c}{V_L+c} \geq z_r^L > \frac{(n+z)c}{V_H+c}$ nicht auf ein separierendes Gleichgewicht führen (Verletzung von Restriktion (3.23)).

Somit bleibt festzuhalten: Alle als separierend angenommenen Rückerwerbsofferten (3.31) des Managements von L, die von den Kleinaktionären vollständig gezeichnet werden, führen entweder zu einer Verletzung von Restriktion (3.23) oder Restriktion (3.24) oder können wegen $z_r^L = z_r^H$ nicht separierend sein (Verletzung von $\mu(L|z_r^L) = 1$). Folglich führt keine der durch (3.31) charakterisierten Offerten auf ein separierendes Bayes-Nash-Gleichgewicht. Als notwendige

Bedingung für eine separierende Offerte des Managements von L, deren Existenz aufgrund von Lemma 3.6 in Verbindung mit Annahme 3.9 gewährleistet ist, erweist sich deshalb $P_r^L < \frac{V_L+c}{n+z}$. Aus den Teilen (iv), (v) und (vi) von Lemma 3.3 folgt, dass solche Offerten niemals vollständig gezeichnet werden. Sie sind damit nicht in der Lage, den gesamten freien Cashflow auszukehren.

■

Hinter Proposition 3.4 verbirgt sich folgender Argumentationsgang. Eine Rückerwerbsofferte z_r^L, welche mit Wahrscheinlichkeit $\mu(L|z_r^L) = 1$ einem Unternehmen vom Typ L zugeordnet wird, kann nur dann eine Ausschüttung des gesamten freien Cashflows bewirken, wenn sie von den Kleinaktionären vollständig gezeichnet wird. Hierzu ist die Offerte mit einem Rückerwerbspreis auszustatten, welcher den auf eine Aktie entfallenden Anteil am Aktionärsvermögen, das sich bei einer Auskehrung des gesamten freien Cashflows ergibt, nicht unterschreitet: $P_r^L \geq \frac{V_L+c}{n+z}$. Die als separierend angenommene Rückerwerbsofferte z_r^L kann jedoch nur dann ein Unternehmen vom Typ L enthüllen, wenn sie von der Rückerwerbsofferte z_r^H des Managements von H abweicht, d.h. $P_r^L \neq P_r^H$. Darüber hinaus präferiert das Management von L die Rückerwerbsofferte des Managements von H gegenüber jeder anderen, die mit einem höheren Rückerwerbspreis als die Offerte des Managements von H ausgestattet ist ($P_r^L > P_r^H$). Folglich können sich für das Management von L nur solche Offerten als lohnend erweisen, für die $\frac{V_L+c}{n+z} \leq P_r^L < P_r^H$ gilt. Diese Offerten werden jedoch vom Management von H gegenüber der First-best-Offerte z_r^H vorgezogen. Deshalb kann kein separierendes Gleichgewicht existieren, in dem das Management von L den gesamten freien Cashflow im Wege eines Aktienrückerwerbs ausschüttet.

Zusammenfassend bleibt festzuhalten: Alle Rückerwerbsofferten $z_r^L \in](n+z)c/(V_L+c), (n+z)c/(V_L+k_Lc)]$ des Managements von L, die Restriktion (3.24) genügen, führen auf separierende Bayes-Nash-Gleichgewichte. Die out-of-equilibrium-beliefs, welche diese Gleichgewichte stützen, sind gemäß Annahme 3.8 wie folgt spezifiziert: Sehen sich die Kleinaktionäre einer ungleichgewichtigen Offerte $z_r \in \overline{Z}_{ug} = \{z_r \in Z | z_r \neq z_r^L, z_r^H \wedge z_r \geq z_r^{H,max}\}$ gegenüber, vermuten sie mit Wahrscheinlichkeit $\mu(H|z_r) = 1$, dass eine solche Offerte vom Management eines Unternehmens vom Typ H stammt. Während das Management von H in einem separierenden Gleichgewicht ein effizientes Ausschüttungsvolumen realisiert, kann das Management von L höchstens einen Teil des freien Cashflows auskehren, was auf ein zu geringes und damit ineffizientes Ausschüttungsvolumen führt. Ein separierendes Gleichgewicht ist somit untrennbar mit einem *Unterausschüttungsproblem* verknüpft.

In den beiden folgenden Abschnitten werden aus der Menge der separierenden Gleichgewichte zwei interessante Sonderfälle herausgegriffen und im Hinblick auf ihre empirischen Implikationen analysiert: Zum einen ein extrem ineffizientes separierendes Gleichgewicht, in dem das Management von L den gesamten freien Cashflow thesauriert, und zum anderen ein als effizient bezeichnetes separierendes Gleichgewicht, das dem Management von L die größtmögliche Auszahlung aller separierenden Gleichgewichte verspricht.

3.4.5.2 Ein ineffizientes separierendes Gleichgewicht – der Ausschüttungsverzicht des Managements eines überbewerteten Unternehmens

Die in den Abschnitten 3.4.3 und 3.4.4 analysierten Gleichgewichte – das Pooling-Gleichgewicht und die Semi-Pooling-Gleichgewichte – sind dadurch charakterisiert, dass das Management von L selbst bei asymmetrischer Informationsverteilung zwischen Management und Kleinaktionären zumindest einen Teil des freien Cashflows im Wege eines Aktienrückerwerbs ausschütten kann. Dagegen ist mit einem separierenden Gleichgewicht ein völliges Versagen des Aktienrückerwerbs als Ausschüttungsinstrument grundsätzlich vereinbar: Wie im Folgenden gezeigt wird, lassen sich separierende Bayes-Nash-Gleichgewichte konstruieren, in denen das Management von L entweder eine von allen Kleinaktionären zurückgewiesene Rückerwerbsofferte oder gar keine Rückerwerbsofferte abgibt.[27] Ein Kandidat für ein separierendes Gleichgewicht, in dem das Management von L eine von den Kleinaktionären mit Wahrscheinlichkeit eins abgelehnte Rückerwerbsofferte unterbreitet, lässt sich wie folgt formal charakterisieren:

(i) Das Management eines Unternehmens vom Typ H bietet mit Wahrscheinlichkeit eins an, $z_r = \frac{(n+z)c}{V_H+c} \equiv z_r^H$ Aktien zum Preis von $P_r = \frac{V_H+c}{n+z} \equiv P_r^H$ zurückzuerwerben:

$$\sigma_H(z_r) = \begin{cases} 1 & \text{für} \quad z_r = \frac{(n+z)\cdot c}{V_H+c} \\ 0 & \text{sonst.} \end{cases}$$

(ii) Das Management eines Unternehmens vom Typ L bietet mit Wahrscheinlichkeit eins an, $z_r = \frac{(n+z)\cdot c}{V_L+k_L\cdot c} \equiv z_r^L$ Aktien zum Preis von $P_r = \frac{V_L+k_L\cdot c}{n+z} \equiv P_r^L$

[27] Bereits an dieser Stelle sei angemerkt, dass das separierende Bayes-Nash-Gleichgewicht, in dem das Management von L im Ergebnis auf die Durchführung eines Aktienrückerwerbs verzichtet, nicht dem Intuitiven Kriterium von *Cho/Kreps* (1987) genügt. Dies wird in Abschnitt 3.4.6 nachgewiesen.

zurückzuerwerben:

$$\sigma_L(z_r) = \begin{cases} 1 & \text{für} \quad z_r = \frac{(n+z)\cdot c}{V_L+k_L\cdot c} \\ 0 & \text{sonst.} \end{cases}$$

(iii) (1) Eine Rückerwerbsofferte $z_r \leq z_r^H$ ($P_r \geq P_r^H$) wird von jedem Kleinaktionär k mit Wahrscheinlichkeit $\alpha_k(t|z_r) = 1$ ($\forall k \in [0, K]$) akzeptiert. Insgesamt werden $z_a = z > z_r$ Aktien getendert. (2) Die Rückerwerbsofferte z_r^L wird von jedem Kleinaktionär $k \in [0, K]$ mit Wahrscheinlichkeit eins ($\alpha_k(t|z_r^L) = 0$) zurückgewiesen. (3) Rückerwerbsofferten, für die $z_r = c/P_r$ und

$$\frac{V_H + k_H c}{n+z} < P_r < \frac{V_H + c}{n+z} \tag{3.32}$$

gilt, werden von $I = (z_a/z)\cdot K$ Kleinaktionären mit Wahrscheinlichkeit $\alpha_k(t|z_r) = 1$ ($\forall k \in [0, I]$) angenommen und von $K - I$ Kleinaktionären mit Wahrscheinlichkeit eins ($\alpha_k(t|z_r) = 0$ $\forall k \in (I, K]$) abgelehnt. Insgesamt werden

$$z_a = \frac{(n+z)P_r - (V_H + k_H c)}{(1-k_H)P_r} < z_r$$

Aktien zum Rückerwerb angeboten. (4) Alle anderen Rückerwerbsofferten – diese sind durch $z_r = c/P_r$ und $P_r \leq (V_H + k_H\, c)/(n+z)$ sowie $z_r \neq z_r^L$ charakterisiert – werden von jedem Kleinaktionär $k \in [0, K]$ mit Wahrscheinlichkeit eins ($\alpha_k(t|z_r) = 0$) abgelehnt.

(iv) Die Kleinaktionäre gehen mit Wahrscheinlichkeit $\mu(H|z_r^H) = 1$ ($\mu(L|z_r^H) = 0$) davon aus, dass das Rückerwerbsangebot z_r^H vom Management eines Unternehmens vom Typ H (L) stammt. Darüber hinaus nehmen sie an, dass eine Rückerwerbsofferte z_r^L mit Wahrscheinlichkeit $\mu(H|z_r^L) = 0$ ($\mu(L|z_r^L) = 1$) vom Management eines Unternehmens vom Typ H (L) präsentiert wurde. Eine ungleichgewichtige Rückerwerbsofferte $z_r \in \overline{Z}_{ug}$ ordnen die Kleinaktionäre aufgrund von Annahme 3.8 mit Wahrscheinlichkeit eins dem Management eines Unternehmens vom Typ H zu.

Dass diese Strategiekombination in Verbindung mit den unter (iv) spezifizierten revidierten Vermutungen ein Bayes-Nash-Gleichgewicht konstituiert, ergibt sich aus

Proposition 3.5 *Wenn die in Annahme 3.9 formulierte Parameterrestriktion*

$$V_H \geq V_L/k_L + (1 - k_H)c$$

erfüllt ist, führen die unter (i), (ii) und (iii) aufgeführten Strategien der am Rückerwerbsspiel beteiligten Akteure in Verbindung mit den unter (iv) charakterisierten revidierten Vermutungen der Kleinaktionäre auf ein separierendes Bayes-Nash-Gleichgewicht, in dem das Management von L eine von den Kleinaktionären vollständig zurückgewiesene Rückerwerbsofferte abgibt. In diesem Gleichgewicht thesauriert das Management von L den gesamten freien Cashflow.

Beweis: Es genügt zu zeigen, dass kein Akteur einen Anreiz besitzt, von seiner als gleichgewichtig betrachteten Strategie abzuweichen, wenn die jeweils anderen Akteure ihre als gleichgewichtig betrachtete Strategie wählen und die Kleinaktionäre ihre Vermutungen in konsistenter Weise revidieren.

(a) *Vermutungsrevision der Kleinaktionäre.* Angenommen, das Management eines Unternehmens vom Typ H gibt die unter (i) beschriebene Rückerwerbsofferte z_r^H mit Wahrscheinlichkeit $\sigma_H(z_r^H) = 1$ ab, während das Management von L die unter (ii) charakterisierte Rückerwerbsofferte z_r^L mit Wahrscheinlichkeit $\sigma_L(z_r^L) = 1$ unterbreitet. Dann erhält man für die mit Hilfe des Satzes von Bayes revidierten Vermutungen der Kleinaktionäre

$$\mu(H|z_r^H) = \frac{\sigma_H(z_r^H)\,\pi_H}{\sigma_L(z_r^H)\,\pi_L + \sigma_H(z_r^H)\,\pi_H} = \frac{\pi_H}{\pi_H} = 1 \quad \mu(L|z_r^H) = 1 - \mu(H|z_r^H) = 0$$

$$\mu(H|z_r^L) = \frac{\sigma_H(z_r^L)\,\pi_H}{\sigma_L(z_r^L)\,\pi_L + \sigma_H(z_r^L)\,\pi_H} = \frac{0}{\pi_L} = 0 \quad \mu(L|z_r^L) = 1 - \mu(H|z_r^H) = 1.$$

Diese revidierten Vermutungen sind unter (iv) wiedergegeben, d.h. die Kleinaktionäre revidieren ihre Vermutungen in konsistenter Weise.

(b) *Beste Antworten der Kleinaktionäre auf alternative Rückerwerbsofferten.* Auf der Grundlage der revidierten Vermutungen der Kleinaktionäre wird nun gezeigt, dass die unter (iii) aufgeführten Aktionskombinationen der Kleinaktionäre wechselseitig beste Antworten auf alternative Rückerwerbsofferten darstellen.

ad (1): Zunächst ist festzuhalten, dass $P_r > P_r^H$ wegen $V_H \geq \overline{V}$

$$P_r > \frac{\overline{V} + c}{n + z}$$

impliziert. Gemäß den Teilen (i) und (ii) von Lemma 3.3 wird das Angebot, $z_r \leq z_r^H$ Aktien zum Preis von $P_r \geq P_r^H = \frac{V_H+c}{n+z}$ zurückzuerwerben, vom Kleinaktionär k mit Wahrscheinlichkeit $\alpha_k(t|z_r) = 1$ ($\forall k$) akzeptiert. Folglich werden insgesamt $z_a = z > z_r$ Aktien getendert.

ad (2): Vergegenwärtigt man sich, dass aufgrund von $\mu(L|z_r^L) = 1$ die Bedingungen $V_L = \overline{V}$ und $\overline{k} = k_L$ gelten, lässt sich P_r^L auch schreiben als

$$P_r^L = \frac{\overline{V}+\overline{k}\cdot c}{n+z} \quad \text{für } \mu(L|z_r^L) = 1.$$

Aus Teil (v) von Lemma 3.3 folgt dann, dass die Offerte, z_r^L Aktien zum Preis von P_r^L zurückzukaufen, von allen Aktionären mit Wahrscheinlichkeit eins ($\alpha_k(t|z_r) = 0$) abgelehnt wird. Insgesamt werden somit $z_a^L = 0$ Aktien getendert.

ad (3): Im betrachteten Gleichgewicht gibt das Management eines Unternehmens vom Typ i ($i \in \{L, H\}$) niemals die Offerte ab, $z_r = c/P_r$ Aktien zum Preis von $P_r \in]\frac{V_H+k_H\cdot c}{n+z}, \frac{V_H+c}{n+z}[$ zurückzuerwerben. Werden die Kleinaktionäre dennoch mit einer solchen Rückerwerbsofferte konfrontiert, gehen sie entsprechend den in Annahme 3.8 spezifizierten out-of-equilibrium beliefs davon aus, dass die Offerte mit Wahrscheinlichkeit eins vom Management eines Unternehmens vom Typ H stammt, d.h. $\mu(H|z_r) = 1$. Dies impliziert $\overline{V} = V_H$ und $\overline{k} = k_H$. Aus Teil (iv) von Lemma 3.3 ergibt sich dann, dass die unter (3) aufgeführte Aktionskombination wechselseitig beste Antworten der Kleinaktionäre auf die Rückerwerbsofferte repräsentiert.

ad (4): Alle anderen Rückerwerbsofferten – diese lassen sich durch $z_r = c/P_r$ und

$$P_r \leq \frac{V_H + k_H \cdot c}{n + z} \quad \text{sowie } P_r \neq P_r^L$$

charakterisieren – werden im betrachteten Bayes-Nash-Gleichgewicht ebenfalls nicht präsentiert. Wenn sich die Kleinaktionäre dennoch einem solchen Angebot gegenübersehen, dann vermuten sie mit Wahrscheinlichkeit $\mu(H|z_r) = 1$, dass es von Typ H abgegeben wurde. Folglich gilt $V_H = \overline{V}$ und $k_H = \overline{k}$. Dass der Kleinaktionär k mit Wahrscheinlichkeit eins ($\alpha_k(t|z_r) = 0$) auf eine Teilnahme am Aktienrückerwerb verzichtet ($\forall k \in [0, K]$), resultiert dann unmittelbar aus den Teilen (v) und (vi) von Lemma 3.3.

Als Zwischenergebnis bleibt festzuhalten, dass – ausgehend von den in (i) und (ii) charakterisierten typabhängigen Strategien des Managements und den in

(iv) formulierten revidierten Vermutungen der Kleinaktionäre – die unter (iii) aufgeführten Aktionskombinationen beste Antworten der Kleinaktionäre auf alternative Rückerwerbsofferten darstellen.

(c) *Gleichgewichtige Rückerwerbsstrategie des Managements von H.* Angenommen, die Kleinaktionäre reagieren wie unter (iii) beschrieben auf alternative Rückerwerbsofferten. Zu prüfen ist nun, ob das Management von H einen Anreiz besitzt, von der in (i) spezifizierten Strategie $\sigma_H(z_r^H) = 1$ abzuweichen. Die Offerte z_r^H, die von jedem Kleinaktionär mit Wahrscheinlichkeit eins akzeptiert wird und deshalb in vollem Umfang realisiert werden kann ($z_a = z > z_r$), verspricht dem Management von H eine Auszahlung in Höhe von

$$U_H(z_r^H) = \frac{V_H}{n+z-z_r^H} = \frac{V_H + c}{n+z}.$$

Ein Rückerwerbsangebot $z_r < z_r^H$ (d.h. $P_r > P_r^H$) wird ebenfalls mit Wahrscheinlichkeit eins von jedem Aktionär angenommen, so dass insgesamt $z_a = z > z_r$ Aktien getendert werden. Da $z_r < z_r^H$ Aktien zurückerworben werden, vereinnahmt das Management von H eine Auszahlung von

$$U_H(z_r) = \frac{V_H}{n+z-z_r} < \frac{V_H}{n+z-z_r^H} = U_H(z_r^H).$$

Das Management von H wird somit nicht von z_r^H auf z_r überwechseln. Offeriert das Management von H, $z_r = c/P_r$ Aktien zum Preis von

$$\frac{V_H + k_H \cdot c}{n+z} < P_r < \frac{V_H + c}{n+z}$$

zurückzukaufen, werden $z_a < z_r$ Aktien von den Kleinaktionären getendert. Unter Verwendung von

$$z_a \quad = \quad \frac{(n+z)\cdot P_r - (V_H + k_H \cdot c)}{(1-k_H)\cdot P_r}$$

erhält man für die Auszahlung des Managements von H

$$U_H(z_r) \quad = \quad \frac{V_H + k_H \cdot (c - z_a P_r)}{n+z-z_a} = P_r < \frac{V_H + c}{n+z}.$$

Daraus folgt $U_H(z_r) < U_H(z_r^H)$, d.h. das Management von H besitzt keinen Anreiz, anstelle einer Rückerwerbsofferte z_r^H das Angebot z_r abzugeben. Alle anderen möglichen (positiven) Rückerwerbsofferten – diese sind durch $z_r = c/P_r$

und $P_r \leq (V_H + k_H \cdot c)/(n + z)$ gekennzeichnet[28] – werden mit Wahrscheinlichkeit eins von jedem Kleinaktionär abgelehnt, d.h. der Rückerwerb scheitert vollständig: $z_a = 0$. Die resultierende Auszahlung entspricht deshalb genau derjenigen, die das Management von H bei einem Rückerwerbsverzicht ($z_r = 0$) erhält. Sie beläuft sich auf

$$U_H(z_r) = \frac{V_H + k_H c}{n+z} < \frac{V_H + c}{n+z} = U_H(z_r^H).$$

Die maximale Auszahlung erhält das Management von H somit bei Wahl von z_r^H, d.h. es besitzt keinen Anreiz, von der Strategie

$$\sigma_H(z_r) \quad = \quad \begin{cases} 1 & \text{für} \quad z_r = z_r^H \\ 0 & \text{sonst} \end{cases}$$

abzuweichen.

(d) *Gleichgewichtige Rückerwerbsstrategie des Managements von L.* Wählt das Management von L die von jedem Kleinaktionär mit Wahrscheinlichkeit eins abgelehnte Offerte z_r^L, erhält es eine Auszahlung von $U_L(z_r^L) = (V_L + k_L c)/(n + z)$. Entscheidet sich das Management für $z_r \leq z_r^H$ (d.h. $P_r \geq P_r^H$), dann wird die Offerte mit Wahrscheinlichkeit eins von jedem Kleinaktionär angenommen, was $z_a = z > z_r$ impliziert. Daraus resultiert eine Auszahlung in Höhe von

$$U_L(z_r) = \frac{V_L}{n + z - z_r} \leq \frac{V_L}{n + z - z_r^H} = U_L(z_r^H).$$

Unter Verwendung von $z_r^H = (n + z)c/(V_H + c)$ erhält man

$$U_L(z_r^H) = \frac{V_L}{n + z - z_r^H} \quad = \quad \frac{V_L}{V_H} \cdot \frac{V_H + c}{n+z} = \frac{V_L + \frac{V_L}{V_H} \cdot c}{n+z} < \frac{V_L + k_L c}{n+z},$$

wobei das Ungleichheitszeichen aus der in Annahme 3.9 formulierten Parameterrestriktion $V_H \geq V_L/k_L + (1 - k_H)c$ folgt. Dies impliziert $U_L(z_r) \leq U_L(z_r^H) < U_L(z_r^L)$, weshalb das Management von L die Rückerwerbsofferte z_r^L gegenüber allen Rückerwerbsofferten z_r präferiert, für die $z_r \leq z_r^H = (n + z) \cdot c/(V_H + c)$ gilt. Bietet das Management an, $z_r = c/P_r$ zum Preis von

$$\frac{V_H + k_H \cdot c}{n+z} < P_r < \frac{V_H + c}{n+z}$$

[28]Wegen $V_L + k_L\, c < V_H + k_H\, c$ fällt hierunter auch z_r^L.

zurückzuerwerben, werden insgesamt $0 < z_a < z_r$ Aktien von den Kleinaktionären getendert. Die korrespondierende Auszahlung beträgt

$$U_L(z_r) \;=\; \frac{V_L + k_L \cdot (c - z_a P_r)}{n + z - z_a}.$$

Das Management von L hat keinen Anreiz, von z_r^L auf z_r überzuwechseln, wenn $U_L(z_r^L) \geq U_L(z_r)$ erfüllt ist. Diese Bedingung lässt sich auch schreiben als

$$\frac{V_L + k_L c}{n + z} \;\geq\; \frac{V_L + k_L(c - z_a P_r)}{n + z - z_a}.$$

Nach einer Umformung erhält man

$$P_r \geq \frac{V_L/k_L + c}{n + z}.$$

Aufgrund von $P_r > (V_H + k_H c)/(n + z)$ ist diese Bedingung immer erfüllt, wenn die Restriktion

$$\frac{V_H + k_H c}{n + z} \geq \frac{V_L/k_L + c}{n + z}$$

nicht verletzt ist. Genau dies wird durch die Parameterrestriktion $V_H \geq V_L/k_L + (1 - k_H) \cdot c$ gewährleistet, d.h. es gilt $U_L(z_r^L) \geq U_L(z_r)$. Folglich hat das Management von L keinen Anreiz, von z_r^L auf z_r überzuwechseln.

Alle verbleibenden (positiven) Rückerwerbsofferten – diese sind durch $z_r = c/P_r \neq z_r^L$ und $P_r \leq (V_H + k_H c)/(n + z)$ $(P_r \neq P_r^L)$ gekennzeichnet – werden mit Wahrscheinlichkeit eins von jedem Kleinaktionär abgelehnt, d.h. der Rückerwerb scheitert vollständig: $z_a = 0$. Die Auszahlung an das Management von L beträgt dann $U_L(z_r) = (V_L + k_L c)/(n + z)$, was genau der Auszahlung entspricht, die das Management bei Wahl von z_r^L erhält. Folglich besitzt es keinen Anreiz, von z_r^L auf z_r abzuweichen. Auch im Falle eines Verzichts auf Durchführung eines Aktienrückerwerbs ($z_r = 0$) vereinnahmt das Management eine Auszahlung in Höhe von $U_L(0) = (V_L + k_L \cdot c)/(n + z)$, weshalb eine Abweichung von z_r^L auf $z_r = 0$ ebenfalls nicht lohnend ist. Das Management von L besitzt somit keinen Anreiz, von der unter (ii) beschriebenen Strategie $\sigma_L(z_r^L) = 1$ abzuweichen.

Im Ergebnis bleibt festzuhalten, dass die Strategien der beteiligten Akteure wechselseitig optimal und die revidierten beliefs der Kleinaktionäre konsistent mit den Strategien der beiden Management-Typen sind. Folglich führen die unter (i) bis (iii) gekennzeichneten Strategien in Verbindung mit den unter (iv) charakterisierten beliefs auf ein Bayes-Nash-Gleichgewicht, wenn die Parameterrestriktion $V_H \geq V_L/k_L + (1 - k_H)c$ erfüllt ist. Da die Rückerwerbsofferte z_r^L des Managements von L von allen Kleinaktionären zurückgewiesen wird, hat es den gesamten freien Cashflow zu thesaurieren. ■

Das in Proposition 3.5 beschriebene separierende Bayes-Nash-Gleichgewicht ist nicht das einzig mögliche, das auf einen Ausschüttungsverzicht des Managements von L führt. So lässt sich durch eine geringfügige Modifikation der Strategie $\sigma_L(\cdot)$ des Managements von L und einer konsistenten Anpassung der Vermutungen der Kleinaktionäre ein weiteres separierendes Gleichgewicht erzeugen, das mit einem Ausschüttungsverzicht des Managements von L einhergeht. Das modifizierte Gleichgewicht weicht von dem in Proposition 3.5 gekennzeichneten dadurch ab, dass das Management von L mit Wahrscheinlichkeit eins auf die Durchführung eines Aktienrückerwerbs verzichtet ($\sigma_L(0) = 1$), was sich in den revidierten Vermutungen der Kleinaktionäre widerspiegeln muss: $\mu(L|z_r = 0) = 1$. Da $z_r^L = (n + z)c/(V_L + k_L c)$ in diesem Falle zu einer ungleichgewichtigen Offerte wird, gehen die Kleinaktionäre mit Wahrscheinlichkeit eins davon aus, dass sie vom Management eines Unternehmens vom Typ H stammt. Sie lehnen z_r^L weiterhin mit Wahrscheinlichkeit eins ab.[29] Im Ergebnis stimmen beide separierenden Bayes-Nash-Gleichgewichte überein: Das Management von H schüttet den gesamten freien Cashflow im Wege eines Aktienrückerwerbs aus und partizipiert in gleichem Umfang wie die Kleinaktionäre an den Vermögensgewinnen, die aus der vermiedenen Versickerung des freien Cashflows resultieren. Dagegen ist das Management von L nicht in der Lage, den freien Cashflow auch nur partiell auszuschütten, weil es den Kleinaktionären entweder eine inakzeptable Rückerwerbsofferte unterbreitet ($z_r^L = (n + z)c/(V_L + k_L c)$) oder auf die Abgabe einer Rückerwerbsofferte ganz verzichtet ($z_r^L = 0$). Dies hat im zugrunde liegenden Modellrahmen eine Vermögensvernichtung in Höhe von $(1 - k_L)c$ zur Konsequenz.

[29] Allerdings stellt der Verzicht auf Abgabe einer Rückerwerbsofferte ($z_r^L = 0$) eine schwach dominierte Strategie dar, weil jede Offerte $\hat{z}_r^L > (n + z)c/(V_L/k_L + c)$ im Falle einer Ablehnung keine geringere und im Falle einer (partiellen) Akzeptanz durch die Kleinaktionäre eine strikt höhere Auszahlung als $z_r^L = 0$ verspricht. Ein separierendes Bayes-Nash-Gleichgewicht, in dem das Management von L auf die Abgabe einer Rückerwerbsofferte verzichtet, erscheint deshalb aus spieltheoretischer Sicht angreifbar. Wenn man jedoch unterstellt, dass die Abgabe eines Rückerwerbsangebots mit positiven Transaktionskosten verknüpft ist, dann erweist sich ein Rückerwerbsverzicht gegenüber der Abgabe einer vollständig zurückgewiesenen Rückerwerbsofferte als überlegene Strategie.

Von besonderem Interesse sind die Implikationen der separierenden Bayes-Nash-Gleichgewichte hinsichtlich der Aktienkursentwicklung. Vor Bekanntgabe eines Rückerwerbsangebots besitzen die risikoneutralen Kleinaktionäre, welche die Aktie des betrachteten Unternehmens handeln, keine sicheren Informationen über den zugrunde liegenden Unternehmenstyp.[30] Es stellt sich deshalb ein Aktienkurs P_0 ein, welcher dem Erwartungswert der wahren typabhängigen Aktienwerte entspricht:

$$P_0 = \pi_L \cdot \frac{V_L + k_L \cdot c}{n+z} + \pi_H \cdot \frac{V_H + c}{n+z}.$$

Zu beachten ist dabei, dass die Kleinaktionäre bei der Bestimmung der wahren Aktienwerte das typabhängige Rückerwerbsergebnis bereits antizipieren. Kündigt das Management eines Unternehmens vom Typ H an, z_r^H Aktien zu einem über dem aktuellen Kurs liegenden Preis P_r^H zurückzuerwerben, dann hat dies einen Kurssprung auf $P_H = P_r^H = (V_H + c)/(n+z) > P_0$ zur Folge. Dies steht völlig in Einklang mit den Ergebnissen empirischer Untersuchungen.[31] Dagegen wäre mit der Ankündigung der Offerte, z_r^L Aktien zu einem den aktuellen Börsenkurs unterschreitenden Preis P_r^L zurückzuerwerben, ein Kurssturz verknüpft. Da eine solche zum Scheitern verurteilte Offerte in der Realität – wenn überhaupt – sehr selten zu beobachten sein wird, erscheint das Gleichgewicht, in dem das Management von L von vornherein auf einen Aktienrückerwerb verzichtet, mit den empirischen Beobachtungen besser vereinbar.

3.4.5.3 Das effiziente separierende Gleichgewicht

3.4.5.3.1 Definition eines effizienten separierenden Gleichgewichts

Wie in Abschnitt 3.4.5.1 nachgewiesen, sind separierende Gleichgewichte immer dadurch gekennzeichnet, dass das Management von L höchstens einen Teil des freien Cashflows im Wege eines Aktienrückerwerbs auszukehren vermag. Dies führt auf ein *ineffizientes* Ausschüttungsvolumen, weil der thesaurierte Teilbetrag des freien Cashflows im Unternehmen unprofitabel investiert wird. Das Management von L erreicht in einem separierenden Gleichgewicht deshalb

---

[30] Es wird wiederum unterstellt, dass die strategischen Investoren nicht permanent – insbesondere nicht über den betrachteten Zeitraum – am Aktienhandel teilnehmen. Ihr Informationsstand hinsichtlich des zugrunde liegenden Unternehmenstyps spiegelt sich deshalb nicht im Aktienkurs wider.

[31] Vgl. hierzu beispielsweise *Comment/Jarrell* (1991) und Abschnitt 2.4.1.

immer eine geringere Auszahlung als im Referenzfall einer symmetrischen Informationsverteilung. Wie hoch die Auszahlungseinbuße gegenüber dem First-best-Fall ist, hängt davon ab, auf welches der möglichen separierenden Gleichgewichte sich die Akteure koordinieren. Für den Eigentümer-Manager von L erweist sich nun dasjenige separierende Gleichgewicht als besonders günstig, das den Auszahlungsverlust gegenüber dem Referenzfall symmetrischer Informationsverteilung minimiert. In Einklang mit dem Schrifttum wird ein solches Gleichgewicht als *effizient* bezeichnet, auch wenn es mit einem im Vergleich zum First-best-Fall *ineffizienten* Ausschüttungsvolumen einhergeht.[32]

Definition 3.2 *Aus der Menge der separierenden Gleichgewichte ist dasjenige effizient, welches die Auszahlung des Managements von L maximiert.*

Um das effiziente separierende Gleichgewicht des Rückerwerbsspiels zu bestimmen, bietet sich eine Vorgehensweise in zwei Schritten an. In einem ersten Schritt werden effiziente separierende Gleichgewichte eines modifizierten Rückerwerbsspiels ermittelt, das sich durch einen gegenüber dem Ausgangsspiel erweiterten Strategieraum des Managements auszeichnet. In einem zweiten Schritt wird demonstriert, dass eine der effizienten gleichgewichtigen Strategiekombinationen des modifizierten Rückerwerbsspiels auf das effiziente separierende Gleichgewicht des Ausgangsspiels führt.

3.4.5.3.2 Das effiziente separierende Gleichgewicht eines modifizierten Rückerwerbsspiels Betrachtet wird ein Rückerwerbsspiel, das sich von dem in den vorangegangenen Abschnitten analysierten in einem Punkt unterscheidet: Das Management eines Unternehmens vom Typ i ($i = L, H$) kann nun auch Rückerwerbsofferten $(z_r(i), P_r(i))$ abgeben, deren maximales Ausschüttungsvolumen den Betrag des freien Cashflows unterschreitet:[33]

$$z_r(i) \cdot P_r(i) \leq c. \tag{3.33}$$

Die Erweiterung des Raums zulässiger Rückerwerbsangebote auf

$$ZP = \{(z_r, P_r) \in [0, z] \times [0, \infty) | z_r \cdot P_r \leq c\}$$

[32]Zur Terminologie eines effizienten separierenden Gleichgewichts vgl. bspw. *Ambarish/John/Williams* (1986), *Ofer/Thakor* (1987), *Hausch/Seward*(1993) und *Bernheim/Redding* (2001).

[33]Im Ausgangsspiel wurden nur solche Rückerwerbsofferten zugelassen, die bei vollständiger Zeichnung zu einer Ausschüttung des gesamten freien Cashflows führen ($z_r(i) \cdot P_r(i) = c$). Diese Beschränkung des Strategienraums diente in erster Linie der Komplexitätsreduktion.

erfordert auch eine Festlegung der out-of-equilibrium beliefs für solche ungleichgewichtigen Offerten, die selbst im Falle einer vollständigen Zeichnung keine Ausschüttung des gesamten freien Cashflows bewirken. Annahme 3.8 wird deshalb wie folgt modifiziert:

Annahme 3.10 *Sei mit*

$$(z_r, P_r) \in ZP_{ug} = \{(z_r, P_r) \in ZP | (z_r, P_r) \neq (z_r(H), P_r(H)), (z_r(L), P_r(L))\}$$

eine ungleichgewichtige Rückerwerbsofferte bezeichnet. Sehen sich die Kleinaktionäre einer ungleichgewichtigen Rückerwerbsofferte $(z_r, P_r) \in ZP_{ug}$ *gegenüber, die durch*

$$P_r \leq \frac{V_H/k_H + c}{n+z} = P_r^{H,max}$$

gekennzeichnet ist, dann gehen sie mit Wahrscheinlichkeit eins davon aus, dass eine solche Rückerwerbsofferte vom Management eines Unternehmens vom Typ H abgegeben wurde:

$$\mu(H|z_r, P_r) = 1 \text{ für } (z_r, P_r) \in \overline{ZP}_{ug} \equiv \{(z_r, P_r) \in ZP_{ug} | P_r \leq P_r^{H,max}\}.$$

Eine Spezifikation der out-of-equilibrium beliefs für ungleichgewichtige Rückerwerbsofferten, die mit einem Rückerwerbspreis in Höhe von $P_r > P_r^{H,max}$ ausgestattet sind, ist nicht notwendig. Denn die jeweils beste Antwort eines Kleinaktionärs auf solche Offerten hängt nicht von der Festlegung der beliefs ab: Aus den Teilen (i) und (ii) von Lemma 3.2 ergibt sich, dass alle Offerten, für die $P_r \geq \frac{V_H+c}{n+z}$ gilt, von jedem Kleinaktionär mit Wahrscheinlicheit eins akzeptiert werden – für beliebige revidierte Vermutungen.[34]

Zielsetzung dieses Abschnitts ist die Bestimmung der effizienten separierenden Gleichgewichte des modifizierten Rückerwerbsspiels. Zunächst wird das Aktienangebot z_a^i bestimmt, das aus den wechselseitig besten Antworten der Kleinaktionäre auf alternative – einem Unternehmen vom Typ $i \in \{L, H\}$ mit

[34]Lemma 3.2 ist grundsätzlich nur für solche Rückerwerbsofferten anwendbar, für die $z_r \cdot P_r = c$ gilt. Aus der Beweisführung ist jedoch ersichtlich, dass sich die in Lemma 3.2 formulierten Aussagen auch auf jene Rückerwerbsofferen ausdehnen lassen, die durch $z_r\, P_r < c$ gekennzeichnet sind.

Wahrscheinlichkeit eins zugeordnete – Rückerwerbsofferten (z_r^i, P_r^i) resultiert. Unter Verwendung von

$$\begin{aligned} ZP_1 &= \left\{ (z_r^i, P_r^i) \in ZP | P_r^i \geq \frac{V_i + k_i \, (c - z_r^i \, P_r^i)}{n + z - z_r^i} \right\} \\ ZP_2 &= \left\{ (z_r^i, P_r^i) \in ZP | P_r^i \in \left] \frac{V_i + k_i \cdot c}{n+z}, \frac{V_i + k_i \, (c - z_r^i \, P_r^i)}{n + z - z_r^i} \right[\right\} \\ ZP_3 &= \left\{ (z_r^i, P_r^i) \in ZP | P_r^i \leq \frac{V_i + k_i \, c}{n+z} \right\} \end{aligned}$$

erhält man

$$\begin{array}{llll} (1) & z_a^i \geq z_r^i & \text{für} & \forall (z_r^i, P_r^i) \in ZP_1 \\ (2) & 0 < z_a^i = \frac{(n+z)\, P_r^i - (V_i + k_i\, c)}{(1-k_i)\, P_r^i} < z_r^i & \text{für} & \forall (z_r^i, P_r^i) \in ZP_2 \\ (3) & z_a^i = 0 & \text{für} & \forall (z_r^i, P_r^i) \in ZP_3, \end{array} \qquad (3.34)$$

wobei sich das in (2) aufgeführte Aktienangebot durch Auflösen von

$$P_r^i = \frac{V_i + k_i \, (c - z_a^i \, P_r^i)}{n + z - z_a^i} \qquad (3.35)$$

nach z_a^i ergibt. Das in (3.34) wiedergebene Aktienangebot der Kleinaktionäre ergibt sich aus folgender Überlegung:

ad (1): Offeriert das Management den Kleinaktionären, Aktien zu einem Preis zurückzuerwerben, welcher den inneren Wert einer Aktie bei vollständiger Zeichnung der Rückerwerbsofferte überschreitet, dann werden alle Aktionäre ihren Anteilsbesitz veräußern; kein verkaufsbereiter Aktionär hat einen Anreiz, von der Aktion Tendern abzuweichen. Entspricht der Rückerwerbspreis genau dem inneren Wert einer Aktie bei vollständiger Zeichnung der Rückerwerbsofferte, so stimmt die Auszahlung der Aktion Veräußern mit der Auszahlung der Aktion Halten dann überein, wenn insgesamt $z_a^i \geq z_r^i$ Anteile getendert werden. In diesem Falle besitzt weder ein verkaufsbereiter noch ein auf eine Teilnahme am Aktienrückerwerb verzichtender Anteilsinhaber einen Anreiz, von der jeweils gewählten Aktion abzuweichen.

ad (2): Wird die zugrunde liegende Rückerwerbsofferte nur teilweise gezeichnet $(0 < z_a^i < 1)$ und stimmt der Rückerwerbspreis mit dem inneren Wert einer Aktie überein, wenn insgesamt z_a^i Aktien getendert werden, dann verspricht die Aktion Halten dieselbe Auszahlung wie die Aktion Veräußern. Folglich hat kein Aktionär einen Anreiz, von der jeweils gewählten Aktion abzuweichen.

ad (3): Sofern der gebotene Rückerwerbspreis den inneren Wert einer Aktie bei vollständigem Ausschüttungsverzicht nicht überschreitet und alle Aktionäre auf eine Teilnahme am Aktienrückerwerb verzichten, erweist es sich für keinen Aktionär als lohnend, auf die Aktion Veräußern überzuwechseln.

Betrachtet wird nun die Strategiewahl des Managements im modifizierten Rückerwerbsspiel. Offensichtlich ist, dass die Erweiterung des Strategieraums keine Auswirkungen auf die Gestalt der Rückerwerbsofferte besitzt, welche vom Management eines Unternehmens vom Typ H in einem separierenden Gleichgewicht unterbreitet wird. Das Management von H wird weiterhin $z_r(H) = (n+z)c/(V_H+c) \equiv z_r^H$ Aktien zum Preis von $P_r(H) = (V_H+c)/(n+z) \equiv P_r^H$ zurückerwerben und den gesamten freien Cashflow ausschütten, um die mit einer Thesaurierung verbundenen Versickerungskosten zu vermeiden. Da jeder Kleinaktionär k diese Offerte mit Wahrscheinlichkeit $\alpha_k(t|z_r^H, P_r^H) = 1$ akzeptiert ($\forall k$), kann sie in vollem Umfang realisiert werden.[35]

Die Ausdehnung des Raums zulässiger Rückerwerbsofferten erlaubt es dem Management von L, ein bestimmtes Rückerwerbsergebnis – verstanden als Vektor der Auszahlungen der beteiligten Akteure – mit Hilfe unterschiedlicher separierender Rückerwerbsofferten zu erzeugen. Betrachtet wird zunächst eine gleichgewichtige separierende Rückerwerbsofferte $(z_r(L), P_r(L)) = (\hat{z}_r^L, \hat{P}_r^L)$, die von den Kleinaktionären nicht vollständig gezeichnet wird (d.h. $0 < \hat{z}_a^L < \hat{z}_r^L$). Ersetzt man diese durch eine als gleichgewichtig betrachtete separierende Rückerwerbsofferte $(z_r^L, \hat{P}_r^L)$, die den Rückkauf von $z_r^L = \hat{z}_a^L$ Anteilen zum unveränderten Preis $\hat{P}_r^L$ vorsieht, so erscheint unmittelbar einsichtig, dass sich hierdurch die Anzahl der von den Kleinaktionären getenderten Aktien und damit die Gesamtzahl der zurückerworbenen Anteile nicht ändert. Folglich ändert sich auch die von den Akteuren jeweils erreichbare Auszahlung nicht, die mit der separierenden Offerte des Managements von L verknüpft ist. Wie nun gezeigt wird, führt die modifizierte Rückerwerbsofferte $(z_r^L, \hat{P}_r^L)$ auf ein separierendes Gleichgewicht, in dem sowohl das Management von L als auch dasjenige von H jeweils dieselbe Auszahlung wie im separierenden Ausgangsgleichgewicht erhalten.

Lemma 3.7 *Angenommen, $(\hat{z}_r^L, \hat{P}_r^L)$ sei eine gleichgewichtige separierende Offerte des Managements von L, die von den Kleinaktionären nicht vollständig*

[35]Ein formaler Beweis für diese Behauptungen wird in Abschnitt 3.7 gegeben. Vgl. hierzu Lemma 3.17, S. 237.

gezeichnet wird ($\hat{z}_a^L < \hat{z}_r^L$). Dann existiert auch eine gleichgewichtige separierende Offerte ($z_r^L, \hat{P}_r^L$) des Managements von L, welche (1) den Rückerwerb von $z_r^L = \hat{z}_a^L$ Aktien vorsieht, (2) vollständig gezeichnet wird ($z_a^L = z_r^L = \hat{z}_a^L$) und (3) gegenüber dem Ausgangsgleichgewicht keine Änderungen der Auszahlungen des Managements von L und H hervorruft.

Beweis: Zunächst ist festzuhalten, dass die Offerte ($\hat{z}_r^L, \hat{P}_r^L$) des Managements von L annahmegemäß auf ein separierendes Bayes-Nash-Gleichgewicht $\mathcal{A}$ führt, in dem die Kleinaktionäre insgesamt $\hat{z}_a^L < \hat{z}_r^L$ Aktien zum Rückerwerb anbieten. Dies impliziert:

(1) Die Offerte ($\hat{z}_r^L, \hat{P}_r^L$) maximiert die Auszahlung des Managements von L:

$$U_L^* \equiv U_L(\hat{z}_r^L, \hat{P}_r^L; \mathcal{A}) \geq U_L(z_r, P_r; \mathcal{A}) \qquad \forall (z_r, P_r) \neq (\hat{z}_r^L, \hat{P}_r^L).$$

(2) Das Management von H wählt in einem separierenden Gleichgewicht $\mathcal{A}$ die First-best-Offerte (z_r^H, P_r^H) und vereinnahmt eine Auszahlung in Höhe von $U(z_r^H, P_r^H; \mathcal{A}) \geq U_H(\hat{z}_r^L, \hat{P}_r^L; \mathcal{A})$.

(3) Die Kleinaktionäre gehen mit Wahrscheinlichkeit $\mu(L|\hat{z}_r^L, \hat{P}_r^L) = 1$ davon aus, dass die Rückerwerbsofferte ($\hat{z}_r^L, \hat{P}_r^L$) vom Management eines Unternehmens vom Typ L stammt. Da annahmegemäß insgesamt $\hat{z}_a^L < \hat{z}_r^L$ Anteile zurückerworben werden, können die Tenderstrategien der Kleinaktionäre nur dann wechselseitig beste Antworten darstellen, wenn

$$G_k(t|\hat{z}_r^L, \hat{P}_r^L; \mathcal{A}) = \hat{P}_r^L = \frac{V_L + k_L(c - \hat{z}_a^L \cdot \hat{P}_r^L)}{n + z - \hat{z}_a^L} = G_k(h|\hat{z}_r^L, \hat{P}_r^L; \mathcal{A}) \qquad (3.36)$$

gilt – dies ergibt sich aus (3.34) und (3.35).

(4) Die Kleinaktionäre vermuten mit Wahrscheinlichkeit $\mu(H|z_r^H, P_r^H) = 1$, dass die Offerte (z_r^H, P_r^H) vom Management eines Unternehmens vom Typ H abgegeben wurde. Sie wird von jedem Kleinaktionär mit Wahrscheinlichkeit eins akzeptiert, d.h. $z_a^H = z > z_r^H$.

Behauptet wird nun, dass die Rückerwerbsofferte ($z_r^L, \hat{P}_r^L$) des Managements von L, für die $z_r^L = \hat{z}_a^L$ gilt, unter der in Lemma 3.7 getroffenen Annahme, dass das Gleichgewicht $\mathcal{A}$ existiert, ebenfalls auf ein separierendes Gleichgewicht führt. Dieses Gleichgewicht $\mathcal{B}$ muss sich dabei wie folgt charakterisieren lassen:

(a) Die Offerte ($z_r^L, \hat{P}_r^L$) = ($\hat{z}_a^L, \hat{P}_r^L$) maximiert die Auszahlung des Managements von L:

$$U_L(z_r^L, \hat{P}_r^L; \mathcal{B}) \geq U_L(z_r, P_r; \mathcal{B}) \quad \forall (z_r, P_r) \neq (z_r^L, \hat{P}_r^L).$$

(b) Das Management von H wählt die First-best-Offerte (z_r^H, P_r^H) und vereinnahmt eine Auszahlung in Höhe von $U_H(z_r^H, P_r^H; \mathcal{B}) \geq U_H(z_r, P_r; \mathcal{B}) \; \forall (z_r, P_r) \neq (z_r^H, P_r^H)$.

(c) Die Kleinaktionäre gehen mit Wahrscheinlichkeit $\mu(L|z_r^L, \hat{P}_r^L) = 1$ davon aus, dass die Rückerwerbsofferte $(z_r^L, \hat{P}_r^L)$ vom Management eines Unternehmens vom Typ L stammt. Insgesamt tendern die Kleinaktionäre $z_a^L = z_r^L = \hat{z}_a^L$ Anteile. Da $(z_r^L, \hat{P}_r^L)$ als gleichgewichtig betrachtet wird, muss $(\hat{z}_r^L, \hat{P}_r^L)$ ungleichgewichtig sein. Folglich ordnen die Kleinaktionäre $(\hat{z}_r^L, \hat{P}_r^L)$ mit Wahrscheinlichkeit eins einem Unternehmen vom Typ H zu.[36]

(d) Die Kleinaktionäre vermuten mit Wahrscheinlichkeit $\mu(L|z_r^H, P_r^H) = 1$, dass die Offerte (z_r^H, P_r^H) vom Management eines Unternehmens vom Typ H abgegeben wurde. Sie wird von jedem Kleinaktionär mit Wahrscheinlichkeit eins akzeptiert, d.h. $z_a^H = z > z_r^H$.

Für den Gleichgewichtskandidaten $\mathcal{B}$ ist nun zu zeigen, dass kein Spieler einen Anreiz besitzt, von seiner als gleichgewichtig betrachteten Strategie abzuweichen.

ad (a): Angenommen, das Management von H und die Kleinaktionäre spielen ihre als gleichgewichtig betrachteten Strategien. Wählt das Management von L die Offerte $(z_r^L, \hat{P}_r^L)$ (mit $z_r^L = \hat{z}_a^L$), tendern die Kleinaktionäre insgesamt $z_a^L = \hat{z}_a^L = z_r^L$ Anteile. Die Auszahlung des Managements beläuft sich dann auf

$$\begin{aligned} U_L(z_r^L, \hat{P}_r^L; \mathcal{B}) = \frac{V_L + k_L(c - z_r^L \cdot \hat{P}_r^L)}{n + z - z_r^L} &= \frac{V_L + k_L(c - \hat{z}_a^L \cdot \hat{P}_r^L)}{n + z - \hat{z}_a^L} \\ &= U_L(\hat{z}_r^L, \hat{P}_r^L; \mathcal{A}), \end{aligned}$$

d.h. das Management von L erhält dieselbe Auszahlung wie im Ausgangsgleichgewicht $\mathcal{A}$. Folglich kann das Management durch Abweichen auf eine weder im Ausgangsgleichgewicht $\mathcal{A}$ noch im Gleichgewichtskandidaten $\mathcal{B}$ gewählte Rückerwerbsofferte $(z_r, P_r) \neq (z_r^L, \hat{P}_r^L), (\hat{z}_r^L, \hat{P}_r^L)$, auf welche die Kleinaktionäre wie im Ausgangsgleichgewicht reagieren, keine höhere Auszahlung erreichen:

$$\begin{aligned} U_L(z_r^L, \hat{P}_r^L; \mathcal{B}) = U_L^* &\geq U_L(z_r, P_r; \mathcal{A}) \\ &= U_L(z_r, P_r; \mathcal{B}) \quad \forall (z_r, P_r) \neq (z_r^L, \hat{P}_r^L), (\hat{z}_r^L, \hat{P}_r^L). \end{aligned}$$

[36] Im Folgenden wird ohne Beschränkung der Allgemeinheit davon ausgegangen, dass nicht nur solche Rückerwerbsofferten, für die $(z_r, P_r) \in \overline{ZP}_{ug}$ gilt, einem Unternehmen vom Typ H zugewiesen werden, sondern alle ungleichgewichtigen Rückerwerbsofferten: $\mu(H|z_r, P_r) = 1$ für $(z_r, P_r) \in ZP_{ug}$.

Wenn das Management von $(z_r^L, \hat{P}_r^L) = (\hat{z}_a^L, \hat{P}_r^L)$ auf die im Ausgangsgleichgewicht $\mathcal{A}$ separierende Offerte $(\hat{z}_r^L, \hat{P}_r^L)$ überwechselt, vermuten die Kleinaktionäre mit Wahrscheinlichkeit eins, dass die – nun ungleichgewichtige – Offerte $(\hat{z}_r^L, \hat{P}_r^L)$ vom Management eines Unternehmens vom Typ H stammt.[37] Da $(\hat{z}_r^L, \hat{P}_r^L)$ im Ausgangsgleichgewicht nicht vollständig gezeichnet wird ($\hat{z}_a^L < \hat{z}_r^L$), muss die Bedingung $\hat{P}_r^L < (V_L + c)/(n + z)$ erfüllt sein – dies ergibt sich aus Gleichung (3.34). Folglich gilt $\hat{P}_r^L < (V_H + c)/(n + z)$. Deshalb wird $(\hat{z}_r^L, \hat{P}_r^L)$ auch dann nicht von den Kleinaktionären in vollem Umfang akzeptiert, wenn eine solche Offerte dem Management von H mit Wahrscheinlichkeit $\mu(H|\hat{z}_r^L, \hat{P}_r^L) = 1$ zugeordnet wird, d.h. $\min[\hat{z}_a^H; \hat{z}_r^L] = \hat{z}_a^H$.[38] Die Tender-Reaktionen der Kleinaktionäre auf diese Rückerwerbsofferte können nur dann wechselseitig beste Antworten darstellen, wenn die Bedingung

$$G_k(t|\hat{z}_r^L, \hat{P}_r^L; \mathcal{B}) = \hat{P}_r^L = \frac{V_H + k_H(c - \hat{z}_a^H \hat{P}_r^L)}{n + z - \hat{z}_a^H} = G_k(h|\hat{z}_r^L, \hat{P}_r^L; \mathcal{B}) \qquad (3.37)$$

erfüllt ist. Wegen

$$\hat{P}_r^L = \frac{V_H + k_H(c - \hat{z}_a^H \hat{P}_r^L)}{n + z - \hat{z}_a^H} > \frac{V_L + k_L(c - \hat{z}_a^H \hat{P}_r^L)}{n + z - \hat{z}_a^H}$$

gilt jedoch

$$U_L(z_r^L, \hat{P}_r^L; \mathcal{B}) = U_L^* = \hat{P}_r^L > \frac{V_L + k_L(c - \hat{z}_a^H \hat{P}_r^L)}{n + z - \hat{z}_a^H},$$

d.h. das Management von L besitzt auch keinen Anreiz, von $(z_r^L, \hat{P}_r^L)$ auf $(\hat{z}_r^L, \hat{P}_r^L)$ abzuweichen. Folglich maximiert $(z_r^L, \hat{P}_r^L)$ die Auszahlung des Managements von L.

ad (b): Angenommen, das Management von L und die Kleinaktionäre spielen ihre als gleichgewichtig betrachteten Strategien. Wählt das Management von H anstelle von (z_r^H, P_r^H) die separierende Rückerwerbsofferte $(z_r^L, \hat{P}_r^L)$ des Managements von L, tendern die Kleinaktionäre insgesamt $z_r^L = \hat{z}_a^L$ Aktien. Das Management von H erhält dann eine Auszahlung in Höhe von

$$\begin{aligned} U_H(z_r^L, \hat{P}_r^L; \mathcal{B}) = \frac{V_H + k_H(c - z_r^L \cdot \hat{P}_r^L)}{n + z - z_r^L} &= \frac{V_H + k_H(c - \hat{z}_a^L \cdot \hat{P}_r^L)}{n + z - \hat{z}_a^L} \\ &= U_H(\hat{z}_r^L, \hat{P}_r^L; \mathcal{A}). \end{aligned}$$

[37] Dies ergibt sich aus Annahme 3.10 und Fn. 36.

[38] Mit $\hat{z}_a^H$ wird dabei die Aktienzahl bezeichnet, welche die Kleinaktionäre zum Rückerwerb anbieten, wenn ihnen die – mit Wahrscheinlichkeit eins dem Management von H zugewiesene – Offerte $(\hat{z}_r^L, \hat{P}_r^L)$ unterbreitet wird.

Diese entspricht also derjenigen Auszahlung $U_H(\hat{z}_r^L, \hat{P}_r^L; \mathcal{A})$, die das Management von H im Ausgangsgleichgewicht bei einer Imitierung der separierenden Rückerwerbspolitik von L erhalten würde. Da sich dies jedoch als nicht lohnend erweist – das Ausgangsgleichgewicht würde ansonsten zusammenbrechen –, gilt

$$U_H(z_r^H, P_r^H; \mathcal{B}) = U_H(z_r^H, P_r^H; \mathcal{A}) \geq U_H(\hat{z}_r^L, \hat{P}_r^L; \mathcal{A}) = U_H(z_r^L, \hat{P}_r^L; \mathcal{B}),$$

d.h. das Management von H besitzt keinen Anreiz, von (z_r^H, P_r^H) auf $(z_r^L, \hat{P}_r^L)$ abzuweichen.

Entscheidet sich das Management von H für die nun ungleichgewichtige Rückerwerbsofferte $(\hat{z}_r^L, \hat{P}_r^L)$, gehen die Kleinaktionäre aufgrund von Annahme 3.10 und Fn. 36 mit Wahrscheinlichkeit eins davon aus, dass die Offerte Unternehmenstyp H zuzuordnen ist. Wie ad (a) ausgeführt, veräußern die Kleinaktionäre insgesamt $\hat{z}_a^H < \hat{z}_r^L$ Aktien zum Rückerwerbspreis $\hat{P}_r^L < (V_H + c)/(n+z)$. Unter Verwendung von (3.37) erhält man für die Auszahlung des Managements von H

$$U_H(\hat{z}_r^L, \hat{P}_r^L; \mathcal{B}) = \frac{V_H + k_H(c - \hat{z}_a^H \hat{P}_r^L)}{n + z - \hat{z}_a^H} = \hat{P}_r^L < \frac{V_H + c}{n + z} = U_H(z_r^H, P_r^H; \mathcal{B}).$$

Folglich erweist es sich für das Management von H als nicht lohnend, von (z_r^H, P_r^H) auf $(\hat{z}_r^L, \hat{P}_r^L)$ überzuwechseln.

Alle Rückerwerbsofferten, die durch $(z_r, P_r) \neq (\hat{z}_r^L, \hat{P}_r^L), (z_r^L, \hat{P}_r^L), (z_r^H, P_r^H)$ gekennzeichnet sind, werden sowohl im Gleichgewichtskandidat $\mathcal{B}$ als auch im Ausgangsgleichgewicht $\mathcal{A}$ von keinem Spieler gewählt. Aufgrund von Annahme 3.10 in Verbindung mit Fn. 36 werden diese Offerten in beiden Gleichgewichten dem Management von H mit Wahrscheinlichkeit eins zugerechnet. Die wechselseitig besten Antworten der Kleinaktionäre auf solche Offerten stimmen deshalb für beide Gleichgewichte überein – und damit auch die Auszahlungen, die das Management von H bei einem Abweichen auf (z_r, P_r) vereinnahmt. Da die separierende Offerte (z_r^H, P_r^H) dem Management von H in beiden Gleichgewichten dieselbe Auszahlung und im Ausgangsgleichgewicht die höchstmögliche Auszahlung verspricht, resultiert

$$U_H(z_r^H, P_r^H; \mathcal{B}) = U_H(z_r^H, P_r^H; \mathcal{A}) \geq U_H(z_r, P_r; \mathcal{A}) = U_H(z_r, P_r; \mathcal{B}).$$

Das Management von H besitzt somit auch im Gleichgewichtskandidat $\mathcal{B}$ keinen Anreiz, von (z_r^H, P_r^H) auf (z_r, P_r) abzuweichen.

Zusammenfassend bleibt festzuhalten, dass die separierende Rückerwerbsofferte (z_r^H, P_r^H) die Auszahlung des Managements von H maximiert und somit kein Abweichungsanreiz besteht.

ad (c) und (d): Angenommen, das Management von L spielt $(z_r^L, \hat{P}_r^L)$ und dasjenige von H (z_r^H, P_r^H), wobei $(z_r^L, \hat{P}_r^L) \neq (z_r^H, P_r^H)$. Die revidierten Vermutungen der Kleinaktionäre

$$\mu(H|z_r^H, P_r^H) = 1 \quad \text{und} \quad \mu(L|z_r^L, \hat{P}_r^L) = 1$$

sind dann konsistent mit den jeweiligen Strategien des Managements von H und L. Aus Gleichung (3.34) ergibt sich, dass die separierende Rückerwerbsofferte (z_r^H, P_r^H) des Managements von H mit Wahrscheinlichkeit $\alpha_k(t|z_r^H, P_r^H) = 1$ von jedem Kleinaktionär k akzeptiert wird. Insgesamt werden $z_a^H = z$ Anteile getendert, von denen z_r^H Stück zurückerworben werden. Betrachtet wird nun die separierende Rückerwerbsofferte $(z_r^L, \hat{P}_r^L)$ des Managements von L. Es verbleibt zu zeigen, dass kein Kleinaktionär einen Anreiz besitzt, von seiner Veräußerungs- bzw. Halteaktion abzuweichen, wenn insgesamt $z_a^L = \hat{z}_a^L = z_r^L$ Anteile zum Rückerwerb angeboten werden. Ein Kleinaktionär k, der mit Wahrscheinlichkeit $\alpha_k(t|z_r^L, \hat{P}_r^L) = 1$ seine Anteile zum Rückerwerb offeriert, erhält

$$G_k(t|z_r^L, \hat{P}_r^L; \mathcal{B}) = \hat{P}_r^L = G_k(t|\hat{z}_r^L, \hat{P}_r^L; \mathcal{A}),$$

wobei das letzte Gleichheitszeichen aus (3.36) folgt. Dagegen vereinnahmt ein Kleinaktionär k, der mit Wahrscheinlichkeit eins $(\alpha_k(t|z_r^L, \hat{P}_r^L) = 0)$ auf eine Teilnahme am Aktienrückerwerb verzichtet, eine Auszahlung in Höhe von

$$\begin{aligned} G_k(h|z_r^L, \hat{P}_r^L; \mathcal{B}) = \frac{V_L + k_L(c - z_r^L \cdot \hat{P}_r^L)}{n + z - z_r^L} &= \frac{V_L + k_L(c - \hat{z}_a^L \cdot \hat{P}_r^L)}{n + z - \hat{z}_a^L} \\ &= G_k(h|\hat{z}_r^L, \hat{P}_r^L; \mathcal{A}). \end{aligned}$$

Das letzte Gleichheitszeichen ergibt sich dabei wiederum aus Gleichung (3.36). Aufgrund von $G_k(t|\hat{z}_r^L, \hat{P}_r^L; \mathcal{A}) = G_k(h|\hat{z}_r^L, \hat{P}_r^L; \mathcal{A})$ resultiert dann

$$G_k(t|z_r^L, \hat{P}_r^L; \mathcal{B}) = G_k(h|z_r^L, \hat{P}_r^L; \mathcal{B}),$$

d.h. Veräußerungs- und Halteaktion erzeugen übereinstimmende Auszahlungen. Folglich hat kein Kleinaktionär einen Anreiz, von der gewählten Strategie abzuweichen.

Im Ergebnis bleibt festzuhalten, dass die Strategie- und Vermutungskombination $\mathcal{B}$ keinem Spieler einen Abweichungsanreiz gewährt, d.h. $\mathcal{B}$ ist ein separierendes Bayes-Nash-Gleichgewicht. Wegen $U_H(z_r^H, P_r^H; \mathcal{A}) = U_H(z_r^H, P_r^H; \mathcal{B})$ sowie $U_L(\hat{z}_r^L, \hat{P}_r^L; \mathcal{A}) = U_L(z_r^L, \hat{P}_r^L; \mathcal{B})$ ruft das Gleichgewicht $\mathcal{B}$ gegenüber dem Ausgangsgleichgewicht $\mathcal{A}$ keine Änderungen der Auszahlungen des Managements von L bzw. H hervor. ■

Lemma 3.7 impliziert Folgendes: Wenn ein effizientes separierendes Gleichgewicht existiert, in dem die Rückerwerbsofferte $(\hat{z}_r^L, \hat{P}_r^L)$ des Managements von L nicht in vollem Umfang angenommen wird $(\hat{z}_a^L < \hat{z}_r^L)$, dann lässt sich auch ein effizientes separierendes Gleichgewicht konstruieren, in dem die Rückerwerbsofferte $(z_r^L, \hat{P}_r^L) = (\hat{z}_a^L, \hat{P}_r^L)$ des Managements von L vollständig gezeichnet wird $(z_r^L = z_a^L)$. Dies hat folgende Konsequenz: Sofern die Menge der effizienten separierenden Gleichgewichte des modifizierten Rückerwerbsspiels nicht leer ist, muss die Menge der separierenden Gleichgewichte, die durch eine vollständig gezeichnete oder überzeichnete Rückerwerbsofferte des Managements von L charakterisiert sind $(z_a^L \geq z_r^L)$, ein effizientes separierendes Gleichgewicht enthalten. Dieses soll im Folgenden ermittelt werden.

Betrachtet werden also nur noch solche Rückerwerbsofferten (z_r^L, P_r^L) des Managements von L, die von den Kleinaktionären in vollem Umfang akzeptiert werden. Für diese Offerten gilt $z_a^L \geq z_r^L$ bzw. $\min[z_a^L; z_r^L] = z_r^L$. Um sicherzustellen, dass von den Kleinaktionären mindestens z_r^L Aktien zum Rückerwerb angeboten werden, hat das Management von L einen Rückerwerbspreis zu offerieren, welcher der Bedingung

$$P_r^L \geq \frac{V_L + k_L(c - z_r^L \cdot P_r^L)}{n + z - z_r^L} \tag{3.38}$$

genügt. Wenn Bedingung (3.38) als strenge Ungleichung erfüllt ist und das Management von L eine positive Zahl von Aktien zurückzuerwerben beabsichtigt $(z_r^L > 0)$, erhält der Kleinaktionär k $(\forall k)$ bei Wahl der Aktion Tendern eine höhere Auszahlung als bei Wahl der Aktion Halten:

$$\begin{aligned}
G_k(t) &= \min[1, \frac{z_r^L}{z_a^L}]P_r^L + (1 - \min[1, \frac{z_r^L}{z_a^L}]) \cdot \frac{V_L + k_L(c - \min[z_r^L, z_a^L]P_r^L)}{n + z - \min[z_r^L, z_a^L]} \\
&= \frac{V_L+k_L(c-\min[z_r^L,z_a^L]P_r^L)}{n+z-\min[z_r^L,z_a^L]} + \min[1, \frac{z_r^L}{z_a^L}] \cdot \left(P_r^L - \frac{V_L+k_L(c-\min[z_r^L,z_a^L]P_r^L)}{n+z-\min[z_r^L,z_a^L]}\right) \\
&> \frac{V_L + k_L(c - \min[z_r^L, z_a^L]P_r^L)}{n + z - \min[z_r^L, z_a^L]} \\
&= G_k(h),
\end{aligned}$$

wobei der Übergang von der drittletzten zur vorletzten Zeile aufgrund von

$$P_r^L - \frac{V_L + k_L(c - \min[z_r^L, z_a^L]P_r^L)}{n + z - \min[z_r^L, z_a^L]} > 0$$

resultiert.[39] Folglich bietet jeder Kleinaktionär seinen Aktienbesitz zum Rückerwerb an. Von den insgesamt $z_a^L = z$ getenderten Aktien werden z_r^L zurückgekauft. Ist Restriktion (3.38) mit Gleichheit erfüllt und werden von den Kleinaktionären insgesamt $z_a^L \geq z_r^L$ Aktien offeriert, gilt $G_k(t) = G_k(h)$. Deshalb besitzt kein Aktionär einen Anreiz, von seiner gewählten Aktion – Halten oder Tendern – abzuweichen. Mit der Formulierung von Restriktion (3.38) ist somit gewährleistet, dass die besten Antworten der Kleinaktionäre auf die Rückerwerbsofferte deren vollständige Zeichnung zur Folge haben ($z_a^L \geq z_r^L$).[40]

Des Weiteren muss die separierende Offerte (z_r^L, P_r^L) des Managements von L so ausgestaltet sein, dass sich eine Imitierung für das Management von H als nicht lohnend erweist. Dies wird durch die Restriktion $U_H(z_r^H, P_r^H) \geq U_H(z_r^L, P_r^L)$ sichergestellt, die sich wie folgt schreiben lässt:[41]

$$\frac{V_H + c}{n + z} \geq \frac{V_H + k_H(c - z_r^L \cdot P_r^L)}{n + z - z_r^L}. \tag{3.39}$$

Das Management von L wird jedoch nur dann zur Abgabe der separierenden Offerte (z_r^L, P_r^L) bereit sein, wenn ihm eine andere Offerte keine höhere Auszahlung verspricht. Aufgrund von Annahme 3.10 und $\mu(H|z_r^H, P_r^H) = 1$ gehen die Kleinaktionäre davon aus, dass eine von (z_r^L, P_r^L) abweichende Offerte (z_r, P_r) mit Wahrscheinlichkeit eins ein Unternehmen vom Typ H signalisiert.[42] Die

[39]Dies wird in Lemma 3.16 demonstriert, das in Abschnitt 3.7, S. 217, aufgeführt ist.

[40]Restriktion (3.38) ist auch mit einem Rückerwerbsverzicht des Managements von L vereinbar, wenn man einen solchen nicht durch die Offerte $(z_r^L, P_r^L) = (0, 0)$, sondern durch $(z_r^L, P_r^L) = (0, P_r^L)$ mit $P_r^L \geq (V_L + k_L \cdot c)/(n + z)$ abbildet.

[41]Da (z_r^H, P_r^H) die Auszahlung des Managements unter der Voraussetzung maximiert, dass das zugrunde liegende Unternehmen als Typ H klassifiziert wird, verspricht ihm eine ungleichgewichtige Rückerwerbsofferte $(z_r, P_r) \neq (z_r^H, P_r^H), (z_r^L, P_r^L)$ wegen Annahme 3.10 niemals eine höhere Auszahlung als (z_r^H, P_r^H). Deshalb muss keine Bedingung formuliert werden, die ein Abweichen des Managements von H auf eine im Gleichgewicht nicht präsentierte Rückerwerbsofferte verhindert.

[42]Dies gilt genau genommen nur für solche Rückerwerbsofferten, die mit einem Rückerwerbspreis in Höhe von $P_r \leq P_r^{H,max}$ ausgestattet sind, d.h. $(z_r, P_r) \in \overline{ZP}_{ug}$. Wie bereits ausgeführt, ist eine Festlegung der out-of-equilibrium beliefs für Rückerwerbsofferten, die einen Rückerwerbspreis von $P_r > P_r^{H,max}$ enthalten, nicht erforderlich. Es kann jedoch ohne Beschränkung der Allgemeinheit davon ausgegangen werden, dass alle ungleichgewichtigen Rückerwerbsofferten $(z_r, P_r) \in ZP_{ug}$ mit Wahrscheinlichkeit $\mu(H|z_r, P_r) = 1$ einem Unternehmen vom Typ H zugewiesen werden.

Rückerwerbsofferte, welche die Auszahlung des Managements von L unter der Bedingung maximiert, dass das zugrunde liegende Unternehmen als vom Typ H qualifiziert wird, ist die Lösung des folgenden Optimierungsprogramms:

$$\max_{z_r, P_r} \frac{V_L + k_L(c - z_r \cdot P_r)}{n + z - z_r}$$

u.d.N.

$$P_r - \frac{V_H + k_H(c - z_r \cdot P_r)}{n + z - z_r} \geq 0 \tag{3.40}$$

$$c - z_r \cdot P_r \geq 0 \tag{3.41}$$

$$z - z_r \geq 0 \tag{3.42}$$

$$z_r \geq 0. \tag{3.43}$$

Restriktion (3.40) ist das Analogon zu Bedingung (3.38). Sie stellt sicher, dass die Kleinaktionäre eine Rückerwerbsofferte (z_r, P_r), die sie als vom Management eines Unternehmens vom Typ H abgegeben betrachten, vollständig zeichnen bzw. überzeichnen $(z_a \geq z_r)$.[43] Eine Inspektion von (3.40) in Verbindung mit (3.41) und (3.42) zeigt überdies, dass ein nicht positiver Rückerwerbspreis unmittelbar auf einen Widerspruch führt. Deshalb kann die Bedingung $P_r \geq 0$ vernachlässigt werden.

Lemma 3.8 *Angenommen, die in Annahme 3.9 aufgeführte Parameterrestriktion ist erfüllt. Dann maximiert die Rückerwerbsofferte* $(z_r^* = 0, P_r^*)$ *mit* $P_r^* \geq \frac{V_L + k_L \cdot c}{n+z}$ *die Auszahlung des Managements eines Unternehmens vom Typ L, wenn dieses als vom Typ H klassifiziert wird.*

Beweis: Siehe Abschnitt 3.7, S. 218.

Legt man die Parameterrestriktion $V_H \geq V_L/k_L + (1 - k_H)c$ zugrunde, wird das Management von L im Ergebnis auf die Durchführung eines Aktienrückerwerbs verzichten $(z_r^* = 0)$, wenn die Kleinaktionäre das Unternehmen als vom Typ H einstufen. Das Management erhält dann eine Auszahlung in Höhe von

$$U_L(z_r^*, P_r^*) = \frac{V_L + k_L \cdot c}{n + z}.$$

[43] Von den Kleinaktionären nicht vollständig gezeichnete Rückerwerbsofferten können aus den bereits angesprochenen Gründen vernachlässigt werden.

Die Abgabe einer separierenden Offerte (z_r^L, P_r^L) erweist sich für das Management folglich dann als profitabel, wenn die Bedingung

$$\frac{V_L + k_L(c - z_r^L \cdot P_r^L)}{n + z - z_r^L} \geq \frac{V_L + k_L \cdot c}{n + z} \tag{3.44}$$

erfüllt ist.

Jede Offerte (z_r^L, P_r^L), die auf ein separierendes Bayes-Nash-Gleichgewicht führt, muss den Restriktionen (3.38), (3.39) und (3.44) sowie $z_r^L P_r^L \leq c$, $z_r^L \geq 0$ und $P_r^L \geq 0$ genügen. Es lässt sich zeigen, dass eine diesen Bedingungen genügende Rückerwerbsofferte (z_r^L, P_r^L) existiert, wenn Annahme 3.9 erfüllt ist.[44] Aus der Menge der separierenden Offerten ist jedoch nur diejenige effizient, welche die Auszahlung $U_L(z_r^L, P_r^L)$ des Managements von L maximiert. Sie ergibt sich aus der Lösung des nachfolgenden Optimierungsprogramms:

$$\max_{z_r^L, P_r^L} \frac{V_L + k_L(c - z_r^L \cdot P_r^L)}{n + z - z_r^L} \tag{3.45}$$

u.d.N.

$$\frac{V_H + c}{n + z} - \frac{V_H + k_H(c - z_r^L \cdot P_r^L)}{n + z - z_r^L} \geq 0 \tag{3.46}$$

$$\frac{V_L + k_L(c - z_r^L \cdot P_r^L)}{n + z - z_r^L} - \frac{V_L + k_L \cdot c}{n + z} \geq 0 \tag{3.47}$$

$$P_r^L - \frac{V_L + k_L(c - z_r^L \cdot P_r^L)}{n + z - z_r^L} \geq 0 \tag{3.48}$$

$$c - z_r^L \cdot P_r^L \geq 0 \tag{3.49}$$

$$z - z_r^L \geq 0 \tag{3.50}$$

$$z_r^L, P_r^L \geq 0. \tag{3.51}$$

[44] Diese Behauptung wird jedoch erst an späterer Stelle belegt. Vgl. hierzu Schritt (d) des Beweises von Proposition 3.7 i.V.m. Lemma 3.18, das in Abschnitt 3.7, S. 242, aufgeführt ist.

Aufgrund von $0 \leq z_r^L \leq z$ und $z_r^L \cdot P_r^L \leq c$ ist Restriktion (3.48) für nicht positive Rückerwerbspreise ($P_r^L \leq 0$) verletzt. Folglich ist jede Rückerwerbsofferte, welche die Nebenbedingungen erfüllt, durch einen positiven Rückerwerbspreis $P_r^L > 0$ charakterisiert. Die Restriktion $P_r^L \geq 0$ kann somit fallen gelassen werden. Darüber hinaus lässt sich auch Restriktion (3.47) vernachlässigen: Da der linke Term von Bedingung (3.47) mit der Zielfunktion übereinstimmt, führt deren Maximierung auch zu einer Maximierung der Differenz

$$\Delta \equiv \frac{V_L + k_L(c - z_r^L \cdot P_r^L)}{n + z - z_r^L} - \frac{V_L + k_L \cdot c}{n + z}.$$

Aus der nichtleeren Menge der Rückerwerbsofferten, die den Restriktionen (3.46)-(3.51) genügen, wird somit diejenige gewählt, welche Bedingung (3.47) mit maximalem Schlupf erfüllt. Deshalb ist (3.47) für die Lösung des Optimierungsprogramms unbeachtlich. Das dergestalt reduzierte Optimierungsprogramm nimmt nun folgende Gestalt an:

$$\max_{z_r^L, P_r^L} \frac{V_L + k_L(c - z_r^L \cdot P_r^L)}{n + z - z_r^L} \tag{3.52}$$

u.d.N.

$$\frac{V_H + c}{n + z} - \frac{V_H + k_H(c - z_r^L \cdot P_r^L)}{n + z - z_r^L} \geq 0 \tag{3.53}$$

$$P_r^L - \frac{V_L + k_L(c - z_r^L \cdot P_r^L)}{n + z - z_r^L} \geq 0 \tag{3.54}$$

$$c - z_r^L \cdot P_r^L \geq 0 \tag{3.55}$$

$$z - z_r^L \geq 0 \tag{3.56}$$

$$z_r^L \geq 0. \tag{3.57}$$

Die zugehörige Lagrangefunktion $\mathcal{L}(z_r^L, P_r^L, \lambda, \mu, \nu, \eta)$ lässt sich wie folgt schreiben:

$$\begin{aligned}\mathcal{L} \;=\; & \frac{V_L + k_L(c - z_r^L \cdot P_r^L)}{n + z - z_r^L} + \lambda \left(\frac{V_H + c}{n + z} - \frac{V_H + k_H(c - z_r^L \cdot P_r^L)}{n + z - z_r^L} \right) \\ & + \mu \left(P_r^L - \frac{V_L + k_L(c - z_r^L \cdot P_r^L)}{n + z - z_r^L} \right) + \nu(c - z_r^L \cdot P_r^L) + \eta(z - z_r^L),\end{aligned}$$

wobei mit λ, μ, ν und η die Lagrange-Multiplikatoren der Nebenbedingungen bezeichnet werden. Die Kuhn-Tucker Bedingungen, denen die Optimallösung $\mathbf{v} = (z_r^L, P_r^L, \lambda, \mu, \nu, \eta)$ zu genügen hat, lauten[45]

$$\begin{aligned}\frac{\partial \mathcal{L}(\mathbf{v})}{\partial z_r^L} &= -\frac{k_L \cdot P_r^L \cdot (n+z-z_r^L) - (V_L + k_L(c - z_r^L \cdot P_r^L))}{(n+z-z_r^L)^2} \\ &+\lambda \cdot \frac{k_H \cdot P_r^L \cdot (n+z-z_r^L) - (V_H + k_H(c - z_r^L \cdot P_r^L))}{(n+z-z_r^L)^2} \\ &+\mu \cdot \frac{k_L \cdot P_r^L \cdot (n+z-z_r^L) - (V_L + k_L(c - z_r^L \cdot P_r^L))}{(n+z-z_r^L)^2} \\ &-\nu \cdot P_r^L - \eta \leq 0 \end{aligned} \tag{3.58}$$

$$\frac{\partial \mathcal{L}(\mathbf{v})}{\partial z_r^L} \cdot z_r^L = 0 \tag{3.59}$$

$$\begin{aligned}\frac{\partial \mathcal{L}(\mathbf{v})}{\partial P_r^L} &= -k_L \cdot \frac{z_r^L}{n+z-z_r^L} + \lambda \cdot k_H \cdot \frac{z_r^L}{n+z-z_r^L} \\ &+\mu \cdot \left(1 + k_L \cdot \frac{z_r^L}{n+z-z_r^L}\right) - \nu \cdot z_r^L = 0\end{aligned} \tag{3.60}$$

$$\frac{\partial \mathcal{L}(\mathbf{v})}{\partial \lambda} = \frac{V_H + c}{n+z} - \frac{V_H + k_H(c - z_r^L \cdot P_r^L)}{n+z-z_r^L} \geq 0 \tag{3.61}$$

$$\frac{\partial \mathcal{L}(\mathbf{v})}{\partial \lambda} \cdot \lambda = 0 \tag{3.62}$$

$$\frac{\partial \mathcal{L}(\mathbf{v})}{\partial \mu} = P_r^L - \frac{V_L + k_L(c - z_r^L \cdot P_r^L)}{n+z-z_r^L} \geq 0 \tag{3.63}$$

$$\frac{\partial \mathcal{L}(\mathbf{v})}{\partial \mu} \cdot \mu = 0 \tag{3.64}$$

$$\frac{\partial \mathcal{L}(\mathbf{v})}{\partial \nu} = c - z_r^L \cdot P_r^L \geq 0 \tag{3.65}$$

[45]Zu den Kuhn-Tucker Bedingungen vgl. *Chiang* (1984), S. 722-746, und *Wade Hands* (1991), S. 398-404.

$$\frac{\partial \mathcal{L}(\mathbf{v})}{\partial \nu} \cdot \nu = 0 \tag{3.66}$$

$$\frac{\partial \mathcal{L}(\mathbf{v})}{\partial \eta} = z - z_r^L \geq 0 \tag{3.67}$$

$$\frac{\partial \mathcal{L}(\mathbf{v})}{\partial \eta} \cdot \eta = 0 \tag{3.68}$$

$$z_r^L, \lambda, \mu, \nu, \eta \geq 0. \tag{3.69}$$

Wertet man die Kuhn-Tucker Bedingungen aus, erhält man zunächst

Lemma 3.9 *Das Management von L erwirbt in einem effizienten separierenden Bayes-Nash-Gleichgewicht des modifizierten Rückerwerbsspiels nur einen Teil der Aktien zurück, die sich im Besitz der Kleinaktionäre befinden:* $z_r^L < z$.

Beweis: Siehe Abschnitt 3.7, S. 221.

Das in Lemma 3.9 formulierte Ergebnis beruht letztlich auf Annahme 3.7. Diese stellt sicher, dass der Betrag c des freien Cashflows den Anteil $\frac{z}{n+z} \cdot (V_L + k_L c)$ der Kleinaktionäre am minimalen Unternehmensgesamtwert unterschreitet.[46] Dies hat zur Konsequenz, dass weder das Management von L noch dasjenige von H den Rückerwerb sämtlicher Anteile der Kleinaktionäre aus dem freien Cashflow finanzieren kann.

Lemma 3.10 *In einem effizienten separierenden Bayes-Nash-Gleichgewicht des modifizierten Rückerwerbsspiels erwirbt das Management von L eine positive Anzahl von Aktien zurück:* $z_r^L > 0$.

Beweis: Siehe Abschnitt 3.7, S. 221.

Lemma 3.10 ist wenig überraschend. Verzichtet das Management von L auf einen Aktienrückerwerb, ist die Anreizbedingung (3.61) des Managements von H als strenge Ungleichung erfüllt. Erwirbt das Management von L nun eine positive Anzahl z_r^L von Aktien zum fairen Preis

$$P_r^L = \frac{V_L + k_L(c - z_r^L \cdot P_r^L)}{n + z - z_r^L}$$

[46] Der minimale Unternehmensgesamtwert ergibt sich dabei im Falle eines vollständigen Ausschüttungsverzichts.

zurück, steigt zwar die Auszahlung, die das Management von H bei Wahl einer Imitierungspolitik erhält; dies bewirkt jedoch keine Verletzung von (3.61), wenn das Management von L eine hinreichend kleine Zahl von Aktien zurückzukaufen beabsichtigt. Da ein solcher Aktienrückerwerb auch mit einem Anstieg der Auszahlung des Managements von L einhergeht, kann ein Rückerwerbsverzicht nicht effizient sein.

Proposition 3.6 *In einem effizienten separierenden Bayes-Nash-Gleichgewicht des modifizierten Rückerwerbsspiels schüttet das Management eines Unternehmens vom Typ L nur einen Teil des freien Cashflows im Wege eines Aktienrückerwerbs aus:* $z_r^L \cdot P_r^L < c$. *Das resultierende Ausschüttungsvolumen ist folglich ineffizient.*

Beweis: Siehe Abschnitt 3.7, S. 225.

Wie aus Proposition 3.6 ersichtlich ist, bleibt das Problem einer *Unterausschüttung* des Managements von L auch im effizienten separierenden Gleichgewicht des *modifizierten Rückerwerbsspiels* bestehen. Ursächlich hierfür sind dieselben Gründe, welche bereits das zu geringe Ausschüttungsvolumen in den separierenden Gleichgewichten des Ausgangsspiels bewirkt haben. Die Argumentation, welche auf dieses Ergebnis führt, sei im Folgenden nochmals kurz skizziert: Eine als separierend betrachtete Rückerwerbsofferte (z_r^L, P_r^L) des Managements von L, die im Falle einer vollständigen Zeichnung zu einer Ausschüttung des gesamten freien Cashflows führt ($z_r^L \cdot P_r^L = c$), wird von den Kleinaktionären nur dann in vollem Umfang akzeptiert, wenn der Rückerwerbspreis den auf eine Aktie entfallenden Anteil am Unternehmensgesamtwert bei Vollausschüttung nicht unterschreitet:

$$P_r^L \geq \frac{V_L + c}{n + z}.$$

Eine als separierend betrachtete Rückerwerbsofferte (z_r^L, P_r^L), welche dieser Bedingung genügt, kann jedoch niemals zu einem separierenden Gleichgewicht führen: (1) Offeriert das Management von L, $z_r^L = c/P_r^L$ Anteile zum Preis von $P_r^L = (V_H+c)/(n+z) = P_r^H$ zurückzuerwerben, dann stimmt das Rückerwerbsangebot von L mit der First-best-Offerte des Managements von H überein. Dies ist mit einem separierenden Gleichgewicht nicht vereinbar. (2) Das Angebot, $z_r^L = c/P_r^L$ Aktien zum Preis von $P_r^L > (V_H + c)/(n + z)$ zurückzukaufen, erweist sich für das Management von L als nicht lohnend, weil eine Imitierung der First-best-Offerte des Managements von H eine höhere Auszahlung verspricht. (3) Die verbleibenden Rückerwerbsofferten, die durch $z_r^L = c/P_r^L$ und

$$\frac{V_L + c}{n+z} \leq P_r^L < \frac{V_H + c}{n+z}$$

charakterisiert sind, gewähren dem Management von H gegenüber seiner First-best-Offerte (z_r^H, P_r^H) eine höhere Auszahlung. Sie sind deshalb nicht in der Lage, dem Management von H den Imitierungsanreiz zu nehmen.

Aus der soeben skizzierten Argumentationskette lässt sich gar die Schlussfolgerung ziehen, dass *jedes* separierende Gleichgewicht des modifizierten Rückerwerbsspiels – und nicht nur das effiziente – mit einem zu geringen Ausschüttungsvolumen des Managements von L einhergeht.

Lemma 3.11 *In einem effizienten separierenden Bayes-Nash-Gleichgewicht des modifizierten Rückerwerbsspiels ist die Anreizbedingung (3.61) des Managements von H bindend:* $\partial\mathcal{L}(\mathbf{v})/\partial\lambda = 0$.

Beweis: Siehe Abschnitt 3.7, S. 227.

Hinter Lemma 3.11 verbirgt sich folgender Grundgedanke: Um das Management eines Unternehmens vom Typ H von einer Imitierungspolitik abzuhalten, hat das Management von L ein Rückerwerbsangebot abzugeben, das von seiner First-best-Offerte abweicht. Dies ist untrennbar mit einer Auszahlungseinbuße des Managements von L verknüpft. Wählt es nun eine separierende Rückerwerbsofferte $(\hat{z}_r^L, \hat{P}_r^L)$, welche die Anreizbedingung (3.61) des Managements von H als Ungleichung erfüllt, sind hinreichend kleine Variationen der Ausgangsofferte $(\hat{z}_r^L, \hat{P}_r^L)$ möglich, ohne die Anreizbedingung (3.61) zu verletzen. Zu beachten ist allerdings, dass eine solche Variation nicht zu einem Verstoß gegen diejenigen Restriktionen führen darf, die für die Ausgangsofferte $(\hat{z}_r^L, \hat{P}_r^L)$ bereits bindend sind. Da $(\hat{z}_r^L, \hat{P}_r^L)$ nicht mit der First-best-Offerte des Managements von L übereinstimmt, könnte eine Modifikation von $(\hat{z}_r^L, \hat{P}_r^L)$ unter Beachtung der bereits bindenden Nebenbedingungen grundsätzlich mit einer Verminderung der Auszahlungseinbuße des Managements von L gegenüber dem First-best-Fall einhergehen. Dann wäre jedoch die Ausgangsofferte $(\hat{z}_r^L, \hat{P}_r^L)$ nicht effizient. Mit Hilfe des folgenden Widerspruchsarguments lässt sich nun belegen, dass die Anreizbedingung des Managements von H in einem effizienten separierenden Gleichgewicht bindend sein muss: Hierzu hat man sich zunächst ins Gedächtnis zurückzurufen, dass eine effiziente separierende Rückerwerbsofferte den Bedingungen $0 < \hat{z}_r^L < z$ sowie $\hat{z}_r^L \cdot \hat{P}_r^L < c$ zu genügen hat. Sei nun im Widerspruch zu Lemma 3.11 unterstellt, dass eine effiziente separierende Rückerwerbsofferte $(\hat{z}_r^L, \hat{P}_r^L)$ des Managements von L die Anreizbedingung (3.61) nicht mit Gleichheit erfüllt. Dann ist eine hinreichend kleine Variation der Ausgangsofferte $(\hat{z}_r^L, \hat{P}_r^L)$ möglich, ohne (3.61) und die beiden eingangs aufgeführten Bedingungen zu verletzen. Wenn auch kein Verstoß gegen die Restriktionen (3.63) und (3.44) vorliegt, führt die aus einer solchen Variation hervorgehende Rückerwerbsofferte (z_r^L, P_r^L) des Managements von L wiederum auf ein separierendes Gleichgewicht. Im Folgenden wird gezeigt, dass eine zulässige Variation der Ausgangsofferte $(\hat{z}_r^L, \hat{P}_r^L)$ konstruiert werden kann, welche dem Management von L eine höhere Auszahlung als die Ausgangsofferte verspricht. Hierzu sind zwei Fälle zu unterscheiden:

(1) Die Ausgangsofferte erfüllt Restriktion (3.63) als Ungleichung:

$$\hat{P}_r^L > \frac{V_L + k_L(c - \hat{z}_r^L \cdot \hat{P}_r^L)}{n + z - \hat{z}_r^L}.$$

Dann ist eine hinreichend kleine Verminderung des Rückerwerbspreises ($P_r^L < \hat{P}_r^L$) und eine geringfügige Erhöhung der Anzahl zurückzuerwerbender Aktien ($z_r^L > \hat{z}_r^L$) dergestalt realisierbar, dass (1) das Ausschüttungsvolumen konstant bleibt ($z_r^L \cdot P_r^L = \hat{z}_r^L \cdot \hat{P}_r^L$) und (2) der Rückerwerbspreis P_r^L der modifizierten Rückerwerbsofferte (z_r^L, P_r^L) den Wert einer Aktie nach vollzogenem Rückerwerb nicht unterschreitet:

$$P_r^L \geq \frac{V_L + k_L(c - z_r^L \cdot P_r^L)}{n + z - z_r^L}.$$

Aufgrund von $z_r^L > \hat{z}_r^L$ und $z_r^L \cdot P_r^L = \hat{z}_r^L \cdot \hat{P}_r^L$ erhält man

$$U_L(z_r^L, P_r^L) = \frac{V_L + k_L(c - z_r^L \cdot P_r^L)}{n + z - z_r^L} > \frac{V_L + k_L(c - \hat{z}_r^L \cdot \hat{P}_r^L)}{n + z - \hat{z}_r^L} = U_L(\hat{z}_r^L, \hat{P}_r^L),$$

d.h. (z_r^L, P_r^L) verspricht dem Management von L eine höhere Auszahlung als $(\hat{z}_r^L, \hat{P}_r^L)$. Da $(\hat{z}_r^L, \hat{P}_r^L)$ Restriktion (3.44) erfüllt, muss (z_r^L, P_r^L) ebenfalls dieser Bedingung genügen. Damit führt auch (z_r^L, P_r^L) auf ein separierendes Gleichgewicht. Folglich kann die Ausgangsofferte $(\hat{z}_r^L, \hat{P}_r^L)$ nicht effizient sein.

(2) Die Ausgangsofferte erfüllt Restriktion (3.63) mit Gleichheit:

$$\hat{P}_r^L = \frac{V_L + k_L(c - \hat{z}_r^L \cdot \hat{P}_r^L)}{n + z - \hat{z}_r^L}.$$

Dann ist eine hinreichend kleine Erhöhung des Rückerwerbspreises ($P_r^L > \hat{P}_r^L$) und der Anzahl zurückzuerwerbender Aktien ($z_r^L > \hat{z}_r^L$) dergestalt realisierbar, dass der Rückerwerbspreis P_r^L der modifizierten Rückerwerbsofferte genau dem Wert einer Aktie nach vollzogenem Rückerwerb entspricht:

$$P_r^L = \frac{V_L + k_L(c - z_r^L \cdot P_r^L)}{n + z - z_r^L}.$$

Wegen

$$U_L(z_r^L, P_r^L) = \frac{V_L + k_L(c - z_r^L \cdot P_r^L)}{n + z - z_r^L} = P_r^L > \hat{P}_r^L = U_L(\hat{z}_r^L, \hat{P}_r^L) \geq \frac{V_L + k_L c}{n + z}$$

erfüllt die modifizierte Rückerwerbsofferte auch Restriktion (3.44), führt damit auf ein separierendes Gleichgewicht und gewährt dem Management von L eine höhere Auszahlung als die Ausgangsofferte.

Somit bleibt festzuhalten: Wenn eine effiziente separierende Rückerwerbsofferte des Managements von L existieren sollte, welche Restriktion (3.61) als Ungleichung erfüllt, dann lässt sich eine davon abweichende Rückerwerbsofferte des Managements von L konstruieren, welche ebenfalls auf ein separierendes Gleichgewicht führt und dem Management von L eine höhere Auszahlung verspricht. Folglich kann die Ausgangsofferte nicht effizient sein, d.h. eine effiziente separierende Rückerwerbsofferte geht mit einer bindenden Restriktion (3.61) einher.

Lemma 3.12 *In einem effizienten separierenden Bayes-Nash-Gleichgewicht des modifizierten Rückerwerbsspiels ist Restriktion (3.63) bindend.*

Beweis: Siehe Abschnitt 3.7, S. 228.

Lemma 3.12 impliziert, dass der Rückerwerbspreis, mit dem das Management von L seine Rückerwerbsofferte ausstattet, genau der Auszahlung entspricht, die ein am Rückerwerb nicht teilnehmender Kleinaktionär erhält. Das Management von L verzichtet also darauf, den Rückerwerbspreis so hoch festzusetzen, dass Veräußern zur dominanten Aktion wird. Im Gleichgewicht tendern die Kleinaktionäre insgesamt $z_a^L \geq z_r^L$ Anteile. Mit dem effizienten separierenden Gleichgewicht ist deshalb sowohl eine vollständig gezeichnete ($z_a^L = z_r^L$) als auch eine überzeichnete ($z_a^L > z_r^L$) Rückerwerbsofferte des Managements von L vereinbar.

Um Lemma 3.12 zu verstehen, hat man sich folgendes Widerspruchsargument vor Augen zu halten: Wie aus Lemma 3.11 ersichtlich ist, muss in einem effizienten separierenden Gleichgewicht die Rückerwerbsofferte des Managements von L so gewählt werden, dass die Anreizbedingung (3.61) des Managements von H mit Gleichheit erfüllt ist:

$$\frac{V_H + c}{n+z} = \frac{V_H + k_H(c - z_r^L \cdot P_r^L)}{n+z-z_r^L} = U_H(z_r^L, P_r^L). \tag{3.70}$$

Sei im Widerspruch zu Lemma 3.12 angenommen, dass die effiziente separierende Rückerwerbsofferte (z_r^L, P_r^L) des Managements von L Restriktion (3.63) als strikte Ungleichung erfüllt:

$$P_r^L > \frac{V_L + k_L(c - z_r^L \cdot P_r^L)}{n+z-z_r^L}.$$

Betrachtet wird nun eine marginale Variation der Ausgangsofferte (z_r^L, P_r^L), welche die aus einer Imitierungspolitik resultierende Auszahlung des Managements von H nicht verändert. Da die als effizient betrachtete Ausgangsofferte den Bedingungen $0 < z_r^L < z$ sowie $z_r^L \cdot P_r^L < c$ zu genügen hat, führt eine solche marginale Modifikation der Ausgangsofferte niemals zu einer Verletzung der Restriktionen (3.61), (3.63) (3.65), (3.67) und $z_r^L \geq 0$. Um das Verhältnis dP_r^L/dz_r^L zu bestimmen, in dem z_r^L und P_r^L zu variieren sind, ohne den Imitierungsnutzen des Managements von H zu ändern, ist das totale Differential von (3.70) zu bilden und gleich null zu setzen:

$$\begin{aligned} dU_H &= \frac{-k_H \cdot P_r^L(n+z-z_r^L) + V_H + k_H(c - z_r^L \cdot P_r^L)}{(n+z-z_r^L)^2} dz_r^L \\ &\quad -k_H \cdot \frac{z_r^L}{n+z-z_r^L} dP_r^L = 0. \end{aligned}$$

Für das Austauschverhältnis erhält man somit

$$\frac{dP_r^L}{dz_r^L} = \frac{1}{z_r^L}\left(\frac{V_H/k_H + c - z_r^L \cdot P_r^L}{n+z-z_r^L} - P_r^L\right). \tag{3.71}$$

Angenommen, $P_r^L \geq \frac{V_H/k_H + c - z_r^L \cdot P_r^L}{n+z-z_r^L}$. Dann folgt

$$(n+z-z_r^L)P_r^L \geq V_H/k_H + c - z_r^L P_r^L.$$

Für den Rückerwerbspreis ergibt sich damit $P_r^L \geq (V_H/k_H + c)/(n+z)$. Unter Verwendung von $z_r^L P_r^L < c$ erhält man jedoch

$$\begin{aligned} U_H(z_r^L, P_r^L) = \frac{V_H + k_H(c - z_r^L \cdot P_r^L)}{n + z - z_r^L} &< \frac{V_H + c - z_r^L \cdot P_r^L}{n + z - z_r^L} \\ &< \frac{V_H + c - z_r^L \cdot \frac{V_H + c}{n+z}}{n + z - z_r^L} \\ &= \frac{V_H + c}{n+z}, \end{aligned} \tag{3.72}$$

was im Widerspruch zu (3.70) steht. Folglich muss $P_r^L < \frac{V_H/k_H + c - z_r^L \cdot P_r^L}{n+z-z_r^L}$ erfüllt sein, was $dP_r^L/dz_r^L > 0$ impliziert. Die Ausgangsofferte verspricht dem Management von L eine Auszahlung in Höhe von

$$U_L(z_r^L, P_r^L) = \frac{V_L + k_L \cdot (c - z_r^L \cdot P_r^L)}{n + z - z_r^L}$$

Im Falle einer marginalen Variation der Ausgangsofferte entsprechend dem in (3.71) bestimmten Austauschverhältnis ergibt sich für die Auszahlung des Managements von L eine Änderung in Höhe von

$$\begin{aligned} dU_L &= \left(\frac{-k_L \cdot P_r^L \cdot (n + z - z_r^L) + V_L + k_L(c - z_r^L \cdot P_r^L)}{(n + z - z_r^L)^2} \right. \\ &\quad \left. -k_L \cdot \frac{z_r^L}{n + z - z_r^L} \cdot \frac{dP_r^L}{dz_r^L} \right) dz_r^L \\ &= \left(\frac{-k_L \cdot P_r^L \cdot (n + z - z_r^L) + V_L + k_L(c - z_r^L \cdot P_r^L)}{(n + z - z_r^L)^2} \right. \\ &\quad \left. -k_L \cdot \frac{z_r^L}{n + z - z_r^L} \cdot \frac{1}{z_r^L} \left(\frac{V_H/k_H + (c - z_r^L \cdot P_r^L)}{n + z - z_r^L} - P_r^L \right) \right) dz_r^L \\ &= \frac{V_L - \frac{V_H}{k_H} \cdot k_L}{(n + z - z_r^L)^2} \cdot dz_r^L. \end{aligned}$$

Aufgrund von Annahme 3.9, aus der sich $k_L \cdot V_H/k_H > V_L$ ergibt, resultiert aus einer kleinen Verminderung der Anzahl zurückzuerwerbender Aktien ($dz_r^L < 0$) und einer Verminderung des Rückerwerbspreises entsprechend (3.71) ein Anstieg der Auszahlung des Managements von L: $dU_L > 0$. Eine solche marginale Variation der Ausgangsofferte verstößt deshalb nicht gegen Restriktion (3.44) und darüber hinaus auch nicht gegen $z_r^L \geq 0$ sowie gegen die für (z_r^L, P_r^L) nicht mit Gleichheit erfüllte Restriktion (3.63). Folglich muss auch die modifizierte Rückerwerbsofferte auf ein separierendes Bayes-Nash-Gleichgewicht führen. Da das Management von L in diesem Gleichgewicht eine höhere Auszahlung als im Ausgangsgleichgewicht erhält, kann dieses – entgegen der eingangs getroffenen Annahme – nicht effizient sein. Dies hat wiederum zur Konsequenz, dass in einem effizienten separierenden Gleichgewicht Restriktion (3.63) bindend sein muss.

Ein Kandidat für ein effizientes separierendes Bayes-Nash-Gleichgewicht des modifizierten Rückerwerbsspiels, in dem die separierende Rückerwerbsofferte des Managements von L vollständig gezeichnet wird ($z_r^L = z_a^L$), lässt sich nun wie folgt charakterisieren:

(i) Das Management von H offeriert mit Wahrscheinlichkeit $\sigma_H(z_r^H, P_r^H) = 1$, $z_r^H = (n+z)c/(V_H + c)$ Aktien zum Preis $P_r^H = (V_H + c)/(n+z)$ zurückzuerwerben.

(ii) Das Management von L bietet mit Wahrscheinlichkeit $\sigma_L(z_r^L, P_r^L) = 1$ an, z_r^L Anteile zum Preis P_r^L zurückzuerwerben; z_r^L und P_r^L bestimmen sich dabei aus

$$\frac{V_H + c}{n+z} = \frac{V_H + k_H(c - z_r^L \cdot P_r^L)}{n + z - z_r^L} \tag{3.73}$$

$$P_r^L = \frac{V_L + k_L(c - z_r^L \cdot P_r^L)}{n + z - z_r^L} \tag{3.74}$$

unter Berücksichtigung von $0 < z_r^L < z$.

(iii) (1) Die Rückerwerbsofferte (z_r^H, P_r^H) wird mit Wahrscheinlichkeit $\alpha_k(t|z_r^H, P_r^H) = 1$ von jedem Kleinaktionär k akzeptiert. Von den $z_a^H = z$ getenderten Aktien werden $z_r^H < z$ Stück zurückerworben. (2) Die Rückerwerbsofferte (z_r^L, P_r^L) wird von $I = (z_r^L/z) \cdot K$ Kleinaktionären mit Wahrscheinlichkeit $\alpha_k(t|z_r^L, P_r^L) = 1$ $(\forall k \in [0, I])$ angenommen. Mit Wahrscheinlichkeit eins $(\alpha_k(t|z_r^L, P_r^L) = 0 \; \forall k \in (I, K])$ zurückgewiesen wird die Offerte von den verbleibenden $K - I$ Kleinaktionären. Ingesamt werden $z_a^L = z_r^L$ Aktien getendert. (3) Rückerwerbsofferten, die durch $P_r > P_r^H$ und $z_r \cdot P_r \leq c$ gekennzeichnet sind $(z_r > 0)$, werden von jedem Kleinaktionär k mit Wahrscheinlichkeit $\alpha_k(t|z_r, P_r) = 1$ akzeptiert. Von den $z_a = z$ getenderten Aktien werden z_r zurückerworben. (4) Rückerwerbsofferten, die durch $P_r = P_r^H$ und $z_r \cdot P_r < c$ gekennzeichnet sind $(z_r > 0)$, werden von jedem Kleinaktionär k mit Wahrscheinlichkeit $\alpha_k(t|z_r, P_r) = 1$ akzeptiert. Von den $z_a = z$ getenderten Aktien werden z_r zurückgekauft. (5) Rückerwerbsofferten, die durch

$$\frac{V_H + k_H \cdot c}{n+z} < P_r < \frac{V_H + c}{n+z}$$

und

$$z_r \geq \frac{(n+z) \cdot P_r - (V_H + k_H \cdot c)}{(1-k_H) \cdot P_r}$$

sowie $z_r \cdot P_r \leq c$ charakterisiert sind, werden von $I = (z_a/z)K$ Kleinaktionären mit Wahrscheinlichkeit $\alpha_k(t|z_r, P_r) = 1$ akzeptiert ($\forall k \in [0, I]$). Dagegen lehnen $K - I$ Kleinaktionäre solche Offerten mit Wahrscheinlichkeit eins ($\alpha_k(t|z_r, P_r) = 0 \; \forall k \in (I, K]$) ab. Insgesamt werden

$$z_a = \frac{(n+z) \cdot P_r - (V_H + k_H \cdot c)}{(1-k_H) \cdot P_r} \leq z_r$$

Aktien getendert. (6) Rückerwerbsofferten, die durch

$$\frac{V_H + k_H \cdot c}{n+z} < P_r < \frac{V_H + c}{n+z}$$

und

$$0 < z_r < \frac{(n+z) \cdot P_r - (V_H + k_H \cdot c)}{(1-k_H) \cdot P_r}$$

und folglich durch $z_r \cdot P_r < c$ gekennzeichnet sind, werden von jedem Kleinaktionär k mit Wahrscheinlichkeit $\alpha_k(t|z_r, P_r) = 1$ angenommen. Insgesamt werden $z_a = z$ Aktien getendert, von denen $z_r < z$ Stück zurückerworben werden. (7) Rückerwerbsofferten, die durch $P_r \leq (V_H + k_H \cdot c)/(n+z)$ und $z_r \cdot P_r \leq c$ ($(z_r, P_r) \neq (z_r^L, P_r^L)$) charakterisiert sind, werden von jedem Kleinaktionär mit Wahrscheinlichkeit eins ($\alpha_k(t|z_r, P_r) = 0$) abgelehnt. Insgesamt werden $z_a = 0$ Anteile getendert.

(iv) Die Kleinaktionäre gehen mit Wahrscheinlichkeit $\mu(H|z_r^H, P_r^H) = 1$ bzw. $\mu(L|z_r^L, P_r^L) = 1$ davon aus, dass die Rückerwerbsofferte (z_r^H, P_r^H) bzw. (z_r^L, P_r^L) vom Management eines Unternehmens vom Typ H bzw. L stammt. Aufgrund von Annahme 3.10 wird eine mit einem Rückerwerbspreis $P_r \leq P_r^{H,max}$ ausgestattete ungleichgewichtige Rückerwerbsofferte mit Wahrscheinlichkeit eins dem Management eines Unternehmens vom Typ H zugeordnet.

Unter welcher Voraussetzung dieses um die revidierten Vermutungen der Kleinaktionäre ergänzte Strategieprofil auf ein Bayes-Nash-Gleichgewicht führt, ergibt sich aus

Proposition 3.7 *Wenn Annahme 3.9 erfüllt ist, existiert ein separierendes Bayes-Nash-Gleichgewicht des modifizierten Rückerwerbsspiels, das durch die*

unter (i), (ii) und (iii) aufgeführten Strategien der am Rückerwerb beteiligten Akteure in Verbindung mit den unter (iv) gekennzeichneten revidierten Vermutungen der Kleinaktionäre charakterisiert ist. Das separierende Gleichgewicht ist effizient.

Beweis: Siehe Abschnitt 3.7, S. 229.

Wie bereits in Proposition 3.6 ausgeführt, beschränkt die effiziente separierende Rückerwerbsofferte des Managements von L das Ausschüttungsvolumen auf einen Teil des freien Cashflows. Die mit einer Thesaurierung verbundenen Versickerungsverluste können deshalb nicht vollständig vermieden werden. Vor diesem Hintergrund erscheint nun insbesondere die Frage interessant, ob das effiziente separierende Gleichgewicht die mit einer Thesaurierung einhergehende Vermögensvernichtung minimiert, d.h. das höchste Ausschüttungsvolumen aller separierenden Gleichgewichte des modifizierten Rückerwerbsspiels aufweist. Eine Antwort hierauf gibt

Proposition 3.8 *Angenommen, die Menge der separierenden Gleichgewichte des modifizierten Rückerwerbsspiels ist nicht degeneriert. Dann existiert ein separierendes Gleichgewicht, in dem das Management von L ein höheres Ausschüttungsvolumen als im effizienten separierenden Gleichgewicht realisiert.*

Beweis: Es wird gezeigt, dass das Management von L eine Rückerwerbsofferte konstruieren kann, die auf ein separierendes Gleichgewicht führt und ein höheres Ausschüttungsvolumen als die effiziente separierende Rückerwerbsofferte bewirkt. Ein separierendes Gleichgewicht des modifizierten Rückerwerbsspiels muss den Bedingungen (3.46)-(3.51) genügen, die hier nochmals aufgeführt sind.

$$\frac{V_H + c}{n + z} - \frac{V_H + k_H(c - z_r^L \cdot P_r^L)}{n + z - z_r^L} \geq 0 \tag{3.75}$$

$$\frac{V_L + k_L(c - z_r^L \cdot P_r^L)}{n + z - z_r^L} - \frac{V_L + k_L \cdot c}{n + z} \geq 0 \tag{3.76}$$

$$P_r^L - \frac{V_L + k_L(c - z_r^L \cdot P_r^L)}{n + z - z_r^L} \geq 0 \tag{3.77}$$

$$c - z_r^L \cdot P_r^L \geq 0 \tag{3.78}$$

$$z - z_r^L \geq 0 \tag{3.79}$$

$$z_r^L, P_r^L \geq 0. \tag{3.80}$$

Im effizienten separierenden Gleichgewicht (z_r^L, P_r^L) sind die Bedingungen (3.75) und (3.77) mit Gleichheit erfüllt. Da der erste Term der linken Seite von (3.76) mit dem Zielfunktionsterm identisch ist, geht eine Maximierung der Zielfunktion mit einer Maximierung des Schlupfs von (3.76) einher. Sofern nicht nur ein separierendes Gleichgewicht existiert – die Menge der separierenden Gleichgewichte ist dann degeneriert –, muss (3.76) im effizienten separierenden Gleichgewicht als strikte Ungleichung erfüllt sein. Alle verbleibenden Bedingungen sind ebenfalls nicht bindend. Das Ausschüttungsvolumen im effizienten separierenden Gleichgewicht beträgt $CF(z_r^L, P_r^L)$. Betrachtet wird nun eine als separierend angenommene Rückerwerbsofferte $(z_r^L, \hat{P}_r^L)$ des Managements von L, die sich von der effizienten Rückerwerbsofferte durch einen etwas höheren Rückerwerbspreis unterscheidet: $\hat{P}_r^L > P_r^L$, d.h. $\Delta \equiv \hat{P}_r^L - P_r^L > 0$. Für ein hinreichend kleines, aber strikt positives Δ verletzt die modifizierte Rückerwerbsofferte weder (3.76) noch (3.78); die Restriktionen (3.79) und (3.80) bleiben ebenfalls erfüllt. Darüber hinaus genügt $(z_r^L, \hat{P}_r^L)$ der Anreizbedingung (3.75) nun als strikte Ungleichung. Auch (3.77) ist als strikte Ungleichung erfüllt:

$$\hat{P}_r^L - \frac{V_L + k_L(c - z_r^L \cdot \hat{P}_r^L)}{n + z - z_r^L} > 0.$$

Folglich wird die Rückerwerbsofferte von jedem Kleinaktionär mit Wahrscheinlichkeit eins angenommen. Da das Rückerwerbsangebot $(z_r^L, \hat{P}_r^L)$ den Restriktionen (3.75)-(3.80) genügt, führt es in Verbindung mit den Gleichgewichtsvermutungen $\mu(H|z_r^H, P_r^H) = 1$ und $\mu(L|z_r^L, \hat{P}_r^L) = 1$ sowie den Ungleichgewichtsvermutungen $\mu(H|z_r, P_r) = 1$ für $(z_r, P_r) \neq (z_r^L, P_r^L), (z_r^H, P_r^H)$ auf ein separierendes Bayes-Nash-Gleichgewicht.[47] Für das Ausschüttungsvolumen der modifizierten Rückerwerbsofferte erhält man wegen $\hat{P}_r^L > P_r^L$

$$CF(z_r^L, \hat{P}_r^L) = z_r^L \cdot \hat{P}_r^L > z_r^L \cdot P_r^L = CF(z_r^L, P_r^L).$$

Folglich lässt sich eine separierende Rückerwerbsofferte konstruieren, die ein höheres Ausschüttungsvolumen als die effiziente separierende Rückerwerbsofferte aufweist. ■

[47]Für ungleichgewichtige Rückerwerbsofferten, die mit einem Rückerwerbspreis in Höhe von $P_r \geq P_r^{H,max}$ ausgestattet sind, ist die – hier vorgenommene – Spezifikation von out-of-equilibrium beliefs grundsätzlich nicht erforderlich. Vgl. hierzu Annahme 3.10 und die nachfolgende Diskussion.

Im effizienten separierenden Gleichgewicht offeriert das Management von L einen Rückerwerbspreis, der gerade ausreicht, um die Kleinaktionäre zu einer vollständigen Zeichnung der separierenden Rückerwerbsofferte (z_r^L, P_r^L) zu bewegen, d.h. $z_a^L = z_r^L$. Bietet das Management von L bei unveränderter Anzahl zurückzuerwerbender Aktien einen etwas höheren Rückerwerbspreis $\hat{P}_r^L$, ist *jeder* Kleinaktionär zur Veräußerung seiner Anteile bereit. Eine solche Rückerwerbsofferte des Managements von L, die mit einem höheren Ausschüttungsvolumen als die effiziente separierende Rückerwerbsofferte einhergeht, führt bei geeignet spezifizierten beliefs und hinreichend kleiner Erhöhung des Rückerwerbspreises ebenfalls auf ein separierendes Gleichgewicht. Das höhere Ausschüttungsvolumen der modifizierten Rückerwerbsofferte $(z_r^L, \hat{P}_r^L)$ bewirkt jedoch eine Minderung des Vermögens, das auf die nach dem Rückerwerb verbleibenden Aktien entfällt. Folglich ist das Rückerwerbsangebot $(z_r^L, \hat{P}_r^L)$ für beide Managementtypen weniger attraktiv als die effiziente separierende Rückerwerbsofferte des Managements von L.

3.4.5.3.3 Das effiziente separierende Gleichgewicht des Ausgangsspiels Wie bereits erläutert, unterscheidet sich das modifizierte Rückerwerbsspiel vom Ausgangsspiel durch einen erweiterten Aktionsraum des Managements. Im modifizierten Rückerwerbsspiel sind auch Rückerwerbsofferten zulässig, die selbst im Falle einer vollständigen Zeichnung nur einen Teil des freien Cashflows auskehren. Trotz der Ausdehnung des Raums zulässiger Rückerwerbsofferten stimmt die Rückerwerbsofferte, die für das Management von i ($i \in \{L, H\}$) im First-best-Fall des modifizierten Rückerwerbsspiels optimal ist, mit der First-best-Offerte des Ausgangsspiels überein. Folglich muss die Rückerwerbsofferte, die das Management von H in einem separierenden Gleichgewicht des modifizierten Rückerwerbsspiels wählt, identisch mit derjenigen sein, die es in einem separierenden Gleichgewicht des Ausgangsspiels abgibt. Die Erweiterung der Menge zulässiger Rückerwerbsofferten besitzt deshalb keinen Einfluss auf die Gestalt der Anreizbedingung des Managements von H. Dies ist letztlich ausschlaggebend dafür, dass alle Rückerwerbsangebote des Managements von L, die auf ein separierendes Gleichgewicht im Ausgangsspiel führen, gleichgewichtige separierende Offerten des modifizierten Rückerwerbsspiels sind. Deshalb kann die größte Auszahlung, die das Management von L in einem separierenden Gleichgewicht des Ausgangsspiels erhalten kann, niemals höher als die Auszahlung sein, die es in einem separierenden Gleichgewicht des modifizierten Rückerwerbsspiels maximal erreicht. Dies hat folgende Konsequenz: Wenn eine effiziente separierende Rückerwerbsofferte des modifizierten Rückerwerbsspiels auf ein separierendes Gleichgewicht des Ausgangsspiels führt, muss dieses separierende Gleichgewicht *effizient* sein. Diese Einsicht lässt sich nutzen, um das effiziente separierende Gleichgewicht des Ausgangsspiels zu ermitteln.

Die Rückerwerbsofferte (z_r^L, P_r^L), die das Management von L im effizienten separierenden Gleichgewicht des modifizierten Rückerwerbsspiels abgibt, beschränkt das maximale Ausschüttungsvolumen von vornherein auf einen Teil des freien Cashflows ($z_r^L \cdot P_r^L < c$). Sie wird von den Kleinaktionären vollständig gezeichnet, d.h. $z_r^L = z_a^L$. Die Auszahlung, die ein veräußernder Kleinaktionär im Gleichgewicht erreicht, stimmt wegen

$$P_r^L = \frac{V_L + k_L(c - z_r^L P_r^L)}{n + z - z_r^L} \tag{3.81}$$

mit der Auszahlung überein, die er im Falle eines Veräußerungsverzichts erhält. Betrachtet wird nun ein als gleichgewichtig angenommenes separierendes Rückerwerbsangebot $(\hat{z}_r^L, P_r^L)$, das sich von der effizienten Rückerwerbsofferte (z_r^L, P_r^L) nur durch eine größere Maximalzahl zurückzuerwerbender Aktien unterscheidet. Diese Maximalzahl $\hat{z}_r^L$ zurückzuerwerbender Aktien sei dabei so festgelegt, dass im Falle einer vollständigen Zeichnung von $(\hat{z}_r^L, P_r^L)$ der gesamte freie Cashflow ausgeschüttet wird: $\hat{z}_r^L P_r^L = c$. Da der Rückerwerbspreis gegenüber der effizienten Offerte keine Änderung erfährt, ändert sich auch das Tenderverhalten der Kleinaktionäre nicht: Diese bieten wiederum $z_r^L = \hat{z}_a^L < \hat{z}_r^L$ Aktien zum Rückerwerb an. Dadurch bleibt die rechte Seite von (3.81) – die Auszahlung eines am Rückerwerb nicht teilnehmenden Kleinaktionärs – unverändert und stimmt weiterhin mit dem Rückerwerbspreis – der Auszahlung eines veräußernden Kleinaktionärs – überein. Deshalb lohnt es sich für keinen Kleinaktionär, von der jeweils gewählten Aktion abzuweichen.

Die mit der Rückerwerbsofferte $(\hat{z}_r^L, P_r^L)$ einhergehende Auszahlung des Managements von L ist infolge des unveränderten Tenderverhaltens der Kleinaktionäre identisch mit der Auszahlung, welche die Ausgangsofferte (z_r^L, P_r^L) verspricht. Da die Kleinaktionäre auf ungleichgewichtige Rückerwerbsofferten wie im effizienten Ausgangsgleichgewicht reagieren, ändert sich die Auszahlung, die das Management von L bei Abgabe solcher Offerten vereinnahmt, gegenüber dem Ausgangsgleichgewicht ebenfalls nicht.[48] Folglich maximiert

[48]Diese Aussage muss mit einer Einschränkung versehen werden: Auf die Rückerwerbsofferte (z_r^L, P_r^L) reagieren die Kleinaktionäre anders als im Ausgangsgleichgewicht, weil

die Rückerwerbsofferte $(\hat{z}_r^L, P_r^L)$ die Auszahlung des Managements von L. Auch die Auszahlung, die das Management von H bei Wahl einer Imitierungspolitik erhält, stimmt für die beiden als separierend betrachteten Offerten $(\hat{z}_r^L, P_r^L)$ und (z_r^L, P_r^L) überein. Folglich ist Restriktion (3.39) für $(\hat{z}_r^L, P_r^L)$ wiederum mit Gleichheit erfüllt; das Management von H besitzt deshalb keinen Anreiz, von der im First-best-Fall optimalen Rückerwerbsofferte abzuweichen. Somit bleibt festzuhalten: Die Rückerwerbsofferte $(\hat{z}_r^L, P_r^L)$ muss auf ein effizientes separierendes Gleichgewicht des modifizierten Rückerwerbsspiels führen, weil die Auszahlung des Managements von L bei Übergang auf $(\hat{z}_r^L, P_r^L)$ unverändert bleibt und kein Akteur einen Anreiz besitzt, von seiner Strategie abzuweichen.

Da die separierende Rückerwerbsofferte $(\hat{z}_r^L, P_r^L)$ im Falle einer vollständigen Zeichnung die Ausschüttung des gesamten freien Cashflows bewirkt, ist sie im Management-Aktionsraum des ursprünglichen Rückerwerbsspiels enthalten und führt – bei geeignet spezifizierten out-of-equilibrium beliefs – auf ein separierendes Bayes-Nash-Gleichgewicht des Ausgangsspiels. Wie bereits erläutert, muss dieses separierende Gleichgewicht effizient sein. Die Konditionen $(\hat{z}_r^L, P_r^L)$ der effizienten separierenden Rückerwerbsofferte des Ausgangsspiels sowie die Anzahl $\hat{z}_a^L$ der von den Kleinaktionären zum Rückerwerb angebotenen Aktien ergeben sich aus den folgenden drei Bedingungen:

$$\frac{V_H + c}{n + z} = \frac{V_H + k_H(c - \hat{z}_a^L P_r^L)}{n + z - \hat{z}_a^L} \tag{3.82}$$

$$P_r^L = \frac{V_L + k_L(c - \hat{z}_a^L P_r^L)}{n + z - \hat{z}_a^L} \tag{3.83}$$

$$\hat{z}_r^L P_r^L = c \tag{3.84}$$

Proposition 3.9 *Im effizienten separierenden Gleichgewicht realisiert das Management von L das höchste Ausschüttungsvolumen aller separierenden Gleichgewichte des Ausgangsspiels.*

Beweis: Zunächst ist festzuhalten, dass das Management von L in einem separierenden Gleichgewicht des Ausgangsspiels lediglich einen Teil des freien

(z_r^L, P_r^L) nun als ungleichgewichtig betrachtet wird. Wie sich leicht nachprüfen lässt, erreicht das Management von L bei Abgabe der Rückerwerbsofferte (z_r^L, P_r^L), die wegen Annahme 3.10 mit Wahrscheinlichkeit eins dem Management von H zugeordnet wird, eine geringere Auszahlung als im effizienten Ausgangsgleichgewicht.

Cashflows ausschüttet – dies ergibt sich aus Proposition 3.4. Die separierende Rückerwerbsofferte z_r^L des Managements von L wird folglich niemals vollständig gezeichnet, d.h. $z_r^L > z_a^L$. Aufgrund von $\mu(L|z_r^L) = 1$ und Lemma 3.3 setzt dies notwendigerweise voraus, dass der separierende Rückerwerbspreis $P_r^L < (V_L + c)/(n + z)$ erfüllt. Da das Management von L im effizienten separierenden Gleichgewicht eine positive Anzahl von Aktien zurückerwirbt – dies resultiert aus Lemma 3.10 und obiger Argumentation –, führt ein separierendes Gleichgewicht, in dem das Management von L keine Aktien zurückerwirbt ($z_a^L = 0$), auf ein geringeres Ausschüttungsvolumen des Managements von L als das effiziente separierende Gleichgewicht. Deshalb können nur solche separierenden Gleichgewichte das effiziente im Hinblick auf das Ausschüttungsvolumen übertreffen, in denen das Management von L eine positive Zahl von Aktien zurückerwerben kann: $z_a^L > 0$. Rückerwerbsofferten, die von den Kleinaktionären zwar nicht vollständig abgelehnt, aber auch nicht vollständig akzeptiert werden ($0 < z_a^L < z_r^L$), sind unter Teil (iv) von Lemma 3.3 zu subsumieren. Aufgrund von $\mu(L|z_r^L) = 1$ werden in Abhängigkeit vom Rückerwerbspreis P_r^L insgesamt

$$z_a^L = \frac{(n+z)P_r^L - (V_L + k_L c)}{(1-k_L)P_r^L}$$

Aktien getendert. Wegen

$$\frac{dz_a^L}{dP_r^L} = \frac{V_L + k_L c}{(1-k_L)(P_r^L)^2} > 0$$

steigt die Anzahl der zum Rückerwerb angebotenen Aktien mit zunehmendem Rückerwerbspreis. Folglich nimmt das Ausschüttungsvolumen $CF(P_r^L) = \min[z_r^L, z_a^L]P_r^L = z_a^L(P_r^L) \cdot P_r^L$ ebenfalls mit steigendem Rückerwerbspreis zu:

$$\frac{dCF}{dP_r^L} = \frac{dz_a^L}{dP_r^L} \cdot P_r^L + z_a^L > 0. \tag{3.85}$$

Die Auszahlung, die das Management von L in einem solchen separierenden Gleichgewicht erreicht, beträgt

$$U_L(z_r^L) = \frac{V_L + k_L(c - z_a^L \cdot P_r^L)}{n + z - z_a^L} = P_r^L.$$

Somit steigt auch die Auszahlung des Managements von L mit zunehmendem Rückerwerbspreis. Da das effiziente separierende Gleichgewicht dem Management von L die höchste Auszahlung aller separierenden Gleichgewichte verspricht, muss die effiziente separierende Rückerwerbsofferte des Managements von L mit dem höchsten Rückerwerbspreis aller separierenden Gleichgewichte ausgestattet sein. In Verbindung mit (3.85) hat dies zur Konsequenz, dass das Management von L im effizienten separierenden Gleichgewicht das höchste Ausschüttungsvolumen aller separierenden Gleichgewichte realisiert. ■

Abschließend bleibt die Frage zu klären, welche Aktienkursreaktionen das effiziente separierende Gleichgewicht impliziert. Im zugrunde liegenden Modellkontext lassen sich grundsätzlich zwei Ereignisse identifizieren, die eine Aktienkursänderung auslösen können: (1) die Ankündigung und (2) die Durchführung des Aktienrückerwerbs. Ein *Ankündigungseffekt* des Aktienrückerwerbs tritt auf, wenn der Aktienkurs P_0 vor Ankündigung des Rückerwerbs nicht mit dem Aktienkurs P_1 nach Ankündigung, aber vor Durchführung des Rückerwerbs übereinstimmt. Ein *Durchführungseffekt* des Aktienrückerwerbs lässt sich genau dann feststellen, wenn der Aktienkurs P_1 nach Ankündigung, aber vor Durchführung des Rückerwerbs vom Aktienkurs P_2 nach Durchführung des Rückerwerbs abweicht.

Da das betrachtete Gleichgewicht separierend ist, wird bereits mit der Ankündigung des Aktienrückerwerbs der zugrunde liegende Unternehmenstyp enthüllt. Folglich müssen die Aktienkurse P_1 und P_2 den wahren Unternehmenstyp widerspiegeln. Der Aktienkurs P_2 nach Durchführung des Rückerwerbs ist deshalb abhängig vom Unternehmenstyp und entspricht dem Anteil am Gesamtwert des – nach Ausschüttung verbleibenden – Unternehmensvermögens, der auf eine außenstehende Aktie entfällt.[49] Für ein Unternehmen vom Typ H, das den gesamten freien Cashflow im Wege eines Aktienrückerwerbs auskehrt, erhält man somit

$$P_2^H = \frac{V_H}{n+z-z_r^H} = \frac{V_H+c}{n+z}.$$

Da die effiziente separierende Rückerwerbsofferte (z_r^L, P_r^L) des Managements von L nicht in vollem Umfang akzeptiert wird $(z_a^L < z_r^L)$, notiert die Aktie eines Unternehmens vom Typ L nach Durchführung des Rückerwerbs zu folgendem Kurs:

$$P_2^L = \frac{V_L + k_L(c - z_a^L P_r^L)}{n+z-z_a^L}.$$

Der Rückerwerbspreis, den das Management von H (L) den Kleinaktionären offeriert, beträgt $P_r^H = (V_H+c)/(n+z)$ $(P_r^L = (V_L+k_L(c-z_a^L P_r^L))/(n+z-z_a^L))$

[49]Da die zurückerworbenen Aktien eingezogen werden, vermindert der Rückerwerb die Anzahl der außenstehenden Aktien.

und stimmt mit dem Aktienkurs überein, der sich nach Durchführung des Rückerwerbs einstellt. Das Unternehmensvermögen, das unter Berücksichtigung des gleichgewichtigen Ausschüttungsvolumens resultiert, wird somit gleichmäßig auf veräußernde und am Rückerwerb nicht teilnehmende Aktionäre aufgeteilt. Da die Kleinaktionäre das gleichgewichtige Rückerwerbsergebnis – die Anzahl der von den Kleinaktionären zum Rückerwerb angebotenen Aktien und das Ausschüttungsvolumen – antizipieren, muss der Aktienkurs nach Ankündigung, aber vor Durchführung des Rückerwerbs dem auf eine Aktie entfallenden Anteil am gleichgewichtigen Unternehmensvermögen entsprechen. Er stimmt mit dem Aktienkurs nach Durchführung des Rückerwerbs und dem Rückerwerbskurs überein:

$$P_1^H = \frac{V_H + c}{n+z} = \frac{V_H}{n+z-z_r^H} = P_r^H$$

$$P_1^L = \frac{V_L + k_L(c - z_a^L P_r^L) + z_a^L P_r^L}{n+z} = \frac{V_L + k_L(c - z_a^L P_r^L)}{n+z-z_a^L} = P_r^L.$$

Folglich löst die Durchführung des Aktienrückerwerbs weder bei einem Unternehmen vom Typ H noch bei einem Unternehmen vom Typ L Kursreaktionen aus. Wegen

$$P_1^L = P_r^L < \frac{V_L + c}{n+z} < \frac{V_H + c}{n+z} = P_r^H = P_1^H$$

ist der Aktienkurs eines Unternehmens vom Typ H nach Ankündigung des Rückerwerbs höher als derjenige eines Unternehmens vom Typ L.

Vor Ankündigung des Aktienrückerwerbs ist den Kleinaktionären lediglich die a priori-Wahrscheinlichkeitsverteilung über die beiden Unternehmenstypen bekannt. Darüber hinaus antizipieren sie die vom Unternehmenstyp abhängige Rückerwerbsstrategie und das damit verknüpfte Rückerwerbsergebnis. Aufgrund der Risikoneutralität der Kleinaktionäre muss der Aktienkurs vor Ankündigung des Rückerwerbs dem *Erwartungswert* der Aktienkurse nach Ankündigung des Aktienrückerwerbs entsprechen:

$$P_0 \;=\; \pi_L P_1^L + \pi_H P_1^H = \pi_L \cdot \frac{V_L + k_L(c - z_a^L P_r^L)}{n+z-z_a^L} + \pi_H \cdot \frac{V_H + c}{n+z}.$$

Da wegen $P_1^L < P_1^H$ und $0 < \pi_L < 1$ die Beziehung $P_1^L < P_0 < P_1^H$ gilt, bewirkt die Bekanntgabe der Konditionen des Aktienrückerwerbs in jedem

Falle eine Aktienkursreaktion. Die Ankündigung des Managements, z_r^H Aktien zum Preis von P_r^H zurückzuerwerben, löst einen Kursanstieg von P_0 auf $P_1^H = P_r^H$ aus. Einen *positiven* Ankündigungseffekt erhält man also dann, wenn die Rückerwerbsofferte mit einem Rückerwerbspreis ausgestattet ist, der über dem aktuellen Aktienkurs liegt. Eine solche Festpreisofferte signalisiert, dass das zugrunde liegende Unternehmen vom Typ H ist und bisher unterbewertet war. Wie bereits dargelegt, wird der positive Ankündigungseffekt einer Festpreisofferte durch eine Vielzahl von empirischen Untersuchungen bestätigt.[50] Dagegen bewirkt die Ankündigung des Managements, z_r^L Anteile zum Preis von P_r^L zurückzukaufen, einen Kursverfall von P_0 auf P_1^L. Mit dem effizienten separierenden Gleichgewicht ist also auch ein *negativer* Ankündigungseffekt des Aktienrückerwerbs vereinbar. Allerdings werden Festpreisofferten regelmäßig mit einem Rückerwerbspreis versehen, welcher den Börsenkurs zum Zeitpunkt der Bekanntgabe der Offerte überschreitet. Darüber hinaus ist ein negativer Ankündigungseffekt einer Festpreisofferte empirisch in der Regel nicht beobachtbar. Der negative Ankündigungseffekt lässt sich jedoch eliminieren, wenn man einen dritten Unternehmenstyp LL einführt, der über keinen freien Cashflow verfügt und zukünftige Investitionsrückflüsse verspricht, die geringer als diejenigen eines Unternehmens vom Typ L sind. Folglich besitzt LL den geringsten Unternehmenswert aller Unternehmenstypen. Die Ankündigung eines aus dem freien Cashflow finanzierten Aktienrückerwerbs enthüllt dann, dass das zugrunde liegende Unternehmen nicht vom Typ LL sein kann. Sofern die a-priori Wahrscheinlichkeit des Unternehmenstyps LL hinreichend hoch bzw. sein Unternehmenswert hinreichend klein ist, kann dann auch die Bekanntgabe der Rückerwerbsofferte z_r^L eine positive Aktienkursreaktion auslösen.

Ein Beispiel soll die Eigenschaften des effizienten separierenden Gleichgewichts veranschaulichen.

Beispiel 3.2 *Effizientes separierendes Gleichgewicht des Ausgangsspiels*

Für die in Beispiel 3.1 aufgeführte Parameterkonstellation wird diejenige Variablenkombination $(\hat{z}_a^L, \hat{z}_r^L, P_r^L, z_r^H, P_r^H)$ berechnet, die auf ein effizientes separierendes Gleichgewicht des Ausgangsspiels führt. Darüber hinaus wird das Ausmaß $\Delta P_i = P_1^i - P_0$ der Aktienkursreaktion bestimmt, die mit der Ankündigung der Rückerwerbsofferte z_r^i einhergeht ($i \in \{L, H\}$).

---

[50] Vgl. hierzu Abschnitt 2.4.1 und *Comment/Jarrell* (1991).

Variable	$\hat{z}_a^L$	$\hat{z}_r^L$	$U_L(\hat{z}_r^L)$	z_r^H	P_r^H	P_0	ΔP_L	ΔP_H
Werte	6.906	21.962	0.9124	15.294	1.308	1.070	-0.158	0.237

Tabelle 3.3: Effizientes separierendes Gleichgewicht – gleichgewichtige Variablenwerte im Beispiel

Vergleicht man die Auszahlung des Managements von L im effizienten separierenden Gleichgewicht mit den Auszahlungen, die es in den semi-poolenden Gleichgewichten erhält, drängt sich folgender Verdacht auf:[51] Im effizienten separierenden Gleichgewicht erreicht das Management von L eine höhere Auszahlung als in denjenigen Semi-Pooling-Gleichgewichten, in denen das Management von H die gepoolte Rückerwerbsofferte mit strikt positiver Wahrscheinlichkeit abgibt. Dass dies mehr als eine bloße Vermutung ist, zeigt sich im nächsten Abschnitt.

3.4.6 Vereinbarkeit der Gleichgewichte mit dem Intuitiven Kriterium von Cho und Kreps

Wie bereits in Abschnitt 3.4.2 dargelegt, verlangt die Konstruktion eines perfekten Bayes-Nash-Gleichgewichts des Rückerwerbsspiels die Bestimmung der wechselseitig besten Antworten der Kleinaktionäre auf alle zulässigen (positiven) Rückerwerbsofferten – auch auf solche, die im Gleichgewicht von keinem Managementtyp präsentiert werden. Die optimale Reaktionskombination der Kleinaktionäre auf eine Rückerwerbsofferte hängt wiederum davon ab, welchem Unternehmenstyp diese Rückerwerbsofferte zugewiesen wird. Folglich kommt man um die Spezifikation von Ungleichgewichtsvermutungen (out-of-equilibrium beliefs) nicht umhin: Es ist festzulegen, welchem Unternehmenstyp die Kleinaktionäre eine ungleichgewichtige Rückerwerbsofferte mit welcher Wahrscheinlichkeit zuordnen. Das Konzept eines perfekten Bayes-Nash-Gleichgewichts gibt hierzu jedoch keine Restriktionen vor, so dass erhebliche Freiheitsgrade bei der Spezifikation der Ungleichgewichtsvermutungen bestehen. Dies hat zur Konsequenz, dass das zugrunde liegende Rückerwerbsspiel eine Vielzahl von separierenden und semi-poolenden Gleichgewichten aufweist. All diese Gleichgewichte werden durch die in Annahme 3.8 spezifizierten out-of-equilibrium beliefs gestützt. Demnach gehen die Kleinaktionäre mit Wahrscheinlichkeit eins davon aus, dass eine ungleichgewichtige Rückerwerbsofferte

[51] Vgl. hierzu auch Tabelle 3.2 und die sich daran anschließende Diskussion.

$z_r \in \overline{Z}_{ug} = \{z_r \in Z | z_r \geq \frac{(n+z)c}{V_H/k_H+c}, z_r \neq z_r(H), z_r(L)\}$ vom Management eines Unternehmens vom Typ H abgegeben wurde.

Die Plausibilität einiger dieser Gleichgewichte ist jedoch in Frage zu stellen. So erscheint beispielsweise das in Proposition 3.5 charakterisierte separierende Gleichgewicht, in dem das Management von L im Ergebnis auf einen Aktienrückerwerb und damit auf eine Ausschüttung verzichtet, nicht völlig überzeugend. Die Zweifel an der Plausiblität dieses Gleichgewichts stützen sich dabei auf folgendes Argument: Ausgangspunkt ist eine ungleichgewichtige Rückerwerbsofferte $\hat{z}_r$, die sich von der gleichgewichtigen Offerte $z_r^L = (n+z)c/(V_L + k_L c)$ des Managements von L durch eine geringfügig geringere Zahl zurückzuerwerbender Aktien unterscheidet, d.h. $\hat{z}_r = z_r^L - \epsilon$ $(\epsilon > 0)$ und $\hat{P}_r = c/\hat{z}_r$. Für hinreichend kleines ϵ und alle denkbaren Ungleichgewichtsvermutungen $0 \leq \mu(L|\hat{z}_r) \leq 1$ kann eine solche Rückerwerbsofferte dem Management von H niemals eine höhere Auszahlung als die gleichgewichtige Offerte $z_r^H = (n+z)c/(V_H + c)$ versprechen, falls die Kleinaktionäre bei gegebener Ungleichgewichtsvermutung wechelseitig optimal reagieren. Selbst im günstigsten Fall – die Kleinaktionäre ordnen $\hat{z}_r$ mit Wahrscheinlichkeit $\mu(L|\hat{z}_r) = 1$ einem Unternehmen vom Typ L zu – bleibt die First-best-Offerte des Managements von H überlegen:

$$U_H(z_r^H) = \frac{V_H + c}{n + z} > \frac{V_H + k_H(c - \hat{z}_a \cdot \hat{P}_r)}{n + z - \hat{z}_a} = U_H(\hat{z}_r).$$

Dagegen erwiese sich $\hat{z}_r$ zumindest dann als lohnend für das Management von L, *wenn* die Kleinaktionäre mit Wahrscheinlichkeit $\mu(L|\hat{z}_r) = 1$ davon ausgingen, dass $\hat{z}_r$ vom Management eines Unternehmens vom Typ L abgegeben wurde.

Angenommen, die Kleinaktionäre sehen sich der ungleichgewichtigen Rückerwerbsofferte $\hat{z}_r$ gegenüber und stellen dazu folgende Überlegung an: „Da das Management von H bei Wahl von $\hat{z}_r$ immer – d.h. für alle möglichen Vermutungen – eine geringere Auszahlung als bei Wahl der gleichgewichtigen Offerte z_r^H erhält, können wir $\hat{z}_r$ niemals dem Management von H, sondern nur dem Management von L zuordnen. Wenn wir aber davon ausgehen, dass $\hat{z}_r$ vom Management von L stammt, dann zieht dieses $\hat{z}_r$ gegenüber der Gleichgewichtsofferte z_r^L vor. Deshalb muss $\hat{z}_r$ vom Management eines Unternehmens vom Typ L abgegeben worden sein.“ Wenn aber das Management von L diese Überlegung der Kleinaktionäre antizipiert, dann wird es anstelle der gleichgewichtigen Offerte z_r^L den Kleinaktionären das ungleichgewichtige Rückerwerbsangebot $\hat{z}_r$ unterbreiten. Akzeptiert man dieses intuitiv recht überzeugende, allerdings nicht völlig stichhaltige Argument, dann muss man das betrachtete Gleichgewicht ablehnen, denn es beruht auf der angreifbaren (out-of-equilibrium) Vermutung, dass die Ungleichgewichtsofferte $\hat{z}_r$ mit Wahrscheinlichkeit eins vom Management eines Unternehmens vom Typ H stammt.

Eine Verallgemeinerung dieses Arguments liegt dem Intuitiven Kriterium von *Cho/Kreps* (1987) zugrunde, welches das in der Literatur am weitesten verbreitete Konzept zur Eliminierung von Gleichgewichten darstellt, die durch unplausibel pessimistische out-of-equilibrium beliefs gestützt werden.[52] Im Kontext des zugrunde liegenden Rückerwerbsspiels genügt ein Gleichgewicht nicht dem Intuitiven Kriterium, wenn sich eine Ungleichgewichtsofferte $\hat{z}_r$ finden lässt, für die Folgendes gilt: Sei $S(\hat{z}_r)$ die Menge der Managementtypen, welche für alle möglichen out-of-equilibrium beliefs $\mu(i|\hat{z}_r)$ ($i \in \Theta = \{L, H\}$) und die dazugehörigen wechselseitig besten Antworten der Kleinaktionäre auf $\hat{z}_r$ im Gleichgewicht eine *strikt* höhere Auszahlung als bei Wahl von $\hat{z}_r$ erhalten. Angenommen, die Kleinaktionäre gehen davon aus, dass die Ungleichgewichtsofferte $\hat{z}_r$ niemals von einem Managementtyp aus $S(\hat{z}_r)$ stammt. Den out-of-equilibrium beliefs hinsichtlich $\hat{z}_r$ können somit nur solche Managementtypen zugrunde liegen, die nicht in $S(\hat{z}_r)$ enthalten sind, d.h. der Definitionsbereich von $\mu(\cdot|\hat{z}_r)$ ist $C \equiv \Theta \setminus S(\hat{z}_r)$. Wenn nun ein Managementtyp $i \in C$ existiert, der – für alle möglichen beliefs $\mu(\cdot|\hat{z}_r)$ mit Definitionsbereich C und die darauf basierenden wechselseitig besten Antworten der Kleinaktionäre – bei Wahl von $\hat{z}_r$ eine *strikt* höhere Auszahlung als im Gleichgewicht vereinnahmt, dann verletzt das betrachtete Gleichgewicht das Intuitive Kriterium. Besteht das Gleichgewicht diesen Test für *alle* möglichen Ungleichgewichtsofferten, so genügt es dem Intuitiven Kriterium.[53]

Im Folgenden werden die bisher analysierten Gleichgewichte des Rückerwerbsspiels auf ihre Vereinbarkeit mit dem Intuitiven Kriterium von *Cho/Kreps* geprüft.

---

[52]Zum Intuitiven Kriterium vgl. auch *Kreps/Sobel* (1994), S. 856-861. Im Schrifttum wurden neben dem Intuitiven Kriterium weitere so genannte *equilibrium-refinement* Kriterien entwickelt, die den Ungleichgewichtsvermutungen Plausibilitätsrestriktionen auferlegen. Solche refinement Kriterien finden sich bspw. bei *Grossman/Perry* (1986), *Banks/Sobel* (1987), *Mailath/Okuno-Fujiwara/Postlewaite* (1993) und *Ramey* (1996). Einen Überblick über equilibrium-refinement Konzepte geben *Fudenberg/Tirole* (1995), S. 437-472, *Hubert* (2000), S. 92-94, und *Riley* (2001), S. 444-447.

[53]Das Intuitive Kriterium ist nicht zuletzt deshalb angreifbar, weil es extrem hohe Anforderungen an die „Rationalität" der Akteure stellt. *Schmidt* (2001) bezeichnet solche Akteure, die sich auf das dem Intuitiven Kriterium genügende Gleichgewicht koordinieren können, als „hyperrational".

(1) **Separierende Gleichgewichte**. Untersucht wird zunächst ein beliebiges *ineffizientes* separierendes Gleichgewicht. In einem solchen Gleichgewicht wählt das Management von L mit Wahrscheinlichkeit eins eine Rückerwerbsofferte $z_r^L \in](n+z)c/(V_L+c), (n+z)c/(V_L+k_Lc)]$, welche die Anreizbedingung (3.23) des Managements von H als *strenge* Ungleichung erfüllt:

$$U_H(z_r^H) = \frac{V_H + c}{n+z} > \frac{V_H + k_H(c - z_a^L \cdot P_r^L)}{n+z-z_a^L},$$

wobei sich die Anzahl der von den Kleinaktionären zum Rückerwerb angebotenen Aktien aus

$$z_a^L = \frac{(n+z)P_r^L - (V_L + k_Lc)}{(1-k_L)P_r^L} < z_r^L$$

ergibt. Betrachtet wird nun eine ungleichgewichtige Rückerwerbsofferte $\hat{z}_r \in](n+z)c/(V_L+c), (n+z)c/(V_L+k_Lc)]$, die sich von der separierenden Offerte z_r^L des Managements von L durch eine geringfügig geringere Zahl zurückzuerwerbender Aktien ($\hat{z}_r = z_r^L - \epsilon$, $\epsilon > 0$ und hinreichend klein) und somit durch einen etwas höheren Rückerwerbspreis $\hat{P}_r = c/\hat{z}_r$ unterscheidet. Dabei ist die Ungleichgewichtsofferte $\hat{z}_r$ so zu konstruieren, dass sie der Anreizbedingung (3.23) auch dann als strikte Ungleichung genügt, wenn sie mit Wahrscheinlichkeit $\mu(L|\hat{z}_r) = 1$ einem Unternehmen vom Typ L zugeordnet wird:

$$U_H(z_r^H) > \frac{V_H + k_H(c - \hat{z}_a \cdot \hat{P}_r)}{n+z-\hat{z}_a}, \tag{3.86}$$

wobei die wechselseitig besten Antworten der Kleinaktionäre für $\mu(L|\hat{z}_r) = 1$ auf

$$\hat{z}_a = \frac{(n+z)\hat{P}_r - (V_L + k_Lc)}{(1-k_L)\hat{P}_r} < \hat{z}_r \tag{3.87}$$

führen.[54] Das Management von H kann gegenüber dem Gleichgewicht niemals eine höhere Auszahlung erhalten, wenn es auf $\hat{z}_r$ abweicht. Für $\mu(L|\hat{z}_r) = 1$ ergibt sich dies unmittelbar aus (3.86). Im Falle von $\mu(L|\hat{z}_r) < 1$ lässt sich die Behauptung durch folgendes Argument belegen: Gehen die Kleinaktionäre mit

[54]Eine solche Ungleichgewichtsofferte $\hat{z}_r$ lässt sich immer konstruieren, weil die separierende Offerte z_r^L des Managements von L Restriktion (3.23) als strikte Ungleichung erfüllt und $\epsilon \equiv z_r^L - \hat{z}_r$ ($\epsilon > 0$) beliebig klein gewählt werden kann.

hinreichend kleiner Wahrscheinlichkeit $\mu(L|\hat{z}_r) \leq \mu^*$ davon aus, dass die Rückerwerbsofferte $\hat{z}_r$ vom Management eines Unternehmens vom Typ L stammt, so ist die Bedingung

$$\hat{P}_r \leq \frac{\mu(L|\hat{z}_r)(V_L + k_L c) + \mu(H|\hat{z}_r)(V_H + k_H c)}{n+z} \tag{3.88}$$

erfüllt.[55] In diesem Fall bieten die Kleinaktionäre aufgrund der Teile (v) und (vi) von Lemma 3.3 keine Anteile zum Rückerwerb an, d.h. $\hat{z}_a = 0$. Das Management von H erhält dann bei Wahl von $\hat{z}_r$ eine Auszahlung in Höhe von

$$U_H(\hat{z}_r) = \frac{V_H + k_H c}{n+z} < \frac{V_H + c}{n+z}$$

und damit weniger als im Gleichgewicht. Im Falle von $\mu(L|\hat{z}_r) > \mu^*$ resultiert

$$\hat{P}_r > \frac{\mu(L|\hat{z}_r)(V_L + k_L c) + \mu(H|\hat{z}_r)(V_H + k_H c)}{n+z}. \tag{3.89}$$

Aus Lemma 3.3 folgt, dass die Kleinaktionäre in diesem Fall eine positive Zahl von Aktien tendern.[56] Diese Anzahl $z_a(\mu)$ ergibt sich implizit aus

$$\hat{P}_r = \frac{\mu \cdot (V_L + k_L(c - \hat{z}_a(\mu) \cdot \hat{P}_r)) + (1-\mu) \cdot (V_H + k_H(c - \hat{z}_a(\mu) \cdot \hat{P}_r))}{n + z - z_a(\mu)},$$

wobei $\mu \equiv \mu(L|\hat{z}_r)$.

Lemma 3.13 *Die Zahl $\hat{z}_a(\mu)$ der von den Kleinaktionären zum Rückerwerb angebotenen Aktien steigt mit zunehmendem μ: $d\hat{z}_a/d\mu > 0$ $(\forall \mu > \mu^*)$.*

Beweis: siehe Abschnitt 3.7, S. 243.

Für $\mu^* < \mu \leq 1$ vereinnahmt das Management von H bei Wahl von $\hat{z}_r$ eine Auszahlung von

$$U_H(\hat{z}_r) = \frac{V_H + k_H(c - \hat{z}_a(\mu) \cdot \hat{P}_r)}{n + z - \hat{z}_a(\mu)}.$$

Differenziation nach $\hat{z}_a$ führt auf

$$\frac{dU_H}{d\hat{z}_a} = \frac{-k_H \cdot \hat{P}_r \cdot (n + z - \hat{z}_a) + V_H + k_H(c - \hat{z}_a \cdot \hat{P}_r)}{(n+z-\hat{z}_a)^2}$$

$$= \frac{1}{n+z-\hat{z}_a} \cdot \left(\frac{V_H + k_H(c - \hat{z}_a \cdot \hat{P}_r)}{n+z-\hat{z}_a} - k_H \cdot \hat{P}_r \right).$$

[55] Wegen $\hat{P}_r < (V_L + c)/(n+z)$ in Verbindung mit der Parameterrestriktion $V_H \geq V_L/k_L + (1-k_H)c$ ist dies zumindest für $\mu^* = \mu(L|\hat{z}_r) = 0$ immer gegeben.

[56] Aufgrund von $\hat{P}_r < (V_L + c)/(n+z)$ wird die Rückerwerbsofferte $\hat{z}_r$ niemals – auch nicht für $\mu(L|\hat{z}_r) = 1$ – vollständig gezeichnet, d.h. $\min[\hat{z}_r, \hat{z}_a] = \hat{z}_a$.

Der Term in runden Klammern besitzt für $\hat{P}_r < (V_H/k_H + c)/(n+z)$ ein positives Vorzeichen. Da der Rückerwerbspreis der Ungleichgewichtsofferte $\hat{z}_r$ dieser Restriktion genügt ($\hat{P}_r < (V_L + c)/(n+z)$), resultiert $dU_H/d\hat{z}_a > 0$. In Verbindung mit Lemma 3.13 erhält man

$$\frac{dU_H}{d\mu} = \frac{dU_H}{d\hat{z}_a} \cdot \frac{d\hat{z}_a}{d\mu} > 0 \quad \text{für } \mu > \mu^*.$$

Somit steigt die mit $\hat{z}_r$ verknüpfte Auszahlung an das Management von H mit zunehmendem $\mu \equiv \mu(L|\hat{z}_r)$ und wird für $\mu(L|\hat{z}_r) = 1$ maximal. Wie bereits ausgeführt, ist die mit $\mu(L|\hat{z}_r) = 1$ einhergehende Auszahlung aus einer Imitierungspolitik jedoch geringer als die Gleichgewichtsauszahlung des Managements von H. Deshalb muss die für $\mu^* < \mu(L|\hat{z}_r) < 1$ resultierende Auszahlung die Gleichgewichtsauszahlung ebenfalls unterschreiten. Zusammenfassend bleibt festzuhalten: Die Ungleichgewichtsofferte $\hat{z}_r$ verspricht dem Management von H für alle zulässigen Vermutungen eine geringere Auszahlung als die Gleichgewichtsofferte z_r^H, d.h. $H \in S(\hat{z}_r)$.

Im Falle von $\mu(L|\hat{z}_r) = 1$ erhält das Management von L bei Abgabe der ungleichgewichtigen Rückerwerbsofferte $\hat{z}_r$ wegen $\hat{P}_r > P_r^L$ eine höhere Auszahlung als im Gleichgewicht:

$$U_L(z_r^L) = P_r^L < \hat{P}_r = U_L(\hat{z}_r).$$

Folglich ist L nicht in $S(\hat{z}_r)$ enthalten, d.h. $S(\hat{z}_r) = \{H\}$. Das Intuitive Kriterium verlangt nun, dass sich der Definitionsbereich der out-of-equilibrium beliefs $\mu(\cdot|\hat{z}_r)$ über $C = \{H\}$ erstreckt, was $\mu(L|\hat{z}_r) = 1$ impliziert. Wie soeben gezeigt, erhält dann das Management von L bei Wahl von $\hat{z}_r$ eine höhere Auszahlung als im Gleichgewicht. Dies führt auf ein wichtiges *Ergebnis*: Ein ineffizientes separierendes Gleichgewicht kann dem Intuitiven Kriterium von *Cho/Kreps* nicht genügen.

Es verbleibt zu prüfen, ob ein *effizientes* separierendes Bayes-Nash-Gleichgewicht mit dem Intuitiven Kriterium vereinbar ist. In einem solchen Gleichgewicht gibt das Management von L mit Wahrscheinlichkeit eins eine Rückerwerbsofferte $z_r^L \in](n+z)c/(V_L + k_L c), (n+z)c/(V_L + c)[$ ab, welche die Anreizbedingung (3.23) des Managements von H mit Gleichheit erfüllt:

$$\frac{V_H + c}{n+z} = \frac{V_H + k_H(c - z_a^L \cdot P_r^L)}{n + z - z_a^L}.$$

Dabei ergibt sich die Anzahl der Aktien, die von den Kleinaktionären zum

Rückererwerb angeboten werden, aus

$$z_a^L = \frac{(n+z)P_r^L - (V_L + k_L c)}{(1-k_L)P_r^L} < z_r^L.$$

Unmittelbar einsichtig ist, dass das effiziente separierende Gleichgewicht den aus dem Intuitiven Kriterium resultierenden Test im Hinblick auf solche ungleichgewichtigen Rückerwerbsofferten besteht, die durch $\hat{z}_r^1 < (n+z)c/(V_H + c)$ oder durch $\hat{z}_r^2 \geq (n+z)c/(V_L + k_L c)$ gekennzeichnet sind. Während die Kleinaktionäre $\hat{z}_r^1$ mit Wahrscheinlichkeit eins zeichnen, wird $\hat{z}_r^2$ vollständig zurückgewiesen – jeweils unabhängig von den (out-of-equilibrium) beliefs der Kleinaktionäre. Die Auszahlungen, welche die beiden Managementtypen bei Wahl solcher Offerten jeweils vereinnahmen, sind offensichtlich geringer als das, was sie im Gleichgewicht erhalten. Es verbleibt, das effiziente separierende Gleichgewicht gegenüber allen Ungleichgewichtsofferten aus dem Intervall $](n+z)c/(V_H+c), (n+z)c/(V_L+k_L c)[$ zu testen. Dieses Intervall wird in drei Subintervalle zerlegt.

(a) $\hat{z}_r \in]z_r^L, (n+z)c/(V_L + k_L c)[$ und $\hat{P}_r = c/\hat{z}_r$. Vermuten die Kleinaktionäre mit Wahrscheinlichkeit $\mu(L|\hat{z}_r) = 1$, dass eine solche Offerte $\hat{z}_r$ vom Management eines Unternehmens vom Typ L präsentiert wurde, werden insgesamt

$$\hat{z}_a^L = \frac{(n+z)\hat{P}_r - (V_L + k_L c)}{(1-k_L)\hat{P}_r} < \hat{z}_r$$

Aktien zum Rückerwerb getendert. Wegen $\hat{z}_r > z_r^L$ resultiert $\hat{P}_r < P_r^L$ und damit $\hat{z}_a < z_a^L$. Das Management von L erhält somit eine Auszahlung in Höhe von $U_L(\hat{z}_r) = \hat{P}_r < P_r^L = U_L(z_r^L)$ und deshalb weniger als im Gleichgewicht. Das Management von H vereinnahmt bei Abgabe von $\hat{z}_r$

$$U_H(\hat{z}_r) = \frac{V_H + k_H(c - \hat{z}_a \cdot \hat{P}_r)}{n+z-\hat{z}_a}.$$

Dass diese Auszahlung die Gleichgewichtsauszahlung

$$U_H(z_r^H) = \frac{V_H + c}{n+z} = \frac{V_H + k_H(c - z_a^L \cdot P_r^L)}{n+z-z_a^L}$$

unterschreitet, ergibt sich aus $\hat{z}_r > z_r^L$ in Verbindung mit

Lemma 3.14 *Angenommen,* $V_H/k_H > V_L/k_L$ *und* $z_r \in [(n+z)c/(V_L+c), (n+z)c/(V_L + k_L c)]$. *Dann folgt aus* $z_r^1 > z_r^2$ $(P_r^1 < P_r^2)$ *und* $\mu(L|z_r) = 1$

$$U_H(z_r^1) = \frac{V_H + k_H(c - z_a^1 \cdot P_r^1)}{n+z-z_a^1} < \frac{V_H + k_H(c - z_a^2 \cdot P_r^2)}{n+z-z_a^2} = U_H(z_r^2).$$

Beweis: siehe Abschnitt 3.7, S. 244.

Auch im Falle von $\mu(L|\hat{z}_r) < 1$ erhalten sowohl das Management von H als auch dasjenige von L bei Wahl von $\hat{z}_r$ eine strikt kleinere Auszahlung als im betrachteten Gleichgewicht. Dies lässt sich wie folgt begründen: Ordnen die Kleinaktionäre $\hat{z}_r$ mit hinreichend kleiner Wahrscheinlichkeit dem Management von L zu $(\mu(L|\hat{z}_r) \leq \mu^*)$, ist Bedingung (3.88) erfüllt. Dann werden von den Kleinaktionären keine Anteile zum Rückerwerb angeboten, d.h. $\hat{z}_a = 0$. Die Auszahlung des Managements von L beläuft sich auf

$$U_L(\hat{z}_r) = \frac{V_L + k_L c}{n+z}$$

und ist wegen $U_L(z_r^L) = P_r^L > (V_L + k_L c)/(n+z)$ geringer als die Gleichgewichtsauszahlung $U_L(z_r^L)$. Das Management von H erhält bei Wahl von $\hat{z}_r$ eine Auszahlung von

$$U_H(\hat{z}_r) = \frac{V_H + k_H c}{n+z} < \frac{V_H + c}{n+z} = U_H(z_r^H)$$

und damit weniger als im betrachteten Gleichgewicht. Für $\mu^* < \mu(L|\hat{z}_r) \leq 1$ ist Bedingung (3.89) erfüllt. Deshalb bieten die Kleinaktionäre eine positive Zahl von Aktien zum Rückerwerb an ($\hat{z}_a > 0$), die wegen Lemma 3.13 mit zunehmendem $\mu \equiv \mu(L|\hat{z}_r)$ ansteigt: $d\hat{z}_a/d\mu > 0\ \forall \mu > \mu^*$. Die Auszahlung

$$U_i(\hat{z}_a) \quad = \quad \frac{V_i + k_i(c - \hat{z}_a \cdot \hat{P}_r)}{n + z - \hat{z}_a}$$

des Managements von i verändert sich bei einer kleinen Variation von $\hat{z}_a$ entsprechend

$$\begin{aligned} \frac{dU_i}{d\hat{z}_a} &= \frac{-k_i \cdot \hat{P}_r \cdot (n+z-\hat{z}_a) + V_i + k_i(c - \hat{z}_a \cdot \hat{P}_r)}{(n+z-\hat{z}_a)^2} \\ &= \frac{1}{n+z-\hat{z}_a} \cdot \left(\frac{V_i + k_i(c - \hat{z}_a \cdot \hat{P}_r)}{n+z-\hat{z}_a} - k_i \cdot \hat{P}_r \right). \end{aligned} \tag{3.90}$$

Im Falle von $\hat{P}_r < (V_i/k_i + c)/(n+z)$ ist der Klammerterm positiv. Aufgrund von $\hat{z}_r > (n+z)c/(V_L + c)$ und $\hat{P}_r = c/\hat{z}_r$ muss der Rückerwerbspreis der Ungleichgewichtsofferte kleiner als $(V_L + c)/(n+z)$ sein, weshalb der Klammerterm von (3.90) für beide Unternehmenstypen ein positives Vorzeichen besitzen muss. Dies impliziert $dU_i/d\hat{z}_a > 0$ und in Verbindung mit $d\hat{z}_a/d\mu > 0$

$$\frac{dU_i}{d\mu} = \frac{dU_i}{d\hat{z}_a} \cdot \frac{d\hat{z}_a}{d\mu} > 0 \quad \forall i \in \{L, H\}.$$

Dies hat zur Konsequenz, dass die Auszahlung an das Management von i ($\forall i \in \{L, H\}$) für $\mu = \mu(L|\hat{z}_r) = 1$ maximal wird. Wie bereits gezeigt, unterschreitet die mit $\mu(L|\hat{z}_r) = 1$ verbundene Auszahlung die Gleichgewichtsauszahlung des Managements von i. Folglich erhält das Management von i ($\forall i \in \{L, H\}$) auch im Falle von $\mu^* < \mu(L|\hat{z}_r) < 1$ eine geringere Auszahlung als im betrachteten Gleichgewicht. Somit bleibt festzuhalten: Bei Wahl der Ungleichgewichtsofferte $\hat{z}_r \in]z_r^L, (n+z)c/(V_L + k_L c)[$ erreichen beide Managementtypen – für alle zulässigen Vermutungen und die damit einhergehenden wechselseitig besten Antworten der Kleinaktionäre – eine strikt kleinere Auszahlung als im Gleichgewicht, d.h. $S(\hat{z}_r) = \{L, H\}$ und $C = \emptyset$. Folglich genügt das effiziente separierende Gleichgewicht dem Intuitiven Kriterium im Hinblick auf solche ungleichgewichtigen Rückerwerbsofferten, die durch $\hat{z}_r \in]z_r^L, (n+z)c/(V_L + k_L c)[$ gekennzeichnet sind.

(b) $\hat{z}_r \in [(n+z)c/(V_L + c), z_r^L[$ und $\hat{P}_r = c/\hat{z}_r$. Aus der Menge der verbleibenden Ungleichgewichtsofferten $\hat{z}_r \in](n+z)c/(V_H + c), z_r^L[$ werden zunächst solche betrachtet, für die $(n+z)c/(V_L + c) \leq \hat{z}_r < z_r^L$ gilt. Im Falle von $\mu(L|\hat{z}_r) = 1$ erreicht das Management von L bei Wahl von $\hat{z}_r$ wegen $\hat{P}_r > P_r^L$ eine höhere Auszahlung als im Gleichgewicht: $U_L(\hat{z}_r) = \hat{P}_r > P_r^L = U_L(z_r^L)$. Aufgrund von Lemma 3.14 und $\hat{P}_r > P_r^L$ ist dies auch für das Management von H der Fall, so dass man $S(\hat{z}_r) = \emptyset$ und $C = \Theta \setminus S(\hat{z}_r) = \{L, H\}$ erhält. Dann ist auch die Ungleichgewichtsvermutung $\mu(H|\hat{z}_r) = 1$ zulässig, welche das effiziente separierende Gleichgewicht stützt und beiden Managementtypen den Abweichungsanreiz nimmt. Somit kann eine Ungleichgewichtsofferte $\hat{z}_r \in](n+z)c/(V_L + c), z_r^L[$ keinen Verstoß des effizienten separierenden Gleichgewichts gegen das Intuitive Kriterium herbeiführen.

(c) $\hat{z}_r \in](n+z)c/(V_H + c), (n+z)c/(V_L + c)[$. Im Falle von $\mu(L|\hat{z}_r) = 1$ wird eine solche Offerte wegen Teil (i) von Lemma 3.3 von jedem Kleinaktionär mit Wahrscheinlichkeit eins angenommen, d.h. $\hat{z}_a = z > \hat{z}_r$ für $\mu(L|\hat{z}_r) = 1$. Aufgrund von $\hat{z}_r > z_r^H = (n+z)c/(V_H + c)$ erhält das Management von H bei Wahl von $\hat{z}_r$ eine Auszahlung in Höhe von

$$U_H(\hat{z}_r) = \frac{V_H}{n + z - \hat{z}_r} > \frac{V_H}{n + z - z_r^H} = U_H(z_r^H)$$

und damit mehr als im Gleichgewicht. Dies impliziert $H \in C(\hat{z}_r)$. Folglich ist die Vermutung $\mu(H|\hat{z}_r) = 1$, auf die sich das effiziente separierende Gleichgewicht stützt, zulässig. Da in diesem Fall kein Managementtyp bei einer Abweichung auf $\hat{z}_r$ eine *strikt* höhere Auszahlung als im Gleichgewicht erreichen kann, passiert das effiziente separierende Gleichgewicht für alle Ungleichgewichtsofferten, die durch $\hat{z}_r \in](n+z)c/(V_L+c), (n+z)c/(V_H+c)[$ gekennzeichnet sind, das Intuitive Kriterium.

Folglich exisitiert keine Ungleichgewichtsofferte $\hat{z}_r$, für die das betrachtete effiziente separierende Gleichgewicht gegen das Intuitive Kriterium verstößt. Festzuhalten bleibt deshalb: Aus der Menge der separierenden Bayes-Nash-Gleichgewichte genügt nur das effiziente dem Intuitiven Kriterium von *Cho/ Kreps*.

(2) **Pooling-Gleichgewicht**. Im Pooling-Gleichgewicht des betrachteten Rückerwerbsspiels offerieren beide Managementtypen übereinstimmend den Rückerwerb von $z_r^* = (n+z)c/(V^*+c)$ Aktien zum Preis von

$$P^* = \frac{V^*+c}{n+z} = \frac{\pi_L \cdot V_L + \pi_H \cdot V_H + c}{n+z}.$$

Da die gepoolte Offerte z_r^* von den Kleinaktionären vollständig gezeichnet wird, erhält das Management von i eine Auszahlung in Höhe von

$$U_i(z_r^*) = \frac{V_i}{n+z-z_r^*} = \frac{V_i}{V^*}\frac{V^*+c}{n+z} \quad \forall i \in \{L, H\}.$$

Das Pooling-Gleichgewicht wird durch die Vermutung der Kleinaktionäre gestützt, dass eine ungleichgewichtige Rückerwerbsofferte $\hat{z}_r \in \overline{Z}_{ug} = \{\hat{z}_r \in Z | \hat{z}_r \neq z_r^* \wedge \hat{z}_r \geq (n+z)c/(V_H/k_H+c)\}$ mit Wahrscheinlichkeit $\mu(H|\hat{z}_r) = 1$ dem Management eines Unternehmens vom Typ H zuzuordnen ist. Daraus folgt unmittelbar: Das Pooling-Gleichgewicht besteht den aus dem Intuitiven Kriterium resultierenden Test für all jene ungleichgewichtigen Rückerwerbsofferten, die dem Management von H für mindestens eine zulässige Ungleichgewichtsvermutung eine höhere als die gleichgewichtige Auszahlung versprechen, d.h. $H \in C(\hat{z}_r)$. Deshalb kann das Pooling-Gleichgewicht nur für jene Ungleichgewichtsofferten $\hat{z}_r$ am Intuitiven Kriterium scheitern, die durch folgende zwei Eigenschaften charakterisiert sind: (1) Das Management von H – nicht aber dasjenige von L – zieht die Gleichgewichtsauszahlung der mit $\hat{z}_r$ einhergehenden für *alle* zulässigen Vermutungen strikt vor: $S(\hat{z}_r) = \{H\}$ und $C(\hat{z}_r) = \{L\}$. Dies impliziert $\mu(L|\hat{z}_r) = 1$. (2) Im Falle von $\mu(L|\hat{z}_r) = 1$ erhält das Management von L bei Wahl von $\hat{z}_r$ eine strikt höhere Auszahlung als im Gleichgewicht.[57] Es lässt sich jedoch durch Widerspruch zeigen, dass eine solche Rückerwerbsofferte nicht konstruiert werden kann.

---

[57]Unmittelbar einsichtig ist, dass alle Ungleichgewichtsofferten $\hat{z}_r$, für die $C(\hat{z}_r) = \emptyset$ resultiert, niemals einen Verstoß gegen das Intuitive Kriterium bewirken können.

Angenommen, es existiert (mindestens) eine Ungleichgewichtsofferte $\hat{z}_r$, welche die Eigenschaften (1) und (2) aufweist. Dann muss die Auszahlung, die das Management von H bei Wahl von $\hat{z}_r$ erhält, wegen $S(\hat{z}_r) = \{H\}$ *strikt* kleiner als die Gleichgewichtsauszahlung sein – für alle zulässigen Vermutungen und die jeweils wechselseitig besten Antworten der Kleinaktionäre:

$$U_H(z_r^*) = \frac{V_H}{V^*} \cdot \frac{V^* + c}{n + z} > \frac{V_H + k_H(c - \min[\hat{z}_a, \hat{z}_r] \cdot \hat{P}_r)}{n + z - \min[\hat{z}_a, \hat{z}_r]} = U_H(\hat{z}_r). \quad (3.91)$$

Da das Management von L die gepoolte Offerte – für alle zulässigen beliefs – sämtlichen Rückerwerbsofferten vorzieht, die durch $\hat{z}_r < (n+z)c/(V^* + c)$ oder $\hat{z}_r \geq (n+z)c/(V_L + k_L c)$ gekennzeichnet sind, muss $\hat{z}_r \in](n+z)c/(V^* + c), (n+z)c/(V_L + k_L c)[$ erfüllt sein; andernfalls würde ein Verstoß gegen Eigenschaft (1) vorliegen. Für $\mu(L|\hat{z}_r) = 1$ werden alle Ungleichgewichtsofferten $\hat{z}_r \in](n+z)c/(V^* + c), (n+z)c/(V_L + c)]$ von den Kleinaktionären vollständig gezeichnet. Beide Managementtypen präferieren in diesem Fall die mit der Ungleichgewichtsofferte $\hat{z}_r$ verknüpfte Auszahlung gegenüber der Gleichgewichtsauszahlung, was im Widerspruch zu Restriktion (3.91) bzw. Eigenschaft (1) steht. Die Eigenschaften (1) und (2) können somit nur noch von solchen Ungleichgewichtsofferten erfüllt werden, für die $\hat{z}_r \in](n+z)c/(V_L + c), (n+z)c/(V_L + k_L c)[$ gilt. Offerten aus diesem Intervall werden von den Kleinaktionären für $\mu(L|\hat{z}_r) = 1$ nicht in vollem Umfang gezeichnet, d.h. $\min[\hat{z}_r; \hat{z}_a] = \hat{z}_a$. Die Auszahlung, die das Management von L bei Abgabe einer solchen Offerte erreicht, beläuft sich auf

$$U_L(\hat{z}_r) = \frac{V_L + k_L(c - \hat{z}_a \cdot \hat{P}_r)}{n + z - \hat{z}_a} = \hat{P}_r;$$

die Anzahl der von den Kleinaktionären zum Rückerwerb angebotenen Aktien ergibt sich dabei aus

$$\hat{z}_a = \frac{(n+z)\hat{P}_r - (V_L + k_L c)}{(1 - k_L)\hat{P}_r}. \quad (3.92)$$

Folglich steigt die Auszahlung an das Management von L mit zunehmendem Rückerwerbspreis $\hat{P}_r$. Sei mit $\Delta(\hat{P}_r)$ die Differenz zwischen den Termen der linken und rechten Seite von (3.91) unter Beachtung von $\hat{z}_a < \hat{z}_r$ bezeichnet:

$$\Delta(\hat{P}_r) = \frac{V_H}{V^*} \cdot \frac{V^* + c}{n + z} - \frac{V_H + k_H(c - \hat{z}_a \cdot \hat{P}_r)}{n + z - \hat{z}_a}. \quad (3.93)$$

Bedingung (3.91) ist nur für solche $\hat{P}_r$ nicht verletzt, für die $\Delta(\hat{P}_r) > 0$ gilt. Seien diese Werte von $\hat{P}_r$ im Folgenden mit $\hat{P}_r^*$ bezeichnet, d.h. $\Delta(\hat{P}_r^*) > 0$. Einsetzen von (3.92) in (3.93) führt auf

$$\begin{aligned}\Delta(\hat{P}_r) &= \frac{V_H}{V^*}\cdot\frac{V^*+c}{n+z} - \frac{V_H + k_H(c - \frac{(n+z)\hat{P}_r-(V_L+k_Lc)}{(1-k_L)})}{n+z-\frac{(n+z)\hat{P}_r-(V_L+k_Lc)}{(1-k_L)\hat{P}_r}}\\ &= \frac{V_H}{V^*}\cdot\frac{V^*+c}{n+z} - \frac{(1-k_L)V_H + k_H(V_L+c-(n+z)\hat{P}_r)}{V_L+k_L\cdot c-k_L(n+z)\hat{P}_r}\cdot\hat{P}_r.\end{aligned}$$

Aufgrund von

$$\begin{aligned}\Delta\left(\frac{V_L+k_Lc}{n+z}\right) &= \frac{V_H}{V^*}\cdot\frac{V^*+c}{n+z} - \frac{(1-k_L)V_H + k_H(V_L+c-(V_L+k_Lc))}{V_L+k_L\cdot c-k_L(V_L+k_Lc)}\\ &\quad\times\frac{V_L+k_Lc}{n+z}\\ &= \frac{V_H+\frac{V_H}{V^*}\cdot c}{n+z} - \frac{V_H+k_Hc}{n+z} > 0\end{aligned}$$

und

$$\begin{aligned}\Delta\left(\frac{V_L+c}{n+z}\right) &= \frac{V_H}{V^*}\cdot\frac{V^*+c}{n+z} - \frac{(1-k_L)V_H + k_H(V_L+c-(V_L+c))}{V_L+k_L\cdot c-k_L(V_L+c)}\cdot\frac{V_L+c}{n+z}\\ &= \frac{V_H+\frac{V_H}{V^*}\cdot c}{n+z} - \frac{V_H+\frac{V_H}{V_L}\cdot c}{n+z} < 0\end{aligned}$$

sowie der Stetigkeit von $\Delta(\hat{P}_r)$ auf dem Intervall $[(V_L+k_Lc)/(n+z),(V_L+c)/(n+z)]$ existiert ein $\hat{P}_r^{sup} \in](V_L+k_Lc)/(n+z),(V_L+c)/(n+z)[$, so dass gilt: $\Delta(\hat{P}_r^{sup}) = 0$ und $\Delta(\hat{P}_r) < 0\ \forall \hat{P}_r > \hat{P}_r^{sup}$. Dies impliziert $\hat{P}_r^* < \hat{P}_r^{sup}$. Unter Berücksichtigung von $V_L/k_L > V_H/k_H$ – diese Parameterrestriktion ist gemäß Proposition 3.2 hinreichend für die Existenz des Pooling-Gleichgewichts – erhält man

$$\begin{aligned}U_L(\hat{z}_r^{sup}) &= \hat{P}_r^{sup} = \frac{V_L+k_L(c-\hat{z}_a^{sup}\cdot\hat{P}_r^{sup})}{n+z-\hat{z}_a^{sup}}\\ &= \frac{V_L}{V_H}\cdot\frac{V_H+\frac{V_H}{V_L}\cdot k_L(c-\hat{z}_a^{sup}\cdot\hat{P}_r^{sup})}{n+z-\hat{z}_a^{sup}}\\ &< \frac{V_L}{V_H}\cdot\frac{V_H+k_H(c-\hat{z}_a^{sup}\cdot\hat{P}_r^{sup})}{n+z-\hat{z}_a^{sup}}\\ &= \frac{V_L}{V_H}\cdot\frac{V_H+\frac{V_H}{V^*}c}{n+z} = \frac{V_L+\frac{V_L}{V^*}c}{n+z} = U_L(z_r^*).\end{aligned}$$

Wegen

$$U_L(\hat{z}_r^*) = \hat{P}_r^* < \hat{P}_r^{sup} = U_L(\hat{z}_r^{sup}) < U_L(z_r^*)$$

stellt sich das Management von L – ebenso wie dasjenige von H – im Falle von $\mu(L|\hat{z}_r^*) = 1$ schlechter, wenn es anstelle der gepoolten Rückerwerbsofferte z_r^* die Ungleichgewichtsofferte $\hat{z}_r^*$ wählt. Dies impliziert $C(\hat{z}_r^*) = \emptyset$, was im Widerspruch zu den eingangs angenommenen Eigenschaften (1) und (2) steht. Folglich existiert keine Ungleichgewichtsofferte $\hat{z}_r^*$, welche die Eigenschaften (1) und (2) erfüllt – und damit auch keine Ungleichgewichtsofferte, die einen Verstoß gegen das Intuitive Kriterium bewirkt. Somit bleibt festzuhalten: Das Pooling-Gleichgewicht genügt für die Parameterrestriktion $V_L/k_L > V_H/k_H$ dem Intuitiven Kriterium von *Cho* und *Kreps*.

(3) **Semi-Pooling Gleichgewichte**. In einem Semi-Pooling-Gleichgewicht gibt das Management von H mit Wahrscheinlichkeit $\sigma_H(z_r^H)$ die First-best-Rückerwerbsofferte z_r^H und mit der Gegenwahrscheinlichkeit $\sigma_H(\hat{z}_r) = 1 - \sigma_H(z_r^H)$ eine davon abweichende Offerte $\hat{z}_r \geq (n+z)c/(V_L/k_L + c)$ ab, für die sich auch das Management von L – mit Wahrscheinlichkeit $\sigma_L(\hat{z}_r) = 1$ – entscheidet. Folglich handelt es sich bei $\hat{z}_r$ um eine gepoolte Rückerwerbsofferte, die den Typ des zugrunde liegenden Unternehmens nicht enthüllt. Jedes Tripel $(\hat{P}_r, \hat{z}_a, \sigma_H(\hat{z}_r))$, welches die Restriktionen

$$\frac{V_H + c}{n+z} = \frac{V_H + k_H(c - \hat{z}_a \cdot \hat{P}_r)}{n + z - \hat{z}_a} \tag{3.94}$$

$$\sigma_H(\hat{z}_r) = \frac{\pi_L}{1-\pi_L} \cdot \frac{(n+z-\hat{z}_a)\cdot \hat{P}_r - (V_L + k_L(c - \hat{z}_a \cdot \hat{P}_r))}{V_H + k_H(c - \hat{z}_a \cdot \hat{P}_r) - (n+z-\hat{z}_a)\cdot \hat{P}_r} \tag{3.95}$$

$$0 < \sigma_H(\hat{z}_r) < 1 \tag{3.96}$$

$$\hat{P}_r \leq \frac{V_L/k_L + c}{n+z} \tag{3.97}$$

$$\hat{z}_a \leq z \tag{3.98}$$

erfüllt, führt bei geeignet spezifizierten out-of-equilibrium beliefs auf ein Semi-Pooling-Gleichgewicht. Das effiziente separierende Gleichgewicht kann als Grenzfall eines Semi-Pooling-Gleichgewichts interpretiert werden: Für $\sigma_H(\hat{z}_r) \to 0$

konvergiert die gepoolte Rückerwerbsofferte gegen die effiziente separierende Rückerwerbsofferte des Managements von L. Um die Semi-Pooling-Gleichgewichte im Hinblick auf das Intuitive Kriterium zu testen, bietet sich zunächst die Bestimmung desjenigen Semi-Pooling-Gleichgewichts an, welches dem Management von L die höchste Auszahlung verspricht (*effizientes* Semi-Pooling-Gleichgewicht). Lässt man das effiziente separierende Gleichgewicht als Grenzfall eines Semi-Pooling-Gleichgewichts zu, erhält man die effiziente semi-poolende Rückerwerbsofferte durch Maximierung von

$$U_L(\hat{z}_r) = \frac{V_L + k_L(c - \hat{z}_a \cdot \hat{P}_r)}{n + z - \hat{z}_a}$$

unter den Nebenbedingungen (3.94), (3.95), (3.97) und $0 \leq \sigma_H(\hat{z}_r) < 1$.

Lemma 3.15 *Das effiziente separierende Gleichgewicht – Grenzfall eines semipoolenden Gleichgewichts für $\sigma_H(\hat{z}_r) \to 0$ – führt auf die höchstmögliche Auszahlung, die das Management von L in einem semi-poolenden Gleichgewicht erreichen kann.*

Beweis: siehe Abschnitt 3.7, S. 245.

Vor diesem Hintergrund erscheint unmittelbar einleuchtend, dass ein semipoolendes Gleichgewicht, in dem das Management von H mit strikt positiver Wahrscheinlichkeit die gepoolte Rückerwerbsofferte abgibt ($\sigma_H(\hat{z}_r) > 0$), nicht dem Intuitiven Kriterium genügen kann. Ein solches Gleichgewicht scheitert an einer Ungleichgewichtsofferte $z_r \in]z_r^L, (n+z)c/(V_L + k_L c)[$, die mit einer etwas größeren Anzahl zurückzuerwerbender Aktien als die effiziente separierende Offerte z_r^L des Managements von L ausgestattet ist: $z_r = z_r^L + \epsilon$ ($\epsilon > 0$ und hinreichend klein). Wegen $P_r = c/z_r$ impliziert dies $P_r < P_r^L = c/(z_r - \epsilon)$.

Aufgrund von $z_r > (n+z)c/(V_L + c)$ ($P_r < (V_L + c)/(n+z)$) und Lemma 3.3 wird die Ungleichgewichtsofferte niemals vollständig gezeichnet ($z_a < z_r$). Weisen die Kleinaktionäre z_r mit hinreichend geringer Wahrscheinlichkeit $\mu \equiv \mu(L|z_r) \leq \mu^*$ dem Management von L zu, resultiert

$$P_r \leq \frac{\mu \cdot (V_L + k_L c) + (1 - \mu) \cdot (V_H + k_H c)}{n + z}.$$

In diesem Fall bieten die Kleinaktionäre keine Anteile zum Rückerwerb an, d.h. $z_a = 0$.[58] Im Falle von $\mu \equiv \mu(L|z_r) > \mu^*$ gilt

$$P_r > \frac{\mu \cdot (V_L + k_L c) + (1 - \mu) \cdot (V_H + k_H c)}{n + z};$$

[58] Aufgrund von $P_r < (V_L{+}c)/(n{+}z)$ und der Parameterrestriktion $V_H \geq V_L/k_L + (1-k_H)c$ ist dies für $\mu(L|z_r) = 0$ immer gegeben.

die Anzahl der zum Rückerwerb getenderten Anteile ist dann positiv ($z_a > 0$) und ergibt sich implizit aus[59]

$$P_r = \frac{\mu \cdot (V_L + k_L(c - z_a(\mu) \cdot P_r)) + (1 - \mu) \cdot (V_H + k_H(c - z_a(\mu) \cdot P_r))}{n + z - z_a(\mu)}.$$

Aufgrund von Lemma 3.13 steigt die Zahl der von den Kleinaktionären zum Rückerwerb angebotenen Aktien mit zunehmendem μ: $dz_a/d\mu > 0$ für $\mu > \mu^*$.

Das Management von H erreicht bei Wahl von z_r eine strikt kleinere Auszahlung als im Semi-Pooling-Gleichgewicht:

$$\frac{V_H + c}{n + z} > \frac{V_H + k_H(c - z_a(\mu) \cdot P_r)}{n + z - z_a(\mu)} \equiv U_H(z_a(\mu)) \quad \forall \mu. \tag{3.99}$$

Für $\mu = 1$ folgt dies unmittelbar aus Lemma 3.14 und $P_r < P_r^L$. Im Falle von $\mu^* < \mu < 1$ lässt sich dies wie folgt zeigen: Differenziation der rechten Seite von (3.99) nach z_a führt auf

$$\begin{aligned} \frac{dU_H}{dz_a} &= \frac{-k_H \cdot P_r \cdot (n + z - z_a) + V_H + k_H(c - z_a\, P_r)}{(n + z - z_a)^2} \\ &= \frac{1}{n + z - z_a} \left(-k_H \cdot P_r + \frac{V_H + k_H(c - z_a \cdot P_r)}{n + z - z_a} \right) \end{aligned}$$

Der Klammerterm ist für alle Rückerwerbspreise $P_r < (V_H/k_H + c)/(n + z)$ positiv. Da der Rückerwerbspreis der Ungleichgewichtsofferte z_r dieser Restriktion genügt ($P_r < (V_L + c)/(n + z)$), resultiert $dU_H/dz_a > 0$. Unter Berücksichtigung von $dz_a/d\mu > 0$ erhält man

$$\frac{dU_H}{d\mu} = \frac{dU_H}{dz_a} \cdot \frac{dz_a}{d\mu} > 0.$$

Somit steigt die mit z_r verknüpfte Auszahlung an das Management von H mit zunehmendem μ und wird für $\mu = 1$ maximal. Wie bereits ausgeführt, ist die mit $\mu = 1$ einhergehende Auszahlung jedoch geringer als die Gleichgewichtsauszahlung des Managements von H. Deshalb muss die für $\mu^* < \mu < 1$ resultierende Auszahlung die Gleichgewichtsauszahlung ebenfalls unterschreiten.

Im Falle von $\mu \leq \mu^*$ bieten die Kleinaktionäre keine Anteile zum Rückerwerb an ($z_a = 0$). Deshalb erhält das Management von H bei Wahl von z_r eine

[59] Wegen $P_r > (V_L + k_L c)/(n + z)$ bieten die Kleinaktionäre für $\mu(L|z_r) = 1$ immer eine positive Zahl von Aktien zum Rückerwerb an.

Auszahlung in Höhe von $U_H(z_r) = (V_H + k_H c)/(n+z) < (V_H + c)/(n+z)$ und damit weniger als im Gleichgewicht. Zusammenfassend bleibt festzuhalten: Die Ungleichgewichtsofferte z_r verspricht dem Management von H für alle zulässigen Vermutungen eine geringere Auszahlung als die Gleichgewichtsofferte, d.h. $H \in S(z_r)$.

Weicht das Management von L auf die Ungleichgewichtsofferte z_r ab, erreicht es im Falle von $\mu(L|z_r) = 1$ eine Auszahlung von

$$U_L(z_r) = \frac{V_L + k_L(c - z_a \cdot P_r)}{n + z - z_a} = P_r < P_r^L = c/(z_r - \epsilon).$$

Da das Management von H die gepoolte Rückerwerbsofferte im betrachteten Gleichgewicht mit strikt positiver Wahrscheinlichkeit $\sigma_H(\hat{z}_r) > 0$ abgibt, vereinnahmt das Management von L eine strikt kleinere Auszahlung als im effizienten separierenden Gleichgewicht, in dem es $U_L(z_r^L) = P_r^L$ erhält; dies ergibt sich aus Lemma 3.15. Wählt man ϵ hinreichend klein, dann überschreitet die aus der Ungleichgewichtsofferte z_r für $\mu(L|z_r) = 1$ resultierende Auszahlung die Auszahlung, die das Management von L im betrachteten Semi-Pooling-Gleichgewicht vereinnahmt. Dies impliziert $L \in C(z_r)$. Aufgrund von $H \in S(z_r)$ erhält man $C(z_r) = \{L\}$. Für die Ungleichgewichtsofferte z_r ist folglich nur noch die Vermutung $\mu(L|z_r) = 1$ zulässig. Dann präferiert aber das Management von L die mit z_r verknüpfte Auszahlung gegenüber der Gleichgewichtsauszahlung. Ein Semi-Pooling-Gleichgewicht, in dem das Management von H mit strikt positiver Wahrscheinlichkeit die gepoolte Rückerwerbsofferte präsentiert, verstößt somit gegen das Intuitive Kriterium.

Die in diesem Abschnitt gewonnenen Erkenntnisse lassen sich nun wie folgt zusammenfassen:

Proposition 3.10 *Aus der Menge der analysierten Gleichgewichte des Rückerwerbsspiels genügen nur das effiziente separierende Gleichgewicht und das Pooling-Gleichgewicht dem Intuitiven Kriterium von Cho und Kreps.*

3.5 Die Dividende als überlegenes Ausschüttungsinstrument?

Bei asymmetrischer Informationsverteilung erweist sich der Aktienrückerwerb aus der Perspektive der strategischen Aktionäre eines überbewerteten Unternehmens – dieses entspricht einem Unternehmen vom Typ L – aus zweierlei Gründen als problembefrachtetes Ausschüttungsinstrument. Zum einen gelingt es dem Management eines Unternehmens vom Typ L nur in einem *reinen* Pooling-Gleichgewicht, den gesamten freien Cashflow im Wege eines Aktienrückerwerbs auszuschütten. In einem *semi-poolenden* und in einem *separierenden Gleichgewicht* kann das Management von L hingegen lediglich einen Teil des freien Cashflows auskehren. Das resultierende Ausschüttungsvolumen ist ineffizient, weil der thesaurierte Teilbetrag des freien Cashflows nur noch unprofitablen Investitionsprojekten zugeführt bzw. von Managern auf mittleren und unteren Führungsebenen konsumiert wird. Gegenüber dem First-best-Fall geht dies mit einer Vernichtung von Aktionärsvermögen im Allgemeinen und mit einer Verminderung des Vermögens der strategischen Aktionäre im Besonderen einher – und in deren Interesse handelt schließlich das Management. Zum anderen stimmt der Rückerwerbspreis, den das Management von L den Kleinaktionären offeriert, lediglich in den *separierenden Gleichgewichten* mit dem anteiligen Unternehmensvermögen überein, das auf eine Aktie nach vollzogenem Rückerwerb entfällt. Im *reinen Pooling-Gleichgewicht* und in den *Semi-Pooling-Gleichgewichten* überschreitet der Rückerwerbspreis hingegen den auf eine Aktie entfallenden Anteil am Unternehmenswert, der sich unter Berücksichtigung des gleichgewichtigen Ausschüttungsvolumens ergibt – und damit auch den inneren Wert einer Aktie nach vollzogenem Rückerwerb. Folglich leisten die am Rückerwerb nicht teilnehmenden strategischen Aktionäre eines Unternehmens vom Typ L einen Vermögenstransfer an die veräußernden Kleinaktionäre. Im Vergleich zum First-best-Fall erleiden sie einen Vermögensverlust, was das Management von L grundsätzlich zu vermeiden wünscht. Festzuhalten bleibt: Bei asymmetrischer Informationsverteilung haben die strategischen Aktionäre eines Unternehmens vom Typ L (überbewertetes Unternehmen) eine Vermögenseinbuße gegenüber dem First-best-Fall hinzunehmen, weil ein Aktienrückerwerb eine Unterausschüttung und damit eine Verminderung des aufzuteilenden Aktionärsvermögens (separierendes Gleichgewicht, semi-poolendes Gleichgewicht) und/oder eine Vermögensverschiebung zu Lasten der strategischen Aktionäre von L (reines Pooling-Gleichgewicht, semi-poolendes Gleichgewicht) bewirkt.

Dies wirft nun die Frage auf, ob sich die bei asymmetrischer Informationsverteilung resultierenden Vermögenseinbußen der strategischen Aktionäre eines Unternehmens vom Typ L vermeiden lassen, wenn das Management anstelle eines Aktienrückerwerbs eine Dividendenzahlung als Ausschüttungsinstrument wählt. Ein wesentlicher Unterschied des Aktienrückerwerbs gegenüber einer

Dividendenzahlung ist darin zu sehen, dass den Aktionären bei einem Anteilsrückerwerb quasi eine Option auf Erhalt einer Ausschüttung eingeräumt wird, während sie bei einer Dividende zur Annahme einer Ausschüttungszahlung verpflichtet sind. Folglich können die Aktionäre eine – von der Hauptversammlung einmal beschlossene – Dividendenausschüttung nicht mehr blockieren. Ergo ist selbst bei asymmetrischer Informationsverteilung zwischen Management und Kleinaktionären eine Auskehrung des gesamten freien Cashflows *immer* dann möglich, wenn das Management eines Unternehmens vom Typ L auf eine Dividende als Ausschüttungsmechanismus rekurriert. Diese erweist sich somit als geeignetes Instrument, um eine Unterausschüttung und die damit einhergehenden Vermögenseinbußen der strategischen Aktionäre zu vermeiden. Darüber hinaus bewirkt die Durchführung eines Aktienrückerwerbs eine Vermögensverschiebung zwischen den Anteilsinhabern, wenn der Rückerwerbspreis nicht den inneren Wert einer Aktie reflektiert und nicht jeder Aktionär entsprechend seiner Beteiligungsquote am Rückerwerbsprogramm teilnimmt. Die Gefahr eines solchen Vermögenstransfers birgt eine Dividendenausschüttung nicht, weil jeder Anteilsinhaber *pro rata* am Ausschüttungsvolumen partizipiert. Eine Dividende zwingt deshalb auch die – zur Teilnahme an einem Aktienrückerwerb grundsätzlich nicht bereiten – strategischen Aktionäre eines Unternehmens vom Typ L zur Entgegennahme einer Ausschüttungszahlung. Dadurch werden sie vor einem nicht antizipierten Vermögenstransfer geschützt, den sie im Falle eines Aktienrückerwerbs immer dann an die veräußerungswilligen Kleinaktionäre zu leisten haben, wenn der Rückerwerbspreis gepoolt ist und deshalb den inneren Wert einer Aktie von L überschreitet.

Somit bleibt festzuhalten: Das im Interesse der strategischen Aktionäre handelnde Management eines Unternehmens vom Typ L wird eine Dividendenausschüttung gegenüber einem Aktienrückerwerb vorziehen, weil die mit einem Aktienrückerwerb bei asymmetrischer Informationsverteilung verbundenen Gefahren einer Unterausschüttung und einer Vermögensverschiebung zu Lasten der strategischen Aktionäre bei einer Dividendenzahlung nicht präsent sind. Es liegt deshalb nahe zu vermuten, dass sich eine Dividende aus der Perspektive des Managements von L als überlegenes Ausschüttungsinstrument erweist. Das Management von H wird grundsätzlich indifferent zwischen einer Dividendenausschüttung und einem Aktienrückerwerb sein, wenn das Management von L den freien Cashflow *immer* im Wege einer Dividendenausschüttung auskehrt; ist dagegen ein reines Pooling-Gleichgewicht möglich, in dem beide

Managementtypen eine übereinstimmende Rückerwerbsofferte abgeben, wird das Management von H einen Aktienrückerwerb tendenziell präferieren.

Die bisher geführte Argumentation setzt implizit voraus, dass eine Dividendenausschüttung auf der Ebene der strategischen Aktionäre nicht bzw. ebenso wie der bei einem Anteilsrückerwerb gegenüber einer Dividendenzahlung ceteris paribus vermiedene Aktienkursverfall besteuert wird. In der Bundesrepublik Deutschland ist diese Voraussetzung nur für strategische Aktionäre in Gestalt von Kapitalgesellschaften erfüllt, die sowohl Dividendenausschüttungen als auch Kursgewinne bei einer späteren Beteiligungsveräußerung steuerfrei vereinnahmen können.[60] Zur Gruppe der strategischen Aktionären gehört jedoch häufig auch das Management der ausschüttenden Aktiengesellschaft, das nicht zuletzt aufgrund von Sperrfristen für die Anteilsveräußerung nicht am Aktienrückerwerbsprogramm teilnehmen kann und in der Regel eine relativ kleine Beteiligung an der Gesellschaft hält. Ein steuerlich nicht wesentlich beteiligtes Management hat Dividendenausschüttungen grundsätzlich nach dem Halbeinkünfteverfahren zu versteuern, während die aus einem späteren Anteilsverkauf resultierenden zusätzlichen Kursgewinne regelmäßig nicht der Besteuerung unterliegen – die Sperrfrist für die Anteilsveräußerung ist in der Regel länger als die steuerliche Spekulationsfrist von einem Jahr. Deshalb wird das Management eine Ausschüttung im Wege eines Aktienrückerwerbs gegenüber einer Dividendenzahlung aus rein steuerlicher Sicht vorziehen.

Der Einbezug steuerlicher Aspekte führt nun zu einer Relativierung der These, dass das Management eines Unternehmens vom Typ L eine Dividendenausschüttung gegenüber einem Aktienrückerwerb strikt präferiert. Denn aus der Perspektive der strategischen Investoren, in deren Interesse das Management von L agiert, erweist sich ein Aktienrückerwerb gegenüber einer Dividendenausschüttung dann als vorteilhaft, wenn die von den strategischen Investoren zu tragenden Kosten eines Aktienrückerwerbs – Vermögensvernichtung aufgrund einer Unterausschüttung und/oder Vermögenstransfer an die veräußernden Aktionäre – die Kosten einer Dividendenausschüttung in Gestalt der aus der (höheren) Steuerlast resultierenden Vermögenseinbuße unterschreiten. Eine Antwort auf die Frage, für welche Parameterkonstellationen ein Aktienrückerwerb aus der Sicht des Managements von L einer Dividendenausschüttung überlegen ist, kann allerdings nur mit Hilfe eines formalen Mo-

---

[60] Damit wird unterstellt, dass die strategischen Aktionäre zu einem – gegebenenfalls sehr weit in der Zukunft liegenden – Zeitpunkt nach Durchführung des Aktienrückerwerbsprogramms ihre Anteile an der Gesellschaft veräußern.

dells gegeben werden, in dem Aktienrückkäufe und Dividendenausschüttungen simultan berücksichtigt werden. Allerdings wird das Management von L niemals bereit sein, den gesamten freien Cashflow im Wege einer Dividende auszuschütten. Diese These stützt sich auf folgendes Argument: Bei symmetrischer Informationsverteilung und im Falle einer höheren steuerlichen Belastung von Dividendenausschüttungen gegenüber Veräußerungsgewinnen präferiert das Management eines Unternehmens vom Typ H eine Ausschüttung im Wege eines Aktienrückerwerbs gegenüber einer Dividendenzahlung. Dann kann das Management von L jedoch bei asymmetrischer Informationsverteilung den zugrunde liegenden Unternehmenstyp signalisieren, indem es *einen Teil* des freien Cashflows im Wege einer Dividendenausschüttung auskehrt und den verbleibenden Betrag des freien Cashflows mit Hilfe eines Aktienrückerwerbs ausschüttet. Das Volumen der Dividendenausschüttung hat das Management von L dabei so zu wählen, dass das Management von H keinen Anreiz besitzt, von seiner First-best-Ausschüttungspolitik – der Auskehrung des gesamten freien Cashflows im Wege eines Aktienrückerwerbs – auf die Ausschüttungspolitik des Managements von L abzuweichen. Hierzu ist auf *keinen Fall* die Ausschüttung des gesamten freien Cashflows im Wege einer Dividende erforderlich. Thesaurierung und zu versteuernde Dividendenausschüttung stellen somit konkurrierende *Signale* dar, mit denen das Management von L den Kleinaktionären den wahren Unternehmenstyp enthüllen kann.[61] Diese Argumentation führt zur Formulierung der folgenden beiden Hypothesen:

(1) Unterliegt eine Dividendenausschüttung einer stärkeren Besteuerung als der bei einem Anteilsrückerwerb ceteris paribus vermiedene Aktienkursrückgang, dann wird das Management eines Unternehmens vom Typ H einen Aktienrückerwerb als Ausschüttungsinstrument wählen.

(2) Unterliegt eine Dividendenausschüttung einer stärkeren Besteuerung als der bei einem Anteilsrückerwerb ceteris paribus vermiedene Aktienkursrückgang, dann wird das Management eines Unternehmens vom Typ L den freien Cashflow zumindest teilweise mit Hilfe eines Aktienrückerwerbs ausschütten und den gegebenenfalls verbleibenden Restbetrag des freien Cashflows thesaurieren und/oder im Wege einer Dividende an die Anteilsinhaber auskehren.

[61] Wie bereits ausgeführt, konstruieren *Lucas/McDonald* (1998) ein Modell, in dem eine Dividendenausschüttung als Signal zur Überwindung des mit einem Aktienrückerwerb verbundenen Problems der adversen Selektion dient. Einen ähnlichen Weg schlagen *Chowdry/Nanda* (1994) ein.

Eine Ausschüttung des gesamten freien Cashflows in Gestalt einer Dividendenzahlung ist unter keinen Umständen optimal.

Aus diesen beiden Hypothesen folgt, dass alle Unternehmen ihren freien Cashflow zumindest partiell im Wege eines Aktienrückerwerbs an die Anteilsinhaber auskehren. Empirisch ist dies jedoch nicht beobachtbar. Allerdings sind die empirischen Untersuchung von *Bagwell/Shoven* (1989) und *Pellens/Schremper* (2000) ein Indiz dafür, dass die unterschiedliche steuerliche Behandlung von Dividenden und Aktienrückkäufen bzw. Veräußerungsgewinnen einen relativ geringen Einfluss auf die Wahl der optimalen Ausschüttungspolitik besitzt. Wird den Steuerwirkungen der Ausschüttungsinstrumente jedoch keine praktische Bedeutung beigemessen, so sind allein die mit einem Aktienrückerwerb verbundenen Kosten der adversen Selektion relevant. Dann lassen sich folgende Tendenzaussagen formulieren: (1) Das Management eines a priori überbewerteten Unternehmens (Unternehmenstyp L) schüttet den freien Cashflow im Wege einer Dividende aus. (2) Das Management eines a priori unterbewerteten Unternehmens (Unternehmenstyp H) ist indifferent zwischen einer Dividendenausschüttung und einem Aktienrückerwerb. (3) Die Ankündigung eines Aktienrückerwerbs löst eine positive abnormale Aktienkursreaktion aus. Der Ankündigungseffekt eines Aktienrückerwerbs ist stärker als derjenige einer Dividende. (4) Zur Ausschüttung des freien Cashflows werden Dividendenzahlungen wesentlich häufiger als Aktienrückkäufe verwendet.[62] Diese Aussagen stehen im Einklang mit der Empirie.

3.6 Zusammenfassung der Modellergebnisse

Die nachfolgende Liste stellt die wichtigsten Erkenntnisse zusammen, die aus der Analyse des Rückerwerbsspiels gewonnen werden konnten.

(1) Bei symmetrischer Informationsverteilung (First-best-Fall) existiert ein teilspielperfektes Nash-Gleichgewicht, in dem das Management eines Unter-

[62] Um diese Aussage zu begründen, muss eine hinreichend große Anzahl unterschiedlicher Unternehmenstypen angenommen werden. Bei Verwendung eines Aktienrückerwerbs als Ausschüttungsinstrument ist dann nur das Management des Unternehmenstyps mit der höchsten Qualität niemals der Gefahr einer adversen Selektion ausgesetzt. Dem Management jedes anderen Unternehmenstyps drohen dagegen die mit einem Aktienrückerwerb verbundenen Kosten der adversen Selektion, die sich durch Rückgriff auf eine Dividendenausschüttung vermeiden lassen. Deshalb wird nur das Management des Unternehmens mit dem höchsten Wert indifferent zwischen einem Aktienrückerwerb und einer Dividendenausschüttung sein.

nehmens vom Typ i ($i \in \{L, H\}$) den gesamten freien Cashflow im Wege eines Aktienrückerwerbs auskehrt. Das resultierende Ausschüttungsvolumen maximiert den Gesamtwert des Aktionärsvermögens und ist somit effizient. Der Rückerwerbspreis entspricht dem inneren Wert einer Aktie nach vollzogenem Rückerwerb, so dass keine Vermögenstransfers zwischen veräußernden und nicht am Rückerwerb teilnehmenden Aktionären stattfinden. Dies impliziert eine gleichmäßige Aufteilung des Vermögens auf alle Aktionäre.

(2) Bei asymmetrischer Informationsverteilung (Second-best-Fall) existieren in Abhängigkeit von der zugrunde liegenden Parameterkonstellation Pooling-, Semi-Pooling- und separierende Gleichgewichte.

(3) Ein Pooling-Gleichgewicht ist dadurch charakterisiert, dass das Management von L und dasjenige von H übereinstimmende Rückerwerbsofferten wählen. Die gepoolte Rückerwerbsofferte gibt somit keinerlei Informationen über den zugrunde liegenden Unternehmenstyp preis. Da sie von den Kleinaktionären in vollem Umfang angenommen wird, kann der gesamte freie Cashflow ausgeschüttet werden. Das resultierende Ausschüttungsvolumen ist folglich effizient.

(4) Im Pooling-Gleichgewicht leisten die am Anteilsrückerwerb nicht teilnehmenden Aktionäre eines Unternehmens vom Typ L – und hierzu gehören auch die strategischen Aktionäre – einen Vermögenstransfer an die veräußernden Aktionäre. Ursächlich hierfür ist, dass der gepoolte Rückerwerbspreis den auf eine Aktie entfallenden Anteil am Gesamtwert eines Unternehmens vom Typ L überschreitet. Dieser muss dann wiederum höher als der innere Wert einer Aktie von L nach vollzogenem Rückerwerb sein. Gemessen am First-best-Fall erleiden die strategischen Aktionäre von L im Pooling-Gleichgewicht eine Vermögenseinbuße.

(5) Die Ankündigung der gepoolten Rückerwerbsofferte, die sich auch als Offenmarktrückkauf interpretieren lässt, impliziert keine bzw. eine leicht positive abnormale Aktienkursreaktion. Dies steht im Einklang mit den Ergebnissen empirischer Untersuchungen zu Offenmarktrückkäufen.

(6) In einem Semi-Pooling-Gleichgewicht spielt das Management von H eine gemischte Strategie: Es randomisiert über seine First-best-Offerte und eine davon abweichende Rückerwerbsofferte $\hat{z}_r$, die mit Wahrscheinlichkeit eins auch vom Management eines Unternehmens vom Typ L gewählt wird. Damit ist $\hat{z}_r$ eine gepoolte Offerte. Diese wird von den Kleinaktionären nur teilweise gezeichnet, so dass der freie Cashflow eines Unternehmens vom Typ L mit

Wahrscheinlichkeit eins und derjenige eines Unternehmens vom Typ H mit positiver Wahrscheinlichkeit nicht vollständig ausgekehrt werden können. Das Management von L realisiert deshalb mit Wahrscheinlichkeit eins ein ineffizientes Ausschüttungsvolumen, dasjenige von H mit positiver Wahrscheinlichkeit (Unterausschüttungsproblem).

(7) Gegenüber dem First-best-Fall haben die strategischen Aktionäre eines Unternehmens vom Typ L in einem Semi-Pooling-Gleichgewicht des Second-best-Falls aus zweierlei Gründen Vermögenseinbußen hinzunehmen. Zum einen steht aufgrund des zu geringen und damit ineffizienten Ausschüttungsvolumens ein im Vergleich zum First-best-Fall kleineres Unternehmensvermögen zur Aufteilung auf die Aktionäre zur Verfügung. Zum anderen überschreitet der gepoolte Rückerwerbspreis den wahren Wert einer Aktie von L bei gleichmäßiger Vermögensaufteilung, so dass die am Aktienrückerwerb nicht teilnehmenden strategischen Aktionäre einen Vermögenstransfer an die veräußernden Aktionäre leisten.

(8) Ein Semi-Pooling-Gleichgewicht impliziert folgende Aktienkursreaktionen: Während die Ankündigung der First-best-Offerte des Managements von H einen Aktienkursanstieg bewirkt, löst die Bekanntgabe der gepoolten Rückerwerbsofferte einen Aktienkursverfall aus. Dies steht nur teilweise in Einklang mit der Empirie zum Aktienrückerwerb. Führt man jedoch einen dritten Unternehmenstyp ein, der einen geringeren Unternehmenswert als L aufweist und über keinen freien Cashflow verfügt, so ist die Ankündigung einer Ausschüttung im Wege eines Aktienrückerwerbs bereits ein positives Signal. Dann kann auch die Bekanntgabe der gepoolten Rückerwerbsofferte eine leicht positive Aktienkursreaktion nach sich ziehen; die Ankündigung der First-best-Offerte des Managements von H geht in diesem Fall mit einer stärkeren positiven Aktienkursreaktion einher. Interpretiert man die gepoolte Offerte als Offenmarktrückerwerb und die First-best-Offerte des Managements von H als Festpreisofferte, dann stimmen die Aktienkursreaktionen, die das zugrunde liegende Modell impliziert, mit den empirisch beobachtbaren völlig überein.

(9) In Abhängigkeit von der zugrunde liegenden Parameterkonstellation und der Spezifikation der Ungleichgewichtsvermutungen können eine Vielzahl separierender Gleichgewichte existieren. Diese sind dadurch charakterisiert, dass das Management von H seine First-best-Offerte und das Management von L eine davon abweichende Rückerwerbsofferte präsentieren. Da die Kleinaktionäre die separierende Rückerwerbsofferte des Managements von L nur teil-

weise zeichnen, verbleibt ein Teilbetrag des freien Cashflows im Unternehmen. Das Management von L realisiert in einem separierenden Gleichgewicht somit ein ineffizientes Ausschüttungsvolumen (Unterausschüttungsproblem).

(10) Ein effizientes separierendes Gleichgewicht eines modifizierten Rückerwerbsspiels, in dem sich das Management verpflichten kann, nur einen Teil des freien Cashflows im Wege eines Aktienrückerwerbs auszukehren, weist folgende Eigenschaften auf: (a) Das Management von L erwirbt eine positive Anzahl von Aktien zurück, d.h. das Ausschüttungsvolumen ist positiv. (b) Das Management von L kehrt nur einen Teil des freien Cashflows im Wege eines Aktienrückerwerbs aus; das resultierende Ausschüttungsvolumen ist somit ineffizient. (c) Das Management von L wählt die Anzahl der zurückzuerwerbenden Aktien sowie den Rückerwerbspreis genau so, dass das Management von H indifferent zwischen einer Imitierung der Rückerwerbsofferte des Managements von L und der First-best-Offerte ist. (d) Das Management von L legt den Rückerwerbspreis so fest, dass ein veräußerender Kleinaktionär im Gleichgewicht dieselbe Auszahlung wie ein am Rückerwerb nicht teilnehmender Kleinaktionär erhält. (e) In der Regel existieren separierende Gleichgewichte, in denen das Management von L höhere Ausschüttungsvolumina als im effizienten separierenden Gleichgewicht realisieren kann.

(11) Im effizienten separierenden Gleichgewicht des ursprünglichen Rückerwerbsspiels bestimmt das Management von L die Anzahl der zurückzuerwerbenden Aktien genau so, dass das Management von H bei Wahl einer Imitierungspolitik dieselbe Auszahlung wie bei Wahl der First-best-Offerte erhält. In diesem Gleichgewicht realisiert das Management von L ein höheres Ausschüttungsvolumen als in allen anderen separierenden Gleichgewichten des Rückerwerbsspiels.

(12) Die Ankündigung der separierenden Offerte des Managements von H bewirkt eine relativ stärkere positive Aktienkursreaktion als die Bekanntgabe der effizienten separierenden Offerte des Managements von L. Darüber hinaus schüttet das Management von H den gesamten freien Cashflow aus, während das Management von L im effizienten separierenden Gleichgewicht nur einen Teilbetrag des freien Cashflows auskehren kann. Die empirische Beobachtung, dass das Ausmaß des Aktienkursanstiegs mit zunehmendem Ausschüttungsvolumen ansteigt, ist deshalb mit dem effizienten separierenden Gleichgewicht grundsätzlich vereinbar.

(13) Lediglich das effiziente separierende Gleichgewicht sowie das Pooling-Gleichgewicht genügen dem Intuitiven Kriterium von *Cho/Kreps*, welches ein relativ schwaches refinement-Kriterium zur Eliminierung solcher Bayes-Nash-Gleichgewichte darstellt, die auf unplausibel pessimistischen Ungleichgewichtsvermutungen der Kleinaktionäre beruhen.

(14) Steht dem Management neben einem Aktienrückerwerb auch eine Dividendenzahlung als Ausschüttungsinstrument zur Verfügung und werden Dividendenausschüttungen und Aktienrückkäufe steuerlich identisch behandelt, dann wird das Management von L den gesamten freien Cashflow im Wege einer Dividendenzahlung auskehren. Dadurch lassen sich die mit einem Aktienrückerwerb verknüpften Kosten der adversen Selektion vollständig vermeiden. Verzichtet das Management von L jedoch auf einen Aktienrückerwerb, dann ist das Management von H indifferent zwischen einer Dividendenausschüttung und einem Aktienrückerwerb. Bei Vernachlässigung der Besteuerung erweist sich eine Dividendenzahlung zumindest für all jene Unternehmen, die nicht der „besten Kategorie" zuzuordnen sind, als überlegenes Ausschüttungsinstrument.

3.7 Beweise

Beweis von Lemma 3.5

Die Beweisführung erfolgt in drei Schritten:

(i) In einem ersten Schritt wird gezeigt, dass eine als separierend betrachtete Rückerwerbsofferte $z_r^L \leq (n+z)c/(V_L+c) \equiv z_r^*$ niemals die Restriktionen (3.23) und (3.24) simultan erfüllen kann. Zunächst ist festzuhalten, dass die Offerte $z_r^L = z_r^H < z_r^*$ des Managements von L nicht separierend sein kann, weil das Management von H bereits die Offerte z_r^H abgibt. Angenommen, das Angebot des Managements von L, $z_r^L < z_r^H$ Aktien zum Preis von $P_r^L = c/z_r^L > (V_H+c)/(n+z)$ zurückzuerwerben, sei separierend. Aufgrund von $\mu(L|z_r^L) = 1$ und Teil (i) von Lemma 3.3 tendert jeder Kleinaktionär k ($\forall k \in [0,K]$) seinen Aktienbesitz mit Wahrscheinlichkeit $\alpha_k(t|z_r^L) = 1$ ($\forall k \in [0,K]$), so dass insgesamt $z_a = z > z_r^L$ Anteile zum Rückerwerb angeboten werden. Somit gelingt der Rückerwerb in vollem Umfang. Die Auszahlung an das Management von L beläuft sich in diesem Fall auf $U_L(z_r^L) = V_L/(n+z-z_r^L) < V_L/(n+z-z_r^H) = \frac{V_L}{V_H} \cdot \frac{V_H+c}{n+z}$, was im Widerspruch zu Restriktion (3.24) steht. Folglich kann eine Offerte $z_r^L < z_r^H$ nicht separierend sein.

Angenommen, eine Rückerwerbsofferte z_r^L, die durch $z_r^H < z_r^L < (n+z)c/(V_L+c)$ gekennzeichnet ist, sei separierend. Der Rückerwerbskurs beträgt dann $P_r^L = c/z_r^L > (V_L+c)/(n+z)$. Wegen $\mu(L|z_r^L) = 1$ und Teil (i) von Lemma 3.3 folgt, dass jeder Kleinaktionär k seinen Aktienbestand mit Wahrscheinlichkeit $\alpha_k(t|z_r^L) = 1$ tendert ($\forall k \in [0, K]$). Insgesamt werden dann $z > z_r^L$ Aktien zum Rückerwerb angeboten, der im geplanten Umfang realisiert werden kann. Gibt das Management von H eine solche Offerte ab, erhält es eine Auszahlung von $V_H/(n+z-z_r^L) > V_H/(n+z-z_r^H) = (V_H+c)/(n+z)$, d.h. eine solche Offerte verletzt Restriktion (3.23) und kann deshalb nicht separierend sein.

Angenommen, die Offerte, $z_r^L = (n+z)c/(V_L+c)$ Aktien zum Preis von $P_r^L = (V_L+c)/(n+z)$ zurückzuerwerben, sei separierend. Aufgrund $\mu(L|z_r^L) = 1$ und Teil (iii) von Lemma 3.3 tendern $I = z_a^L \cdot K/z$ Aktionäre mit Wahrscheinlichkeit $\alpha_k(t|z_r^L) = 1$ ($\forall k \in [0, I]$), während die verbleibenden $K - I$ Aktionäre die Offerte mit Wahrscheinlichkeit eins ($\alpha_k(t|z_r^L) = 0$ $\forall k \in (I, K]$) ablehnen. Insgesamt werden $z_a^L \geq z_r^L$ Aktien getendert. Unterbreitet das Management von H eine solche Offerte, vereinnahmt es eine Auszahlung in Höhe von $V_H/(n+z-z_r^L) > V_H/(n+z-z_r^H) = (V_H+c)/(n+z)$, was eine Verletzung von Restriktion (3.23) zur Folge hat. Somit kann $z_r^L = (n+z)c/(V_L+c)$ nicht separierend sein.

Zusammenfassend bleibt festzuhalten, dass - von einer Ausnahme abgesehen - alle Rückerwerbsofferten, welche durch $z_r^L \leq (n+z)c/(V_L+c)$ gekennzeichnet sind, entweder zu einer Verletzung von (3.23) oder (3.24) führen und deshalb nicht separierend sein können. Lediglich ein mit der Offerte des Managements von H übereinstimmendes Rückerwerbsangebot des Managements von L ($z_r^L = z_r^H$) erfüllt formal beide Restriktionen; eine solche Offerte steht jedoch im Widerspruch zu $\mu(L|z_r^L) = 1$ und ist somit ebenfalls nicht separierend. Folglich lässt sich der Kreis möglicher separierender Rückerwerbsofferten des Managements von L auf $z_r^L > (n+z)c/(V_L+c)$ einschränken. Der Rückerwerbspreis der Aktien beläuft sich dann auf $P_r^L = c/z_r^L < (V_L+c)/(n+z)$. Aufgrund von $\mu(L|z_r^L) = 1$ und den Teilen (iv), (v) und (vi) von Lemma 3.3 werden solche Rückerwerbsofferten niemals in vollem Umfang gezeichnet, d.h. es gilt $0 \leq z_a^L < z_r^L$. Dies hat zur Konsequenz, dass der freie Cashflow wegen $z_a^L \cdot P_r^L < c$ nicht vollständig ausgeschüttet wird.

(ii) *Notwendige Bedingung.* Angenommen, $V_H/k_H < V_L/k_L$. Die linke Seite L von Bedingung (3.24) lässt sich dann für die ausschließlich zu betrachtenden

Rückerwerbsofferten $z_r^L > (n+z)c/(V_L+c)$ wie folgt abschätzen:

$$\begin{aligned} L &\equiv \frac{V_L + k_L(c - \min[z_a^L; z_r^L]P_r^L)}{n+z-\min[z_a^L; z_r^L]} \\ &= \frac{V_L + k_L(c - z_a^L \cdot P_r^L)}{n+z-z_a^L} \quad \text{wegen } z_a^L < z_r^L \\ &= \frac{V_L}{V_H} \cdot \frac{V_H + k_L \cdot \frac{V_H}{V_L}(c - z_a^L \cdot P_r^L)}{n+z-z_a^L} \\ &< \frac{V_L}{V_H} \cdot \frac{V_H + k_H(c - z_a^L \cdot P_r^L)}{n+z-z_a^L} \quad \text{wegen } c > z_a^L \cdot P_r^L \text{ i.V.m. } k_H > \frac{V_H}{V_L} k_L \\ &\leq \frac{V_L}{V_H} \cdot \frac{V_H + c}{n+z} \quad \text{wegen Restriktion (3.23).} \end{aligned}$$

Dies steht jedoch im Widerspruch zu Restriktion (3.24), weshalb für $V_H/k_H < V_L/k_L$ keine separierende Offerte z_r^L des Managements von L existieren kann, welche die Bedingungen (3.23) und (3.24) simultan erfüllt. Notwendige Bedingung für die Existenz einer solchen Offerte ist deshalb $V_H/k_H \geq V_L/k_L$.

(iii) *Hinreichende Bedingung.* Zu zeigen ist, dass für $V_H/k_H \geq V_L/k_L$ (mindestens) eine separierende Rückerwerbsofferte z_r^L existiert, welche den Restriktionen (3.23) und (3.24) simultan genügt. Zunächst wird nachgewiesen, dass unter der Voraussetzung $\mu(L|z_r^L) = 1$ ein z_r^{L*} bzw. ein P_r^{L*} existiert, für das Restriktion (3.23) mit Gleichheit erfüllt ist. Sei mit

$$\Delta(P_r^L) \equiv \frac{V_H + c}{n+z} - \frac{V_H + k_H(c - \min[z_a^L; z_r^L]P_r^L)}{n+z-\min[z_a^L; z_r^L]} \tag{3.100}$$

die Differenz zwischen den Termen der linken und der rechte Seite von Bedingung (3.23) bezeichnet. Für die Rückerwerbsofferte $P_r^L = (V_L + k_L c)/(n+z)$ erhält man aufgrund von $\mu(L|z_r^L) = 1$ und Teil (v) von Lemma 3.3 $z_a^L = 0$ und deshalb

$$\Delta\left(\frac{V_L + k_L c}{n+z}\right) = \frac{V_H + c}{n+z} - \frac{V_H + k_H c}{n+z} > 0.$$

Die – als separierend angenommene – Rückerwerbsofferte $P_r^L = (V_L+c)/(n+z)$ führt wegen $\mu(L|z_r^L) = 1$ und Teil (iii) von Lemma 3.3 auf $z_a^L \geq z_r^L = (n+z)c/(V_L+c)$, woraus

$$\begin{aligned} \Delta\left(\frac{V_L + c}{n+z}\right) &= \frac{V_H + c}{n+z} - \frac{V_H}{n+z-z_r^L} \\ &= \frac{V_H + c}{n+z} - \frac{V_H}{V_L} \cdot \frac{V_L + c}{n+z} = \frac{V_H + c}{n+z} - \frac{V_H + \frac{V_H}{V_L} \cdot c}{n+z} < 0 \end{aligned}$$

resultiert. Rückerwerbsofferten, die durch $z_r^L \in]\frac{(n+z)c}{V_L+c}, \frac{(n+z)c}{V_L+k_L \cdot c}[$ bzw. $P_r^L \in]\frac{V_L+k_L \cdot c}{n+z}, \frac{V_L+c}{n+z}[$ gekennzeichnet sind, werden von den Kleinaktionären für $\mu(L|z_r^L) = 1$ nur teilweise gezeichnet: Aus Teil (iv) von Lemma 3.3 folgt für die Anzahl der getenderten und zurückerworbenen Aktien

$$z_a^L(P_r^L) = \frac{(n+z)P_r^L - (V_L + k_L c)}{(1-k_L)P_r^L} < z_r^L,$$

d.h. $\min[z_a^L; z_r^L] = z_a^L$. Gleichung (3.100) lässt sich in diesem Fall wie folgt schreiben:

$$\Delta(P_r^L) \equiv \frac{V_H + c}{n+z} - \frac{V_H + k_H \cdot (c - z_a^L(P_r^L)P_r^L)}{n+z-z_a^L}.$$

Es ist offensichtlich, dass $\Delta(\cdot)$ stetig in P_r^L auf dem Intervall $]\frac{V_L+k_L c}{n+z}, \frac{V_L+c}{n+z}[$ ist. Darüber hinaus ist $\Delta(\cdot)$ an der Stelle $P_r^L = (V_L + k_L c)/(n+z)$ wegen

$$\lim_{P_r^L \downarrow \frac{V_L+k_L c}{n+z}} \Delta(P_r^L) = \frac{V_H + c}{n+z} - \frac{V_H + k_H \cdot c}{n+z} = \Delta\left(\frac{V_L + k_L \cdot c}{n+z}\right)$$

rechtsseitig stetig und an der Stelle $P_r^L = (V_L + c)/(n+z)$ wegen

$$\lim_{P_r^L \uparrow \frac{V_L+c}{n+z}} \Delta(P_r^L) = \frac{V_H + c}{n+z} - \frac{V_H + \frac{V_H}{V_L} \cdot c}{n+z} = \Delta\left(\frac{V_L + c}{n+z}\right)$$

linksseitig stetig. Aufgrund von $\Delta((V_L+k_L \cdot c)/(n+z)) > 0$ und $\Delta((V_L+c)/(n+z) < 0$ sowie der Stetigkeit von $\Delta(\cdot)$ auf dem Intervall $]\frac{V_L+k_L \cdot c}{n+z}, \frac{V_L+c}{n+z}[$ und der links- bzw. rechtsseitigen Stetigkeit an den Rändern existiert (mindestens) ein $P_r^{L*} \in]\frac{V_L+k_L \cdot c}{n+z}, \frac{V_L+c}{n+z}[$, für das $\Delta(P_r^{L*}) = 0$ gilt. Wegen $z_r^{L*} = c/P_r^{L*}$ existiert damit (mindestens) ein $z_r^{L*} \in]\frac{(n+z)c}{V_L+c}, \frac{(n+z)c}{V_L+k_L c}[$, das auf $\Delta(z_r^{L*}) = 0$ führt und folglich Restriktion (3.23) mit Gleichheit erfüllt:

$$\frac{V_H + c}{n+z} = \frac{V_H + k_H(c - z_a^{L*} P_r^{L*})}{n+z-z_a^{L*}}$$

Betrachtet wird nun die linke Seite L von Restriktion (3.24) an der Stelle z_r^{L*}:

$$\begin{aligned} L &= \frac{V_L + k_L(c - z_a^{L*} \cdot P_r^{L*})}{n+z-z_a^{L*}} \quad \text{wegen } z_a^{L*} < z_r^{L*} \\ &= \frac{V_L}{V_H} \cdot \frac{V_H + \frac{V_H}{V_L} \cdot k_L(c - z_a^{L*} \cdot P_r^{L*})}{n+z-z_a^{L*}} \\ &\geq \frac{V_L}{V_H} \cdot \frac{V_H + k_H(c - z_a^{L*} \cdot P_r^{L*})}{n+z-z_a^{L*}} \quad \text{wegen } \frac{V_H}{V_L} k_L \geq k_H \\ &= \frac{V_L}{V_H} \cdot \frac{V_H + c}{n+z}, \end{aligned}$$

d.h. auch Bedingung (3.24) ist für z_r^{L*} erfüllt. Somit ist die Parameterrestriktion $V_H/k_H \geq V_L/k_L$ hinreichend für die Existenz (mindestens) einer separierenden Rückerwerbsofferte des Managements von L, welche die Bedingungen (3.23) und (3.24) simultan erfüllt. ■

Beweis von Lemma 3.6

Es ist zu zeigen, dass unter der Parameterrestriktion (3.30) immer ein $z_r^L \neq z_r^H$ existiert, welches die Restriktionen (3.23) und (3.24) sowie $U_L(z_r^L) \geq U_L(z_r^u)$ $(\forall z_r^u \in Z_{ug})$ erfüllt.

(i) Zunächst ist festzuhalten, dass eine in einem separierenden Gleichgewicht nicht präsentierte Offerte $z_r^u \in \overline{Z}_{ug} = \{z_r^u \in Z | z_r^u \neq z_r^L, z_r^H \wedge z_r^u \geq z_r^{H,max}\}$ aufgrund von Annahme 3.8 mit Wahrscheinlichkeit $\mu(H|z_r^u) = 1$ einem Unternehmen vom Typ H zugeordnet wird. Für all jene Ungleichgewichtsofferten z_r^u, die durch $z_r^u \in Z_{ug} \setminus \overline{Z}_{ug}$ charakterisiert sind, wurden keine Ungleichgewichtsvermutungen spezifiziert, weil sie wegen $z_r < z_r^{H,max}$ in Verbindung mit Teil (i) von Lemma 3.3 von jedem Kleinaktionär angenommen werden – unabhängig davon, welche Ungleichgewichtsvermutungen zugrunde gelegt werden. Deshalb kann ohne Beschränkung der Allgemeinheit davon ausgegangen werden, dass die Kleinaktionäre auch diese Ungleichgewichtsofferten einem Unternehmen vom Typ H zuweisen. Dann gilt $\mu(H|z_r^u) = 1 \ \forall z_r^u \in Z_{ug}$. Da auch die separierende Rückerwerbsofferte z_r^H des Managements von H diesem mit Wahrscheinlichkeit eins zugeordnet wird, erhält man $\mu(H|z_r) = 1 \ \forall z_r \in Z \setminus \{z_r^L\}$. Der Kapitalmarkt geht somit davon aus, dass alle Rückerwerbsofferten mit Ausnahme von z_r^L mit Wahrscheinlichkeit eins von einem Unternehmen vom Typ H stammen.

Nun wird diejenige Rückerwerbsofferte $z_r \in Z \setminus \{z_r^L\}$ bestimmt, welche die Auszahlung an das Management von L unter der Nebenbedingung maximiert, dass das zugrunde liegende Unternehmen mit Wahrscheinlichkeit $\mu(H|z_r) = 1$ als vom Typ H qualifiziert wird. Eine Offerte, die sich durch $z_r^u < z_r^H$ $(z_r^u \neq z_r^L)$ auszeichnet, wird ebenso wie die Offerte z_r^H von jedem Kleinaktionär k mit Wahrscheinlichkeit $\alpha_k(t|z_r) = 1$ $(z_r = z_r^u, z_r^H)$ akzeptiert – dies ergibt sich aus den Teilen (i) und (ii) von Lemma 3.3. Folglich werden jeweils insgesamt $z_a = z$ Anteile zum Rückerwerb angeboten. Die korrespondierenden Auszahlungen belaufen sich auf $U_L(z_r^u) = \frac{V_L}{n+z-z_r^u}$ und $U_L(z_r^H) = \frac{V_L}{n+z-z_r^H}$. Da aufgrund von $z_r^u < z_r^H$ die Beziehung $U_L(z_r^u) < U_L(z_r^H)$ gilt, können durch $z_r^u < z_r^H$ gekennzeichnete Offerten die Auszahlung an das Management von L unter der formulierten Nebenbedingung nicht maximieren. Rückerwerbsangebote, die durch $z_r^u \in]\frac{(n+z)c}{V_H+c}, \frac{(n+z)c}{V_H+k_H \cdot c}[$ ($z_r^u \neq z_r^L$) charakterisiert sind, werden aufgrund von $\mu(H|z_r^u) = 1$ und Teil (iv) von Lemma 3.3 nicht vollständig gezeichnet. Insgesamt werden von den Kleinaktionären

$$z_a^u = \frac{(n+z)P_r^u - (V_H + k_H \cdot c)}{(1-k_H)P_r^u} > 0$$

Anteile getendert. Das Management von L erhält dann eine Auszahlung in Höhe von

$$U_L(z_r^u) = \frac{V_L + k_L(c - z_a^u \cdot P_r^u)}{n + z - z_a^u}.$$

Dieser Offerte wird nun das Angebot gegenübergestellt, $z_r^{u*} \geq (n+z)c/(V_H + k_H \cdot c)$ Aktien zum Preis von $P_r^{u*} \leq (V_H + k_H \cdot c)/(n+z)$ zurückzuerwerben ($z_r^{u*} \neq z_r^L$). Da eine solche Offerte wegen $\mu(H|z_r^{u*}) = 1$ in Verbindung mit den Teilen (v) und (vi) von Lemma 3.3 von jedem Kleinaktionär mit Wahrscheinlichkeit eins zurückgewiesen wird, werden insgesamt $z_a^{u*} = 0$ Aktien getendert. Das Management von L vereinnahmt in diesem Fall eine Auszahlung von $U_L(z_r^{u*}) = (V_L + k_L\, c)/(n+z)$. Angenommen,

$$\frac{V_L + k_L c}{n+z} \leq \frac{V_L + k_L(c - z_a^u P_r^u)}{n + z - z_a^u}.$$

Diese Bedingung lässt sich umformen zu

$$(n + z - z_a^u)(V_L + k_L\, c) \leq (V_L + k_L(c - z_a^u \cdot P_r^u))(n+z).$$

Nach einer Vereinfachung erhält man

$$-z_a^u \cdot (V_L + k_L\, c) \leq -k_L \cdot z_a^u \cdot P_r^u \cdot (n+z),$$

was sich wegen $z_a^u > 0$ weiter reduzieren lässt zu

$$P_r^u \leq \frac{V_L/k_L + c}{n+z}.$$

Wegen $P_r^u > \frac{V_H + k_H c}{n+z}$ kann diese Ungleichung nur erfüllt sein, wenn

$$\frac{V_H + k_H c}{n+z} < \frac{V_L/k_L + c}{n+z}$$

nicht verletzt ist. Aufgrund der vorgegebenen Parameterrestriktion $V_H \geq V_L/k_L + (1-k_H)c$ ist diese Bedingung jedoch nicht erfüllt, weshalb

$$\frac{V_L + k_L c}{n+z} > \frac{V_L + k_L(c - z_a^u P_r^u)}{n + z - z_a^u}$$

und damit $U_L(z_r^{u*}) > U_L(z_r^u)$ gelten. Darüber hinaus folgt aus der unterstellten Parameterrestriktion

$$U_L(z_r^{u*}) = \frac{V_L + k_L c}{n+z} > \frac{V_L}{V_H} \cdot \frac{V_H + c}{n+z} = U_L(z_r^H),$$

d.h. das Management von L präferiert z_r^{u*} gegenüber z_r^H. Als Zwischenergebnis bleibt festzuhalten, dass eine Offerte $z_r^{u*} \geq \frac{(n+z)c}{V_H + k_H c}$ $(z_r^{u*} \neq z_r^L)$ die Auszahlung an das Management von L unter der Nebenbedingung maximiert, dass das zugrunde liegende Unternehmen als vom Typ H klassifiziert wird. Die Auszahlung des Managements beläuft sich bei Wahl von z_r^{u*} auf $U_L(z_r^{u*}) = (V_L + k_L c)/(n+z)$ und entspricht der Auszahlung, die es im Falle eines Rückerwerbsverzichts erhält.

(ii) Um die Existenz eines separierenden Bayes-Nash-Gleichgewichts nachzuweisen, genügt es nun zu zeigen, dass eine Rückerwerbsofferte z_r^L konstruiert werden kann, welche neben der Restriktion (3.23) der Bedingung

$$U_L(z_r^L) = \frac{V_L + k_L(c - \min[z_a^L, z_r^L]P_r^L)}{n + z - \min[z_a^L, z_r^L]} \geq \frac{V_L + k_L \cdot c}{n+z} = U_L(z_r^{u*}) \quad (3.101)$$

genügt. Im Rahmen von Teil (iii) des Beweises von Lemma 3.5 wurde gezeigt, dass ein $z_r^{L*} \in]\frac{(n+z)c}{V_L+c}, \frac{(n+z)c}{V_L+k_L c}[$ existiert, welches Restriktion (3.23) mit Gleichheit erfüllt. Wegen $\mu(L|z_r^{L*}) = 1$ in Verbindung mit Teil (iv) von Lemma 3.3 wird die Offerte z_r^{L*} nicht vollständig von den Kleinaktionären gezeichnet. Die Gesamtzahl der von den Kleinaktionären getenderten Aktien beläuft sich auf

$$0 < z_a^{L*} = \frac{(n+z)P_r^{L*} - (V_L + k_L \cdot c)}{(1 - k_L) \cdot P_r^{L*}} < z_r^{L*}.$$

Eine solche Offerte verspricht dem Management von L eine Auszahlung von

$$\begin{aligned} U_L(z_r^{L*}) &= \frac{V_L + k_L \cdot (c - z_a^{L*} \cdot P_r^{L*})}{n + z - z_a^{L*}} = \frac{V_L + k_L \left(c - \frac{(n+z)P_r^{L*} - (V_L + k_L \cdot c)}{1-k_L}\right)}{n + z - \frac{(n+z)P_r^{L*} - (V_L + k_L \cdot c)}{(1-k_L) \cdot P_r^{L*}}} \\ &= \frac{V_L + k_L \cdot c - k_L \cdot (n+z)P_r^{L*}}{V_L + k_L \cdot c - k_L \cdot (n+z)P_r^{L*}} \cdot P_r^{L*} = P_r^{L*} > \frac{V_L + k_L \cdot c}{n+z}, \end{aligned}$$

was $U_L(z_r^{L*}) > U_L(z_r^{u*})$ impliziert. Da die Rückerwerbsofferte z_r^{L*} auch Restriktion (3.23) (mit Gleichheit) erfüllt, ist die Existenz eines separierenden Bayes-Nash-Gleichgewichts sichergestellt. ∎

Lemma 3.16 *Angenommen,*

$$P_r^L > \frac{V_L + k_L(c - z_r^L P_r^L)}{n + z - z_r^L}.$$

Dann verspricht die Aktion Veräußern eine höhere Auszahlung als die Aktion Halten, d.h.

$$P_r^L > \frac{V_L + k_L(c - \min[z_r^L, z_a^L] P_r^L)}{n + z - \min[z_r^L, z_a^L]}. \tag{3.102}$$

<u>Beweis:</u> Die Aussage wird durch Widerspruch bewiesen. Angenommen,

$$P_r^L \leq \frac{V_L + k_L(c - \min[z_r^L; z_a^L] P_r^L)}{n + z - \min[z_r^L; z_a^L]}.$$

Nach einer Umformung erhält man

$$(n + z - \min[z_r^L, z_a^L]) P_r^L \leq V_L + k_L(c - \min[z_r^L, z_a^L] P_r^L).$$

Wegen $P_r^L > \frac{V_L + k_L(c - z_r^L P_r^L)}{n + z - z_r^L}$ muss dann auch

$$(n + z - \min[z_r^L, z_a^L]) \cdot \frac{V_L + k_L(c - z_r^L P_r^L)}{n + z - z_r^L} < V_L + k_L(c - \min[z_r^L, z_a^L] P_r^L)$$

erfüllt sein, was sich in

$$\begin{aligned}(n + z - \min[z_r^L, z_a^L])(V_L + k_L(c - z_r^L P_r^L)) \quad &< \quad (n + z - z_r^L) \\ &\quad\; \times (V_L + k_L(c - \min[z_r^L, z_a^L] P_r^L))\end{aligned}$$

überführen lässt. Nach einer Vereinfachung resultiert

$$\begin{aligned}-\min[z_r^L, z_a^L](V_L + k_L c) - (n + z) k_L z_r^L P_r^L \quad &< \quad -z_r^L (V_L + k_L c) \\ &\quad\; -(n + z) k_L \cdot \min[z_r^L, z_a^L] P_r^L\end{aligned}$$

bzw.

$$(z_r^L - \min[z_r^L, z_a^L])(V_L + k_L c) < (n + z) k_L \cdot (z_r^L - \min[z_r^L, z_a^L]) P_r^L.$$

Für $z_r^L = \min[z_r^L, z_a^L]$ resultiert unmittelbar ein Widerspruch. Im Falle von $z_r^L > \min[z_r^L, z_a^L]$ muss

$$P_r^L > \frac{V_L / k_L + c}{n + z}$$

erfüllt sein. Aufgrund von

$$\begin{aligned}
P_r^L &\leq \frac{V_L + k_L(c - \min[z_r^L, z_a^L]P_r^L)}{n + z - \min[z_r^L, z_a^L]} \\
&< \frac{V_L + c - \min[z_r^L, z_a^L]P_r^L}{n + z - \min[z_r^L, z_a^L]} \\
&\leq \frac{(n+z)\frac{V_L+c}{n+z} - \min[z_r^L, z_a^L] \cdot \frac{V_L+c}{n+z}}{n + z - \min[z_r^L, z_a^L]} \\
&= \frac{(n + z - \min[z_r^L, z_a^L])\frac{V_L+c}{n+z}}{n + z - \min[z_r^L, z_a^L]} \\
&= \frac{V_L + c}{n+z} < \frac{V_L/k_L + c}{n+z} < P_r^L
\end{aligned}$$

führt auch dies auf einen Widerspruch. Folglich muss (3.102) erfüllt sein. ■

Beweis von Lemma 3.8

Die Lagrangefunktion $\mathcal{L}$ des Optimierungsproblems lautet

$$\begin{aligned}
\mathcal{L}(z_r, P_r, \lambda, \mu, \nu) &= \frac{V_L + k_L(c - z_r \cdot P_r)}{n + z - z_r} + \lambda\left(P_r - \frac{V_H + k_H(c - z_r \cdot P_r)}{n + z - z_r}\right) \\
&\quad + \mu\,(c - z_r \cdot P_r) + \nu(z - z_r),
\end{aligned}$$

wobei mit λ, μ und ν die Lagrange-Multiplikatoren der Nebenbedingungen bezeichnet werden. Daraus resultieren die folgenden Kuhn-Tucker-Bedingungen, denen die Optimallösung $\mathbf{v} = (z_r^*, P_r^*, \lambda, \mu, \nu)$ zu genügen hat:[63]

$$\begin{aligned}
\frac{\partial \mathcal{L}(\mathbf{v})}{\partial z_r} &= \frac{-k_L \cdot P_r^* \cdot (n + z - z_r^*) + V_L + k_L(c - z_r^* \cdot P_r^*)}{(n + z - z_r^*)^2} \\
&\quad + \lambda \cdot \frac{k_H \cdot P_r^* \cdot (n + z - z_r^*) - (V_H + k_H(c - z_r^* \cdot P_r^*))}{(n + z - z_r^*)^2} \\
&\quad - \mu \cdot P_r^* - \nu \leq 0
\end{aligned} \tag{3.103}$$

$$\frac{\partial \mathcal{L}(\mathbf{v})}{\partial z_r} \cdot z_r^* = 0 \tag{3.104}$$

$$\frac{\partial \mathcal{L}(\mathbf{v})}{\partial P_r} = -k_L \cdot \frac{z_r^*}{n + z - z_r^*} + \lambda \cdot \left(1 + k_H \cdot \frac{z_r^*}{n + z - z_r^*}\right) - \mu \cdot z_r^* = 0 \tag{3.105}$$

[63] Zu den Kuhn-Tucker Bedingungen vgl. *Chiang* (1984), S. 722-746, und *Wade Hands* (1991), S. 398-404.

$$\frac{\partial \mathcal{L}(\mathbf{v})}{\partial \lambda} = P_r^* - \frac{V_H + k_H(c - z_r^* \cdot P_r^*)}{n + z - z_r^*} \geq 0 \tag{3.106}$$

$$\frac{\partial \mathcal{L}(\mathbf{v})}{\partial \lambda} \cdot \lambda = 0 \tag{3.107}$$

$$\frac{\partial \mathcal{L}(\mathbf{v})}{\partial \mu} = c - z_r^* \cdot P_r^* \geq 0 \tag{3.108}$$

$$\frac{\partial \mathcal{L}(\mathbf{v})}{\partial \mu} \cdot \mu = 0 \tag{3.109}$$

$$\frac{\partial \mathcal{L}(\mathbf{v})}{\partial \nu} = z - z_r^* \geq 0 \tag{3.110}$$

$$\frac{\partial \mathcal{L}(\mathbf{v})}{\partial \nu} \cdot \nu = 0 \tag{3.111}$$

$$z_r^*, \lambda, \mu, \nu \geq 0. \tag{3.112}$$

Mit Hilfe eines Widerspruchsarguments wird zunächst gezeigt, dass die unterstellte Parameterrestriktion $V_H \geq V_L/k_L + (1 - k_H)\, c$ einen Rückerwerbsverzicht impliziert: $z_r^* = 0$. Angenommen, $z_r^* > 0$. Aus Bedingung (3.104) folgt dann $\partial \mathcal{L}(\mathbf{v})/\partial z_r = 0$.

(i) Angenommen, $\lambda > 0$. Dies impliziert $\partial \mathcal{L}(\mathbf{v})/\partial \lambda = 0$, was auf

$$P_r^* = \frac{V_H + k_H(c - z_r^* \cdot P_r^*)}{n + z - z_r^*}$$

führt. Setzt man dies in die bindende Restriktion (3.103) ein, resultiert

$$\begin{aligned}\frac{\partial \mathcal{L}(\mathbf{v})}{\partial z_r} = {} & \frac{-k_L \cdot (V_H + k_H(c - z_r^* \cdot P_r^*)) + V_L + k_L(c - z_r^* \cdot P_r^*)}{(n + z - z_r^*)^2} \\ & + \lambda \cdot \frac{k_H \cdot (V_H + k_H(c - z_r^* \cdot P_r^*)) - (V_H + k_H(c - z_r^* \cdot P_r^*))}{(n + z - z_r^*)^2} \\ & - \mu \cdot P_r^* - \nu = 0.\end{aligned}$$

Aufgrund von $-\mu \cdot P_r^* - \nu \leq 0$ und $(n + z - z_r^*)^2 > 0$ muss gelten:

$$\begin{aligned} -k_L \cdot (V_H + k_H(c - z_r^* \cdot P_r^*)) + V_L + k_L(c - z_r^* \cdot P_r^*) & \\ - \underbrace{\lambda \cdot (1 - k_H) \cdot (V_H + k_H(c - z_r^* \cdot P_r^*))}_{>0} & \geq 0. \end{aligned}$$

Da der gesamte Ausdruck auf der linken Seite der zweiten Zeile negativ ist, muss der Term in der ersten Zeile positiv sein:

$$-k_L \cdot (V_H + k_H(c - z_r^* \cdot P_r^*)) + V_L + k_L(c - z_r^* \cdot P_r^*) \; > \; 0.$$

Nach einer Umformung erhält man

$$V_H \; < \; V_L/k_L + (1 - k_H) \cdot (c - z_r^* \cdot P_r^*). \tag{3.113}$$

Wegen $z_r^* \cdot P_r^* \geq 0$ (wegen $z_r^* > 0$ und $P_r^* > 0$ ist diese Bedingung sogar als strenge Ungleichung erfüllt) kann (3.113) nur erfüllt sein, wenn

$$V_H < V_L/k_L + (1 - k_H)c$$

nicht verletzt ist. Diese Bedingung steht jedoch im Widerspruch zu der in Annahme 3.9 unterstellten Parameterrestriktion. Die Variablenkombination $(z_r^* > 0, \lambda > 0)$ kann somit nicht Bestandteil der Lösung des Optimierungsproblems sein.

(ii) Angenommen, $\lambda = 0$. Dann wird Bedingung (3.105) zu

$$\frac{\partial \mathcal{L}(\mathbf{v})}{\partial P_r} \; = \; -k_L \cdot \frac{z_r^*}{n + z - z_r^*} - \mu \cdot z_r^* = 0.$$

Dies impliziert $z_r^* = 0$, was im Widerspruch zur Annahme $z_r^* > 0$ steht. Die Variablenkombination $z_r^* > 0$, $\lambda = 0$ kann deshalb kein Element der Lösung des Optimierungsproblems sein.

Aus (i) und (ii) ergibt sich, dass $z_r^* > 0$ nicht Bestandteil der Optimallösung sein kann. Folglich muss im Optimum wie behauptet $z_r^* = 0$ gelten. Aus den Bedingungen (3.108), (3.109), (3.110) und (3.111) resultiert dann $\mu = \nu = 0$. Unter Verwendung dieser Ergebnisse führt Bedingung (3.105) auf $\lambda = 0$. Einsetzen in (3.103) hat

$$\frac{\partial \mathcal{L}(\mathbf{v})}{\partial z_r} \; = \; \frac{-k_L \cdot P_r^* \cdot (n + z) + V_L + k_L c}{(n + z)^2} \leq 0$$

zur Konsequenz, was sich zu

$$P_r^* \geq \frac{V_L/k_L + c}{n+z} \tag{3.114}$$

umformen lässt. Aufgrund von $V_L/k_L+c \leq V_H+k_H \cdot c$ – dies ergibt sich aus der in Annahme 3.9 formulierten Parameterrestriktion – ist (3.114) immer erfüllt, wenn Bedingung (3.106) nicht verletzt ist. Deshalb ist P_r^* so zu wählen, dass

$$P_r^* \geq \frac{V_H + k_H \cdot c}{n+z}$$

gilt, was mit $\lambda = 0$ vereinbar ist. Zusammenfassend bleibt festzuhalten, dass nur die Lösungsvektoren $\mathbf{v} = (z_r^*, P_r^*, \lambda, \mu, \nu) = (0, P_r^*, 0, 0, 0)$ mit $P_r^* \geq (V_H + k_H \cdot c)/(n+z)$ die Kuhn-Tucker-Bedingungen widerspruchsfrei erfüllen. ■

Beweis von Lemma 3.9

Zum Beweis von Lemma 3.9 wird auf ein Widerspruchsargument zurückgegriffen. Konträr zur formulierten Aussage sei $z_r^L = z$ angenommen. Restriktion (3.63) lautet nun

$$P_r^L \geq \frac{V_L + k_L(c - z \cdot P_r^L)}{n}.$$

Auflösen nach P_r^L ergibt

$$P_r^L \geq \frac{V_L + k_L \cdot c}{n + k_L \cdot z}.$$

Aufgrund von Bedingung (3.65), die sich im zugrunde liegenden Fall als

$$z \cdot P_r^L \leq c$$

schreiben lässt, muss

$$z \cdot \frac{V_L + k_L \cdot c}{n + k_L \cdot z} \leq c$$

erfüllt sein. Nach einer Umformung erhält man $V_L \leq \frac{n}{z} \cdot c$, was Annahme 3.7 widerspricht, die $V_L > \frac{n}{z}c + (1-k_L)c$ fordert. Folglich muss im Optimum $z_r^L < z$ gelten, was $\partial\mathcal{L}(\mathbf{v})/\partial\eta > 0$ und somit $\eta = 0$ zur Konsequenz hat. ■

Beweis von Lemma 3.10

Zu zeigen ist, dass nur Rückerwerbsofferten mit $z_r^L > 0$ optimal sein können.

Sei im Widerspruch hierzu $z_r^L = 0$ angenommen. Dann ist Bedingung (3.61) als strenge Ungleichung erfüllt:

$$\frac{\partial \mathcal{L}(\mathbf{v})}{\partial \lambda} = \frac{V_H + c}{n+z} - \frac{V_H + k_H \cdot c}{n+z} > 0.$$

Dies impliziert $\lambda = 0$. Aufgrund von $z_r^L = 0$ erhält man darüber hinaus

$$\frac{\partial \mathcal{L}(\mathbf{v})}{\partial \nu} = c > 0,$$

woraus $\nu = 0$ resultiert, sowie

$$\frac{\partial \mathcal{L}(\mathbf{v})}{\partial \eta} = z > 0,$$

was $\eta = 0$ impliziert.[64] Bedingung (3.58) vereinfacht sich unter Verwendung dieser Ergebnisse zu

$$\begin{aligned}\frac{\partial \mathcal{L}(\mathbf{v})}{\partial z_r^L} &= -\frac{k_L \cdot P_r^L \cdot (n+z) - (V_L + k_L \cdot c)}{(n+z)^2} \\ &\quad + \mu \cdot \frac{k_L \cdot P_r^L \cdot (n+z) - (V_L + k_L \cdot c)}{(n+z)^2} \leq 0.\end{aligned}$$

Nach einer Umformung verbleibt

$$-\left(P_r^L - \frac{V_L/k_L + c}{n+z}\right) \cdot (1-\mu) \leq 0. \tag{3.115}$$

(i) Angenommen, $\mu > 0$. Aufgrund von $z_r^L = 0$ reduziert sich die linke Seite von Restriktion (3.60) zu

$$\frac{\partial \mathcal{L}(\mathbf{v})}{\partial P_r^L} = \mu > 0,$$

was im Widerspruch zu (3.60) steht. Folglich kann die Kombination $z_r^L = 0, \mu > 0$ kein Element der Lösung des Optimierungsproblems sein.

(ii) Angenommen, $\mu = 0$. Dann folgt aus (3.115)

$$P_r^L \geq \frac{V_L/k_L + c}{n+z}.$$

[64] Dies ergibt sich bereits aus Lemma 3.9.

Folglich muss Restriktion (3.63) als strenge Ungleichung erfüllt sein

$$P_r^L \;>\; \frac{V_L + k_L \cdot c}{n+z},$$

was mit $\mu = 0$ grundsätzlich vereinbar ist. Auch Bedingung (3.60) ist für $\mu = 0$ nicht verletzt. Festzuhalten bleibt somit, dass alle Variablenkombinationen $(z_r^L, P_r^L, \lambda, \mu, \nu) = (0, P_r^L, 0, 0, 0, 0)$ mit $P_r^L \geq \frac{V_L/k_L+c}{n+z}$ die Kuhn-Tucker Bedingungen erfüllen.

Um zu zeigen, dass alle durch $z_r^L = 0$ und $P_r^L \geq \frac{V_L/k_L+c}{n+z}$ gekennzeichneten Rückerwerbsofferten kein globales Maximum der Auszahlungsfunktion des Managements von L herbeiführen, ist eine davon abweichende zulässige Rückerwerbsofferte $(\hat{z}_r^{L*}, \hat{P}_r^{L*})$ zu konstruieren, welche dem Management von L eine höhere Auszahlung verspricht.

Die Auszahlung des Managements von L bei Abgabe einer durch $z_r^L = 0$ und $P_r^L \geq \frac{V_L/k_L+c}{n+z}$ gekennzeichneten Rückerwerbsofferte beläuft sich auf

$$U_L(z_r^L, P_r^L) \;=\; \frac{V_L + k_L \cdot c}{n+z}. \tag{3.116}$$

Einer solchen Rückerwerbsofferte wird nun ein separierendes Rückerwerbsangebot $(\hat{z}_r^L, \hat{P}_r^L) = (\hat{z}_r^{L*}, \hat{P}_r^{L*})$ gegenübergestellt, das die Restriktionen (3.61) und (3.63) mit Gleichheit erfüllt:

$$\frac{V_H + c}{n+z} \;=\; \frac{V_H + k_H(c - \hat{z}_r^L \cdot \hat{P}_r^L)}{n + z - \hat{z}_r^L} \tag{3.117}$$

$$\hat{P}_r^L = \frac{V_L + k_L(c - \hat{z}_r^L \cdot \hat{P}_r^L)}{n + z - \hat{z}_r^L}. \tag{3.118}$$

Nachzuweisen ist, dass eine solche Offerte konstruiert werden kann, ohne die Anreizbedingung des Managements von L

$$U_L(\hat{z}_r^L, \hat{P}_r^L) \geq (V_L + k_L\, c)/(n+z), \tag{3.119}$$

sowie die Restriktionen

$$0 \leq \hat{z}_r^L \leq z \tag{3.120}$$

und

$$\hat{z}_r^L \cdot \hat{P}_r^L \leq c \tag{3.121}$$

zu verletzen. Auflösen von (3.118) nach $\hat{z}_r^L$ ergibt

$$\hat{z}_r^L(\hat{P}_r^L) = \frac{(n+z)\hat{P}_r^L - (V_L + k_L \cdot c)}{(1-k_L)\hat{P}_r^L}. \tag{3.122}$$

An den Stellen $\hat{P}_r^L = \frac{V_L+k_L \cdot c}{n+z}$ und $\hat{P}_r^L = \frac{V_L+c}{n+z}$ erhält man $\hat{z}_r^L(\frac{V_L+k_L \cdot c}{n+z}) = 0$ und $\hat{z}_r^L(\frac{V_L+c}{n+z}) = \frac{c}{\hat{P}_r^L} = \frac{(n+z)c}{V_L+c}$. Differenziert man (3.122) nach $\hat{P}_r^L$, resultiert

$$\frac{d\hat{z}_r^L}{d\hat{P}_r^L} = \frac{V_L + k_L \cdot c}{(1-k_H)(\hat{P}_r^L)^2} > 0 \text{ für } P_r^L > 0. \tag{3.123}$$

Unter Berücksichtigung von Annahme 3.7 folgt hieraus, dass für $\hat{P}_r^L \in [\frac{V_L+k_L \cdot c}{n+z}, \frac{V_L+c}{n+z}]$

$$0 \leq \hat{z}_r^L(\hat{P}_r^L) \leq \frac{(n+z)c}{V_L+c} < z \tag{3.124}$$

gilt. Sei mit $CF(\hat{P}_r^L) = \hat{z}_r^L(\hat{P}_r^L) \cdot \hat{P}_r^L$ das Ausschüttungsvolumen bezeichnet. Dann gilt $CF(\frac{V_L+k_L \cdot c}{n+z}) = 0$ sowie $CF(\frac{V_L+c}{n+z}) = c$. Für Werte von $\hat{P}_r^L \in [\frac{V_L+k_L \cdot c}{n+z}, \frac{V_L+c}{n+z}]$ nimmt das Ausschüttungsvolumen mit steigendem Rückerwerbspreis zu:

$$\frac{dCF}{d\hat{P}_r^L} = \hat{z}_r^L + \frac{d\hat{z}_r^L}{d\hat{P}_r^L} \cdot \hat{P}_r^L > 0. \tag{3.125}$$

Die Differenz zwischen den Termen der linken und der rechten Seite von (3.117) beläuft sich allgemein auf

$$\Delta(\hat{P}_r^L) = \frac{V_H + c}{n+z} - \frac{V_H + k_H(c - \hat{z}_r^L(\hat{P}_r^L) \cdot \hat{P}_r^L)}{n+z-\hat{z}_r^L(\hat{P}_r^L)} \tag{3.126}$$

Aufgrund von

$$\Delta\left(\frac{V_L + k_L \cdot c}{n+z}\right) = \frac{(1-k_H)\,c}{n+z} > 0,$$

$$\Delta\left(\frac{V_L + c}{n+z}\right) = \frac{V_H + c}{n+z} - \frac{V_H}{V_L} \cdot \frac{V_L + c}{n+z} = \frac{V_H + c}{n+z} - \frac{V_H + \frac{V_H}{V_L} \cdot c}{n+z} < 0$$

sowie der Stetigkeit von $\Delta(\cdot)$ auf dem Intervall $\hat{P}_r^L \in]\frac{V_L+k_L \cdot c}{n+z}, \frac{V_L+c}{n+z}[$ und der rechtsseitigen (linksseitigen) Stetigkeit an der Stelle $\hat{P}_r^L = \frac{V_L+k_L \cdot c}{n+z}$ ($\hat{P}_r^L = \frac{V_L+c}{n+z}$)

existiert (mindestens) ein $\hat{P}_r^{L*} \in]\frac{V_L+k_L\cdot c}{n+z}, \frac{V_L+c}{n+z}[$, so dass $\Delta(\hat{P}_r^{L*}) = 0$ gilt. Aus (3.125) in Verbindung mit $CF(\frac{V_L+k_L\cdot c}{n+z}) = 0$ und $CF(\frac{V_L+c}{n+z}) = c$ folgt darüber hinaus $CF(\hat{P}_r^{L*}) < c$, weshalb Restriktion (3.121) erfüllt ist. Wegen (3.124) ist auch (3.120) nicht verletzt. Die Rückerwerbsofferte $(\hat{z}_r^{L*}, \hat{P}_r^{L*})$ verspricht dem Management von L eine Auszahlung in Höhe von

$$U_L(\hat{z}_r^{L*}, \hat{P}_r^{L*}) = \frac{V_L + k_L(c - \hat{z}_r^{L*} \cdot \hat{P}_r^{L*})}{n + z - \hat{z}_r^{L*}},$$

was sich unter Verwendung von (3.118) überführen lässt in

$$U_L(\hat{z}_r^{L*}, \hat{P}_r^{L*}) = \hat{P}_r^{L*} > \frac{V_L + k_L \cdot c}{n+z}. \qquad (3.127)$$

Folglich ist auch Restriktion (3.119) erfüllt. Somit bleibt festzuhalten, dass die Rückerwerbsofferte $(\hat{z}_r^{L*}, \hat{P}_r^{L*})$ die Restriktionen (3.117)-(3.121) erfüllt und deshalb auf ein separierendes Bayes-Nash-Gleichgewicht führt. Darüber hinaus zeigt ein Vergleich von (3.127) und (3.116), dass $U_L(\hat{z}_r^{L*}, \hat{P}_r^{L*}) > U_L(z_r^L, P_r^L)$ gilt. Folglich ergibt sich aus den Rückerwerbsofferten $(z_r^L, P_r^L) = (0, P_r^L)$ mit $P_r^L \geq \frac{V_L/k_L+c}{n+z}$ kein globales Maximum der Auszahlungsfunktion des Managements von L. Die resultierenden separierenden Bayes-Nash-Gleichgewichte sind deshalb nicht effizient. Folglich muss in einem effizienten separierenden Gleichgewicht $z_r^L > 0$ erfüllt sein. ■

Beweis von Proposition 3.6

Zunächst ist festzuhalten, dass ein effizientes separierendes Gleichgewicht aufgrund von Lemma 3.10 durch $z_r^L > 0$ und $\partial\mathcal{L}(\mathbf{v})/\partial z_r^L = 0$ gekennzeichnet ist. Wegen Lemma 3.9 gilt darüber hinaus $\partial\mathcal{L}(\mathbf{v})/\partial\eta > 0$ und $\eta = 0$. Der Beweis erfolgt nun mit Hilfe eines Widerspruchsarguments. Angenommen, eine Rückerwerbsofferte (z_r^L, P_r^L), für die $z_r^L \cdot P_r^L = c$ gelte, sei optimal. Restriktion (3.61) wird dann zu

$$\frac{\partial\mathcal{L}(\mathbf{v})}{\partial\lambda} = \frac{V_H + c}{n+z} - \frac{V_H}{n+z-z_r^L} \geq 0.$$

Löst man nach z_r^L auf, resultiert

$$z_r^L \leq \frac{(n+z)c}{V_H + c} = z_r^H.$$

Der Rückerwerbspreis beläuft sich damit auf $P_r^L = c/z_r^L \geq (V_H + c)/(n+z) =$

P_r^H. Die linke Seite von Bedingung (3.63) lässt sich nun wie folgt abschätzen:

$$\begin{aligned}\frac{\partial\mathcal{L}(\mathbf{v})}{\partial\mu} = P_r^L - \frac{V_L}{n+z-z_r^L} \geq P_r^L - \frac{V_L}{n+z-z_r^H} &= P_r^L - \frac{V_L}{V_H}\cdot\frac{V_H+c}{n+z} \\ &\geq \frac{V_H+c}{n+z} - \frac{V_L}{V_H}\cdot\frac{V_H+c}{n+z} \\ &= \left(1-\frac{V_L}{V_H}\right)\frac{V_H+c}{n+z} \\ &> 0,\end{aligned}$$

d.h. $\partial\mathcal{L}(\mathbf{v})/\partial\mu > 0$, was $\mu = 0$ und $P_r^L > \frac{V_L}{n+z-z_r^L}$ impliziert.

(i) Angenommen, $\lambda = 0$. Unter Berücksichtigung von $\mu = 0$ und $\nu \geq 0$ wird die linke Seite von Bedingung (3.60) zu

$$\frac{\partial\mathcal{L}(\mathbf{v})}{\partial P_r^L} = -k_L\cdot\frac{z_r^L}{n+z-z_r^L} - \nu\cdot z_r^L < 0,$$

was im Widerspruch zu $\partial\mathcal{L}(\mathbf{v})/\partial P_r^L = 0$ steht.

(ii) Angenommen, $\lambda > 0$. Dies hat $\partial\mathcal{L}(\mathbf{v})/\partial\lambda = 0$ und damit

$$z_r^L = (n+z)c/(V_H+c) \tag{3.128}$$

sowie

$$P_r^L = (V_H+c)/(n+z) \tag{3.129}$$

zur Konsequenz. Aufgrund von Lemma 3.9 gilt $z_r^L < z$, was $\eta = 0$ impliziert. Einsetzen von (3.128) und (3.129) sowie $\mu = \eta = 0$ in die linke Seite von Restriktion (3.58) ergibt

$$\begin{aligned}\frac{\partial\mathcal{L}(\mathbf{v})}{\partial z_r^L} &= -\frac{k_L\cdot P_r^L\cdot(n+z-z_r^L)-V_L}{(n+z-z_r^L)^2} + \lambda\cdot\frac{k_H\cdot P_r^L\cdot(n+z-z_r^L)-V_H}{(n+z-z_r^L)^2} \\ &\quad -\nu\cdot P_r^L \\ &= -\frac{k_L\cdot\frac{V_H+c}{n+z}\cdot\frac{(n+z)V_H}{V_H+c}-V_L}{(n+z-z_r^L)^2} + \lambda\cdot\frac{k_H\cdot\frac{V_H+c}{n+z}\cdot\frac{(n+z)V_H}{V_H+c}-V_H}{(n+z-z_r^L)^2} - \nu\cdot P_r^L \\ &= -\frac{k_L\cdot V_H - V_L}{(n+z-z_r^L)^2} - \lambda\cdot\frac{(1-k_H)V_H}{(n+z-z_r^L)^2} - \nu\cdot P_r^L.\end{aligned}$$

Aufgrund von Annahme 3.9 gilt $V_H > V_L/k_L$, weshalb der erste Term des Ausdrucks in der letzten Zeile negativ ist. Wegen $\lambda > 0$ besitzt auch der zweite

Term ein negatives Vorzeichen. Da der dritte Term aufgrund von $\nu \geq 0$ nicht positiv ist, muss der Ausdruck nach dem letzten Gleichheitszeichen negativ sein, d.h. $\partial\mathcal{L}(\mathbf{v})/\partial z_r^L < 0$. Da (3.58) wegen $z_r^L > 0$ jedoch bindend sein muss, erhält man einen Widerspruch.

Festzuhalten bleibt somit, dass die eingangs getroffene Annahme $z_r^L \cdot P_r^L = c$ auf $\mu = 0$ führt, was sowohl in Verbindung mit $\lambda = 0$ als auch in Verbindung mit $\lambda > 0$ einen Widerspruch und damit eine Verletzung der Kuhn-Tucker Bedingungen zur Konsequenz hat. Folglich können alle Rückerwerbsofferten (z_r^L, P_r^L), die durch $z_r^L \cdot P_r^L = c$ gekennzeichnet sind, nicht optimal sein. Deshalb muss in einem effizienten separierenden Gleichgewicht $z_r^L P_r^L < c$ erfüllt sein. ∎

Beweis von Lemma 3.11

Zunächst ist festzuhalten, dass aufgrund von Lemma 3.10 $z_r^L > 0$ und deswegen $\partial\mathcal{L}(\mathbf{v})/\partial z_r^L = 0$ gilt. Darüber hinaus folgt aus Proposition 3.6 $c > z_r^L \cdot P_r^L$ und somit $\partial\mathcal{L}(\mathbf{v})/\partial\nu > 0$ sowie $\nu = 0$. Schließlich ergibt sich aus Lemma 3.9 $\partial\mathcal{L}/\partial\eta > 0$ und $\eta = 0$. Die Behauptung wird wiederum durch Widerspruch demonstriert. Angenommen, die Anreizbedingung (3.61) sei nicht bindend, d.h. $\partial\mathcal{L}(\mathbf{v})/\partial\lambda > 0$, was $\lambda = 0$ impliziert. Restriktion (3.60) lautet unter Verwendung von $\lambda = \nu = 0$

$$\frac{\partial\mathcal{L}(\mathbf{v})}{\partial P_r^L} = -k_L \cdot \frac{z_r^L}{n+z-z_r^L} + \mu \cdot \left(1 + k_L \cdot \frac{z_r^L}{n+z-z_r^L}\right) = 0.$$

Nach einer Umformung resultiert

$$-k_L \cdot \frac{z_r^L}{n+z-z_r^L}(1-\mu) + \mu = 0.$$

Dies impliziert $0 < \mu < 1$. Wegen $\mu > 0$ ist Bedingung (3.63) bindend, weshalb

$$P_r^L = \frac{V_L + k_L(c - z_r^L \cdot P_r^L)}{n+z-z_r^L} \qquad (3.130)$$

gilt. Einsetzen in die wegen $z_r^L > 0$ mit Gleichheit erfüllte Bedingung (3.58) ergibt unter Beachtung von $\eta = 0$

$$\frac{\partial\mathcal{L}(\mathbf{v})}{\partial z_r^L} = \frac{(1-k_L)\cdot(V_L + k_L(c - z_r^L \cdot P_r^L))}{(n+z-z_r^L)^2}\cdot(1-\mu) = 0.$$

Aufgrund von $0 < \mu < 1$ und $c > z_r^L \cdot P_r^L$ resultiert hieraus ein Widerspruch. Folglich muss (3.61) bindend sein, d.h. $\partial\mathcal{L}(\mathbf{v})/\partial\lambda = 0$. ∎

Beweis von Lemma 3.12

Der Beweis von Lemma 3.12 knüpft an die bisher abgeleiteten Ergebnisse an, die der Übersichtlichkeit halber kurz aufgelistet werden:

- Lemma 3.9: $\partial\mathcal{L}(\mathbf{v})/\partial\eta > 0$ und $\eta = 0$.
- Lemma 3.10: $z_r^L > 0$ und $\partial\mathcal{L}(\mathbf{v})/\partial z_r^L = 0$,
- Proposition 3.6: $\partial\mathcal{L}(\mathbf{v})/\partial\nu > 0$ und $\nu = 0$,
- Lemma 3.11: $\partial\mathcal{L}(\mathbf{v})/\partial\lambda = 0$ und $\lambda \geq 0$.

Bedingung (3.63) ist bindend, wenn $\partial\mathcal{L}(\mathbf{v})/\partial\mu = 0$ erfüllt ist. Um dies zu zeigen, wird ein Widerspruchsargument verwendet. Angenommen, $\partial\mathcal{L}(\mathbf{v})/\partial\mu > 0$. Dies impliziert $\mu = 0$. Bedingung (3.60) vereinfacht sich dann zu

$$\frac{\partial\mathcal{L}(\mathbf{v})}{\partial P_r^L} = -k_L \cdot \frac{z_r^L}{n+z-z_r^L} + \lambda \cdot k_H \cdot \frac{z_r^L}{n+z-z_r^L} = 0.$$

Division durch $z_r^L/(n+z-z_r^L)$ und Auflösen nach λ ergibt $\lambda = k_L/k_H > 0$. Einsetzen in (3.58) führt auf

$$\begin{aligned}\frac{\partial\mathcal{L}(\mathbf{v})}{\partial z_r^L} &= -\frac{k_L \cdot P_r^L \cdot (n+z-z_r^L) - (V_L + k_L(c - z_r^L \cdot P_r^L))}{(n+z-z_r^L)^2} \\ &\quad + \frac{k_L}{k_H} \cdot \frac{k_H \cdot P_r^L \cdot (n+z-z_r^L) - (V_H + k_H(c - z_r^L \cdot P_r^L))}{(n+z-z_r^L)^2} = 0\end{aligned}$$

Daraus resultiert

$$\begin{aligned}&-\left(k_L \cdot P_r^L \cdot (n+z-z_r^L) - (V_L + k_L(c - z_r^L \cdot P_r^L))\right) \\ &+k_L \cdot P_r^L \cdot (n+z-z_r^L) - (\frac{k_L}{k_H} \cdot V_H + k_L(c - z_r^L \cdot P_r^L)) = 0,\end{aligned}$$

was sich zu

$$LHS \equiv V_L - \frac{k_L}{k_H} \cdot V_H = 0$$

reduzieren lässt. Aufgrund von Annahme 3.9 gilt $V_H \geq V_L/k_L + (1-k_H)c$ und damit $V_L < \frac{k_L}{k_H} V_H$. Dies impliziert $LHS < 0$, was einen Widerspruch zur Folge hat. Somit muss $\partial\mathcal{L}(\mathbf{v})/\partial\mu = 0$ gelten. ∎

Beweis von Proposition 3.7

Es genügt zu zeigen, dass kein Akteur einen Anreiz besitzt, von seiner als gleichgewichtig betrachteten Strategie abzuweichen, wenn die jeweils anderen Akteure ihre als gleichgewichtig betrachteten Strategien wählen und die Kleinaktionäre ihre Vermutungen in konsistenter Weise revidieren.

(a) *Vermutungsrevision der Kleinaktionäre.* Angenommen, das Management eines Unternehmens vom Typ H bzw. L wählt die unter (i) bzw. (ii) aufgeführte Rückerwerbsstrategie. Die mit Hilfe des Satzes von Bayes revidierten Vermutungen der Kleinaktionäre belaufen sich dann – wie unter (iv) behauptet – auf

$$\mu(H|z_r^H, P_r^H) = \frac{\sigma_H(z_r^H, P_r^H) \cdot \pi_H}{\sigma_L(z_r^H, P_r^H) \cdot \pi_L + \sigma_H(z_r^H, P_r^H) \cdot \pi_H} = \frac{\pi_H}{\pi_H} = 1$$

$$\mu(L|z_r^L, P_r^L) = \frac{\sigma_L(z_r^L, P_r^L) \cdot \pi_L}{\sigma_L(z_r^L, P_r^L) \cdot \pi_L + \sigma_H(z_r^L, P_r^L) \cdot \pi_H} = \frac{\pi_L}{\pi_L} = 1,$$

wobei $\sigma_L(z_r^H, P_r^H) = \sigma_H(z_r^L, P_r^L) = 0$ verwendet wird. Darüber hinaus gehen die Kleinaktionäre aufgrund von Annahme 3.10 davon aus, dass eine mit einem Rückerwerbspreis $P_r \leq P_r^{H,max}$ ausgestattete ungleichgewichtige Rückerwerbsofferte $(z_r, P_r) \in \overline{ZP}_{ug}$ mit Wahrscheinlichkeit $\mu(H|z_r, P_r) = 1$ vom Management eines Unternehmens vom Typ H stammt.

(b) *Beste Antworten der Kleinaktionäre auf alternative Rückerwerbsofferten.* Ausgehend von diesen revidierten Vermutungen ist nun zu prüfen, ob die in (iii) wiedergegebenen Strategien der Kleinaktionäre aus besten Antworten auf die alternativ möglichen Rückerwerbsofferten bestehen.

ad (1): Mit Hilfe eines von den Vermutungen der Kleinaktionäre unabhängigen Dominanzarguments wird gezeigt, dass Tendern für jeden Kleinaktionär k eine beste Antwort auf die Rückerwerbsofferte (z_r^H, P_r^H) ist. Sei $\mu(H|z_r^H, P_r^H)$ die Wahrscheinlichkeit, dass die Rückerwerbsofferte vom Managment eines Unternehmens vom Typ H stammt. Es gelte $0 \leq \mu(H|z_r^H, P_r^H) \leq 1$ und $\mu(L|z_r^H, P_r^H) = 1 - \mu(H|z_r^H, P_r^H)$. Sei

$$V^* \equiv \mu(L|z_r^H, P_r^H)V_L + \mu(H|z_r^H, P_r^H)V_H \tag{3.131}$$

$$k^* \equiv \mu(L|z_r^H, P_r^H)k_L + \mu(H|z_r^H, P_r^H)k_H. \tag{3.132}$$

Angenommen, es werden insgesamt z_a Aktien getendert. Akzeptiert der Kleinaktionär k die Rückerwerbsofferte, erhält er eine Auszahlung von

$$\begin{aligned} E[G_k(t)] &= \min\left[1, \frac{z_r^H}{z_a}\right] P_r^H + \left(1 - \min\left[1, \frac{z_r^H}{z_a}\right]\right) \\ &\quad \times \frac{V^* + k^*(c - \min[z_r^H, z_a]P_r^H)}{n + z - \min[z_r^H, z_a]} \\ &= \frac{V^* + k^*(c - \min[z_r^H, z_a]P_r^H)}{n + z - \min[z_r^H, z_a]} \\ &\quad + \min\left[1, \frac{z_r^H}{z_a}\right] \left(P_r^H - \frac{V^* + k^*(c - \min[z_r^H, z_a]P_r^H)}{n + z - \min[z_r^H, z_a]}\right). \end{aligned}$$

Halten verspricht dem Kleinaktionär eine Auszahlung von

$$E[G_k(h)] = \frac{V^* + k^*(c - \min[z_r^H, z_a]P_r^H)}{n + z - \min[z_r^H, z_a]}.$$

Subtrahiert man diese Auszahlung von der aus einer Tender-Aktion resultierenden, ergibt sich

$$\begin{aligned} \Delta &\equiv E[G_k(t)] - E[G_k(h)] \\ &= \min\left[1, \frac{z_r^H}{z_a}\right] \cdot \left(P_r^H - \frac{V^* + k^*(c - \min[z_r^H, z_a]P_r^H)}{n + z - \min[z_r^H, z_a]}\right). \end{aligned}$$

Im Falle von $\min[z_a, z_r^H] = z_r^H$ erhält man unter Verwendung von $z_r^H \cdot P_r^H = c$

$$\frac{V^* + k^*(c - \min[z_r^H, z_a]P_r^H)}{n + z - \min[z_r^H, z_a]} = \frac{V^*}{n + z - z_r^H} = \frac{V^*}{V_H} \cdot \frac{V_H + c}{n + z} \leq \frac{V_H + c}{n + z} = P_r^H.$$

Dies impliziert $\Delta \geq 0$, d.h. $E[G_k(t)] \geq E[G_k(h)]$. Wird die Rückerwerbsofferte dagegen nicht vollständig gezeichnet ($z_a < z_r^H$), beläuft sich die Auszahlung der Aktion Halten wegen $c > z_a \cdot P_r^H$ und $P_r^H = (V_H + c)/(n + z)$ sowie $k^* < 1$ auf

$$\begin{aligned} E[G_k(h)] &= \frac{V^* + k^*(c - z_a \cdot P_r^H)}{n + z - z_a} \\ &< \frac{V^* + c - z_a \cdot P_r^H}{n + z - z_a} \\ &\leq \frac{V_H + c - z_a \cdot P_r^H}{n + z - z_a} = \frac{(n + z - z_a)(V_H + c)}{(n + z - z_a)(n + z)} = \frac{V_H + c}{n + z} = G_k(t). \end{aligned}$$

Aufgrund von $E[G_k(t)] \geq E[G_k(h)]$ für alle z_a und $E[G_k(t)] > E[G_k(h)]$ für $z_a < z_r^H$ ist Tendern eine dominante Aktion für jeden Kleinaktionär k. Folglich tendert jeder Kleinaktionär k seinen Aktienbesitz mit Wahrscheinlichkeit

$\alpha_k(t|z_r^H, P_r^H) = 1$. Von den insgesamt $z_a = z$ zum Rückerwerb angebotenen Aktien werden $z_r^H < z$ Stück aufgekauft.

ad (2): Aus den revidierten Vermutungen der Kleinaktionäre folgt, dass die Rückerwerbsofferte (z_r^L, P_r^L) mit Wahrscheinlichkeit $\mu(L|z_r^L, P_r^L) = 1$ dem Management eines Unternehmens vom Typ L zuzuordnen ist. Angenommen, $z_a^L = z_r^L$. Dann erhält ein tendernder Kleinaktionär $k \in [0, I]$ eine Auszahlung in Höhe von $G_k(t) = P_r^L$. Weicht er auf Halten ab, vereinnahmt er eine Auszahlung von

$$G_k(h) = \frac{V_L + k_L(c - z_r^L \cdot P_r^L)}{n + z - z_r^L}.$$

Aus (3.74) folgt $G_k(h) = G_k(t)$, d.h. ein tendernder Kleinaktionär besitzt keinen Anreiz, auf Halten überzuwechseln. Wegen $G_k(h) = G_k(t)$ ist es umgekehrt auch für einen Kleinaktionär $k \in (I, K]$ nicht lohnend, anstelle der Aktion Halten die Aktion Tendern zu wählen. Somit bleibt festzuhalten: Werden insgesamt $z_a^L = z_r^L$ Anteile getendert – d.h. sind $I = (z_r^L/z)K$ Aktionäre veräußerungswillig –, stellen die von den Kleinaktionären gewählten Aktionen wechselseitig beste Antworten auf die Rückerwerbsofferte (z_r^L, P_r^L) dar.

ad (3): Mit Hilfe eines Dominanzarguments lässt sich zeigen, dass die unter (3) aufgeführten Aktionen der Kleinaktionäre wechselseitig beste Antworten auf die durch $P_r > P_r^H$ und $z_r \cdot P_r \leq c$ sowie $z_r > 0$ gekennzeichneten Rückerwerbsofferten darstellen – für beliebige Vermutungen der Kleinaktionäre. Hierzu wird auf die Definitionen (3.131) und (3.132) zurückgegriffen. Bietet der Kleinaktionär k seine Anteile zum Rückerwerb an, erhält er

$$\begin{aligned}
E[G_k(t)] &= \min\left[1, \frac{z_r}{z_a}\right] P_r + \left(1 - \min\left[1, \frac{z_r}{z_a}\right]\right) \frac{V^* + k^*(c - \min[z_r, z_a]P_r)}{n + z - \min[z_r, z_a]} \\
&= \frac{V^* + k^*(c - \min[z_r, z_a]P_r)}{n + z - \min[z_r, z_a]} \\
&\quad + \min\left[1, \frac{z_r}{z_a}\right] \cdot \left(P_r - \frac{V^* + k^*(c - \min[z_r, z_a]P_r)}{n + z - \min[z_r, z_a]}\right)
\end{aligned}$$

Die Aktion Halten verspricht ihm

$$E[G_k(h)] = \frac{V^* + k^*(c - \min[z_r, z_a]P_r)}{n + z - \min[z_r, z_a]}.$$

Zieht man diese Auszahlung von der mit der Aktion Tendern einhergehenden ab, ergibt sich

$$\Delta \equiv \min\left[1, \frac{z_r}{z_a}\right] \cdot \left(E[G_k(t)] - E[G_k(h)] = P_r - \frac{V^* + k^*(c - \min[z_r, z_a]P_r)}{n + z - \min[z_r, z_a]}\right).$$

Wegen $V_H > V_L$ sowie $V_H + k_H c > V_L + k_L c$ und $0 \leq \mu(H|z_r, P_r) \leq 1$ erhält man

$$\begin{aligned}
\Delta &= \min\left[1, \frac{z_r}{z_a}\right] \cdot \left(P_r - \frac{V^* + k^*(c - \min[z_r, z_a]P_r)}{n + z - \min[z_r, z_a]}\right) \\
&> \min\left[1, \frac{z_r}{z_a}\right] \cdot \left(P_r^H - \frac{V^* + k^*(c - \min[z_r, z_a]P_r^H)}{n + z - \min[z_r, z_a]}\right) \\
&\geq \min\left[1, \frac{z_r}{z_a}\right] \cdot \left(P_r^H - \frac{V_H + k_H(c - \min[z_r, z_a]P_r^H)}{n + z - \min[z_r, z_a]}\right) \\
&> \min\left[1, \frac{z_r}{z_a}\right] \cdot \left(P_r^H - \frac{V_H + c - \min[z_r, z_a]P_r^H}{n + z - \min[z_r, z_a]}\right) \\
&= \min\left[1, \frac{z_r}{z_a}\right] \cdot \left(P_r^H - \frac{(n + z - \min[z_r, z_a])(V_H + c)}{(n + z - \min[z_r, z_a])(n + z)}\right) \\
&= \min\left[1, \frac{z_r}{z_a}\right] \cdot \left(P_r^H - \frac{V_H + c}{n + z} = 0\right),
\end{aligned}$$

wobei für den Übergang von der dritt- zur vorletzten Zeile $c \geq \min[z_r, z_a] \cdot P_r > \min[z_r, z_a] \cdot P_r^H$ verwendet wird. Folglich gilt $\Delta > 0$, d.h. $E[G_k(t)] > E[G_k(h)]$. Tendern ist somit für jeden Kleinaktionär k eine dominante Aktion, die er mit Wahrscheinlichkeit $\alpha_k(t|z_r, P_r) = 1$ wählen wird. Insgesamt werden dann $z_a = z$ Aktien zum Rückerwerb angeboten, der wegen $z_r < z$ im geplanten Umfang realisiert werden kann.

ad (4): Mit Hilfe eines Dominanzarguments, das fast vollständig mit dem ad (1) gegebenen identisch ist, lässt sich nachweisen, dass die unter (4) aufgeführten Aktionen beste Antworten auf solche Rückerwerbsofferten sind, die durch $P_r = P_r^H$ und $z_r \cdot P_r < c$ sowie $z_r > 0$ charakterisiert sind. Angenommen, es werden insgesamt z_a Aktien getendert. Akzeptiert der Kleinaktionär k die Rückerwerbsofferte, erhält er eine Auszahlung von

$$\begin{aligned}
E[G_k(t)] &= \min\left[1, \frac{z_r}{z_a}\right] P_r^H + \left(1 - \min\left[1, \frac{z_r}{z_a}\right]\right) \frac{V^* + k^*(c - \min[z_r, z_a]P_r^H)}{n + z - \min[z_r^H, z_a]} \\
&= \frac{V^* + k^*(c - \min[z_r, z_a]P_r^H)}{n + z - \min[z_r, z_a]} \\
&\quad + \min\left[1, \frac{z_r}{z_a}\right] \cdot \left(P_r^H - \frac{V^* + k^*(c - \min[z_r, z_a]P_r^H)}{n + z - \min[z_r, z_a]}\right).
\end{aligned}$$

Halten verspricht dem Kleinaktionär eine Auszahlung von

$$E[G_k(h)] = \frac{V^* + k^*(c - \min[z_r, z_a]P_r^H)}{n + z - \min[z_r, z_a]}.$$

Subtrahiert man diese Auszahlung von der mit der Aktion Tendern verknüpften, ergibt sich

$$\begin{aligned}\Delta &\equiv E[G_k(t)] - E[G_k(h)]\\ &= \min\left[1, \frac{z_r}{z_a}\right] \cdot \left(P_r^H - \frac{V^* + k^*(c - \min[z_r, z_a]P_r^H)}{n + z - \min[z_r, z_a]}\right).\end{aligned}$$

Aufgrund von $c > z_r \cdot P_r^H \geq \min[z_r, z_a]P_r^H$ sowie $V_H > V_L$ und $V_H + k_H c > V_L + k_L c$ gilt

$$\begin{aligned}E[G_k(h)] &= \frac{V^* + k^*(c - \min[z_r, z_a]P_r^H)}{n + z - \min[z_r, z_a]}\\ &\leq \frac{V_H + k_H(c - \min[z_r, z_a]P_r^H)}{n + z - \min[z_r, z_a]}\\ &< \frac{V_H + c - \min[z_r, z_a]P_r^H}{n + z - \min[z_r, z_a]}\\ &= \frac{(n + z - \min[z_r, z_a])(V_H + c)}{(n + z - \min[z_r, z_a])(n + z)} = \frac{V_H + c}{n + z} = P_r^H,\end{aligned}$$

d.h. $\Delta > 0$. Dies impliziert $E[G_k(t)] > E[G_k(h)]$, weshalb Tendern eine dominante Aktion für den Kleinaktionär k ist, der folglich mit Wahrscheinlichkeit $\alpha_k(t|z_r, P_r) = 1$ $(\forall k \in [0, K])$ seinen Aktienbesitz zum Rückerwerb offeriert. Insgesamt werden deshalb $z_a = z$ Anteile getendert, von denen z_r Stück zurückgekauft werden.

ad (5): Zunächst ist festzuhalten, dass eine beliebige als ungleichgewichtig betrachtete Rückerwerbsofferte $(z_r, P_r) \in \overline{ZP}_{ug} = \{(z_r, P_r) \in ZP|(z_r, P_r) \neq (z_r^L, P_r^L), (z_r^H, P_r^H) \wedge P_r \leq \frac{V_H/k_H + c}{n+z}\}$ aufgrund von Annahme 3.10 mit Wahrscheinlichkeit $\mu(H|z_r, P_r) = 1$ dem Management eines Unternehmens vom Typ H zugeordnet wird. Angenommen, es werden insgesamt

$$z_a = \frac{(n + z) \cdot P_r - (V_H + k_H \cdot c)}{(1 - k_H) \cdot P_r} \leq z_r \tag{3.133}$$

Aktien getendert. Ein mit Wahrscheinlichkeit $\alpha_k(t|z_r, P_r) = 1$ veräußernder Kleinaktionär k erhält dann eine Auszahlung in Höhe von $G_k(t) = P_r$. Hält er stattdessen seinen Anteilsbesitz, erwartet er wegen $\mu(H|z_r, P_r) = 1$ eine Auszahlung von

$$G_k(h) = \frac{V_H + k_H(c - z_a \cdot P_r)}{n + z - z_a}.$$

Einsetzen von (3.133) führt auf

$$\begin{aligned} G_k(h) &= \frac{(1-k_H)V_H + k_H((1-k_H)c - (n+z)\cdot P_r + V_H + k_H\cdot c)}{(1-k_H)(n+z)P_r - (n+z)\cdot P_r + V_H + k_H\cdot c}\cdot P_r \\ &= \frac{V_H + k_H\cdot c - k_H(n+z)\cdot P_r}{V_H + k_H\cdot c - k_H(n+z)\cdot P_r}\cdot P_r = P_r = G_k(t). \end{aligned}$$

Folglich hat ein veräußernder Kleinaktionär $k \in [0, I]$ keinen Anreiz, von der Aktion Tendern abzuweichen. Umgekehrt ist es auch für einen Kleinaktionär $k \in (I, K]$, der seinen Aktienbesitz mit Wahrscheinlichkeit eins ($\alpha_k(t|z_r, P_r) = 0$) hält, wegen $G_k(h) = G_k(t)$ nicht lohnend, auf die Aktion Veräußern überzuwechseln. Tendern somit $I = (z_a/z)K$ Kleinaktionäre ihren Aktienbesitz – insgesamt werden dann z_a Anteile zum Rückerwerb angeboten –, sind die Antworten der Kleinaktionäre auf das Rückerwerbsangebot wechselseitig optimal.

ad (6): Es wird gezeigt, dass die Aktion Tendern die Aktion Halten dominiert, so dass jeder Kleinaktionär mit Wahrscheinlichkeit $\alpha_k(t|z_r, P_r) = 1$ ($\forall k \in [0, K]$) seine Anteile zu veräußern beabsichtigt. Hierzu werden die Definitionen (3.131) und (3.132) verwendet. Sei z_a die Zahl der Aktien, die von den Kleinaktionären getendert werden. Bietet der Kleinaktionär k seine Anteile zum Rückerwerb an, vereinnahmt er

$$\begin{aligned} E[G_k(t)] &= \min\left[1, \frac{z_r}{z_a}\right] P_r + \left(1 - \min\left[1, \frac{z_r}{z_a}\right]\right) \frac{V^* + k^*(c - \min[z_a, z_r]P_r)}{n + z - \min[z_a, z_r]} \\ &= \frac{V^* + k^*(c - \min[z_a, z_r]P_r)}{n + z - \min[z_a, z_r]} \\ &\quad + \min\left[1, \frac{z_r}{z_a}\right]\left(P_r - \frac{V^* + k^*(c - \min[z_a, z_r]P_r)}{n + z - \min[z_a, z_r]}\right). \end{aligned}$$

Die Aktion Halten verspricht ihm

$$E[G_k(h)] = \frac{V^* + k^*(c - \min[z_a, z_r]P_r)}{n + z - \min[z_a, z_r]}.$$

Die Auszahlungsdifferenz zwischen den Aktionen Veräußern und Halten beläuft sich auf

$$\begin{aligned} \Delta &= E[G_k(t)] - E[G_k(h)] \\ &= \min\left[1, \frac{z_r}{z_a}\right]\cdot\left(P_r - \frac{V^* + k^*(c - \min[z_a, z_r]P_r)}{n + z - \min[z_a, z_r]}\right). \end{aligned}$$

Aufgrund von $V_H > V_L$ und $V_H + k_H \cdot c > V_L + k_L \cdot c$ erhält man

$$E[G_k(h)] = \frac{V^* + k^*(c - \min[z_a, z_r]P_r)}{n + z - \min[z_a, z_r]} \leq \frac{V_H + k_H(c - \min[z_a, z_r]P_r)}{n + z - \min[z_a, z_r]} \equiv A.$$

Sei $G_k(\hat{z}_r) = \frac{V_H + k_H(c - \hat{z}_r P_r)}{n+z-\hat{z}_r}$. Differenziert man dies nach $\hat{z}_r$, resultiert unter Berücksichtigung von $P_r < (V_H + c)/(n + z)$

$$\begin{aligned}\frac{d\hat{G}_k(\hat{z}_r)}{d\hat{z}_r} &= \frac{-k_H \cdot P_r \cdot (n+z-\hat{z}_r) + V_H + k_H(c - \hat{z}_r \cdot P_r)}{(n+z-\hat{z}_r)^2} \\ &= \frac{V_H + k_H c - k_H(n+z) \cdot P_r}{(n+z-\hat{z}_r)^2} \\ &> \frac{V_H + k_H c - k_H(n+z)\frac{V_H+c}{n+z}}{(n+z-\hat{z}_r)^2} = \frac{(1-k_H)V_H}{(n+z-\hat{z}_r)^2} > 0.\end{aligned}$$

Unter Verwendung von

$$\overline{z}_r \equiv \frac{(n+z) \cdot P_r - (V_H + k_H \cdot c)}{(1-k_H) \cdot P_r} > z_r \geq \min[z_a, z_r]$$

und $d\hat{G}_k(\hat{z}_r)/d\hat{z}_r > 0$ erhält man

$$A = \frac{V_H + k_H(c - \min[z_a, z_r]P_r)}{n+z-\min[z_a, z_r]} < \frac{V_H + k_H(c - \overline{z}_r P_r)}{n+z-\overline{z}_r} \equiv B.$$

Einsetzen des Ausdrucks für $\overline{z}_r$ in B führt auf $B = P_r$. Aufgrund von

$$P_r = B > A \geq \frac{V^* + k^*(c - \min[z_a, z_r]P_r)}{n+z-\min[z_a, z_r]} = E[G_k(h)]$$

folgt $\Delta > 0$, d.h. $E[G_k(t)] > E[G_k(h)]$. Tendern dominiert somit Halten, weshalb jeder Kleinaktionär $k \in [0, K]$ seine Aktien mit Wahrscheinlichkeit $\alpha_k(t|z_r, P_r) = 1$ zum Rückerwerb anbietet. Insgesamt werden dann $z_a = z$ Anteile getendert, von denen z_r Stück zurückgekauft werden.

ad (7): Wird den Kleinaktionären die ungleichgewichtige Offerte $(z_r, P_r) \in \overline{ZP}_{ug}$ präsentiert, gehen sie aufgrund von Annahme 3.10 mit Wahrscheinlichkeit $\mu(H|z_r, P_r) = 1$ davon aus, dass die Offerte vom Management eines Unternehmens vom Typ H stammt. Angenommen, es werden von den Kleinaktionären keine Anteile zum Rückerwerb angeboten: $z_a = 0$. Die Auszahlung des Kleinaktionärs k beläuft sich bei Wahl der Aktion Halten auf $G_k(h) = (V_H + k_H c)/(n + z)$. Tendert er stattdessen seine Anteile, erhält er $G_k(t) = P_r$. Aufgrund von

$$G_k(t) = P_r \leq (V_H + k_H \cdot c)/(n+z) = G_k(h)$$

besitzt der Kleinaktionär keinen Anreiz, von Halten auf Tendern überzuwechseln ($\forall k \in [0, K]$). Folglich wird jeder Kleinaktionär mit Wahrscheinlichkeit eins

($\alpha_k(t|z_r, P_r) = 0$) seinen Aktienbesitz halten. Festzuhalten bleibt: Werden insgesamt $z_a = 0$ Aktien getendert, dann ist Halten eine beste Antwort für jeden Kleinaktionär.

Damit erhält man folgendes Zwischenergebnis: Ausgehend von den unter (iv) formulierten revidierten Vermutungen haben die Kleinaktionäre keinen Anreiz, von den in (iii) aufgeführten Tender-Strategien abzuweichen.

(c) *Gleichgewichtige Rückerwerbsstrategie des Managements von H.* Aufgrund von Annahme 3.10 und der Tatsache, dass alle ungleichgewichtigen Rückerwerbsofferten $(z_r, P_r) \in ZP_{ug} \setminus \overline{ZP}_{ug}$ unabhängig von den Vermutungen der Kleinaktionäre mit Wahrscheinlichkeit eins akzeptiert werden – dies ergibt sich aus der in Teil (iii) (3) aufgeführten Reaktionskombination der Kleinaktionäre –, können alle Ungleichgewichtsofferten ohne Beschränkung der Allgemeinheit mit Wahrscheinlichkeit eins einem Unternehmen vom Typ H zugeordnet werden. Aus Lemma 3.17 (S. 237) folgt, dass die Rückerwerbsofferte $(z_r^H, P_r^H) = (\frac{(n+z)c}{V_H+c}, \frac{V_H+c}{n+z})$ die Auszahlung des Managements von H unter der Voraussetzung maximiert, das das zugrunde liegende Unternehmen vom Kapitalmarkt als Typ H klassifiziert wird. Folglich hat das Management von H keinen Anreiz, von seiner als gleichgewichtig betrachteten Offerte (z_r^H, P_r^H) auf eine ungleichgewichtige Rückerwerbsofferte $(z_r, P_r) \neq (z_r^H, P_r^H), (z_r^L, P_r^L)$ abzuweichen. Aufgrund von Bedingung (3.73) ist es für das Management von H auch nicht lohnend, von (z_r^H, P_r^H) auf die separierende Offerte (z_r^L, P_r^L) des Managements von L abzuweichen. Die Rückerwerbsofferte (z_r^H, P_r^H) erweist sich somit als optimal.

(d) *Gleichgewichtige Rückerwerbsstrategie des Managements von L.* Zunächst ist festzuhalten, dass alle ungleichgewichtigen Rückerwerbsofferten ohne Beschränkung der Allgemeinheit mit Wahrscheinlichkeit eins einem Unternehmen vom Typ H zugewiesen werden können. Unter Berücksichtigung der zugrunde gelegten Parameterrestriktion $V_H \geq V_L/k_L + (1 - k_H)c$ ergibt sich aus Lemma 3.8, dass eine durch $z_r = 0$ charakterisierte Rückerwerbsofferte die Auszahlung des Managements von L maximiert, wenn das zugrunde liegende Unternehmen vom Kapitalmarkt als Typ H eingestuft wird. Das Management von L hat somit keinen Anreiz, von der als separierend betrachteten Offerte (z_r^L, P_r^L) auf die First-best-Offerte des Managements von H oder eine ungleichgewichtige Rückerwerbsofferte abzuweichen, wenn (z_r^L, P_r^L) die Anreizbedingung (3.44) erfüllt:

$$\frac{V_L + k_L(c - z_r^L P_r^L)}{n + z - z_r^L} = P_r^L \geq \frac{V_L + k_L c}{n + z}. \tag{3.134}$$

Die separierende Rückerwerbsofferte (z_r^L, P_r^L) des Managements von L wird durch die beiden Gleichungen (3.73) und (3.74) bestimmt. Aus Lemma 3.18 (S. 242) folgt, dass eine Rückerwerbsofferte $(z_r^L, P_r^L) \in]0, \frac{(n+z)c}{V_L+c}[\times]\frac{V_L+k_L c}{n+z}, \frac{V_L+c}{n+z}[$ existiert, welche diese beiden Gleichungen erfüllt und weder die Liquiditätsrestriktion $z_r^L P_r^L \leq c$ noch die Bedingung $z_r^L < z$ verletzt. Wegen $P_r^L > \frac{V_L+k_L c}{n+z}$ genügt diese Offerte Restriktion (3.134). Folglich hat auch das Management von L keinen Anreiz, von der Rückerwerbsofferte (z_r^L, P_r^L) abzuweichen. Aufgrund von Lemma 3.11 und Lemma 3.12 müssen in einem effizienten separierenden Gleichgewicht die beiden Gleichungen (3.73) und (3.74) erfüllt sein. Da die separierende Offerte (z_r^L, P_r^L) des Managements von L diesen beiden Bedingungen genügt, führt sie auf ein effizientes separierendes Gleichgewicht.

■

Lemma 3.17 *Angenommen, die Kleinaktionäre weisen jede zulässige Rückerwerbsofferte $(z_r, P_r) \in ZP$ mit Wahrscheinlichkeit $\mu(H|z_r, P_r) = 1$ einem Unternehmen vom Typ H zu. Dann maximiert die Rückerwerbsofferte $(z_r^H, P_r^H) = (\frac{(n+z)c}{V_H+c}, \frac{V_H+c}{n+z})$ die Auszahlung des Managements von H. Die Rückerwerbsofferte (z_r^H, P_r^H) führt zu einer Ausschüttung des gesamten freien Cashflows.*

<u>Beweis</u>: Es genügt, die Menge der von den Kleinaktionären vollständig gezeichneten Rückerwerbsofferten zu analysieren. Damit die Kleinaktionäre eine Rückerwerbsofferte (z_r^H, P_r^H) in vollem Umfang akzeptieren, muss die Bedingung

$$P_r^H \geq \frac{V_H + k_H\,(c - z_r^H\, P_r^H)}{n + z - z_r^H}$$

erfüllt sein. Die Rückerwerbsofferte (z_r^H, P_r^H), welche die Auszahlung des Managements von H unter der Voraussetzung maximiert, dass jede Rückerwerbsofferte von dem Kleinaktionären mit Wahrscheinlichkeit eins dem Management von H zugeordnet wird, ist Lösung des nachfolgenden Optimierungsprogramms:

$$\max_{z_r^H, P_r^H} \frac{V_H + k_H\,(c - z_r^H\, P_r^H)}{n + z - z_r^H}$$

unter den Nebenbedingungen

$$P_r^H - \frac{V_H + k_H\,(c - z_r^H\, P_r^H)}{n + z - z_r^H} \geq 0$$

$$c - z_r^H P_r^H \geq 0$$

$$z - z_r^H \geq 0$$

$$z_r^H, P_r^H \geq 0$$

Unter Vernachlässigung der Restriktion $P_r^H \geq 0$ – ein nicht positiver Preis führt unmittelbar auf einen Widerspruch – lautet die Lagrangefunktion $\mathcal{L}$ für das Optimierungsproblem

$$\begin{aligned}\mathcal{L}(z_r^H, P_r^H, \lambda, \mu, \nu) &= \frac{V_H + k_H (c - z_r^H P_r^H)}{n + z - z_r^H} \\ &+\lambda \left(P_r^H - \frac{V_H + k_H (c - z_r^H P_r^H)}{n + z - z_r^H} \right) \\ &+\mu (c - z_r^H P_r^H) + \nu (z - z_r^H),\end{aligned}$$

wobei mit λ, μ und ν die Lagrange-Multiplikatoren der Nebenbedingungen bezeichnet werden. Für die Kuhn-Tucker Bedingungen, denen die Optimallösung $\mathbf{v} = (z_r^H, P_r^H, \lambda, \mu, \nu)$ zu genügen hat, erhält man

$$\begin{aligned}\frac{\partial \mathcal{L}(\mathbf{v})}{\partial z_r^H} &= (1 - \lambda) \frac{-k_H P_r^H (n + z - z_r^H) + V_H + k_H (c - z_r^H P_r^H)}{(n + z - z_r^H)^2} \\ &-\mu P_r^H - \nu \leq 0 \end{aligned} \tag{3.135}$$

$$\frac{\partial \mathcal{L}(\mathbf{v})}{\partial z_r^H} \cdot z_r^H = 0 \tag{3.136}$$

$$\begin{aligned}\frac{\partial \mathcal{L}(\mathbf{v})}{\partial P_r^H} &= -k_H \frac{z_r^H}{n + z - z_r^H} + \lambda \left(1 + k_H \frac{z_r^H}{n + z - z_r^H} \right) \\ &-\mu z_r^H = 0\end{aligned} \tag{3.137}$$

$$\frac{\partial \mathcal{L}(\mathbf{v})}{\partial \lambda} = P_r^H - \frac{V_H + k_H (c - z_r^H P_r^H)}{n + z - z_r^H} \geq 0 \tag{3.138}$$

$$\frac{\partial \mathcal{L}(\mathbf{v})}{\partial \lambda} \cdot \lambda = 0 \tag{3.139}$$

$$\frac{\partial \mathcal{L}(\mathbf{v})}{\partial \mu} = c - z_r^H P_r^H \geq 0 \quad (3.140)$$

$$\frac{\partial \mathcal{L}(\mathbf{v})}{\partial \mu} \cdot \mu = 0 \quad (3.141)$$

$$\frac{\partial \mathcal{L}(\mathbf{v})}{\partial \nu} = z - z_r^H \geq 0 \quad (3.142)$$

$$\frac{\partial \mathcal{L}(\mathbf{v})}{\partial \nu} \cdot \nu = 0 \quad (3.143)$$

$$z_r^H, \lambda, \mu, \nu \geq 0. \quad (3.144)$$

Schritt 1. Zunächst wird durch Widerspruch gezeigt, dass im Optimum $z_r^H < z$ erfüllt sein muss. Angenommen, $z_r^H = z$. Dann wird Bedingung (3.138) zu

$$\frac{\partial \mathcal{L}(\mathbf{v})}{\partial \lambda} = P_r^H - \frac{V_H + k_H (c - z P_r^H)}{n} \geq 0.$$

Auflösen nach dem Rückerwerbspreis ergibt

$$P_r^H \geq \frac{V_H + k_H c}{n + k_H z}.$$

Aufgrund von

$$c \geq z P_r^H \geq z \frac{V_H + k_H c}{n + k_H z} > z \frac{V_L + k_L c}{n + z}$$

erhält man jedoch $V_L < (n/z + 1 - k_L)c$, was im Widerspruch zu Annahme 3.7 steht. Folglich muss im Optimum $z_r^H < z$ erfüllt sein, was $\nu = 0$ impliziert.

Schritt 2. Es wird gezeigt, dass eine Lösung, die $z_r^H = 0$ und $P_r^H \geq (V_H/k_H + c)/(n + z)$ beinhaltet, nicht im Widerspruch zu den Kuhn-Tucker Bedingungen steht. Angenommen, $z_r^H = 0$. Dies impliziert $\mu = \nu = 0$. Aus Bedingung (3.137) folgt $\lambda = 0$. Damit vereinfacht sich (3.135) wie folgt:

$$\frac{\partial \mathcal{L}(\mathbf{v})}{\partial z_r^H} = \frac{-k_H P_r^H (n + z) + V_H + k_H c}{(n + z)^2} \leq 0.$$

Daraus resultiert

$$P_r^H \geq \frac{V_H/k_H + c}{n + z},$$

was mit Bedingung (3.138) vereinbar ist. Folglich erfüllen all jene Lösungen, die $z_r^H = 0$ und $P_r^H \geq (V_H/k_H + c)/(n+z)$ beinhalten, die Kuhn-Tucker Bedingungen. Dass diese Lösungen jedoch nicht optimal sind, wird in den verbleibenden Schritten gezeigt. Lösungsvektoren, die durch $z_r^H = 0$ und $P_r^H < (V_H/k_H + c)/(n+z)$ charakterisiert sind, führen zu einer Verletzung der Kuhn-Tucker Bedingungen. Deshalb müssen nur noch solche Lösungen untersucht werden, die durch $z_r^H > 0$ gekennzeichnet sind.

Schritt 3. Es wird durch Widerspruch demonstriert, dass lediglich eine durch $z_r^H > 0$ und $\lambda > 0$ charakterisierte Lösung den Kuhn-Tucker Bedingungen genügen kann. Angenommen, $z_r^H > 0$ und $\lambda = 0$. Dann vereinfacht sich Bedingung (3.137) zu

$$\frac{\partial \mathcal{L}(\mathbf{v})}{\partial P_r^H} = -k_H \frac{z_r^H}{n+z-z_r^H} - \mu\, z_r^H = 0, \tag{3.145}$$

was $z_r^H = 0$ impliziert und damit auf einen Widerspruch führt.

Schritt 4. Gezeigt wird, dass $z_r^H > 0$, $\lambda > 0$ und $\mu = 0$ nicht mit den Kuhn-Tucker Bedingungen vereinbar ist. Angenommen, $z_r^H > 0$, $\lambda > 0$ und $\mu = 0$. Dann ist (3.138) bindend:

$$P_r^H = \frac{V_H + k_H\,(c - z_r^H\, P_r^H)}{n+z-z_r^H}.$$

Substitution der rechten Seite in die bindende Bedingung (3.135) führt unter Beachtung von $\mu = \nu = 0$ auf

$$\frac{\partial \mathcal{L}(\mathbf{v})}{\partial z_r^H} = (1-\lambda)\frac{(1-k_H)\,(V_H + k_H\,(c - z_r^H\, P_r^H))}{(n+z-z_r^H)^2} = 0.$$

Diese Bedingung kann nur für $\lambda = 1$ erfüllt sein. Bedingung (3.137) lässt sich jedoch schreiben als

$$\frac{\partial \mathcal{L}(\mathbf{v})}{\partial P_r^H} = -(1-\lambda)\,k_H \frac{z_r^H}{n+z-z_r^H} + \lambda = 0.$$

Diese Gleichung ist nur für ein $\lambda \in]0,1[$ nicht verletzt, was auf einen Widerspruch führt. Somit können neben den in Schritt 2 charakterisierten Lösungsvektoren nur solche die Kuhn-Tucker Bedingungen erfüllen, welche durch $z_r^H > 0$, $\lambda > 0$ und $\mu > 0$ gekennzeichnet sind.

Schritt 5. Es wird gezeigt, dass ein durch $z_r^H > 0$, $\nu = 0$, $\lambda > 0$ und $\mu > 0$ charakterisierter Lösungsvektor den Kuhn-Tucker Bedingungen genügt. Aufgrund von $\mu > 0$ ist (3.140) bindend: $c = z_r^H\, P_r^H$. Einsetzen in die wegen $\lambda > 0$ mit Gleichheit erfüllte Bedingung (3.138) führt auf

$$c/z_r^H = \frac{V_H}{n + z - z_r^H}.$$

Daraus resultiert $z_r^H = (n+z)c/(V_H + c)$, was $P_r^H = (V_H + c)/(n+z)$ zur Konsequenz hat. Um die Werte für λ und μ zu bestimmen, sind (3.135) und (3.137) heranzuziehen. Dabei zeigt sich, dass sowohl λ als auch μ positive Werte annehmen. Folglich ist ein durch $z_r^H > 0$, $\nu = 0$, $\lambda > 0$ und $\mu > 0$ gekennzeichneter Lösungsvektor mit den Kuhn-Tucker Bedingungen vereinbar.

Schritt 6. Es verbleibt nachzuweisen, dass das Management von H bei Wahl von $(z_r^H, P_r^H) = (\frac{(n+z)c}{V_H+c}, \frac{V_H+c}{n+z})$ eine höhere Auszahlung als bei Wahl von $(\hat{z}_r^H, \hat{P}_r^H) = (0, \hat{P}_r^H)$ mit $\hat{P}_r^H \geq (V_H/k_H + c)/(n+z)$ erreicht. Wegen

$$U_H(z_r^H, P_r^H) = \frac{V_H}{n + z - z_r^H} = \frac{V_H + c}{n+z} > \frac{V_H + k_H\, c}{n+z} = U_H(\hat{z}_r^H, \hat{P}_r^H)$$

ist dies offensichtlich der Fall. Folglich maximiert (z_r^H, P_r^H) die Auszahlung des Managements von H. Aufgrund von $P_r^H = V_H/(n + z - z_r^H)$ besitzt kein Kleinaktionär einen Anreiz, von der gewählten Aktion – Tendern oder Halten – abzuweichen, wenn insgesamt $z_a^H \geq z_r^H$ Aktien zum Rückerwerb angeboten werden. Deshalb wird (z_r^H, P_r^H) von den Kleinaktionären in vollem Umfang gezeichnet. Das Management von H kann somit den gesamten freien Cashflow auskehren. ∎

Lemma 3.18 *Es existiert eine Rückerwerbsofferte*

$$(z_r^{L*}, P_r^{L*}) \in]0, \frac{(n+z)c}{V_L + c}[\times]\frac{V_L + k_L\, c}{n+z}, \frac{V_L + c}{n+z}[,$$

welche die Gleichungen

$$\frac{V_H + c}{n+z} - \frac{V_H + k_H\,(c - z_r^L\, P_r^L)}{n + z - z_r^L} = 0 \tag{3.146}$$

und

$$P_r^L = \frac{V_L + k_L(c - z_r^L\, P_r^L)}{n + z - z_r^L} \tag{3.147}$$

erfüllt sowie den Restriktionen

$$0 < z_r^L\, P_r^L < c \tag{3.148}$$

$$z_r^L < z \tag{3.149}$$

genügt.

Beweis: Auflösen von (3.147) nach P_r^L führt auf

$$P_r^L(z_r^L) = \frac{V_L + k_L\, c}{n + z - (1 - k_L)z_r^L} \quad \text{für } z_r^L \in [0, z[.$$

Sei mit $\Delta(z_r^L)$ die linke Seite von (3.146) bezeichnet:

$$\Delta(z_r^L) = \frac{V_H + c}{n + z} - \frac{V_H + k_H\,(c - z_r^L\, P_r^L(z_r^L))}{n + z - z_r^L}$$

An der Stelle $z_r^L = 0$ erhält man

$$\Delta(0) \quad = \quad \frac{V_H + c}{n + z} - \frac{V_H + k_H\, c}{n + z} > 0,$$

wobei $P_r^L(0) = (V_L + k_L\, c)/(n + z)$. Für $z_r^L = (n + z)c/(V_L + c)$ resultiert unter Berücksichtigung von $P_r^L(\frac{(n+z)c}{V_L+c}) = \frac{V_L+c}{n+z}$

$$\Delta\left(\frac{(n + z)c}{V_L + c}\right) \quad = \quad \frac{V_H + c}{n + z} - \frac{V_H}{n + z - z_r^L} = \frac{V_H + c}{n + z} - \frac{V_H + \frac{V_H}{V_L}\, c}{n + z} < 0.$$

Aufgrund der Stetigkeit von $\Delta(z_r^L)$ auf dem Intervall $]0, \frac{(n+z)c}{V_L+c}[$ sowie der rechtsseitigen Stetigkeit an der Stelle $z_r^L = 0$ und der linksseitigen Stetigkeit an der Stelle $z_r^L = \frac{(n+z)c}{V_L+c}$ sowie $\Delta(0) > 0$ und $\Delta\left(\frac{(n+z)c}{V_L+c}\right) < 0$ existiert ein $z_r^{L*} \in]0, \frac{(n+z)c}{V_L+c}[$, so dass gilt: $\Delta(z_r^{L*}) = 0$. Wegen $z_r^{L*} < (n + z)c/(V_L + c)$ und Annahme 3.7 gilt $z_r^{L*} < z$. Aufgrund von $0 < z_r^{L*} < (n + z)c/(V_L + c)$ und

$$\frac{dP_r^L}{dz_r^L} = \frac{(V_L + k_L\, c) \cdot (1 - k_L)}{(n + z - (1 - k_L)z_r^L)^2} > 0 \quad \text{für } z_r^L \in [0, \tfrac{(n+z)c}{V_L+c}]$$

erhält man $P_r^{L*} \in]\frac{V_L+k_L c}{n+z}, \frac{V_L+c}{n+z}[$. Da das Ausschüttungsvolumen $CF(z_r^L) = z_r^L \cdot P_r^L$ für $z_r^L \in [0, \frac{(n+z)c}{V_L+c}]$ wegen

$$\frac{dCF}{dz_r^L} = P_r^L + z_r^L \cdot \frac{dP_r^L}{dz_r^L} > 0$$

streng monoton ansteigt, wird es an der Stelle $z_r^L = (n+z)c/(V_L+c)$ maximal und beträgt $CF(\frac{(n+z)c}{V_L+c}) = c$. Dies impliziert $CF(z_r^{L*}) = z_r^{L*} \cdot P_r^{L*} < c$. Folglich existiert eine Rückerwerbsofferte $(z_r^{L*}, P_r^{L*}) \in]0, \frac{(n+z)c}{V_L+c}[\times]\frac{V_L+k_L c}{n+z}, \frac{V_L+c}{n+z}[$, welche die vier Restriktionen (3.146)-(3.149) erfüllt. ■

Beweis von Lemma 3.13

Um die Aussage zu beweisen, ist $\hat{z}_a(\mu)$ als eine Funktion von $\mu \equiv \mu(L|\hat{z}_r)$ aufzufassen, die durch

$$\hat{P}_r - \frac{\mu \cdot (V_L + k_L(c - \hat{z}_a(\mu) \cdot \hat{P}_r)) + (1-\mu) \cdot (V_H + k_H(c - \hat{z}_a(\mu) \cdot \hat{P}_r))}{n + z - z_a(\mu)} = 0$$

implizit definiert wird. Die Totalableitung dieser Identität nach μ beläuft sich auf

$$-\frac{V_L+k_L(c-\hat{z}_a(\mu)\cdot\hat{P}_r)-(V_H+k_H(c-\hat{z}_a(\mu)\cdot\hat{P}_r))}{n+z-z_a(\mu)} + \left(\frac{(\mu\cdot k_L\cdot\hat{P}_r+(1-\mu)\cdot k_H\cdot\hat{P}_r)(n+z-\hat{z}_a(\mu))}{(n+z-\hat{z}_a(\mu))^2}\right.$$
$$\left.-\frac{\mu\cdot(V_L+k_L(c-\hat{z}_a(\mu)\cdot\hat{P}_r))+(1-\mu)\cdot(V_H+k_H(c-\hat{z}_a(\mu)\cdot\hat{P}_r))}{(n+z-\hat{z}_a(\mu))^2}\right) \cdot \frac{d\hat{z}_a}{d\mu} = 0.$$

Nach einer Umformung erhält man

$$\begin{aligned}
\frac{d\hat{z}_a}{d\mu} &= \frac{(V_L+k_L(c-\hat{z}_a(\mu)\cdot\hat{P}_r)-(V_H+k_H(c-\hat{z}_a(\mu)\cdot\hat{P}_r)))(n+z-\hat{z}_a(\mu))}{(\mu\cdot k_L\cdot\hat{P}_r+(1-\mu)\cdot k_H\cdot\hat{P}_r)(n+z-\hat{z}_a(\mu))-(\mu\cdot(V_L+k_L(c-\hat{z}_a(\mu)\cdot\hat{P}_r))+(1-\mu)\cdot(V_H+k_H(c-\hat{z}_a(\mu)\cdot\hat{P}_r)))} \\
&= \frac{(V_L+k_L(c-\hat{z}_a(\mu)\cdot\hat{P}_r)-(V_H+k_H(c-\hat{z}_a(\mu)\cdot\hat{P}_r)))(n+z-\hat{z}_a(\mu))}{(\mu\cdot k_L\cdot\hat{P}_r+(1-\mu)\cdot k_H\cdot\hat{P}_r)(n+z)-(\mu\cdot(V_L+k_Lc)+(1-\mu)\cdot(V_H+k_Hc))} \\
&= \frac{(V_H+k_H(c-\hat{z}_a(\mu)\cdot\hat{P}_r)-(V_L+k_L(c-\hat{z}_a(\mu)\cdot\hat{P}_r)))(n+z-\hat{z}_a(\mu))}{\mu\cdot(V_L+k_Lc-k_L(n+z)\hat{P}_r)+(1-\mu)\cdot(V_H+k_Hc-k_H(n+z)\hat{P}_r)}
\end{aligned}$$

Aufgrund von $c \geq \hat{z}_a(\mu) \cdot \hat{P}_r \geq 0$ und $0 \leq \hat{z}_a(\mu) < z$ besitzt der Zählerterm ein positives Vorzeichen. Für den Nennerterm N gilt wegen $\hat{P}_r < (V_L+c)/(n+z)$ für $0 \leq \mu^* < \mu \leq 1$

$$\begin{aligned}
& \mu \cdot (V_L + k_Lc - k_L(n+z)\hat{P}_r) + (1-\mu) \cdot (V_H + k_Hc - k_H(n+z)\hat{P}_r) \\
> \; & \mu \cdot (V_L + k_Lc - k_L(V_L+c)) + (1-\mu) \cdot (V_H + k_Hc - k_H(V_L+c)) \\
\geq \; & \mu \cdot (1-k_L)V_L + (1-\mu) \cdot (1-k_H)V_H > 0.
\end{aligned}$$

Da Zähler und Nenner positiv sind, resultiert $d\hat{z}_a/d\mu > 0$, was zu zeigen war. ■

Beweis von Lemma 3.14

Für Rückerwerbsofferten, die durch $z_r \in [(n+z)c/(V_L+c), (n+z)c/(V_L+k_Lc)]$ gekennzeichnet sind, ergibt sich die Anzahl der von den Kleinaktionären im Falle von $\mu(L|z_r) = 1$ zum Rückerwerb angebotenen Aktien aus

$$z_a(P_r) = \frac{(n+z)P_r - (V_L + k_Lc)}{(1-k_L)P_r}.$$

Substitution von $z_a(P_r)$ in

$$U_H(P_r) = \frac{V_H + k_H(c - z_a \cdot P_r)}{n + z - z_a}$$

führt auf

$$\begin{aligned} U_H(P_r) &= \frac{V_H + k_H\left(c - \frac{(n+z)P_r - (V_L+k_Lc)}{(1-k_L)P_r} \cdot P_r\right)}{n + z - \frac{(n+z)P_r-(V_L+k_Lc)}{(1-k_L)P_r}} \\ &= \frac{(1-k_L)V_H + k_H(V_L+c) - k_H(n+z)P_r}{V_L + k_Lc - k_L(n+z)P_r} \cdot P_r = Q(P_r) \cdot P_r, \end{aligned}$$

wobei$Q(P_r) > 0$ wegen $P_r < (V_L+c)/(n+z)$. Differenzierung von U_H nach P_r ($P_r \in [\frac{V_H+k_Hc}{n+z}, \frac{V_H+c}{n+z}]$) ergibt

$$\begin{aligned} \frac{dU_H}{dP_r} &= \Bigg(\frac{-k_H(n+z)(V_L+k_Lc-k_L(n+z)P_r) - k_L(n+z)k_H(n+z)P_r}{(V_L+k_Lc-k_L(n+z)P_r)^2} \\ &\quad \frac{+k_L(n+z)((1-k_L)V_H + k_H(V_L+c))}{(V_L+k_Lc-k_L(n+z)P_r)^2}\Bigg) P_r + Q \\ &= \frac{-k_H(n+z)V_L + k_L(n+z)((1-k_L)V_H + k_HV_L)}{(V_L+k_Lc-k_L(n+z)P_r)^2} \cdot P_r + Q \\ &= (n+z)\cdot(1-k_L)\cdot\frac{k_LV_H - k_HV_L}{(V_L+k_Lc-k_L(n+z)P_r)^2} \cdot P_r + Q > 0, \end{aligned}$$

wobei das Ungleichheitszeichen aus $V_H/k_H > V_L/k_L$ in Verbindung mit $Q > 0$ resultiert. Aufgrund von $dU_H/dP_r > 0$ wächst die Auszahlung des Managements von H mit zunehmendem Rückerwerbspreis. Für $P_r^1 < P_r^2$ ($z_r^1 > z_r^2$) resultiert dann

$$U_H(z_r^1) = \frac{V_H + k_H(c - z_a^1 \cdot P_r^1)}{n + z - z_a^1} < \frac{V_H + k_H(c - z_a^2 \cdot P_r^2)}{n + z - z_a^2} = U_H(z_r^2),$$

was zu zeigen war. ■

Beweis von Lemma 3.15

Es genügt zu zeigen, dass $\sigma_H = 0$ Element des Lösungsvektors des nachfolgenden Optimierungsprogramms $\mathcal{P}$ ist:

$$\max_{\hat{P}_r, \hat{z}_a, \sigma_H} \frac{V_L + k_L(c - \hat{z}_a \cdot \hat{P}_r)}{n + z - \hat{z}_a}$$

unter den Nebenbedingungen

$$\frac{V_H + c}{n+z} - \frac{V_H + k_H(c - \hat{z}_a \cdot \hat{P}_r)}{n + z - \hat{z}_a} = 0$$

$$\sigma_H - \frac{\pi_L}{1-\pi_L} \cdot \frac{(n + z - \hat{z}_a) \cdot \hat{P}_r - (V_L + k_L(c - \hat{z}_a \cdot \hat{P}_r))}{V_H + k_H(c - \hat{z}_a \cdot \hat{P}_r) - (n + z - \hat{z}_a) \cdot \hat{P}_r} = 0$$

$$\frac{V_L/k_L + c}{n+z} - \hat{P}_r \geq 0$$

$$c - \hat{z}_a \cdot \hat{P}_r \geq 0$$

$$z - \hat{z}_a \geq 0$$

$$\hat{z}_a, \hat{P}_r, \sigma_H \geq 0.$$

Die Restriktion $\sigma_H < 1$ kann vernachlässigt werden, weil sich zeigen wird, dass die Lösung von $\mathcal{P}$ diese Bedingung erfüllt. Die Restriktionen $\hat{z}_a \geq 0$, $\hat{P}_r \geq 0$ und $c - \hat{z}_a \cdot \hat{P}_r \geq 0$ werden aus sachlogischen Gründen aufgenommen. Es wird sich jedoch herauskristallisieren, dass im Optimum $\hat{z}_a > 0$ und $\hat{P}_r > 0$ sowie $c - \hat{z}_a \cdot \hat{P}_r > 0$ gilt. Die Lagrangefunktion $\mathcal{L}$ des Optimierungsprogramms lautet

$$\begin{aligned}
\mathcal{L}(\overline{\mathbf{v}}) = {} & \frac{V_L + k_L(c - \hat{z}_a \cdot \hat{P}_r)}{n + z - \hat{z}_a} + \lambda \left(\frac{V_H + c}{n+z} - \frac{V_H + k_H(c - \hat{z}_a \cdot \hat{P}_r)}{n + z - \hat{z}_a} \right) \\
& + \mu \left(\sigma_H - \frac{\pi_L}{1-\pi_L} \cdot \frac{(n + z - \hat{z}_a) \cdot \hat{P}_r - (V_L + k_L(c - \hat{z}_a \cdot \hat{P}_r))}{V_H + k_H(c - \hat{z}_a \cdot \hat{P}_r) - (n + z - \hat{z}_a) \cdot \hat{P}_r} \right) \\
& + \nu(c - \hat{z}_a \cdot \hat{P}_r) + \eta \left(\frac{V_L/k_L + c}{n+z} - \hat{P}_r \right) + \rho(z - \hat{z}_a),
\end{aligned}$$

wobei mit λ, μ, ν, η und ρ die Lagrange-Multiplikatoren der Nebenbedingungen bezeichnet werden und $\overline{\mathbf{v}} = (\hat{\mathbf{z}}_{\mathbf{a}}, \hat{\mathbf{P}}_{\mathbf{r}}, \sigma_{\mathbf{H}}, \lambda, \mu, \nu, \eta, \rho)$. Für die Kuhn-Tucker-Bedingungen, denen die Optimallösung $\mathbf{v} = (\hat{z}_a, \hat{P}_r, \sigma_H, \lambda, \mu, \nu, \eta, \rho)$ zu genügen hat, erhält man

$$\begin{aligned}\frac{\partial \mathcal{L}(\mathbf{v})}{\partial \hat{z}_a} &= \frac{-k_L \hat{P}_r(n+z-\hat{z}_a) + V_L + k_L(c - \hat{z}_a \cdot \hat{P}_r)}{(n+z-\hat{z}_a)^2} \\ &\quad -\lambda \cdot \frac{-k_H \hat{P}_r(n+z-\hat{z}_a) + V_H + k_H(c - \hat{z}_a \cdot \hat{P}_r)}{(n+z-\hat{z}_a)^2} - \mu \cdot \frac{\pi_L}{1-\pi_L} \\ &\quad \times \left(-\frac{(1-k_L)\hat{P}_r \cdot (V_H + k_H(c - \hat{z}_a \cdot \hat{P}_r) - (n+z-\hat{z}_a) \cdot \hat{P}_r)}{(V_H + k_H(c - \hat{z}_a \cdot \hat{P}_r) - (n+z-\hat{z}_a) \cdot \hat{P}_r)^2} \right. \\ &\quad \left. -\frac{(1-k_H)\hat{P}_r \cdot ((n+z-\hat{z}_a) \cdot \hat{P}_r - (V_L + k_L(c - \hat{z}_a \cdot \hat{P}_r)))}{(V_H + k_H(c - \hat{z}_a \cdot \hat{P}_r) - (n+z-\hat{z}_a) \cdot \hat{P}_r)^2} \right) \\ &\quad -\nu \cdot \hat{P}_r - \rho \leq 0 \end{aligned} \tag{3.150}$$

$$\frac{\partial \mathcal{L}(\mathbf{v})}{\partial \hat{z}_a} \cdot \hat{z}_a = 0 \tag{3.151}$$

$$\begin{aligned}\frac{\partial \mathcal{L}(\mathbf{v})}{\partial \hat{P}_r} &= -k_L \cdot \frac{\hat{z}_a}{n+z-\hat{z}_a} + \lambda \cdot k_H \cdot \frac{\hat{z}_a}{n+z-\hat{z}_a} - \mu \frac{\pi_L}{1-\pi_L} \\ &\quad \times \left(\frac{(n+z-(1-k_L)\hat{z}_a)(V_H + k_H(c - \hat{z}_a \cdot \hat{P}_r))}{(V_H + k_H(c - \hat{z}_a \cdot \hat{P}_r) - (n+z-\hat{z}_a) \cdot \hat{P}_r)^2} \right. \\ &\quad -\frac{(n+z-(1-k_L)\hat{z}_a)(n+z-\hat{z}_a) \cdot \hat{P}_r}{(V_H + k_H(c - \hat{z}_a \cdot \hat{P}_r) - (n+z-\hat{z}_a) \cdot \hat{P}_r)^2} \\ &\quad +\frac{(n+z-(1-k_H)\hat{z}_a)(n+z-\hat{z}_a) \cdot \hat{P}_r}{(V_H + k_H(c - \hat{z}_a \cdot \hat{P}_r) - (n+z-\hat{z}_a) \cdot \hat{P}_r)^2} \\ &\quad \left. -\frac{(n+z-(1-k_H)\hat{z}_a)(V_L + k_L(c - \hat{z}_a \cdot \hat{P}_r))}{(V_H + k_H(c - \hat{z}_a \cdot \hat{P}_r) - (n+z-\hat{z}_a) \cdot \hat{P}_r)^2} \right) \\ &\quad -\nu \cdot \hat{z}_a - \eta \leq 0 \end{aligned} \tag{3.152}$$

$$\frac{\partial \mathcal{L}(\mathbf{v})}{\partial \hat{P}_r} \cdot \hat{P}_r = 0 \tag{3.153}$$

$$\frac{\partial \mathcal{L}(\mathbf{v})}{\partial \sigma_H} = \mu \leq 0 \tag{3.154}$$

$$\frac{\partial \mathcal{L}(\mathbf{v})}{\partial \sigma_H} \cdot \sigma_H = 0 \tag{3.155}$$

$$\frac{\partial \mathcal{L}(\mathbf{v})}{\partial \lambda} = \frac{V_H + c}{n+z} - \frac{V_H + k_H(c - \hat{z}_a \cdot \hat{P}_r)}{n + z - \hat{z}_a} = 0 \tag{3.156}$$

$$\frac{\partial \mathcal{L}(\mathbf{v})}{\partial \mu} = \sigma_H - \frac{\pi_L}{1-\pi_L} \cdot \frac{(n+z-\hat{z}_a)\cdot \hat{P}_r - (V_L + k_L(c - \hat{z}_a \cdot \hat{P}_r))}{V_H + k_H(c - \hat{z}_a \cdot \hat{P}_r) - (n+z-\hat{z}_a)\cdot \hat{P}_r} = 0 \tag{3.157}$$

$$\frac{\partial \mathcal{L}(\mathbf{v})}{\partial \nu} = c - \hat{z}_a \cdot \hat{P}_r \geq 0 \tag{3.158}$$

$$\frac{\partial \mathcal{L}(\mathbf{v})}{\partial \nu} \cdot \nu = 0 \tag{3.159}$$

$$\frac{\partial \mathcal{L}(\mathbf{v})}{\partial \eta} = \frac{V_L/k_L + c}{n+z} - \hat{P}_r \geq 0 \tag{3.160}$$

$$\frac{\partial \mathcal{L}(\mathbf{v})}{\partial \eta} \cdot \eta = 0 \tag{3.161}$$

$$\frac{\partial \mathcal{L}(\mathbf{v})}{\partial \rho} = z - \hat{z}_a \geq 0 \tag{3.162}$$

$$\frac{\partial \mathcal{L}(\mathbf{v})}{\partial \rho} \cdot \rho = 0 \tag{3.163}$$

$$\hat{z}_a, \hat{P}_r, \sigma_H, \nu, \eta, \rho \geq 0. \tag{3.164}$$

Die in Lemma 3.15 formulierte Behauptung wird nun in vier Schritten bewiesen.

Schritt 1. Zunächst wird durch Widerspruch demonstriert, dass Restriktion (3.162) als Ungleichung erfüllt ist. Angenommen, $\hat{z}_a = z$. Dann reduziert sich Bedingung (3.156) zu

$$\frac{V_H + c}{n+z} = \frac{V_H + k_H(c - z \cdot \hat{P}_r)}{n}.$$

Daraus resultiert

$$z \cdot \hat{P}_r = \frac{z \cdot V_H - n \cdot c + (n+z)k_H \cdot c}{(n+z)k_H}.$$

Aufgrund von Restriktion (3.158) muss $z \cdot \hat{P}_r \leq c$ gelten – und damit auch

$$\frac{z \cdot V_H - n \cdot c + (n+z)k_H \cdot c}{(n+z)k_H} \leq c.$$

Nach einer Umformung verbleibt $V_H \leq n \cdot c/z$, was im Widerspruch zu Annahme 3.7 steht. Folglich muss $\hat{z}_a < z$ erfüllt sein, was $\rho = 0$ impliziert.

Schritt 2. Es wird mit Hilfe eines Widerspruchsarguments gezeigt, dass der Lösungsvektor des Optimierungsprogramms durch $\hat{z}_a > 0$ und $\hat{P}_r > 0$ gekennzeichnet ist. Angenommen, $\hat{z}_a = 0$. Dann reduziert sich Restriktion (3.156) zu

$$\frac{V_H + c}{n+z} = \frac{V_H + k_H c}{n+z}, \tag{3.165}$$

was unmittelbar auf einen Widerspruch führt. Folglich muss $\hat{z}_a > 0$ erfüllt sein. Angenommen, $\hat{P}_r = 0$. Dann lässt sich (3.157) wie folgt schreiben:

$$\sigma_H \quad = \quad -\frac{\pi_L}{1-\pi_L} \cdot \frac{V_L + k_L c}{V_H + k_H c} < 0,$$

was im Widerspruch zu $\sigma_H \geq 0$ stellt. Deshalb muss im Optimum $\hat{P}_r > 0$ gelten.

Schritt 3. Es wird durch Widerspruch gezeigt, dass die Liquiditätsrestriktion (3.158) im Optimum als Ungleichung erfüllt ist. Angenommen, $\hat{z}_a \cdot \hat{P}_r = c$. Dann wird (3.156) zu

$$\frac{V_H + c}{n+z} = \frac{V_H}{n+z-\hat{z}_a}.$$

Daraus resultiert $\hat{z}_a = (n+z)c/(V_H + c)$. Wegen $\hat{P}_r = c/\hat{z}_a$ erhält man folglich

$$\hat{P}_r = \frac{V_H + c}{n+z}.$$

Restriktion (3.160) lässt sich somit schreiben als

$$\frac{V_L/k_L + c}{n+z} \geq \frac{V_H + c}{n+z}.$$

Dies impliziert $V_L/k_L \geq V_H$, was im Widerspruch zur Parameterrestriktion $V_H \geq V_L/k_L + (1-k_H) \cdot c$ steht. Deshalb muss im Optimum $c > \hat{z}_a \cdot \hat{P}_r$ gelten, was $\nu = 0$ zur Folge hat.

Schritt 4. Durch Widerspruch wird demonstriert, dass $\sigma_H = 0$ Element der Lösung des Optimierungsprogramms ist. Angenommen, $\sigma_H > 0$. Dann folgt aus (3.154) in Verbindung mit (3.155) $\mu = 0$. Restriktion (3.152), die wegen $\hat{P}_r > 0$ bindend ist, reduziert sich somit zu

$$\frac{\partial \mathcal{L}(\mathbf{v})}{\partial \hat{P}_r} = -k_L \cdot \frac{\hat{z}_a}{n+z-\hat{z}_a} + \lambda \cdot k_H \cdot \frac{\hat{z}_a}{n+z-\hat{z}_a} - \eta = 0.$$

Daraus resultiert $\lambda = k_L/k_H + \eta \cdot (n+z-\hat{z}_a)/(k_H \cdot \hat{z}_a)$. Wegen $\eta \geq 0$ in Verbindung mit $0 < \hat{z}_a < z$ impliziert dies

$$\lambda \geq k_L/k_H. \tag{3.166}$$

Unter Berücksichtigung von $\mu = \nu = \rho = 0$ lässt sich die linke Seite von Bedingung (3.150) schreiben als

$$\frac{\partial \mathcal{L}(\mathbf{v})}{\partial \hat{z}_a} = \frac{-k_L\hat{P}_r(n+z-\hat{z}_a) + V_L + k_L(c-\hat{z}_a \cdot \hat{P}_r)}{(n+z-\hat{z}_a)^2} - \lambda \cdot \underbrace{\frac{-k_H\hat{P}_r(n+z-\hat{z}_a) + V_H + k_H(c-\hat{z}_a \cdot \hat{P}_r)}{(n+z-\hat{z}_a)^2}}_{A}.$$

Dabei wird mit A der Term über der geschweiften Klammer bezeichnet. Angenommen, $A \leq 0$. Dann muss

$$\hat{P}_r \geq \frac{V_H/k_H + c}{n+z}$$

gelten. Die Parameterrestriktion $V_H \geq V_L/k_L + (1-k_H)c$, welche die Existenz der Semi-Pooling- und der separierenden Gleichgewichte gewährleistet, impliziert jedoch $V_H/k_H > V_L/k_L$ und in Verbindung mit Restriktion (3.160)

$$\hat{P}_r \geq \frac{V_H/k_H + c}{n+z} > \frac{V_L/k_L + c}{n+z} \geq \hat{P}_r.$$

Damit resultiert ein Widerspruch. Folglich muss $A > 0$ erfüllt sein. Unter Berücksichtigung von Ungleichung (3.166) und $A > 0$ lässt sich die linke Seite von Restriktion (3.150) wie folgt abschätzen:

$$\frac{\partial \mathcal{L}(\mathbf{v})}{\partial \hat{z}_a} \leq \frac{-k_L\hat{P}_r(n+z-\hat{z}_a) + V_L + k_L(c-\hat{z}_a \cdot \hat{P}_r)}{(n+z-\hat{z}_a)^2} - \frac{k_L}{k_H} \cdot \frac{-k_H\hat{P}_r(n+z-\hat{z}_a) + V_H + k_H(c-\hat{z}_a \cdot \hat{P}_r)}{(n+z-\hat{z}_a)^2}$$

Da (3.150) wegen $\hat{z}_a > 0$ mit Gleichheit erfüllt ist, muss

$$\frac{-k_L\hat{P}_r(n+z-\hat{z}_a)+V_L+k_L(c-\hat{z}_a\cdot\hat{P}_r)}{(n+z-\hat{z}_a)^2} - \frac{k_L}{k_H}\cdot\frac{-k_H\hat{P}_r(n+z-\hat{z}_a)+V_H+k_H(c-\hat{z}_a\cdot\hat{P}_r)}{(n+z-\hat{z}_a)^2} \geq 0$$

gelten. Nach einer Umformung erhält man

$$\begin{aligned} -k_L\hat{P}_r(n+z-\hat{z}_a)+V_L+k_L(c-\hat{z}_a\cdot\hat{P}_r)+k_L\hat{P}_r(n+z-\hat{z}_a) & \\ -(V_H\cdot\frac{k_L}{k_H}+k_L(c-\hat{z}_a\cdot\hat{P}_r)) & \geq 0, \end{aligned}$$

was $V_L/k_L \geq V_H/k_H$ impliziert. Dies steht jedoch im Widerspruch zur Parameterrestriktion $V_H \geq V_L/k_L + (1-k_H)c$. Folglich muss im Optimum $\sigma_H = 0$ erfüllt sein, was zu zeigen. Darüber hinaus genügt die Lösung des relaxierten Optimierungsprogramms $\mathcal{P}$ auch der vernachlässigten Bedingung $\sigma_H < 1$. ■

Kapitel 4

Der Aktienrückerwerb als Signal zur Überwindung von Informationsasymmetrien

4.1 Das Problem der Negativauslese bei einer Finanzierung von Investitionsprojekten mit Eigenkapital und mögliche Lösungsansätze

Insbesondere an kleinen und mittelgroßen Aktiengesellschaften ist häufig ein Großaktionär – beispielsweise ein Unternehmensgründer – beteiligt, der einen beträchtlichen Teil seines Vermögens im Unternehmen bindet. Der Großaktionär wird in der Regel selbst im Vorstand der Aktiengesellschaft vertreten sein oder zumindest dessen Entscheidungen in erheblichen Maße beeinflussen. Deshalb ist davon auszugehen, dass der Vorstand die Unternehmenspolitik an den Interessen des Großaktionärs ausrichtet. Darüber hinaus besitzt das Management der Aktiengesellschaft gegenüber außenstehenden Aktionären und dem Kapitalmarkt regelmäßig einen Informationsvorsprung im Hinblick auf die Höhe der zukünftigen Unternehmensrückflüsse, welche den Wert der emittierten Aktien maßgeblich bestimmen. Die außenstehenden Kapitalmarktakteure müssen nun insbesondere beim Erwerb von Aktien im Rahmen einer *Kapitalerhöhung* befürchten, dass der Vorstand diesen Informationsvorsprung opportunistisch zugunsten des Großaktionärs nutzt.[1] Auf die daraus resultierende Gefahr einer *Negativauslese* haben *Myers/Majluf* (1984) in einem richtungsweisenden Aufsatz als Erste hingewiesen. Ihre Argumentationskette soll im Folgenden kurz skizziert werden.

Angenommen, das Management der Aktiengesellschaft verfügt über ein profitables Investitionsvorhaben, das nur im Wege einer Kapitalerhöhung durch Ausgabe junger Aktien finanziert werden kann. Da der Großaktionär bereits einen erheblichen Teil seines Vermögens im Unternehmen investiert hat und deshalb ein gering diversifiziertes Portfolio hält, ist es plausibel anzunehmen, dass er an der Kapitalerhöhung nicht oder nur in geringem Umfang teilnimmt.[2] Dann steht das Management der Aktiengesellschaft vor einem Dilemma:[3] Sofern es die bereits ausgegebenen Aktien als unterbewertet einschätzt, hat es im Falle einer Realisation des Investitionsprojekts Aktien zu einem Kurs zu emittieren, welcher den wahren Wert der Aktien unterschreitet (*Underpricing*). Dadurch wird der Wert der Altaktien im Allgemeinen und der Wert des Anteilsbesitzes des Großaktionärs im Besonderen verwässert. Ist der Vermögensverlust, den der Großaktionär durch diesen Kapitalverwässerungseffekt erleidet, höher als der Vermögenszuwachs, der aus der Partizipation des Großaktionärs am Ertragswert des profitablen Investitionsprojekts resultiert, erweist sich das Investitionsprojekt aus der *Perspektive* des Großaktionärs als unvorteilhaft. Der Vorstand, der annahmegemäß im Interesse des Großaktionärs handelt, wird in diesem Falle auf die Realisation des an sich profitablen Investitionsvorhabens verzichten (*Unterinvestition*). Daraus ziehen die Kapitalmarktakteure folgenden Schluss: Wenn ein Unternehmen Aktien im Wege einer Kapitalerhöhung emittiert, müssen die Aktien des Unternehmens tendenziell überbewertet sein. Folglich wird die Ankündigung einer Kapitalerhöhung im Durchschnitt mit einem Aktienkursrückgang einhergehen.

Der aus dem Modell von *Myers/Majluf* abgeleitete negative Ankündigungseffekt einer – im Wege einer freien Aktienemission durchgeführten – Kapitalerhöhung wurde in den achtziger Jahren einer Vielzahl empirischer Tests unterzogen und gilt als weitgehend bestätigt.[4] Allerdings sind ungefähr ein

---

[1]Vgl. *Renner* (1999), S. 75.

[2]Entscheidend ist, dass die Beteiligungsquote des Großaktionärs an der Aktiengesellschaft im Zuge der Kapitalerhöhung sinkt. Dies ist beispielsweise auch dann der Fall, wenn der Großaktionär nicht über genügend liquide Mittel verfügt, um die zum Erhalt seiner Beteiligungsquote erforderliche Anzahl junger Aktien zu erwerben.

[3]Vgl. *Daniel/Titman* (1995), S. 721.

[4]Vgl. beispielsweise *Korwar* (1981), *Dann/Mikkelson* (1984), *Kolodny/Suhler* (1985),

Drittel der Datensätze, die den Untersuchungen von *Asquith/Mullins* (1986), *Masulis/Korwar* (1986) und *Mikkelson/Partch* (1986) zugrunde liegen, nicht mit der Hypothese eines negativen Ankündigungseffekts vereinbar.[5] In diesen Fällen wurde vielmehr eine positive Aktienkursreaktion beobachtet. Darüber hinaus weckt auch die relativ neue Studie von *Jung/Kim/Stulz* (1996) Zweifel am empirischen Erklärungsgehalt der Modellergebnisse von *Myers/Majluf*. Aus den aufgeführten empirischen Untersuchungen lassen sich dennoch folgende Schlüsse ziehen: (1) Tendenziell wird die Ankündigung einer Kapitalerhöhung von einer negativen Aktienkursreaktion begleitet. (2) In einer signifikanten Anzahl von Fällen ist jedoch auch ein positiver Ankündigungseffekt einer Kapitalerhöhung empirisch zu beobachten.

Der negative Ankündigungseffekt einer Kapitalerhöhung im Modell von *Myers/Majluf* ist letztlich auf den Verzicht des Managements eines unterbewerteten Unternehmens zurückzuführen, ein profitables Investitionsvorhaben mit Hilfe einer Aktienemission zu finanzieren. Es liegt nahe zu vermuten, dass das Management eines solchen Unternehmens zur Aufbringung der Anschaffungskosten des Investitionsprojekts auf Finanzierungsquellen zurückgreifen wird, die der Gefahr einer adversen Selektion nicht (Innenfinanzierung, Anleihen ohne Ausfallrisiko) oder nur in relativ geringem Maße (Anleihen mit Ausfallrisiko) ausgesetzt sind. Diese Vermutung hat *Myers* (1984) zur Formulierung einer *Hackordnung* („pecking-order") der Finanzinstrumente bewogen: Danach werden Investitionsprojekte zunächst aus thesaurierten Cashflows finanziert, dann durch Ausgabe risikoloser Bonds, anschließend durch Emission mit Ausfallrisiken behafteter Anleihen und zum Schluss – gleichsam als letzter Ausweg – durch Aufnahme externen Eigenkapitals.

Die pecking-order Theorie fußt auf der Annahme, dass es dem Management eines unterbewerteten Unternehmens nicht gelingt, die Kapitalmarktakteure über den wahren Unternehmenswert zu informieren und damit die ex ante bestehende Informationsasymmetrie im Hinblick auf die Höhe der zukünftigen Unternehmensrückflüsse zu überwinden. Die mit einer Unterinvestition einhergehende Gefahr einer Negativauslese, die insbesondere mit der Ausgabe von Aktien im Wege einer Kapitalerhöhung verknüpft ist, ließe sich jedoch lindern oder gar völlig vermeiden, wenn das Management eines unterbewerteten Unternehmens den wahren Unternehmenswert glaubhaft *signalisieren*

Asquith/Mullins (1986), *Hess/Baghat* (1986), *Masulis/Korwar* (1986), *Mikkelson/Partch* (1986) und *Smith* (1986).

[5]Vgl. *Heider* (2001), S. 3.

könnte.[6] Der Signalisierungsansatz offeriert somit eine potenzielle Lösung für das von *Myers/Majluf* identifizierte Unterinvestitionsproblem. Darüber hinaus attackiert er die der pecking-order Theorie zugrunde liegenden Annahme, die zwischen Management und Kapitalmarkt bestehenden Informationsasymmetrien seien unüberwindbar, und übt damit eine theoretische Kritik an der pecking-order Hypothese selbst. Schließlich bietet der Signalisierungsansatz eine Erklärung für den in einigen Fällen empirisch beobachtbaren Aktienkursanstieg im Zusammenhang mit der Ankündigung einer Kapitalerhöhung:[7] Gibt das Management die Kapitalerhöhung zeitgleich mit dem Signal bekannt, wird die Ankündigung der Kapitalerhöhung faktisch von einer positiven Aktienkursreaktion begleitet. Die jungen Aktien können dann zum fairen Wert emittiert werden.

Mit Hilfe welcher Signale kann nun das Management bzw. der Großaktionär eines unterbewerteten Unternehmens die wahre Höhe der zukünftigen Unternehmensrückflüsse glaubwürdig enthüllen? Tabelle 4.1 gibt einen Überblick über einige der im Schrifttum entwickelten Modelle, welche den Signalisierungsansatz aufgreifen, um das im Falle einer Eigenkapitalfinanzierung resultierende Unterinvestitionsproblem im Modell von *Myers/Majluf* zumindest teilweise zu beseitigen. Als mehr oder weniger geeignete Signale haben sich hierbei Dividendenausschüttungen, Underpricing der neu ausgegebenen Aktien oder eine Verzögerung des Investitionsbeginns herauskristallisiert.[8] Die Ausprägung eines Signals ist vom Management eines unterbewerteten Unternehmens so festzulegen, dass sich seine Übermittlung zwar für den Großaktionär eines unterbewerteten Unternehmens, nicht jedoch für denjenigen eines überbewerteten Unternehmens als lohnend erweist. Sind diese beiden Bedingungen erfüllt, können die Kapitalmarktakteure von der Signalausprägung unzweifelhaft auf den Typ des zugrunde liegenden Unternehmens schließen. Da das Senden von Signalen in der Regel für alle Unternehmenstypen mit Kosten befrachtet ist, sind solche Signale besonders günstig, bei denen die Signalkosten mit sinkendem Unternehmenswert relativ stark ansteigen. Entgegen der in der Literatur zum Teil vertretenen Auffassung müssen die Signalkosten jedoch nicht notwendigerweise negativ mit der Qualität – dem Unternehmenswert – korrelieren.[9] Vielmehr lassen sich auch Aktionen als Signale verwenden, die (1) dem Unternehmen keinen

---

[6] Der Signalisierungsansatz geht auf *Spence* zurück, der hierfür im Jahre 2001 mit dem Nobelpreis für Wirtschaftswissenschaften ausgezeichnet wurde.

[7] Vgl. hierzu jedoch auch *Cooney/Kalay* (1993).

[8] Vgl. *Daniel/Titman* (1995), S. 721.

[9] Eine solche Behauptung vertritt bspw. *Spence* (1973), S. 358 f.

direkten Nutzen stiften und (2) bei allen Unternehmenstypen dieselben Kosten auslösen.[10] Solche Aktionen werden als „money burning signals" bezeichnet, weil sie im Ergebnis mit dem Verbrennen von Zahlungsmittelbeständen identisch sind.[11]

Aus Tabelle 4.1, welche die verschiedenen Modelle anhand der Struktur der Signalisierungskosten charakterisiert, ist zu entnehmen, dass die beiden am häufigsten aufgeführten Signaltypen – die *Ankündigung* einer beim Empfänger zu versteuernden Dividendenausschüttung sowie Underpricing der neu ausgegebenen Anteile – Geld verbrennende Signale darstellen. Aus der Perspektive des Managements eines Unternehmens guter Qualität sind solche Signale jedoch relativ wenig effizient. Darüber hinaus zeigt Tabelle 4.1, dass ein unterbewertetes Unternehmen durch Aussenden solcher Signale nicht in allen Fällen das First-best-Investitionsvolumen erreichen kann; die Gefahr einer ineffizienten Investitionspolitik wird somit nur teilweise gebannt. Signalisiert das Management den wahren Unternehmenstyp mit Hilfe des Investitionsvolumens – dies ist nur bei teilbaren Investitionsprojekten möglich –, so hat dies ebenfalls eine Abweichung vom First-best-Investitionsvolumen zur Folge. Somit bleibt festzuhalten: Die im Schrifttum bislang analysierten Signalisierungsansätze können nicht immer gewährleisten, dass das Management eines unterbewerteten Unternehmens die im First-best-Fall optimale Investitionspolitik wählt, wenn die Menge der zulässigen Finanzkontrakte auf Aktien beschränkt wird. Darüber hinaus rekurrieren diese Modelle in der Regel auf Signale, die ein Unternehmen guter Qualität nicht günstiger als ein Unternehmen schlechter Qualität erzeugen kann. Da die bislang verfügbaren Signale als wenig effizient einzuschätzen sind, lässt sich der Signalisierungsansatz meines Erachtens bisher nicht zur theoretischen Kritik an der pecking-order Hypothese heranziehen.

---

[10] Vgl. hierzu insbesondere das Modell von *Milgrom/Roberts* (1986).

[11] Vgl. *Daniel/Titman* (1995), S. 722.

Modell	Charakteristika
Allen/Faulhaber (1989)	**Zielfunktion.** Erwarteter Barwert der Rückflüsse, die auf die Anteile eines risikoneutralen Unternehmers entfallen. Die Rückflüsse an den Unternehmer setzen sich zusammen aus: (1) dem Erlös aus einer partiellen Anteilsveräußerung im Rahmen eines IPO in t_0 abzüglich der Investitionsauszahlung und (2) dem Erlös aus einer Veräußerung der verbleibenden Anteile in t_1. **Investitionsprojekte und gleichgewichtige Investitionspolitik.** Unteilbares Investitionsprojekt, das stochastische Rückflüsse generiert. Die Eintrittswahrscheinlichkeiten der Investitionsrückflüsse sind abhängig von der Qualität des Unternehmens. Investitionsverzicht ist im Modell keine zulässige Aktion des Unternehmers, d.h. in jedem Gleichgewicht wird per definitionem investiert. **Verfügbare Signale und deren Kostenstruktur.** Ein Signal: Underpricing. Signalisierungskosten: „Verschenken" von Anteilen an die Investoren (mit Eigenkapital finanziertes money burning).
Ambarish et al. (1987)	**Zielfunktion.** Vermögen der (implizit als risikoneutral betrachteten) Altaktionäre, bestehend aus den Komponenten (1) Dividendenausschüttung nach Steuern, (2) Erlös aus einer Anteilsveräußerung, (3) auf die verbleibenden Anteile der Altaktionäre entfallendes Unternehmensvermögen. **Investitionsprojekte und gleichgewichtige Investitionspolitik.** Beliebig teilbare Investitionsprojekte, positive und abnehmende Grenzerträge zusätzlicher Investitionen (neoklassische Produktionsfunktion). Im Gleichgewicht wird das First-best-Investitionsvolumen von einem Unternehmen guter Qualität nicht erreicht (Unter- oder Überinvestition). **Verfügbare Signale und damit verknüpfte Signalisierungskosten.** Zwei potenzielle Signale: Dividenden und Höhe des Investitionsvolumens. Signalisierungskosten: Besteuerung der Dividenden (money burning), entgangene positive Grenzkapitalwerte bei zu geringem Investitionsvolumen und in Kauf genommene negative Grenzkapitalwerte bei zu hohem Investitionsvolumen.

Modell	Charakteristika
Daniel/Titman (1995)	**Zielfunktion.** Wert der Unternehmensrückflüsse, die auf die Anteile der Altaktionäre entfallen. **Investitionsprojekte und gleichgewichtige Investitionspolitik.** Unteilbares Investitionsprojekt mit positivem Kapitalwert, das sichere, typunabhängige Rückflüsse verspricht. Im Gleichgewicht gegebenenfalls Investitionsverzicht des Managements eines Unternehmens guter Qualität (Unterinvestition). **Verfügbare Signale und damit verknüpfte Signalisierungskosten.** Ein Signal: Verbrennen von Geld (money burning).
John/Williams (1985)	**Zielfunktion.** Vermögen der (implizit als risikoneutral betrachteten) Altaktionäre, bestehend aus den Komponenten (1) Dividendenausschüttung nach Steuern, (2) Erlös aus einer Anteilsveräußerung, (3) auf die verbleibenden Anteile der Altaktionäre entfallendes Unternehmensvermögen. **Investitionsprojekte und gleichgewichtige Investitionspolitik.** Unteilbares Investitionsprojekt mit positivem Kapitalwert. Im Gleichgewicht wird First-best-Investitionsvolumen erreicht. **Verfügbare Signale und damit verknüpfte Signalisierungskosten.** Ein Signal: Dividendenausschüttung. Signalisierungskosten: Besteuerung der Dividenden (money burning).
Krasker (1986)	**Zielfunktion.** Wert der Unternehmensrückflüsse, die auf die Anteile der Altaktionäre entfallen. **Investitionsprojekte und gleichgewichtige Investitionspolitik.** Beliebig teilbare Investitionsprojekte. Im Gleichgewicht wird das First-best-Investitionsvolumen von einem Unternehmen guter Qualität nicht erreicht (Unterinvestition). **Verfügbare Signale und damit verknüpfte Signalisierungskosten.** Ein Signal: Höhe des Investitionsvolumens bzw. Umfang der Kapitalerhöhung. Signalisierungskosten: entgangene positive Grenzkapitalwerte bei einer Reduktion des Investitionsvolumens.

Modell	Charakteristika
Welch (1989)	**Zielfunktion.** Wert der Rückflüsse, die auf die Anteile des Unternehmers entfallen. **Investitionsprojekte und gleichgewichtige Investitionspolitik.** Unteilbare Investitionsprojekte mit unterschiedlicher Qualität: Unternehmen mit guter Qualität verfügen über Investitionsprojekte mit positivem Kapitalwert, Unternehmen schlechter Qualität über solche mit negativem Kapitalwert. Im Gleichgewicht gegebenenfalls Investitionsverzicht von Unternehmen guter Qualität. **Verfügbare Signale und damit verknüpfte Signalisierungskosten.** Ein Signal: Underpricing. Signalisierungskosten: „Verschenken" von Anteilen an die Neuaktionäre (mit Eigenkapital finanziertes money burning).

Tabelle 4.1: Charakteristika ausgewählter Signalling-Modelle zur (partiellen) Beseitigung des Problems der Negativauslese bei einer Aktienemission

Welche Eigenschaften müsste nun ein Signal aufweisen, das sich aus der Perspektive des Managements eines unterbewerteten Unternehmens als besonders günstig erweist? Ideal wäre ein Mechanismus, der beim Emittenten unterbewerteter Aktien einen Vermögenszuwachs und beim Emittenten überbewerteter Anteile einen Vermögensverlust bewirkt. Ein solcher Mechanismus wäre quasi das Spiegelbild einer Aktienemission, bei welcher der – an der Kapitalerhöhung nicht teilnehmende – Großaktionär eines unterbewerteten Unternehmens einen Vermögenstransfer an die Neuaktionäre leistet und derjenige eines überbewerteten Unternehmens einen Vermögenstransfer von den Neuaktionären erhält. Genau diese zu einer Aktienemission spiegelbildlichen Eigenschaften besitzt eine Ausschüttung im Wege eines *Aktienrückerwerbs*, wenn der Großaktionär auf eine Teilnahme an einem solchen verzichtet: Im Falle eines Aktienrückerwerbs erfährt der Großaktionär eines unterbewerteten Unternehmens einen Vermögenszuwachs zu Lasten derjenigen Aktionäre, die ihre Anteile im Rahmen des Rückerwerbsprogramms zu günstig an das Unternehmen abgeben. Dagegen erleidet der Großaktionär eines überbewerteten Unternehmens einen Vermögensverlust, weil den veräußernden Aktionären ein zu hoher Kurs geboten wird. Verknüpft man nun die Ankündigung einer Kapitalerhöhung mit der Ankündigung einer *späteren*, aus den zukünftigen Investitionsrückflüssen gespeisten Ausschüttung in Gestalt eines Aktienrückerwerbs, dann lässt sich das mit einer Aktienemission verbundene Problem der Negativauslese – unter bestimmten Voraussetzungen – auf sehr effiziente und elegante Weise lösen. Der Aktienrückerwerb scheint somit geradezu prädestiniert, um das mit einer Aktienemission bei asymmetrischer Informationsverteilung verbundene Unterinvestitionsproblem im Wege der Signalisierung zu lösen.

Das Fundament, auf dem das in Abschnitt 4.4 entwickelte, an einem Aktienrückerwerb anknüpfende Signalisierungsmodell zur Beseitigung der Unterinvestitionsproblematik konstruiert wird, bildet das im nachfolgenden Abschnitt präsentierte Grundmodell. Dieses adaptiert die Problemstellung des Modells von *Myers/Majluf* (1984), unterscheidet sich aber von diesem in einigen wesentlichen Aspekten:

- Anstelle eines Managements, das im Interesse der risikoneutralen Altaktionäre handelt, wird im hier vorgestellten Modell ein risikoaverser Eigentümer-Manager zugrunde gelegt, der eigennützig agiert.
- Während das Management im Modell von *Myers/Majluf* lediglich über die Realisation des Investitionsvorhabens zu entscheiden hat (Investieren oder Investitionsverzicht), kann der Eigentümer-Manager im hier präsentierten Modell zusätzlich bestimmen, wie viele Aktien im Zuge der Kapitalerhöhung emittiert werden sollen.[12]
- Im Vergleich zum Modell von *Myers/Majluf* (1984) wird eine komplexere Struktur der Rückflüsse aus den bereits realisierten Investitionsprojekten unterstellt.
- Das Modell wird als nichtkooperatives Spiel bei unvollkommener Information formuliert. Dies erfordert insbesondere die explizite Modellierung der Vermutungen der Kapitalmarktakteure.

4.2 Beschreibung des Grundmodells

4.2.1 Informelle Charakterisierung der Problemsituation

Betrachtet wird eine von einem Eigentümer-Manager geführte Aktiengesellschaft, die über ein profitables, unteilbares Investitionsvorhaben verfügt. Die

[12]Hier bestehen Parallelen zum Modell von *Giammarino/Lewis* (1988).

anfallenden Anschaffungskosten sollen im Wege einer Kapitalerhöhung durch Ausgabe junger Aktien finanziert werden, an welcher der Eigentümer-Manager nicht teilnimmt. Dieser handelt eigennützig und trifft die Investitions- und Kapitalerhöhungsentscheidung im Hinblick auf die Zielsetzung, den Wert seiner Anteile zu maximieren. Darüber hinaus besitzt der Eigentümer-Manager gegenüber dem kompetitiven Kapitalmarkt einen Informationsvorsprung hinsichtlich der Höhe der zukünftigen Rückflüsse, die aus den bereits *realisierten* Investitionsprojekten resultieren. Diese Rückflüsse können entweder hoch (Unternehmenstyp H) oder niedrig (Unternehmenstyp L) sein. Der wahre Wert eines Unternehmens vom Typ H ist somit höher als derjenige eines Unternehmens vom Typ L.

Um den kompetitiven Kapitalmarkt zu einer Aufbringung der Anschaffungskosten des Investitionsprojekts zu bewegen, muss der Eigentümer-Manager den Kapitalmarktakteuren eine Beteiligung an den zukünftigen Unternehmensrückflüssen gewähren, deren Wert den Anschaffungskosten des Investitionsprojekts entspricht. Da ein Unternehmen vom Typ H höher bewertet wird, muss der Eigentümer-Manager von H bei symmetrischer Informationsverteilung – in diesem Fall ist auch dem Kapitalmarkt der Typ des zugrunde liegenden Unternehmens bekannt – dem Kapitalmarkt eine geringere Beteiligungsquote (a^H) als der Eigentümer-Manager von L (a^L) einräumen: $a^H < a^L$. Bei asymmetrischer Informationsverteilung werden die Kapitalmarktakteure der Behauptung eines Eigentümer-Managers, das zugrunde liegende Unternehmen sei vom Typ H, jedoch nicht ohne weiteres Glauben schenken. Ursächlich hierfür ist der Anreiz des Eigentümer-Managers von L, das von ihm geführte Unternehmen als vom Typ H auszugeben, um den Kapitalgebern lediglich die geringere Beteiligungsquote a^H gewähren zu müssen. Wenn die Kapitalmarktakteure die jungen Aktien dann übernehmen, erleiden sie einen Vermögensverlust, weil der auf ihre Beteiligungsquote entfallende Unternehmenswert geringer ist als die Finanzmittel, die sie dem Unternehmen im Zuge der Kapitalerhöhung zuführen. Sie leisten somit einen Vermögenstransfer an den Eigentümer-Manager von L. Da die rationalen Kapitalmarkakteure diese Gefahr antizpieren, sind sie zur Finanzierung des Investitionsprojekts nicht bereit, falls ihnen lediglich die Beteiligungsquote a^H eingeräumt wird. Sie werden die Anschaffungskosten des Investitionsprojekts nur dann aufbringen, wenn sie eine höhere Beteiligungsquote als a^H erhalten. Dies impliziert Folgendes: Da die Kapitalgeber die Beteiligungsquote a^H nicht akzeptieren, muss der Eigentümer-Manager von H den Kapitalgebern eine höhere Beteiligungsquote offerieren, wenn er das Investitionsvorhaben realisieren will. In diesem Fall ist der auf die Beteiligungsquote der Kapitalmarktakteure entfallende Anteil am Unternehmenswert größer als die Zahlungen, die sie für die Übernahme der Aktien zu leisten haben. Dies hat einen Vermögenstransfer des Eigentümer-Managers von H an die Neuaktionäre zur Folge. Wenn dieser Vermögensverlust nicht vom Vermögenszuwachs überkompensiert wird, der aus der Beteiligung des Eigentümer-Managers von H am Ertragswert des Investitionsvorhabens resultiert, ist eine Durchführung des Projekts aus der Perspektive des Eigentümer-Managers von H unvorteilhaft. Somit bleibt festzuhalten: Für bestimmte Parameterkonstellationen wird der Eigentümer-Manager eines Unternehmens vom Typ H auf die Durchführung des profitablen Investitionsprojekts verzichten. Es resultiert das von *Myers/Majluf* identifizierte Unterinvestitionsproblem.

Wie sich diese intuitiv einleuchtende Argumentation formal präzisieren lässt, zeigt der nächste Abschnitt.

4.2.2 Formalisierung des Grundmodells

Ein Unternehmen in der Rechtsform einer Aktiengesellschaft verfügt über ein profitables Investitionsvorhaben I_0, das zusätzlich zu den in Vorperioden getätigten Investitionsprojekten realisiert werden soll. Das Unternehmen besitzt keine liquiden Mittel, so dass es zur Finanzierung von I_0 auf externe Kapitalgeber angewiesen ist. Die Anschaffungsauszahlung c des unteilbaren Investitionsvorhabens I_0 soll hierbei im Wege einer Kapitalerhöhung aufgebracht werden. Eine Kreditfinanzierung sei (zunächst) ausgeschlossen.

Die Höhe der Investitionsrückflüsse, die aus dem bereits initiierten Investitionsprogramm $K(\theta)$ resultieren, sind stochastisch und abhängig von der Qualität $\theta \in \Theta = \{L, H\}$ der Investitionsprojekte, die entweder gut (H) oder schlecht (L) sein kann. Zur sprachlichen Vereinfachung wird im Folgenden die Qualität θ der bereits begonnenen Investitionsprojekte als Typ θ des Unternehmens bezeichnet. Die Einzahlungsüberschüsse, die Investitionsprojekt I_0 im Falle einer Realisation abwirft, sind dagegen sicher und unabhängig vom zugrunde liegenden Unternehmenstyp.[13] Das Unternehmen wird von einem risikoaversen Eigentümer-Manager geführt, der α Prozent der n ausgegebenen Aktien hält und ansonsten kein Vermögen besitzt. Die verbleibenden $(1-\alpha)n$ Anteile befinden sich im Portfolio von außenstehenden Kleinaktionären. Die-

[13]Diese Annahme besitzt keinen wesentlichen Einfluss auf die Modellergebnisse, erleichtert aber die Definition der Vorteilhaftigkeit des Investitionsprojekts I_0.

se werden als identisch und risikoneutral betrachtet. Der Manager handelt im Eigeninteresse und trifft die Investitions- und Kapitalerhöhungsentscheidung im Hinblick auf die Zielsetzung, den Erwartungsnutzen seines Endvermögens zu maximieren.

Die Modellereignisse und -aktionen werden auf die drei Perioden t_0, t_1 und t_2 projiziert und in folgende zeitliche Anordnung gebracht: In der ersten Periode (t_0), welche in die beiden aufeinander folgenden Zeitpunkte t_{01} und t_{02} zerlegt wird, entscheidet der Eigentümer-Manager zunächst über die Realisation von I_0. Entschließt er sich zu dessen Durchführung, kündigt er die Emission von $m(\theta)$ beliebig teilbaren Aktien im Rahmen einer Kapitalerhöhung an (Zeitpunkt t_{01}). Im Anschluss daran – im Zeitpunkt t_{02} – wird die Kapitalerhöhung durchgeführt. Die Anzahl der zu emittierenden Aktien sowie der Emissionskurs werden dabei so gewählt, dass das geplante Emissionsvolumen mit den Anschaffungskosten von I_0 übereinstimmt. Im Falle einer vollständigen Zeichnung der jungen Aktien durch die risikoneutralen Kapitalmarktakteure fließen dem Unternehmen folglich Mittel in Höhe von c zu, die vollständig zur Finanzierung des Investitionsprojekts I_0 verwendet werden. Ferner wird von einer vollkommenen Konkurrenz auf dem Kapitalmarkt ausgegangen, so dass sich für die neu emittierten Anteile ein Ausgabepreis erzielen lässt, der dem von den Kapitalgebern erwarteten Barwert der Rückflüsse pro Aktie entspricht. Es kann sich für den Eigentümer-Manager jedoch als günstig erweisen, wenn er einen geringeren Ausgabebetrag der jungen Aktien festsetzt. In diesem Fall hat er eine größere Anzahl von Aktien zu begeben, damit dem Unternehmen weiterhin Finanzmittel in Höhe von c im Wege der Kapitalerhöhung zufließen.[14]

Annahme 4.1 *Der Eigentümer-Manager besitzt über seine Unternehmensbeteiligung hinaus kein weiteres Vermögen und nimmt deshalb nicht an einer Kapitalerhöhung teil.*

Die bereits in Vorperioden initiierten Investitionsprojekte $K(\theta)$ eines Unternehmens vom Typ θ erwirtschaften in der zweiten Periode (t_1) einen sicheren Einzahlungsüberschuss $x_1^\theta > 0$, dessen Höhe vom Unternehmenstyp abhängt: $x_1^H > x_1^L$. Diese Rückflüsse werden thesauriert und bis zur dritten Periode (Zeitpunkt t_2) zum Kapitalmarktzinssatz $i = 0$ risikolos angelegt. Der Einzah-

[14] Im zugrunde liegenden Modell kann der Eigentümer-Manager also nicht nur über die Realisation von I_0, sondern auch über die Anzahl der auszugebenden Aktien entscheiden. Dadurch wird der Strategieraum des Eigentümer-Managers gegenüber dem Modell von *Myers/Majluf* erweitert.

lungsüberschuss, den Investitionsprojekt I_0 in t_1 abwirft, wird der Einfachheit halber auf null normiert.[15]

Der dritten Periode (Zeitpunkt t_2) werden sämtliche Rückflüsse zugeordnet, die – ausgehend von t_2 – über die (gegebenfalls unendliche) verbleibende Nutzungsdauer der realisierten Investitionsprojekte erwirtschaftet werden. Der auf den Zeitpunkt t_2 bezogene Barwert der Investitionsrückflüsse $\tilde{x}_2^\theta = x_2^\theta + \tilde{\epsilon}$, die aus den bereits vor t_0 getätigen Investitionsprojekten $K(\theta)$ für den Zeitraum ab t_2 resultieren, setzt sich aus einer sicheren, typabhängigen Rückflusskomponente x_2^θ und einer stochastischen, typunabhängigen Rückflusskomponente $\tilde{\epsilon} \in [\underline{\epsilon}, \overline{\epsilon}]$ zusammen. Die stochastische Rückflussvariable, deren Dichtefunktion mit $f(\cdot)$ und deren Verteilungsfunktion mit $F(\cdot)$ bezeichnet werden, besitzt einen Erwartungswert von null ($E(\tilde{\epsilon}) = 0$). Der erwartete Barwert der auf den Zeitpunkt t_2 projizierten Investitionsrückflüsse ist bei einem Unternehmen vom Typ H höher als bei einem Unternehmen vom Typ L: $E(\tilde{x}_2^H) = x_2^H > x_2^L = E(\tilde{x}_2^L)$. Darüber hinaus sind diese Investitionsrückflüsse niemals negativ: $x_2^L + \underline{\epsilon} \geq 0$.

Auch die sicheren und typunabhängigen Einzahlungsüberschüsse, welche I_0 über seine Nutzungsdauer hinweg verspricht, fallen in der dritten Periode an. Der auf den Zeitpunkt t_2 bezogene Barwert dieser Rückflüsse beträgt v_2. Da das Projekt als profitabel betrachtet wird, muss es einen positiven Kapitalwert aufweisen.[16] Bei einem Kapitalmarktzinssatz von $i = 0$ wird dies durch die Bedingung $v_2 > c$ sichergestellt. Der Gesamtwert $\tilde{V}_2^\theta$ eines Unternehmens vom Typ θ in t_2 setzt sich aus dem Barwert der Investitionsrückflüsse $\tilde{x}_2^\theta$ und v_2 sowie dem in t_1 anfallenden Einzahlungsüberschuss x_1^θ, der zum risikolosen Kapitalmarktzinssatz $i = 0$ bis zum Zeitpunkt t_2 angelegt wird, zusammen:

$$\tilde{V}_2^\theta = x_1^\theta + x_2^\theta + \tilde{\epsilon} + v_2. \tag{4.1}$$

Aus der Perspektive der risikoneutralen Kapitalmarktakteure, welche sich nach dem Erwartungswert der mit dem risikolosen Kapitalmarktzinssatz $i = 0$ diskontierten zukünftigen Zahlungen richten, beläuft sich der auf den Zeitpunkt t_0 bezogene Barwert der erwarteten Investitionsrückflüsse eines Unternehmens vom Typ θ auf

$$V_0^\theta = x_1^\theta + x_2^\theta + v_2.$$

[15]Die Annahme eines positiven Rückflusses von I_0 in t_1 hätte keine Auswirkungen auf die Modellergebnisse.

[16]Zum Kapitalwert vgl. beispielsweise *Troßmann* (1998), S. 43-51.

Aufgrund von $x_1^H > x_1^L$ und $x_2^H > x_2^L$ ergibt sich $V_0^H > V_0^L$. Somit weisen die Kapitalmarktakteure einem Unternehmen vom Typ H einen höheren Wert zu.

Im Hinblick auf die Informationsstände der beteiligten Akteure werden zwei Fälle unterschieden: Im *First-best-Fall* besitzt der Eigentümer-Manager gegenüber den Kapitalmarktakteuren zu keinem Zeitpunkt einen Informationsvorsprung im Hinblick auf den Typ seines Unternehmens. Dieser ist sowohl dem Eigentümer-Manager als auch den Kapitalmarktakteuren bereits in t_{01} bekannt. Dagegen ist der *Second-best-Fall* durch eine asymmetrische Informationsverteilung zwischen Eigentümer-Manager und Kapitalmarktteilnehmern gekennzeichnet. Während der Eigentümer-Manager in t_{01} den wahren Unternehmenstyp $\theta \in \{L, H\}$ und damit die Höhe der Investitionsrückflüsse in t_1 sowie die Höhe der erwarteten Investitionsrückflüsse in t_2 kennt, besitzen die Kapitalmarktakteure a priori – d.h. zum Zeitpunkt t_{01} – lediglich Kenntnis von der Wahrscheinlichkeitsverteilung über die beiden Unternehmenstypen. Sie gehen dabei mit der a priori-Wahrscheinlichkeit π_θ $(0 < \pi_\theta < 1)$ davon aus, dass das zugrunde liegende Unternehmen vom Typ θ ist. Alle anderen Modellparameter sind sowohl im First-best-Fall als auch im Second-best-Fall *common knowledge*.

Annahme 4.2 *Im Second-best-Fall wird der zugrunde liegende Unternehmenstyp $\theta \in \{L, H\}$ den Kapitalmarktakteuren erst in der dritten Periode (t_2) enthüllt.*

Das *Kapitalerhöhungsspiel* besitzt drei Akteure: den Eigentümer-Manager von L, denjenigen von H und den risikoneutralen Kapitalmarkt, der die Kapitalgeber repräsentiert. Der Eigentümer-Manager von θ hat im Rahmen seiner Strategie

$$m(\theta) \in M = \{0\} \cup \overline{M} \equiv \left[\frac{nc}{x_1^H + x_2^H + v_2 - c}, \frac{nc}{x_1^L + x_2^L + v_2 - c}\right]$$

festzulegen, ob er I_0 durchführt (Verzicht auf I_0: $m(\theta) = 0$) und wenn ja, wie viele Aktien er im Zuge der Kapitalerhöhung emittiert (Realisation von I_0: $m(\theta) \in [nc/(x_1^H + x_2^H + v_2 - c), nc/(x_1^L + x_2^L + v_2 - c)]$).[17] Der Kapitalmarkt muss nun auf jede mögliche Kapitalerhöhungsofferte $m \neq 0$ des Eigentümer-Managers eine Reaktion $r(m) \in R = \{a, na\}$ vorsehen, die entweder in der

[17] Die Intervallgrenzen von $\overline{M}$ ergeben sich dabei aus folgender Überlegung: Im First-best-Fall – d.h. bei symmetrischer Informationsverteilung – wird der Eigentümer-Manager von θ Investitionsprojekt I_0 durchführen und genau so viele junge Aktien $m(\theta)$ emittieren, dass der auf die jungen Aktien entfallende erwartete Rückfluss den Anschaffungskosten von I_0

Annahme ($r = a$) oder in der Ablehnung ($r = na$) von m besteht. Darüber hinaus bewirkt die Ankündigung der Kapitalerhöhungsofferte m eine Revision der Vermutungen $\mu(\cdot|m)$ des Kapitalmarkts. Sieht sich dieser einer gleichgewichtigen Offerte m^* gegenüber, dann verwendet er den Satz von Bayes zur Revision seines Wahrscheinlichkeitsurteils über den Typ des zugrunde liegenden Unternehmens:

$$\mu(\theta|m^*) = \begin{cases} 0 & \text{für } m^*(\theta) \neq m^* \\ \dfrac{\pi_\theta}{\sum_{\theta:m^*(\theta)=m^*} \pi_\theta} & \text{sonst} \end{cases} \tag{4.2}$$

Dabei wird mit $m^*(\theta)$ die gleichgewichtige Kapitalerhöhungsofferte des Eigentümer-Managers von θ bezeichnet. Die Ungleichgewichtsvermutungen des Kapitalmarkts werden sehr vorsichtig spezifiziert:

Annahme 4.3 *Wird dem Kapitalmarkt eine ungleichgewichtige Kapitalerhöhungsofferte m präsentiert, dann ordnet er diese mit Wahrscheinlichkeit $\mu(L|m) = 1$ dem Eigentümer-Manager eines Unternehmens vom Typ L zu.*

Der risikoaverse Eigentümer-Manager von θ bestimmt nun die Anzahl der im Wege der Kapitalerhöhung auszugebenden Aktien $m(\theta)$ dergestalt, dass der

---

entspricht:

$$\frac{m(\theta)}{n + m(\theta)} \left(x_1^\theta + x_2^\theta + v_2\right) = c.$$

Der Kapitalmarkt, der in diesem Falle indifferent zwischen einer Annahme und einer Ablehnung der Kapitalerhöhungsofferte ist, wird diese annahmegemäß akzeptieren. Auflösen nach $m(\theta)$ ergibt

$$m(\theta) = nc/(x_1^\theta + x_2^\theta + v_2 - c),$$

wobei $m(H) < m(L)$. Im Second-best-Fall – bei asymmetrischer Informationsverteilung – wird der Kapitalmarkt nun niemals solche Offerten m akzeptieren, die sich durch $0 < m < m(H)$ auszeichnen. Denn im Falle einer Annahme erleidet er selbst dann einen Verlust, wenn die Offerte von Unternehmenstyp H stammt. Im Ergebnis führen solche Offerten auf einen Investitionsverzicht des Eigentümer-Managers und können deshalb ignoriert werden. All jene Offerten m, die durch $m \geq m(L)$ charakterisiert sind, wird der Kapitalmarkt annehmen, weil er in diesem Falle selbst dann einen Gewinn erwirtschaftet, wenn das zugrunde liegende Unternehmen vom Typ L ist. Aus der Perspektive der Eigentümer-Manager sind jedoch alle durch $m > m(L)$ gekennzeichneten Kapitalerhöhungsofferten überflüssig hoch, so dass auch solche Offerten vorab eliminiert werden können. Folglich kann die Betrachtung von vornherein auf Offerten aus $M = \{0\} \cup \overline{M}$ eingeschränkt werden. Darüber hinaus ist darauf hinzuweisen, dass gemischte Strategien der Eigentümer-Manager nicht betrachtet werden.

Erwartungsnutzen $E(U(\tilde{W}_2^\theta))$ seines Vermögens $\tilde{W}_2^\theta$ zum Zeitpunkt t_2 maximiert wird. Dabei legt er eine Nutzenfunktion $U : [0, \infty) \rightarrow \mathbb{R}$ zugrunde, die zweimal stetig differenzierbar ist. Es wird $0 < U'(\cdot) < \infty$ und $U''(\cdot) < 0$ unterstellt, so dass die Nutzenfunktion Risikoaversion widerspiegelt. Diese wird jedoch mit Hilfe des relativen Risikoaversionskoeffizienten wie folgt begrenzt:[18]

Annahme 4.4 *Der relative Risikoaversionskoeffizient $r(W_2^\theta)$ des Eigentümer-Managers eines Unternehmens vom Typ θ beläuft sich auf*

$$r(W_2^\theta) = -W_2^\theta \cdot \frac{U''(W_2^\theta)}{U'(W_2^\theta)} \leq 1 \quad \forall W_2^\theta \in [0, \infty).$$

Wie sich leicht nachprüfen lässt, besitzt eine „power-type"-Nutzenfunktionen der Gestalt $U(W_2^\theta) = a\,(W_2^\theta)^b$ $(a > 0, 0 < b < 1)$ einen relativen Risikoaversionskoeffizienten von $r(W_2^\theta) = 1 - b < 1$ $(\forall W_2^\theta)$ und eine logarithmische Nutzenfunktionen $U(W_2^\theta) = a + b \ln W_2^\theta$ $(b > 0))$ einen solchen von $r(W_2^\theta) = 1$ $(\forall W_2^\theta)$. Annahme 4.4 steht somit in Einklang mit zwei besonders plausiblen Nutzenfunktionen.

Entscheidet sich der Eigentümer-Manager von θ für eine Realisation von I_0 und wird seine Kapitalerhöhungsofferte akzeptiert, beläuft sich sein Endvermögen in t_2 auf

$$\tilde{W}_2^\theta = \frac{\alpha n}{n + m(\theta)} \cdot \left(x_1^\theta + x_2^\theta + \epsilon + v_2\right) \quad \text{für} \quad m(\theta) \in \overline{M} \text{ und } r = a.$$

Verzichtet er auf die Durchführung von I_0 oder wird seine Kapitalerhöhungsofferte abgelehnt, erhält er ein Endvermögen von

$$\tilde{W}_2^\theta = \alpha \cdot \left(x_1^\theta + x_2^\theta + \epsilon\right) \quad \text{für} \quad m(\theta) = 0 \text{ oder } r = na.$$

Der Eigentümer-Manager von θ erreicht somit folgende erwartete Auszahlung:

$$V(\theta, m, r) = \begin{cases} \int_{\underline{\epsilon}}^{\overline{\epsilon}} U\left(\alpha(x_1^\theta + x_2^\theta + \epsilon)\right) dF(\epsilon) & \text{für } m = 0 \text{ oder } r = na, \\ \int_{\underline{\epsilon}}^{\overline{\epsilon}} U\left(\frac{\alpha n}{n+m}(x_1^\theta + x_2^\theta + \epsilon + v_2)\right) dF(\epsilon) & \text{für } m \in \overline{M} \text{ und } r = a. \end{cases} \tag{4.3}$$

[18]Vgl. hierzu *Pratt* (1964) und *Arrow* (1971).

Aufgrund der vollkommenen Konkurrenz unter den risikoneutralen Kapitalgebern wird der Kapitalmarkt als risikoneutraler Spieler ohne Verhandlungsmacht abgebildet. Die erwartete Auszahlung an den Kapitalmarkt ergibt sich unter Berücksichtigung von

$$\begin{aligned} & \frac{m}{n+m} \sum_{\theta \in \Theta} \mu(\theta|m) \cdot \int_{\underline{\epsilon}}^{\overline{\epsilon}} (x_1^\theta + x_2^\theta + \epsilon + v_2) dF(\epsilon) \\ = \; & \frac{m}{n+m} \sum_{\theta \in \Theta} \mu(\theta|m) \cdot (x_1^\theta + x_2^\theta + v_2) \end{aligned}$$

aus

$$G(m, r, \mu) = \begin{cases} 0 & \text{für } m = 0 \text{ oder } r = na \\ \frac{m}{n+m} \sum_{\theta \in \Theta} \mu(\theta|m) \cdot (x_1^\theta + x_2^\theta + v_2) - c & \text{für } m \in \overline{M} \text{ und } r = a \end{cases} \tag{4.4}$$

Der Kapitalmarkt akzeptiert die Kapitalerhöhungsofferte m des Eigentümer-Managers genau dann, wenn – ausgehend von den revidierten Vermutungen $\mu(\cdot|m)$ des Kapitalmarkts – der erwartete Rückfluss auf die neu ausgegebenen Anteile das Emissionsvolumen c nicht unterschreitet: $r(m) = a$ für

$$\frac{m}{n+m} \left(\mu(L|m) \cdot (x_1^L + x_2^L + v_2) + \mu(H|m) \cdot (x_1^H + x_2^H + v_2) \right) \geq c. \tag{4.5}$$

Ein *perfektes Bayes-Nash-Gleichgewicht* – das Standard-Gleichgewichtskonzept für Spiele mit unvollständiger Information – ist eine Kombination aus den Kapitalerhöhungsofferten $(m^*(L), m^*(H))$ der Eigentümer-Manager, der Reaktionsfunktion $r^*(m)$ des Kapitalmarkts und den reviderten Wahrscheinlichkeitsurteilen $\mu(\cdot|m)$, so dass folgende Bedingungen erfüllt sind:

(1) Die Kapitalerhöhungsofferte $m^*(\theta) \in M$ des Eigentümer-Managers von θ maximiert (4.3):

$$m^*(\theta) = \arg\max_{m \in M} V(\theta, m, r^*(m)).$$

(2) Die Reaktion $r^*(m)$ des Kapitalmarkts auf eine Kapitalerhöhungsofferte m maximiert (4.4):

$$r^*(m) = \arg\max_{r \in \{a, na\}} G(m, r, \mu).$$

(3) Wird dem Kapitalmarkt eine gleichgewichtige Kapitalerhöhungsofferte m^* präsentiert, revidiert er seine Vermutungen – wie in (4.2) wiedergegeben – mit Hilfe des Satzes von Bayes. Sieht sich der Kapitalmarkt einer ungleichgewichtigen Offerte gegenüber, dann ergeben sich seine revidierten Vermutungen aus Annahme 4.3.

Um die Gleichgewichte des Kapitalerhöhungsspiels zu analysieren, ist folgendes Ergebnis nützlich.

Lemma 4.1 *Sei $\beta > 0$ die Beteiligungsquote des Eigentümer-Managers von θ an der stochastischen Rückflusskomponente $\tilde{\epsilon}$, die wie oben beschrieben verteilt ist, und sei*

$$V(\beta) \;=\; \int_{\underline{\epsilon}}^{\bar{\epsilon}} U\left(x^\theta + \beta \cdot \epsilon\right) dF(\epsilon) \tag{4.6}$$

der Erwartungsnutzen des Eigentümer-Managers in Abhängigkeit von der Beteiligungsquote β. Dann nimmt der Erwartungsnutzen des Eigentümer-Managers mit zunehmender Beteiligungsquote strikt ab: $dV/d\beta < 0\ \forall \beta > 0$.

Beweis: Differenziert man (4.6) nach β, resultiert

$$\begin{aligned}\frac{dV}{d\beta} &= \int_{\underline{\epsilon}}^{\bar{\epsilon}} U'\left(x^\theta + \beta \cdot \epsilon\right) \cdot \epsilon\, dF(\epsilon) \\ &= \int_{\underline{\epsilon}}^{0} U'\left(x^\theta + \beta \cdot \epsilon\right) \cdot \epsilon\, dF(\epsilon) + \int_{0}^{\bar{\epsilon}} U'\left(x^\theta + \beta \cdot \epsilon\right) \cdot \epsilon\, dF(\epsilon).\end{aligned}$$

Aufgrund von $U' > 0$ und $U'' < 0$ sowie $\beta > 0$ erhält man

$$\begin{aligned}\frac{dV}{d\beta} &< \int_{\underline{\epsilon}}^{0} U'\left(x^\theta\right) \cdot \epsilon\, dF(\epsilon) + \int_{0}^{\bar{\epsilon}} U'\left(x^\theta\right) \cdot \epsilon\, dF(\epsilon) \\ &= U'\left(x^\theta\right)\left(\int_{\underline{\epsilon}}^{0} \epsilon\, dF(\epsilon) + \int_{0}^{\bar{\epsilon}} \epsilon\, dF(\epsilon)\right) = U'\left(x^\theta\right)\left(\int_{\underline{\epsilon}}^{\bar{\epsilon}} \epsilon\, dF(\epsilon)\right) = 0,\end{aligned}$$

was zu zeigen war. ■

Lemma 4.1 ist unmittelbar einsichtig. Die stochastische Rückflusskomponente trägt aufgrund von $E[\tilde{\epsilon}] = 0$ allein zur Streuung – d.h. zum Risiko – des Endvermögens bei, das der Eigentümer-Manager vereinnahmt. Da dieser risikoavers ist, präferiert er bei gegebenem Erwartungswert eine möglichst geringe Streuung des Endvermögens. Deshalb nimmt der Erwartungsnutzen seines Endvermögens mit sinkender Beteiligung an der stochastischen Rückflusskomponente zu.

4.3 Perfekte Bayes-Nash-Gleichgewichte des Grundmodells

4.3.1 Pooling-Gleichgewicht

Ein Pooling-Gleichgewicht des Kapitalerhöhungsspiels ist ein perfektes Bayes-Nash Gleichgewicht, das sich unter Verwendung von $\overline{x}_1 = \pi_L \cdot x_1^L + \pi_H \cdot x_1^H$ und $\overline{x}_2 = \pi_L \cdot x_2^L + \pi_H \cdot x_2^H$ wie folgt charakterisieren lässt:

(1) Die Eigentümer-Manager beider Unternehmenstypen geben übereinstimmende Kapitalerhöhungsofferten ab:

$$m^*(L) = m^*(H) = m^* = \frac{nc}{\overline{x}_1 + \overline{x}_2 + v_2 - c}. \tag{4.7}$$

(2) Der Kapitalmarkt akzeptiert die gepoolte Offerte m^* und erwartet einen Zeichnungsgewinn von null. Darüber hinaus zeichnet der Kapitalmarkt die ungleichgewichtige Kapitalerhöhungsofferte $m = nc/(x_1^L + x_2^L + v_2 - c) \equiv \hat{m}$. Alle anderen ungleichgewichtigen Kapitalerhöhungsofferten $m < \hat{m}$ $(m \neq m^*)$ werden abgelehnt:

$$r^*(m) = \begin{cases} a & \text{für } m = m^* \text{ und } m = \hat{m} \\ na & \text{sonst} \end{cases} \tag{4.8}$$

(3) Der Kapitalmarkt vermutet mit Wahrscheinlichkeit $\mu(L|m^*) = \pi_L$ bzw. $\mu(H|m^*) = \pi_H$, dass die gepoolte Kapitalerhöhungsofferte m^* vom Eigentümer-Manager eines Unternehmens vom Typ L bzw. H stammt.

Für welche Konstellationen ein solches Pooling-Gleichgewicht existiert, ergibt sich aus

Proposition 4.1 *Ein Pooling-Gleichgewicht existiert genau dann, wenn die folgende Restriktion erfüllt ist:*

$$\begin{aligned} \int_{\underline{\epsilon}}^{\overline{\epsilon}} U\left(\alpha\left(x_1^H + x_2^H + \epsilon\right) + \alpha\left[v_2 - \frac{c}{\overline{x}_1 + \overline{x}_2 + v_2} \cdot \left(x_1^H + x_2^H + \epsilon + v_2\right)\right]\right) dF(\epsilon) \\ - \int_{\underline{\epsilon}}^{\overline{\epsilon}} U\left(\alpha\left(x_1^H + x_2^H + \epsilon\right)\right) dF(\epsilon) \geq 0. \end{aligned} \tag{4.9}$$

<u>Beweis</u>: Es ist nachzuweisen, dass Bedingung (4.9) notwendig und hinreichend für die Existenz eines Pooling-Gleichgewichts ist.

Hinreichende Bedingung. Zu zeigen ist, dass kein Spieler einen Anreiz besitzt, von seiner als gleichgewichtig betrachteten Strategie abzuweichen, wenn die jeweils anderen Spieler ihre gleichgewichtigen Strategien spielen und der Kapitalmarkt seine Vermutungen in konsistenter Weise revidiert.

(a) *Vermutungsrevision des Kapitalmarkts.* Wählen die Eigentümer-Manager beider Unternehmenstypen mit Wahrscheinlichkeit eins die gepoolte Kapitalerhöhungsofferte m^*, dann erhält man für die revidierten Gleichgewichtsvermutungen des Kapitalmarkts unter Verwendung des Satzes von Bayes (4.2)

$$\mu(L|m^*) = \frac{\pi_L}{\pi_L + \pi_H} = \pi_L \quad \text{und} \quad \mu(H|m^*) = \frac{\pi_H}{\pi_L + \pi_H} = \pi_H,$$

d.h. die revidierten Vermutungen des Kapitalmarkts sind konsistent mit den als gleichgewichtig betrachteten Strategien der Eigentümer-Manager.

(b) *Beste Antworten des Kapitalmarkts auf alternative Kapitalerhöhungsofferten.* Sieht sich der Kapitalmarkt der gepoolten Rückerwerbsofferte gegenüber, dann erreicht er im Falle einer Zeichnung ($r^*(m^*) = a^*$) eine erwartete Auszahlung von

$$\begin{aligned} G(m^*, r^*(m^*) = a, \mu) &= \frac{m^*}{n + m^*} \cdot (\overline{x}_1 + \overline{x}_2 + v_2) - c \\ &= \frac{nc}{n \cdot (\overline{x}_1 + \overline{x}_2 + v_2 - c) + nc} \cdot (\overline{x}_1 + \overline{x}_2 + v_2) - c = 0. \end{aligned}$$

Dies stimmt mit der Auszahlung überein, die er bei einer Ablehnung von m^* ($r(m^*) = na$) erhält: $G(m^*, r(m^*) = na, \mu) = G(m^*, r^*(m^*) = a, \mu) = 0$. Folglich hat der Kapitalmarkt keinen Anreiz, die gepoolte Offerte abzulehnen. Er erwartet einen Zeichnungsgewinn von null.

Wird dem Kapitalmarkt eine ungleichgewichte Kapitalerhöhungsofferte $m \in \{m \in \overline{M} | m \neq m^*\}$ präsentiert, ordnet er diese aufgrund von Annahme 4.3 mit Wahrscheinlichkeit $\mu(L|m) = 1$ dem Management von L zu. Betrachtet wird zunächst die Ungleichgewichtsofferte $\hat{m} = nc/(x_1^L + x_2^L + v_2 - c)$. Im Falle einer Annahme ($r^*(\hat{m}) = a$) erwartet der Kapitalmarkt eine Auszahlung von

$$\begin{aligned} G(\hat{m}, r^*(\hat{m}) = a, \mu) &= \frac{\hat{m}}{n + \hat{m}}(x_1^L + x_2^L + v_2) - c \\ &= \frac{nc}{n(x_1^L + x_2^L + v_2 - c) + nc} \cdot (x_1^L + x_2^L + v_2) - c = 0. \end{aligned}$$

Da der Kapitalmarkt im Falle einer Ablehnung der Offerte $G(\hat{m}, r(\hat{m}) = na, \mu) = 0$ vereinnahmt, besitzt er keinen Anreiz, von $r^*(\hat{m}) = a$ abzuweichen. Sieht sich der Kapitalmarkt einer Ungleichgewichtsofferte $m < \hat{m}$ $(m \neq m^*)$ gegenüber, dann erwartet er bei einer Annahme der Offerte $(r(m) = a)$ eine Auszahlung von

$$\begin{aligned} G(m, r(m) = a, \mu) &= \frac{m}{n+m}(x_1^L + x_2^L + v_2) - c \\ &< \frac{\hat{m}}{n+\hat{m}}(x_1^L + x_2^L + v_2) - c = 0, \end{aligned}$$

welche die mit einer Ablehnung der Offerte $(r^*(m) = na)$ verknüpfte Auszahlung in Höhe von $G(m, r^*(m) = na, \mu) = 0$ unterschreitet. Deshalb stellt $r^*(m) = na$ eine beste Antwort des Kapitalmarkts auf die Kapitalerhöhungsofferte $m < \hat{m}$ dar. Gleichung (4.8) gibt somit die besten Anworten des Kapitalmarkts auf alternative Rückerwerbsofferten wieder.

(c) *Gleichgewichtige Offerte des Eigentümer-Managers von L.* Angenommen, der Kapitalmarkt spielt die in (2) bzw. Gleichung (4.8) beschriebene Strategie. Dann erhält der Eigentümer-Manager von L bei Abgabe der gepoolten Kapitalerhöhungsofferte m^*, die von den Kapitalgebern akzeptiert wird, eine Auszahlung von

$$\begin{aligned} & V(L, m^*, r^*(m^*) = a) \\ = & \int_{\underline{\epsilon}}^{\overline{\epsilon}} U\left(\frac{\alpha n}{n+m^*}(x_1^L + x_2^L + \epsilon + v_2)\right) dF(\epsilon) \\ = & \int_{\underline{\epsilon}}^{\overline{\epsilon}} U\left(\alpha\left[x_1^L + x_2^L + v_2 - \frac{m^*}{n+m^*} \cdot (x_1^L + x_2^L + v_2) + \frac{n}{n+m^*}\epsilon\right]\right) dF(\epsilon) \\ > & \int_{\underline{\epsilon}}^{\overline{\epsilon}} U\left(\alpha\left[x_1^L + x_2^L + v_2 - \frac{m^*}{n+m^*}(\overline{x}_1 + \overline{x}_2 + v_2) + \frac{n}{n+m^*}\epsilon\right]\right) dF(\epsilon) \\ = & \int_{\underline{\epsilon}}^{\overline{\epsilon}} U\left(\alpha\left[x_1^L + x_2^L + v_2 - c + \frac{n}{n+m^*}\epsilon\right]\right) dF(\epsilon) \equiv \overline{V}(L), \end{aligned}$$

wobei für den Übergang von der vorletzten zur letzten Zeile Gleichung (4.7) verwendet wird. Verzichtet der Eigentümer-Manager auf die Durchführung von I_0 $(m = 0)$ oder gibt er eine Ungleichgewichtsofferte $m < \hat{m}$ ab, die von den Kapitalgebern abgelehnt wird, verbleibt ihm wegen $v_2 > c$ eine Auszahlung von

$$\begin{aligned} V(L, m, r^*(m) = na) &= \int_{\underline{\epsilon}}^{\overline{\epsilon}} U\left(\alpha\left(x_1^L + x_2^L + \epsilon\right)\right) dF(\epsilon) \\ &< \int_{\underline{\epsilon}}^{\overline{\epsilon}} U\left(\alpha(x_1^L + x_2^L + \epsilon + v_2 - c)\right) dF(\epsilon) \equiv \hat{V}(L). \end{aligned}$$

Aufgrund von $0 < n/(n + m^*) < 1$ und Lemma 4.1 erhält man

$$\begin{aligned} \hat{V}(L) &< \int_{\underline{\epsilon}}^{\overline{\epsilon}} U\left(\alpha\left[x_1^L + x_2^L + v_2 - c + \frac{n}{n + m^*}\,\epsilon\right]\right) dF(\epsilon) \\ &= \overline{V}(L) < V(L, m^*, r^*(m^*) = a). \end{aligned}$$

Somit vereinnahmt der Eigentümer-Manager von L bei Wahl von $m = 0$ oder $m < \hat{m}$ $(m \neq m^*)$ weniger als bei Realisation von I_0 und Abgabe der gepoolten Kapitalerhöhungsofferte m^*. Entscheidet sich der Eigentümer-Manager von L für die als ungleichgewichtig betrachtete Offerte $\hat{m} = nc/(x_1^L + x_2^L + v_2 - c)$, welche von den Kapitalgebern angenommen wird, erhält er eine Auszahlung in Höhe von

$$\begin{aligned} V(L, \hat{m}, r^*(\hat{m}) = a) &= \int_{\underline{\epsilon}}^{\overline{\epsilon}} U\left(\frac{\alpha n}{n + \hat{m}}\left(x_1^L + x_2^L + \epsilon + v_2\right)\right) dF(\epsilon) \\ &< \int_{\underline{\epsilon}}^{\overline{\epsilon}} U\left(\frac{\alpha n}{n + m^*}\left(x_1^L + x_2^L + \epsilon + v_2\right)\right) dF(\epsilon) \\ &= V(L, m^*, r^*(m^*) = a), \end{aligned}$$

wobei sich das Ungleichheitszeichen aufgrund von $\hat{m} > m^*$ ergibt. Die gepoolte Offerte m^* verspricht dem Eigentümer-Manager von L somit eine höhere Auszahlung als die Ungleichgewichtsofferte $\hat{m}$. Als Zwischenergebnis bleibt festzuhalten: Der Eigentümer-Manager von L besitzt keinen Anreiz, von der gepoolten Offerte abzuweichen.

(d) *Gleichgewichtige Offerte des Eigentümer-Managers von H.* Es verbleibt zu prüfen, ob der Eigentümer-Manager von H einen Anreiz hat, von der gepoolten Kapitalerhöhungsofferte m^* abzuweichen. Bei Wahl von m^* erhält er eine

Auszahlung von

$$
\begin{aligned}
& V(H,m^*,r^*(m^*)=a) \\
= & \int_{\underline{\epsilon}}^{\overline{\epsilon}} U\left(\frac{\alpha n}{n+m^*}\left(x_1^H+x_2^H+\epsilon+v_2\right)\right) dF(\epsilon) \\
= & \int_{\underline{\epsilon}}^{\overline{\epsilon}} U\left(\alpha\left[\left(x_1^H+x_2^H+\epsilon+v_2\right)-\frac{m^*}{n+m^*}\cdot\left(x_1^H+x_2^H+\epsilon+v_2\right)\right]\right) dF(\epsilon) \\
= & \int_{\underline{\epsilon}}^{\overline{\epsilon}} U\left(\alpha(x_1^H+x_2^H+\epsilon)+\alpha\left[v_2-\frac{c}{\overline{x}_1+\overline{x}_2+v_2}\left(x_1^H+x_2^H+\epsilon+v_2\right)\right]\right) dF(\epsilon),
\end{aligned}
\tag{4.10}
$$

wobei wiederum Gleichung (4.7) Verwendung findet. Verzichtet er auf die Durchführung von I_0 ($m = 0$) oder gibt er eine ungleichgewichtige Kapitalerhöhungsofferte m (mit $nc/(x_1^H + x_2^H + v_2 - c) \leq m < \hat{m}$ und $m \neq m^*$) ab, die von den Kapitalgebern zurückgewiesen wird, vereinnahmt er

$$
V(H,m,r^*(m)=na) \;=\; \int_{\underline{\epsilon}}^{\overline{\epsilon}} U\left(\alpha\left(x_1^H+x_2^H+\epsilon\right)\right) dF(\epsilon). \tag{4.11}
$$

Subtrahiert man (4.11) von (4.10), resultiert

$$
\begin{aligned}
\Delta \;\equiv\; & V(H,m^*,r^*(m^*)=a)-V(H,m,r^*(m)=na) \\
= & \int_{\underline{\epsilon}}^{\overline{\epsilon}} U\left(\alpha\left(x_1^H+x_2^H+\epsilon\right)+\alpha\left[v_2-\frac{c}{\overline{x}_1+\overline{x}_2+v_2}\right.\right. \\
& \left.\left.\times\left(x_1^H+x_2^H+\epsilon+v_2\right)\right]\right) dF(\epsilon)-\int_{\underline{\epsilon}}^{\overline{\epsilon}} U\left(\alpha\left(x_1^H+x_2^H+\epsilon\right)\right) dF(\epsilon).
\end{aligned}
\tag{4.12}
$$

Ist Restriktion (4.9) erfüllt, resultiert $\Delta \geq 0$. Folglich erweist es sich für den Eigentümer-Manager von H als nicht lohnend, von m^* auf $m = 0$ oder $nc/(x_1^H + x_2^H + v_2 - c) \leq m < \hat{m}$ überzuwechseln. Wählt der Eigentümer-Manager von H die vom Kapitalmarkt akzeptierte ungleichgewichtige Kapitalerhöhungsofferte $\hat{m}$, erreicht er wegen $\hat{m} > m^*$ eine Auszahlung in Höhe von

$$
\begin{aligned}
U(H,\hat{m},r^*(\hat{m})=a) \;=\; & \int_{\underline{\epsilon}}^{\overline{\epsilon}} U\left(\frac{\alpha n}{n+\hat{m}}\left(x_1^H+x_2^H+\epsilon+v_2\right)\right) dF(\epsilon) \\
< & \int_{\underline{\epsilon}}^{\overline{\epsilon}} U\left(\frac{\alpha n}{n+m^*}\left(x_1^H+x_2^H+\epsilon+v_2\right)\right) dF(\epsilon) \\
= & \; V(H,m^*,r^*(m^*)=a).
\end{aligned}
$$

Somit verspricht m^* dem Eigentümer-Manager von H eine höhere Auszahlung als $\hat{m}$. Festzuhalten bleibt: Auch der Eigentümer-Manager von H hat keinen Anreiz, von seiner als gleichgewichtig betrachteten Strategie – Abgabe der gepoolten Kapitalerhöhungsofferte m^* – abzuweichen. Restriktion (4.9) ist somit hinreichend für die Existenz des Pooling-Gleichgewichts.

Notwendige Bedingung. Wenn Restriktion (4.9) nicht erfüllt ist, besitzt die Differenz (4.12) ein negatives Vorzeichen, d.h.

$$V(H, m^*, r^*(m^*) = a) < V(H, m, r^*(m) = na).$$

Folglich erhält der Eigentümer-Manager von H eine höhere Auszahlung, wenn er anstelle der gepoolten Offerte m^* beispielsweise die Offerte $m = 0$ abgibt, d.h. auf die Durchführung von I_0 verzichtet. Dann bricht das Pooling-Gleichgewicht zusammen. ■

Im Pooling-Gleichgewicht realisiert nicht nur der Eigentümer-Manager eines Unternehmens vom Typ L, sondern auch derjenige von H das profitable Investitionsprojekt I_0. Das resultierende Investitionsvolumen ist *effizient*, weil alle Investitionsvorhaben mit positivem Kapitalwert durchgeführt werden. Folglich ist mit einer asymmetrischen Informationsverteilung zwischen Eigentümer-Manager und Kapitalmarkt nicht zwingend ein gesamtwirtschaftlich allokationsineffizientes Unterinvestitionsproblem verknüpft. Da die Eigentümer-Manager beider Unternehmenstypen identische Kapitalerhöhungsofferten unterbreiten, kann der uninformierte Kapitalmarkt von der abgegebenen Kapitalerhöhungsofferte m^* nicht (mit Wahrscheinlichkeit eins) auf den Typ des zugrunde liegenden Unternehmens schließen. Der Informationsstand des Kapitalmarkts wird durch die Bekanntgabe von m^* in t_{01} nämlich nicht verbessert. Dies hat zur Konsequenz, dass die Ankündigung einer Kapitalerhöhung im Pooling-Gleichgewicht *keine* Aktienkursreaktion bewirkt.[19] Der Kurs p_0 einer außenstehenden Altaktie vor bzw. unmittelbar nach Ankündigung der Kapitalerhöhung

[19]Dies steht auch nicht im Widerspruch zu den Ergebnissen empirischer Untersuchungen. Zwar lässt sich im Durchschnitt ein negativer Ankündigungseffekt einer Kapitalerhöhung feststellen. Beobachtbar sind jedoch auch solche Kapitalerhöhungen, die von keinem oder einem positiven Ankündungseffekt begleitet werden.

(Zeitpunkt t_{01}) beträgt

$$\begin{aligned} p_0 &= \pi_L \frac{x_1^L + x_2^L + v_2 - \frac{m^*}{n+m^*}(x_1^L + x_2^L + v_2)}{n} \\ &\quad + \pi_H \frac{x_1^H + x_2^H + v_2 - \frac{m^*}{n+m^*}(x_1^H + x_2^H + v_2)}{n} \\ &= \frac{\overline{x}_1 + \overline{x}_2 + v_2 - c}{n}. \end{aligned}$$

Er reflektiert die a priori-Vermutungen des risikoneutralen Kapitalmarkts über den zugrunde liegenden Unternehmenstyp sowie das gleichgewichtige Verhalten der beiden Eigentümer-Manager. Auch die *Durchführung* der Kapitalerhöhung zum Zeitpunkt t_{02} löst keine Aktienkursreaktionen aus, denn nach vollzogener Kapitalerhöhung beträgt der Marktwert einer Aktie

$$p_1 = \frac{\overline{x}_1 + \overline{x}_2 + v_2}{n + m^*} = \frac{\overline{x}_1 + \overline{x}_2 + v_2 - c}{n} = p_0.$$

Die Existenz des Pooling-Gleichgewichts ist genau dann gewährleistet, wenn die Modellparameter Restriktion (4.9) genügen. Zur Interpretation dieser Bedingung erweist es sich als zweckmäßig, zunächst die Gestalt dieser Restriktion für den Grenzfall eines risikoneutralen Eigentümer-Managers zu analysieren.

Korollar 4.1 *Ist der Eigentümer-Manager eines Unternehmens vom Typ $\theta \in \{L, H\}$ risikoneutral, dann ist folgende Parameterrestriktion notwendig und hinreichend für die Existenz eines Pooling-Gleichgewichts:*

$$v_2 \geq \frac{c}{\overline{x}_1 + \overline{x}_2 + v_2} \cdot (x_1^H + x_2^H + v_2). \tag{4.13}$$

Beweis: Da der Eigentümer-Manager risikoneutral ist, lässt sich seine Nutzenfunktion ohne Beschränkung der Allgemeinheit wie folgt schreiben: $U(W_2^\theta) = W_2^\theta$.[20] Der Beweis von Proposition 4.1 rekurriert nur an einer Stelle auf die Risikoaversion des Eigentümer-Managers: Um zu zeigen, dass der Eigentümer-Manager von L keinen Anreiz besitzt, anstelle der gepoolten Kapitalerhöhungsofferte m^* einen Investitionsverzicht ($m = 0$) oder eine ungleichgewichtige Kapitalerhöhungsofferte m (mit $nc/(x_1^H + x_2^H + v_2 - c) \leq m < \hat{m}$ und $m \neq m^*$) zu wählen, wird auf Lemma 4.1 zurückgegriffen. Lemma 4.1 gilt jedoch nicht für

[20] Dies folgt aus der Tatsache, dass die aus einer Lineartransformation der Nutzenfunktion $U(W_2^\theta)$ hervorgehende Nutzenfunktion $V(W_2^\theta) = a\,U(W_2^\theta) + b$ ($a, b \in \mathbb{R}$, $a > 0$) keine Änderung der Rangordnung der Alternativen bewirkt. Vgl. hierzu *von Neumann/Morgenstern* (1953), S. 25, oder *Mas-Colell/Whinston/Green* (1995), S. 173.

den Fall der Risikoneutralität. Deshalb ist zunächst nachzuweisen, dass es für den Eigentümer-Manager von L auch bei Risikoneutralität nicht lohnend ist, von m^* auf $m = 0$ oder $m < \hat{m}$ abzuweichen. Bei Wahl der gepoolten Offerte m^* erhält der Eigentümer-Manager von L nun eine Auszahlung von

$$\begin{aligned} V(L, m^*, r^*(m^*) = a) &= \frac{an}{n+m^*}(x_1^L + x_2^L + v_2) \\ &= \alpha \left[x_1^L + x_2^L + v_2 - \frac{m^*}{n+m^*} \cdot (x_1^L + x_2^L + v_2) \right] \\ &> \alpha \left[x_1^L + x_2^L + v_2 - \frac{m^*}{n+m^*} (\overline{x}_1 + \overline{x}_2 + v_2) \right] \\ &= \alpha \left[x_1^L + x_2^L + v_2 - c \right] = \overline{V}(L), \end{aligned}$$

wobei Gleichung (4.7) genutzt wird. Verzichtet der Eigentümer-Manager auf die Durchführung von I_0 ($m = 0$) oder gibt er eine Ungleichgewichtsofferte $m < \hat{m}$ ($m \neq m^*$) ab, die von den Kapitalgebern abgelehnt wird, verbleibt ihm wegen $v_2 > c$ eine Auszahlung von

$$\begin{aligned} V(L, m, r^*(m) = na) &= \alpha(x_1^L + x_2^L) < \alpha(x_1^L + x_2^L + v_2 - c) \\ &= \overline{V}(L) < V(L, m^*, r^*(m^*) = a). \end{aligned}$$

Somit vereinnahmt der Eigentümer-Manager von L bei Wahl von $m = 0$ oder $m < \hat{m}$ ($m \neq m^*$) weniger als bei Realisation von I_0 und Abgabe der gepoolten Kapitalerhöhungsofferte m^*. Folglich existiert das Pooling-Gleichgewicht auch bei Risikoneutralität des Eigentümer-Managers von θ genau dann, wenn Restriktion (4.9) erfüllt ist. Diese kann unter Berücksichtigung von $U(W_2^\theta) = W_2^\theta$ wie folgt geschrieben werden:

$$\begin{aligned} \int_{\underline{\epsilon}}^{\overline{\epsilon}} \alpha\,(x_1^H + x_2^H + \epsilon) + \alpha \left[v_2 - \frac{c}{\overline{x}_1 + \overline{x}_2 + v_2} \cdot (x_1^H + x_2^H + \epsilon + v_2) \right] dF(\epsilon) & \\ - \int_{\underline{\epsilon}}^{\overline{\epsilon}} \alpha\,(x_1^H + x_2^H + \epsilon)\, dF(\epsilon) &\geq 0. \end{aligned}$$

Äquivalente Umformungen ergeben

$$x_1^H + x_2^H + \left[v_2 - \frac{c}{\overline{x}_1 + \overline{x}_2 + v_2} \cdot (x_1^H + x_2^H + v_2) \right] - (x_1^H + x_2^H) \geq 0.$$

Dies vereinfacht sich zu

$$v_2 \geq \frac{c}{\overline{x}_1 + \overline{x}_2 + v_2} \cdot (x_1^H + x_2^H + v_2),$$

was zu zeigen war. ■

Aus der Perspektive des *risikoneutralen* Eigentümer-Managers von H ist die Realisation von I_0 und die Abgabe der gepoolten Kapitalerhöhungsofferte nur dann vorteilhaft, wenn er dadurch gegenüber einem Investitionsverzicht keine Vermögenseinbuße erleidet. Dies spiegelt sich in Bedingung (4.13) wider, die sich unter Verwendung von Gleichung (4.7) wie folgt formulieren lässt:

$$v_2 \geq \frac{m^*}{n+m^*} \cdot (x_1^H + x_2^H + v_2). \tag{4.14}$$

Daraus erhält man

$$\frac{\alpha n}{n+m^*} v_2 \quad \geq \quad \frac{\alpha m^*}{n+m^*} \cdot (x_1^H + x_2^H).$$

Die linke Seite dieser Ungleichung entspricht dem auf die Beteiligungsquote des Eigentümer-Managers von H entfallenden Anteil am Ertragswert von I_0. Die rechte Seite reflektiert den Anteil am Ertragswert der bereits vor t_0 realisierten Investitionsprojekte $K(H)$, den der Eigentümer-Manager von H den Kapitalgebern einräumen muss, um diese zu einer Zeichnung der gepoolten Kapitalerhöhungsofferte zu bewegen. Wenn die daraus resultierende Vermögenseinbuße des Eigentümer-Managers von H nicht höher als der Vermögenszuwachs aus seiner Beteiligung am Ertragswert von I_0 ist, wird er die Neuemission initiieren.

Bei Risikoaversion des Eigentümer-Managers von H existiert das Pooling-Gleichgewicht genau dann, wenn der Erwartungsnutzen des Vermögens, das der Eigentümer-Manager von H im Falle einer Realisation von I_0 und einer Abgabe der gepoolten Kapitalerhöhungsofferte vereinnahmt, den mit einem Investitionsverzicht verknüpften Erwartungsnutzen nicht unterschreitet. Dies bringt Bedingung (4.9) nach einer Umformung zum Ausdruck:

$$\int_{\underline{\epsilon}}^{\overline{\epsilon}} U\left(\frac{\alpha n}{n+m^*}(x_1^H + x_2^H + \epsilon + v_2)\right) dF(\epsilon)$$
$$- \int_{\underline{\epsilon}}^{\overline{\epsilon}} U\left(\alpha (x_1^H + x_2^H + \epsilon)\right) dF(\epsilon) \geq 0.$$

Aufgrund der Risikoaversion des Eigentümer-Managers von H steigt der Erwartungsnutzen seines Vermögens *ceteris paribus* – d.h. bei gegebenem Erwartungswert des Endvermögens – mit abnehmender Beteiligung an der stochastischen Rückflusskomponente $\tilde{\epsilon}$.[21] Dies hat folgende Konsequenz: Angenommen,

[21] Vgl. hierzu Lemma 4.1.

der Eigentümer-Manager von H erreicht bei einer Durchführung von I_0 und einer Initiierung der Neuemission dasselbe erwartete Endvermögen wie bei einem Investitionsverzicht. In diesem Falle ist (4.13) und deshalb auch (4.14) mit Gleichheit erfüllt:

$$v_2 = \frac{m^*}{n+m^*} \cdot (x_1^H + x_2^H + v_2). \tag{4.15}$$

Bei Risikoneutralität wäre der Eigentümer-Manager von H nun indifferent zwischen einer Realisation von I_0 und einem Investitionsverzicht. Die zur Finanzierung von I_0 erforderliche Kapitalerhöhung bewirkt jedoch, dass sich die Beteiligungsquote des Eigentümer-Managers von H vermindert, weil er annahmegemäß an der Kapitalerhöhung nicht teilnimmt. Folglich partizipiert er im Falle einer Realisation von I_0 in geringerem Umfang an der stochastischen Rückflusskomponente. Bei Risikoaversion des Eigentümer-Managers von H wird dies von einem Anstieg des Erwartungsnutzens begleitet. Ergo erreicht er bei Durchführung von I_0 nun ein *strikt* höheres Niveau des Erwartungsnutzens als bei einem Investitionsverzicht. Dies wird auch erkennbar, wenn man (4.15) in die linke Seite von (4.9) substituiert und einige Umformungen vornimmt:

$$\int_{\underline{\epsilon}}^{\overline{\epsilon}} U\left(\alpha\,(x_1^H + x_2^H) + \frac{\alpha n}{n+m^*}\epsilon\right)\, dF(\epsilon) \;\; \geq \;\; \int_{\underline{\epsilon}}^{\overline{\epsilon}} U\left(\alpha\,(x_1^H + x_2^H) + \alpha\,\epsilon\right)\, dF(\epsilon).$$

Wegen Lemma 4.1 ist diese Ungleichung *strikt.* Daraus lässt sich folgender Schluss ziehen: Bei Risikoaversion ist der Eigentümer-Manager von H selbst dann zur Durchführung von I_0 bereit, wenn er dadurch einen – hinreichend kleinen – erwarteten Vermögensverlust in Kauf zu nehmen hat und bei Risikoneutralität auf Realisation von I_0 verzichten würde. Ursächlich hierfür ist, dass die aus einem hinreichend kleinen Vermögensrückgang resultierende Nutzeneinbuße durch den Nutzenzuwachs überkompensiert wird, der aus der *kostenlosen* Überwälzung eines Teils des Rückflussrisikos an die Kapitalmarktakteure ausgelöst wird. Damit erhält man folgendes Ergebnis: Gegenüber dem Fall der Risikoneutralität ist die Existenz des Pooling-Gleichgewichts bei Risikoaversion des Eigentümer-Managers für eine größere Menge von Parameterwerten gewährleistet.

4.3.2 Separierendes Gleichgewicht

Ein separierendes Gleichgewicht des Kapitalerhöhungsspiels ist ein perfektes Bayes-Nash-Gleichgewicht, in dem die Akteure folgende Strategien spielen:

(1) Der Eigentümer-Manager eines Unternehmens vom Typ L realisiert I_0 und gibt

$$m^*(L) = m^L = \frac{nc}{x_1^L + x_2^L + v_2 - c}$$

junge Aktien im Wege einer Kapitalerhöhung aus.

(2) Der Eigentümer-Manager eines Unternehmens vom Typ H verzichtet auf die Realisation von I_0, d.h. $m^*(H) = m^H = 0$.

(3) Der Kapitalmarkt zeichnet die Kapitalerhöhungsofferte m^L; alle anderen (positiven) Kapitalerhöhungsofferten $m \neq m^L$ $(m > 0)$ werden ausgeschlagen:

$$r^*(m) = \begin{cases} a & \text{für } m = m^L \\ na & \text{sonst} \end{cases} \tag{4.16}$$

(4) Der Kapitalmarkt vermutet mit Wahrscheinlichkeit $\mu(L|m^L) = 1$, dass die Kapitalerhöhungsofferte m^L vom Eigentümer-Manager eines Unternehmens vom Typ L stammt. Darüber hinaus geht er mit Wahrscheinlichkeit $\mu(H|m^H) = 1$ davon aus, dass der Eigentümer-Manager von H auf die Durchführung von I_0 verzichtet. Wird dem Kapitalmarkt eine ungleichgewichte Kapitalerhöhungsofferte $m \neq m^L, m^H$ präsentiert, ordnet er diese gemäß Annahme 4.3 mit Wahrscheinlichkeit $\mu(L|m) = 1$ dem Eigentümer-Manager von L zu.

Proposition 4.2 *Ein separierendes Gleichgewicht existiert genau dann, wenn die folgende Parameterrestriktion erfüllt ist:*

$$\int_{\underline{\epsilon}}^{\overline{\epsilon}} U\left(\alpha(x_1^H + x_2^H + \epsilon) + \alpha\left[v_2 - \frac{c}{x_1^L + x_2^L + v_2} \cdot (x_1^H + x_2^H + \epsilon + v_2)\right]\right) dF(\epsilon)$$
$$- \int_{\underline{\epsilon}}^{\overline{\epsilon}} U\left(\alpha \cdot (x_1^H + x_2^H + \epsilon)\right) dF(\epsilon) \leq 0. \tag{4.17}$$

Beweis: Es ist zu nachzuweisen, dass (4.17) notwendig und hinreichend für die Existenz des separierenden Gleichgewichts ist.

Hinreichende Bedingung. Zu zeigen ist, dass kein Akteur einen Anreiz besitzt, von seiner als gleichgewichtig betrachteten Strategie abzuweichen, wenn die jeweils anderen Akteure ihre gleichgewichtigen Strategien spielen und die Vermutungen in konsistenter Weise revidiert werden.

(a) *Vermutungsrevision des Kapitalmarkts.* Angenommen, der Eigentümer-Manager von H verzichtet auf die Realisation von I_0 (d.h. $m^H = 0$) und derjenige von L gibt die Kapitalerhöhungsofferte m^L ab. Dann erhält man für die mit Hilfe des Satzes von Bayes revidierten Vermutungen des Kapitalmarkts

$$\mu(L|m^L) = \frac{\pi_L}{\pi_L + 0 \cdot \pi_H} = 1 \qquad \mu(H|m^L) = 1 - \mu(L|m^L) = 0$$

$$\mu(H|m^H) = \frac{\pi_H}{\pi_L \cdot 0 + \pi_H} = 1 \qquad \mu(L|m^H) = 1 - \mu(H|m^H) = 0,$$

d.h. die in (4) aufgeführten revidierten Vermutungen sind konsistent mit den als gleichgewichtig betrachteten Strategien der beiden Eigentümer-Manager.

(b) *Beste Antworten des Kapitalmarkts auf alternative Kapitalerhöhungsofferten.* Im Folgenden wird untersucht, ob die in (3) wiedergegebenen Reaktionen des Kapitalmarkts auf alternative Kapitalerhöhungsofferten jeweils beste Antworten darstellen. Betrachtet wird zunächst die Kapitalerhöhungsofferte $m^L = nc/(x_1^L + x_2^L + v_2 - c)$, welche der Kapitalmarkt mit Wahrscheinlichkeit $\mu(L|m^L) = 1$ dem Eigentümer-Manager von L zuordnet. Wird m^L vom Kapitalmarkt akzeptiert ($r^*(m^L) = a$), erhält dieser

$$\begin{aligned} G(m^L, r^*(m^L) = a, \mu) &= \frac{m^L}{n + m^L} \cdot (x_1^L + x_2^L + v_2) - c \\ &= \frac{c}{x_1^L + x_2^L + v_2} \cdot (x_1^L + x_2^L + v_2) - c = 0. \end{aligned}$$

Lehnt er die Offerte ab ($r(m^L) = na$), verbleibt ihm $G(m^L, r(m^L) = na, \mu) = 0$. Es besteht somit kein Anreiz für den Kapitalmarkt, die Offerte m^L auszuschlagen. Sieht sich der Kapitalmarkt einer ungleichgewichtigen Kapitalerhöhungsofferte $m < m^L$ ($m \neq m^H$) gegenüber, vermutet er aufgrund von Annahme 4.3 mit Wahrscheinlichkeit $\mu(L|m) = 1$, dass eine solche Offerte vom Eigentümer-Manager eines Unternehmens vom Typ L abgegeben wurde. Weist der Kapitalmarkt m zurück ($r^*(m) = na$), erreicht er ein Auszahlungsniveau von $G(m, r^*(m) = na, \mu) = 0$. Im Falle einer Zeichnung von m ($r(m) = a$) erwartet er wegen $\mu(L|m) = 1$ eine Auszahlung in Höhe von

$$\begin{aligned} G(m, r(m) = a, \mu) &= \frac{m}{n + m} (x_1^L + x_2^L + v_2) - c \\ &< \frac{m^L}{n + m^L} (x_1^L + x_2^L + v_2) - c = 0, \end{aligned}$$

wobei das Ungleichheitszeichen aufgrund von $m < m^L$ resultiert. Folglich stellt sich der Kapitalmarkt besser, wenn er die ungleichgewichtige Kapitalerhöhungsofferte m ablehnt.[22] Somit bleibt festzuhalten: Für die Kapitalgeber besteht kein Anreiz, von der unter (3) formulierten Strategie abzuweichen.

(c) *Gleichgewichtige Offerte des Eigentümer-Managers von L.* Bei Abgabe der als gleichgewichtig betrachteten Offerte m^L, die vom Kapitalmarkt akzeptiert wird ($r^*(m^L) = a$), erreicht der Eigentümer-Manager von L eine Auszahlung in Höhe von

$$\begin{aligned} V(L, m^L, r^*(m^L) = a) &= \int_{\underline{\epsilon}}^{\bar{\epsilon}} U\left(\frac{\alpha n}{n + m^L} \cdot (x_1^L + x_2^L + \epsilon + v_2)\right) dF(\epsilon) \\ &= \int_{\underline{\epsilon}}^{\bar{\epsilon}} U\left(\alpha(x_1^L + x_2^L + v_2 - c) + \frac{\alpha n}{n + m^L}\,\epsilon\right) dF(\epsilon). \end{aligned}$$

Verzichtet der Eigentümer-Manager von L auf die Realisation von I_0 ($m^H = 0$) oder wählt er eine von m^L abweichende positive Kapitalerhöhungsofferte $m < m^L$, die vom Kapitalmarkt zurückgewiesen wird ($r^*(m) = na$), verbleibt als Auszahlung

$$V(L, m, r^*(m) = na) = \int_{\underline{\epsilon}}^{\bar{\epsilon}} U\left(\alpha(x_1^L + x_2^L + \epsilon)\right) dF(\epsilon).$$

Aufgrund von $v_2 - c > 0$ und $0 < n/(n+m^L) < 1$ in Verbindung mit Lemma 4.1 gilt $V(L, m^L, r^*(m^L) = a) > V(L, m, r^*(m) = na)$, d.h. für den Eigentümer-Manager von L erweist sich die Kapitalerhöhungsofferte m^L als optimal.

(d) *Gleichgewichtige Offerte des Eigentümer-Managers von H.* Abschließend verbleibt zu prüfen, ob der Eigentümer-Manager von H einen Anreiz besitzt, von der unter (2) charakterisierten Strategie abzuweichen. Im Falle eines Investitionsverzichts ($m^H = 0$) erhält der Eigentümer-Manager von H

$$V(H, m^H, r^*(m^H) = na) = \int_{\underline{\epsilon}}^{\bar{\epsilon}} U\left(\alpha(x_1^H + x_2^H + \epsilon)\right) dF(\epsilon). \tag{4.18}$$

Bei Wahl einer Kapitalerhöhungsofferte $m < m^L$ ($m \neq m^H$), die von den Kapitalgebern zurückgewiesen wird ($r^*(m) = na$), erreicht er eine Auszahlung

[22] Ein Investitionsverzicht, der durch $m = 0$ abgebildet wird, beendet das Kapitalerhöhungsspiel. Folglich löst die Offerte $m^H = 0$ – abgesehen von einer Revision der Vermutungen – grundsätzlich keine Reaktion des Kapitalmarkts aus. Um die Auszahlungsfunktion $V(\theta, m, r(m))$ nicht abändern zu müssen, wird jedoch formal eine „Reaktion" auf $m^H = 0$ festgelegt: $r^*(m^H) = na$.

in gleicher Höhe:

$$V(L, m, r^*(m) = na) = \int_{\underline{\epsilon}}^{\overline{\epsilon}} U\left(\alpha \cdot (x_1^H + x_2^H + \epsilon)\right) dF(\epsilon).$$

Folglich erweist es sich für den Eigentümer-Manager von H als nicht lohnend, von $m^H = 0$ auf $m < m^L$ abzuweichen.[23] Entscheidet sich der Eigentümer-Manager von H für die vom Kapitalmarkt akzeptierte Offerte m^L, erreicht er eine Auszahlung von

$$\begin{aligned}
& V(H, m^L, r^*(m^L) = a) \\
= & \int_{\underline{\epsilon}}^{\overline{\epsilon}} U\left(\frac{\alpha n}{n + m^L} \cdot (x_1^H + x_2^H + \epsilon + v_2)\right) dF(\epsilon) \\
= & \int_{\underline{\epsilon}}^{\overline{\epsilon}} U\left(\alpha \left[x_1^H + x_2^H + \epsilon + v_2 - \frac{m^L}{n + m^L} \cdot (x_1^H + x_2^H + \epsilon + v_2)\right]\right) dF(\epsilon) \\
= & \int_{\underline{\epsilon}}^{\overline{\epsilon}} U\Bigg(\alpha(x_1^H + x_2^H + \epsilon) + \alpha \\
& \times \left[v_2 - \frac{c}{x_1^L + x_2^L + v_2} (x_1^H + x_2^H + \epsilon + v_2)\right]\Bigg) dF(\epsilon).
\end{aligned} \tag{4.19}$$

Subtrahiert man (4.19) von (4.18), resultiert

$$\begin{aligned}
\Delta \equiv & \; V(H, m^H, r^*(m^H) = na) - V(H, m^L, r^*(m^L) = a) \\
= & \int_{\underline{\epsilon}}^{\overline{\epsilon}} U\left(\alpha \cdot (x_1^H + x_2^H + \epsilon)\right) dF(\epsilon) - \int_{\underline{\epsilon}}^{\overline{\epsilon}} U\Bigg(\alpha(x_1^H + x_2^H + \epsilon) + \alpha \\
& \times \left[v_2 - \frac{c}{x_1^L + x_2^L + v_2} \cdot (x_1^H + x_2^H + \epsilon + v_2)\right]\Bigg) dF(\epsilon).
\end{aligned} \tag{4.20}$$

Aufgrund von Restriktion (4.17) besitzt die Differenz kein negatives Vorzeichen: $\Delta \geq 0$. Dies impliziert

$$V(H, m^L, r^*(m^L) = a) \leq V(H, m^H, r^*(m^H) = na),$$

[23] Man könnte argumentieren, dass die mit Wahrscheinlichkeit eins von den Kapitalgebern abgelehnte Kapitalerhöhungsofferte $m = nc/(x_1^H + x_2^H + v_2 - c)$ die Offerte $m^H = 0$ dominiert, weil m niemals eine kleinere und im Falle einer Akzeptanz eine strikt größere Auszahlung als $m^H = 0$ verspricht. Löst die Abgabe einer positiven Kapitalerhöhungsofferte jedoch von null verschiedene Transaktionskosten aus, dann ist die mit einem Investitionsverzicht ($m^H = 0$) verknüpfte Auszahlung strikt größer als die Auszahlung, welche mit der Abgabe einer abgelehnten Kapitalerhöhungsofferte $m < m^L$ einhergeht.

d.h. der Eigentümer-Manager von H besitzt keinen Anreiz, von $m^H = 0$ auf m^L abzuweichen. Der Investitionsverzicht $m^H = 0$ maximiert somit die Auszahlung des Eigentümer-Managers von H. Zusammenfassend bleibt festzuhalten: Wenn die Parameterrestriktion (4.17) erfüllt ist, führen die separierenden Strategien der Eigentümer-Manager auf ein perfektes Bayes-Nash-Gleichgewicht des Kapitalerhöhungsspiels.

Notwendige Bedingung. Wenn Bedingung (4.17) verletzt ist, besitzt die Differenz (4.20) ein negatives Vorzeichen: $\Delta < 0$. Dies hat

$$V(H, m^L, r^*(m^L) = a) > V(H, m^H, r^*(m^H) = na)$$

zur Konsequenz. Folglich zieht der Eigentümer-Manager von H die Kapitalerhöhungsofferte m^L dem Investitionsverzicht $m^H = 0$ vor, was einen Zusammenbruch des separierenden Gleichgewichts bewirkt. ■

Während der Eigentümer-Manager eines Unternehmens vom Typ L in jedem Falle das profitable Investitionsprojekt I_0 realisiert, verzichtet der Eigentümer-Manager von H im separierenden Gleichgewicht auf die Durchführung von I_0. Die asymmetrische Informationsverteilung zwischen Eigentümer-Manager und Kapitalmarkt bewirkt in diesem Falle eine gesamtwirtschaftlich allokationsineffiziente *Unterinvestition* seitens des Eigentümer-Managers von H. Da nur der Eigentümer-Manager von L das Investitionsprojekt I_0 durchführt, wird mit der Ankündigung einer Kapitalerhöhung Unternehmenstyp L enthüllt und die ursprünglich bestehende Informationsasymmetrie aufgelöst. Wie im Folgenden gezeigt wird, schlägt sich dies *immer* in einem Aktienkursrückgang nieder. Vor Ankündigung der Kapitalerhöhung beträgt der Aktienkurs

$$p_0 \quad = \quad \pi_L \cdot \frac{x_1^L + x_2^L + v_2 - c}{n} + \pi_H \cdot \frac{x_1^H + x_2^H}{n}.$$

Er entspricht dem auf eine Aktie entfallenden Erwartungswert der Unternehmensrückflüsse, der auf Basis der a priori-Vermutungen der Kapitalmarktakteure über den zugrunde liegenden Unternehmenstyp gebildet wird. Die gleichgewichtige Investitionspolitik wird von den Kapitalmarktteilnehmern antizipiert und spiegelt sich in den typabhängigen Unternehmensrückflüssen wider. Mit der Ankündigung der Aktienemission erkennen die Kapitalmarktakteure, dass das zugrunde liegende Unternehmen vom Typ L ist. Dies führt auf einen Aktienkurs in Höhe von

$$p_1 \quad = \quad \frac{x_1^L + x_2^L + v_2 - c}{n}.$$

Ein *negativer Ankündigungseffekt* resultiert genau dann, wenn $p_1 < p_0$ erfüllt ist. Diese Bedingung ist äquivalent zu

$$x_1^L + x_2^L + v_2 - c \;<\; x_1^H + x_2^H \tag{4.21}$$

und *immer* erfüllt, wenn ein separierendes Gleichgewicht existiert. Um dies nachzuweisen, wird zunächst die linke Seite von (4.17) unter Verwendung der Definition von m^L geschrieben als:

$$\begin{aligned} L \;\equiv\; & \int_{\underline{\epsilon}}^{\overline{\epsilon}} U\left(\frac{\alpha n}{n+m^L}\left(x_1^H + x_2^H + \epsilon + v_2\right)\right) dF(\epsilon) \\ & - \int_{\underline{\epsilon}}^{\overline{\epsilon}} U\left(\alpha \cdot \left(x_1^H + x_2^H + \epsilon\right)\right) dF(\epsilon). \end{aligned}$$

Wegen $n/(n+m^L) < 1$ und Lemma 4.1 lässt sich dies wiederum wie folgt abschätzen:

$$\begin{aligned} L \;>\; & \int_{\underline{\epsilon}}^{\overline{\epsilon}} U\left(\frac{\alpha n}{n+m^L}\left(x_1^H + x_2^H + v_2\right) + \alpha\,\epsilon\right) dF(\epsilon) \\ & - \int_{\underline{\epsilon}}^{\overline{\epsilon}} U\left(\alpha\left(x_1^H + x_2^H + \epsilon\right)\right) dF(\epsilon) \\ =\; & \int_{\underline{\epsilon}}^{\overline{\epsilon}} U\left(\frac{\alpha(x_1^L + x_2^L + v_2 - c)}{x_1^L + x_2^L + v_2}\left(x_1^H + x_2^H + v_2\right) + \alpha\,\epsilon\right) dF(\epsilon) \\ & - \int_{\underline{\epsilon}}^{\overline{\epsilon}} U\left(\alpha\left(x_1^H + x_2^H\right) + \alpha\,\epsilon\right) dF(\epsilon) \\ \equiv\; & K. \end{aligned}$$

Angenommen, Ungleichung (4.17) ist erfüllt, d.h. $L \leq 0$. Dann ist $K < 0$, was wiederum

$$\frac{\alpha(x_1^L + x_2^L + v_2 - c)}{x_1^L + x_2^L + v_2}\left(x_1^H + x_2^H + v_2\right) < \alpha\left(x_1^H + x_2^H\right)$$

impliziert. Nach einer Umformung erhält man

$$x_1^L + x_2^L + v_2 - c < \frac{x_1^L + x_2^L + v_2}{x_1^H + x_2^H + v_2}\left(x_1^H + x_2^H\right),$$

weshalb

$$x_1^L + x_2^L + v_2 - c < x_1^H + x_2^H$$

erfüllt sein muss. Somit bleibt festzuhalten: Wenn Restriktion (4.17) erfüllt ist, dann ist auch Bedingung (4.21) erfüllt. Das separierende Gleichgewicht des Kapitalerhöhungsspiels impliziert somit einen Aktienkursrückgang infolge der Ankündigung einer Kapitalerhöhung.

Zur Interpretation der Existenzbedingung (4.17) bietet es sich wiederum an, zunächst die Gestalt dieser Bedingung für den Grenzfall eines risikoneutralen Eigentümer-Managers zu bestimmen.

Korollar 4.2 *Ist der Eigentümer-Manager eines Unternehmens vom Typ θ risikoneutral, dann ist folgende Parameterrestriktion notwendig und hinreichend für die Existenz eines separierenden Gleichgewichts:*

$$v_2 \leq \frac{c}{x_1^L + x_2^L + v_2} \cdot (x_1^H + x_2^H + v_2). \tag{4.22}$$

Beweis: Die Nutzenfunktion des Eigentümer-Managers von θ lässt sich bei Risikoneutralität ohne Beschränkung der Allgemeinheit schreiben als $U(W_2^\theta) = W_2^\theta$. Der Beweis von Proposition 4.2 beruht lediglich an einer Stelle auf der Risikoaversion des Eigentümer-Managers: Um nachzuweisen, dass es für den Eigentümer-Manager von L nicht lohnend ist, von der separierenden Kapitalerhöhungsofferte m^L auf eine ungleichgewichte Offerte $nc/(x_1^H + x_2^H + v_2) \leq m < m^L$ oder einen Investitionsverzicht ($m = 0$) abzuweichen, wird Lemma 4.1 verwendet. Lemma 4.1 gilt jedoch nicht für den Fall der Risikoneutralität. Deshalb ist zunächst zu zeigen, dass der Eigentümer-Manager von L auch bei Risikoneutralität keinen Anreiz besitzt, anstelle von m^L die Offerten $m < m^L$ oder $m^H = 0$ zu wählen. Entscheidet sich der Eigentümer-Manager von L für m^L, erhält er eine Auszahlung von

$$V(L, m^L, r^*(m^L) = a) \;=\; \frac{\alpha n}{n + m^L} \cdot (x_1^L + x_2^L + v_2) = \alpha(x_1^L + x_2^L + v_2 - c).$$

Verzichtet er auf die Realisation von I_0 ($m^H = 0$) oder wählt er eine von m^L abweichende positive Kapitalerhöhungsofferte $m < m^L$, die vom Kapitalmarkt zurückgewiesen wird ($r^*(m) = na$), verbleibt als Auszahlung

$$\begin{aligned} V(L, m, r^*(m) = na) &= \alpha(x_1^L + x_2^L) \\ &< \alpha(x_1^L + x_2^L + v_2 - c) = V(L, m^L, r^*(m^L) = na), \end{aligned}$$

d.h. für den Eigentümer-Manager von L erweist sich die Kapitalerhöhungsofferte m^L auch bei Risikoneutralität als optimal. Folglich existiert das separierende Gleichgewicht bei Risikoneutralität des Eigentümer-Managers genau dann, wenn Restriktion (4.17) erfüllt ist. Diese lässt sich im Falle von $U(W_2^\theta) = W_2^\theta$ wie folgt schreiben:

$$\alpha(x_1^H + x_2^H) + \alpha \left[v_2 - \frac{c}{x_1^L + x_2^L + v_2} \cdot (x_1^H + x_2^H + v_2)\right] - \alpha\,(x_1^H + x_2^H) \;\leq\; 0.$$

Dies ist äquivalent zu

$$v_2 \;\leq\; \frac{c}{x_1^L + x_2^L + v_2} \cdot (x_1^H + x_2^H + v_2),$$

was zu zeigen war. ■

Legt man einen risikoneutralen Eigentümer-Manager zugrunde, so ist die Existenz des separierenden Gleichgewichts genau dann gewährleistet, wenn der Eigentümer-Manager von H bei Realisation von I_0 und Durchführung der hierfür erforderlichen Kapitalerhöhung kein höheres erwartetes Vermögen als bei einem Investitionsverzicht erreicht. Dies spiegelt Bedingung (4.22) wider, die sich unter Verwendung der Definition von m^L auch wie folgt formulieren lässt:

$$\underbrace{\frac{\alpha n}{n + m^L}\,(x_1^H + x_2^H + v_2)}_{\substack{\text{erwartetes Vermögen des EM} \\ \text{von } H \text{ bei Realisation von } I_0}} \quad\leq\quad \underbrace{\alpha(x_1^H + x_2^H)}_{\substack{\text{erwartetes Vermögen des EM} \\ \text{von } H \text{ bei Investitionsverzicht}}}. \tag{4.23}$$

Bei Risikoaversion des Eigentümer-Managers setzt die Existenz des separierenden Gleichgewichts voraus, dass der aus einem Investitionsverzicht resultierende *Erwartungsnutzen* des Eigentümer-Managers von H mindestens so hoch ist wie der *Erwartungsnutzen*, den er im Falle einer Realisation von I_0 und einer Durchführung der Kapitalerhöhung erhält. Genau dies besagt Bedingung (4.17), die auch wie folgt dargestellt werden kann:

$$\int_{\underline{\epsilon}}^{\overline{\epsilon}} U\left(\frac{\alpha n}{n + m^L}(x_1^H + x_2^H + \epsilon + v_2)\right) dF(\epsilon) \leq \int_{\underline{\epsilon}}^{\overline{\epsilon}} U\left(\alpha\,(x_1^H + x_2^H + \epsilon)\right) dF(\epsilon).$$

Die Risikoaversion bewirkt, dass der Erwartungsnutzen des Eigentümer-Managers von H bei unverändertem Erwartungswert des Endvermögens mit abnehmendem Anteil an der stochastischen Rückflusskomponente $\tilde{\epsilon}$ ansteigt.[24] Da der Eigentümer-Manager von H mit Hilfe einer Kapitalerhöhung einen Anteil $m^L/(n + m^L)$ des Rückflussrisikos kostenlos auf die risikoneutralen Kapitalmarktakteure überwälzen kann, ist eine Aktienemission für einen risikoaversen

[24] Vgl. hierzu Lemma 4.1.

Eigentümer-Manager ceteris paribus attraktiver als für einen risikoneutralen. Dies hat zur Konsequenz, dass die Existenz eines separierenden Gleichgewichts bei Risikoaversion nur für eine Teilmenge der Parameterwerte gewährleistet ist, welche die Existenz des separierenden Gleichgewichts bei Risikoneutralität sicherstellen. Daraus lässt sich folgender Schluss ziehen: Bei Risikoaversion ist die Wahrscheinlichkeit der Existenz eines separierenden Gleichgewichts geringer als bei Risikoneutralität – und damit auch die Gefahr einer gesamtwirtschaftlich ineffizienten Unterinvestition seitens des Eigentümer-Managers von H. Dennoch bleibt das Unterinvestitionsproblem auch bei Risikoaversion des Eigentümer-Managers bestehen. Wie im folgenden Abschnitt gezeigt wird, lässt sich das von *Myers/Majluf* identifizierte Unterinvestitionsproblem mit Hilfe eines Aktienrückerwerbs auf effiziente Weise lösen.

4.4 Signalisierung des wahren Unternehmenswertes mit Hilfe eines Aktienrückerwerbs

4.4.1 Der Aktienrückerwerb als Signalisierungsinstrument

Im empirisch orientierten Schrifttum ist dem Aktienrückerwerb seit Beginn der 80er Jahre eine relativ große Aufmerksamkeit zuteil geworden.[25] Eine Vielzahl der insbesondere für den U.S.-amerikanischen Kapitalmarkt durchgeführten Studien legt dabei den Schluss nahe, dass die *Ankündigung* eines Aktienrückerwerbs positive Informationen über den Unternehmenswert signalisiert. Als Indiz hierfür werden abnormale positive Aktienkursreaktionen gewertet, die von der Bekanntgabe eines Aktienrückerwerbs ausgelöst werden. Das Ausmaß des *positiven Ankündigungseffekts* eines Aktienrückerwerbs hängt dabei von der Art des gewählten Rückerwerbsverfahrens ab. So konstatiert *Vermaelen* (1981) einen durchschnittlichen abnormalen Aktienkursanstieg von 3,37% unmittelbar nach Ankündigung einer Offenmarktofferte. Für einen Aktienrückerwerb im Wege eines holländischen Auktionsverfahrens stellen *Comment/Jarrell* (1991) eine durchschnittliche Ankündigungsrendite von 7,7% fest.

[25] Vgl. hierzu bspw. die Untersuchungen von *Vermaelen* (1981), *Dann* (1981), *Asquith/Mullins* (1986), *Comment/Jarrell* (1991), *Dann/Masulis/Myers* (1991), *Kim/Rui* (1999), *McNally* (1999a), *McNally* (1999b), *Jagannathan/Stephens/Weisbach* (2000) und *Guay/Harford* (2000).

Die Bekanntgabe einer Festpreisofferte bewirkt eine noch heftigere Aktienkursreaktion: Im Durchschnitt überschreitet der Aktienkurs nach Bekanntgabe und Durchführung des Aktienrückerwerbs den Ausgangskurs um 15,4% (*Vermaelen* (1981)) bzw. 11,9% (*Comment/Jarrell* (1991)). Die Ergebnisse dieser empirischen Untersuchungen geben somit Anlass zur Vermutung, dass das Management eines unterbewerteten Unternehmens mit einem Aktienrückerwerb ein Instrument zur Signalisierung von positiven Informationen über den Unternehmenswert zur Hand hat. Die empirischen Analysen geben allerdings keinen unmittelbaren Aufschluss darüber, warum der Aktienrückerwerb vom Kapitalmarkt als glaubwürdiges Signal für die Unterbewertung eines Untenehmens aufgefasst wird. Wie ein Signalisierungsmechanismus wirken muss, damit er vom Kapitalmarkt als glaubwürdig betrachtet wird, lässt sich letztlich nur mit Hilfe formaler Modelle exakt analysieren. Tabelle 4.2 gibt einen Überblick über die in der Literatur bisher entwickelten Signalling-Modelle zum Aktienrückerwerb.

Autoren	**Modellcharakteristika**
Constantinides/ Grundy (1989)	**Zielfunktion**. Erwartungswert der Rückflüsse, die auf die Aktien eines risikoneutralen Eigentümer-Managers entfallen. **Verfügbare Signale**. Zwei potenzielle Signale: (1) Design des Auszahlungsprofils der zur Finanzierung eines unteilbaren Investitionsprojekts auszugebenden Finanzkontrakte und (2) Anzahl der zum Börsenkurs zurückzuerwerbenden Aktien (Management verpflichtet sich, am Aktienrückerwerb nicht teilzunehmen). **Signallingkosten**. Im Gleichgewicht fallen keine Signalling-Kosten an; das Signalling-Gleichgewicht ist somit nicht-dissipativ. **Effiziente Signalisierungspolitik**. Im Gleichgewicht Rückerwerb einer positiven Anzahl von Aktien; die Eigenschaften der optimalen Finanzkontrakte lassen sich nur noch relativ allgemein charakterisieren.
Hausch/Seward (1993)	**Zielfunktion**. (Willkürlich) vorgegebenes Management-Entlohnungsschema, das eine lineare Funktion des gegenwärtigen und des zukünftigen Aktienkurses ist. Letzterer reflektiert annahmegemäß den wahren Unternehmenswert.

Autoren	Modellcharakteristika
	Verfügbare Signale. Zwei potenzielle Signale: Aktienrückerwerb im Wege eines Auktionsverfahrens (stochastisches Ausschüttungsvolumen) und Dividendenausschüttungen (deterministisches Ausschüttungsvolumen). Jede Ausschüttung wird innenfinanziert und mindert das Investitionsvolumen. **Signalisierungskosten**. (1) Entgangene Grenzkapitalwerte infolge eines deterministisch verminderten Investitionsvolumens via Dividendenausschüttung und (2) Erwartungswert der entgangenen Grenzkapitalwerte infolge eines stochastisch verminderten Investitionsvolumens via Aktienrückerwerb. **Effiziente Signalisierungspolitik**. In Abhängigkeit vom Verlauf der Cashflow-Funktion (zunehmende oder abnehmende absolute „Risikoaversion") reines Dividenden- oder reines Rückerwerbssignalling.
McNally (1999a)	**Zielfunktion**. Erwartungsnutzen des Endvermögens eines risikoaversen Eigentümer-Managers (EM) mit $\mu - \sigma$-Präferenzen. Das Endvermögen des EM in t_2 setzt sich dabei zusammen aus (1) dem auf seinen Anteil entfallenden und bis t_2 angelegten stochastischen Unternehmensrückfluss in t_1, (2) dem auf seinen Anteil entfallenden Marktwert der Unternehmensrückflüsse in t_3. **Verfügbare Signale**. Ein Signal: Anzahl der zum Börsenkurs zurückzuerwerbenden Aktien (EM verpflichtet sich, am Rückerwerb nicht teilzunehmen). **Signalisierungskosten**. Mit zunehmender Anzahl zurückerworbener Aktien höhere Risikoexposition des EM. **Eigenschaften der gleichgewichtigen Signalisierungspolitik**. Die Anzahl der zurückerworbenen Aktien ist umso höher, je besser die Unternehmensqualität, d.h. je höher der wahre Unternehmenswert.
McNally (1999b)	**Zielfunktion**. Erwartungsnutzen des Endvermögens eines risikoaversen Eigentümer-Managers (EM) mit $\mu - \sigma$-Präferenzen. Das Endvermögen des EM in t_2 setzt sich dabei zusammen aus (1) dem auf seinen Anteil entfallenden und bis t_2 angelegten stochastischen Unternehmensrückfluss in t_1, (2) dem auf seinen Anteil entfallenden Marktwert der Unternehmensrückflüsse in t_3 und (3) dem Wert seines risikolos investierten Restvermögens.

Autoren	Modellcharakteristika
	Verfügbare Signale. Zwei potenzielle Signale: (1) Anzahl der zurückzuerwerbenden Aktien (EM verpflichtet sich, am Rückerwerb nicht teilzunehmen) und (2) Höhe des Rückerwerbspreises. Als Signale werden somit die Konditionen einer Festpreisofferte verwendet. **Signalisierungskosten.** Ad (1): mit zunehmender Anzahl zurückerworbener Aktien höhere Risikoexposition des EM. Ad(2): Vermögenstransfer an die veräußernden Aktionäre bei Wahl eines Rückerwerbspreises, welcher den inneren Wert einer Aktie überschreitet. **Eigenschaften der gleichgewichtigen Signalisierungspolitik.** Im Gleichgewicht offerieren Unternehmen guter Qualität eine Rückerwerbsprämie, d.h. einen Rückerwerbspreis, welcher den inneren Wert einer zurückerworbenen Aktie überschreitet.
Ofer/Thakor (1987)	**Zielfunktion.** Erwartungsnutzen des Endvermögens eines Eigentümer-Managers (EM) mit $\mu - \sigma$-Präferenzen. Das Endvermögen des EM setzt sich dabei zusammen aus seinem zum Börsenkurs in t_0 proportionalen Gehalt, das risikolos bis t_2 angelegt wird, einer in t_1 ausgeschütteten und bis t_2 angelegten Dividende und den auf seine Beteiligungsquote entfallenden Unternehmensrückflüssen in t_2. **Verfügbare Signale.** Zwei potenzielle Signale: Aktienrückerwerb in Gestalt einer Festpreisofferte und Dividendenausschüttungen. Signalisierungskosten: bei kreditfinanzierten Ausschüttungen in Form von Dividenden und Aktienrückkäufen Zinskosten (Ursache: Kreditzinssatz > Anlagezinssatz). Aktienrückkäufe bewirken zusätzlich eine größere Risikopartizipation des EM, der annahmegemäß keine Aktien zum Rückerwerb anbietet und nach vollzogenem Rückerwerb eine höhere Beteiligungsquote besitzt. **Effiziente Signalisierungspolitik.** In Abhängigkeit von der Parameterkonstellation reines Dividendensignalling, reines Rückerwerbssignalling oder Signalling mit einer gemischten Ausschüttungspolitik.

Autoren	Modellcharakteristika
Persons (1995)	**Zielfunktion.** (Willkürlich) vorgegebene Management-Zielfunktion, welche die Maximierung eines gewogenen Durchschnitts aus dem (erwarteten) Marktwert und dem (erwarteten) inneren Wert des Unternehmens *nach* Durchführung des Aktienrückerwerbs vorschreibt. Das Management handelt damit im Interesse derjenigen Aktionäre, die am Aktienrückerwerb nicht teilnehmen. **Verfügbare Signale.** Zwei alternative – sich gegenseitig ausschließende – Signale: Aktienrückerwerb im Wege einer Festpreisofferte (vorab festgelegter Rückerwerbspreis pro Aktie) oder im Wege eines holländischen Auktionsverfahrens (vorab festgelegte Anzahl zurückzuerwerbender Aktien). **Signalisierungskosten.** Bei beiden Verfahren Vermögenstransfer von den am Rückerwerb nicht teilnehmenden Aktionären an die veräußernden Aktionäre, weil der Rückerwerbspreis annahmegemäß den inneren Wert einer Aktie übersteigt. Bei einer Festpreisofferte (einem holländischen Auktionsverfahren) ist der Vermögenstransfer eine konvexe (lineare) Funktion der stochastischen Steigung der linearen Funktion der von den Aktionären zum Rückerwerb angebotenen Aktien. **Effiziente Signalisierungspolitik.** Aktienrückerwerb im Wege einer Festpreisofferte.
Vermaelen (1984)	**Zielfunktion.** (Willkürlich) vorgegebenes Management-Entlohnungsschema, das eine Funktion des vom Management berichteten Unternehmenswerts und des wahren Werts der vom Management gehaltenen Aktien ist. **Verfügbare Signale.** Ein Signal: Anzahl der im Wege einer Festpreisofferte zurückzuerwerbenden Aktien (das Management verpflichtet sich, am Aktienrückerwerb nicht teilzunehmen). **Signalisierungskosten.** Vermögensübertragung von den am Rückerwerb nicht teilnehmenden Aktionären – hierzu gehört auch das Management – an die veräußernden Aktionäre, weil der gebotene Rückerwerbspreis *annahmegemäß* den inneren Wert einer Aktie übersteigt.

Autoren	Modellcharakteristika
	Eigenschaften der gleichgewichtigen Signalisierungspolitik. Der Anteil zurückerworbener Aktien ist umso höher, je besser die Unternehmensqualität, d.h. je höher der wahre Unternehmenswert.

Tabelle 4.2: Charakteristika ausgewählter Signalling-Modelle zum Aktienrückerwerb

Mit Hilfe eines Aktienrückerwerbs lässt sich eine Unterbewertung nur dann *glaubwürdig* signalisieren, wenn sich die Abgabe einer Rückerwerbsofferte lediglich für das Management eines unterbewerteten Unternehmens – nicht jedoch für dasjenige eines überbewerteten Unternehmens – als lohnend erweist. Dann kann der Kapitalmarkt von der abgegebenen Rückerwerbsofferte auf den Typ des zugrunde liegenden Unternehmens schließen. Um das Management eines überbewerteten Unternehmens von einem Aktienrückerwerb abzuhalten, muss dessen Durchführung mit hinreichend hohen Kosten befrachtet sein. Die in der Literatur vorzufindenden Modelle rekurrieren in der Regel auf einen sehr subtilen Verlauf der mit einem Aktienrückerwerb verbundenen Signalisierungskosten. Wie aus Tabelle 4.2 ersichtlich ist, hängen die Signalisierungskosten insbesondere von der Struktur der Unternehmensrückflüsse, der Zielfunktion des Managements und der Art des gewählten Rückerwerbsverfahrens ab.

Das nachfolgend entwickelte Signalling-Modell knüpft an das in Abschnitt 4.2 präsentierte Grundmodell an. Es räumt dem risikoaversen Eigentümer-Manager eines unterbewerteten Unternehmens die Möglichkeit ein, den wahren Unternehmenswert mit Hilfe von Aktienrückkäufen über die Börse und Underpricing der neu ausgegebenen Anteile glaubhaft zu signalisieren; es stehen somit zwei Signale zur Verfügung.[26]

Das Signalling-Modell besitzt folgende Grundstruktur: In t_{01} gibt der Eigentümer-Manager bekannt, wie viele Aktien er im Wege einer Kapitalerhöhung zu emittieren bereit ist, um die Anschaffungskosten des Investitionsprojekts I_0

[26]Als Signalisierungsinstrument wurde ein Aktienrückerwerb über die Börse bisher lediglich von *McNally* (1999a) explizit analysiert. Implizit wird ein Offenmarktangebot allerdings auch in den Modellen von *Constantinides/Grundy* (1989) und *Ofer/Thakor* (1987) verwendet.

aufzubringen. Überschreiten die erwarteten Rückflüsse, welche auf die neu ausgegebenen Anteile entfallen, die Anschaffungskosten von I_0, liegt *Underpricing* vor. Zeitgleich mit der Kapitalerhöhung kündigt der Eigentümer-Manager unwiderruflich an, zu einem *späteren* Zeitpunkt – in t_1 – eine bereits in t_{01} festgelegte Anzahl von Aktien über die Börse zurückzuerwerben. Dabei verpflichtet sich der Eigentümer-Manager, keine Aktien aus seinem persönlichen Bestand zum Rückerwerb anzubieten.[27] Der Aktienrückerwerb wird dann in t_1 durchgeführt und aus den zu diesem Zeitpunkt anfallenden Investitionsrückflüssen finanziert. Der verbleibende Betrag der Investitionsrückflüsse wird im Unternehmen bis t_2 risikolos investiert.

Sowohl Underpricing als auch Aktienrückkäufe sind für einen Eigentümer-Manager mit Kosten befrachtet. Bei Verwendung von Underpricing emittiert der Eigentümer-Manager die jungen Aktien zu einem Kurs, der den inneren Wert einer Aktie, d.h. den Erwartungswert der auf eine Aktie entfallenden zukünftigen Rückflüsse, unterschreitet. Die Altaktionäre – und hierzu gehört auch der Eigentümer-Manager – leisten somit einen Vermögenstransfer an die Neuaktionäre in Höhe der Differenz zwischen dem inneren Wert und dem Ausgabebetrag der jungen Aktien. Underpricing entspricht damit einem „Verschenken“ von Unternehmensanteilen an die Neuaktionäre und bewirkt deshalb eine Vermögenseinbuße bei den Altaktionären im Allgemeinen und beim Eigentümer-Manager im Besonderen. Aus der Perspektive eines Eigentümer-Managers ist Underpricing grundsätzlich äquivalent zu einer mit Eigenkapital finanzierten Geldverbrennung. Die Durchführung eines Aktienrückerwerbs löst zwei Teileffekte aus, die sich auf das Niveau des Erwartungsnutzens eines Eigentümer-Managers auswirken können: den Risikoübernahme- und den Vermögensübertragungseffekt. Ausschlaggebend für den *Risikoübernahmeeffekt* und die damit verknüpften Kosten sind die beiden folgenden Annahmen: (1) Risikoaversion des Eigentümer-Managers und (2) glaubhafter Verzicht des Eigentümer-Managers auf eine Veräußerung seines Aktienbestands im Rahmen des Rückerwerbsprogramms. Annahme (2) hat zur Konsequenz, dass der Eigentümer-Manager nach vollzogenem Aktienrückerwerb über eine höhere Beteiligungsquote am Unternehmen verfügt.[28]

---

[27]Diese Annahme wird in den meisten Signalling-Modellen zum Aktienrückerwerb getroffen – so z.B. bei *Constantinides/Grundy* (1989), *Ofer/Thakor* (1987) und *McNally* (1999a, 1999b) – und durch die Ergebnisse empirischer Untersuchungen gestützt. Vgl. hierzu *McNally* (1999a), S. 58.

[28]Ursächlich hierfür ist, dass die mit den zurückerworbenen Aktien verknüpften Rechte wirtschaftlich betrachtet untergehen. Da der Aktienbestand des Eigentümer-Managers kon-

Folglich partizipiert er in größerem Umfang an der stochastischen Komponente der Unternehmensrückflüsse, weshalb sein Endvermögen einem höheren Risiko ausgesetzt ist. Dadurch erleidet der Eigentümer-Manager einen Erwartungsnutzenrückgang, weil er aufgrund von Annahme (1) als risikoavers betrachtet wird. Das Ausmaß des Erwartungsnutzenrückgangs, den der Eigentümer-Manager durch das zusätzlich übernommene Risiko hinzunehmen hat, hängt dabei vom Typ des zugrunde liegenden Unternehmens ab. Wie sich zeigen wird, ist Annahme 4.4 hinreichend dafür, dass der Eigentümer-Manager eines unterbewerteten Unternehmens (Unternehmenstyp H) infolge des Risikoübernahmeeffekts eine geringere Erwartungsnutzeneinbuße als der Eigentümer-Manager eines überbewerteten Unternehmens (Unternehmenstyp L) erfährt.

Der *Vermögensübertragungseffekt* ist dann präsent, wenn der Rückerwerbskurs – der Börsenkurs zum Rückerwerbszeitpunkt – nicht mit dem inneren Wert einer Aktie übereinstimmt. Sind die Aktien eines Unternehmens überbewertet, überschreitet der Rückerwerbskurs den inneren Wert einer Aktie. Der am Aktienrückerwerb nicht teilnehmende Eigentümer-Manager eines überbewerteten Unternehmens leistet dann einen Vermögenstransfer *an* die veräußernden Aktionäre und erleidet einen Rückgang seines Erwartungsnutzens. Im Falle einer Unterbewertung der Aktien ist der Rückerwerbskurs geringer als der innere Wert einer Aktie. Folglich erhält der Eigentümer-Manager eines unterbewerteten Unternehmens einen Vermögenstransfer *von* den veräußernden Aktionären, was einen Anstieg des Erwartungsnutzens zur Konsequenz hat. Der Vermögensübertragungseffekt eines Aktienrückerwerbs konterkariert damit den mit einer Aktienemission verknüpften Vermögenstransfer, von dem der Eigentümer-Manager eines überbewerteten Unternehmens profitiert. Deshalb ist der Aktienrückerwerb als Signalisierungsinstrument besonders attraktiv. Im Signalling-Gleichgewicht, in dem lediglich der Eigentümer-Manager eines Unternehmens vom Typ H – dieses entspricht dem ursprünglich unterbewerteten Unternehmen – Aktien zurückerwirbt, reflektiert der Rückerwerbskurs jedoch den inneren Wert einer zurückerworbenen Aktie, so dass der Aktienrückerwerb beim Eigentümer-Manager von H keine Vermögenswirkungen zeitigt.

Die Annahme eines risikoaversen Eigentümer-Managers, der auf eine Teilnahme am Aktienrückerwerb verzichtet, wird auch in den Modellen von *Ofer/Thakor* (1987) und *McNally* (1999a, 1999b) zugrunde gelegt. Allerdings

stant bleibt, hält er nach vollzogenem Rückerwerb einen größeren Anteil der – ökonomisch allein relevanten – außenstehenden Aktien und damit eine höhere Beteiligung.

schränken sowohl *Ofer/Thakor* als auch *McNally* die Menge der zulässigen Nutzenfunktionen und die Familie der zulässigen Wahrscheinlichkeitsverteilungen der Unternehmensrückflüsse relativ stark ein: In ihren Modellen wird davon ausgegangen, dass der Erwartungsnutzen des Eigentümer-Managers lediglich vom Erwartungswert $E[\tilde{W}]$ und der Varianz $\sigma^2[\tilde{W}]$ des Endvermögens $\tilde{W}$ abhängt und folgende funktionale Form annimmt: $E[U(\tilde{W})] = E[\tilde{W}] - \frac{b}{2}\sigma^2[\tilde{W}]$ $(b > 0)$.[29] Im Unterschied dazu werden hier grundsätzlich beliebige risikoaverse Nutzenfunktionen und (weitgehend) beliebige Wahrscheinlichkeitsverteilungen der Investitionsrückflüsse zugelassen. Das hier präsentierte Modell weist somit einen wesentlich höheren Allgemeinheitsgrad auf und erlaubt tiefere Einblicke in die Wirkungsweise des Signalisierungsmechanismus Aktienrückerwerb.

In praktisch allen mir bekannten Signalisierungsmodellen zum Aktien ° ückerwerb wird dem Management mehr oder weniger direkt ein Entlohnungsschema vorgegeben, das eine Funktion des gegenwärtigen Marktwerts und des zukünftigen inneren Werts einer Aktie bzw. des zukünftigen Marktwerts einer Aktie darstellt.[30] Damit wird durch die letztlich willkürliche Vorgabe einer Management-Zielfunktion ein Signalisierungsanreiz für das Management eines Unternehmens mit hohem inneren Wert geschaffen. Anders formuliert: Diesen Modellen liegt kein „natürliches" Problem der adversen Selektion zugrunde, das mit Hilfe eines Signalisierungsansatzes zu lösen wäre. Hier dagegen resultiert der Signalisierungsanreiz aus dem mit einer freien Aktienemission verknüpften Problem der Negativauslese, das sich in einem Investitionsverzicht des Eigentümer-Managers eines Unternehmens vom Typ H offenbart. Somit beseitigt das im nächsten Abschnitt vorgestellte Signalisierungsmodell zum Aktienrückerwerb ein authentisches Problem adverser Selektion.

4.4.2 Modifikation des Grundmodells

Das Problem der adversen Selektion, das den Eigentümer-Manager von H im separierenden Gleichgewicht des Kapitalerhöhungsspiels zu einem Investitionsverzicht veranlasst, ließe sich beseitigen, wenn der Eigentümer-Manager von H den Typ seines Unternehmens glaubwürdig signalisieren könnte. Als besonders effizientes Signal erweist sich im zugrunde liegenden Modell die Ankündigung eines Aktienrückerwerbs.

---

[29] Eine solche Präferenzfunktion ist nur in Ausnahmefällen mit dem Bernoulli-Prinzip vereinbar – beispielsweise für eine exponentielle Nutzenfunktion und gemeinsam normalverteilte Unternehmensrückflüsse. Vgl. hierzu *Laux* (1998), S. 206-210.

[30] Eine Ausnahme hiervon bildet jedoch das Modell von *Constantinides/Grundy* (1989).

Der Aktienrückerwerb wird wie folgt in das Modell inkorporiert: In t_{01} kündigt der Eigentümer-Manager eines Unternehmens vom Typ θ neben der Kapitalerhöhung den späteren Rückerwerb von $z(\theta)$ Aktien zum Preis von $p_1(\theta)$ an. Der Aktienrückerwerb wird dann in t_1 durchgeführt und aus den zu diesem Zeitpunkt anfallenden Investitionsrückflüssen finanziert. Die danach verbleibenden Finanzmittel werden bis zur dritten Periode (Zeitpunkt t_2) zum Kapitalmarktzinssatz $i = 0$ risikolos angelegt.[31] Hinreichend dafür, dass die für den Aktienrückerwerb erforderlichen liquiden Mittel im Wege einer Innenfinanzierung aufgebracht werden können, ist die Annahme $x_1^L \geq c$.

Als Verfahren des Aktienrückkaufs wird ein Erwerb über die Börse zugrunde gelegt („Open Market Repurchase"). Folglich entspricht der Preis $p_1(\theta)$, zu dem die $z(\theta)$ Aktien zurückerworben werden, dem Börsenkurs p_1^θ zum Rückerwerbszeitpunkt t_1. Da annahmegemäß vollkommene Konkurrenz unter den masselosen und riskoneutralen Kapitalmarktakteuren herrscht, stimmt der Börsenkurs einer Aktie mit dem Barwert der hierauf entfallenden erwarteten Unternehmensrückflüsse überein. Der Erwartungswert dieser Rückflüsse reflektiert dabei den Informationsstand der Kapitalmarktakteure zum Zeitpunkt t_0, weil diesen aufgrund von Annahme 4.2 in t_1 keine neuen Informationen über den zugrunde liegenden Unternehmenstyp zugehen. Eine genauere Beschreibung des Rückerwerbsverfahrens und eine exakte Bestimmung des Rückerwerbspreises p_1^θ wird in Abschnitt 4.4.3 vorgenommen. Bereits an dieser Stelle sei jedoch angemerkt: Da der Aktienrückerwerb zum Börsenkurs erfolgen soll und das Aktionärsvermögen durch eine Ausschüttung im Wege eines Aktienrückerwerbs nicht beeinflusst wird, lässt sich das geplante Rückerwerbsvolumen $z(\theta)$ vor dem Hintergrund einer atomistischen Kapitalmarktstruktur ohne weiteres realisieren.[32] Deshalb wird davon ausgegangen, dass sich die ge-

[31]Hierzu sind einige Anmerkungen angebracht: Ausgeklammert werden Rückerwerbsvolumina, welche die in t_1 erwirtschafteten Rückflüsse überschreiten. Dieser Mangel ließe sich ohne weiteres durch Einführung eines Kredites beseitigen, der aus den Rückflüssen der dritten Periode zu tilgen wäre. Sofern kein Insolvenzrisiko besteht – dies lässt sich durch die Annahme hinreichend hoher Rückflüsse in t_2 ausschließen - und von weiteren Marktfriktionen wie beispielsweise Transaktionskosten abstrahiert wird, wäre sogar ein mit dem Anlagezinssatz identischer Kreditzinssatz von $i = 0$ zu vertreten. Die Zulässigkeit einer solchen Kreditfinanzierung hätte jedoch keinerlei Auswirkungen auf die Modellergebnisse. Allerdings erscheint eine innenfinanzierte Ausschüttung plausibler, weshalb auf die Modellierung einer Kreditfinanzierung verzichtet wird.

[32]Eine Ausschüttung bewirkt im zugrunde liegenden Modellkontext keine Änderung des Aktionärsvermögens, weil der freie Cashflow x_1^θ sowohl im Falle einer (teilweisen) Ausschüttung als auch im Falle einer Thesaurierung zum risikolosen Kapitalmarktzinssatz

plante Anzahl $z(\theta)$ von Aktien jederzeit zum Börsenkurs zurückerwerben lässt. Darüber hinaus wird der Einfachheit halber unterstellt, dass die zurückerworbenen Aktien eingezogen werden.[33]

Der Gesamtwert $\tilde{V}_2^\theta$ eines Unternehmens vom Typ θ in t_2 besteht aus dem Barwert der Investitionsrückflüsse $\tilde{x}_2^\theta$ und v_2 sowie dem nach Abzug der Rückerwerbszahlungen verbleibenden Einzahlungsüberschuss $x_1^\theta - z(\theta)\,p_1^\theta$, der zum risikolosen Kapitalmarktzinssatz $i = 0$ bis zum Zeitpunkt t_2 angelegt wird:

$$\tilde{V}_2^\theta \;=\; x_1^\theta - z(\theta)\,p_1^\theta + x_2^\theta + \tilde{\epsilon} + v_2. \tag{4.24}$$

Zur Vereinfachung der Darstellung – jedoch ohne Einschränkung hinsichtlich des Aussagegehalts – wird nun davon ausgegangen, dass der Eigentümer-Manager von θ alle n Anteile der bereits bestehenden Aktiengesellschaft besitzt: $\alpha = 1$.[34] Der Eigentümer-Manager kann den Kapitalmarktakteuren in t_0 verbindlich zusichern, dass er den Aktienrückerwerb in t_1 realisiert und weder in t_0 noch in t_1 am Aktienhandel teilnimmt.

Annahme 4.5 *Der Eigentümer-Manager kann glaubhaft versichern, dass er auf eine Teilnahme am Aktienrückerwerb verzichtet.*

Die Eigentümer-Manager von L und H sowie der Kapitalmarkt, der die risikoneutralen Kapitalmarktakteure repräsentiert, werden als Akteure des Finanzierungsspiels betrachtet. Im Unterschied zum Ausgangsspiel hat der Eigentümer-Manager eines Unternehmens vom Typ θ neben der Zahl der neu auszugebenden Aktien $m(\theta) \geq 0$ auch die Anzahl $z(\theta)$ der Anteile zu bestimmen, die er in t_1 mit Hilfe einer Offenmarktofferte zurückerwirbt. Da er annahmegemäß alle n Altaktien hält und am Aktienrückerwerb nicht teilnimmt, wird die Aktienzahl, die er in t_1 zurückerwerben kann, durch die Anzahl der neu ausgegebenen Aktien begrenzt:

$$0 \leq z(\theta) \leq m(\theta). \tag{4.25}$$

Der Kapitalmarkt muss nun für jede Finanzierungsofferte $(m, z) \in M = \{(m, z) \in \mathbb{R}_+^2 | m \geq z\}$ eine Reaktion $r(\cdot,\cdot)$ festlegen, die in einer Annahme

---

$i = 0$ angelegt wird.

[33] Zu identischen Modellergebnissen führt die Annahme, dass (1) die zurückerworbenen Aktien zwar nicht eingezogen werden, die damit verknüpften Rechte jedoch so lange ruhen, wie sich die Aktien im Eigentum des Unternehmens befinden, und (2) die zurückerworbenen Aktien erst nach Ablauf der dritten Periode (d.h. nach t_2) wieder veräußert werden.

[34] Diese Annahme besitzt keine Auswirkungen auf die Modellergebnisse.

$(r(m,z) = a)$ oder einer Ablehnung $(r(m,z) = na)$ der Offerte bestehen kann.[35] Eine Finanzierungsofferte besteht also aus einem Angebot zum Bezug von Aktien (Kapitalerhöhungsofferte) und einem Angebot zum späteren Rückerwerb (eines Teils) der neu ausgegebenen Aktien (Rückerwerbsofferte). Wenn der Kapitalmarkt die Finanzierungsofferte annimmt, dann akzeptiert er sowohl die Kapitalerhöhungs- als auch die Rückerwerbsofferte. Eine Zurückweisung der Finanzierungsofferte ist identisch mit einer Ablehnung der Kapitalerhöhungsofferte; die Durchführung eines Aktienrückerwerbs ist dann nicht möglich. Von vornherein ausschließen lässt sich der Fall, dass der Kapitalmarkt zwar die Kapitalerhöhungsofferte annimmt, aber die Rückerwerbsofferte zurückweist. Das Design der Rückerwerbsofferte als Offenmarktangebot gewährleistet, dass sie in jedem Fall akzeptiert wird.[36]

Mit der Bekanntgabe der Finanzierungsofferte (m,z) revidiert der Kapitalmarkt seine Vermutungen $\mu(\cdot|m,z)$ über den Typ des zugrunde liegenden Unternehmens. Im Falle einer gleichgewichtigen Finanzierungsofferte (m^*,z^*) verwendet er hierzu den Satz von Bayes:

$$\mu(\theta|m^*,z^*) = \begin{cases} 0 & \text{für } (m^*(\theta),z^*(\theta)) \neq (m^*,z^*) \\ \dfrac{\pi_\theta}{\sum_{\theta:(m^*(\theta),z^*(\theta))=(m^*,z^*)} \pi_\theta} & \text{sonst} \end{cases} \tag{4.26}$$

Dabei wird mit $(m^*(\theta),z^*(\theta))$ die gleichgewichtige Finanzierungsofferte des Eigentümer-Managers von θ bezeichnet. Wie der Kapitalmarkt sein Wahrscheinlichkeitsurteil über den Typ des zugrunde liegenden Unternehmens revidiert, wenn er sich einer ungleichgewichtigen Finanzierungsofferte gegenübersieht, wird in Abschnitt 4.4.5.1 spezifiziert.

Der Eigentümer-Manager von θ legt die Anzahl der neu auszugebenden Aktien $m(\theta)$ sowie die Zahl $z(\theta)$ der in t_1 zurückzuerwerbenden Beteiligungstitel so fest, dass der Erwartungsnutzen $E(U(\tilde{W}_2^\theta))$ seines Vermögens $\tilde{W}_2^\theta$ maximiert wird. Beabsichtigt der Eigentümer-Manager von θ eine Realisation von I_0 (d.h. $m(\theta) > 0$) und wird seine Finanzierungsofferte $(m(\theta),z(\theta))$ angenommen, beträgt sein Endvermögen

$$\begin{aligned} \tilde{W}_2^\theta &= \frac{n}{n+m(\theta)-z(\theta)} \\ &\quad \times \left(x_1^\theta - z(\theta)\,p_1^\theta + x_2^\theta + \tilde{\epsilon} + v_2\right) \text{ für } m(\theta) > 0 \text{ und } r = a. \end{aligned} \tag{4.27}$$

[35]Ein Investitionsverzicht des Eigentümer-Managers wird wiederum durch $m = 0$ abgebildet.

[36]Vgl. hierzu auch Abschnitt 4.4.3.

Es entspricht dem auf seine Beteiligungsquote entfallenden Anteil am Unternehmenswert in t_2. Da der Eigentümer-Manager am Aktienrückerwerb nicht partizipiert, vereinnahmt er im Gegensatz zum veräußernden Kapitalmarkt keine Rückflüsse in t_1; er besitzt jedoch nach vollzogenem Aktienrückerwerb eine höhere Beteiligungsquote $(n/(n+m(\theta)-z(\theta)))$ als unmittelbar nach Durchführung der Kapitalerhöhung $(n/(n+m(\theta)))$. Verzichtet er auf die Durchführung von I_0 oder wird seine Kapitalerhöhungsofferte abgelehnt, vereinnahmt er ein Endvermögen von

$$\tilde{W}_2^\theta = x_1^\theta + x_2^\theta + \tilde{\epsilon} \quad \text{für} \quad m(\theta) = 0 \text{ oder } r = na.$$

Die erwartete Auszahlung des Eigentümer-Managers von θ lässt sich nun wie folgt schreiben:

$$V(\theta, m, z, r) = \begin{cases} \int_{\underline{\epsilon}}^{\bar{\epsilon}} U\left(x_1^\theta + x_2^\theta + \epsilon\right) dF(\epsilon) & \text{für } m = 0 \text{ oder } r = na \\ \int_{\underline{\epsilon}}^{\bar{\epsilon}} U\left(\frac{n}{n+m-z}(x_1^\theta - z\,p_1 + x_2^\theta + \epsilon + v_2)\right) dF(\epsilon) & \text{für } m > 0 \text{ und } r = a. \end{cases} \tag{4.28}$$

Für die erwartete Auszahlung des risikoneutralen Kapitalmarkts erhält man

$$G(m, z, r, \mu) = \begin{cases} 0 & \text{für } m = 0 \text{ oder } r = na \\ z\,p_1 + \frac{m-z}{n+m-z} \sum_{\theta \in \Theta} \mu(\theta|m, z) & \\ \cdot(x_1^\theta - z\,p_1 + x_2^\theta + v_2) - c & \text{für } m > 0 \text{ und } r = a \end{cases} \tag{4.29}$$

Die erwartete Auszahlung, die der Kapitalmarkt im Falle einer Akzeptanz der (positiven) Finanzierungsofferte des Eigentümer-Managers erreicht, besteht aus zwei Rückflusskomponenten: Die erste Rückflusskomponente – repräsentiert durch den Term $z\,p_1$ – gibt den mit dem Kapitalmarktzinssatz $i = 0$ diskontierten, in t_1 anfallenden Rückfluss wieder, der aus dem Aktienrückerwerb resultiert.[37] Die zweite Rückflusskomponente entspricht dem Anteil des Kapitalmarkts am (mit $i = 0$ diskontierten) Gesamtwert des Unternehmens in t_2, der auf seine Beteiligungsquote nach vollzogenem Aktienrückerwerb entfällt. Die Finanzierungsofferte (m, z) des Eigentümer-Managers wird vom Kapitalmarkt genau dann angenommen, wenn – ausgehend von den revidierten Vermutungen $\mu(\cdot|m, z)$ – der erwartete Rückfluss auf die neu ausgegebenen Anteile

[37] Dabei muss das Rückerwerbsvolumen so gewählt werden, dass Insolvenz ausgeschlossen ist: $x_1^L \geq z\,p_1$.

das Emissionsvolumen c nicht unterschreitet: $r(m,z) = a$ für

$$z\,p_1 + \frac{m-z}{n+m-z}\,\big(\mu(L|m,z)\cdot(x_1^L - z\,p_1 + x_2^L + v_2) \\ +\mu(H|m,z)\cdot(x_1^H - z\,p_1 + x_2^H + v_2)\big) \;\geq\; c. \qquad (4.30)$$

Ein *perfektes Bayes-Nash-Gleichgewicht* des Finanzierungsspiels ist eine Kombination aus den Finanzierungsofferten $(m^*(L), z^*(L)), (m^*(H), z^*(H))$, der Reaktionsfunktion $r(m,z)$ des Kapitalmarkts und den revidierten Wahrscheinlichkeitsurteilen $\mu(\cdot|m,z)$, so dass folgende Bedingungen erfüllt sind:

(1) Die Finanzierungsofferte $(m^*(\theta), z^*(\theta))$ des Eigentümer-Managers von θ maximiert (4.28):

$$(m^*(\theta), z^*(\theta)) = \arg\max_{(m,z)\in M} V(\theta, m, z, r^*(m,z)).$$

(2) Die Reaktion $r^*(m,z)$ des Kapitalmarkts auf eine Finanzierungsofferte (m,z) maximiert (4.29):

$$r^*(m,z) = \arg\max_{r\in\{a,na\}} G(m,z,r,\mu).$$

(3) Wird dem Kapitalmarkt eine gleichgewichtige Kapitalerhöhungsofferte m^* präsentiert, revidiert er seine Vermutungen - wie in (4.26) wiedergegeben - mit Hilfe des Satzes von Bayes.

Um die Gleichgewichte des Finanzierungsspiels im First- und Second-best-Fall analysieren zu können, ist zunächst der sich in t_1 einstellende Börsenkurs zu bestimmen, zu dem der Eigentümer-Manager den Aktienrückerwerb durchzuführen hat. Hierzu wird ein stilisiertes Rückerwerbsspiel betrachtet, das die Annahme einer jederzeitigen Realisierbarkeit des angekündigten Aktienrückerwerbs rechtfertigt.

4.4.3 Bestimmung des Rückerwerbskurses mit Hilfe eines stilisierten Modells zum Aktienrückerwerb

Das im vorausgehenden Abschnitt präsentierte Modell sieht von einer expliziten spieltheoretischen Beschreibung der *Durchführung* eines in t_{01} angekündigten Aktienrückerwerbs ab. Stattdessen wird mit der Annahme, dass der Aktienrückerwerb im angekündigten Umfang im Wege einer Offenmarktofferte grundsätzlich realisierbar sei, implizit das Ergebnis eines (Sub-)Modells zur Durchführung eines Aktienrückerwerbs in die Modellbeschreibung inkorporiert. Um die Annahme einer jederzeitigen Realisierbarkeit des Aktienrückerwerbs zum Börsenkurs in t_1 zu rechtfertigen, wird nun ein stilisiertes Modell formuliert, das mit den Prämissen des Ausgangsmodells völlig in Einklang steht. Mit Hilfe dieses Submodells lässt sich dann auch der Börsenkurs zum Rückerwerbszeitpunkt bestimmen.

Aus Vereinfachungsgründen wurde die Menge der Kapitalgeber im Ausgangsspiel durch einen risikoneutralen Spieler ohne Verhandlungsmacht – den „Kapitalmarkt" – abgebildet. Zeichnen die Kapitalgeber die Kapitalerhöhungsofferte, repräsentiert der Kapitalmarkt die Menge der masselosen Kleinaktionäre, die in vollkommener Konkurrenz zueinander stehen und über einen infinitesimal kleinen Anteil am Unternehmen verfügen. Eine Betrachtung des Aggregats Kapitalmarkt ist zur expliziten Analyse des gleichgewichtigen Rückerwerbsverhaltens der Kleinaktionäre jedoch nicht geeignet; hierzu ist vielmehr auf die Ebene eines einzelnen Aktionärs zurückzukehren. Aufgrund der atomistischen Struktur der Kleinaktionäre besitzt die Rückerwerbsstrategie eines Aktionärs weder einen Einfluss auf die Gesamtzahl der vom Kapitalmarkt zum Rückerwerb angebotenen Aktien z_a^θ noch auf den Börsenkurs, zu dem der Aktienrückerwerb durchgeführt werden soll. Der Börsenkurs einer Aktie, der aufgrund der Risikoneutralität der Kapitalmarktakteure grundsätzlich den Barwert der hierauf entfallenden erwarteten Zahlungen reflektiert, hängt wiederum davon ab, ob die Kapitalmarktteilnehmer Kenntnis vom wahren Unternehmenstyp oder lediglich von der Wahrscheinlichkeitsverteilung über die Unternehmenstypen besitzen. Im Gegensatz zum First-best-Fall ist den Kapitalmarktakteuren im Second-best-Fall wegen Annahme 4.2 der Typ des zugrunde liegenden Unternehmens zum Zeitpunkt der Durchführung des Aktienrückerwerbs zunächst nicht bekannt. In einem Signalling-Gleichgewicht – und nur solche Gleichgewichte werden im Folgenden betrachtet – unterbreiten die beiden Eigentümer-Manager jedoch voneinander abweichende Finanzierungsofferten, so dass die Kapitalmarktakteure bereits in t_{01} von der abgegebenen Offerte mit Wahrscheinlichkeit eins auf den Unternehmenstyp schließen können; die a priori bestehende Informationsasymmetrie wird damit aufgehoben. Somit ist den Kapitalmarktakteuren im hier betrachteten Second-best-Fall ebenso wie im First-best-Fall der Unternehmenstyp $\theta \in \{L, H\}$ sowohl zum Zeitpunkt der Durchführung der Kapitalerhöhung (t_{02}) als auch zum Zeitpunkt der Realisierung des Aktienrückerwerbs (t_1) bekannt.

Wie bereits ausgeführt, soll der Aktienrückerwerb zum Börsenkurs in t_1 erfolgen („Open Market Repurchase“). Ein solcher Rückerwerb über die Börse ist in der Realität dadurch gekennzeichnet, dass die Aktien sukzessive – d.h. über eine bestimmte Zeitspanne hinweg – aufgekauft werden, ohne dass der Veräußerer Kenntnis von der Identität des Erwerbers erlangt. Sowohl die Dynamik als auch die Anonymität des Handels werden im betrachteten Rückerwerbsmodell aus Vereinfachungsgründen nicht abgebildet. Ein dergestalt reduzierter Rückerwerb über die Börse entspricht dann faktisch einer Tender Offer zum Börsenkurs: Die Aktionäre haben simultan und unabhängig voneinander zu entscheiden, ob sie ihre Anteile zum Börsenkurs in t_1 an die Aktiengesellschaft veräußern wollen oder nicht. Bieten die außenstehenden Aktionäre eine größere Zahl von Aktien zum Rückerwerb an, als die Aktiengesellschaft aufzukaufen bereit ist ($z_a^\theta > z^\theta$), dann wird eine stochastische Auswahl derjenigen Aktionäre, die ihre Anteile an die Gesellschaft veräußern dürfen, dem Charakter eines Rückerwerbs über die Börse eher gerecht als ein pro rata Rückerwerb der angebotenen Aktien. Die Wahrscheinlichkeit, dass eine zur Veräußerung angebotene Aktie zurückerworben wird, beläuft sich dann allgemein auf $\min[1, \frac{z^\theta}{z_a^\theta}]$.[38] Aufgrund der Risikoneutralität der Aktionäre bewirkt ein stochastischer Rückerwerb gegenüber einem pro rata Rückkauf jedoch keine Änderungen im Veräußerungsverhalten der Aktionäre.

Der Eigentümer-Manager hat bei einem Rückerwerb über die Börse lediglich die Gesamtzahl der Aktien z^θ festzulegen, die er zurückzuerwerben gedenkt. Dagegen ist der Rückerwerbskurs p_1^θ auf der Grundlage des Verkaufsverhaltens der Aktionäre unter Berücksichtigung der atomistischen Aktionärsstruktur zu bestimmen. Hierzu werden in einem ersten Schritt die gleichgewichtigen Tenderstrategien der Aktionäre bei gegebenem Börsen- bzw. Rückerwerbskurs p_1^θ ermittelt. Dabei wird unterstellt, dass der Aktienrückerwerb aus den Investitionsrückflüssen in t_1 finanzierbar ist: $x_1^\theta \geq z^\theta p_1^\theta$ $(\forall \theta \in \{L, H\})$.

Lemma 4.2 *Das Rückerwerbsspiel, in dem die masselosen Aktionäre simultan und unabhängig voneinander über eine Veräußerung ihrer Anteile im Rahmen des Aktienrückerwerbs entscheiden, besitzt in Abhängigkeit vom Rückerwerbspreis p_1^θ folgende Nash-Gleichgewichte in reinen Strategien:*

Fall 1. $p_1^\theta > \frac{x_1^\theta + x_2^\theta + v_2}{n + m^\theta}$. *Dann ist Tendern eine dominante Strategie eines Aktionärs. Folglich bietet im Gleichgewicht jeder außenstehende Aktionär seinen*

---

[38]Im Falle von $z_a^\theta = 0$ ist der Quotient z^θ / z_a^θ nicht definiert. Deshalb wird im Folgenden $z^\theta / 0 = \infty$ gesetzt.

Anteilsbesitz zum Rückerwerb an. Von den insgesamt $z_a^\theta = m^\theta$ getenderten Aktien werden z^θ Stück zurückgekauft.

Fall 2. $p_1^\theta = \frac{x_1^\theta + x_2^\theta + v_2}{n+m^\theta}$. *Dann stimmt die Auszahlung einer Tenderstrategie mit der Auszahlung einer Haltestrategie überein ($\forall z_a^\theta \in [0, m^\theta]$). Alle denkbaren Strategiekombinationen der außenstehenden Aktionäre bilden ein Nash-Gleichgewicht.*

Fall 3. $p_1^\theta < \frac{x_1^\theta + x_2^\theta + v_2}{n+m^\theta}$. *Dann ist Halten eine dominante Strategie eines Aktionärs. Folglich halten im Gleichgewicht alle außenstehenden Aktionäre ihren Aktienbesitz. Der Aktienrückerwerb scheitert.*

Beweis: Tendert der außenstehende Aktionär k seinen Aktienbesitz, dann erhält er eine Auszahlung in Höhe von

$$\begin{aligned} G_k(t) &= \min\left[1, \frac{z^\theta}{z_a^\theta}\right] \cdot p_1^\theta + \left(1 - \min\left[1, \frac{z^\theta}{z_a^\theta}\right]\right) \cdot \frac{x_1^\theta - \min[z_a^\theta, z^\theta] \cdot p_1^\theta + x_2^\theta + v_2}{n + m^\theta - \min[z_a^\theta, z^\theta]} \\ &= \frac{x_1^\theta - \min[z_a^\theta, z^\theta] \cdot p_1^\theta + x_2^\theta + v_2}{n + m^\theta - \min[z_a^\theta, z^\theta]} \\ &\quad + \min\left[1, \frac{z^\theta}{z_a^\theta}\right] \cdot \left(p_1^\theta - \frac{x_1^\theta - \min[z_a^\theta, z^\theta] \cdot p_1^\theta + x_2^\theta + v_2}{n + m^\theta - \min[z_a^\theta, z^\theta]}\right). \end{aligned} \tag{4.31}$$

Entscheidet er sich für eine Haltestrategie, verbleibt ihm

$$G_k(h) = \frac{x_1^\theta - \min[z_a^\theta, z^\theta] \cdot p_1^\theta + x_2^\theta + v_2}{n + m^\theta - \min[z_a^\theta, z^\theta]}. \tag{4.32}$$

Die Differenz zwischen der aus einer Tenderstrategie und der aus einer Haltestategie resultierenden Auszahlung beläuft sich auf

$$\Delta \equiv G_k(t) - G_k(h) = \min\left[1, \frac{z^\theta}{z_a^\theta}\right] \cdot \left(p_1^\theta - \frac{x_1^\theta - \min[z_a^\theta, z^\theta] \cdot p_1^\theta + x_2^\theta + v_2}{n + m^\theta - \min[z_a^\theta, z^\theta]}\right). \tag{4.33}$$

Fall 1. Aufgrund von $p_1^\theta > \frac{x_1^\theta + x_2^\theta + v_2}{n+m^\theta}$ gilt

$$\begin{aligned} G_k(h) &= \frac{x_1^\theta - \min[z_a^\theta, z^\theta] \cdot p_1^\theta + x_2^\theta + v_2}{n + m^\theta - \min[z_a^\theta, z^\theta]} \\ &\leq \frac{x_1^\theta - \min[z_a^\theta, z^\theta] \cdot \frac{x_1^\theta + x_2^\theta + v_2}{n+m^\theta} + x_2^\theta + v_2}{n + m^\theta - \min[z_a^\theta, z^\theta]} \\ &= \frac{(n + m^\theta - \min[z_a^\theta, z^\theta]) \cdot (x_1^\theta + x_2^\theta + v_2)}{(n + m^\theta - \min[z_a^\theta, z^\theta])(n + m^\theta)} \\ &= \frac{x_1^\theta + x_2^\theta + v_2}{n + m^\theta} \\ &< p_1^\theta, \end{aligned}$$

d.h. $\Delta > 0$, was $G_k(t) > G_k(h)$ $(\forall z_a^\theta \in [0, m^\theta])$ impliziert. Folglich ist Tendern eine dominante Strategie. Jeder Kleinaktionär bietet deshalb seinen Aktienbesitz im Gleichgewicht mit Wahrscheinlichkeit eins zum Rückerwerb an, so dass insgesamt $z_a^\theta = m^\theta$ Anteile getendert werden.

Fall 2. Substitution von $p_1^\theta = \frac{x_1^\theta + x_2^\theta + v_2}{n+m^\theta}$ in (4.32) führt auf

$$\begin{aligned} G_k(h) &= \frac{x_1^\theta - \min[z_a^\theta, z^\theta] \cdot p_1^\theta + x_2^\theta + v_2}{n + m^\theta - \min[z_a^\theta, z^\theta]} \\ &= \frac{x_1^\theta - \min[z_a^\theta, z^\theta] \cdot \frac{x_1^\theta + x_2^\theta + v_2}{n+m^\theta} + x_2^\theta + v_2}{n + m^\theta - \min[z_a^\theta, z^\theta]} \\ &= \frac{(n + m^\theta - \min[z_a^\theta, z^\theta]) \cdot (x_1^\theta + x_2^\theta + v_2)}{(n + m^\theta - \min[z_a^\theta, z^\theta])(n + m^\theta)} \\ &= \frac{x_1^\theta + x_2^\theta + v_2}{n + m^\theta} \\ &= p_1^\theta, \end{aligned}$$

d.h. $\Delta = 0$ $(\forall z_a^\theta \in [0, m^\theta])$. Somit versprechen Tendern und Halten identische Auszahlungen – unabhängig davon, wie viele Aktien insgesamt zum Rückerwerb angeboten werden. Folglich führen alle denkbaren Strategiekombinationen der Kleinaktionäre auf Nash-Gleichgewichte.

Fall 3. Wegen $p_1^\theta < \frac{x_1^\theta + x_2^\theta + v_2}{n+m^\theta}$ ergibt sich

$$\begin{aligned} G_k(h) &= \frac{x_1^\theta - \min[z_a^\theta, z^\theta] \cdot p_1^\theta + x_2^\theta + v_2}{n + m^\theta - \min[z_a^\theta, z^\theta]} \\ &\geq \frac{x_1^\theta - \min[z_a^\theta, z^\theta] \cdot \frac{x_1^\theta + x_2^\theta + v_2}{n+m^\theta} + x_2^\theta + v_2}{n + m^\theta - \min[z_a^\theta, z^\theta]} \\ &= \frac{(n + m^\theta - \min[z_a^\theta, z^\theta]) \cdot (x_1^\theta + x_2^\theta + v_2)}{(n + m^\theta - \min[z_a^\theta, z^\theta])(n + m^\theta)} \\ &= \frac{x_1^\theta + x_2^\theta + v_2}{n + m^\theta} \\ &> p_1^\theta, \end{aligned}$$

d.h. $\Delta < 0$, was $G_k(t) < G_k(h)$ $(\forall z_a^\theta \in [0, m^\theta])$ impliziert. Somit ist Halten eine dominante Strategie. Folglich verzichtet jeder Kleinaktionär im Gleichgewicht mit Wahrscheinlichkeit eins auf eine Teilnahme am Aktienrückerwerb. Insgesamt werden dann $z_a^\theta = 0$ Anteile getendert, weshalb der Rückerwerb vollständig scheitert. ■

Lemma 4.2 ist unmittelbar einsichtig. Zunächst ist festzuhalten, dass der Gesamtwert der erwarteten Rückflüsse eines Unternehmens vom Typ θ aus der Perspektive der risikoneutralen Kapitalmarktakteure unabhängig davon ist, ob der in t_1 erwirtschaftete freie Cashflow in Höhe von x_1^θ thesauriert oder im Wege eines Aktienrückerwerbs ausgeschüttet wird – die Ausschüttung ist aus der Sicht der Kleinaktionäre *irrelevant* für den Wert der Unternehmensrückflüsse. Ursächlich hierfür ist, dass der freie Cashflow x_1^θ sowohl im Falle einer Thesaurierung als auch im Falle einer Ausschüttung zum Kapitalmarktzinssatz $i = 0$ investiert wird, so dass hieraus keine Wertunterschiede resultieren können.

Mit einem Aktienrückerwerb ist jedoch eine Vermögensverschiebung zwischen veräußernden und am Rückerwerb nicht teilnehmenden Aktionären verknüpft, wenn Rückerwerbskurs und Barwert der erwarteten Rückflüsse pro Aktie nach vollzogenem Rückerwerb auseinander fallen. Ist der Rückerwerbspreis höher als der Barwert der auf eine Aktie entfallenden Rückflüsse, erfahren die veräußernden Aktionäre einen Vermögenszuwachs zu Lasten der am Rückerwerb nicht partizipierenden Aktionäre (*Fall 1*). Deshalb wird jeder Aktionär seinen Aktienbesitz zum Rückerwerb anbieten. Unterschreitet dagegen der Rückerwerbspreis den Barwert der erwarteten Rückflüsse pro Aktie nach vollzogenem Rückerwerb, wäre mit einer Veräußerung der Aktien ein Vermögensverlust verbunden (*Fall 3*). Deshalb entscheidet sich jeder Aktionär für eine Haltestrategie, weshalb der Aktienrückerwerb scheitert. Entspricht der Rückerwerbskurs genau dem Barwert der auf eine Aktie entfallenden erwarteten Zahlungsüberschüsse nach Durchführung des Aktienrückerwerbs (*Fall 2*), ist jeder Aktionär indifferent zwischen einer Veräußerungs- und einer Haltestrategie – unabhängig davon, welche Strategien die anderen Aktionäre wählen. Deshalb führen alle denkbaren Strategiekombinationen der außenstehenden Aktionäre auf Nash-Gleichgewichte des Rückerwerbsspiels.

Aufgrund des vollkommenen Wettbewerbs unter den Kapitalmarktakteuren werden die aus einem Aktienhandel resultierenden Gewinne sofort wegkonkurriert. Deshalb muss der Börsenkurs zum Rückerwerbszeitpunkt t_1 den Barwert der auf eine Aktie entfallenden erwarteten Zahlungen widerspiegeln. Da der Aktienrückerwerb keine Änderungen des Gesamtwerts des Aktionärsvermögens bewirkt, ist dies genau dann der Fall, wenn der Börsen- bzw. Rückerwerbskurs mit dem Erwartungswert der Rückflüsse pro Aktie nach vollzogenem Rückerwerb übereinstimmt („fairer Börsenkurs"):

$$p_1^\theta = \frac{x_1^\theta + x_2^\theta + v_2}{n + m^\theta}.$$

Aus Fall 2 von Lemma 4.2 folgt, dass die Kleinaktionäre bei diesem Börsenkurs indifferent zwischen einer Halte- und einer Veräußerungsstrategie sind. Folglich existieren Gleichgewichte, bei denen weniger als z^θ Anteile zum Rückerwerb angeboten werden. Diese Gleichgewichte werden im Folgenden per Annahme ausgeschlossen. Damit ist gewährleistet, dass der in t_{01} angekündigte Rückerwerb zum fairen Börsenkurs in vollem Umfang realisiert werden kann.

Annahme 4.6 *Der Börsenkurs zum Rückerwerbszeitpunkt t_1 beträgt*

$$p_1^\theta = \frac{x_1^\theta + x_2^\theta + v_2}{n + m^\theta}. \tag{4.34}$$

Insgesamt bieten die außenstehenden Aktionäre $z_a^\theta \geq z^\theta$ Anteile zum Rückerwerb an.

Der Rückerwerb zum fairen Börsenkurs hat zur Konsequenz, dass der Wert einer Aktie zum Zeitpunkt ihrer Zeichnung in t_{02} nicht davon abhängt, ob sie später im Rahmen des Aktienrückerwerbs veräußert wird oder nicht.

4.4.4 Aktienrückerwerb und Kapitalerhöhung bei Informationssymmetrie – der First-best-Fall

Der First-best-Fall ist dadurch charakterisiert, dass nicht nur der Eigentümer-Manager, sondern auch der Kapitalmarkt mit Wahrscheinlichkeit eins Kenntnis vom Typ θ des zugrunde liegenden Unternehmens besitzt. Dies impliziert $\mu(\theta|m,z) = 1$ für alle $(m,z) \in M$, $\theta \in \{L,H\}$. Um die im First-best-Fall optimale Anzahl der in t_{02} auszugebenden Anteile $m(\theta) = m^\theta$ sowie die Zahl der in t_1 zurückzuerwerbenden Aktien $z(\theta) = z^\theta$ zu ermitteln, hat der Eigentümer-Manager eines Unternehmens vom Typ θ ein zweistufiges Optimierungsproblem zu lösen. Zunächst muss er die optimale Finanzierungsofferte (m^θ, z^θ) unter der Voraussetzung bestimmen, dass Investitionsprojekt I_0 realisiert wird (Schritt 1). Anschließend hat er das damit verknüpfte Niveau des Erwartungsnutzens mit dem Erwartungsnutzen zu vergleichen, den er im Falle eines Investitionsverzichts erreicht (Schritt 2). Der Eigentümer-Manager wird dann aus diesen beiden Alternativen diejenige wählen, welche ihm den höheren Erwartungsnutzen verspricht.

Sofern der Eigentümer-Manager von θ Investitionsprojekt I_0 definitiv realisiert, hat er m^θ und z^θ so festzulegen, dass der erwartete Nutzen seines Vermögens in t_2 unter den folgenden Nebenbedingungen maximiert wird:

- Investitionsprojekt I_0 kann nur dann durchgeführt werden, wenn der Kapitalmarkt die anfallenden Anschaffungskosten in Höhe von c finanziert. Dies setzt voraus, dass der Anteil am Gesamtwert der erwarteten Unternehmensrückflüsse, der auf die im Wege der Kapitalerhöhung ausgegebenen Aktien entfällt, deren Ausgabetrag c nicht unterschreitet. Dies wird durch Restriktion (4.30) gewährleistet, die sich unter Berücksichtigung von $\mu(\theta|m^\theta, z^\theta) = 1$ wie folgt schreiben lässt:

$$z^\theta p_1^\theta + \frac{m^\theta - z^\theta}{n + m^\theta - z^\theta}(x_1^\theta - z^\theta p_1^\theta + x_2^\theta + v_2) \;\; \geq \;\; c.$$

- Das Rückerwerbsvolumen muss aus dem in t_1 anfallenden Cashflow finanzierbar sein:

$$x_1^\theta \geq z^\theta p_1^\theta.$$

- Da der Eigentümer-Manager auf eine Teilnahme am Aktienrückerwerb verzichtet, können maximal die im Zuge der Kapitalerhöhung ausgegebenen Aktien zurückerworben werden: $m^\theta \geq z^\theta$.

- Der Rückerwerb hat zu dem in (4.34) wiedergegebenen Börsenkurs in t_1 zu erfolgen.

- Für m^θ und z^θ ist jeweils eine Nichtnegativitätsrestriktion zu beachten: $m^\theta \geq 0$, $z^\theta \geq 0$.

Der Eigentümer-Manager eines Unternehmens vom Typ θ hat somit das folgende Optimierungsproblem zu lösen:

$$\max_{z^\theta, m^\theta} \int_{\underline{\epsilon}}^{\overline{\epsilon}} U\left(\frac{n}{n+m^\theta-z^\theta}\left(x_1^\theta - z^\theta p_1^\theta + x_2^\theta + \epsilon + v_2\right)\right) f(\epsilon)\, d\epsilon$$

unter den Nebenbedingungen

$$z^\theta p_1^\theta + \frac{m^\theta - z^\theta}{n+m^\theta-z^\theta}\left(x_1^\theta - z^\theta \cdot p_1^\theta + x_2^\theta + v_2\right) - c \geq 0 \qquad (4.35)$$

$$m^\theta - z^\theta \geq 0 \qquad (4.36)$$

$$x_1^\theta - z^\theta p_1^\theta \geq 0 \qquad (4.37)$$

$$p_1^\theta - \frac{x_1^\theta + x_2^\theta + v_2}{n+m^\theta} = 0 \qquad (4.38)$$

$$m^\theta, z^\theta \geq 0. \qquad (4.39)$$

Setzt man den in Gleichung (4.38) wiedergegebenen Rückerwerbspreis in die linke Seite von (4.35) ein, resultiert

$$\begin{aligned}
& z^\theta p_1^\theta + \frac{m^\theta - z^\theta}{n+m^\theta-z^\theta}\left(x_1^\theta - z^\theta p_1^\theta + x_2^\theta + v_2\right) - c \\
= \; & z^\theta \cdot \frac{x_1^\theta + x_2^\theta + v_2}{n+m^\theta} + \frac{m^\theta - z^\theta}{n+m^\theta-z^\theta}\left(x_1^\theta - z^\theta \cdot \frac{x_1^\theta + x_2^\theta + v_2}{n+m^\theta} + x_2^\theta + v_2\right) - c \\
= \; & \frac{m^\theta}{n+m^\theta} \cdot \left(x_1^\theta + x_2^\theta + v_2\right) - c. \qquad (4.40)
\end{aligned}$$

Einsetzen des Rückerwerbspreises in den Ausdruck für das stochastische Endvermögen des Eigentümer-Managers ergibt:

$$\begin{aligned}
W_2^\theta(\tilde{\epsilon}) &= \frac{n}{n+m^\theta-z^\theta} \cdot \left(x_1^\theta - z^\theta p_1^\theta + x_2^\theta + \tilde{\epsilon} + v_2\right) \\
&= \frac{n}{n+m^\theta-z^\theta} \cdot \left(x_1^\theta - z^\theta \cdot \frac{x_1^\theta + x_2^\theta + v_2}{n+m^\theta} + x_2^\theta + \tilde{\epsilon} + v_2\right) \\
&= \frac{n}{n+m^\theta}\left(x_1^\theta + x_2^\theta + v_2\right) + \frac{n}{n+m^\theta-z^\theta}\,\tilde{\epsilon}. \qquad (4.41)
\end{aligned}$$

Unter Verwendung von (4.40) und (4.41) und bei Vernachlässigung von (4.37) reduziert sich das Optimierungsprogramm wie folgt:[39]

$$\max_{z^\theta, m^\theta} \int_{\underline{\epsilon}}^{\overline{\epsilon}} U\left(\frac{n}{n+m^\theta}(x_1^\theta + x_2^\theta + v_2) + \frac{n}{n+m^\theta - z^\theta}\,\epsilon\right) f(\epsilon)\, d\epsilon$$

unter den Nebenbedingungen

$$\begin{aligned} \frac{m^\theta}{n+m^\theta}\,(x_1^\theta + x_2^\theta + v_2) - c &\geq 0 \\ m^\theta - z^\theta &\geq 0 \\ m^\theta, z^\theta &\geq 0. \end{aligned}$$

Die Lagrangefunktion $\mathcal{L}$ des vereinfachten Optimierungsprogramms lautet

$$\begin{aligned} \mathcal{L}(m^\theta, z^\theta, \lambda, \mu) \;=\; & \int_{\underline{\epsilon}}^{\overline{\epsilon}} U\left(\frac{n}{n+m^\theta}\cdot(x_1^\theta + x_2^\theta + v_2) + \frac{n}{n+m^\theta - z^\theta}\,\epsilon\right) f(\epsilon)\, d\epsilon \\ & +\lambda\left(\frac{m^\theta}{n+m^\theta}\cdot(x_1^\theta + x_2^\theta + v_2) - c\right) + \mu\,(m^\theta - z^\theta), \end{aligned}$$

wobei mit λ und μ die Lagrange-Multiplikatoren der Nebenbedingungen bezeichnet werden. Für die Kuhn-Tucker Bedingungen, denen der Lösungsvektor $\mathbf{y}^{\theta *} = (m^{\theta *}, z^{\theta *}, \lambda^*, \mu^*)$ zu genügen hat, erhält man[40]

$$\begin{aligned} \frac{\partial \mathcal{L}(\mathbf{y}^\theta)}{\partial m^\theta} \;=\; & -\int_{\underline{\epsilon}}^{\overline{\epsilon}} U'(W_2^\theta(\epsilon))\left(\frac{n}{(n+m^\theta)^2}(x_1^\theta + x_2^\theta + v_2) + \frac{n}{(n+m^\theta - z^\theta)^2}\,\epsilon\right) \\ & \cdot f(\epsilon)\, d\epsilon + \lambda\,\frac{n}{(n+m^\theta)^2}\cdot(x_1^\theta + x_2^\theta + v_2) + \mu \leq 0 \qquad (4.42) \end{aligned}$$

$$\frac{\partial \mathcal{L}(\mathbf{y}^\theta)}{\partial m^\theta}\, m^\theta \;=\; 0 \qquad (4.43)$$

$$\frac{\partial \mathcal{L}(\mathbf{y}^\theta)}{\partial z^\theta} \;=\; \int_{\underline{\epsilon}}^{\overline{\epsilon}} U'(W_2^\theta(\epsilon))\cdot\frac{n}{(n+m^\theta - z^\theta)^2}\,\epsilon\, f(\epsilon)\, d\epsilon - \mu \leq 0 \qquad (4.44)$$

$$\frac{\partial \mathcal{L}(\mathbf{y}^\theta)}{\partial z^\theta}\, z^\theta \;=\; 0 \qquad (4.45)$$

[39]Wie sich zeigen wird, erfüllt die Lösung des dergestalt relaxierten Optimierungsprogramms immer die Liquiditätsrestriktion (4.37). Diese kann somit fallen gelassen werden.

[40]Zur Vereinfachung der Notation werden die Asteriks im Folgenden wieder unterdrückt.

$$\frac{\partial \mathcal{L}(\mathbf{y}^\theta)}{\partial \lambda} = \frac{m^\theta}{n+m^\theta}\left(x_1^\theta + x_2^\theta + v_2\right) - c \geq 0 \tag{4.46}$$

$$\frac{\partial \mathcal{L}(\mathbf{y}^\theta)}{\partial \lambda}\lambda = 0 \tag{4.47}$$

$$\frac{\partial \mathcal{L}(\mathbf{y}^\theta)}{\partial \mu} = m^\theta - z^\theta \geq 0 \tag{4.48}$$

$$\frac{\partial \mathcal{L}(\mathbf{y}^\theta)}{\partial \mu}\mu = 0 \tag{4.49}$$

$$m^\theta, z^\theta, \lambda, \mu \geq 0. \tag{4.50}$$

Der Formulierung von Restriktion (4.46) liegt die Annahme zugrunde, dass Investitionsprojekt I_0 definitiv realisiert wird. Um die Anschaffungskosten aufzubringen, ist eine Kapitalerhöhung und damit die Ausgabe einer positiven Zahl junger Aktien vonnöten. Dies spiegelt sich auch in den Optimalitätsbedingungen wider.

Lemma 4.3 *Der Eigentümer-Manager eines Unternehmens vom Typ θ gibt eine positive Zahl junger Aktien im Zuge der Kapitalerhöhung aus: $m^\theta > 0$ und $\partial \mathcal{L}(\mathbf{y}^\theta)/\partial m^\theta = 0$.*

Beweis: Angenommen, $m^\theta = 0$. Dann vereinfacht sich die linke Seite von (4.46) zu $\partial \mathcal{L}(\mathbf{y}^\theta)/\partial \lambda = -c < 0$, was auf einen Widerspruch führt. Folglich muss $m^\theta > 0$ gelten. Wegen (4.43) hat dies $\partial \mathcal{L}(\mathbf{y}^\theta)/\partial m^\theta = 0$ zur Konsequenz. ■

Eine Antwort auf die Frage, ob der Eigentümer-Manager von θ im First-best-Fall auf einen Aktienrückerwerb zurückgreift, gibt

Proposition 4.3 *Der Eigentümer-Manager eines Unternehmens vom Typ θ verzichtet im First-best-Fall auf die Durchführung eines Aktienrückerwerbs: $z^\theta = 0$.*

Beweis: Die Aussage wird mit Hilfe eines Widerspruchsarguments bewiesen. Angenommen, $z^\theta > 0$. Dann ist (4.44) wegen Bedingung (4.45) bindend: $\partial \mathcal{L}(\mathbf{y}^\theta)/\partial z^\theta = 0$. Aufgrund von $\mu \geq 0$ muss dann

$$Z \equiv \int_{\underline{\epsilon}}^{\overline{\epsilon}} U'(W_2^\theta(\epsilon)) \cdot \frac{n}{(n+m^\theta - z^\theta)^2} \cdot \epsilon\, f(\epsilon)\, d\epsilon \geq 0 \tag{4.51}$$

erfüllt sein. Das zustandsabhängige Endvermögen des Eigentümer-Managers von θ beträgt dabei

$$W_2^\theta(\epsilon) \equiv \frac{n}{n+m^\theta}(x_1^\theta + x_2^\theta + v_2) + \frac{n}{n+m^\theta - z^\theta}\epsilon.$$

Da $U(\cdot)$ wegen $U' > 0$ und $U'' < 0$ konkav ist, gilt

$$\begin{aligned} U'\left(W_2^\theta(\epsilon)\right) &> U'\left(W_2^\theta(0)\right) \quad \forall \epsilon < 0 \\ U'\left(W_2^\theta(\epsilon)\right) &< U'\left(W_2^\theta(0)\right) \quad \forall \epsilon > 0. \end{aligned}$$

Dann lässt sich die linke Seite von (4.51) wie folgt abschätzen:

$$\begin{aligned} Z &= \int_{\underline{\epsilon}}^{0} U'(W_2^\theta(\epsilon)) \frac{n}{(n+m^\theta - z^\theta)^2} \cdot \epsilon f(\epsilon)\, d\epsilon \\ &\quad + \int_0^{\bar{\epsilon}} U'(W_2^\theta(\epsilon)) \frac{n}{(n+m^\theta - z^\theta)^2} \epsilon \cdot f(\epsilon)\, d\epsilon \\ &< \int_{\underline{\epsilon}}^{0} U'(W_2^\theta(0)) \cdot \frac{n}{(n+m^\theta - z^\theta)^2} \cdot \epsilon \cdot f(\epsilon)\, d\epsilon \\ &\quad + \int_0^{\bar{\epsilon}} U'(W_2^\theta(0)) \frac{n}{(n+m^\theta - z^\theta)^2} \cdot \epsilon f(\epsilon)\, d\epsilon \\ &\equiv L. \end{aligned} \tag{4.52}$$

Aufgrund von

$$\begin{aligned} L &= \int_{\underline{\epsilon}}^{\bar{\epsilon}} U'(W_2^\theta(0)) \cdot \frac{n}{(n+m^\theta - z^\theta)^2} \cdot \epsilon \cdot f(\epsilon)\, d\epsilon \\ &= U'(W_2^\theta(0)) \cdot \frac{n}{(n+m^\theta - z^\theta)^2} \int_{\underline{\epsilon}}^{\bar{\epsilon}} \epsilon \cdot f(\epsilon)\, d\epsilon \\ &= E(\tilde{\epsilon}) = 0 \end{aligned}$$

resultiert $Z < L = 0$ und damit ein Widerspruch zu Ungleichung (4.51), d.h. $z^\theta > 0$ ist nicht mit den Kuhn-Tucker Bedingungen vereinbar. Folglich muss $z^\theta = 0$ gelten. ■

Der Verzicht des Eigentümer-Managers auf Durchführung eines Aktienrückerwerbs lässt sich wie folgt begründen. Da der freie Cashflow im Falle einer Thesaurierung dieselbe sichere Rendite wie im Falle einer Ausschüttung erwirtschaftet, ist ein Aktienrückerwerb *irrelevant* für die Höhe der Rückflüsse, die *den Anteilsinhabern* des Unternehmens insgesamt zustehen. Der Aktienrückerwerb bewirkt somit weder eine Steigerung noch eine Verminderung des Gesamtwerts der aus dem Unternehmen resultierenden Investitionsrückflüsse. Darüber hinaus ist mit einem Aktienrückerwerb *im Erwartungswert* keine Vermögensverschiebung zwischen veräußernden und am Rückerwerb nicht teilnehmenden Aktionären verknüpft, weil der Rückerwerbskurs mit den erwarteten Einzahlungsüberschüssen, die auf eine Aktie nach vollzogenem Rückerwerb entfallen, übereinstimmt. Folglich ist der Erwartungswert des Endvermögens, das der Eigentümer-Manager im Falle einer Durchführung des Aktienrückerwerbs erreicht, identisch mit dem erwarteten Endvermögen im Falle des Verzichts auf einen solchen.

Aufgrund seiner Risikoaversion steht der *Eigentümer-Manager* einem Aktienrückerwerb jedoch ablehnend gegenüber. Da er annahmegemäß auf eine Partizipation am Aktienrückerwerb verzichtet, steigt im Zuge des Rückerwerbs seine Beteiligungsquote. Er hat deshalb bei unveränderter Höhe der erwarteten Rückflüsse einen größeren Anteil am Risiko der Unternehmensrückflüsse, das aus der unsicheren Rückflusskomponente $\tilde{\epsilon}$ resultiert, zu tragen – ebenso wie diejenigen außenstehenden Aktionäre, die eine Haltestrategie wählen. Diese verlangen jedoch aufgrund ihrer Risikoneutralität keinen Preis für das zusätzlich übernommene Risiko; im Rückerwerbskurs wird lediglich der Erwartungswert $E(\tilde{\epsilon}) = 0$ der stochastischen Rückflusskomponente entgolten. Da der risikoaverse Eigentümer-Manager für das im Falle eines Aktienrückerwerbs zusätzlich zu tragende Risiko nicht entschädigt wird, präferiert er einen Rückerwerbsverzicht. Dann hält er bei identischer Höhe der erwarteten Rückflüsse eine kleinere Beteiligungsquote in t_2 und partizipiert in geringerem Umfang am Risiko der Unternehmensrückflüsse. Dadurch erreicht er ein höheres Niveau des Erwartungsnutzens.

Proposition 4.4 *Die Finanzierungsrestriktion (4.46) ist bindend, d.h. der Eigentümer-Manager verzichtet im First-best-Fall auf Underpricing der neu ausgegebenen Anteile:* $\partial \mathcal{L}(\mathbf{y}^{\theta})/\partial \lambda = 0$ *und* $\lambda > 0$. *Der Eigentümer-Manager emittiert insgesamt*

$$m^{\theta} = \frac{nc}{x_1^{\theta} + x_2^{\theta} + v_2 - c} \tag{4.53}$$

junge Aktien.

Beweis: Aufgrund von $m^{\theta} > 0$ und $z^{\theta} = 0$ ist Bedingung (4.48) als Ungleichung erfüllt, was $\mu = 0$ impliziert. Die Behauptung wird nun mit Hilfe eines Widerspruchsarguments bewiesen: Angenommen, $\lambda = 0$. Dann vereinfacht sich die wegen Lemma 4.3 bindende Restriktion (4.42) zu

$$\frac{\partial \mathcal{L}(\mathbf{y}^\theta)}{\partial m^\theta} = -\int_{\underline{\epsilon}}^{\overline{\epsilon}} U'(W_2^\theta(\epsilon)) \cdot \left(\frac{n}{(n+m^\theta)^2}(x_1^\theta + x_2^\theta + v_2) + \frac{n}{(n+m^\theta)^2}\,\epsilon\right)$$
$$\cdot f(\epsilon)\, d\epsilon = 0$$

Nach einer Zusammenfassung von Termen erhält man

$$-\int_{\underline{\epsilon}}^{\overline{\epsilon}} U'(W_2^\theta(\epsilon)) \cdot \frac{n}{(n+m^\theta)^2} \cdot (x_1^\theta + x_2^\theta + \epsilon + v_2) \cdot f(\epsilon)\, d\epsilon = 0. \quad (4.54)$$

Aufgrund von $x_1^\theta > 0, v_2 > 0$ und $U'(W_2^\theta(\epsilon)) > 0$ $(\forall \epsilon \in [\underline{\epsilon}, \overline{\epsilon}])$ sowie $x_2^H + \underline{\epsilon} > x_2^L + \underline{\epsilon} \geq 0$ besitzt der Integrand immer ein positives Vorzeichen, weshalb das Integral einen positiven Wert annimmt. Folglich ist die linke Seite von (4.54) negativ, was auf einen Widerspruch führt. Somit ist $\lambda = 0$ nicht mit den Kuhn-Tucker Bedingungen vereinbar, weshalb $\lambda > 0$ gelten muss. Aufgrund von (4.47) impliziert dies $\partial \mathcal{L}(\mathbf{y}^\theta)/\partial \lambda = 0$, so dass die Finanzierungsrestriktion (4.46) bindend ist. Gleichung (4.53) erhält man durch Auflösen von (4.46) nach m^θ. ∎

Proposition 4.4 ist unmittelbar einsichtig. Im Falle eines Underpricing gibt der Eigentümer-Manager die jungen Aktien zu einem Kurs aus, der geringer als der Barwert der erwarteten Rückflüsse pro Aktie ist. Um die Anschaffungskosten des Investitionsprojekts I_0 in Höhe von c aufzubringen, hat er im Vergleich zu einem Verzicht auf Underpricing eine größere Zahl von jungen Aktien zu emittieren. Folglich reduziert Underpricing die Beteiligungsquote des Eigentümer-Managers und damit den prozentualen Anteil, mit dem er am stochastischen Unternehmenswert in Höhe von $x_1^\theta + x_2^\theta + \tilde{\epsilon} + v_2$ partizipiert. Da dieser Unternehmenswert wegen $x_2^H + \underline{\epsilon} > x_2^L + \underline{\epsilon} \geq 0$ und $x_1^\theta > 0$ in jedem Umweltzustand positiv ist, führt eine höhere Beteiligungsquote in jedem Umweltzustand auf ein höheres Endvermögen des Eigentümer-Managers. Bezeichnet man mit $W_2^\theta(\epsilon; m^\theta)$ das zustandsabhängige Endvermögen des Eigentümer-Managers unter expliziter Berücksichtigung der Abhängigkeit von der Anzahl emittierter Aktien m^θ, erhält man für $\hat{m}^\theta < \overline{m}^\theta$, $z^\theta = 0$

$$\begin{aligned} W_2^\theta(\epsilon; \hat{m}^\theta) &= \frac{n}{n+\hat{m}^\theta} \cdot (x_1^\theta + x_2^\theta + \epsilon + v_2) \\ &> \frac{n}{n+\overline{m}^\theta} \cdot (x_1^\theta + x_2^\theta + \epsilon + v_2) = W_2^\theta(\epsilon; \overline{m}^\theta)\ \forall \epsilon. \end{aligned}$$

Da der Nutzen des Eigentümer-Managers mit zunehmendem Vermögen steigt $(U'(W_2^\theta(\epsilon)) > 0 \quad \forall \epsilon)$, gilt

$$U(W_2^\theta(\epsilon; \hat{m}^\theta)) > U(W_2^\theta(\epsilon; \overline{m}^\theta)) \quad \forall \epsilon. \quad (4.55)$$

Der zustandsabhängige Nutzen des Eigentümer-Managers steigt also mit abnehmender Zahl neu ausgegebener Aktien bzw. mit zunehmender Beteiligungsquote. Erwartungswertbildung führt auf

$$\int_{\underline{\epsilon}}^{\overline{\epsilon}} U(W_2(\epsilon;\hat{m}^\theta))f(\epsilon)\,d\epsilon \quad > \quad \int_{\underline{\epsilon}}^{\overline{\epsilon}} U(W_2(\epsilon;\overline{m}^\theta))f(\epsilon)\,d\epsilon,$$

d.h. je geringer die Zahl der im Wege der Kapitalerhöhung ausgegebenen Aktien, desto höher ist das Niveau des Erwartungsnutzens des Eigentümer-Managers. Folglich wird er im First-best-Fall auf Underpricing der jungen Aktien verzichten.

Es verbleibt zu prüfen, ob die Realisation des Investitionsprojekts I_0 für den Eigentümer-Manager eines Unternehmens vom Typ θ vorteilhaft ist.

Proposition 4.5 *Im First-best-Fall wird der Eigentümer-Manager eines Unternehmens vom Typ θ Investitionsprojekt I_0 realisieren.*

Beweis: Zu zeigen ist, dass der Eigentümer-Manager von θ bei einer Durchführung von I_0 ein höheres Niveau des Erwartungsnutzens erreicht als bei einem Investitionsverzicht. Unterlässt er die Durchführung von I_0, vereinnahmt er einen Erwartungsnutzen von

$$V(\theta,0,0,na) \quad = \quad \int_{\underline{\epsilon}}^{\overline{\epsilon}} U(x_1^\theta + x_2^\theta + \epsilon)f(\epsilon)\,d\epsilon.$$

Realisiert er I_0, hat er im Wege einer Kapitalerhöhung m^θ junge Aktien auszugeben. Da er auf Aktienrückkäufe und Underpricing verzichtet, beläuft sich sein zustandsabhängiges Endvermögen auf

$$\begin{aligned} W_2^\theta(\epsilon) &= \frac{n}{n+m^\theta}(x_1^\theta + x_2^\theta + v_2 + \epsilon) \\ &= x_1^\theta + x_2^\theta + v_2 - \frac{m^\theta}{n+m^\theta}\cdot(x_1^\theta + x_2^\theta + v_2) + \frac{n}{n+m^\theta}\cdot\epsilon \\ &= x_1^\theta + x_2^\theta + v_2 - c + \frac{n}{n+m^\theta}\cdot\epsilon. \end{aligned}$$

Daraus resultiert ein Erwartungsnutzen in Höhe von

$$V(\theta,m^\theta,0,a) \quad = \quad \int_{\underline{\epsilon}}^{\overline{\epsilon}} U(x_1^\theta + x_2^\theta + v_2 - c + \frac{n}{n+m^\theta}\cdot\epsilon)f(\epsilon)\,d\epsilon.$$

Wegen $v_2 - c > 0$ – diese Bedingung reflektiert den positiven Kapitalwert von I_0 – gilt

$$V(\theta,m^\theta,0,a) \quad > \quad \int_{\underline{\epsilon}}^{\overline{\epsilon}} U(x_1^\theta + x_2^\theta + \frac{n}{n+m^\theta}\cdot\epsilon)f(\epsilon)\,d\epsilon \equiv \hat{U}.$$

Aufgrund von $n/(n+m^\theta) < 1$ und Lemma 4.1 erhält man

$$\begin{aligned} V(\theta, m^\theta, 0, a) > \hat{U} &= \int_{\underline{\epsilon}}^{\overline{\epsilon}} U(x_1^\theta + x_2^\theta + \frac{n}{n+m^\theta} \cdot \epsilon) f(\epsilon)\, d\epsilon \\ &> \int_{\underline{\epsilon}}^{\overline{\epsilon}} U(x_1^\theta + x_2^\theta + \epsilon) f(\epsilon)\, d\epsilon = V(\theta, 0, 0, na), \end{aligned}$$

was zu zeigen war. ■

Aufgrund der vollkommenen Konkurrenz unter den Kapitalmarktakteuren sind diese zur Finanzierung von I_0 bereit, wenn sie eine Beteiligung am Unternehmen erhalten, aus der ein erwarteter Rückfluss in Höhe von c resultiert. Der Eigentümer-Manager vereinnahmt deshalb im Falle einer Durchführung von I_0 den gesamten Kapitalwert, d.h. die positive Differenz zwischen dem Ertragswert v_2 und den Anschaffungskosten c. Dadurch erreicht der Eigentümer-Manager einen höheren Erwartungswert des Endvermögens als bei einem Investitionsverzicht, was *ceteris paribus* auf ein höheres Niveau des Erwartungsnutzens führt. Darüber hinaus kann der risikoaverse Eigentümer-Manager mit der Aufnahme neuer Anteilsinhaber im Zuge der Kapitalerhöhung einen Teil des Rückflussrisikos kostenlos auf die Neuaktionäre überwälzen. Auch dies schlägt sich *ceteris paribus* in einem Anstieg des Erwartungsnutzens nieder. Folglich erreicht der Eigentümer-Manager bei Realisation von I_0 ein höheres Niveau des Erwartungsnutzens als bei einem Investitionsverzicht. Er entscheidet sich deshalb im First-best-Fall für die Durchführung des Investitionsprojekts.

Zusammenfassend bleibt festzuhalten: Im First-best-Fall realisiert der Eigentümer-Manager Investitionsprojekt I_0 und verzichtet sowohl auf Aktienrückkäufe als auch auf Underpricing der zur Finanzierung von I_0 auszugebenden Aktien.

4.4.5 Aktienrückerwerb und Kapitalerhöhung bei asymmetrischer Informationsverteilung – der Second-best-Fall

4.4.5.1 Charakterisierung von Signalling-Gleichgewichten

Im Second-best-Fall besitzt der Eigentümer-Manager einen Informationsvorsprung gegenüber den Kapitalmarktakteuren, weil nur er den wahren Typ $\theta \in \{L, H\}$ des zugrunde liegenden Unternehmens kennt. Da ein Unternehmen vom Typ H höhere erwartete Investitionsrückflüsse als ein Unternehmen vom Typ L verspricht, weisen die risikoneutralen Kapitalmarktakteure Unternehmenstyp H einen höheren Gesamtwert zu. Folglich sind sie grundsätzlich bereit, für die von H im Zuge der Kapitalerhöhung ausgegebenen Anteile einen höheren Preis zu zahlen. Der Eigentümer-Manager von L hat nun einen Anreiz, die höhere Zahlungsbereitschaft der Kapitalmarktakteure für Anteile an H in Verbindung mit ihrer Unkenntnis über den wahren Unternehmenstyp zu seinen Gunsten zu nutzen: Kann der Eigentümer-Manager von L sein Unternehmen glaubhaft als vom Typ H präsentieren, erzielt er einen höheren Ausgabebetrag für die im Rahmen der Kapitalerhöhung zu emittierenden Anteile. Folglich hat er eine geringere Zahl von jungen Aktien als im First-best-Fall auszugeben, um die Anschaffungskosten des Investitionsprojekts I_0 in Höhe von c aufzubringen. Dadurch verbleibt ihm eine höhere Beteiligungsquote und damit ein größerer Anteil an den zustandsabhängigen Unternehmensrückflüssen in t_2, was auf ein höheres Niveau seines erwarteten Nutzens führt.

Da die rationalen Kapitalmarktakteure ein solch opportunistisches Verhalten des Eigentümer-Managers von L antizipieren, werden sie der Ankündigung eines Eigentümer-Managers, sein Unternehmen sei vom Typ H, nicht ohne weiteres Glauben schenken. Wird ein Unternehmen als vom Typ H präsentiert, werden die Kapitalmarktakteure folglich nicht wie im First-best-Fall bereit sein, für eine Aktie dieses Unternehmens einen Preis zu zahlen, der dem anteiligen Barwert der erwarteten Rückflüsse eines Unternehmens vom Typ H entspricht. Denn die Ankündigung stammt mit positiver Wahrscheinlichkeit vom Eigentümer-Manager eines Unternehmens vom Typ L, so dass der Barwert der erwarteten Rückflüsse pro Aktie den Barwert der Rückflüsse unterschreitet, die auf eine Aktie des Unternehmenstyps H entfallen. Die Kapitalmarktakteure übernehmen die Aktien eines Unternehmens, das als vom Typ H ausgegeben wird, grundsätzlich nur mit einem Preisabschlag.

Für den Eigentümer-Manager von H erweist sich dies als ungünstig, weil er für eine im Wege der Kapitalerhöhung ausgegebene Aktie weniger erlöst als den Barwert der hierauf entfallenden Rückflüsse. Dies hat zur Konsequenz, dass er eine größere Zahl von Aktien zu emittieren hat, um die fixen Anschaffungsauszahlungen des Investitionsprojekts in Höhe von c aufzubringen. Dadurch reduziert sich seine Beteiligungsquote, was eine geringere Partizipation am zustandsabhängigen Unternehmenswert in t_2 und damit eine Verminderung seines Nutzenniveaus nach sich zieht. Deshalb hat er einen Anreiz, den Typ seines Unternehmens glaubhaft zu *signalisieren.* Als Instrument hierzu bietet sich ein verbindliches Angebot zum Rückerwerb eigener Aktien an – eventuell in Kombination mit Underpricing.

Im zugrunde liegenden Modellkontext lässt sich ein Kandidat für ein *Signalling-Gleichgewicht* – ein separierendes Bayes-Nash-Gleichgewicht – wie folgt charakterisieren:

(1) Der Eigentümer-Manager von H realisiert Investitionsprojekt I_0 und signalisiert den Typ seines Unternehmens mit Hilfe der Finanzierungsofferte (m^H, z^H), die von der First-best-Offerte $(m^L, 0)$ des Eigentümer-Managers von L abweicht.

(2) Der Eigentümer-Manager von L realisiert Investitionsprojekt I_0 und gibt die im First-best-Fall optimale Finanzierungsofferte $(m^L, 0)$ ab, d.h. $z^L = 0$ und

$$m^L = \frac{n\,c}{x_1^L + x_2^L + v_2 - c}.$$

(3) Der Kapitalmarkt akzeptiert die Finanzierungsofferte (m^H, z^H) des Eigentümer-Managers von H sowie die Finanzierungsofferte $(m^L, 0)$ des Eigentümer-Managers von L. Darüber hinaus nimmt er alle Finanzierungsofferten (m, z) an, die ihm – ausgehend von seinen revidierten Vermutungen $\mu(\cdot|m, z)$ – einen erwarteten Rückfluss in Höhe von mindestens c versprechen.

(4) Der Kapitalmarkt vermutet mit Wahrscheinlichkeit $\mu(L|m^L, 0) = 1$, dass die Finanzierungsofferte $(m^L, 0)$ vom Eigentümer-Manager eines Unternehmens vom Typ L stammt. Sieht er sich der Finanzierungsofferte (m^H, z^H) gegenüber, betrachtet er das zugrunde liegende Unternehmen mit Wahrscheinlichkeit $\mu(H|m^H, z^H) = 1$ als vom Typ H.

Um ein solches separierendes Bayes-Nash-Gleichgewicht zu stützen, müssen geeignete Annahmen im Hinblick auf die Ungleichgewichtsvermutungen des Kapitalmarkts getroffen werden. Wenngleich diese „out-of-equilibrium beliefs" bestimmten Plausibilitätskriterien genügen sollten, verbleiben in der Regel erhebliche Freiheitsgrade bei ihrer Festlegung. Mit der folgenden Annahme werden diese Freiheitsgrade genutzt, um die Existenz des separierenden Gleichgewichts für alle interessierenden Parameterkonstellationen sicherzustellen.[41]

[41] Es wird sich zeigen, dass ein Signalling-Gleichgewicht immer dann existiert, wenn ein separierendes Gleichgewicht des Kapitalerhöhungsspiels existiert, das durch einen Investitionsverzicht des Eigentümer-Managers von H gekennzeichnet ist.

Annahme 4.7 *Der Kapitalmarkt besitzt folgende out-of-equilibrium beliefs:*

(1) Wird dem Kapitalmarkt eine ungleichgewichtige Finanzierungsofferte

$$(m,z) \in M^L \equiv \{(m,z) \in M | m < m^L \wedge (m,z) \neq (m^H, z^H)\}$$

präsentiert, geht er mit Wahrscheinlichkeit $\mu(L|m,z) = 1$ davon aus, dass die Offerte vom Eigentümer-Manager eines Unternehmens vom Typ L stammt.

(2) Wird dem Kapitalmarkt eine ungleichgewichtige Finanzierungsofferte

$$(m,z) \in M^H \equiv \{(m,z) \in M | m \geq m^L \wedge (m,z) \neq (m^L,0), (m^H, z^H)\}$$

präsentiert, geht er mit Wahrscheinlichkeit $\mu(H|m,z) = 1$ davon aus, dass die Offerte vom Eigentümer-Manager eines Unternehmens vom Typ H stammt.

Betrachtet werden nun die besten Antworten des Kapitalmarkts auf ungleichgewichtige Finanzierungsofferten. Sieht er sich der Offerte $(m,z) \in M^L$ gegenüber, ordnet er diese mit Wahrscheinlichkeit $\mu(L|m,z) = 1$ dem Eigentümer-Manager von L zu. Im Falle einer Akzeptanz dieser Offerte $(r(m,z) = a)$ erwartet er eine Auszahlung von

$$\begin{aligned} G(m,z,a,\mu) &= z\,p_1^L + \frac{m-z}{n+m-z}\,(x_1^L - z\,p_1^L + x_2^L + v_2) - c \\ &= \frac{m}{n+m}\,(x_1^L + x_2^L + v_2) - c, \end{aligned}$$

wobei sich die zweite Zeile unter Verwendung von $p_1^L = (x_1^L + x_2^L + v_2)/(n+m)$ ergibt. Aufgrund von $m < m^L$ resultiert

$$G(m,z,a,\mu) \;<\; \frac{m^L}{n+m^L}\,(x_1^L + x_2^L + v_2) - c = 0 = G(m,z,na,\mu),$$

d.h. der Kapitalmarkt stellt sich bei einer Ablehnung der ungleichgewichtigen Finanzierungsofferte $(m,z) \in M^L$ besser als bei einer Annahme. Wird der Kapitalmarkt mit einer ungleichgewichtigen Finanzierungsofferte $(m,z) \in M^H$ konfrontiert, betrachtet er das zugrunde liegende Unternehmen als vom Typ H. Eine Akzeptanz der Offerte $(r(m,z) = a)$ verspricht ihm wegen $m \geq m^L$ eine erwartete Auszahlung von

$$\begin{aligned} G(m,z,a,\mu) &= z\,p_1^H + \frac{m-z}{n+m-z}\,(x_1^H - z\,p_1^H + x_2^H + v_2) - c \\ &= \frac{m}{n+m}\,(x_1^H + x_2^H + v_2) - c \\ &> \frac{m}{n+m}\,(x_1^L + x_2^L + v_2) - c \\ &\geq \frac{m^L}{n+m^L}\,(x_1^L + x_2^L + v_2) - c = 0 \end{aligned}$$

und damit mehr als eine Ablehnung der Finanzierungsofferte. Die Reaktionen des Kapitalmarkts auf ungleichgewichtige Finanzierungsofferten (m,z) lassen sich wie folgt zusammenfassen:

$$r^*(m,z) \quad = \quad \begin{cases} a & \text{für alle} \quad (m,z) \in M^H \\ na & \text{für alle} \quad (m,z) \in M^L \end{cases}$$

Im Folgenden wird eine Bedingung entwickelt, die gewährleistet, dass der Eigentümer-Manager von L keinen Anreiz besitzt, von seiner First-best-Offerte $(m^L,0)$ abzuweichen. Hierzu wird zunächst gezeigt, dass es für den Eigentümer-Manager von L niemals lohnend ist, anstelle der First-best-Offerte $(m^L,0)$ eine als *ungleichgewichtig* betrachtete Finanzierungsofferte abzugeben. Wählt er eine vom Kapitalmarkt zurückgewiesene Finanzierungsofferte $(m,z) \in M^L$, verzichtet er faktisch auf eine Realisation von I_0. Damit ist ein Erwartungsnutzenniveau von

$$V(L,m,z,r^*(m,z)=na) \quad = \quad \int_{\underline{\epsilon}}^{\overline{\epsilon}} U\left(x_1^L + x_2^L + \epsilon\right) f(\epsilon)\, d\epsilon$$

verknüpft. Aufgrund von $v_2 - c > 0$ und $n/(n+m^L) < 1$ in Verbindung mit Lemma 4.1 erhält man

$$\begin{aligned} V(L,m,z,r^*(m,z)=na) \quad &< \quad \int_{\underline{\epsilon}}^{\overline{\epsilon}} U\left(x_1^L + x_2^L + v_2 - c + \frac{n}{n+m^L}\,\epsilon\right) f(\epsilon)\, d\epsilon \\ &= \quad V(L,m^L,0,r^*(m^L,0)=a), \end{aligned}$$

d.h. der Eigentümer-Manager von L erhält bei Wahl der First-best-Offerte ein höheres Niveau des Erwartungsnutzens als bei Wahl einer Ungleichgewichtsofferte $(m,z) \in M^L$. Entscheidet sich der Eigentümer-Manager von L für eine vom Kapitalmarkt akzeptierte Ungleichgewichtsofferte $(m,z) \in M^H$, erreicht er einen Erwartungsnutzen von

$$\begin{aligned} & V(L,m,z,r^*(m,z)=a) \\ = \; & \int_{\underline{\epsilon}}^{\overline{\epsilon}} U\left(\frac{n}{n+m-z}\left(x_1^L - z\,p_1^H + x_2^L + \epsilon + v_2\right)\right) f(\epsilon)\, d\epsilon \\ \leq \; & \int_{\underline{\epsilon}}^{\overline{\epsilon}} U\left(\frac{n}{n+m-z}\left(x_1^L - z\,p_1^L + x_2^L + \epsilon + v_2\right)\right) f(\epsilon)\, d\epsilon \\ = \; & \int_{\underline{\epsilon}}^{\overline{\epsilon}} U\left(\frac{n}{n+m}\left(x_1^L + x_2^L + v_2\right) + \frac{n}{n+m-z}\,\epsilon\right) f(\epsilon)\, d\epsilon \equiv \hat{V} \end{aligned}$$

Aufgrund von

$$\begin{aligned}
\hat{V} &\leq \int_{\underline{\epsilon}}^{\overline{\epsilon}} U\left(\frac{n}{n+m}\left(x_1^L + x_2^L + v_2\right) + \frac{n}{n+m}\,\epsilon\right) f(\epsilon)\, d\epsilon \\
&= \int_{\underline{\epsilon}}^{\overline{\epsilon}} U\left(\frac{n}{n+m}\left(x_1^L + x_2^L + \epsilon + v_2\right)\right) f(\epsilon)\, d\epsilon \\
&\leq \int_{\underline{\epsilon}}^{\overline{\epsilon}} U\left(\frac{n}{n+m^L}\left(x_1^L + x_2^L + \epsilon + v_2\right)\right) f(\epsilon)\, d\epsilon \\
&= V(L, m^L, 0, r^*(m^L, 0) = a)
\end{aligned}$$

folgt $V(L, m, z, r^*(m, z) = a) \leq V(L, m^L, 0, r^*(m^L, 0) = a)$.[42] Der Eigentümer-Manager von L präferiert somit seine First-best-Offerte gegenüber einer ungleichgewichtigen Offerte $(m, z) \in M^H$. Folglich hat er keinen Anreiz, von seiner First-best-Offerte auf eine als ungleichgewichtig betrachtete Finanzierungsofferte abzuweichen. Der Eigentümer-Manager von L wählt jedoch nur dann seine First-best-Offerte $(m^L, 0)$, wenn der daraus resultierende Erwartungsnutzen nicht kleiner als derjenige Erwartungsnutzen ist, den er bei Abgabe der Finanzierungsofferte (m^H, z^H) des Eigentümer-Managers von H erhält. Um den Typ seines Unternehmens glaubwürdig zu signalisieren, muss der Eigentümer-Manager von H seine Finanzierungsofferte (m^H, z^H) deshalb so festlegen, dass die folgende *Anreizbedingung* erfüllt ist:

$$\begin{aligned}
&\int_{\underline{\epsilon}}^{\overline{\epsilon}} U\left(\frac{n}{n+m^L} \cdot \left(x_1^L + x_2^L + \epsilon + v_2\right)\right) f(\epsilon) d\epsilon \\
\geq &\int_{\underline{\epsilon}}^{\overline{\epsilon}} U\left(\frac{n}{n+m^H - z^H} \cdot \left(x_1^L - z^H p_1^H + x_2^L + \epsilon + v_2\right)\right) f(\epsilon)\, d\epsilon. \quad (4.56)
\end{aligned}$$

Neben dieser Anreizbedingung ist eine zweite aufzustellen, die sicherstellt, dass der Eigentümer-Manager von H nicht von seiner separierenden Finanzierungsofferte (m^H, z^H) abweicht. Hierzu werden in einem ersten Schritt die Erwartungsnutzenniveaus bestimmt, die der Eigentümer-Manager von H bei Wahl einer als ungleichgewichtig betrachteten Finanzierungsofferte erreicht. Entscheidet er sich für $(m, z) \in M^L$, lehnt der Kapitalmarkt die Offerte ab. Dann vereinnahmt er einen Erwartungsnutzen von

$$\begin{aligned}
V(H, m, z, r^*(m, z) = na) &= \int_{\underline{\epsilon}}^{\overline{\epsilon}} U\left(x_1^H + x_2^H + \epsilon\right) f(\epsilon)\, d\epsilon \\
&\equiv V(H, 0, 0, na). \qquad (4.57)
\end{aligned}$$

[42]Genau genommen ist die Ungleichung sogar strikt.

Eine vom Kapitalmarkt akzeptierte ungleichgewichtige Finanzierungsofferte $(m, z) \in M^H$ stiftet ihm einen erwarteten Nutzen in Höhe von

$$\begin{aligned} & V(H, m, z, r^*(m, z) = a) \\ = & \int_{\underline{\epsilon}}^{\overline{\epsilon}} U\left(\frac{n}{n+m-z}\left(x_1^H - z\, p_1^H + x_2^H + \epsilon + v_2\right)\right) f(\epsilon)\, d\epsilon \\ = & \int_{\underline{\epsilon}}^{\overline{\epsilon}} U\left(\frac{n}{n+m}\left(x_1^H + x_2^H + v_2\right) + \frac{n}{n+m-z}\,\epsilon\right) f(\epsilon)\, d\epsilon. \end{aligned}$$

Dies lässt sich wie folgt abschätzen:

$$\begin{aligned} V(H, m, z, r^*(m, z) = a) & \leq \int_{\underline{\epsilon}}^{\overline{\epsilon}} U\left(\frac{n}{n+m}\left(x_1^H + x_2^H + v_2\right) + \frac{n}{n+m}\,\epsilon\right) f(\epsilon)\, d\epsilon \\ & = \int_{\underline{\epsilon}}^{\overline{\epsilon}} U\left(\frac{n}{n+m}\left(x_1^H + x_2^H + \epsilon + v_2\right)\right) f(\epsilon)\, d\epsilon \\ & \leq \int_{\underline{\epsilon}}^{\overline{\epsilon}} U\left(\frac{n}{n+m^L}\left(x_1^H + x_2^H + \epsilon + v_2\right)\right) f(\epsilon)\, d\epsilon \\ & = V(H, m^L, 0, r^*(m^L, 0) = a). \end{aligned}$$

Folglich ist das mit der ungleichgewichtigen Finanzierungsofferte $(m, z) \in M^H$ verknüpfte Niveau des Erwartungsnutzens nicht höher als dasjenige, welches er im Falle einer Imitierung der First-best-Offerte des Eigentümer-Managers von L erreicht. Der Eigentümer-Manager von H besitzt somit genau dann keinen Anreiz, von seiner separierenden Finanzierungsofferte (m^H, z^H) abzuweichen, wenn folgende Bedingung erfüllt ist:

$$\begin{aligned} & \int_{\underline{\epsilon}}^{\overline{\epsilon}} U\left(\frac{n}{n+m^H-z^H}\left(x_1^H - z^H \cdot p_1^H + x_2^H + \epsilon + v_2\right)\right) f(\epsilon)\, d\epsilon \\ \geq \; & \max\left[V(H, m^L, 0, r^*(m^L, 0) = a), V(H, 0, 0, na)\right]. \end{aligned} \tag{4.58}$$

Darüber hinaus muss gewährleistet sein, dass die separierende Finanzierungsofferte (m^H, z^H) des Eigentümer-Managers von H vom Kapitalmarkt akzeptiert wird. Dies wird durch die Restriktion

$$z^H p_1^H + \frac{m^H - z^H}{n + m^H - z^H}\left(x_1^H - z^H p_1^H + x_2^H + v_2\right) \;\geq\; c \tag{4.59}$$

sichergestellt. Schließlich hat die separierende Offerte (m^H, z^H) den folgenden Bedingungen zu genügen:

- Sowohl der Eigentümer-Manager von H als auch derjenige von L müssen in der Lage sein, den Rückerwerb aus dem freien Cashflow in t_1 zu finanzieren. Wegen $x_1^H > x_1^L$ verlangt dies

$$x_1^L \;\geq\; z^H\, p_1^H. \tag{4.60}$$

- Da der Eigentümer-Manager von H auf eine Teilnahme am Aktienrückerwerb verzichtet, können maximal die im Zuge der Kapitalerhöhung ausgegebenen Aktien zurückerworben werden:

$$m^H - z^H \;\geq\; 0. \tag{4.61}$$

- Die Anzahl der neu auszugebenen Aktien sowie die Anzahl der in t_1 zurückzuerwerbenden Aktien dürfen nicht negativ sein:

$$m^H, z^H \;\geq\; 0. \tag{4.62}$$

Sämtliche Finanzierungsofferten (m^H, z^H), welche die Anreizbedingungen (4.56) und (4.58) unter Beachtung der Restriktionen (4.59), (4.60), (4.61) und (4.62) erfüllen, führen jeweils auf ein separierendes Bayes-Nash-Gleichgewicht. Eine Vielzahl dieser Gleichgewichte basiert jedoch auf unplausiblen out-of-equilibrium beliefs und genügt nicht dem Intuitiven Kriterium von *Cho/Kreps* (1987).[43] Diejenigen separierenden Offerten, welche durch das Intuitive Kriterium nicht eliminiert werden, sind Lösungen des nachfolgenden Optimierungsprogramms $\mathcal{P}$:

$$\max_{z^H, m^H} \int_{\underline{\epsilon}}^{\bar{\epsilon}} U\left(\frac{n}{n + m^H - z^H}\left(x_1^H - z^H\, p_1^H + x_2^H + \epsilon + v_2\right)\right) f(\epsilon)\, d\epsilon$$

unter den Nebenbedingungen

$$\int_{\underline{\epsilon}}^{\bar{\epsilon}} U\left(\frac{n}{n + m^L}\left(x_1^L + x_2^L + \epsilon + v_2\right)\right) f(\epsilon)\, d\epsilon$$
$$- \int_{\underline{\epsilon}}^{\bar{\epsilon}} U\left(\frac{n}{n + m^H - z^H}\left(x_1^L - z^H\, p_1^H + x_2^L + \epsilon + v_2\right)\right) f(\epsilon)\, d\epsilon \;\geq\; 0$$

$$\int_{\underline{\epsilon}}^{\bar{\epsilon}} U\left(\frac{n}{n + m^H - z^H}\left(x_1^H - z^H\, p_1^H + x_2^H + \epsilon + v_2\right)\right) f(\epsilon)\, d\epsilon$$
$$- \max\left[V(H, m^L, 0, r^*(m^L, 0) = a), V(H, 0, 0, na)\right] \;\geq\; 0$$

[43] Die Begründung hierfür ist analog zur der in Abschnitt 3.4.6 gegebenen.

$$z^H p_1^H + \frac{m^H - z^H}{n + m^H - z^H} \left(x_1^H - z^H p_1^H + x_2^H + v_2 \right) - c \;\geq\; 0$$

$$x_1^L - z^H p_1^H \geq 0$$

$$m^H - z^H \;\geq\; 0$$

$$p_1^H - \frac{x_1^H + x_2^H + v_2}{n + m^H} \;=\; 0$$

$$m^H, z^H \;\geq\; 0.$$

Die Existenz eines separierenden Bayes-Nash-Gleichgewichts, die bisher lediglich vorausgesetzt wurde, ist genau dann gewährleistet, wenn der Lösungsraum des Optimierungsprogramms nicht leer ist und nicht nur die First-best-Offerte $(m^H, z^H) = (m^L, 0)$ des Eigentümer-Managers von L enthält. Der Existenznachweis wird jedoch erst an späterer Stelle geführt.

4.4.5.2 Eigenschaften ausgewählter Signalling-Gleichgewichte

Um die Eigenschaften separierender, dem Intuitiven Kriterium genügender Bayes-Nash-Gleichgewichte zu ermitteln, ist die Lösung des Optimierungsprogramms $\mathcal{P}$ zu charakterisieren. Die Komplexität dieses Optimierungsproblems lässt sich durch folgende Überlegung reduzieren: Da die linke Seite von Restriktion (4.58) mit der Zielfunktion übereinstimmt, führt deren Maximierung zu einer Maximierung der Differenz zwischen linker und rechter Seite von (4.58). Folglich kann diese Restriktion vernachlässigt werden, sofern die Menge der Signalkombinationen, welche die Nebenbedingungen des Optimierungsprogramms erfüllen, nicht leer ist – nur dann existiert überhaupt ein separierendes Bayes-Nash-Gleichgewicht. Hiervon wird im Folgenden ausgegangen. Darüber hinaus wird auch Restriktion (4.60) fallen gelassen, denn es wird sich herausstellen, dass die Lösung des vereinfachten Optimierungsprogramms Bedingung (4.60) niemals verletzt.

Substituiert man den Ausdruck für den Rückerwerbspreis p_1^H in die Zielfunktion und die bei Vernachlässigung von (4.58) und (4.60) verbleibenden Restriktionen und ersetzt man die linke Seite von (4.56) durch $V(L, m^L, 0, a)$, erhält man das folgende reduzierte Optimierungsprogramm $\mathcal{P}_1$:

$$\max_{z^H, m^H} \int_{\underline{\epsilon}}^{\overline{\epsilon}} U \left(\frac{n}{n + m^H} \left(x_1^H + x_2^H + v_2 \right) + \frac{n}{n + m^H - z^H} \, \epsilon \right) f(\epsilon) \, d\epsilon$$

unter den Nebenbedingungen

$$V(L,m^L,0,a) - \int_{\underline{\epsilon}}^{\bar{\epsilon}} U\left(\frac{n}{n+m^H}(x_1^H + x_2^H + v_2) - \frac{n}{n+m^H-z^H}\right.$$
$$\left.\cdot(x_1^H - x_1^L + x_2^H - x_2^L) + \frac{n}{n+m^H-z^H}\,\epsilon\right) f(\epsilon)\,d\epsilon \;\geq\; 0$$

$$\frac{m^H}{n+m^H}(x_1^H + x_2^H + v_2) - c \;\geq\; 0$$

$$m^H - z^H \;\geq\; 0$$

$$m^H, z^H \;\geq\; 0.$$

Die Lagrangefunktion $\mathcal{L}(z^H, m^H, \lambda, \mu, \nu)$ des Optimierungsprogramms nimmt folgende Gestalt an (mit $\mathbf{v} = (z^H, m^H, \lambda, \mu, \nu)$):

$$\begin{aligned}
\mathcal{L}(\mathbf{v}) \;=\; & \int_{\underline{\epsilon}}^{\bar{\epsilon}} U\left(\frac{n}{n+m^H}(x_1^H + x_2^H + v_2) + \frac{n}{n+m^H-z^H}\,\epsilon\right) f(\epsilon)\,d\epsilon \\
& +\lambda\left(V(L,m^L,0,a) - \int_{\underline{\epsilon}}^{\bar{\epsilon}} U\left(\frac{n}{n+m^H}(x_1^H + x_2^H + v_2)\right.\right. \\
& \left.\left. -\frac{n}{n+m^H-z^H}(x_1^H - x_1^L + x_2^H - x_2^L) + \frac{n}{n+m^H-z^H}\,\epsilon\right) f(\epsilon)\,d\epsilon\right) \\
& +\mu\left(\frac{m^H}{n+m^H}(x_1^H + x_2^H + v_2) - c\right) + \nu(m^H - z^H).
\end{aligned}$$

Mit λ, μ und ν werden dabei die Lagrange-Multiplikatoren der Nebenbedingungen bezeichnet. Unter Verwendung von

$$W_2^\theta(\epsilon) = \frac{n}{n+m^H-z^H}(x_1^\theta - z^H p_1^H + x_2^\theta + \epsilon + v_2), \qquad \theta \in \{L, H\}$$

für das riskante Endvermögen des Eigentümer-Managers eines Unternehmens vom Typ θ bei Wahl der Signalkombination (m^H, z^H) erhält man für die Kuhn-Tucker Bedingungen, denen der Lösungsvektor $\mathbf{v}^* \equiv \mathbf{v}$ zu genügen hat,

$$\begin{aligned}
\frac{\partial \mathcal{L}(\mathbf{v})}{\partial z^H} \;=\; & \int_{\underline{\epsilon}}^{\bar{\epsilon}} U'(W_2^H(\epsilon))\,\frac{n}{(n+m^H-z^H)^2}\,\epsilon\, f(\epsilon)\,d\epsilon - \lambda \int_{\underline{\epsilon}}^{\bar{\epsilon}} U'(W_2^L(\epsilon)) \\
& \cdot\left(\frac{n}{(n+m^H-z^H)^2}\,\epsilon - \frac{n}{(n+m^H-z^H)^2}(x_1^H - x_1^L + x_2^H - x_2^L)\right) \\
& \cdot f(\epsilon)\,d\epsilon - \nu \leq 0 \qquad (4.63)
\end{aligned}$$

$$\frac{\partial \mathcal{L}(\mathbf{v})}{\partial z^H} \cdot z^H \ = \ 0 \qquad (4.64)$$

$$\begin{aligned}\frac{\partial \mathcal{L}(\mathbf{v})}{\partial m^H} \ = \ & -\int_{\underline{\epsilon}}^{\bar{\epsilon}} U'(W_2^H(\epsilon)) \left(\frac{n}{(n+m^H)^2} (x_1^H + x_2^H + v_2) \right. \\ & \left. + \frac{n}{(n+m^H-z^H)^2} \epsilon \right) \cdot f(\epsilon)\, d\epsilon + \lambda \left(\int_{\underline{\epsilon}}^{\bar{\epsilon}} U'(W_2^L(\epsilon)) \right. \\ & \cdot \left(\frac{n}{(n+m^H)^2} (x_1^H + x_2^H + v_2) - \frac{n}{(n+m^H-z^H)^2} \right. \\ & \left. \left. \cdot (x_1^H - x_1^L + x_2^H - x_2^L) + \frac{n}{(n+m^H-z^H)^2} \epsilon \right) f(\epsilon)\, d\epsilon \right) \\ & + \mu \frac{n}{(n+m^H)^2} \left(x_1^H + x_2^H + v_2 \right) + \nu \leq 0 \qquad (4.65)\end{aligned}$$

$$\frac{\partial \mathcal{L}(\mathbf{v})}{\partial m^H} \cdot m^H \ = \ 0 \qquad (4.66)$$

$$\begin{aligned}\frac{\partial \mathcal{L}(\mathbf{v})}{\partial \lambda} \ = \ & V(L, m^L, 0, a) - \int_{\underline{\epsilon}}^{\bar{\epsilon}} U \left(\frac{n}{n+m^H} (x_1^H + x_2^H + v_2) - \frac{n}{n+m^H-z^H} \right. \\ & \left. \cdot (x_1^H - x_1^L + x_2^H - x_2^L) + \frac{n}{n+m^H-z^H} \epsilon \right) f(\epsilon)\, d\epsilon \geq 0 \qquad (4.67)\end{aligned}$$

$$\frac{\partial \mathcal{L}(\mathbf{v})}{\partial \lambda} \cdot \lambda \ = \ 0 \qquad (4.68)$$

$$\frac{\partial \mathcal{L}(\mathbf{v})}{\partial \mu} \ = \ \frac{m^H}{n+m^H} \left(x_1^H + x_2^H + v_2 \right) - c \geq 0 \qquad (4.69)$$

$$\frac{\partial \mathcal{L}(\mathbf{v})}{\partial \mu} \cdot \mu \ = \ 0 \qquad (4.70)$$

$$\frac{\partial \mathcal{L}(\mathbf{v})}{\partial \nu} \ = \ m^H - z^H \geq 0 \qquad (4.71)$$

$$\frac{\partial \mathcal{L}(\mathbf{v})}{\partial \nu} \cdot \nu \ = \ 0 \qquad (4.72)$$

$$m^H, z^H, \lambda, \mu, \nu \geq 0 \tag{4.73}$$

Um die Anschaffungskosten des Investitionsprojekts I_0 in Höhe von c aufzubringen, hat der Eigentümer-Manager von H zwingend eine Kapitalerhöhung durchzuführen. Dies verlangt die Ausgabe einer positiven Anzahl junger Aktien.

Lemma 4.4 *Der Eigentümer-Manager von H emittiert im Zuge der Kapitalerhöhung eine positive Anzahl junger Aktien, d.h. $m^H > 0$. Bedingung (4.65) ist somit bindend: $\partial\mathcal{L}(\mathbf{v})/\partial m^H = 0$.*

Beweis: Angenommen, $m^H = 0$. Dann erhält man $\partial\mathcal{L}(\mathbf{v})/\partial\mu = -c < 0$ und damit einen Widerspruch zu Bedingung (4.69). Folglich muss $m^H > 0$ gelten, was wegen (4.66) $\partial\mathcal{L}(\mathbf{v})/\partial m^H = 0$ impliziert. ∎

Mit Hilfe des Intuitiven Kriteriums werden alle separierenden Gleichgewichte eliminiert, die aus der Perspektive des Eigentümer-Managers von H auf einem ineffizienten Einsatz der beiden verfügbaren Signale Underpricing und Aktienrückerwerb beruhen. Da eine Abgabe dieser Signale für den Eigentümer-Manager von H mit Nutzeneinbußen verbunden ist, wird er in einem effizienten separierenden Gleichgewicht eine Signalkombination wählen, die gerade ausreicht, um den Eigentümer-Manager eines Unternehmens vom Typ L von einer Imitierungspolitik abzuhalten. Diese Argumentation führt auf

Proposition 4.6 *In einem separierenden Bayes-Nash-Gleichgewicht, das dem Intuitiven Kriterium genügt, ist die Anreizbedingung (4.67) des Eigentümer-Managers von L bindend: $\partial\mathcal{L}(\mathbf{v})/\partial\lambda = 0$ und $\lambda > 0$.*

Beweis: Die Beweisführung erfolgt mit Hilfe eines Widerspruchsarguments. Angenommen, $\lambda = 0$. Dann reduziert sich Restriktion (4.63) zu

$$\frac{\partial\mathcal{L}(\mathbf{v})}{\partial z^H} = \int_{\underline{\epsilon}}^{\overline{\epsilon}} U'(W_2^H(\epsilon)) \cdot \frac{n}{(n+m^H-z^H)^2}\, \epsilon f(\epsilon)\, d\epsilon - \nu \leq 0.$$

Sei

$$\frac{\partial V(H, m^H, z^H, a)}{\partial z^H} \equiv \int_{\underline{\epsilon}}^{\overline{\epsilon}} U'(W_2^H(\epsilon))\, \frac{n}{(n+m^H-z^H)^2}\, \epsilon\, f(\epsilon)\, d\epsilon \equiv \overline{V}.$$

Aufgrund von

$$
\begin{aligned}
\overline{V} &= \frac{n}{(n+m^H-z^H)^2}\left(\int_{\underline{\epsilon}}^{0} U'(W_2^H(\epsilon))\,\epsilon\, f(\epsilon)\,d\epsilon + \int_{0}^{\overline{\epsilon}} U'(W_2^H(\epsilon))\,\epsilon\, f(\epsilon)\,d\epsilon\right)\\
&< \frac{n}{(n+m^H-z^H)^2}\left(\int_{\underline{\epsilon}}^{0} U'(W_2^H(0))\,\epsilon\, f(\epsilon)\,d\epsilon + \int_{0}^{\overline{\epsilon}} U'(W_2^H(0))\,\epsilon\, f(\epsilon)\,d\epsilon\right)\\
&= \frac{n}{(n+m^H-z^H)^2}\cdot U'(W_2^H(0))\int_{\underline{\epsilon}}^{\overline{\epsilon}} \epsilon\, f(\epsilon)\,d\epsilon = 0
\end{aligned}
$$

und $\nu \geq 0$ resultiert $\partial\mathcal{L}(\mathbf{v})/\partial z^H < 0$, was $z^H = 0$ impliziert. Hieraus folgt $\partial\mathcal{L}(\mathbf{v})/\partial\nu = m^H > 0$ (aufgrund von Lemma 4.4) und wegen (4.72) $\nu = 0$. Sei mit

$$
\begin{aligned}
V(L, m^H, z^H, a) &= \int_{\underline{\epsilon}}^{\overline{\epsilon}} U\left(\frac{n}{n+m^H}(x_1^H + x_2^H + v_2) - \frac{n}{n+m^H-z^H}\right.\\
&\quad \left.\cdot(x_1^H - x_1^L + x_2^H - x_2^L) + \frac{n}{n+m^H-z^H}\,\epsilon\right) f(\epsilon)\,d\epsilon
\end{aligned}
$$

der Imitierungsnutzen des Eigentümer-Managers von L bezeichnet, der dem zweiten Term der linken Seite von (4.67) entspricht. Differenziert man den Imitierungsnutzen nach m^H, resultiert

$$
\begin{aligned}
&\frac{\partial V(L, m^H, z^H, a)}{\partial m^H}\\
&= -\int_{\underline{\epsilon}}^{\overline{\epsilon}} U'(W_2^L(\epsilon))\left(\frac{n}{(n+m^H)^2}(x_1^H + x_2^H + v_2) - \frac{n}{(n+m^H-z^H)^2}\right.\\
&\quad \left.\cdot(x_1^H - x_1^L + x_2^H - x_2^L) + \frac{n}{(n+m^H-z^H)^2}\,\epsilon\right) f(\epsilon)\,d\epsilon.
\end{aligned}
$$

Unter Berücksichtigung von $z^H = 0$ vereinfacht sich dies zu

$$
\begin{aligned}
&\frac{\partial V(L, m^H, 0, a)}{\partial m^H}\\
&= -\int_{\underline{\epsilon}}^{\overline{\epsilon}} U'(W_2^L(\epsilon); z^H = 0)\left(\frac{n}{(n+m^H)^2}(x_1^L + x_2^L + v_2 + \epsilon)\right) f(\epsilon)\,d\epsilon.
\end{aligned}
$$

Aufgrund von $x_1^L + x_2^L + v_2 + \underline{\epsilon} > 0$ (wegen $x_2^L \geq \underline{\epsilon}$) und $U'(W_2^L(\epsilon)) > 0$ $(\forall\epsilon)$ ist der Integrand positiv. Folglich nimmt das Integral einen positiven Wert an, was $\partial V(L, m^H, 0, a)/\partial m^H < 0$ impliziert. Verzichtet der Eigentümer-Manager von H auf Aktienrückkäufe ($z^H = 0$), nimmt der Imitierungsnutzen des Eigentümer-Managers von L monoton mit der Anzahl neu auszugebender Aktien

m^H ab. Bedingung (4.67) ist deshalb für $z^H = 0$ nur dann nicht verletzt, wenn $m^H \geq m^L$ gilt. Aufgrund von $x_1^H + x_2^H > x_1^L + x_2^L$ und

$$\frac{m^L}{n + m^L}(x_1^L + x_2^L + v_2) = c$$

ist dann die Finanzierungsrestriktion des Eigentümer-Managers von H nicht bindend:

$$\frac{\partial \mathcal{L}(\mathbf{v})}{\partial \mu} = \frac{m^H}{n + m^H}(x_1^H + x_2^H + v_2) - c \geq \frac{m^L}{n + m^L}(x_1^H + x_2^H + v_2) - c > 0.$$

Dies hat $\mu = 0$ zur Konsequenz. In Verbindung mit $z^H = \lambda = \nu = 0$ reduziert sich die wegen Lemma 4.4 mit Gleichheit erfüllte Bedingung (4.65) zu

$$\frac{\partial \mathcal{L}(\mathbf{v})}{\partial m^H} = -\frac{n}{(n + m^H)^2}\int_{\underline{\epsilon}}^{\bar{\epsilon}} U'(W_2^H(\epsilon))\,(x_1^H + x_2^H + \epsilon + v_2) f(\epsilon)\, d\epsilon = 0 \tag{4.74}$$

Wegen $x_1^H + x_2^H + v_2 + \underline{\epsilon} > 0$ – das strenge Ungleichheitszeichen ergibt sich aufgrund von $x_2^H > x_2^L \geq \underline{\epsilon} \geq 0$ – und $U'(W_2^H(\epsilon)) > 0$ $(\forall \epsilon)$ ist der Integrand immer positiv, so dass auch das Integral einen positiven Wert annimmt. Deshalb ist die linke Seite von (4.74) negativ, was eine Verletzung dieser Bedingung zur Folge hat. Aus der Ausgangsannahme $\lambda = 0$ resultiert somit ein Widerspruch, weshalb die Kuhn-Tucker Bedingungen nur für $\lambda > 0$ erfüllt sein können. Dies impliziert wegen Gleichung (4.68) eine bindende Restriktion (4.67). ■

Der Eigentümer-Manager von H, der den Typ seines Unternehmens mit Hilfe einer Restriktion (4.67) als strikte Ungleichung erfüllenden Signalkombination $(\hat{m}^H, \hat{z}^H)$ enthüllt, kann durch folgende Strategien sein Nutzenniveau steigern, ohne dem Eigentümer-Manager von L einen Imitierungsanreiz zu bieten: Erwirbt er bisher eine positive Zahl von Aktien zurück $(\hat{z}^H > 0)$, kann er die Anzahl zurückzuerwerbender Anteile etwas reduzieren. Daraus resultiert bei unverändertem erwarteten Vermögen des Eigentümer-Managers von H eine Verminderung seiner Beteiligungsquote in t_2, was eine geringere Partizipation des Eigentümer-Managers an der stochastischen Komponente der Unternehmensrückflüsse zur Konsequenz hat. Aufgrund seiner Risikoaversion bewirkt die reduzierte Risikoposition des Eigentümer-Managers einen Anstieg seines Erwartungsnutzens. Eine Verminderung der Anzahl zurückzuerwerbender Anteile hat jedoch auch einen Anstieg des Imitierungsnutzens des Eigentümer-Managers von L zur Konsequenz. Ursächlich hierfür ist neben der geringeren

Risikopartizipation der reduzierte Umfang der Vermögensverschiebung zu Lasten des am Aktienrückerwerb nicht teilnehmenden Eigentümer-Managers von L. Da das von ihm geführte Unternehmen bei Wahl einer Imitierungspolitik auch zum Rückerwerbszeitpunkt als vom Typ H klassifiziert wird – dies ergibt sich aus Annahme 4.2 –, ist der Aktienrückerwerb zum Börsenkurs eines Unternehmens vom Typ H durchzuführen. Dieser übersteigt jedoch den erwarteten Barwert der Rückflüsse, der auf eine Aktie des Unternehmens vom Typ L entfällt. Somit leisten die nicht am Rückerwerb teilnehmenden Aktionäre – zu dieser Gruppe gehört auch der Eigentümer-Manager von L – einen Vermögenstransfer an die veräußernden Aktionäre. Folglich geht eine Verminderung der Zahl zurückzuerwerbender Aktien mit einem Anstieg des Endvermögens des Eigentümer-Managers von L einher, was eine Zunahme seines Erwartungsnutzens bewirkt. Sofern die Reduktion der Zahl zurückzuerwerbender Aktien hinreichend klein ist, resultiert jedoch kein Verstoß gegen die Anreizbedingung (4.67).

Verzichtet der Eigentümer-Manager von H von vornherein auf einen Aktienrückerwerb ($\hat{z}^H = 0$) und soll die Anreizbedingung (4.67) dennoch als strikte Ungleichung erfüllt sein, muss der Eigentümer-Manager von H eine größere Zahl von Aktien als der Eigentümer-Manager von L emittieren: $\hat{m}^H > m^L$. Dann besteht auch in diesem Fall ein Spielraum zur Steigerung des Erwartungsnutzens des Eigentümer-Managers von H, ohne die Anreizbedingung (4.67) zu verletzen. Hierzu hat der Eigentümer-Manager von H den Umfang des Underpricing und damit die Anzahl der Aktien zu vermindern, die er im Wege der Kapitalerhöhung ausgibt. Der daraus resultierende Anstieg seiner Beteiligungsquote in t_2 sichert ihm einen größeren Anteil an den zustandsabhängigen Unternehmensrückflüssen, was ihm in jedem Umweltzustand ein höheres Endvermögen verspricht. Dies bewirkt einen Anstieg seines Erwartungsnutzens. Aus denselben Gründen hat eine Verminderung von $\hat{m}^H$ eine Zunahme des Imitierungsnutzens des Eigentümer-Managers von L zur Folge. Eine hinreichend kleine Reduktion von $\hat{m}^H$ führt jedoch nicht zu einer Verletzung der Anreizbedingung (4.67), weil diese für $(\hat{m}^H, 0)$ annahmegemäß als strenge Ungleichung erfüllt sein soll.

Somit bleibt festzuhalten: Ist die Anreizbedingung (4.67) des Eigentümer-Managers von L nicht mit Gleichheit erfüllt, kann der Eigentümer-Manager von H durch Reduktion von z^H und/oder m^H ein höheres Niveau des Erwartungsnutzens erreichen, ohne die Anreizbedingung (4.67) zu verletzen. Folglich muss die Ungleichung (4.67) in einem separierenden Bayes-Nash-Gleichgewicht, das dem Intuitiven Kriterium genügt, bindend sein.

Wenn der Eigentümer-Manager von H allein auf Underpricing rekurriert, um den Eigentümer-Manager eines Unternehmens vom Typ L von einer Imitierungspolitik abzuhalten, muss er mindestens m^L junge Aktien im Zuge der Kapitalerhöhung emittieren. Es ist für den Eigentümer-Manager von H allerdings niemals lohnend, *mehr* als m^L Anteile auszugeben, weil die Anreizbedingung (4.67) bereits bei Emission von m^L Aktien – mit Gleichheit – erfüllt ist. Dann imitiert der Eigentümer-Manager von H faktisch die First-best-Finanzierungsofferte des Eigentümer-Managers von L $(m^H, z^H) = (m^L, 0)$. Da in diesem Falle beide Eigentümer-Manager übereinstimmende Strategien wählen, kann hieraus kein separierendes Gleichgewicht resultieren.[44] Dies lässt den Schluss zu, dass sich der Eigentümer-Manager von H zumindest nicht ausschließlich auf Underpricing stützen wird, um den Typ seines Unternehmens glaubwürdig zu signalisieren. Wie Proposition 4.7 zeigt, werden hierzu auch Aktienrückkäufe verwendet.

Proposition 4.7 *In einem separierenden Bayes-Nash-Gleichgewicht, das dem Intuitiven Kriterium genügt, erwirbt der Eigentümer-Manager von H eine positive Anzahl von Aktien zurück:* $z^H > 0$ $(\partial \mathcal{L}(\mathrm{v})/\partial z^H = 0)$.

Beweis: Die Beweisführung beruht auf einem Widerspruchsargument. Angenommen, $z^H = 0$. Aufgrund von $m^H > 0$ (Lemma 4.4) ergibt sich dann aus den Bedingungen (4.71) und (4.72) $\nu = 0$. Darüber hinaus kann Restriktion (4.67) für $z^H = 0$ nur erfüllt sein, wenn $m^H \geq m^L$ gilt, was $\mu = 0$ impliziert.[45] Die Bedingungen (4.63) und (4.65) – wobei Letztere wegen Lemma 4.4 bindend ist – vereinfachen sich damit wie folgt:

$$\begin{aligned}\frac{\partial \mathcal{L}(\mathrm{v})}{\partial z^H} &= \frac{n}{(n+m^H)^2} \cdot \int_{\underline{\epsilon}}^{\overline{\epsilon}} U'(W_2^H(\epsilon))\,\epsilon\, f(\epsilon)\,d\epsilon - \lambda \frac{n}{(n+m^H)^2} \\ &\quad \cdot \int_{\underline{\epsilon}}^{\overline{\epsilon}} U'(W_2^L(\epsilon))\,(\epsilon - (x_1^H - x_1^L + x_2^H - x_2^L))\, f(\epsilon)\,d\epsilon \leq 0\end{aligned}$$

[44] Wählt der Eigentümer-Manager von H $(m^H, z^H) = (m^L, 0)$, ist in Abhängigkeit von der zugrunde liegenden Parameterkonstellation gegebenenfalls auch die Anreizbedingung (4.58) des Eigentümer-Managers von H verletzt.

[45] Dies wurde im Beweis von Proposition 4.6 demonstriert.

$$\frac{\partial \mathcal{L}(\mathbf{v})}{\partial m^H}$$
$$= -\frac{n}{(n+m^H)^2}\int_{\underline{\epsilon}}^{\overline{\epsilon}} U'(W_2^H(\epsilon))\,(x_1^H + x_2^H + \epsilon + v_2)\,f(\epsilon)\,d\epsilon + \lambda\,\frac{n}{(n+m^H)^2}$$
$$\cdot \int_{\underline{\epsilon}}^{\overline{\epsilon}} U'(W_2^L(\epsilon))\left(x_1^H + x_2^H + \epsilon + v_2 - (x_1^H - x_1^L + x_2^H - x_2^L)\right) f(\epsilon)\,d\epsilon = 0.$$

Dividiert man die beiden Bedingungen jeweils durch $n/(n+m^H)^2$, verbleibt

$$\int_{\underline{\epsilon}}^{\overline{\epsilon}} U'(W_2^H(\epsilon))\,\epsilon\, f(\epsilon)\,d\epsilon - \lambda \int_{\underline{\epsilon}}^{\overline{\epsilon}} U'(W_2^L(\epsilon))$$
$$\cdot(\epsilon - (x_1^H - x_1^L + x_2^H - x_2^L))\,f(\epsilon)\,d\epsilon \;\leq\; 0 \tag{4.75}$$

$$-\int_{\underline{\epsilon}}^{\overline{\epsilon}} U'(W_2^H(\epsilon))\,(x_1^H + x_2^H + \epsilon + v_2)\,f(\epsilon)\,d\epsilon + \lambda \int_{\underline{\epsilon}}^{\overline{\epsilon}} U'(W_2^L(\epsilon))$$
$$\cdot\left(x_1^H + x_2^H + \epsilon + v_2 - (x_1^H - x_1^L + x_2^H - x_2^L)\right) f(\epsilon)\,d\epsilon \;=\; 0. \tag{4.76}$$

Auflösen von (4.76) nach λ ergibt

$$\lambda = \frac{\int_{\underline{\epsilon}}^{\overline{\epsilon}} U'(W_2^H(\epsilon))\,(x_1^H + x_2^H + \epsilon + v_2)\,f(\epsilon)\,d\epsilon}{\int_{\underline{\epsilon}}^{\overline{\epsilon}} U'(W_2^L(\epsilon))\left(x_1^H + x_2^H + \epsilon + v_2 - (x_1^H - x_1^L + x_2^H - x_2^L)\right) f(\epsilon)\,d\epsilon}$$
$$= \frac{\int_{\underline{\epsilon}}^{\overline{\epsilon}} U'(W_2^H(\epsilon))\,(x_1^H + x_2^H + \epsilon + v_2)\,f(\epsilon)\,d\epsilon}{\int_{\underline{\epsilon}}^{\overline{\epsilon}} U'(W_2^L(\epsilon))\,(x_1^L + x_2^L + \epsilon + v_2)\,f(\epsilon)\,d\epsilon}. \tag{4.77}$$

Aufgrund von $x_1^L + x_2^L + v_2 + \underline{\epsilon} > 0$ und $U'(W_2^\theta(\epsilon)) > 0$ $(\forall \epsilon)$ sind sowohl der Zähler Z als auch der Nenner N dieses Ausdrucks positiv, was $\lambda > 0$ impliziert. Im Folgenden wird gezeigt, dass $Z > N$ und deshalb $\lambda \geq 1$ gelten muss. Sei $x^\theta = x_1^\theta + x_2^\theta$ $(\forall \theta \in \{L, H\})$. Dann können Zähler bzw. Nenner von (4.77) allgemein geschrieben werden als

$$K^\theta = \int_{\underline{\epsilon}}^{\overline{\epsilon}} U'(W_2^\theta(\epsilon)) \cdot (x^\theta + \epsilon + v_2) f(\epsilon) d\epsilon,$$

wobei $K^H = Z$, $K^L = N$ und – wegen $z^H = 0$ –

$$W_2^\theta(\epsilon) = \frac{n}{n+m^H}\,(x^\theta + \epsilon + v_2).$$

Differenziert man K^θ nach x^θ, resultiert

$$\begin{aligned}\frac{\partial K^\theta}{\partial x^\theta} &= \int_{\underline{\epsilon}}^{\bar{\epsilon}} \left(U''(W_2^\theta(\epsilon)) \frac{n}{n+m^H} (x^\theta + \epsilon + v_2) + U'(W_2^\theta(\epsilon)) \right) f(\epsilon)\, d\epsilon \\ &= \int_{\underline{\epsilon}}^{\bar{\epsilon}} \left(U''(W_2^\theta(\epsilon))\, W_2^\theta(\epsilon) + U'(W_2^\theta(\epsilon)) \right) f(\epsilon)\, d\epsilon. \qquad (4.78)\end{aligned}$$

Da der Eigentümer-Manager eines Unternehmens vom Typ θ aufgrund von Annahme 4.4 einen relativen Risikoaversionskoeffizienten von

$$r(W_2^\theta(\epsilon)) = -W_2^\theta(\epsilon)\, \frac{U''(W_2^\theta(\epsilon))}{U'(W_2^\theta(\epsilon))} \leq 1 \quad \forall \epsilon$$

aufweist, ist der Integrand von (4.78) niemals negativ, was $\partial K^\theta / \partial x^\theta \geq 0$ zur Konsequenz hat. Wegen $x^H > x^L$ erhält man somit $Z = K^H \geq K^L = N$, was

$$\begin{aligned}&\int_{\underline{\epsilon}}^{\bar{\epsilon}} U'(W_2^H(\epsilon))\, (x_1^H + x_2^H + \epsilon + v_2)\, f(\epsilon)\, d\epsilon \\ \geq &\int_{\underline{\epsilon}}^{\bar{\epsilon}} U'(W_2^L(\epsilon))\, (x_1^L + x_2^L + \epsilon + v_2)\, f(\epsilon)\, d\epsilon,\end{aligned}$$

impliziert. Aufgrund von $Z > 0$ und $N > 0$ resultiert hieraus $\lambda \geq 1$. Addition der Terme von (4.75) und (4.76) führt auf

$$-(x_1^H + x_2^H + v_2) \left(\int_{\underline{\epsilon}}^{\bar{\epsilon}} U'(W_2^H(\epsilon))\, f(\epsilon)\, d\epsilon - \lambda \int_{\underline{\epsilon}}^{\bar{\epsilon}} U'(W_2^L(\epsilon))\, f(\epsilon)\, d\epsilon \right) \;\leq\; 0.$$

Nach einer Division durch $-(x_1^H + x_2^H + v_2)$ verbleibt

$$\int_{\underline{\epsilon}}^{\bar{\epsilon}} U'(W_2^H(\epsilon))\, f(\epsilon)\, d\epsilon - \lambda \int_{\underline{\epsilon}}^{\bar{\epsilon}} U'(W_2^L(\epsilon))\, f(\epsilon)\, d\epsilon \;\geq\; 0.$$

Wegen $\lambda \geq 1$ und $U'(.) > 0$ muss dann auch

$$\int_{\underline{\epsilon}}^{\bar{\epsilon}} U'(W_2^H(\epsilon))\, f(\epsilon)\, d\epsilon - \int_{\underline{\epsilon}}^{\bar{\epsilon}} U'(W_2^L(\epsilon))\, f(\epsilon)\, d\epsilon \;\geq\; 0 \qquad (4.79)$$

erfüllt sein. Aufgrund von $W_2^H(\epsilon) > W_2^L(\epsilon)$ und $U''(W_2^\theta(\epsilon)) < 0$ $(\forall\, \epsilon)$ gilt jedoch $U'(W_2^H(\epsilon)) < U'(W_2^L(\epsilon))$ $\forall \epsilon$ und damit

$$\int_{\underline{\epsilon}}^{\bar{\epsilon}} U'(W_2^H(\epsilon))\, f(\epsilon)\, d\epsilon - \int_{\underline{\epsilon}}^{\bar{\epsilon}} U'(W_2^L(\epsilon))\, f(\epsilon)\, d\epsilon \;<\; 0,$$

so dass (4.79) verletzt ist. Somit resultiert aus $z^H = 0$ ein Widerspruch und damit eine Verletzung der Kuhn-Tucker Bedingungen. Folglich muss im Optimum $z^H > 0$ gelten, was wegen (4.64) $\partial\mathcal{L}(\mathrm{v})/\partial z^H = 0$ zur Konsequenz hat. ∎

Proposition 4.7 besagt, dass der Eigentümer-Manager von H den Typ seines Unternehmens zumindest teilweise im Wege eines Aktienrückerwerbs signalisiert. Dies setzt voraus, dass – ausgehend von einem vollständigen Rückerwerbsverzicht – die Grenzkosten des Aktienrückerwerbs für den Eigentümer-Manager von H geringer als die Grenzkosten des Underpricing sind. Als Grenzkosten des Aktienrückerwerbs (des Underpricing) wird dabei die Einbuße im Erwartungsnutzen des Eigentümer-Managers von H verstanden, die er bei einer mit Hilfe eines Aktienrückerwerbs (einer zusätzlichen Ausgabe junger Aktien) vorgenommenen Verminderung des Imitierungsnutzens des Eigentümer-Managers von L um eine marginale Einheit hinzunehmen hat. Im Folgenden werden die Gründe aufgedeckt, welche für die geringeren Grenzkosten des Aktienrückerwerbs im Vergleich zu denen des Underpricing verantwortlich sind.

Verwendet der Eigentümer-Manager von H Underpricing als Signal zur Enthüllung des Typs seines Unternehmens, gewährt er dem Kapitalmarkt einen Anteil am Unternehmen, dessen Wert die Anschaffungsauszahlung c des Investitionsprojekts I_0 übersteigt. Die hierzu erforderliche zusätzliche Ausgabe von Aktien reduziert die Beteiligungsquote des Eigentümer-Managers, was eine geringere Partizipation des Eigentümer-Managers am zustandsabhängigen Unternehmenswert in t_2 zur Folge hat. Dadurch erleidet der Eigentümer-Manager von H eine Nutzeneinbuße – ebenso wie der Eigentümer-Manager von L, wenn er die Politik von H imitiert. Nicht ohne weiteres lässt sich die Frage beantworten, welcher der beiden Eigentümer-Manager einen stärkeren Nutzenrückgang hinzunehmen hat. Ursächlich hierfür sind zwei gegenläufig wirkende Effekte:

(1) Da die Rückflüsse eines Unternehmens vom Typ H in jedem Umweltzustand höher sind als die Rückflüsse von L, führt der mit einer zusätzlichen Ausgabe von Anteilen verknüpfte Rückgang der Beteiligungsquote beim Eigentümer-Manager von H zu einem absolut höheren Vermögensverlust.

(2) Aufgrund des höheren Vermögens des Eigentümer-Managers von H in Verbindung mit der Konkavität der Nutzenfunktion hat er bei einem gegebenen Vermögensrückgang eine geringere Nutzeneinbuße in Kauf zu nehmen als der Eigentümer-Manager von L.

Annahme 4.4, die einen relativen Risikoaversionskoeffizienten von $r(W_2^\theta) \leq 1$ vorgibt, ist ausschlaggebend dafür, dass der Eigentümer-Manager von L – ausgehend von einem vollständigen Rückerwerbsverzicht – bei der Ausgabe einer zusätzlichen jungen Aktie niemals eine größere Nutzeneinbuße als der Eigentümer-Manager von H erleidet. Um dies zu demonstrieren, ist zunächst der Erwartungsnutzen

$$V(\theta, m, 0, a) \;=\; \int_{\underline{\epsilon}}^{\overline{\epsilon}} U\left(\frac{n}{n+m}\,(x^\theta + \epsilon + v_2)\right)\, dF(\epsilon)$$

des Eigentümer-Managers eines Unternehmens vom Typ θ nach m abzuleiten:[46]

$$\frac{\partial V(\theta, m, 0, a)}{\partial m} \;=\; -\int_{\underline{\epsilon}}^{\overline{\epsilon}} U'\left(W_2^\theta\right) \frac{n}{(n+m)^2}\,(x^\theta + \epsilon + v_2)\, dF(\epsilon) < 0. \tag{4.80}$$

Dabei wird mit $W_2^\theta(\epsilon) = \frac{n}{n+m}\,(x^\theta + \epsilon + v_2)$ das zustandsabhängige Endvermögen des Eigentümer-Managers von θ bezeichnet. Differenziert man die in (4.80) wiedergegebene Ableitung partiell nach x^θ, resultiert

$$\begin{aligned} &\frac{\partial^2 V(\theta, m, 0, a))}{\partial m\, \partial x^\theta} \\ &= -\frac{n}{(n+m)^2} \int_{\underline{\epsilon}}^{\overline{\epsilon}} \left(U''(W_2^\theta)\,\frac{n}{n+m}\,(x^\theta + \epsilon + v_2) + U'(W_2^\theta)\right) dF(\epsilon) \\ &= -\frac{n}{(n+m)^2} \int_{\underline{\epsilon}}^{\overline{\epsilon}} \left(U''(W_2^\theta)\, W_2^\theta + U'(W_2^\theta)\right) dF(\epsilon). \end{aligned} \tag{4.81}$$

Aufgrund von $r(W_2^\theta) = -W_2^\theta\, U''(W_2^\theta)/U'(W_2^\theta) \leq 1$ besitzt der Integrand von (4.81) niemals ein negatives Vorzeichen. Folglich ist das Integral nicht negativ. Dies impliziert

$$\partial^2 V(\theta, m, 0, a)/(\partial m\, \partial x^\theta) \leq 0.$$

Wegen $x^L < x^H$ erhält man schließlich

$$\partial V(H, m, 0, a)/\partial m \leq \partial V(L, m, 0, a)/\partial m < 0.$$

Somit hat die Annahme eines relativen Risikoaversionskoeffizienten von $r(W_2^\theta) \leq 1$ zur Konsequenz, dass der Erwartungsnutzen des Eigentümer-Managers von H infolge der Emission einer weiteren Aktie mindestens so stark

[46] Es wird wiederum die Definition $x^\theta \equiv x_1^\theta + x_2^\theta$ verwendet.

wie derjenige des Eigentümer-Managers von L sinkt. Ausgehend von einem vollständigen Rückerwerbsverzicht, belaufen sich die Grenzkosten des Underpricing auf

$$GK^{up}(H) = \frac{\partial V(H, m, 0, a)/\partial m}{\partial V(L, m, 0, a)/\partial m} \geq 1.$$

Im Folgenden werden die Grenzkosten des Aktienrückerwerbs bestimmt, der sich in einem separierenden Gleichgewicht in zweifacher Weise auf das Nutzenniveau der Eigentümer-Manager auswirken kann:

(1) *Vermögenstransfer.* Zunächst ist festzuhalten, dass die Kapitalmarktakteure in einem separierenden Gleichgewicht mit Wahrscheinlichkeit eins davon ausgehen, dass das Angebot zum Aktienrückerwerb vom Eigentümer-Manager eines Unternehmens vom Typ H stammt. Deshalb fordern sie als Rückerwerbspreis den Börsenkurs von H zum Rückerwerbszeitpunkt. Der Eigentümer-Manager von L, der die Rückerwerbspolitik des Eigentümer-Managers von H imitiert, hat folglich Aktien zu einem Kurs zurückzukaufen, der den wahren Wert einer Aktie des Unternehmenstyps L überschreitet. Dies hat zur Konsequenz, dass Vermögen von den nicht veräußernden Aktionären an die veräußernden Aktionäre transferiert wird. Da der Eigentümer-Manager von L am Rückerwerb nicht teilnimmt, erleidet auch er einen Vermögensverlust, was sich ceteris paribus in einer Verminderung seines Erwartungsnutzens niederschlägt.

Für den Eigentümer-Manager von H ergibt sich aus einem Aktienrückerwerb dagegen keine Änderung des erwarteten Endvermögens, weil die Aktien zum fairen Börsenkurs p_1^H zurückerworben werden. Deshalb bleibt auch das Nutzenniveau des Eigentümer-Managers von H ceteris paribus unverändert. Somit kann festgehalten werden: Imitiert der Eigentümer-Manager von L das Rückerwerbssignal, so hat er einen Vermögenstransfer an die veräußernden Aktionäre zu leisten und damit ceteris paribus einen Rückgang des Imitierungsnutzens hinzunehmen. Dagegen bewirkt die Übermittlung des Signals Aktienrückerwerb keine Vermögenseinbuße und insofern auch keine Abnahme des Nutzenniveaus beim Eigentümer-Manager von H.

(2) *Risikoübernahme.* Da der Eigentümer-Manager am Aktienrückerwerb annahmegemäß nicht teilnimmt, besitzt er nach vollzogenem Rückerwerb eine höhere prozentuale Beteiligung am Unternehmen. Dadurch partizipiert er in größerem Umfang an der stochastischen Komponente der Unternehmensrückflüsse in t_2, was sich für den risikoaversen Eigentümer-Manager – unabhängig vom zugrunde liegenden Unternehmenstyp – ceteris paribus Nutzen mindernd

auswirkt. Ob der Eigentümer-Manager von L oder derjenige von H infolge einer zusätzlich zurückerworbenen Aktie eine größere Nutzeneinbuße erleidet, hängt vom Verlauf der Nutzenfunktion ab.

Während der erste mit einem Aktienrückerwerb einhergehende Effekt nur beim Eigentümer-Manager von L einen Nutzenrückgang auslöst, ergibt sich aus dem zweiten Effekt – der zusätzlichen Risikoübernahme – für beide Eigentümer-Manager eine Nutzenminderung. Die Annahme eines relativen Risikoaversionskoeffizienten von $r(W_2^\theta) \leq 1$ ist hinreichend dafür, dass der Eigentümer-Manager von L – ausgehend von einem vollständigen Rückerwerbsverzicht – aufgrund eines zusätzlichen Aktienrückerwerbs einen höheren Nutzenrückgang als der Eigentümer-Manager von H hinzunehmen hat. Um dies nachzuweisen, ist zunächst der Erwartungsnutzen

$$V(H, m^H, z^H, a) = \int_{\underline{\epsilon}}^{\bar{\epsilon}} U\left(\frac{n}{n + m^H - z^H}\left(x_1^H - z^H p_1^H + x_2^H + \epsilon + v_2\right)\right) dF(\epsilon)$$

des Eigentümer-Managers von H nach z^H zu differenzieren:

$$\begin{aligned} &\frac{\partial V(H, m^H, z^H, a)}{\partial z^H} \\ = &\int_{\underline{\epsilon}}^{\bar{\epsilon}} \Bigg[U'(W_2^H(\epsilon))\frac{n}{(n + m^H - z^H)^2}\left(x_1^H - z^H p_1^H + x_2^H + \epsilon + v_2\right) \\ &-U'(W_2^H(\epsilon))\frac{n}{n + m^H - z^H}\, p_1^H\Bigg]\, dF(\epsilon). \end{aligned}$$

Evaluiert man diese Ableitung an der Stelle $z^H = 0$, resultiert

$$\begin{aligned} \left.\frac{\partial V(H, m^H, z^H, a)}{\partial z^H}\right|_{z^H=0} = &\overbrace{\int_{\underline{\epsilon}}^{\bar{\epsilon}} U'(W_2^H(\epsilon))\frac{n}{(n + m^H)^2}\left(x_1^H + x_2^H + \epsilon + v_2\right) dF(\epsilon)}^{-\left.\frac{\partial V(H, m^H, z^H, a)}{\partial m^H}\right|_{z^H=0}} \\ &- \int_{\underline{\epsilon}}^{\bar{\epsilon}} U'(W_2^H(\epsilon))\frac{n}{n + m^H}\, p_1^H\, dF(\epsilon). \end{aligned} \tag{4.82}$$

Differenziert man den Imitierungsnutzen

$$V(L, m^H, z^H, a) = \int_{\underline{\epsilon}}^{\bar{\epsilon}} U\left(\frac{n}{n + m^H - z^H}\left(x_1^L - z^H p_1^H + x_2^L + \epsilon + v_2\right)\right) dF(\epsilon)$$

nach z^H, erhält man

$$\begin{aligned}
&\frac{\partial V(L, m^H, z^H, a)}{\partial z^H} \\
&= \int_{\underline{\epsilon}}^{\bar{\epsilon}} U'(W_2^L(\epsilon)) \frac{n}{(n + m^H - z^H)^2} (x_1^L - z^H p_1^H + x_2^L + \epsilon + v_2)\, dF(\epsilon) \\
&\quad - \int_{\underline{\epsilon}}^{\bar{\epsilon}} U'(W_2^L(\epsilon)) \frac{n}{n + m^H - z^H} p_1^H\, dF(\epsilon).
\end{aligned}$$

An der Stelle $z^H = 0$ nimmt die Ableitung folgenden Wert an:

$$\begin{aligned}
\left.\frac{\partial V(L, m^H, z^H, a)}{\partial z^H}\right|_{z^H=0} &= \overbrace{\int_{\underline{\epsilon}}^{\bar{\epsilon}} U'(W_2^L(\epsilon)) \frac{n}{(n + m^H)^2} (x_1^L + x_2^L + \epsilon + v_2)\, dF(\epsilon)}^{-\left.\frac{\partial V(L, m^H, z^H, a)}{\partial m^H}\right|_{z^H=0}} \\
&\quad - \int_{\underline{\epsilon}}^{\bar{\epsilon}} U'(W_2^L(\epsilon)) \frac{n}{n + m^H} p_1^H\, dF(\epsilon).
\end{aligned} \tag{4.83}$$

Subtrahiert man die Differenz der Terme auf den rechten Seiten von (4.82) von (4.83), resultiert

$$\begin{aligned}
&\left.\frac{\partial V(L, m^H, z^H, a)}{\partial z^H}\right|_{z^H=0} - \left.\frac{\partial V(H, m^H, z^H, a)}{\partial z^H}\right|_{z^H=0} \\
&= \left.\frac{\partial V(H, m^H, z^H, a)}{\partial m^H}\right|_{z^H=0} - \left.\frac{\partial V(L, m^H, z^H, a)}{\partial m^H}\right|_{z^H=0} - \frac{n}{n + m^H} p_1^H \\
&\quad \times \int_{\underline{\epsilon}}^{\bar{\epsilon}} \left[U'(W_2^L(\epsilon)) - U'(W_2^H(\epsilon))\right] dF(\epsilon),
\end{aligned} \tag{4.84}$$

wobei

$$\left.\frac{\partial V(H, m^H, z^H, a)}{\partial m^H}\right|_{z^H=0} - \left.\frac{\partial V(L, m^H, z^H, a)}{\partial m^H}\right|_{z^H=0} \leq 0.$$

Wegen $W_2^H(\epsilon) > W_2^L(\epsilon)$ für alle ϵ und der Konkavität der Nutzenfunktion gilt $0 < U'(W_2^H(\epsilon)) < U'(W_2^L(\epsilon))$ für alle ϵ. Deshalb nimmt der Integralterm von (4.84) einen positiven Wert an:

$$\int_{\underline{\epsilon}}^{\bar{\epsilon}} \left[U'(W_2^L(\epsilon)) - U'(W_2^H(\epsilon))\right] dF(\epsilon) > 0.$$

Dies impliziert

$$\left.\frac{\partial V(L, m^H, z^H, a)}{\partial z^H}\right|_{z^H=0} - \left.\frac{V(H, m^H, z^H, a)}{\partial z^H}\right|_{z^H=0} < 0.$$

Wie sich leicht nachprüfen lässt, besitzen die beiden partiellen Ableitungen (4.82) und (4.83) ein negatives Vorzeichen. Deshalb gilt

$$\left|\frac{\partial V(L, m^H, 0, a)}{\partial z^H}\right| > \left|\frac{\partial V(H, m^H, 0, a)]}{\partial z^H}\right|.$$

Daraus folgt: Ausgehend von einem Rückerwerbsverzicht, erleidet der Eigentümer-Manager von L infolge eines zusätzlichen Aktienrückerwerbs eine größere Nutzeneinbuße als der Eigentümer-Manager von H. Für diesen sind die Grenzkosten eines Aktienrückerwerbs strikt kleiner als eins und damit geringer als die Grenzkosten des Underpricing:

$$GK^{re}(H) = \frac{\partial V(H, m^H, 0, a)/\partial z^H}{\partial V(L, m^H, 0, a)/\partial z^H} < 1 \leq GK^{up}(H).$$

Somit bleibt festzuhalten: Während der Eigentümer-Manager von H aufgrund der Ausgabe einer zusätzlichen Aktie einen mindestens so hohen Nutzenrückgang wie der Eigentümer-Manager von L in Kauf zu nehmen hat, bewirkt ein zusätzlicher Aktienrückerwerb eine höhere Nutzeneinbuße beim Eigentümer-Manager von L. Deshalb sind die Grenzkosten des Aktienrückerwerbs aus der Perspektive des Eigentümer-Managers von H geringer als die des Underpricing, sofern die als Ausgangspunkt dienende Signalkombination keinen Aktienrückerwerb enthält. Folglich wird der Eigentümer-Manager von H den Typ seines Unternehmens nicht allein mit Underpricing signalisieren; er wird hierzu auch auf Aktienrückkäufe zurückgreifen und eine positive Anzahl von Aktien zurückerwerben.

Es lässt sich sogar zeigen, dass die Grenzkosten des Aktienrückerwerbs die Grenzkosten des Underpricing *immer* unterschreiten. Dies hat zur Konsequenz, dass der Eigentümer-Manager von H den Typ seines Unternehmens allein mit Hilfe von Aktienrückkäufen signalisiert und auf Underpricing vollständig verzichtet. Um diese Aussage formal zu beweisen, ist ein weiteres Zwischenergebnis erforderlich.

Lemma 4.5 *Der Eigentümer-Manager von H wählt in einem separierenden Bayes-Nash-Gleichgewicht, das dem Intuitiven Kriterium genügt, ein Rückerwerbsvolumen von $z^H\, p_1^H < c$. Er erwirbt nur einen Teil der neu ausgegebenen Aktien zurück: $m^H > z^H$ $(\nu = 0)$.*

<u>Beweis:</u> Zunächst ist festzuhalten, dass die Anreizbedingung (4.67) im Optimum bindend ist. Zum Beweis von Lemma 4.5 wird nun ein Widerspruchsargument konstruiert. Angenommen, $z^H p_1^H \geq c$.[47] Das zustandsabhängige Endvermögen des Eigentümer-Managers von L bei Wahl einer Imitierungspolitik beträgt dann

$$\begin{aligned} W_2^L(\epsilon) &= \frac{n}{n+m^H-z^H}(x_1^L - z^H p_1^H + x_2^L + \epsilon + v_2) \\ &\leq \frac{n}{n+m^H-z^H}(x_1^L - c + x_2^L + \epsilon + v_2) \equiv \overline{W}_2^L(\epsilon). \end{aligned} \qquad (4.85)$$

Das Endvermögen $\overline{W}_2^L(\epsilon)$ lässt sich alternativ schreiben als

$$\begin{aligned} \overline{W}_2^L(\epsilon) &= x_1^L - c + x_2^L + v_2 - \frac{m^H - z^H}{n+m^H-z^H}(x_1^L - c + x_2^L + v_2) \\ &\quad + \frac{n}{n+m^H-z^H}\,\epsilon. \end{aligned} \qquad (4.86)$$

Der aus einer Imitierungspolitik resultierende Erwartungsnutzen $V(L, m^H, z^H, a)$ des Eigentümer-Managers beläuft sich auf

$$\begin{aligned} & V(L, m^H, z^H, a) \qquad (4.87) \\ = & \int_{\underline{\epsilon}}^{\overline{\epsilon}} U\left(\frac{n}{n+m^H-z^H}(x_1^L - z^H p_1^H + x_2^L + \epsilon + v_2)\right) f(\epsilon)\, d\epsilon \\ \leq & \int_{\underline{\epsilon}}^{\overline{\epsilon}} U\left(\frac{n}{n+m^H-z^H}(x_1^L - c + x_2^L + \epsilon + v_2)\right) f(\epsilon)\, d\epsilon \equiv \overline{V}_H^L. \qquad (4.88) \end{aligned}$$

Unter Verwendung von $x_1^L \geq c$ und Gleichung (4.86) kann der Imitierungsnutzen auch wie folgt abgeschätzt werden:

$$\begin{aligned} & V(L, m^H, z^H, a) \qquad (4.89) \\ \leq & \int_{\underline{\epsilon}}^{\overline{\epsilon}} U\Bigg(x_1^L - c + x_2^L + v_2 - \frac{m^H - z^H}{n+m^H-z^H}(x_1^L - c + x_2^L + v_2) \\ & + \frac{n}{n+m^H-z^H}\,\epsilon\Bigg) f(\epsilon)\, d\epsilon \\ \leq & \int_{\underline{\epsilon}}^{\overline{\epsilon}} U\left(x_1^L - c + x_2^L + v_2 + \frac{n}{n+m^H-z^H}\,\epsilon\right) f(\epsilon)\, d\epsilon \equiv \hat{V}^L. \qquad (4.90) \end{aligned}$$

---

[47] Die Finanzierbarkeit eines solchen Ausschüttungsvolumens ist im reduzierten Optimierungsprogramm $\mathcal{P}_1$ formal immer gewährleistet: Aufgrund der Vernachlässigung der Liquiditätsrestriktion (4.60) wird implizit unterstellt, dass jedes Ausschüttungsvolumen in t_1 durch einen Kredit zum risikolosen Zinssatz $i = 0$ finanzierbar ist. Der Kredit ist dann in t_2 zu tilgen und führt bei entsprechend hohem Kreditvolumen zu einem negativen Unternehmensvermögen in t_2.

Wählt der Eigentümer-Manager von L statt einer Imitierungspolitik die im First-best-Fall optimale Politik $(m^L, 0)$, vereinnahmt er ein zustandsabhängiges Endvermögen in Höhe von

$$W_2^{L*}(\epsilon) = \frac{n}{n+m^L}(x_1^L + x_2^L + v_2 + \epsilon). \tag{4.91}$$

Daraus resultiert ein First-best-Nutzen in Höhe von

$$V(L, m^L, 0, a) = \int_{\underline{\epsilon}}^{\overline{\epsilon}} U\left(\frac{n}{n+m^L}(x_1^L + x_2^L + v_2 + \epsilon)\right) f(\epsilon)\, d\epsilon \tag{4.92}$$

Da die Finanzierungsrestriktion (4.46) im First-best-Fall bindend ist, lässt sich das Endvermögen auch wie folgt schreiben:

$$\begin{aligned} W_2^{L*}(\epsilon) &= \left(1 - \frac{m^L}{n+m^L}\right)(x_1^L + x_2^L + v_2) + \frac{n}{n+m^L}\epsilon \\ &= x_1^L - c + x_2^L + v_2 + \frac{n}{n+m^L}\epsilon, \end{aligned} \tag{4.93}$$

was auf einen Erwartungsnutzen des Endvermögens von

$$V(L, m^L, 0, a) = \int_{\underline{\epsilon}}^{\overline{\epsilon}} U\left(x_1^L - c + x_2^L + v_2 + \frac{n}{n+m^L}\epsilon\right) f(\epsilon)\, d\epsilon \tag{4.94}$$

führt.

Fall 1. $\frac{n}{n+m^H-z^H} \leq \frac{n}{n+m^L}$. Aus einem Vergleich von (4.85) und (4.91) folgt aufgrund von $x_2^L + v_2 + \underline{\epsilon} > 0$ und $c > 0$

$$W_2^{L*}(\epsilon) > \frac{n}{n+m^H-z^H}(x_1^L - c + x_2^L + \epsilon + v_2) \geq W_2^L(\epsilon) \quad \forall \epsilon.$$

Integration über den Bereich $[\underline{\epsilon}, \overline{\epsilon}]$ führt unter Verwendung von (4.88) und (4.92) auf

$$V(L, m^L, 0, a) > \overline{V}_H^L \geq V(L, m^H, z^H, a)$$

Folglich ist (4.67) als strikte Ungleichung erfüllt, was im Widerspruch zu Proposition 4.6 steht: Die Anreizbedingung (4.67) muss im Optimum mit Gleichheit erfüllt sein.

Fall 2. $\frac{n}{n+m^H-z^H} > \frac{n}{n+m^L}$. Ein Vergleich von (4.90) und (4.94) zeigt, dass $V(L, m^L, 0, a) > \hat{V}^L \geq V(L, m^H, z^H, a)$ dann erfüllt ist, wenn

$$V^L(\beta) = \int_{\underline{\epsilon}}^{\overline{\epsilon}} U\left(x_1^L - c + x_2^L + v_2 + \beta\,\epsilon\right) f(\epsilon)\, d\epsilon$$

streng monoton fallend in der Beteiligungsquote β ($\forall\beta > 0$) ist. Genau dies ergibt sich aus einer Anwendung von Lemma 4.1: $dV^L(\beta)/d\beta < 0 \; \forall\beta > 0$. Deshalb gilt

$$\begin{aligned} V(L, m^L, 0, a) = V^L\left(\beta = \frac{n}{n + m^L}\right) &> V^L\left(\beta = \frac{n}{n + m^H - z^H}\right) \\ &= \hat{V}^L \geq V(H, m^H, z^H, a). \end{aligned}$$

Folglich ist die Anreizbedingung (4.67) nicht bindend, was im Widerspruch zu dem in Proposition 4.6 abgeleiteten Ergebnis steht.

Im Optimum muss deshalb $z^H p_1^H < c$ erfüllt sein, womit die erste Aussage in Lemma 4.5 bewiesen ist. Werden alle neu ausgegebenen Aktien zurückerworben, $m^H = z^H$, beläuft sich das Ausschüttungsvolumen wegen

$$z^H p_1^H = m^H p_1^H = \frac{m^H}{n + m^H} (x_1^H + x_2^H + v_2)$$

und Bedingung (4.69) auf $z^H p_1^H \geq c$. Dies steht jedoch im Widerspruch zur ersten Aussage des Lemmas. Folglich muss $m^H > z^H$ gelten, was $\nu = 0$ impliziert. ∎

Die Signalisierungspolitiken, die mit Hilfe von Lemma 4.5 eliminiert werden, sind mit solch hohen Imitierungskosten für den Eigentümer-Manager von L verbunden, dass dessen Anreizbedingung (4.67) als Ungleichung erfüllt ist. Da (4.67) aufgrund von Proposition 4.6 jedoch bindend sein muss, können diese Signalisierungspolitiken nicht auf ein Bayes-Nash-Gleichgewicht führen, das dem Intuitiven Kriterium genügt. Es verbleibt zu begründen, warum die von Lemma 4.5 ausgeschlossenen Signalisierungspolitiken die Anreizbedingung des Eigentümer-Managers von L als Ungleichung erfüllen.

Wählt der Eigentümer-Manager von H ein Rückerwerbsvolumen, das die Anschaffungsauszahlung des Investitionsprojekts I_0 in Höhe von c nicht unterschreitet, erhalten die Kapitalmarktakteure bereits im Wege einer Ausschüttung mindestens ihren Kapitaleinsatz zurück. Die Vermögensverschiebung zu Lasten der außenstehenden Aktionäre, die aus einer Imitierungspolitik des Eigentümer-Managers von L resultiert, reicht dann nicht aus, um die an die außenstehenden Aktionäre zu leistenden Zahlungen unter deren Kapitaleinsatz zu senken. Die erwarteten Rückflüsse an die Kapitalmarktakteure, die mit einer solchen Imitierungspolitik verknüpft sind, erweisen sich deshalb als mindestens so hoch wie die erwarteten Rückflüsse, welche die Kapitalmarktakteure bei Wahl einer First-best-Politik durch den Eigentümer-Manager von L

vereinnahmen. Dies hat zur Konsequenz, dass das mit einer Imitierungspolitik einhergehende *erwartete* Vermögen des Eigentümer-Managers von L das aus der First-best-Politik resultierende erwartete Vermögen niemals überschreiten kann. Es wird zumindest dann unter dem im First-best-Fall erreichbaren Endvermögen liegen, wenn der Eigentümer-Manager nach vollzogenem Rückerwerb eine geringere Beteiligungsquote als bei seiner First-best-Politik besitzt. Diese verspricht dem Eigentümer-Manager von L dann in jedem Umweltzustand, d.h. für jede Realisation von ϵ, ein höheres Endvermögen als die Imitierungspolitik und stiftet daher auch einen höheren Erwartungsnutzen. Die Anreizbedingung (4.67) ist folglich als Ungleichung erfüllt.

Hält der Eigentümer-Manager von L bei Wahl einer Imitierungspolitik einen größeren prozentualen Anteil an den Unternehmensrückflüssen als bei Wahl der First-best-Politik, resultiert aus einer Imitierungspolitik für große Werte von ϵ gegebenenfalls ein höheres Endvermögen für den Eigentümer-Manager. Allerdings führen kleine Realisationen von ϵ immer zu einem geringeren Vermögen als im First-best-Fall. Aufgrund von $E(\tilde{\epsilon}) = 0$ ändert sich das erwartete Endvermögen des Eigentümer-Managers bei einer Variation der Beteiligung an der stochastischen Komponente der Unternehmenrückflüsse jedoch nicht. Deshalb kann die Imitierungspolitik selbst bei einer gegenüber der First-best-Politik höheren Beteiligungsquote des Eigentümer-Managers kein höheres erwartetes Endvermögen erzeugen.[48] Da der risikoaverse Eigentümer-Manager bei einer höheren Beteiligungsquote stärker am Risiko der Unternehmensrückflüsse partizipiert, ohne ein höheres erwartetes Vermögen zu vereinnahmen, erreicht er im Vergleich zur First-best-Politik ein geringeres Niveau des Erwartungsnutzens. Die Anreizbedingung (4.67) ist deshalb nicht bindend.

Somit bleibt festzuhalten: Signalisiert der Eigentümer-Manager von H den Typ seines Unternehmens mit Hilfe eines Aktienrückerwerbs, dessen Volumen c nicht unterschreitet, dann führt eine Imitierungspolitik auf ein geringeres Nutzenniveau des Eigentümer-Managers von L als eine First-best-Politik. Dies hat eine als strikte Ungleichung erfüllte Anreizbedingung (4.67) zur Konsequenz, was wegen Proposition 4.6 nicht optimal sein kann. Als Spezialfall der oben diskutierten Signalisierungspolitiken ist der Rückerwerb sämtlicher Aktien anzusehen, die in t_0 im Wege der Kapitalerhöhung ausgegeben werden ($z^H = m^H$). Da der Gesamtwert der neu emittierten Aktien die Anschaffungskosten des Investitionsprojekts von c nicht unterschreiten darf und das Rückerwerbsvolumen ($z^H \, p_1^H$) mit dem Ausgabewert der Aktien übereinstimmt, beläuft sich das Aus-

[48]Dies ergibt sich bereits aus obiger Argumentation.

schüttungsvolumen im Falle eines Rückerwerbs aller neu ausgegebenen Anteile auf mindestens c.

Abschließend bleibt zu klären, ob der Eigentümer-Manager von H zur Signalisierung des Typs seines Unternehmens sowohl Underpricing als auch Aktienrückkäufe verwendet oder allein auf Aktienrückkäufe rekurriert. Diesbezüglich lässt sich eine eindeutige Aussage treffen.

Proposition 4.8 *In einem separierenden Bayes-Nash-Gleichgewicht, das dem Intuitiven Kriterium genügt, verzichtet der Eigentümer-Manager von H auf Underpricing der im Zuge der Kapitalerhöhung ausgegebenen Anteile:*

$$m^H = \frac{nc}{x_1^H + x_2^H + v_2 - c}. \tag{4.95}$$

Die Finanzierungsrestriktion (4.69) ist somit bindend ($\partial\mathcal{L}(\mathbf{v})/\partial\mu = 0$ und $\mu > 0$).

<u>Beweis:</u> Mit Hilfe eines Widerspruchsarguments wird gezeigt, dass im Optimum $\mu > 0$ gelten muss. Angenommen, $\mu = 0$. Unter Berücksichtigung von $\nu = 0$ (Lemma 4.5) reduziert sich die wegen Lemma 4.4 mit Gleichheit erfüllte Bedingung (4.65) wie folgt:

$$\begin{aligned}\frac{\partial\mathcal{L}(\mathbf{v})}{\partial m^H} = & -\int_{\underline{\epsilon}}^{\bar{\epsilon}} U'(W_2^H(\epsilon)) \left(\frac{n}{(n+m^H)^2}(x_1^H + x_2^H + v_2)\right. \\ & \left. + \frac{n}{(n+m^H-z^H)^2}\,\epsilon\right) f(\epsilon)\,d\epsilon \\ & +\lambda\left(\int_{\underline{\epsilon}}^{\bar{\epsilon}} U'(W_2^L(\epsilon)) \left(\frac{n}{(n+m^H)^2}(x_1^H + x_2^H + v_2)\right.\right. \\ & -\frac{n}{(n+m^H-z^H)^2}\cdot(x_1^H - x_1^L + x_2^H - x_2^L) \\ & \left.\left.\cdot(x_1^H - x_1^L + x_2^H - x_2^L) + \frac{n}{(n+m^H-z^H)^2}\,\epsilon\right) f(\epsilon)\,d\epsilon\right) = 0.\end{aligned} \tag{4.96}$$

Zunächst wird gezeigt, dass

$$\begin{aligned} Z \equiv & \int_{\underline{\epsilon}}^{\bar{\epsilon}} U'(W_2^H(\epsilon)) \left(\frac{n}{(n+m^H)^2}(x_1^H + x_2^H + v_2) + \frac{n}{(n+m^H-z^H)^2}\,\epsilon\right) \\ & \cdot f(\epsilon)\,d\epsilon \\ > & \int_{\underline{\epsilon}}^{\bar{\epsilon}} U'(W_2^L(\epsilon)) \left(\frac{n}{(n+m^H)^2}(x_1^H + x_2^H + v_2) - \frac{n}{(n+m^H-z^H)^2}\right. \\ & \left.\cdot(x_1^H - x_1^L + x_2^H - x_2^L) + \frac{n}{(n+m^H-z^H)^2}\,\epsilon\right) f(\epsilon)\,d\epsilon \equiv N\end{aligned}$$

gilt. Hierzu bietet es sich an, Z und N unter Verwendung von $x^\theta \equiv x_1^\theta + x_2^\theta$ $(\theta = L, H)$ sowie

$$W_2^\theta(\epsilon) = \frac{n}{n+m^H}(x_1^H + x_2^H + v_2) - \frac{n}{n+m^H-z^H}(x^H - x^\theta) + \frac{n}{n+m^H-z^H}\epsilon \quad (4.97)$$

wie folgt darzustellen:

$$K^\theta = \int_{\underline{\epsilon}}^{\overline{\epsilon}} U'(W_2^\theta(\epsilon)) \left(\frac{n}{(n+m^H)^2}(x_1^H + x_2^H + v_2) - \frac{n}{(n+m^H-z^H)^2} \cdot (x^H - x^\theta) + \frac{n}{(n+m^H-z^H)^2}\epsilon\right) f(\epsilon)\, d\epsilon,$$

wobei $K^H = Z$ und $K^L = N$ gilt. Differenziert man K^θ partiell nach x^θ, resultiert

$$\frac{\partial K^\theta}{\partial x^\theta} = \int_{\underline{\epsilon}}^{\overline{\epsilon}} \left(U''(W_2^\theta(\epsilon)) \left(\frac{n}{(n+m^H)^2}(x_1^H + x_2^H + v_2) - \frac{n}{(n+m^H-z^H)^2} \cdot (x^H - x^\theta) + \frac{n}{(n+m^H-z^H)^2}\epsilon\right) \frac{n}{n+m^H-z^H} + U'(W_2^\theta(\epsilon)) \frac{n}{(n+m^H-z^H)^2}\right) f(\epsilon)\, d\epsilon. \quad (4.98)$$

Durch Ausklammern von $n/(n+m^H-z^H)^2$ lässt sich der Klammerausdruck des Integranden I umformen zu:

$$\begin{aligned} I(\epsilon) &= \frac{n}{(n+m^H-z)^2}\left(U''(W_2^\theta(\epsilon)) \left(\frac{(n+m^H-z^H)^2}{(n+m^H)^2}(x_1^H + x_2^H + v_2) - (x^H - x^\theta) + \epsilon\right) \cdot \frac{n}{n+m^H-z^H} + U'(W_2^\theta(\epsilon))\right) \\ &= \frac{n}{(n+m^H-z)^2}\left(U''(W_2^\theta(\epsilon)) \left(\frac{n}{n+m^H} \cdot \frac{n+m^H-z^H}{n+m^H}(x_1^H + x_2^H + v_2) - \frac{n}{n+m^H-z^H}(x^H - x^\theta) + \frac{n}{n+m^H-z^H}\epsilon\right) + U'(W_2^\theta(\epsilon))\right). \end{aligned}$$

Aufgrund von $U''(.) < 0$ und $(n+m^H-z^H)/(n+m^H) < 1$ – dies ergibt sich aus $z^H > 0$ – kann I für $x^\theta \leq x^H$ mit Hilfe von Gleichung (4.97) wie folgt nach unten abgeschätzt werden:

$$\begin{aligned} I(\epsilon) &> \frac{n}{(n+m^H-z)^2}\Bigg(U''(W_2^\theta(\epsilon))\left(\frac{n}{n+m^H}\left(x_1^H+x_2^H+v_2\right)\right. \\ &\left.-\frac{n}{n+m^H-z^H}\left(x^H-x^\theta\right)+\frac{n}{n+m^H-z^H}\,\epsilon\right)+U'(W_2^\theta(\epsilon))\Bigg) \\ &= \frac{n}{(n+m^H-z)^2}\Big(U''(W_2^\theta(\epsilon))\cdot W_2^\theta(\epsilon)+U'(W_2^\theta(\epsilon))\Big) \\ &\geq 0, \end{aligned}$$

wobei die letzte Ungleichung aus Annahme 4.4 folgt, die einen relativen Risikoaversionskoeffizienten von $r(W_2(\epsilon)) = -W_2(\epsilon)\cdot U''(W_2(\epsilon))/U'(W_2(\epsilon)) \leq 1$ vorgibt. Aufgrund von $I(\epsilon) > 0\ \forall\epsilon$ nimmt das Integral von (4.98) einen positiven Wert an. Dies hat $\partial K^\theta/\partial x^\theta > 0$ zur Konsequenz. Wegen $x^H > x^L$ ergibt sich hieraus

$$Z = K^H > K^L = N, \tag{4.99}$$

was zu zeigen war.

Im Folgenden wird demonstriert, dass $Z > 0$ gelten muss. Zunächst wird folgende Umformung vorgenommen:

$$\begin{aligned} Z &= \int_{\underline{\epsilon}}^{\overline{\epsilon}} U'(W_2^H(\epsilon))\left(\frac{n}{(n+m^H)^2}\left(x_1^H+x_2^H+v_2\right)+\frac{n}{(n+m^H-z^H)^2}\,\epsilon\right) \\ &\quad\cdot f(\epsilon)\,d\epsilon \\ &= \int_{\underline{\epsilon}}^{\overline{\epsilon}} U'(W_2^H(\epsilon))\Bigg(\frac{n}{(n+m^H-z^H)^2}\left(x_1^H-z^H\,p_1^H+x_2^H+v_2+\epsilon\right) \\ &\quad+\frac{n}{(n+m^H-z^H)^2}\,z^H\,p_1^H \\ &\quad+\left[\frac{n}{(n+m^H)^2}-\frac{n}{(n+m^H-z^H)^2}\right]\left(x_1^H+x_2^H+v_2\right)\Bigg)\,f(\epsilon)\,d\epsilon \\ &= \int_{\underline{\epsilon}}^{\overline{\epsilon}} U'(W_2^H(\epsilon))\left(\frac{n}{(n+m^H-z^H)^2}\left(x_1^H-z^H\,p_1^H+x_2^H+v_2+\epsilon\right)\right)f(\epsilon)\,d\epsilon \\ &\quad+\int_{\underline{\epsilon}}^{\overline{\epsilon}} U'(W_2^H(\epsilon))\Bigg(\frac{n}{(n+m^H-z^H)^2}\,z^H\,p_1^H+n\left(x_1^H+x_2^H+v_2\right) \\ &\quad\cdot\left[\frac{1}{n+m^H}-\frac{1}{n+m^H-z^H}\right]\cdot\left[\frac{1}{n+m^H}+\frac{1}{n+m^H-z^H}\right]\Bigg)\,f(\epsilon)\,d\epsilon. \end{aligned}$$

Das zweite Integral lässt sich wie folgt weiterentwickeln:

$$\begin{aligned}
&\int_{\underline{\epsilon}}^{\bar{\epsilon}} U'(W_2^H(\epsilon)) \left(\frac{n}{(n+m^H-z^H)^2}\, z^H\, p_1^H + n\,(x_1^H + x_2^H + v_2) \right. \\
&\quad \left. \times \left[\frac{1}{n+m^H} - \frac{1}{n+m^H-z^H} \right] \cdot \left[\frac{1}{n+m^H} + \frac{1}{n+m^H-z^H} \right] \right) f(\epsilon)\, d\epsilon \\
= &\int_{\underline{\epsilon}}^{\bar{\epsilon}} U'(W_2^H(\epsilon)) \left(\frac{n}{(n+m^H-z^H)^2}\, z^H\, p_1^H - n\,(x_1^H + x_2^H + v_2) \right. \\
&\quad \left. \times \frac{z^H}{(n+m^H-z^H)(n+m^H)} \cdot \left[\frac{1}{n+m^H} + \frac{1}{n+m^H-z^H} \right] \right) f(\epsilon)\, d\epsilon
\end{aligned}$$

$$\begin{aligned}
= &\int_{\underline{\epsilon}}^{\bar{\epsilon}} U'(W_2^H(\epsilon)) \left(\frac{n}{(n+m^H-z^H)^2}\, z^H\, p_1^H - \frac{n}{(n+m^H-z^H)^2} z^H\, p_1^H \right. \\
&\quad \left. - \frac{n}{(n+m^H-z^H)(n+m^H)}\, z^H\, p_1^H \right) f(\epsilon)\, d\epsilon \\
= & - \int_{\underline{\epsilon}}^{\bar{\epsilon}} U'(W_2^H(\epsilon))\, \frac{n}{(n+m^H-z^H)\,(n+m^H)}\, z^H\, p_1^H\, f(\epsilon)\, d\epsilon \\
> & - \int_{\underline{\epsilon}}^{\bar{\epsilon}} U'(W_2^H(\epsilon))\, \frac{n}{(n+m^H-z^H)^2}\, z^H\, p_1^H\, f(\epsilon)\, d\epsilon \equiv Q.
\end{aligned}$$

Folglich gilt

$$\begin{aligned}
Z > &\int_{\underline{\epsilon}}^{\bar{\epsilon}} U'(W_2^H(\epsilon)) \left(\frac{n}{(n+m^H-z^H)^2}\, (x_1^H - z^H\, p_1^H + x_2^H + v_2 + \epsilon) \right) \\
&\cdot f(\epsilon)\, d\epsilon + Q \\
= &\int_{\underline{\epsilon}}^{\bar{\epsilon}} U'(W_2^H(\epsilon)) \left(\frac{n}{(n+m^H-z^H)^2}\, (x_1^H - z^H\, p_1^H + x_2^H + v_2 - z^H\, p_1^H + \epsilon) \right) \\
&\cdot f(\epsilon)\, d\epsilon > 0.
\end{aligned}$$

Das letzte Ungleichheitszeichen ergibt sich dabei aus folgender Überlegung: Aufgrund von Lemma 4.5 gilt im Optimum $z^H\, p_1^H < c$. Wegen $x_1^H > x_1^L \geq c$ und $v_2 > c$ sowie $x_2^H + \underline{\epsilon} > 0$ erhält man

$$x_1^H - z^H\, p_1^H + x_2^H + v_2 - z^H\, p_1^H + \epsilon > 0 \quad \forall \epsilon \in [\underline{\epsilon}, \bar{\epsilon}],$$

weshalb der Integrand für alle ϵ positiv ist. Somit nimmt auch das Integral einen positiven Wert an. Folglich muss $Z > 0$ gelten.

Als *Zwischenergebnis* bleibt festzuhalten: $Z > N$ und $Z > 0$. (1) Angenommen, $N = 0$. Dies hat $\partial \mathcal{L}(\mathrm{v})/\partial m^H = -Z < 0$ zur Folge, was im Widerspruch zu (4.96) steht. Deshalb muss im Optimum $N \neq 0$ gelten. Auflösen von (4.96) nach λ führt auf $\lambda = Z/N$. Aufgrund von $\lambda > 0$ – dies ergibt sich aus Proposition 4.6 – müssen Z und N dasselbe Vorzeichen besitzen. Wegen $Z > 0$ impliziert dies $N > 0$.

(2) Angenommen, $Z > N > 0$. Dies impliziert $\lambda = Z/N > 1$. Bedingung (4.63), die wegen $z^H > 0$ (Proposition 4.7) bindend ist, lässt sich unter Berücksichtigung von $\nu = 0$ (Lemma 4.5) wie folgt schreiben:

$$\begin{aligned}\frac{\partial \mathcal{L}(\mathbf{v})}{\partial z^H} \;=\; & \int_{\underline{\epsilon}}^{\overline{\epsilon}} U'(W_2^H(\epsilon))\,\frac{n}{(n+m^H-z^H)^2}\,\epsilon\, f(\epsilon)\,d\epsilon - \lambda\cdot\int_{\underline{\epsilon}}^{\overline{\epsilon}} U'(W_2^L(\epsilon))\\ & \cdot\left(\frac{n}{(n+m^H-z^H)^2}\,\epsilon - \frac{n}{(n+m^H-z^H)^2}\,(x_1^H - x_1^L + x_2^H - x_2^L)\right)\\ & f(\epsilon)\,d\epsilon = 0 \qquad (4.100)\end{aligned}$$

Addiert man die rechten Seiten der Gleichungen (4.96) und (4.100), verbleibt

$$\begin{aligned}& -\int_{\underline{\epsilon}}^{\overline{\epsilon}} U'(W_2^H(\epsilon))\,\frac{n}{(n+m^H)^2}\,(x_1^H + x_2^H + v_2)\,f(\epsilon)\,d\epsilon\\ & +\lambda\left(\int_{\underline{\epsilon}}^{\overline{\epsilon}} U'(W_2^L(\epsilon))\,\frac{n}{(n+m^H)^2}\,(x_1^H + x_2^H + v_2)\,f(\epsilon)\,d\epsilon\right) = 0.\end{aligned}$$

Daraus erhält man

$$\begin{aligned}& -\frac{n}{(n+m^H)^2}\cdot(x_1^H + x_2^H + v_2)\\ & \times\left(\int_{\underline{\epsilon}}^{\overline{\epsilon}} \left(U'(W_2^H(\epsilon)) - \lambda\, U'(W_2^L(\epsilon))\right)\, f(\epsilon)\,d\epsilon\right) = 0. \qquad (4.101)\end{aligned}$$

Aufgrund von $0 < U'(W_2^H(\epsilon)) < U'(W_2^L(\epsilon))\ \forall\epsilon$ – dies ergibt sich aus $W_2^H(\epsilon) > W_2^L(\epsilon)\ \forall\epsilon$ und $U''(.) < 0$ – kann Gleichung (4.101) nur für $\lambda < 1$ erfüllt sein, was im Widerspruch zu $\lambda = Z/N > 1$ steht.

Festzuhalten bleibt somit, dass die Ausgangsannahme $\mu = 0$ nicht mit den Kuhn-Tucker Bedingungen vereinbar ist. Im Optimum muss folglich $\mu > 0$ gelten, was $\partial\mathcal{L}(\mathbf{v})/\partial\mu = 0$ impliziert. Die Finanzierungsrestriktion ist somit bindend, d.h. der Eigentümer-Manager verzichtet auf Underpricing. Die Anzahl junger Aktien, die der Eigentümer-Manager von H im Wege der Kapitalerhöhung emittiert, ergibt sich dann durch Auflösung der bindenden Restriktion (4.69) nach m^H. ■

Der Eigentümer-Manager von H enthüllt den Typ seines Unternehmens allein mit Hilfe eines Aktienrückerwerbs, weil dessen Grenzkosten aus der Perspektive des Eigentümer-Managers von H geringer als die Grenzkosten des Underpricing sind.[49] Ursächlich hierfür ist nicht zuletzt Annahme 4.4, die einen relativen Risikoaversionskoeffizienten des Eigentümer-Managers von $r(W_2^\theta) \leq 1$ vorgibt. Diese Prämisse gewährleistet, dass

- der Erwartungsnutzen des Eigentümer-Managers von H infolge des Rückerwerbs einer zusätzlichen Aktie weniger stark sinkt als der Imitierungsnutzen des Eigentümer-Managers von L.

- der Erwartungsnutzen des Eigentümer-Managers von H aufgrund der Ausgabe einer weiteren jungen Aktie stärker abnimmt als der Imitierungsnutzen des Eigentümer-Managers von L.

Damit erhält man eine Ausdehnung des Geltungsbereichs der Ergebnisse, die im Rahmen der Diskussion von Proposition 4.7 gewonnen wurden. Dort wurden die Auswirkungen eines zusätzlichen Aktienrückerwerbs bzw. der Ausgabe einer zusätzlichen jungen Aktie auf den Erwartungsnutzen des Eigentümer-Manager von H und den Imitierungsnutzen des Eigentümer-Managers von L unter der Voraussetzung untersucht, dass die Eigentümer-Manager in der Ausgangskonstellation einen vollständigen *Rückerwerbsverzicht* üben. Hier werden nun die aus einem zusätzlichen Aktienrückerwerb bzw. einer zusätzlichen Aktienemission resultierenden Nutzenänderungen der Eigentümer-Manager von L und H ausgehend von einer Signalisierungspolitik betrachtet, die *Aktienrückkäufe* mit einem Ausschüttungsvolumen von weniger als c beinhaltet. Dadurch ändern sich die Ergebnisse jedoch nicht: Durch einen Aktienrückerwerb wird der Eigentümer-Manager von L immer stärker belastet als der Eigentümer-Manager von H. Dagegen bewirkt die Emission einer zusätzlichen Aktie regelmäßig einen höheren Rückgang des Erwartungsnutzens beim Eigentümer-Manager von H. Die Kanäle, über die zusätzliche Aktienrückkäufe und Aktienemissionen das erwartete Nutzenniveau der Eigentümer-Manager von L und H beeinflussen, sind unabhängig davon, ob die ursprüngliche Signalisierungspolitik bereits Aktienrückkäufe enthält oder nicht. Zur Erläuterung der Partialwirkungen auf den Erwartungsnutzen der Eigentümer-Manager, die mit einem zusätzlichen

[49] Als Grenzkosten des Aktienrückerwerbs (des Underpricing) wird dabei die Einbuße im Erwartungsnutzen verstanden, die der Eigentümer-Manager von H erleidet, wenn er mit Hilfe eines Aktienrückerwerbs (einer zusätzlichen Ausgabe junger Aktien) den Imitierungsnutzen des Eigentümer-Managers von L um eine marginale Einheit vermindert. Vgl. hierzu schon S. 333.

Aktienrückerwerb bzw. einer zusätzlichen Aktienausgabe verknüpft sind, kann deshalb auf die Ausführungen auf S. 333 ff. verwiesen werden.

Als besonders interessant erweist sich die Bestimmung der *Aktienkursreaktionen*, die von der Ankündigung einer gleichgewichtigen Finanzierungsofferte ausgelöst werden. Hierzu muss – entgegen den Modellprämissen – unterstellt werden, dass der Eigentümer-Manager vor Durchführung der Kapitalerhöhung nicht alle Aktien des Unternehmens hält. Andernfalls befänden sich in t_{01} keine Anteile im Streubesitz, was einem Aktienhandel und damit einer Börsenkursbildung entgegenstehen würde. Es wurde jedoch bereits darauf hingewiesen, dass die numerische Spezifikation der Beteiligungsquote des Eigentümer-Managers keinen qualitativen Einfluss auf die Modellergebnisse besitzt; diese lassen sich auch unter der Annahme gewinnen, dass der Eigentümer-Manager in t_{01} über eine Beteiligungsquote von $\alpha < 1$ verfügt. Hiervon wird im Folgenden ausgegangen. Vor Ankündigung einer Finanzierungsofferte beträgt der Aktienkurs

$$P_0 = \pi_L \frac{x_1^L + x_2^L + v_2 - c}{n} + \pi_H \frac{x_1^H + x_2^H + v_2 - c}{n}.$$

Er spiegelt die a priori-Vermutungen des Kapitalmarkts über den zugrunde liegenden Unternehmenstyp und das gleichgewichtige Verhalten der Eigentümer-Manager wider. Unmittelbar nach Ankündigung der Finanzierungsofferte $(m^L, 0)$ fällt der Aktienkurs auf

$$P_1^L = \frac{x_1^L + x_2^L + v_2 - c}{n} < P_0,$$

weil mit der Bekanntgabe von $(m^L, 0)$ ein Unternehmen vom Typ L enthüllt wird. Die bloße Ankündigung einer Kapitalerhöhung löst somit eine negative Aktienkursreaktion aus. Dieser *negative Ankündigungseffekt* einer Kapitalerhöhung, der sich auch aus dem Modell von *Myers/Majluf* (1984) ergibt, steht im Einklang mit einer Vielzahl empirischer Untersuchungen. Dagegen ist mit der Bekanntgabe der Finanzierungsofferte (m^H, z^H) eine positive Aktienkursreaktion verknüpft, denn (m^H, z^H) signalisiert ein Unternehmen vom Typ H:

$$P_1^H = \frac{x_1^H + x_2^H + v_2 - c}{n} > P_0.$$

Eine Kapitalerhöhung kann also dann von einem Aktienkursanstieg begleitet werden, wenn sie zusammen mit einem Aktienrückerwerb verkündet wird (*positiver Ankündigungseffekt*). Das zugrunde liegende Signalling-Modell bietet damit einen empirisch überprüfbaren Ansatz zur Erklärung einer positiven Aktienkursreaktion, von der ungefähr ein Drittel aller Kapitalerhöhungen begleitet wird.[50]

Zusammenfassend bleibt festzuhalten: Um den Typ seines Unternehmens glaubhaft zu signalisieren, greift der Eigentümer-Manager eines Unternehmens vom Typ H ausschließlich auf *Aktienrückkäufe* zurück. Er verzichtet somit auf *Underpricing* der zur Finanzierung von I_0 auszugebenden Aktien und gewährt dem Kapitalmarkt lediglich diejenige Beteiligungsquote, die er ihm auch im First-best-Fall einzuräumen hat. Der Aktienrückerwerb erweist sich – zumindest im zugrunde liegenden Modellkontext – als effizientes Signal zur Übermittlung des wahren Unternehmenswertes. Das Modell impliziert

- einen Aktienkursanstieg, wenn eine Kapitalerhöhung zusammen mit einem Aktienrückerwerb angekündigt wird,
- einen Aktienkursrückgang, wenn die Ankündigung einer Kapitalerhöhung nicht an das Signal Aktienrückerwerb gekoppelt wird.

4.4.5.3 Existenz des Signalling-Gleichgewichts

Die Eigenschaften separierender Bayes-Nash-Gleichgewichte, die dem Intuitiven Kriterium genügen, wurden unter der Voraussetzung abgeleitet, dass der Eigentümer-Manager von H Investitionsprojekt I_0 mit Hilfe der separierenden Offerte (m^H, z^H) realisiert. Darauf würde der Eigentümer-Manager jedoch dann verzichten, wenn (1) er im Falle einer Imitierung der First-best-Offerte $(m^L, 0)$ des Eigentümer-Managers von L oder (2) im Falle eines Investitionsverzichts ein höheres Niveau des Erwartungsnutzens erreicht. Deshalb ist abschließend zu untersuchen, unter welchen Bedingungen die separierende, dem Intuitiven Kriterium genügende Finanzierungsofferte (m^H, z^H) der Anreizbedingung (4.58) des Eigentümer-Managers von H genügt – die Existenz des Signalling-Gleichgewichts ist dann sichergestellt. Hierzu wird zunächst eine Restriktion formuliert, die gewährleistet, dass der Eigentümer-Manager von H einen Investitionsverzicht gegenüber einer Imitierung der First-best-Offerte des Eigentümer-Managers von L schwach präferiert.

Lemma 4.6 *Eine Imitierung der First-best-Offerte $(m^L, 0)$ des Eigentümer-Managers von L stiftet dem Eigentümer-Manager von H genau dann keinen*

[50] Vgl. *Heider* (2001), S. 3.

höheren Erwartungsnutzen als ein Investitionsverzicht, wenn die Restriktion

$$\int_{\underline{\epsilon}}^{\bar{\epsilon}} U\left(x_1^H + x_2^H + \epsilon + \left(v_2 - \frac{c}{x_1^L + x_2^L + v_2}\left(x_1^H + x_2^H + \epsilon + v_2\right)\right)\right) f(\epsilon)\, d\epsilon$$
$$- \int_{\underline{\epsilon}}^{\bar{\epsilon}} U\left(x_1^H + x_2^H + \epsilon\right) f(\epsilon)\, d\epsilon \leq 0 \tag{4.102}$$

erfüllt ist.

Beweis: Im Falle eines Investitionsverzichts erreicht der Eigentümer-Manager von H einen Erwartungsnutzen von

$$V(H, 0, 0, na) = \int_{\underline{\epsilon}}^{\bar{\epsilon}} U\left(x_1^H + x_2^H + \epsilon\right) f(\epsilon)\, d\epsilon.$$

Entscheidet er sich für eine Imitierung der First-best-Offerte $(m^L, 0)$ des Eigentümer-Managers von L, erhält er

$$\begin{aligned} & V(H, m^L, 0, r^*(m^L, 0) = a) \\ = & \int_{\underline{\epsilon}}^{\bar{\epsilon}} U\left(\frac{n}{n + m^L}\left(x_1^H + x_2^H + \epsilon + v_2\right)\right) f(\epsilon)\, d\epsilon \\ = & \int_{\underline{\epsilon}}^{\bar{\epsilon}} U\left(x_1^H + x_2^H + \epsilon + \left(v_2 - \frac{m^L}{n + m^L}\left(x_1^H + x_2^H + \epsilon + v_2\right)\right)\right) f(\epsilon)\, d\epsilon. \end{aligned}$$

Unter Verwendung von $m^L = nc/(x_1^L + x_2^L + v_2 - c)$ lässt sich dies auch schreiben als

$$\begin{aligned} V(H, m^L, 0, r^*(m^L, 0) = a) = & \int_{\underline{\epsilon}}^{\bar{\epsilon}} U\Bigg(x_1^H + x_2^H + \epsilon + \Bigg(v_2 - \frac{c}{x_1^L + x_2^L + v_2} \\ & \cdot\left(x_1^H + x_2^H + \epsilon + v_2\right)\Bigg)\Bigg) f(\epsilon)\, d\epsilon. \end{aligned}$$

Notwendig und *hinreichend* dafür, dass der Eigentümer-Manager von H einen Investitionsverzicht gegenüber einer Imitierung der First-best-Offerte des Eigentümer-Managers von L (schwach) vorzieht, ist die Bedingung $V(H, 0, 0, na) \geq V(H, m^L, 0, r^*(m^L, 0) = a)$. Diese ist äquivalent zu

$$\int_{\underline{\epsilon}}^{\bar{\epsilon}} U\left(x_1^H + x_2^H + \epsilon + \left(v_2 - \frac{c}{x_1^L + x_2^L + v_2}\left(x_1^H + x_2^H + \epsilon + v_2\right)\right)\right) f(\epsilon)\, d\epsilon$$
$$- \int_{\underline{\epsilon}}^{\bar{\epsilon}} U\left(x_1^H + x_2^H + \epsilon\right) f(\epsilon)\, d\epsilon \leq 0,$$

was zu zeigen war. ■

Dem Finanzierungsspiel liegt die Annahme zugrunde, dass der Eigentümer-Manager ursprünglich alle Anteile am Unternehmen besitzt, d.h. $\alpha = 1$. Unter dieser Voraussetzung ist Bedingung (4.102) identisch mit Restriktion (4.17).[51] Somit existiert das mit einer Unterinvestition einhergehende separierende Gleichgewicht des Kapitalerhöhungsspiels genau dann, wenn der Eigentümer-Manager von H einen Investitionsverzicht gegenüber der First-best-Offerte des Eigentümer-Managers von L vorzieht. Das Unterinvestitionsproblem ließe sich deshalb vollständig lösen, falls Restriktion (4.102) hinreichend für die Existenz eines Signalling-Gleichgewichts wäre. Die Existenz eines solchen separierenden Gleichgewichts ist dann gewährleistet, wenn der Eigentümer-Manager von H die separierende, dem Intuitiven Kriterium genügende Finanzierungsofferte (m^H, z^H) gegenüber einem Investitionsverzicht präferiert. Dies setzt voraus, dass die Kosten der Separierung – die mit dem Aktienrückerwerb verknüpften Nutzeneinbußen aufgrund der zunehmenden Risikopartizipation des Eigentümer-Managers – den Nutzenzuwachs, der aus einer Vereinnahmung des Kapitalwerts von I_0 resultiert, nicht übersteigen.

Lemma 4.7 *Der Eigentümer-Manager eines Unternehmens vom Typ H zieht eine Realisation von I_0 mit Hilfe der separierenden, dem Intuitiven Kriterium genügenden Finanzierungsofferte (m^H, z^H) einem Investitionsverzicht vor.*

Beweis: Zu zeigen ist, dass der erwartete Nutzen des Endvermögens, den der Eigentümer-Manager von H im Falle einer Realisation von I_0 in Verbindung mit einer Signalisierung seines Unternehmenstyps mit Hilfe von (m^H, z^H) erhält, höher als der erwartete Nutzen ist, den er bei Verzicht auf Durchführung von I_0 vereinnahmt. Unterlässt er die Durchführung von I_0, erreicht er ein Nutzenniveau von

$$V(H, 0, 0, na) \;=\; \int_{\underline{\epsilon}}^{\bar{\epsilon}} U\left(x_1^H + x_2^H + \epsilon\right) f(\epsilon)\, d\epsilon.$$

Angenommen, der Eigentümer-Manager von H wählt eine – als gleichgewichtig betrachtete, dem Intuitiven Kriterium jedoch nicht genügende – Signalisie-

[51] Wie bereits erläutert, dient die Prämisse $\alpha = 1$ allein zur Vereinfachung der Notation und besitzt keine Auswirkungen auf die Modellergebnisse. Wäre die Beteiligungsquote des Eigentümer-Managers nicht numerisch spezifiziert worden, würde die verallgemeinerte Bedingung (4.102) völlig mit (4.17) übereinstimmen.

rungspolitik $(\hat{m}^H, \hat{z}^H)$, die folgende Eigenschaften aufweist:

$$\begin{aligned} \frac{\hat{m}^H}{n+\hat{m}^H}(x_1^H + x_2^H + v_2) &= c \\ \hat{m}^H &= \hat{z}^H. \end{aligned}$$

Die Finanzierungsofferte $(\hat{m}^H, \hat{z}^H)$ wird dabei vom Kapitalmarkt mit Wahrscheinlichkeit

$$\mu(H|\hat{m}^H, \hat{z}^H) = 1$$

dem Eigentümer-Manager von H zugeordnet und akzeptiert $(r^*(\hat{m}^H, \hat{z}^H) = a)$. Da das resultierende Ausschüttungsvolumen $\hat{z}^H \hat{p}_1^H = c$ beträgt, ist der Rückerwerb auch vom Eigentümer-Manager eines Unternehmens vom Typ L finanzierbar. Zunächst ist zu prüfen, ob die Signalkombination $(\hat{m}^H, \hat{z}^H)$ der Anreizbedingung (4.67) des Eigentümer-Managers von L genügt. Eine Imitierung von $(\hat{m}^H, \hat{z}^H)$ verspricht ihm einen erwarteten Nutzen von

$$\begin{aligned} V(L, \hat{m}^H, \hat{z}^H, a) &= \int_{\underline{\epsilon}}^{\overline{\epsilon}} U\left(\frac{n}{n+\hat{m}^H - \hat{z}^H}\left(x_1^L - \hat{z}^H \hat{p}_1^H + x_2^L + v_2 + \epsilon\right)\right) \\ &\quad \cdot f(\epsilon)\, d\epsilon \\ &= \int_{\underline{\epsilon}}^{\overline{\epsilon}} U\left(x_1^L - c + x_2^L + v_2 + \epsilon\right) f(\epsilon)\, d\epsilon. \end{aligned}$$

Wählt er dagegen seine im First-best-Fall optimale Politik, erhält er

$$\begin{aligned} & V(L, m^L, 0, a) \\ = & \int_{\underline{\epsilon}}^{\overline{\epsilon}} U\left(\frac{n}{n+m^L}\left(x_1^L + x_2^L + v_2 + \epsilon\right)\right) f(\epsilon)\, d\epsilon \\ = & \int_{\underline{\epsilon}}^{\overline{\epsilon}} U\left(x_1^L + x_2^L + v_2 - \frac{m^L}{n+m^L}\left(x_1^L + x_2^L + v_2\right) + \frac{n}{n+m^L}\,\epsilon\right) f(\epsilon)\, d\epsilon \\ = & \int_{\underline{\epsilon}}^{\overline{\epsilon}} U\left(x_1^L - c + x_2^L + v_2 + \frac{n}{n+m^L}\,\epsilon\right) f(\epsilon)\, d\epsilon. \end{aligned}$$

Da im Beweis von Lemma 4.1 gezeigt wurde, dass

$$V(\beta) = \int_{\underline{\epsilon}}^{\overline{\epsilon}} U\left(x_1^L - c + x_2^L + v_2 + \beta\,\epsilon\right) f(\epsilon)\, d\epsilon$$

für eine Beteiligungsquote von $\beta > 0$ streng monoton fallend in β ist, gilt

$$V(L, m^L, 0, a) = V\left(\beta = \frac{n}{n+m^L}\right) > V(\beta = 1) = V(L, \hat{m}^H, \hat{z}^H, a)$$

d.h. die Anreizbedingung (4.67) ist als strikte Ungleichung erfüllt. Der Eigentümer-Manager von H vereinnahmt bei Realisation von I_0 und Wahl der vom Kapitalmarkt akzeptierten Finanzierungsofferte $(\hat{m}^H, \hat{z}^H)$ einen Erwartungsnutzen von

$$\begin{aligned} V(H, \hat{m}^H, \hat{z}^H, a) &= \int_{\underline{\epsilon}}^{\bar{\epsilon}} U\left(\frac{n}{n+\hat{m}^H-\hat{z}^H}(x_1^H - \hat{z}^H \hat{p}_1^H + x_2^H + v_2 + \epsilon)\right) \\ &\quad \cdot f(\epsilon)\, d\epsilon \\ &= \int_{\underline{\epsilon}}^{\bar{\epsilon}} U(x_1^H - c + x_2^H + v_2 + \epsilon)\, f(\epsilon)\, d\epsilon \\ &> V(H, 0, 0, na), \end{aligned}$$

wobei sich das Ungleichheitszeichen aufgrund von $v_2 > c$ ergibt. Signalisiert der Eigentümer-Manager von H seinen Typ mit Hilfe von $(\hat{m}^H, \hat{z}^H)$ und realisiert er I_0, dann stellt er sich besser als bei Verzicht auf Realisation von I_0. Da die Signalkombination $(\hat{m}^H, \hat{z}^H)$ eine zulässige Lösung des Optimierungsprogramms $\mathcal{P}$ ist, führt sie – bei geeignet spezifizierten beliefs – auf ein separierendes Bayes-Nash-Gleichgewicht.[52] Dieses genügt jedoch nicht dem Intuitiven Kriterium, weil die Signalkombination $(\hat{m}^H, \hat{z}^H)$ aufgrund von $\hat{m}^H = \hat{z}^H$ und der als Ungleichung erfüllten Restriktion (4.67) die Zielfunktion von $\mathcal{P}$ – den Erwartungsnutzen des Eigentümer-Managers von H – nicht maximiert. Deshalb verspricht ihm eine dem Intuitiven Kriterium genügende Signalkombination (m^H, z^H) in Verbindung mit einer Realisation von I_0 einen noch höheren Erwartungsnutzen $V^*(H, m^H, z^H, r^*(m^H, z^H) = a)$. Somit bleibt festzuhalten:

---

[52]Das Quatrupel $((\hat{m}^H, \hat{z}^H), (m^L, 0), r^*(m, z), \mu)$ führt auf ein Bayes-Nash-Gleichgewicht, wenn die Vermutungen des Kapitalmarkts wie folgt spezifiziert sind: $\mu(H|\hat{m}^H, \hat{z}^H) = 1$, $\mu(L|m^L, 0) = 1$ und

$$\mu(H|m,z) = \begin{cases} 1 & \text{für } (m,z) \in M^H \\ 0 & \text{für } (m,z) \in M^L, \end{cases}$$

wobei

$$\begin{aligned} M^H &= \{(m,z) \in M | m \geq m^L, (m,z) \neq (m^L, 0)\} \\ M^L &= \{(m,z) \in M | m < m^L, (m,z) \neq (\hat{m}^H, \hat{z}^H)\}. \end{aligned}$$

Für die besten Antworten des Kapitalmarkts auf alternative Rückerwerbsofferten gilt dabei

$$r^*(m,z) = \begin{cases} a & \text{für } (m,z) \in M^H \cup \{(\hat{m}^H, \hat{z}^H)\} \cup \{(m^L, 0)\} \\ na & \text{für } (m,z) \in M^L. \end{cases}$$

Realisiert der Eigentümer-Manager von H Investitionsprojekt I_0 und enthüllt er seinen Typ mit Hilfe von (m^H, z^H), dann erreicht er ein höheres Niveau des Erwartungsnutzens als bei Verzicht auf Durchführung von I_0:

$$\begin{aligned} V^*(H, m^H, z^H, r^*(m^H, z^H) = a) &> V(H, \hat{m}^H, \hat{z}^H, r^*(\hat{m}^H, \hat{z}^H) = a) \\ &> V(H, 0, 0, na). \end{aligned}$$

■

Hinter Lemma 4.7 verbirgt sich folgendes Argument: Angenommen, der Eigentümer-Manager von H verzichtet auf Underpricing und signalisiert den Typ seines Unternehmens mit Hilfe eines Rückerwerbs sämtlicher Aktien, die im Zuge der Kapitalerhöhung emittiert werden ($\hat{m}^H = \hat{z}^H$). Das Ausschüttungsvolumen entspricht dann dem Gesamtwert der neu ausgegebenen Anteile. Eine solche Signalisierungspolitik genügt der Anreizbedingung (4.67) des Eigentümer-Managers von L. Um dies zu verstehen, muss man sich Folgendes vor Augen halten: Ein Rückerwerb aller neu ausgegebenen Aktien hat zur Konsequenz, dass die Kapitalmarktakteure ihren Kapitaleinsatz in Höhe von c bereits im Wege einer Ausschüttung zurückerhalten. Dadurch wird dem Eigentümer-Manager von L die Möglichkeit genommen, die Kapitalmarktakteure mit Hilfe einer Imitierungspolitik zu expropriieren. Deshalb ist eine Imitierungspolitik in diesem Fall nicht in der Lage, das erwartete Endvermögen des Eigentümer-Managers von L gegenüber einer First-best-Politik zu steigern. Darüber hinaus ist mit einer Imitierungspolitik eine größere Partizipation des Eigentümer-Managers von L am Risiko der Unternehmensrückflüsse verbunden, weil er nach vollzogenem Rückerwerb alle Anteile am Unternehmen besitzt. Aufgrund der Risikoaversion des Eigentümer-Managers wirkt sich dies Nutzen mindernd aus. Folglich verspricht eine Imitierungspolitik dem Eigentümer-Manager von L einen geringeren Erwartungsnutzen als eine First-best-Politik, d.h. die Anreizbedingung (4.67) ist als Ungleichung erfüllt.

Der Eigentümer-Manager von H erreicht gegenüber einem Investitionsverzicht einen höheren Erwartungsnutzen, wenn er I_0 realisiert, von Underpricing absieht und den Typ seines Unternehmens mit Hilfe eines Rückerwerbs der neu ausgegebenen Aktien signalisiert ($\hat{m}^H = \hat{z}^H$). Eine solche Rückerwerbspolitik hat ebenso wie ein Investitionsverzicht zur Konsequenz, dass der Eigentümer-Manager in t_2 über sämtliche Anteile am Unternehmen verfügt. Folglich unterscheiden sich die beiden betrachteten Alternativen nicht im Hinblick auf die Partizipation des Eigentümer-Managers am Risiko der Unternehmensrückflüsse. Im Falle einer Realisation von I_0 steigt das Endvermögen des Eigentümer-Managers jedoch in allen Umweltzuständen um $v_2 - c > 0$, da er in t_2 den gesamten Rückfluss von I_0 in Höhe von v_2 vereinnahmt und hierfür in t_1 eine Auszahlung von c an die Kapitalmarktakteure zu leisten hat. Deshalb führt eine Realisation von I_0 in Verbindung mit einer Politik des Rückerwerbs aller neu ausgegebenen Anteile in jedem Umweltzustand auf ein höheres Endvermögen als ein Investitionsverzicht - und damit auch auf einen höheren Erwartungsnutzen. Bereits bei Wahl einer solchen Signalisierungspolitik erweist sich eine Realisation von I_0 gegenüber einem Investitionsverzicht als vorteilhaft. Da die betrachtete Signalisierungspolitik jedoch ein Ausschüttungsvolumen von c und eine nicht bindende Anreizbedingung (4.67) zur Folge hat, ist sie aus der Perspektive des Eigentümer-Managers von H nicht effizient. Dieser kann sein Nutzenniveau weiter steigern, indem er die Zahl der zurückzuerwerbenden Aktien soweit reduziert, dass (4.67) mit Gleichheit erfüllt ist. Eine solche Rückerwerbspolitik genügt dann dem Intuitiven Kriterium von *Cho/Kreps*.

Proposition 4.9 *Wenn Bedingung (4.102) erfüllt ist, existiert ein separierendes Bayes-Nash-Gleichgewicht, in dem der Eigentümer-Manager von H Investitionsprojekt I_0 realisiert und den Typ seines Unternehmens mit Hilfe der Finanzierungsofferte (m^H, z^H) signalisiert.*

Beweis: Die separierende Finanzierungsofferte des Eigentümer-Managers von H führt genau dann auf ein separierendes Bayes-Nash-Gleichgewicht, wenn sie den Restriktionen des Optimierungsprogramms $\mathcal{P}$ genügt. Da die Finanzierungsofferte (m^H, z^H) sämtliche Restriktionen des Optimierungsprogramms $\mathcal{P}_1$ sowie die Liquiditätsrestriktion (4.60) erfüllt, verbleibt zu zeigen, dass sie auch der Anreizbedingung (4.58) des Eigentümer-Managers von H genügt. Diese lautet

$$\begin{aligned} &\int_{\underline{\epsilon}}^{\overline{\epsilon}} U\left(\frac{n}{n+m^H-z^H}\left(x_1^H - z^H \cdot p_1^H + x_2^H + \epsilon + v_2\right)\right) f(\epsilon)\, d\epsilon \\ \geq\; & \max\left[V(H, m^L, 0, r^*(m^L, 0) = a), V(H, 0, 0, na)\right]. \end{aligned}$$

Wenn Bedingung (4.102) erfüllt ist, gilt wegen Lemma 4.6

$$\max\left[V(H, m^L, 0, r^*(m^L, 0) = a), V(H, 0, 0, na)\right] = V(H, 0, 0, na).$$

Aus Lemma 4.7 ergibt sich, dass der Eigentümer-Manager von H die separierende, dem Intuitiven Kriterium genügende Finanzierungsofferte (m^H, z^H)

einem Investitionsverzicht vorzieht:

$$\begin{aligned} & V(H, m^H, z^H, r^*(m^H, z^H) = a) \\ = & \int_{\underline{\epsilon}}^{\overline{\epsilon}} U\left(\frac{n}{n+m^H-z^H}\left(x_1^H - z^H \cdot p_1^H + x_2^H + \epsilon + v_2\right)\right) f(\epsilon)\, d\epsilon \\ > & V(H, 0, 0, na). \end{aligned}$$

Folglich genügt (m^H, z^H) der Anreizbedingung (4.58), wenn Restriktion (4.102) erfüllt ist. ■

Wie bereits ausgeführt, stimmt Restriktion (4.102) mit Bedingung (4.17) überein.[53] Folglich ist die Existenz eines separierenden Gleichgewichts, in dem der Eigentümer-Manager von H Investitionsprojekt I_0 realisiert und den Typ seines Unternehmens mit Hilfe der Finanzierungsofferte (m^H, z^H) signalisiert, immer dann gewährleistet, wenn das mit einem Investitionsverzicht des Eigentümer-Managers von H einhergehende separierende Gleichgewicht existiert. Dies führt auf ein wichtiges *Ergebnis*: Das von *Myers/Majluf* (1984) entdeckte Problem der Unterinvestition – ein Verzicht auf Realisation profitabler Investitionsprojekte, sofern diese mit Hilfe einer Kapitalerhöhung zu finanzieren sind – lässt sich durch Rückgriff auf einen Aktienrückerwerb *vollständig* beseitigen. Alle Investitionsprojekte, die einen positiven Kapitalwert aufweisen, werden im zugrunde liegenden Modellkontext realisiert.

4.4.6 Robustheit und Effizienz des Signals Aktienrückerwerb

4.4.6.1 Bedeutung ausgewählter Prämissen für die Modellergebnisse

Um Erkenntnisse über die Robustheit der Modellergebnisse gegenüber Prämissenänderungen zu gewinnen, werden die Kernannahmen des Modells nochmals gesondert herausgestellt und begründet. Die Wirksamkeit des Signalisierungsmechanismus, der dem Aktienrückerwerb zugrunde liegt, ist untrennbar mit den beiden folgenden Annahmen verknüpft: (1) Der risikoaverse Eigentümer-Manager verzichtet auf einen Handel mit seinen Anteilen; insbesondere bietet

[53] Genau genommen gilt dies nur für den Spezialfall $\alpha = 1$. Es sei jedoch nochmals darauf hingewiesen, dass die im Signalling-Modell vorgenommene numerische Spezifikation der Beteiligungsquote α des Eigentümer-Managers lediglich einer Vereinfachung der Notation dient und keinen (qualitativen) Einfluss auf die Modellergebnisse besitzt. Die allgemeine Version von (4.102) wäre identisch mit der Existenzbedingung (4.17).

er keine seiner Aktien zum Rückerwerb an (Annahme 4.5). (2) Das Versprechen des Eigentümer-Managers, den in t_{01} angekündigten Aktienrückerwerb in t_1 auch tatsächlich durchzuführen, ist glaubhaft. Die unter (1) aufgeführte Annahme wird durch die empirischen Untersuchungen von *Vermaelen* (1981), *Comment/Jarrell* (1991) und *McNally* (1999a) gestützt: Auch bei Abwesenheit von gesetzlichen Restriktionen zum Insiderhandel verpflichten sich die Eigentümer-Manager in der Regel, keine ihrer Anteile im Rahmen des Rückerwerbsprogramms zu veräußern. Häufig wird diese Selbstverpflichtung zum Verzicht auf Insiderhandel auch *öffentlich* bekannt gegeben.[54] Annahme (2) verlangt, dass die Ankündigung eines Aktienrückerwerbs Bindungswirkung für den Eigentümer-Manager entfaltet.[55] Dies ist dann der Fall, wenn die Sanktionierungskosten, die der Eigentümer-Manager im Falle einer Nichteinhaltung des Rückerwerbsversprechens zu tragen hat, hinreichend hoch sind. Bricht der Eigentümer-Manager das Rückerwerbsversprechen, wird ihm der Kapitalmarkt das Vertrauen entziehen. Dies kann zum einen dazu führen, dass der Kapitalmarkt die vom Eigentümer-Manager ausgeübten Kontrollrechte an der Unternehmung einschränkt; gegebenenfalls wird dem Eigentümer-Manager – sofern gesellschaftsrechtlich möglich – gar die Unternehmensführung vollständig entzogen.[56] Zum anderen wird der Reputationsverlust des Eigentümer-Managers zur Konsequenz haben, dass sich zukünftige Investitionsprojekte des Unternehmens nur noch zu ungünstigen Konditionen extern finanzieren lassen. Es ist somit nicht unplausibel anzunehmen, dass die Kosten eines nicht eingehaltenen Rückerwerbsversprechens prohibitiv hoch sind. Festzuhalten bleibt: Die Annahmen (1) und (2), welche sich als notwendige Bedingungen für den Bestand der Modellergebnisse erweisen, lassen sich empirisch bzw. argumentativ solide begründen.

Auf den ersten Blick erscheint auch Annahme 4.2, gemäß der den Kapitalmarktakteuren erst in t_2 der zugrunde liegende Unternehmenstyp offen-

---

[54] Vgl. hierzu auch *Ofer/Thakor* (1987), S. 369 f.

[55] Dass dies in der Tat der Fall ist, legt die empirische Studie von *Stephens/Weisbach* (1998) nahe. Danach werden angekündigte Offenmarktrückkäufe von 82% der Unternehmen innerhalb von drei Jahren vollständig abgewickelt. Ein Großteil der verbleibenden Unternehmen führt den Aktienrückerwerb ebenfalls im angekündigten Umfang durch; der Zeitraum, über den die angekündigte Aktienzahl von diesen Unternehmen zurückerworben wird, erstreckt sich dann jedoch über mehrere Jahre.

[56] Dass der Eigentümer-Manager dadurch eine Nutzeneinbuße erleidet, wird in einer Vielzahl von Modellen unterstellt. Die hier zugrunde gelegte Nutzenfunktion ist jedoch rein monetärer Art und muss zur Erfassung des Disnutzens im Falle eines Entzugs von Kontrollrechten um ein zusätzliches Argument erweitert werden.

bart wird, als kritisch für den Bestand der Modellergebnisse. Ist der Unternehmenstyp dem Kapitalmarkt dagegen bereits zum Rückerwerbszeitpunkt (mit positiver Wahrscheinlichkeit) bekannt, reflektiert der Börsenkurs zum Rückerwerbszeitpunkt (mit positiver Wahrscheinlichkeit) den wahren Unternehmenswert – auch dann, wenn der Eigentümer-Manager ursprünglich ein falsches Signal gesendet hat. Dadurch verliert der Aktienrückerwerb als Signalisierungsinstrument an „Biss", weil der Eigentümer-Manager von L bei Wahl einer Imitierungspolitik (mit positiver Wahrscheinlichkeit) keinen Vermögenstransfer an die veräußernden Aktionäre zu leisten hat.[57] Der mit einem Aktienrückerwerb verknüpfte *Risikoübernahmeeffekt* und die daraus resultierenden Kosten sind jedoch weiterhin präsent, so dass der Aktienrückerwerb seine Signalkraft nicht völlig verliert. Darüber hinaus lässt sich der *Vermögensübertragungseffekt* selbst bei einer vollständigen Aufhebung von Annahme 4.2 reinstallieren, wenn man als Rückerwerbsverfahren anstelle eines Offenmarktprogramms eine Festpreisofferte, bei welcher neben der Anzahl der zurückzuerwerbenden Aktien auch der Rückerwerbspreis vorab spezifiziert wird, zugrunde legt: Angenommen, der Eigentümer-Manager von H kündigt in t_{01} verbindlich an, Aktien zu einem Preis p_1^H zurückzuerwerben, welcher den wahren Wert eines Unternehmens vom Typ H widerspiegelt. Dann muss der Eigentümer-Manager von L bei Wahl einer Imitierungspolitik die Aktien ebenfalls zum Preis von p_1^H zurückerwerben. Da p_1^H den auf eine Aktie entfallenden Anteil am Unternehmenswert von L überschreitet, leistet der Eigentümer-Manager von L einen Vermögenstransfer an die veräußernden Aktionäre. Bei Wahl einer Festpreisofferte als Rückerwerbsverfahren ist der Vermögensübertragungseffekt somit auch dann präsent, wenn dem Kapitalmarkt der wahre Unternehmenstyp bereits zum Rückerwerbszeitpunkt mit Wahrscheinlichkeit eins enthüllt wird. Es zeigt sich somit, dass Annahme 4.2 unkritisch für den Bestand der Modellergebnisse ist.

Darüber hinaus ist zu betonen, dass die Prämisse sicherer Rückflüsse, die von Investitionsprojekt I_0 erwirtschaftet werden, lediglich aus Bequemlichkeitsgründen getroffen wurde und keinen gravierenden Einfluss auf die Modellergebnisse besitzt. Bei stochastischen Investitionsrückflüssen ist die Definition der Profitabilität von I_0 aufwendiger, weil der Eigentümer-Manager dann beispielsweise auch solche Investitionsprojekte als vorteilhaft erachtet, die zwar einen negativen erwarteten Kapitalwert aufweisen, aber das aus den bereits in-

[57] Der Biss ist dabei umso geringer, je höher die Wahrscheinlichkeit ist, dass der wahre Unternehmenstyp bereits in t_1 aufgedeckt wird.

itiierten Investitionsprojekten resultierende Rückflussrisiko hinreichend stark reduzieren. Sind die Rückflüsse von I_0 stochastisch, so benötigt man neben der Wahrscheinlichkeitsverteilung der Rückflüsse aus den bereits initiierten Investitionsprojekten $K(\theta)$ eine gemeinsame Wahrscheinlichkeitsverteilung der aus I_0 und $K(\theta)$ resultierenden Rückflüsse. Um die von I_0 erwirtschafteten Investitionsrückflüsse mit einer stochastischen Komponente zu versehen, ist formal eine Uminterpretation der verwendeten Symbolik ausreichend: Es genügt, mit v_2 die sichere Komponente der zum Zeitpunkt t_2 anfallenden Rückflüsse aus I_0 und mit $f(\epsilon)$ die gemeinsame Dichtefunktion der stochastischen Rückflüsse aus allen Investitionsprojekten zu bezeichnen.

4.4.6.2 Effizienz des Aktienrückerwerbs als Signal zur Lösung des Problems der adversen Selektion bei einer Aktienemission

Im Vergleich zum Underpricing der neu ausgegebenen Anteile erweist sich ein Aktienrückerwerb im zugrunde liegenden Modellkontext als effizienteres Signal. Diese bemerkenswerte Erkenntnis stellt alle Ansätze in Frage, die Underpricing mit Hilfe eines Signalisierungsansatzes zu erklären versuchen. Insbesondere relativiert sie die Bedeutung der Modellergebnisse von *Allen/Faulhaber* (1989), *Grinblatt/Huang* (1989) und *Welch* (1989), die Underpricing als probates Mittel zur glaubwürdigen Enthüllung des Unternehmenstyps propagieren.

Unmittelbar einsichtig ist, dass eine *steuerfreie Dividendenausschüttung* im zugrunde liegenden Modellkontext keine Signalkraft entfalten kann. Schüttet der Eigentümer-Manager eines Unternehmens vom Typ H einen Teil des in t_1 anfallenden freien Cashflows im Wege einer Dividende d aus, so beläuft sich sein Endvermögen auf

$$W_2^H(\epsilon) = \frac{n}{n+m^H}\,d + \frac{n}{n+m^H-z^H}\,(x_1^H - d - z^H\,p_1^H(d) + x_2^H + v_2 + \epsilon).$$

Dabei wird unterstellt, dass die Dividendenausschüttung unmittelbar *vor* Durchführung des Aktienrückerwerbs erfolgt. Unter Verwendung von

$$p_1^H(d) = \frac{x_1^H - d + x_2^H + v_2}{n+m^H}$$

für den Rückerwerbspreis lässt sich das Endvermögen des Eigentümer-Managers von H auch schreiben als

$$\begin{aligned} W_2^H(\epsilon) &= \frac{n}{n+m^H} d + \frac{n}{n+m^H-z^H} \\ &\quad \times \left(x_1^H - d - z^H \frac{x_1^H - d + x_2^H + v_2}{n+m^H} + x_2^H + v_2 + \epsilon \right) \\ &= \frac{n}{n+m^H} (x_1^H + x_2^H + v_2) + \frac{n}{n+m^H-z^H} \epsilon \\ &= \frac{n}{n+m^H-z^H} \left(x_1^H - z^H p_1^H(d=0) + x_2^H + v_2 + \epsilon \right), \end{aligned}$$

wobei

$$p_1^H(d=0) = \frac{x_1^H + x_2^H + v_2}{n+m^H}.$$

Das Endvermögen des Eigentümer-Managers von H wird durch eine Dividendenausschüttung somit nicht beeinflusst. Wählt der Eigentümer-Manager von L eine Imitierungspolitik, erreicht er ein Endvermögen von

$$\begin{aligned} W_2^L(\epsilon) &= \frac{n}{n+m^H} d + \frac{n}{n+m^H-z^H} (x_1^L - d - z^H p_1^H(d) + x_2^L + v_2 + \epsilon) \\ &= \frac{n}{n+m^H} (x_1^H + x_2^H + v_2) + \frac{n}{n+m^H-z^H} \epsilon \\ &\quad - \frac{n}{n+m^H-z^H} (x_1^H - x_1^L + x_2^H - x_2^L) \\ &= \frac{n}{n+m^H-z^H} \left(x_1^L - z^H p_1^H(d=0) + x_2^H + v_2 + \epsilon \right). \end{aligned}$$

Folglich besitzt eine steuerfreie Dividendenausschüttung keine Auswirkungen auf den Imitierungsnutzen des Eigentümer-Managers von L. Sie kann deshalb keine Signalwirkung entfalten. Wird die Dividendenausschüttung auf Gesellschafterebene mit dem Steuersatz t belastet, reduziert sich das Endvermögen des Eigentümer-Managers – unabhängig vom zugrunde liegenden Unternehmenstyp – um $t\,d\,n/(n+m^H)$. In diesem Fall lässt sich eine Dividendenausschüttung in der Tat als Signal verwenden. Da der Eigentümer-Manager von H ein höheres Endvermögen als derjenige von L vereinnahmt und der Grenznutzen mit zunehmendem Vermögen abnimmt, erleidet der Eigentümer-Manager von H infolge einer zusätzlichen steuerpflichtigen Dividendenausschüttung eine geringere Nutzeneinbuße als derjenige von H. Eine zu versteuernde Dividendenausschüttung ist damit effizienter als ein Geld verbrennendes Signal. Dennoch ist davon auszugehen, dass ein (steuerfreier) Aktienrückerwerb einer zu versteuernden Dividendenausschüttung für Signalisierungszwecke überlegen sein wird. Ausschlaggebend hierfür wird der mit einem Aktienrückerwerb verknüpfte Vermögensübertragungseffekt sein, der lediglich dem Eigentümer-Manager von L, nicht jedoch demjenigen von H Vermögenseinbußen beschert.

Da der Eigentümer-Manager gegenüber dem Kapitalmarkt einen Informationsvorsprung im Hinblick auf den Typ des zugrunde liegenden Unternehmens besitzt, weist der Aktienrückerwerb den Charakter eines Insidergeschäfts auf.[58] Dies legt den Schluss nahe, dass der Eigentümer-Manager nicht nur im Wege eines Aktienrückerwerbs, sondern auch mit Hilfe der verbindlichen Ankündigung eines *Insidergeschäfts* den Typ seines Unternehmens glaubwürdig signalisieren kann. Hierzu muss sich der risikoaverse Eigentümer-Manager – zeitgleich mit der Bekanntgabe der Aktienemission – verpflichten, zum Zeitpunkt t_1 seine Unternehmensbeteiligung durch einen *privat* finanzierten Aktienerwerb über die Börse aufzustocken. Das Insidergeschäft unterscheidet sich vom Aktienrückkauf somit allein durch die Art der Finanzierung des Aktienerwerbs. Deshalb wird der mit einem Insidergeschäft verknüpfte Signalisierungsmechanismus ähnlich effizient wie der eines Aktienrückerwerbs sein. Die Realisierbarkeit des Insidergeschäfts setzt allerdings voraus, dass der Eigentümer-Manager über ein hinreichend hohes, nicht im Unternehmen gebundenes Privatvermögen bzw. einen ausreichend hohen privaten Kreditrahmen verfügt. Dann ist allerdings nicht einzusehen, warum er nicht bereits einen Teil der Anschaffungskosten des Investitionsvorhabens I_0 aus seinem Privatvermögen finanziert. Die mit dem zusätzlichen privaten Vermögenseinsatz verbundene höhere Risikoexposition des Eigentümer-Managers kann dann ebenfalls als Signal dienen, um den zugrunde liegenden Unternehmenstyp glaubwürdig zu enthüllen. Festzuhalten bleibt: Im Vergleich zu einem Insidergeschäft erscheint der Aktienrückerwerb als robusteres Signal, weil er auch dann durchführbar ist, wenn der Eigentümer-Manager neben seiner Unternehmensbeteiligung ein relativ kleines Privatvermögen besitzt.

4.4.6.3 Vorteilhaftigkeit der an einen späteren Aktienrückerwerb gekoppelten reinen Beteiligungsfinanzierung gegenüber einer teilweisen Fremdkapitalfinanzierung

Unter der Prämisse, dass das Investitionsprojekt I_0 im Wege einer Kapitalerhöhung durch Ausgabe junger Aktien zu finanzieren ist, hat sich der Ak-

[58] Unter einem Insidergeschäft wird hier eine – rechtlich zulässige – Wertpapiertransaktion verstanden, die der Eigentümer-Manager unter Ausnutzung seines Informationsvorsprungs für eigene Rechnung durchführt.

tienrückerwerb als effizientes Signal zur Lösung des mit der Aktienemission verknüpften Problems der adversen Selektion herauskristallisiert. Räumt man dem Eigentümer-Manager jedoch die Möglichkeit ein, die Anschaffungskosten von I_0 zumindest partiell durch Ausgabe risikoloser Bonds zu finanzieren, steht ihm auch ein Finanzkontrakt zur Verfügung, welcher der Gefahr einer adversen Selektion *nicht* ausgesetzt ist. Dies wirft die Frage auf, welche Finanzierungsvariante sich für den Eigentümer-Manager als überlegen erweist: reine Beteiligungsfinanzierung, verknüpft mit einem späteren Aktienrückerwerb, oder teilweise Fremdfinanzierung.

Zur Finanzierung von I_0 präferiert der Eigentümer-Manager grundsätzlich eine Aktienemission gegenüber einer Ausgabe risikoloser Bonds, weil er die Rückflussrisiken, welche aus den bereits realisierten Investitionsprojekten resultieren, lediglich im Wege einer Aktienausgabe auf den risikoneutralen Kapitalmarkt überwälzen kann. Im First-best-Fall wird der Eigentümer-Manager die Anschaffungskosten von I_0 deshalb ausschließlich durch Emission junger Aktien aufbringen. Die im Second-best-Fall drohende Gefahr einer adversen Selektion kann den Eigentümer-Manager eines Unternehmens vom Typ H jedoch dazu bewegen, I_0 zum Teil durch Emission risikoloser Bonds – d.h. durch Aufnahme von Fremdkapital – zu finanzieren. Wenn der Eigentümer-Manager von H den *Verschuldungsgrad* hinreichend hoch wählt, besitzt der Eigentümer-Manager von L keinen Anreiz zur Imitierung der Verschuldungspolitik des Eigentümer-Managers von H. Dieser kann somit durch die Wahl des Verschuldungsgrads – anders formuliert: durch die Festlegung der Kapitalstruktur – den Typ seines Unternehmens glaubhaft signalisieren.[59] Das Senden des Signals „Kreditaufnahme“ ist für den Eigentümer-Manager mit Kosten befrachtet, weil er sich dadurch einem größeren Rückflussrisiko exponiert.

Es verbleibt zu prüfen, mit Hilfe welcher der beiden Finanzierungsofferten – (1) reine Beteiligungsfinanzierung (Aktienemission) und späterer Aktienrückerwerb oder (2) teilweise Kreditaufnahme – der Eigentümer-Manager von H den Typ seines Unternehmens effizienter signalisieren kann.

Betrachtet wird zunächst der Fall, dass der Eigentümer-Manager von H Investitionsprojekt I_0 teilweise durch Ausgabe risikoloser Bonds finanziert (Signalisierung durch Aufnahme von Fremdkapital).[60] Die Bonds besitzen einen

---

[59]Man erhält somit eine Signalisierungstheorie zur optimalen Kapitalstruktur, die auf der Gefahr einer adversen Selektion bei der Ausgabe von Eigenkapitaltiteln und der Risikoaversion des Eigentümer-Managers aufbaut. Vgl. hierzu auch *Leland/Pyle* (1977), *de Meza/Webb* (1990) und *Hubert* (2000), S. 100 ff.

[60]Da das Signalisierungsmodell zur optimalen Kapitalstruktur nicht formalisiert wurde,

Ausgabebetrag D und sind mit einem Zinssatz von $i = 0$ ausgestattet; sie werden in t_1 zu pari zurückgezahlt. Darüber hinaus emittiert der Eigentümer-Manager von H insgesamt $\hat{m}^H$ junge Aktien im Wege einer Kapitalerhöhung. Damit der Kapitalmarkt die Finanzierungsofferte $(\hat{m}^H, D)$ akzeptiert, muss die Restriktion[61]

$$\frac{\hat{m}^H}{n + \hat{m}^H} (x_1^H - D + x_2^H + v_2) + D \;=\; c \tag{4.103}$$

erfüllt sein; Underpricing wird dabei nicht zugelassen. Der Eigentümer-Manager von H wird gerade so viel Fremdkapital aufnehmen, dass der Eigentümer-Manager von L bei Wahl einer Imitierungspolitik dasselbe Niveau des Erwartungsnutzens wie bei Wahl seiner First-best-Offerte $(m^L, 0)$ erreicht:

$$\overline{V}(L, m^L, 0, \overline{r}^*(m^L, 0) = a) = \overline{V}(L, \hat{m}^H, D, \overline{r}^*(\hat{m}^H, D) = a). \tag{4.104}$$

Unter Berücksichtigung von

$$V(L, m^L, 0, r^*(m^L, 0) = a) = \overline{V}(L, m^L, 0, \overline{r}^*(m^L, 0) = a)$$

und

$$\begin{aligned} &\overline{V}(L, \hat{m}^H, D, \overline{r}^*(\hat{m}^H, D) = a) \\ = &\int_{\underline{\epsilon}}^{\overline{\epsilon}} U\left(\frac{n}{n + \hat{m}^H} (x_1^L - D + x_2^L + v_2 + \epsilon)\right) f(\epsilon)\, d\epsilon \end{aligned}$$

lässt sich (4.104) schreiben als

$$\begin{aligned} &V(L, m^L, 0, r^*(m^L, 0) = a) \\ = &\int_{\underline{\epsilon}}^{\overline{\epsilon}} U\left(\frac{n}{n + \hat{m}^H} (x_1^L - D + x_2^L + v_2 + \epsilon)\right) f(\epsilon)\, d\epsilon. \end{aligned} \tag{4.105}$$

Alle Finanzierungsofferten, welche die Anreizbedingung des Eigentümer-Managers von L als Ungleichung erfüllen, sind niemals effizient und werden deshalb bei der Formulierung von (4.105) ignoriert. Eine effiziente Finanzierungsofferte

besitzt die folgende Argumentation lediglich intuitiven Charakter.

[61] Es wird folgende Notation verwendet: Die Reaktionsfunktion des Kapitalmarkts auf eine Finanzierungsofferte (m, D) wird mit $\overline{r} : (m, D) \rightarrow \{a, na\}$ bezeichnet. Die Funktion $\overline{V} : (\theta, m, D, \overline{r}(m, D)) \rightarrow \mathbb{R}$ gibt die Auszahlung des Eigentümer-Managers von θ bei Wahl der Finanzierungsofferte (m, D) wieder.

$(\hat{m}^H, D)$ verspricht dem Eigentümer-Manager von H einen Erwartungsnutzen in Höhe von

$$\begin{aligned} &\overline{V}(H, \hat{m}^H, D, \overline{r}^*(\hat{m}^H, D) = a) \\ &= \int_{\underline{\epsilon}}^{\overline{\epsilon}} U\left(\frac{n}{n + \hat{m}^H}\,(x_1^H - D + x_2^H + v_2 + \epsilon)\right) f(\epsilon)\, d\epsilon. \qquad (4.106) \end{aligned}$$

Angenommen, der Eigentümer-Manager von H finanziert Investitionsprojekt I_0 ausschließlich im Wege einer Aktienemission und signalisiert den Typ seines Unternehmens mit Hilfe eines Aktienrückerwerbs. Die resultierende Finanzierungsofferte (m^H, z^H) ist dann effizient, wenn sie sowohl die Kapitalaufbringungsrestriktion als auch die Anreizbedingung des Eigentümer-Managers von L mit Gleichheit erfüllt:[62]

$$\begin{aligned} c &= z^H p_1^H + \frac{m^H - z^H}{n + m^H - z^H}\,(x_1^H - z^H p_1^H + x_2^H + v_2) \\ &= \frac{m^H}{n + m^H}\,(x_1^H + x_2^H + v_2) \qquad (4.107) \end{aligned}$$

$$\begin{aligned} &V(L, m^L, 0, r^*(m^L, 0) = a) \\ &= \int_{\underline{\epsilon}}^{\overline{\epsilon}} U\left(\frac{n}{n + m^H - z^H}\,(x_1^L - z^H p_1^H + x_2^L + v_2 + \epsilon)\right) f(\epsilon)\, d\epsilon. \, (4.108) \end{aligned}$$

Der Eigentümer-Manager von H erreicht bei Wahl einer solchen Finanzierungsofferte ein Niveau des Erwartungsnutzens von

$$\begin{aligned} &V(H, m^H, z^H, r^*(m^H, z^H) = a) \\ &= \int_{\underline{\epsilon}}^{\overline{\epsilon}} U\left(\frac{n}{n + m^H - z^H}\,(x_1^H - z^H p_1^H + x_2^H + v_2 + \epsilon)\right) f(\epsilon)\, d\epsilon. \\ &\qquad (4.109) \end{aligned}$$

Proposition 4.10 *Der Eigentümer-Manager von H ist indifferent zwischen den Finanzierungsofferten (m^H, z^H) und $(\hat{m}^H, D)$.*

Beweis: Die Finanzierungsrestriktion (4.103) lässt sich umformen zu:

$$\frac{n}{n + \hat{m}^H}\, D \;=\; c - \frac{\hat{m}^H}{n + \hat{m}^H}\,(x_1^H + x_2^H + v_2).$$

[62]Dies ergibt sich aus den Propositionen 4.6 und 4.8.

Damit kann Gleichung (4.105) äquivalent geschrieben werden als:

$$\begin{aligned} V(L, m^L, 0, r^*(m^L, 0) = a) &= \int_{\underline{\epsilon}}^{\overline{\epsilon}} U\left(\frac{n}{n+\hat{m}^H}\left(x_1^L + x_2^L + v_2 + \epsilon\right) - c\right. \\ &\quad \left. + \frac{\hat{m}^H}{n+\hat{m}^H} \cdot \left(x_1^H + x_2^H + v_2\right)\right) f(\epsilon)\, d\epsilon. \end{aligned}$$

Dies ist äquivalent zu

$$\begin{aligned} V(L, m^L, 0, r^*(m^L, 0) = a) &= \int_{\underline{\epsilon}}^{\overline{\epsilon}} U\left(x_1^H + x_2^H + v_2 - c - \frac{n}{n+\hat{m}^H}\right. \\ &\quad \left. \cdot\left(x_1^H - x_1^L + x_2^H - x_1^L - \epsilon\right)\right) f(\epsilon)\, d\epsilon. \end{aligned} \tag{4.110}$$

Unter Verwendung von

$$p_1^H = \frac{x_1^H + x_2^H + v_2}{n + m^H}$$

und der Finanzierungsrestriktion (4.107) lässt sich Gleichung (4.108) auch wie folgt darstellen:

$$\begin{aligned} V(L, m^L, 0, r^*(m^L, 0) = a) &= \int_{\underline{\epsilon}}^{\overline{\epsilon}} U\left(x_1^H + x_2^H + v_2 - c - \frac{n}{n+m^H - z^H}\right. \\ &\quad \left. \cdot\left(x_1^H - x_1^L + x_2^H - x_2^L - \epsilon\right)\right) f(\epsilon)\, d\epsilon. \end{aligned} \tag{4.111}$$

Im Folgenden wird gezeigt, dass die Gleichungen (4.110) und (4.111) nur für $m^H - z^H = \hat{m}^H$ widerspruchsfrei erfüllt sein können. Sei $q \geq 0$ und

$$K(q) = \int_{\underline{\epsilon}}^{\overline{\epsilon}} U\left(x_1^H + x_2^H + v_2 - c - q\left(x_1^H - x_1^L + x_2^H - x_2^L - \epsilon\right)\right) f(\epsilon)\, d\epsilon.$$

Differenzieren nach q führt auf

$$\begin{aligned} \frac{dK}{dq} &= -\int_{\underline{\epsilon}}^{\overline{\epsilon}} U'(W_2(\epsilon)) \cdot \left(x_1^H - x_1^L + x_2^H - x_2^L - \epsilon\right) f(\epsilon)\, d\epsilon \\ &= -\int_{\underline{\epsilon}}^{\overline{\epsilon}} U'(W_2(\epsilon)) \cdot \left(x_1^H - x_1^L + x_2^H - x_2^L\right) f(\epsilon)\, d\epsilon \\ &\quad + \int_{\underline{\epsilon}}^{\overline{\epsilon}} U'(W_2(\epsilon))\, \epsilon\, f(\epsilon)\, d\epsilon < 0, \end{aligned}$$

wobei $W_2(\epsilon) = x_1^H + x_2^H + v_2 - c - q\,(x_1^H - x_1^L + x_2^H - x_2^L) + q\,\epsilon$. Das Ungleichheitszeichen ergibt sich dabei aus folgender Überlegung: Wegen $U'(W_2(\epsilon)) > 0$ $(\forall\epsilon)$ und $x_1^H - x_1^L + x_2^H - x_2^L > 0$ besitzt das erste Integral ein positives Vorzeichen; der erste Summand ist folglich negativ. Der zweite Summand lässt sich unter Verwendung von $U'(W_2(\epsilon)) > 0$ und $U''(W_2(\epsilon)) < 0$ $(\forall\epsilon)$ wie folgt abschätzen:

$$\begin{aligned}\int_{\underline{\epsilon}}^{\overline{\epsilon}} U'(W_2(\epsilon))\,\epsilon\,f(\epsilon)\,d\epsilon &= \int_{\underline{\epsilon}}^{0} U'(W_2(\epsilon))\,\epsilon\,f(\epsilon)\,d\epsilon + \int_{0}^{\overline{\epsilon}} U'(W_2(\epsilon))\,\epsilon\,f(\epsilon)\,d\epsilon \\ &\leq \int_{\underline{\epsilon}}^{0} U'(W_2(0))\,\epsilon\,f(\epsilon)\,d\epsilon + \int_{0}^{\overline{\epsilon}} U'(W_2(0))\,\epsilon\,f(\epsilon)\,d\epsilon \\ &= U'(W_2(0)) \int_{\underline{\epsilon}}^{\overline{\epsilon}} \epsilon\,f(\epsilon)\,d\epsilon = 0.\end{aligned}$$

Der zweite Summand ist somit nicht positiv, d.h. $dK/dq < 0$ $(q \geq 0)$. Wegen

$$K(0) > V(L, m^L, 0, r^*(m^L, 0) = a)$$

und

$$K(1) < V(L, m^L, 0, r^*(m^L, 0) = a)$$

sowie aufgrund dessen, dass $K(q)$ stetig und streng monoton fallend in q ist, existiert genau ein q^*, so dass gilt: $V(L, m^L, 0, r^*(m^L, 0) = a) = K(q^*)$. Dies impliziert $m^H - z^H = \hat{m}^H$. Aus einem Vergleich von (4.103) und (4.107) folgt dann $D = z^H\,p_1^H$. Wie eine Gegenüberstellung von (4.105) und (4.109) zeigt, muss dann

$$V(H, m^H, z^H, r^*(m^H, z^H) = a) = \overline{V}(H, \hat{m}^H, D, \overline{r}^*(\hat{m}^H, D) = a)$$

gelten, d.h. der Eigentümer-Manager von H ist indifferent zwischen (m^H, z^H) und $(\hat{m}^H, D)$. ■

Proposition 4.10 gibt Anlass zur Vermutung, dass der Eigentümer-Manager von H indifferent ist zwischen (1) einer Finanzierung von I_0 im Wege einer Aktienemission (reine Beteiligungsfinanzierung) in Verbindung mit einer Signalisierung des wahren Unternehmenstyps durch Aktienrückkäufe und (2) einer teilweisen Fremdfinanzierung von I_0. Dies legt folgenden Schluss nahe: Reichert man das mit einer Aktienemission verknüpfte Problem der Negativauslese um das Problem der optimalen Risikoteilung und um die Möglichkeit einer Signalisierung mit Aktienrückkäufen an, wird die von *Myers* (1984) aufgestellte pecking-order der Finanzinstrumente in Frage gestellt. Die Ausblendung des Risikoteilungsproblems im Modell von *Myers/Majluf* (1984) hat zur Folge, dass alle Akteure – bei symmetrischer Informationsverteilung – indifferent zwischen dem Auszahlungsprofil von Eigen- und Fremdkapitalkontrakten sind. Ein risikoaverser Eigentümer-Manager zeigt jedoch eine strikte Präferenz für das Auszahlungsprofil eines Eigenkapitalkontrakts. Allerdings besteht für den Eigentümer-Manager eines Unternehmens guter Qualität bei Wahl einer Beteiligungsfinanzierung und asymmetrischer Informationsverteilung immer die Gefahr einer adversen Selektion. Er kann den zugrunde liegenden Unternehmenstyp nun dadurch signalisieren, dass er zur Finanzierung von I_0 teilweise auf Fremdkapital zurückgreift. Dies steht nicht völlig im Widerspruch zur pecking-order Hypothese. Allerdings lässt sich das mit der Ausgabe von Eigenkapitaltiteln verbundene Problem der adversen Selektion genauso effizient lösen, wenn der Eigentümer-Manager einen Aktienrückerwerb als Signal zur Übermittlung des wahren Unternehmenswerts verwendet. Dann wird aber die Emission von Fremdkapitaltiteln überflüssig, was sich mit der pecking-order Hypothese nicht vereinbaren lässt.

Zusammenfassend bleibt festzuhalten: Wenn man die Menge der verfügbaren Finanzkontrakte auf Aktien und risikolose Bonds beschränkt und Aktienrückkäufe zulässt, dann erweist sich die Emission von risikolosen Bonds zur Signalisierung des wahren Unternehmenswerts als überflüssig.

4.5 Zusammenfassung der Modellergebnisse

Die nachfolgende Liste stellt die wichtigsten Erkenntnisse zusammen, die aus den analysierten Modellen extrahiert werden konnten.

1. Besitzen sowohl der Eigentümer-Manager als auch die Kapitalmarktakteure Kenntnis vom Typ des zugrunde liegenden Unternehmens (First-best-Fall), realisiert der Eigentümer-Manager das profitable Investitionsprojekt I_0, ohne auf Aktienrückkäufe und Underpricing zurückzugreifen.

2. Ursächlich für den Verzicht auf Aktienrückkäufe im First-best-Fall ist die Risikoaversion des Eigentümer-Managers: Infolge der aus einem Rückerwerb resultierenden Zunahme der Beteiligungsquote hat der Eigentümer-Manager bei einem unveränderten erwarteten Endvermögen einen größeren Anteil am Risiko der Unternehmensrückflüsse zu tragen, was sich aufgrund seiner Risikoaversion Nutzen mindernd auswirkt.

3. Der mit einem Underpricing verbundene Rückgang der Beteiligungsquote des Eigentümer-Managers hat in allen Umweltzuständen eine Verminderung seines Anteils an den Unternehmensrückflüssen zur Konsequenz. Da der Eigentümer-Manager dadurch eine Nutzeneinbuße erleidet, verzichtet er im First-best-Fall auf Underpricing der neu ausgegebenen Anteile.

4. Besitzt der Eigentümer-Manager gegenüber den Kapitalmarktakteuren einen Informationsvorsprung (Second-best-Fall), resultiert das mit einer Kapitalerhöhung verbundene Problem adverser Selektion: Der Eigentümer-Manager von L hat grundsätzlich einen Anreiz, sein Unternehmen als vom Typ H auszugeben, weil er den Kapitalmarktakteuren dann eine geringere Beteiligungsquote einzuräumen hat. Folglich ist die bloße Ankündigung eines Eigentümer-Managers, das zugrunde liegende Unternehmen sei vom Typ H, aus der Perspektive der Kapitalmarktakteure nicht mehr glaubwürdig. Diese werden deshalb eine höhere Beteiligungsquote als diejenige fordern, welche der Eigentümer-Manager von H im First-best-Fall zu gewähren hat. Dieser besitzt nun einen Anreiz, den Typ seines Unternehmens den Kapitalmarktakteuren glaubwürdig zu signalisieren.

5. In einem separierenden Gleichgewicht, das dem Intuitiven Kriterium genügt, signalisiert der Eigentümer-Manager von H den Typ seines Unternehmens ausschließlich mit Hilfe eines Aktienrückerwerbs. Der Eigentümer-Manager von H verzichtet damit auf Underpricing der neu ausgegebenen Anteile.

6. Hinreichend dafür, dass der Eigentümer-Manager von H zur Signalisierung des Typs seines Unternehmens Aktienrückkäufe einem Underpricing der neu ausgegebenen Anteile vorzieht, ist die Annahme eines relativen Riskoaversionskoeffizienten von $r(W_2^\theta) \leq 1$ $(\forall W_2^\theta)$.

7. Die effiziente gleichgewichtige Rückerwerbspolitik des Eigentümer-Managers von H ist durch ein Ausschüttungsvolumen charakterisiert, das die Anschaffungskosten des Investitionsprojekts I_0 unterschreitet. Der Eigentümer-Manager von H erwirbt nur einen Teil der neu ausgegebenen Aktien zurück.

8. Der Eigentümer-Manager von L ist in einem separierenden Gleichgewicht, das dem Intuitiven Kriterium genügt, indifferent zwischen einer

Imitierung der Rückerwerbspolitik des Eigentümer-Managers von H und der im First-best-Fall optimalen Politik, die er bei Indifferenz annahmegemäß wählt.

9. Aus dem Signalling-Modell lassen sich folgende empirisch überprüfbaren Hypothesen im Zusammenhang mit der Ankündigung einer Kapitalerhöhung gewinnen: (1) Wird die Ankündigung einer Kapitalerhöhung mit der Bekanntgabe eines Aktienrückerwerbs verknüpft, steigt der Aktienkurs (positiver Ankündigungseffekt). (2) Wird lediglich eine Kapitalerhöhung verkündet, fällt der Aktienkurs (negativer Ankündigungseffekt).

10. Die Existenz des Signalling-Gleichgewichts ist immer dann gewährleistet, wenn das durch einen Investitionsverzicht des Eigentümer-Managers von H gekennzeichnete separierende Gleichgewicht des Grundmodells existiert. Da der Eigentümer-Manager von H im Signalling-Gleichgewicht das profitable Investitionsprojekt I_0 realisiert, lässt sich das Problem der Unterinvestition mit Hilfe des Signals Aktienrückerwerb *vollständig* beseitigen.

11. Der Aktienrückerwerb erweist sich nicht nur gegenüber einem Underpricing, sondern auch gegenüber einer (unversteuerten) Dividendenausschüttung als effizienteres Signal.

12. Räumt man dem Eigentümer-Manager die Möglichkeit ein, die Anschaffungskosten des Investitionsvorhabens durch Ausgabe eines risikolosen Bonds zu finanzieren, steht ihm ein Finanzkontrakt zur Verfügung, welcher der Gefahr einer adversen Selektion nicht ausgesetzt ist. Da der Eigentümer-Manager jedoch als risikoavers angenommen wird, präferiert er grundsätzlich eine reine Beteiligungsfinanzierung gegenüber einer Emission von risikolosen Anleihen. Unter gewissen Annahmen lässt sich nun zeigen, dass der Eigentümer-Manager von H indifferent ist zwischen einer Signalisierung des wahren Unternehmenswertes mit Hilfe einer teilweisen Kreditfinanzierung des Investitionsvorhabens und einer – an eine reine Beteiligungsfinanzierung gekoppelten – Signalisierung des wahren Unternehmenswertes im Wege eines Aktienrückerwerbs. Durch eine Erweiterung des Spektrums zulässiger Finanzkontrakte um einen risikolosen Bond gibt man dem Eigentümer-Manager von H somit kein Signalisie-

rungsinstrument zur Hand, mit dem er das Problem der adversen Selektion auf effizientere Weise als mit einem Aktienrückerwerb lösen kann.

Kapitel 5

Wertpapierdesign und -rückerwerb als Signale zur Überwindung von Informationsasymmetrien

5.1 Adverse Selektion und Signalling bei Emission von Wertpapieren mit optimalem Rückzahlungsprofil

In diesem Kapitel wird die bisher zugrunde gelegte Prämisse, dass das Investitionsprojekt I_0 durch Ausgabe junger Aktien im Wege einer Kapitalerhöhung oder durch Emission eines risikolosen Bonds zu finanzieren sei, aufgegeben. Denn durch die exogene Vorgabe einer Beteiligungs- oder einer Kreditfinanzierung wird die Menge der Signale, die dem Eigentümer-Manager von H zur Verfügung stehen, unnötig beschränkt. Deshalb werden nun Wertpapiere mit beliebiger Rückzahlungsstruktur zugelassen, um die Anschaffungskosten von I_0 aufzubringen. Das vorliegende Kapitel leistet damit einen Beitrag zur Theorie des optimalen Wertpapierdesigns bei asymmetrischer Informationsverteilung.

Der Eigentümer-Manager ist aufgrund seiner Risikoaversion regelmäßig nicht indifferent zwischen Finanzkontrakten, die bei gleichem Erwartungswert der Rückflüsse an die Kapitalgeber voneinander abweichende zustandsabhängige Rückzahlungsstrukturen aufweisen. Vielmehr präferiert er solche Finanzkontrakte, welche die bestehenden Rückflussrisiken möglichst weitgehend absorbieren. Da die Kapitalmarktakteure als risikoneutral betrachtet werden, kann der Eigentümer-Manager zumindest einen Teil der Rückflussrisiken, die aus den bereits bestehenden Investitionsprojekten $K(\theta)$ resultieren, kostenlos an die Kapitalmarktakteure übertragen. Dies gelingt ihm über das Design der Auszahlungsstruktur der Wertpapiere, die der Eigentümer-Manager zur Aufbringung der Anschaffungskosten von I_0 emittiert. Der Eigentümer-Manager wird die zustandsabhängigen Rückflüsse der Wertpapiere grundsätzlich so festlegen, dass er sich gegenüber den bestehenden Rückflussrisiken möglichst weitgehend versichert. Wie in Abschnitt 5.3 gezeigt wird, erweist sich bei symmetrischer Informationsverteilung zwischen Eigentümer-Manager und Kapitalmarktakteuren der folgende Finanzkontrakt als optimal (*First-best-Kontrakt*): Sofern die Rückflüsse unterhalb eines Schwellenwertes liegen, wird der Eigentümer-Manager keinerlei Rückzahlungen an die Kapitalmarktakteure leisten.[1] Übersteigt die realisierte Rückflusshöhe den Schwellenwert, dann wird die Differenz zwischen Rückfluss und Schwellenwert an die Kapitalgeber ausgezahlt.

Besitzen die Eigentümer-Manager gegenüber den Kapitalmarktakteuren einen Informationsvorsprung im Hinblick auf den Typ des Unternehmens, kann sich eine so weitgehende Abwälzung der Rückflussrisiken auf die Kapitalmarktakteure für den Eigentümer-Manager von H als ungünstig erweisen. Denn wie beim bisher analysierten Fall einer Aktienemission besteht auch bei einer Ausgabe von Wertpapieren, welche die Zahlungsstruktur des oben beschriebenen First-best-Kontrakts aufweisen, die Gefahr einer adversen Selektion: Angenommen, die Wahrscheinlichkeit geringer (hoher) Rückflüsse sei bei einem Unternehmen vom Typ L höher (geringer) als bei einem Unternehmen vom Typ H.[2] Dann hat der Eigentümer-Manager von L einen Anreiz, sein Unternehmen als vom Typ H zu präsentieren und den First-best-Finanzkontrakt des Eigentümer-Managers von H mit den Kapitalmarktakteuren abzuschließen. Gelingt dies dem Eigentümer-Manager von L, muss er gegenüber seinem First-best-Finanzkontrakt mit höherer Wahrscheinlichkeit keine Zahlungen und mit geringerer Wahrscheinlichkeit hohe Zahlungen an die Kapitalgeber leisten. Dadurch steigt der Erwartungswert der Rückflüsse, die dem Eigentümer-Manager von L verbleiben, ohne dass er hierfür ein zusätzliches Risiko zu tragen hätte. Dies

---

[1] Nachschüsse – negative Rückzahlungen an die Kapitalmarktakteure in t_2 – werden per Annahme ausgeschlossen. Ansonsten könnte sich der Eigentümer-Manager vollständig gegenüber den Rückflussrisiken versichern.

[2] Dies wird im nachfolgenden Abschnitt mit Hilfe des Konzepts der stochastischen Dominanz erster Ordnung formalisiert. Vgl. hierzu bspw. *Kruschwitz* (2002), S. 121-125, *Laffont* (1989), S. 32, oder *Mas-Colell/Winston/Green* (1995), S. 195-197.

verspricht ihm einen Nutzenzuwachs. Dagegen erleiden die Kapitalgeber einen Vermögensverlust, weil der Erwartungswert der an sie zu leistenden Zahlungen sinkt. Folglich werden die Kapitalmarktakteure der bloßen Ankündigung eines Eigentümer-Managers, das zugrunde liegende Unternehmen sei vom Typ H, keinen Glauben schenken und den First-best-Finanzkontrakt von H ablehnen. Dies wiederum schadet dem Eigentümer-Manager von H, der I_0 mit Hilfe eines solchen Kontrakts nicht finanzieren kann. Beschränkt man die Menge der zulässigen Wertpapiere auf die First-best-Finanzkontrakte, dann kann sich für den Eigentümer-Manager von H gar ein *Investitionsverzicht* als optimal erweisen. Unter bestimmten Voraussetzungen ist die *adverse Selektion* somit auch dann präsent, wenn man anstelle von Aktien lediglich Kaufoptionskontrakte zur Finanzierung von I_0 zulässt.

Dem Eigentümer-Manager von H bietet sich jedoch wiederum die Möglichkeit, den Typ seines Unternehmens den Kapitalmarkakteuren mit Hilfe glaubwürdiger Signale zu übermitteln. Hierzu kann er von seinem First-best-Finanzkontrakt abweichen und Wertpapiere emittieren, die mit einem für ihn riskanteren Rückzahlungsprofil ausgestattet sind. Die Erwartungsnutzeneinbuße, die aus der Übernahme zusätzlicher Risiken resultiert, mindert die Attraktivität einer Imitierungspolitik für den Eigentümer-Manager von L. Darüber hinaus kann der Eigentümer-Manager von H den Typ seines Unternehmens signalisieren, indem er die emittierten Wertpapiere in t_1 (teilweise) zurückerwirbt.

Die in diesem Kapitel entwickelten Modelle sind der *Security Design* Literatur zuzuordnen und widmen sich drei miteinander verknüpften Problembereichen:[3]

(1) *Optimales Wertpapierdesign bei symmetrischer Informationsverteilung.* Zielsetzung ist die Bestimmung desjenigen Auszahlungsprofils des zur Finanzierung von I_0 auszugebenden Wertpapiers, das die bestehenden Rückflussrisiken optimal auf den Eigentümer-Manager und den Kapitalmarkt aufteilt. Das in Abschnitt 5.3 analysierte Modell nimmt sich somit dem Problem der Bestimmung optimaler Risikoteilungsregeln an und ist als Modifikation des Modells von *Wilson* (1968) anzusehen.[4]

---

[3]Einen umfassenden Überblick über die Security Design Literatur geben beispielsweise *Allen/Winton* (1995), *Duffie/Rahi* (1995) und *Harris/Raviv* (1992).

[4]Vgl. hierzu auch *Freixas/Rochet* (1997), S. 93 f. Meines Wissens ist der in dieser Arbeit ermittelte Optionskontrakt bisher noch nicht als risikoallokationseffizienter Kapitalüberlassungsvertrag identifiziert worden.

(2) *Adverse Selektion und Wertpapierdesign.* Zielsetzung ist die Bestimmung der Existenzbedingungen des Problems der Negativauslese – ein Verzicht des Eigentümer-Managers von H auf die Realisation profitabler Investitionsprojekte (*Unterinvestitionsproblem*) –, wenn man die Menge der zulässigen Finanzkontrakte auf solche einschränkt, deren Zahlungsstruktur sich im *First-best-Fall* als optimal erweist. Die Einengung der Menge zulässiger Finanzkontrakte auf einen Vertragstyp findet sich auch im Modell von *Myers/Majluf* (1984) wieder, welche die Gefahr einer adversen Selektion bei der Ausgabe von Wertpapieren zur Finanzierung von profitablen Investitionsprojekten zuerst entdeckt und anhand einer Aktienemission formal demonstriert haben.[5] Anknüpfend an die Grundstruktur und die Informationsannahmen des Modells von *Myers/Majluf*, haben *Nachman/Noe* (1994) ein sehr allgemeines Modell konstruiert, in dem das Management Investitionsprojekte durch Ausgabe von Wertpapieren mit weitgehend beliebiger Rückzahlungsstruktur finanzieren kann. In ihrem Modellrahmen weisen sie nach, dass separierende Gleichgewichte – Gleichgewichte, in denen Unternehmenstypen von unterschiedlicher Qualität voneinander abweichende Finanzkontrakte emittieren – aufgrund der Gefahr adverser Selektion sehr selten oder gar nicht existent sind. Unter bestimmten Verteilungsannahmen im Hinblick auf die Profitabilität der Investitionsprojekte identifzieren sie jedoch ein Pooling-Gleichgewicht, in dem alle Unternehmen einen identischen riskanten Bond zur Finanzierung der Investitionsprojekte ausgeben.[6] Im Unterschied zu den Modellen von *Myers/Majluf* und *Nachman/Noe*, die risikoneutrale Akteure zugrunde legen und damit von Risikoteilungsmotiven abstrahieren, unterstellt das in Abschnitt 5.4.2 präsentierte Modell risikoaverse Eigentümer-Manager und einen risikoneutralen Kapitalmarkt. Dadurch wird die Problematik der adversen Selektion beim Wertpapierdesign um das Problem der Risikoteilung bei der Gestaltung von Kapitalüberlassungsverträgen angereichert.

---

[5] Vgl. hierzu auch Kapitel 4. Die von *Myers/Majluf* unterstellten risikoneutralen Akteure sind grundsätzlich indifferent zwischen allen Finanzkontrakten, welche denselben erwarteten Rückfluss versprechen. Im Gegensatz dazu präferieren die risikoaversen Eigentümer-Manager in dem in Abschnitt 4.2 zugrunde gelegten Modell solche Finanzkontrakte, die bei gleichem erwarteten Rückfluss an den Kapitalmarkt das Rückflussrisiko möglichst weitgehend absorbieren. Dies hat eine eindeutige Rückzahlungsstruktur der First-best-Kontrakte zur Konsequenz. Deshalb erscheint die Beschränkung der Menge zulässiger Finanzkontrakte in dem hier zugrunde gelegten Modell besonders gerechtfertigt.

[6] Mit dem Problem der adversen Selektion beim Wertpapierdesign setzen sich darüber hinaus auch *Allen/Gale* (1992) und *Rahi* (1996) auseinander.

(3) *Signalling, optimales Wertpapierdesign und Wertpapierrückerwerb.* Zielsetzung ist die Bestimmung der Existenzbedingungen und der Eigenschaften eines Signalling-Gleichgewichts, in dem der Eigentümer-Manager von H Investitionsprojekt I_0 realisiert und den Typ seines Unternehmens mit Hilfe eines optimalen Wertpapierdesigns – gegebenenfalls in Kombination mit Wertpapierrückkäufen und Underpricing der ausgegebenen Wertpapiere – glaubwürdig enthüllt. Die Arbeiten von *Brennan/Kraus* (1987), *Constantinides/Grundy* (1989) und *Rebello* (1995) widmen sich ebenfalls der Fragestellung, wie Informationsasymmetrien im Hinblick auf die Qualität bereits initiierter oder noch durchzuführender Investitionsprojekte durch eine geeignete Gestaltung des Auszahlungsprofils von Finanzkontrakten überwunden werden können.[7] Interessanterweise ist das sehr elegante Modell von *Constantinides/Grundy* dadurch charakterisiert, dass eine geschickte Festlegung der Rückzahlungsfunktion der zu emittierenden Wertpapiere allein nicht ausreicht, um den wahren Unternehmenstyp glaubwürdig zu signalisieren. Vielmehr werden im Signalling-Gleichgewicht die Einnahmen aus der Wertpapieremission nicht nur zur Finanzierung der Investitionen, sondern auch für eine Ausschüttung in Gestalt eines *Rückerwerbs* bereits außenstehender Aktien verwendet.[8] Im Gegensatz dazu ist ein Wertpapierrückerwerb im Modell von *Brennan/Kraus* nicht erforderlich, um den zugrunde liegenden Unternehmenstyp glaubwürdig zu enthüllen. Hierzu genügt allein ein geeignetes Design des Auszahlungsprofils der zu emittierenden Finanzkontrakte. Diese Eigenschaft teilt auch das in Abschnitt 5.4.3 präsentierte Modell, in dem Wertpapierrückkäufe ebenfalls überflüssige Signale darstellen. Ein wesentlicher Unterschied dieses Modells gegenüber den Modellen von *Brennan/Kraus* und *Constantinides/Grundy* besteht wiederum in der Annahme eines risikoaversen Eigentümer-Managers. Es wird sich zeigen, dass die Integration von Risikoteilungaspekten in das Signallingmodell erheblichen Einfluss auf die Struktur der optimalen Finanzkontrakte besitzt.

---

[7] Vgl. hierzu auch *DeMarzo/Duffie* (1999).

[8] Vgl. hierzu auch Abschnitt 4.4.1. Wie *Persons* (2000) nachweist, existieren im Modell von *Constantinides/Grundy* neben einem Signalling-Gleichgewicht, in dem alle Unternehmen ein gesamtwirtschaftlich effizientes Investitionsvolumen wählen, unendlich viele Signalling-Gleichgewichte, in denen die Unternehmen suboptimal investieren. Folglich kann dieses Modell nicht notwendigerweise ein effizientes Investitionsverhalten der Unternehmen gewährleisten.

5.2 Beschreibung der Modellprämissen

Nachfolgend sind die Prämissenänderungen gegenüber dem in Abschnitt 4.2 analysierten Modell aufgeführt:

(1) Die Struktur der Investitionsrückflüsse, die aus den bereits in t_0 initiierten Investitionsprojekten $K(\theta)$ resultieren, wird wie folgt abgeändert: Die in t_1 anfallenden sicheren Rückflüsse $x_1 \geq c$ sind nun *unabhängig* vom Typ des zugrunde liegenden Unternehmens. Die in t_2 erwirtschafteten Rückflüsse sind weiterhin stochastisch; sie werden durch die nicht degenerierten Zufallsvariablen $\tilde{x}_2^\theta$ mit Realisationen $x_2 \in X_2 \equiv [0, \overline{x}_2]$ sowie typabhängiger, in x_2 stetig differenzierbarer Dichtefunktion $f(\cdot, \theta)$ und Verteilungsfunktion $F(\cdot, \theta)$ erfasst. Dabei ist der Wert der Dichtefunktion für alle x_2 positiv: $f(x_2, \theta) > 0 \; \forall x_2$. Im Hinblick auf die Wahrscheinlichkeitsverteilungen der Investitionsrückflüsse in t_2 wird folgende Annahme getroffen:

Annahme 5.1 *Die Verteilungsfunktion $F(\cdot, H)$ dominiert die Verteilungsfunktion $F(\cdot, L)$ im Sinne der stochastischen Dominanz erster Ordnung:*

$$\begin{aligned} F(x_2, H) &\leq F(x_2, L) \quad \forall x_2 \in X_2 \\ F(x_2, H) &< F(x_2, L) \quad \forall x_2 \in K, \end{aligned}$$

wobei K eine nicht degenerierte Teilmenge von X_2 darstellt.

Der Erwartungswert der Investitionsrückflüsse, die ein Unternehmen vom Typ θ in t_2 erwirtschaftet, beträgt

$$E[\tilde{x}_2^\theta] \;=\; \int_0^{\overline{x}_2} x_2 \cdot f(x_2, \theta)\, dx_2.$$

Eine partielle Integration führt auf

$$E[\tilde{x}_2^\theta] = [x_2 \cdot F(x_2, \theta)]_0^{\overline{x}_2} - \int_0^{\overline{x}_2} F(x_2, \theta)\, dx_2 = \overline{x}_2 - \int_0^{\overline{x}_2} F(x_2, \theta)\, dx_2.$$

Für die Differenz der erwarteten Investitionsrückflüsse von H und L erhält man

$$\begin{aligned} E[\tilde{x}_2^H] - E[\tilde{x}_2^L] &= \overline{x}_2 - \int_0^{\overline{x}_2} F(x_2, H)\, dx_2 - \overline{x}_2 + \int_0^{\overline{x}_2} F(x_2, L)\, dx_2 \\ &= \int_0^{\overline{x}_2} (F(x_2, L) - F(x_2, H))\, dx_2 > 0, \end{aligned}$$

wobei sich das Ungleichheitszeichen aufgrund von $F(x_2, L) \geq F(x_2, H)\ \forall x_2$ und $F(x_2, L) > F(x_2, H)\ \forall x_2 \in K$ ergibt. Aus Annahme 5.1 folgt somit $E[\tilde{x}_2^H] > E[\tilde{x}_2^L]$. Deshalb besitzt ein Unternehmen vom Typ H einen höheren Barwert der erwarteten Rückflüsse als ein Unternehmen vom Typ L:

$$x_1 + E[\tilde{x}_2^H] + v_2 > x_1 + E[\tilde{x}_2^L] + v_2,$$

d.h. die risikoneutralen Kapitalmarktakteure weisen H einen höheren Marktwert zu. Zur Vereinfachung der Modellanalyse wird darüber hinaus die folgende Parameterrestriktion unterstellt:

Annahme 5.2 $E[\tilde{x}_2^L] > c$.

(2) Um das Investitionsprojekt I_0 zu finanzieren, gibt der Eigentümer-Manager von θ insgesamt $m^\theta \equiv 1$ beliebig teilbare Wertpapiere aus, die eine grundsätzlich beliebige Rückzahlungsstruktur aufweisen können. Die Wertpapiere sollen allerdings keine Ansprüche auf Zahlungen in t_1 verbriefen.[9] Deshalb sind sämtliche Zahlungen, die aus den emittierten Wertpapieren resultieren, in t_2 zu leisten, wobei der Eigentümer-Manager die Höhe der Zahlungen $s^\theta(x_2)$ an die realisierte Rückflusshöhe x_2 knüpfen kann. Darüber hinaus wird verlangt, dass die Wertpapierrückflüsse niemals negativ und niemals höher als der realisierte Gesamtbetrag der Investitionsrückflüsse sind. Damit wird eine beschränkte Haftung des Eigentümer-Managers und der Wertpapierinhaber unterstellt. Folglich hat der Eigentümer-Manager die Restriktionen $s^\theta(x_2) \geq 0$ $\forall x_2$ und $x_1 + x_2 + v_2 \geq s^\theta(x_2)\ \forall x_2$ bei der Festlegung des Auszahlungsprofils der zu emittierenden Wertpapiere zu beachten. Mit

$$S = \{s : [0, \overline{x}_2] \to \mathbb{R} | \forall x_2 \in [0, \overline{x}_2] : 0 \leq s(x_2) \leq x_1 + x_2 + v_2\}$$

wird die Menge der zulässigen Auszahlungsprofile bezeichnet, welche unabhängig vom zugrunde liegenden Unternehmenstyp ist.

(3) Der Eigentümer-Manager von θ kann sich zum Zeitpunkt t_{01} verpflichten, in t_1 insgesamt $\alpha^\theta \in A = [0,1]$ Wertpapiere zum Börsenkurs zurückzuerwerben. Eine Finanzierungsofferte $(s^\theta, \alpha^\theta) \in S \times A$ des Eigentümer-Managers von θ setzt sich somit aus dem Auszahlungsprofil s^θ der zur Finanzierung von I_0 auszugebenden Wertpapiere und der Anzahl α^θ der in t_1 zurückzuerwerbenden Wertpapiere zusammen. Eine Finanzierungsofferte $(s^\theta, \alpha^\theta)$ ist jedoch nur dann zulässig, wenn sie aus den Unternehmensrückflüssen *finanzierbar* ist. Um die

[9] Eine Aufhebung dieser Prämisse besitzt keinen Einfluss auf die Modellergebnisse.

Menge der zulässigen Finanzierungsofferten zu bestimmen, ist zunächst der Börsenkurs zum Rückerwerbszeitpunkt zu ermitteln.

Aufgrund der Risikoneutralität des Kapitalmarkts entspricht der Börsenkurs eines Wertpapiers bei einem Kapitalmarktzinssatz von $i = 0$ dem Erwartungswert $E[s(\tilde{x}_2)]$ der hierauf entfallenden Rückflüsse. Der Erwartungswert hängt grundsätzlich von den Vermutungen des Kapitalmarkts über den zugrunde liegenden Unternehmenstyp ab. Geht der Kapitalmarkt mit Wahrscheinlichkeit $\mu(\theta|s(\cdot),\alpha)$ davon aus, dass die Finanzierungsofferte $(s(\cdot),\alpha)$ vom Eigentümer-Manager eines Unternehmens vom Typ θ stammt, erhält man für den Börsenkurs eines Wertpapiers in t_1

$$E[s(\tilde{x}_2)] \quad = \quad \sum_{\theta\in\Theta} \mu(\theta|s(\cdot),\alpha) \int_0^{\overline{x}_2} s(x_2)\, f(x_2,\theta)\, dx_2. \tag{5.1}$$

Da im Second-best-Fall lediglich separierende Gleichgewichte analysiert werden, kann im Folgenden davon ausgegangen werden, dass der Eigentümer-Manager von θ mit der Bekanntgabe seiner Finanzierungsofferte $(s^\theta(\cdot),\alpha^\theta)$ den Typ seines Unternehmens enthüllt, d.h. $\mu(\theta|s^\theta(\cdot),\alpha^\theta) = 1$. Dann vereinfacht sich (5.1) zu

$$E[s^\theta(\tilde{x}_2^\theta)] \quad = \quad \int_0^{\overline{x}_2} s^\theta(x_2)\, f(x_2,\theta)\, dx_2. \tag{5.2}$$

Damit eine Finanzierungsofferte (s^θ,α^θ) zulässig ist, hat sie zwei Bedingungen zu genügen: Zum einen muss der zum Börsenkurs in t_1 durchzuführende Rückerwerb von α^θ Wertpapieren aus den zu diesem Zeitpunkt anfallenden Unternehmensrückflüssen finanzierbar sein:

$$x_1 - \alpha^\theta\, E[s^\theta(\tilde{x}_2^\theta)] \geq 0. \tag{5.3}$$

Zum anderen müssen die in t_2 vorhandenen Mittel ausreichen, um die Zahlungsansprüche der Inhaber derjenigen Wertpapiere zu befriedigen, die in t_1 nicht zurückerworben wurden:

$$x_1 - \alpha^\theta\, E[s^\theta(\tilde{x}_2^\theta)] + x_2 + v_2 \geq (1-\alpha^\theta)\, s^\theta(x_2) \quad \forall x_2 \in [0,\overline{x}_2]. \tag{5.4}$$

Mit

$$F \quad = \quad \{(s^\theta,\alpha^\theta) \in S \times A|(s^\theta,\alpha^\theta) \text{ genügt (5.3) und (5.4)}\}$$

wird im Folgenden die Menge der *zulässigen Finanzkontrakte* bezeichnet, die abhängig von den Vermutungen des Kapitalmarkts über den zugrunde liegenden Unternehmenstyp ist.[10]

Der Kapitalmarkt muss nun für jede zulässige Finanzierungsofferte $(s(\cdot),\alpha) \in F$ des Eigentümer-Managers eine Reaktion $r : F \to R = \{a, na\}$ vorsehen, die entweder in einer Annahme $(r(s,\alpha) = a)$ oder in einer Ablehnung $(r(s,\alpha) = na)$ von (s,α) besteht. Ordnet der Kapitalmarkt eine Finanzierungsofferte $(s^\theta, \alpha^\theta) \in F$ mit Wahrscheinlichkeit $\mu(\theta|s^\theta(\cdot),\alpha^\theta) = 1$ einem Unternehmen vom Typ θ zu und nimmt er diese Offerte an, so erwartet er eine Auszahlung in Höhe von

$$\begin{aligned} G(s^\theta,\alpha^\theta,r(s^\theta,\alpha^\theta)=a,\mu) &= \int_0^{\overline{x}_2} \big(\alpha^\theta\, E[s^\theta(\tilde{x}_2^\theta)] \\ &\quad +(1-\alpha^\theta)\, s^\theta(x_2)\big)\, f(x_2,\theta)\, dx_2 - c. \end{aligned}$$

Die Auszahlung an den Kapitalmarkt entspricht dabei der Differenz zwischen dem Gesamtwert der emittierten Wertpapiere und ihrem Ausgabebetrag. Der Wert der ausgegebenen Wertpapiere, d.h. der Erwartungswert der hierauf entfallenden Rückflüsse, setzt sich aus zwei Komponenten zusammen: der Rückzahlung in Gestalt eines Rückerwerbs von α^θ Wertpapieren zum Börsenkurs und den Rückflüssen, welche auf die verbleibenden $1-\alpha^\theta$ Wertpapiere in t_2 entfallen. Um den Anspruch auf diese Rückflüsse zu erwerben, hat der Kapitalmarkt eine Zahlung in Höhe von c an das Unternehmen zu entrichten. Lehnt der Kapitalmarkt eine Finanzierungsofferte $(s^\theta,\alpha^\theta) \in F$ ab, erhält er $G(s^\theta,\alpha^\theta,r(s^\theta,\alpha^\theta) = na,\mu) = 0$. Der Kapitalmarkt ist folglich nur dann zur Annahme einer Finanzierungsofferte bereit, wenn der Erwartungswert der Rückflüsse, die auf die emittierten Wertpapiere entfallen, den Ausgabebetrag der Wertpapiere in Höhe von c nicht unterschreitet: $r(s^\theta,\alpha^\theta) = a$ für

$$\int_0^{\overline{x}_2} \big(\alpha^\theta\, E[s^\theta(\tilde{x}_2^\theta)] + (1-\alpha^\theta)\, s^\theta(x_2)\big)\, f(x_2,\theta)\, dx_2 \;\geq\; c. \tag{5.5}$$

Diese Bedingung kann auch geschrieben werden als

$$\alpha^\theta\, E[s^\theta(\tilde{x}_2^\theta)] \int_0^{\overline{x}_2} f(x_2,\theta)dx_2 + (1-\alpha^\theta) \int_0^{\overline{x}_2} s^\theta(x_2)\, f(x_2,\theta)\, dx_2 \;\geq\; c,$$

[10]Diese Definition der Menge zulässiger Finanzierungsofferten ist auf den First-best-Fall beschränkt. Eine Definition für die Menge der im Second-best-Fall zulässigen Finanzierungsofferten ist mit einigen Schwierigkeiten behaftet und wird an späterer Stelle nachgereicht.

was sich in

$$\alpha^\theta\, E[s^\theta(\tilde{x}_2^\theta)] + (1-\alpha^\theta) \int_0^{\overline{x}_2} s^\theta(x_2)\, f(x_2,\theta)\, dx_2 \;\; \geq \;\; c$$

überführen lässt. Unter Verwendung von (5.2) resultiert dann

$$E[s^\theta(\tilde{x}_2^\theta)] = \int_0^{\overline{x}_2} s^\theta(x_2)\, f(x_2,\theta)\, dx_2 \;\; \geq \;\; c. \tag{5.6}$$

Dem Eigentümer-Manager eines Unternehmens vom Typ θ steht es grundsätzlich frei, Wertpapiere im Gesamtwert von mehr als c zu emittieren (*Underpricing*). In diesem Falle übersteigt der Wert der ausgegebenen Wertpapiere die Anschaffungskosten c des Investitionsprojekts I_0.

Abschließend ist die erwartete Auszahlung des Eigentümer-Managers von θ – sein Erwartungsnutzen – zu bestimmen. Hierzu muss zunächst das Vermögen zum Zeitpunkt t_2 ermittelt werden, das dem Eigentümer-Manager bei einer Rückflusshöhe von x_2 verbleibt. Verzichtet der Eigentümer-Manager auf Durchführung von I_0 – dies wird durch die „Finanzierungsofferte" $(s^\theta, \alpha^\theta) = (0,0)$ abgebildet – oder gibt er eine vom Kapitalmarkt abgelehnte Finanzierungsofferte ab, beläuft sich sein Endvermögen auf

$$W_2^\theta(x_2) = x_1 + x_2 \quad \text{für } (s^\theta, \alpha^\theta) \in F^{na},$$

wobei mit

$$F^{na} = \{(s^\theta, \alpha^\theta) \in F | r(s^\theta, \alpha^\theta) = na\}$$

die Menge der vom Kapitalmarkt abgelehnten Finanzierungsofferten bezeichnet wird.[11] Unterbreitet der Eigentümer-Manager dem Kapitalmarkt eine Restriktion (5.6) genügende Finanzierungsofferte, so vereinnahmt er ein Endvermögen von

$$W_2^\theta(x_2) = x_1 - \alpha^\theta\, E[s^\theta(\tilde{x}_2^\theta)] + x_2 + v_2 - (1-\alpha^\theta)\, s^\theta(x_2) \quad \text{für } (s^\theta, \alpha^\theta) \in F^a,$$

wobei

$$F^a = \{(s^\theta, \alpha^\theta) \in F | r(s^\theta, \alpha^\theta) = a\}$$

[11] Die Offerte $(0,0)$, welche einen Investitionsverzicht des Eigentümer-Managers repräsentiert, wird per definitionem ebenfalls vom Kapitalmarkt abgelehnt: $r(0,0) = na$.

die Menge der vom Kapitalmarkt angenommenen Finanzierungsofferten beschreibt. Für die erwartete Auszahlung $V = V(\theta, s^\theta, \alpha^\theta, r(s^\theta, \alpha^\theta))$ des Eigentümer-Managers von θ erhält man somit

$$V = \begin{cases} \int_0^{\overline{x}_2} U(x_1 + x_2)\, f(x_2, \theta)\, dx_2 & \text{für } (s^\theta, \alpha^\theta) \in F^{na} \\ \int_0^{\overline{x}_2} U\big((x_1 - \alpha^\theta\, E[s^\theta(\tilde{x}_2^\theta)] + x_2 + v_2 \\ \qquad -(1-\alpha^\theta)\, s^\theta(x_2)\big)\, f(x_2, \theta)\, dx_2 & \text{für } (s^\theta, \alpha^\theta) \in F^a. \end{cases}$$

5.3 Optimale Finanzkontrakte bei Informationssymmetrie – der First-best-Fall

Der Eigentümer-Manager von θ hat im First-best-Fall, in dem er gegenüber dem Kapitalmarkt keinen Informationsvorsprung im Hinblick auf den Typ seines Unternehmens besitzt, ein zweistufiges Optimierungsproblem zu lösen. Zunächst muss er unter der Hypothese, dass er Investitionsprojekt I_0 definitiv realisiert, das optimale – d.h. seinen Erwartungsnutzen maximierende – Auszahlungsprofil $s^\theta(\cdot)$ der auszugebenden Wertpapiere sowie die optimale Anzahl α^θ der in t_1 zurückzuerwerbenden Finanzkontrakte bestimmen. Das daraus resultierende Niveau des Erwartungsnutzens hat er anschließend mit demjenigen zu vergleichen, das er im Falle eines Investitionsverzichts erreicht. Er wird I_0 dann initiieren, wenn ihm ein Investitonsverzicht keinen höheren Erwartungsnutzen stiftet.

Wie soeben erläutert, hat der Eigentümer-Manager $s^\theta(\cdot)$ und α^θ so festzulegen, dass der Erwartungsnutzen seines Vermögens in t_2 maximiert wird. Dabei hat er die nachfolgend aufgeführten Nebenbedingungen zu beachten:

- *Finanzierungsrestriktion.* Der Gesamtwert der ausgegebenen Wertpapiere darf die Anschaffungskosten von I_0 nicht unterschreiten:

$$\int_0^{\overline{x}_2} s^\theta(x_2)\, f(x_2, \theta)\, dx_2 \;\geq\; c.$$

- *Liquiditätsrestriktionen.* Die an den Kapitalmarkt in t_1 und t_2 zu leistenden Zahlungen dürfen die zu diesen Zeitpunkten verfügbaren Mittel niemals überschreiten:

$$x_1 \geq \alpha^\theta\, E[s^\theta(\tilde{x}_2^\theta)] \tag{5.7}$$

$$x_1 - \alpha^\theta\, E[s^\theta(\tilde{x}_2^\theta)] + x_2 + v_2 \geq (1-\alpha^\theta)\, s^\theta(x_2) \quad \forall x_2 \in [0, \overline{x}_2]. \tag{5.8}$$

- *Nichtnegativitätsrestriktion der Wertpapierrückflüsse.* Die Inhaber der Wertpapiere entrichten in t_2 keine Nachschüsse:

$$s^\theta(x_2) \geq 0 \quad \forall x_2 \in [0, \overline{x}_2].$$

- *Realisierbarkeitsrestriktion des Wertpapierrückerwerbs:* $0 \leq \alpha^\theta \leq 1$.

Der Eigentümer-Manager von θ hat somit das folgende Optimierungsprogramm $\mathcal{P}$ zu lösen:

$$\max_{s^\theta(\cdot),\alpha^\theta} \int_0^{\overline{x}_2} U\left(x_1 - \alpha^\theta E[s^\theta(\tilde{x}_2^\theta)] + x_2 + v_2 - (1-\alpha^\theta)\, s^\theta(x_2)\right) f(x_2,\theta)\, dx_2$$

unter den Nebenbedingungen

$$\int_0^{\overline{x}_2} s^\theta(x_2)\, f(x_2,\theta)\, dx_2 \;\; \geq \;\; c \tag{5.9}$$

$$x_1 - \alpha^\theta\, E[s^\theta(\tilde{x}_2^\theta)] \geq 0 \tag{5.10}$$

$$x_1 - \alpha^\theta\, E[s^\theta(\tilde{x}_2^\theta)] + x_2 + v_2 - (1-\alpha^\theta)\, s^\theta(x_2) \geq 0 \quad \forall x_2 \tag{5.11}$$

$$s^\theta(x_2) \geq 0 \quad \forall x_2$$

$$0 \leq \alpha^\theta \leq 1.$$

Eine Antwort auf die Frage, ob der Eigentümer-Manager von θ im First-best-Fall auf Underpricing der auszugebenden Wertpapiere rekurriert, gibt

Lemma 5.1 *Im First-best-Fall verzichtet der Eigentümer-Manager auf Underpricing: Er legt das Auszahlungsprofil $s^\theta(\cdot)$ der zur Finanzierung von I_0 auszugebenden Wertpapiere so fest, dass die Finanzierungsrestriktion (5.9) mit Gleichheit erfüllt ist.*

Beweis: Die Behauptung wird durch Widerspruch belegt. Angenommen, die Finanzierungsofferte $(\hat{s}^\theta, \alpha^\theta)$, welche das Optimierungsprogramm $\mathcal{P}$ löst, erfüllt die Finanzierungsrestriktion (5.9) als strikte Ungleichung:

$$E[\hat{s}^\theta(\tilde{x}_2^\theta)] = \int_0^{\overline{x}_2} \hat{s}^\theta(x_2)\, f(x_2,\theta)\, dx_2 \;\; > \;\; c.$$

Um die Finanzierungsrestriktion nicht zu verletzen, muss die als optimal betrachtete Finanzierungsofferte $(\hat{s}^\theta, \alpha^\theta)$ dem Kapitalmarkt auf einer nichtleeren Teilmenge $\hat{X}_2$ von X_2 strikt positive Rückzahlungen in t_2 gewähren: $\hat{X}_2 = \{x_2 \in X_2 | \hat{s}^\theta(x_2) > 0\}$. Auf dem (möglicherweise leeren) Komplement von $\hat{X}_2$ erhält der Kapitalmarkt keine Rückflüsse: $\hat{X}_2^c = X_2 \setminus \hat{X}_2 = \{x_2 \in X_2 | \hat{s}^\theta(x_2) = 0\}$. Betrachtet wird nun eine von $(\hat{s}^\theta, \alpha^\theta)$ verschiedene Finanzierungsofferte $(s^\theta, \alpha^\theta)$ mit

$$s^\theta(x_2) = \begin{cases} \hat{s}^\theta(x_2) - \epsilon & \text{für } x_2 \in K_2 \subset \hat{X}_2 \\ \hat{s}^\theta(x_2) & \text{für } x_2 \in \overline{K}_2 = X_2 \setminus K_2, \end{cases}$$

wobei $\epsilon > 0$, $s^\theta(x_2) \geq 0$ $(\forall x_2)$ sowie

$$\int_{x_2 \in K_2} f(x_2, \theta)\, dx_2 > 0$$

und

$$E[s^\theta(\tilde{x}_2^\theta)] = \int_0^{\overline{x}_2} s^\theta(x_2) \cdot f(x_2, \theta)\, dx_2 \geq c.$$

Der Finanzkontrakt s^θ geht aus dem als optimal betrachteten Kontrakt $\hat{s}^\theta$ dadurch hervor, dass die an den Kapitalmarkt zu entrichtenden positiven Zahlungen $\hat{s}^\theta(x_2) > 0$ $(\forall x_2 \in \hat{X}_2)$ auf einer nicht degenerierten Teilmenge K_2 von $\hat{X}_2$ um $\epsilon > 0$ vermindert werden, ohne dabei die Kapitalaufbringungsrestriktion und die Nichtnegativitätsrestriktion zu verletzen. Ein solcher Kontrakt s^θ lässt sich immer konstruieren, weil der Ausgangskontrakt $\hat{s}^\theta$ die Finanzierungsrestriktion als strikte Ungleichung erfüllt und ϵ beliebig klein gewählt werden kann. Der modifizierte Finanzkontrakt s^θ verspricht dem Kapitalmarkt geringere erwartete Rückflüsse als der Ausgangskontrakt $\hat{s}^\theta$:

$$\begin{aligned} E[\hat{s}^\theta(\tilde{x}_2^\theta)] &= \int_{x_2 \in K_2} \hat{s}^\theta(x_2)\, f(x_2, \theta)\, dx_2 + \int_{x_2 \in \overline{K}_2} \hat{s}^\theta(x_2)\, f(x_2, \theta)\, dx_2 \\ &> \int_{x_2 \in K_2} \left(\hat{s}^\theta(x_2) - \epsilon\right) f(x_2, \theta)\, dx_2 + \int_{x_2 \in \overline{K}_2} \hat{s}^\theta(x_2)\, f(x_2, \theta)\, dx_2 \\ &= \int_{x_2 \in K_2} s^\theta(x_2)\, f(x_2, \theta)\, dx_2 + \int_{x_2 \in \overline{K}_2} s^\theta(x_2)\, f(x_2, \theta)\, dx_2 \\ &= E[s^\theta(\tilde{x}_2^\theta)]. \end{aligned}$$

Wegen $s^\theta(x_2) \leq \hat{s}^\theta(x_2)$ $\forall x_2$ und $E[\hat{s}^\theta(\tilde{x}_2^\theta)] > E[s^\theta(\tilde{x}_2^\theta)]$ genügt die Finanzierungsofferte $(s^\theta, \alpha^\theta)$ auch der Liquiditätsrestriktion, so dass $(s^\theta, \alpha^\theta)$ eine zulässige Lösung von $\mathcal{P}$ darstellt.

Im Folgenden wird gezeigt, dass der Eigentümer-Manager von θ bei Wahl von $(s^\theta, \alpha^\theta)$ einen höheren Erwartungsnutzen des Endvermögens als bei Wahl von $(\hat{s}^\theta, \alpha^\theta)$ erreicht, was im Widerspruch zur Optimalität von $(\hat{s}^\theta, \alpha^\theta)$ steht. Hierzu sind zwei Fälle zu unterscheiden:

(1) $\alpha^\theta = 1$. Aufgrund von $E[\hat{s}^\theta(\tilde{x}_2^\theta)] > E[s^\theta(\tilde{x}_2^\theta)]$ sowie $U'(.) > 0$ resultiert in diesem Falle

$$\begin{aligned}
V(\theta, \hat{s}^\theta, 1, a) &= \int_0^{\overline{x}_2} U\left(x_1 - E[\hat{s}^\theta(\tilde{x}_2^\theta)] + x_2 + v_2\right) f(x_2, \theta)\, dx_2 \\
&< \int_0^{\overline{x}_2} U\left(x_1 - E[s^\theta(\tilde{x}_2^\theta)] + x_2 + v_2\right) f(x_2, \theta)\, dx_2 \\
&= V(\theta, s^\theta, 1, a),
\end{aligned}$$

d.h. $(s^\theta, 1)$ stiftet dem Eigentümer-Manager einen höheren Erwartungsnutzen als $(\hat{s}^\theta, 1)$.

(2) $\alpha^\theta \in [0, 1)$. Wegen $E[\hat{s}^\theta(\tilde{x}_2^\theta)] > E[s^\theta(\tilde{x}_2^\theta)]$, $U'(.) > 0$, $s^\theta(x_2) \leq \hat{s}^\theta(x_2)$ $\forall x_2 \in X_2$ und $s^\theta(x_2) < \hat{s}^\theta(x_2)$ $\forall x_2 \in K_2$ erhält man

$$\begin{aligned}
& V(\theta, \hat{s}^\theta, \alpha^\theta, a) \\
= & \int_{x_2 \in K_2} U\left(x_1 - \alpha^\theta\, E[\hat{s}^\theta(\tilde{x}_2^\theta)] + x_2 + v_2 - (1 - \alpha^\theta)\hat{s}^\theta(x_2)\right) f(x_2, \theta)\, dx_2 \\
& + \int_{x_2 \in \overline{K}_2} U\left(x_1 - \alpha^\theta\, E[\hat{s}^\theta(\tilde{x}_2^\theta)] + x_2 + v_2 - (1 - \alpha^\theta)\hat{s}^\theta(x_2)\right) f(x_2, \theta)\, dx_2 \\
\leq & \int_{x_2 \in K_2} U\left(x_1 - \alpha^\theta\, E[s^\theta(\tilde{x}_2^\theta)] + x_2 + v_2 - (1 - \alpha^\theta)\hat{s}^\theta(x_2)\right) f(x_2, \theta)\, dx_2 \\
& + \int_{x_2 \in \overline{K}_2} U\left(x_1 - \alpha^\theta\, E[s^\theta(\tilde{x}_2^\theta)] + x_2 + v_2 - (1 - \alpha^\theta)\hat{s}^\theta(x_2)\right) f(x_2, \theta)\, dx_2 \\
\equiv & V^*.
\end{aligned}$$

Wegen

$$\begin{aligned}
V^* &= \int_{x_2 \in K_2} U\left(x_1 - \alpha^\theta\, E[s^\theta(\tilde{x}_2^\theta)] + x_2 + v_2 - (1 - \alpha^\theta)\hat{s}^\theta(x_2)\right) f(x_2, \theta)\, dx_2 \\
&\quad + \int_{x_2 \in \overline{K}_2} U\left(x_1 - \alpha^\theta\, E[s^\theta(\tilde{x}_2^\theta)] + x_2 + v_2 - (1 - \alpha^\theta)s^\theta(x_2)\right) f(x_2, \theta)\, dx_2 \\
&< \int_{x_2 \in K_2} U\left(x_1 - \alpha^\theta\, E[s^\theta(\tilde{x}_2^\theta)] + x_2 + v_2 - (1 - \alpha^\theta)s^\theta(x_2)\right) f(x_2, \theta)\, dx_2 \\
&\quad + \int_{x_2 \in \overline{K}_2} U\left(x_1 - \alpha^\theta\, E[s^\theta(\tilde{x}_2^\theta)] + x_2 + v_2 - (1 - \alpha^\theta)s^\theta(x_2)\right) f(x_2, \theta)\, dx_2 \\
&= V(\theta, s^\theta, \alpha^\theta, a)
\end{aligned}$$

resultiert $V(\theta, \hat{s}^\theta, \alpha^\theta, a) < V(\theta, s^\theta, \alpha^\theta, a)$. Folglich erhält der Eigentümer-Manager bei Wahl von $(\hat{s}^\theta, \alpha^\theta)$ einen geringeren Erwartungsnutzen als bei Wahl von $(s^\theta, \alpha^\theta)$.

Somit bleibt festzuhalten: Die Finanzierungsofferte $(s^\theta, \alpha^\theta)$ stellt eine zulässige Lösung von $\mathcal{P}$ dar und stiftet dem Eigentümer-Manager einen höheren Erwartungsnutzen als $(\hat{s}^\theta, \alpha^\theta)$. Dies widerspricht der Optimalität von $(\hat{s}^\theta, \alpha^\theta)$. Folglich muss die Finanzierungsrestriktion (5.9) im Optimum bindend sein, d.h. der Eigentümer-Manager verzichtet im First-best-Fall auf Underpricing der zur Finanzierung von I_0 auszugebenden Wertpapiere. ■

Lemma 5.1 ist unmittelbar einleuchtend. Wenn der Eigentümer-Manager dem Kapitalmarkt eine Finanzierungsofferte $(\hat{s}^\theta, \alpha^\theta)$ unterbreitet, welche die Finanzierungsrestriktion (5.9) als strikte Ungleichung erfüllt, dann vereinnahmt der Kapitalmarkt einen positiven erwarteten Zeichnungsgewinn in Höhe von $E[\hat{s}^\theta(\tilde{x}_2^\theta)] - c > 0$. Dieser ist jedoch bereits dann zur Übernahme der Wertpapiere gewillt, wenn er einen erwarteten Zeichnungsgewinn von null erhält. Der mit der Finanzierungsofferte $(\hat{s}^\theta, \alpha^\theta)$ verknüpfte positive Zeichnungsgewinn lässt sich nun dadurch abbauen, dass die an die Wertpapierinhaber in t_2 zu leistenden positiven Zahlungen in einigen Umweltzuständen – d.h. für einige Rückflussrealisationen – so lange reduziert werden, bis der Erwartungswert der Rückflüsse an die Wertpapierinhaber mit dem Ausgabebetrag c der Wertpapiere übereinstimmt. Für den modifizierten, aus $\hat{s}^\theta$ hervorgehenden Finanzkontrakt s^θ gilt dann $E[s^\theta(\tilde{x}_2^\theta)] = c$. Wählt der Eigentümer-Manager anstelle von $(\hat{s}^\theta, \alpha^\theta)$ die Finanzierungsofferte $(s^\theta, \alpha^\theta)$, dann verbleibt ihm in all jenen Umweltzuständen, in denen die Zahlungen an die Wertpapierinhaber vermindert werden, ein höheres Endvermögen. Deshalb erreicht er bei Wahl von $(s^\theta, \alpha^\theta)$ ein höheres Niveau des Erwartungsnutzens. Folglich muss die Finanzierungsrestriktion (5.9) im First-best-Fall mit Gleichheit erfüllt sein.

Die Komplexität des Optimierungsprogramms $\mathcal{P}$ lässt sich nun durch folgende Überlegungen reduzieren: Aufgrund von $E[s^\theta(\tilde{x}_2)] = c$ – dies ergibt sich aus Lemma 5.1 – kann der Ausdruck für den Erwartungsnutzen des Eigentümer-Managers vereinfacht werden, indem der Rückerwerbskurs, d.h. der Erwartungswert der Zahlungen an die Wertpapierinhaber, durch c ersetzt wird. Wegen $x_1 \geq c \geq \alpha^\theta c$ ist darüber hinaus die Liquiditätsrestriktion (5.7) immer erfüllt, so dass sie ignoriert werden kann. Schließlich wird sich zeigen, dass die Lösung des Optimierungsprogramms, welches sich bei Vernachlässigung der Liquiditätsrestriktion (5.8) ergibt, niemals zu einer Verletzung dieser Restriktion führt. Deshalb kann die Liquiditätsrestriktion fallen gelassen werden. Damit erhält man das folgende vereinfachte Optimierungsprogramm $\mathcal{Q}$:

$$\max_{s^\theta(\cdot),\alpha^\theta} \int_0^{\overline{x}_2} U\left(x_1 - \alpha^\theta c + x_2 + v_2 - (1-\alpha^\theta)\, s^\theta(x_2)\right) f(x_2,\theta)\, dx_2 \tag{5.12}$$

unter den Nebenbedingungen

$$\int_0^{\overline{x}_2} s^\theta(x_2)\, f(x_2,\theta)\, dx_2 - c \;=\; 0 \tag{5.13}$$

$$s^\theta(x_2) \geq 0 \quad \forall x_2 \tag{5.14}$$

$$0 \leq \alpha^\theta \leq 1. \tag{5.15}$$

Die optimale Rückzahlungsfunktion $s^\theta(\cdot)$ lässt sich für gegebenes α^θ mit Hilfe der Variationsrechnung bestimmen.[12] Da das Optimierungsprogramm neben einer Ungleichung in Gestalt der Nichtnegativitätsrestriktion $s^\theta(x_2) \geq 0$ $(\forall x_2)$ eine Integral-Nebenbedingung enthält, handelt es sich um ein isoperimetrisches Problem.[13] Die Lagrange-Funktion $\mathcal{F}$ lautet in diesem Fall

$$\begin{aligned} \mathcal{F} \;=\; & U\left(x_1 - \alpha^\theta c + x_2 + v_2 - (1-\alpha^\theta)\, s^\theta(x_2)\right) f(x_2,\theta) \\ & + \lambda\, s^\theta(x_2)\, f(x_2,\theta) + \mu(x_2)\, s^\theta(x_2). \end{aligned}$$

Dabei werden mit λ der (konstante) Lagrange-Multiplikator der Integral-Nebenbedingung und mit $\mu(x_2)$ der Lagrange-Multiplikator der Nichtnegativitätsrestriktion bezeichnet. Die notwendige Bedingung für ein Optimum, die man durch punktweise Ableitung der Lagrangefunktion erhält, lautet

$$\mathcal{F}_{s^\theta} = 0 \quad \forall x_2,$$

wobei mit $\mathcal{F}_{s^\theta}$ die Ableitung von $\mathcal{F}$ nach s^θ bezeichnet wird. Die Optimalitätsbedingung lässt sich auch schreiben als

$$-U'(W_2^\theta(x_2))\,(1-\alpha^\theta)\, f(x_2,\theta) + \lambda\, f(x_2,\theta) + \mu(x_2) = 0 \quad \forall x_2. \tag{5.16}$$

[12] Eine Darstellung der Variationsrechnung findet sich bspw. bei *Chiang* (1992), S. 27-157, oder *Kamien/Schwartz* (1991), S. 3-118.

[13] Vgl. hierzu auch *Chiang* (1992), S. 139-143, und *Kamien/Schwartz* (1991), S. 47-51.

Darüber hinaus sind die aus den Restriktionen des Optimierungsproblems resultierenden (Kuhn-Tucker) Bedingungen

$$\int_0^{\overline{x}_2} s^\theta(x_2)\, f(x_2,\theta)\, dx_2 - c \;=\; 0 \tag{5.17}$$

$$s^\theta(x_2) \cdot \mu(x_2) = 0 \quad \forall x_2 \tag{5.18}$$

$$s^\theta(x_2), \mu(x_2) \geq 0 \quad \forall x_2 \tag{5.19}$$

zu beachten. Eine Auswertung der notwendigen Bedingungen (5.16)-(5.19) führt auf

Lemma 5.2 *(i) Für eine gegebene Anzahl $\alpha^\theta \in [0,1)$ in t_1 zurückzuerwerbender Wertpapiere besitzt die optimale Auszahlungsfunktion $s^\theta(\cdot)$ eines Wertpapiers die folgende Gestalt:*

$$s^\theta(x_2) \;=\; \begin{cases} 0 & 0 \leq x_2 \leq x_2^{\theta *} \\ \frac{1}{1-\alpha^\theta}\left(x_2 - x_2^{\theta *}\right) & x_2^{\theta *} < x_2 \leq \overline{x}_2. \end{cases}$$

Der Schwellenwert $x_2^{\theta *} > 0$ ergibt sich dabei aus

$$\frac{1}{1-\alpha^\theta} \int_{x_2^{\theta *}}^{\overline{x}_2} \left(x_2 - x_2^{\theta *}\right) f(x_2,\theta)\, dx_2 \;=\; c. \tag{5.20}$$

(ii) Für $\alpha^\theta = 1$ ist jede zulässige - d.h. die Nebenbedingungen (5.17), (5.19) und die Liquiditätsrestriktion (5.8) erfüllende - Auszahlungsfunktion $s^{\theta *}(\cdot)$ optimal.

Beweis: Behauptung (i) wird in fünf Schritten bewiesen.

Schritt 1. Damit die Integral-Restriktion nicht verletzt ist, sind auf einer nicht degenerierten Teilmenge $K \subseteq X_2 = [0, \overline{x}_2]$ positive Zahlungen an die Wertpapierinhaber zu leisten: $s^\theta(x_2) > 0\; \forall x_2 \in K$. Dies impliziert $\mu(x_2) = 0\; \forall x_2 \in K$. Bedingung (5.16) lässt sich dann wie folgt schreiben:

$$-U'(W_2^\theta(x_2))\,(1-\alpha^\theta)\, f(x_2,\theta) + \lambda\, f(x_2,\theta) = 0 \quad \forall x_2 \in K.$$

Division durch $f(x_2,\theta) > 0$ und Umformen führt auf

$$U'(W_2^\theta(x_2)) = \frac{\lambda}{1-\alpha^\theta} \quad \forall x_2 \in K.$$

Aufgrund von $U'(.) > 0$ und $0 \leq \alpha^\theta < 1$ folgt $\lambda > 0$. Da λ für alle $x_2 \in X_2$ konstant ist, resultiert

$$U'(W_2^\theta(x_2)) = \frac{\lambda}{1-\alpha^\theta} = U'(W_2^{\theta *}) = const \quad \forall x_2 \in K,$$

was

$$W_2^\theta(x_2) = x_1 - \alpha^\theta\, c + x_2 + v_2 - (1-\alpha^\theta)\, s^\theta(x_2) = W_2^{\theta *} = const \quad \forall x_2 \in K \tag{5.21}$$

und damit $x_2 - (1-\alpha^\theta)\, s^\theta(x_2) = const$ $(\forall x_2 \in K)$ erfordert. Dies impliziert

$$s^\theta(x_2) = \tfrac{1}{1-\alpha^\theta}\, x_2 - k \quad \forall x_2 \in K, \tag{5.22}$$

wobei k eine noch zu bestimmende Konstante repräsentiert.

Schritt 2. Sei $\overline{K} = X_2 \setminus K$ die Teilmenge von X_2, für die keine Zahlungen an die Wertpapierinhaber geleistet werden: $s^\theta(x_2) = 0 \; \forall x_2 \in \overline{K}$. Dass $\overline{K}$ nicht leer ist, resultiert aus Annahme 5.2 und wird in *Schritt 3* gezeigt. Unter Berücksichtigung von $\mu(x_2) \geq 0$ $(\forall x_2 \in \overline{K})$ wird Restriktion (5.16) zu

$$-U'(W_2^\theta(x_2))\,(1-\alpha^\theta) \cdot f(x_2,\theta) + \lambda\, f(x_2,\theta) \leq 0 \quad \forall x_2 \in \overline{K},$$

was sich in

$$U'(W_2^\theta(x_2)) \geq \frac{\lambda}{1-\alpha^\theta} \quad \forall x_2 \in \overline{K}$$

überführen lässt. Aufgrund der Konstanz von λ über den gesamten Definitionsbereich X_2 muss $U'(W_2^\theta(x_2)) \geq \frac{\lambda}{1-\alpha^\theta} = U'(W_2^{\theta *})$ $(\forall x_2 \in \overline{K})$ erfüllt sein. Dies impliziert $W_2^\theta(x_2) \leq W_2^{\theta *}$ $(\forall x_2 \in \overline{K})$ und damit

$$x_1 - \alpha^\theta\, c + x_2 + v_2 \leq W_2^{\theta *} \quad \forall x_2 \in \overline{K}. \tag{5.23}$$

Ein Vergleich mit (5.21) zeigt, dass das Vermögen des Eigentümer-Managers im Falle eines Rückzahlungsverzichts niemals größer sein darf als im Falle einer positiven Rückzahlung an die Wertpapierinhaber. Dies ist nur dann möglich, wenn der Eigentümer-Manager bis zum Erreichen eines Schwellenwerts $x_2^{\theta *}$ für die Rückflüsse in t_2 Zahlungen unterlässt und lediglich bei Überschreiten dieses Schwellenwerts positive Zahlungen, welche die Differenz zwischen realisiertem Rückfluss x_2 $(\forall x_2 \in K)$ und (niedrigerem) Schwellenwert $x_2^{\theta *}$ nicht übersteigen dürfen, an die Wertpapierinhaber leistet. Wie in *Schritt 1* gezeigt, sind die positiven Zahlungen jedoch gerade so zu bemessen, dass das Vermögen des Eigentümer-Managers im gesamten Bereich K, in dem Zahlungen an die Wertpapierinhaber zu entrichten sind, konstant bleibt. Voraussetzung hierfür ist, dass die Differenz zwischen dem realisierten (höheren) Rückfluss x_2 und dem Schwellenwert $x_2^{\theta *}$ vollständig an die Wertpapierinhaber ausgekehrt wird: $(1-\alpha^\theta)\, s^\theta(x_2) = x_2 - x_2^{\theta *}$ $(\forall x_2 \in K)$. Auflösen nach $s^\theta(x_2)$ und Einsetzen in (5.22) ergibt

$$\tfrac{1}{1-\alpha^\theta}\,(x_2 - x_2^{\theta *}) = \tfrac{1}{1-\alpha^\theta}\, x_2 - k \quad \forall x_2 \in K.$$

Daraus resultiert $k = x_2^{\theta *}/(1-\alpha^\theta)$. Sofern die Menge $\overline{K}$ der Realisationen von x_2, für die keine Auszahlung an die Wertpapierinhaber erfolgt, nicht leer ist, erhält man für die optimale Auszahlungsfunktion $s^\theta(\cdot)$ wie behauptet

$$s^\theta(x_2) \quad = \quad \begin{cases} 0 & 0 \leq x_2 \leq x_2^{\theta *} \\ \tfrac{1}{1-\alpha^\theta}\,(x_2 - x_2^{\theta *}) & x_2^{\theta *} < x_2 \leq \overline{x}_2 \end{cases}$$

Schritt 3. Es wird durch Widerspruch gezeigt, dass $\overline{K}$ nicht leer ist. Angenommen, $\overline{K} = \emptyset$, d.h. $K = X_2$. Dann muss die Rückflussdifferenz

$$z \equiv x_2 - (1-\alpha^\theta) \cdot s^\theta(x_2) \quad \forall x_2 \in X_2 \tag{5.24}$$

aufgrund von $W_2^\theta(x_2) = W_2^{\theta *} = const$ $(\forall x_2 \in X_2)$ konstant sein – dies ergibt sich aus *Schritt 1*; z ist somit eine Konstante. Wegen $s^\theta(x_2) > 0$ $(\forall x_2 \in X_2)$ muss überdies $s^\theta(0) > 0$ erfüllt sein, was wegen

$$s^\theta(0) = \frac{0-z}{1-\alpha^\theta} > 0$$

die Bedingung $z < 0$ impliziert. Multiplikation von (5.24) mit $f(x_2, \theta)$ und Integration über X_2 liefert

$$\int_0^{\overline{x}_2} \left(x_2 - (1-\alpha^\theta)\, s^\theta(x_2)\right) f(x_2,\theta)\, dx_2 = z \int_{\underline{0}}^{\overline{x}_2} f(x_2,\theta)\, dx_2.$$

Auswerten der Integrale führt auf

$$E[\tilde{x}_2^\theta] - (1-\alpha^\theta)\, E[s^\theta(\tilde{x}_2^\theta)] \quad = \quad z.$$

Unter Verwendung von Restriktion (5.17), die $E[s^\theta(\tilde{x}_2^\theta)] = c$ verlangt, erhält man

$$z \quad = \quad E[\tilde{x}_2^\theta] - (1-\alpha^\theta)\, c.$$

Wegen $z < 0$ muss dann auch

$$(1-\alpha^{\theta})\,c \;>\; E[\tilde{x}_2^{\theta}]$$

erfüllt sein, was aufgrund von $\alpha^{\theta} \geq 0$ im Widerspruch zu Annahme 5.2 steht. Folglich ist $\overline{K}$ nicht leer, was zu zeigen war.

Schritt 4. Es wird gezeigt, dass sich der Schwellenwert, bei dessen Überschreiten Zahlungen an die Wertpapierinhaber geleistet werden, aus Gleichung (5.20) ergibt. Aufgrund von Restriktion (5.17) muss der Erwartungswert der Rückflüsse an die Wertpapierinhaber c betragen, d.h.

$$\begin{aligned} c &= \int_0^{\overline{x}_2} s^{\theta}(x_2)\, f(x_2,\theta)\, dx_2 \\ &= \int_0^{x_2^{\theta *}} 0 \cdot f(x_2,\theta)\, dx_2 + \int_{x_2^{\theta *}}^{\overline{x}_2} \frac{1}{1-\alpha^{\theta}}\,(x_2 - x_2^{\theta *})\, f(x_2,\theta)\, dx_2 \\ &= \int_{x_2^{\theta *}}^{\overline{x}_2} \frac{1}{1-\alpha^{\theta}}\,(x_2 - x_2^{\theta *})\, f(x_2,\theta)\, dx_2 \\ &= \frac{1}{1-\alpha^{\theta}} \int_{x_2^{\theta *}}^{\overline{x}_2} (x_2 - x_2^{\theta *})\, f(x_2,\theta)\, dx_2. \end{aligned}$$

Im Falle von $x_2^{\theta *} = 0$ erhält man $(1-\alpha^{\theta})\,c = E[\tilde{x}_2^{\theta}]$, was im Widerspruch zu Annahme 5.2 steht. Folglich gilt wie behauptet $x_2^{\theta *} > 0$.

Schritt 5. Abschließend ist nachzuweisen, dass die aus dem optimalen Finanzkontrakt $s^{\theta}(\cdot)$ resultierenden Zahlungen an die Wertpapierinhaber zu keiner Verletzung der Liquiditätsrestriktion (5.8) führen. Wegen $s^{\theta}(x_2) = 0 \;\forall x_2 \leq x_2^{\theta *}$ kann die Liquiditätsrestriktion nur für $x_2 > x_2^{\theta *}$ verletzt sein, denn dann ist die Auszahlung an die Wertpapierinhaber positiv: $s^{\theta}(x_2) = \frac{1}{1-\alpha^{\theta}}(x_2 - x_2^{\theta *})$. Da in t_1 insgesamt α^{θ} Wertpapiere zurückerworben wurden, befinden sich in t_2 noch $1-\alpha^{\theta}$ Titel im Umlauf. Folglich sind an die Inhaber der Wertpapiere Zahlungen in Höhe von $(1-\alpha)\, s^{\theta}(x_2) = x_2 - x_2^{\theta *}$ zu leisten. Wegen $x_2 > x_2 - x_2^{\theta *}$ – dies ergibt sich aufgrund von $x_2^{\theta *} > 0$ – sind diese Zahlungen bereits durch die Rückflüsse in t_2 finanzierbar, d.h. die Liquiditätsrestriktion (5.8) ist immer erfüllt und kann deshalb vernachlässigt werden.

Behauptung (ii) ist trivial: Für $\alpha^{\theta} = 1$ vereinfacht sich Bedingung (5.16) zu

$$\lambda \cdot f(x_2,\theta) + \mu(x_2) = 0 \quad \forall x_2.$$

Dies impliziert $\lambda = -\mu(x_2)/f(x_2,\theta) = const\; (\forall x_2)$. Aufgrund von $f(x_2,\theta) > 0$ $(\forall x_2)$ kann $-\mu(x_2)/f(x_2,\theta)$ jedoch nur dann konstant sein, wenn entweder

$\mu(x_2) > 0$ $(\forall x_2)$ oder $\mu(x_2) = 0$ $(\forall x_2)$ erfüllt ist. Angenommen, $\mu(x_2) > 0$ $(\forall x_2)$. Dies hat $s^\theta(x_2) = 0$ $(\forall x_2)$ zur Konsequenz, was zu einer Verletzung von (5.17) führt. Folglich muss $\mu(x_2) = 0$ $(\forall x_2)$ gelten, was $\lambda = 0$ impliziert. Bedingung (5.16) ist somit immer erfüllt. Für $\alpha^\theta = 1$ lösen deshalb alle Rückzahlungsfunktionen $s^\theta(\cdot)$, welche die Nebenbedingungen

$$\int_0^{\overline{x}_2} s^\theta(x_2)\, f(x_2,\theta)\, dx_2 \;=\; c$$

und

$$s^\theta(x_2) \geq 0 \qquad \forall x_2$$

erfüllen, das reduzierte Optimierungsproblem. Aus der Menge dieser Kontrakte sind jedoch nur diejenigen realisierbar, die darüber hinaus die Liquiditätsrestriktion (5.8) erfüllen. Deshalb sind alle zulässigen Finanzkontrakte – d.h. alle Rückzahlungsfunktionen, welche den Restriktionen (5.17), (5.19) und (5.8) genügen – im Falle von $\alpha^\theta = 1$ optimal. ■

Teil (i) von Lemma 5.2 lässt sich wie folgt begründen: Zunächst ist festzuhalten, dass der Eigentümer-Manager aufgrund von Annahme 5.2, die $E[\tilde{x}_2^L] > c$ verlangt, nicht gewillt sein wird, die gesamte stochastische Rückflusskomponente $\tilde{x}_2^\theta$ an die Wertpapierinhaber abzutreten. Denn diese erhielten dann einen erwarteten Rückfluss in Höhe von $E[s^\theta(\tilde{x}_2^\theta)] = E[\tilde{x}_2^\theta] > c$ und damit mehr als den Ausgabebetrag c der Wertpapiere, den sie in t_0 als Gegenleistung für die Übernahme der Wertpapiere zu entrichten haben (Underpricing).[14] Der daraus resultierende erwartete Zeichnungsgewinn in Höhe von $E[\tilde{x}_2^\theta]-c$ ist jedoch nicht erforderlich, um die Kapitalmarktakteure zu einer Übernahme der Wertpapiere zu bewegen. Er kann eliminiert werden, indem die an die Wertpapierinhaber zu leistenden zustandsabhängigen Zahlungen so lange vermindert werden, bis der Erwartungswert der Rückflüsse an die Wertpapierinhaber dem Ausgabebetrag der Wertpapiere entspricht: $E[s^\theta(\tilde{x}_2^\theta)] = c$.[15] Dies hat zur Folge, dass dem Eigentümer-Manager in all denjenigen Zuständen, in denen er die Zahlungen an die Wertpapierinhaber reduziert, ein höheres Endvermögen verbleibt.

[14] Dass der erwartete Rückfluss an die Wertpapierinhaber dem Ausgabebetrag der Wertpapiere entsprechen muss, ergibt sich formal bereits aus Lemma 5.1.

[15] Der Erwartungswert der Rückflüsse an die Kapitalmarktakteure könnte auch durch Nachschüsse reduziert werden, welche die Wertpapierinhaber in t_2 in Abhängigkeit vom eingetretenen Umweltzustand an das Unternehmen zu leisten haben. Wegen $s^\theta(x_2) \geq 0$ $(\forall x_2)$ sind solche Zuzahlungen jedoch in allen Zuständen ausgeschlossen.

Da dies einen Anstieg seines Erwartungsnutzens bewirkt, wird er den Kapitalmarktakteuren lediglich einen Anspruch auf zustandsabhängige Zahlungen einräumen, deren Erwartungswert den Betrag c nicht übersteigt. Es verbleibt nun zu klären, in welchen Umweltzuständen der Eigentümer-Manager Zahlungen an die Wertpapierinhaber leistet.

Angenommen, der Eigentümer-Manager verspricht den Wertpapierinhabern in jedem Umweltzustand sichere Zahlungen in Höhe von c, was einen Erwartungswert der Rückflüsse an die Wertpapierinhaber von $E[s^\theta(\tilde{x}_2^\theta)] = c$ zur Konsequenz hat. Gleichung (5.17) ist somit erfüllt. Der Eigentümer-Manager hat im Falle der Ausgabe eines solchen Finanzkontrakts das gesamte Risiko der Unternehmensrückflüsse zu tragen. Wird nun in t_2 ein geringer Rückfluss $\hat{x}_2$ realisiert, verbleibt dem Eigentümer-Manager ein relativ kleines Endvermögen in Höhe von $W_2^\theta(\hat{x}_2) = x_1 + \hat{x}_2 + v_2 - c$. Aufgrund der Konkavität der Nutzenfunktion ist dies mit einem relativ hohen Grenznutzen des Eigentümer-Managers verbunden: Steigt das Vermögen des Eigentümer-Managers in diesem Umweltzustand um eine zusätzliche Einheit, erhält er dadurch einen relativ hohen Nutzenzuwachs. Dagegen führt die Realisation eines hohen Rückflusses $\hat{\hat{x}}_2 >> \hat{x}_2$ in t_2 auf ein relativ hohes Endvermögen $W_2^\theta(\hat{\hat{x}}_2) = x_1 + \hat{\hat{x}}_2 + v_2 - c$ und damit auf einen relativ geringen Grenznutzen. Unterstellt man der Einfachheit halber zunächst $f(\hat{x}_2, \theta) = f(\hat{\hat{x}}_2, \theta)$, dann lässt sich der Erwartungsnutzen des Eigentümer-Managers durch folgende Modifikation der Auszahlungsfunktion $s^\theta(\cdot)$ steigern, ohne die Finanzierungsrestriktion (5.17) zu verletzen: Vermindert man $s^\theta(\hat{x}_2)$ um eine Geldeinheit und erhöht dafür $s^\theta(\hat{\hat{x}}_2)$ um eine Geldeinheit, dann ändert sich der Erwartungswert der Rückflüsse an die Wertpapierinhaber nicht. Da der Nutzenzuwachs des Eigentümer-Managers aufgrund der Vermögenszunahme im Zustand $\hat{x}_2$ jedoch höher ist als der Nutzenrückgang infolge der Vermögensabnahme im Zustand $\hat{\hat{x}}_2$, erreicht er insgesamt ein höheres Niveau des Erwartungsnutzens. Fallen $f(\hat{x}_2, \theta)$ und $f(\hat{\hat{x}}_2, \theta)$ auseinander, dann ist zur Steigerung des Erwartungsnutzens des Eigentümer-Managers grundsätzlich folgende Strategie zu wählen: In Umweltzuständen mit geringen Rückflüssen sind die Zahlungen an die Wertpapierinhaber zu reduzieren und in Umweltzuständen mit hohen Rückflüssen sind sie dergestalt zu erhöhen, dass sich der Erwartungswert der Rückflüsse an die Wertpapierinhaber nicht ändert. Aufgrund der Konkavität der Nutzenfunktion des Eigentümer-Managers ist der erwartete Anstieg des Grenznutzens in denjenigen Umweltzuständen, die durch niedrige Rückflüsse gekennzeichnet sind, höher als der erwartete Grenznutzenverlust aufgrund des reduzierten

Vermögens in denjenigen Umweltzuständen, die durch hohe Rückflüsse charakterisiert sind. Folglich steigt der Erwartungsnutzen des Eigentümer-Managers. Als *Zwischenergebnis* bleibt festzuhalten: Der dem Ausgangskontrakt überlegene modifizierte Finanzkontrakt ist dadurch charakterisiert, dass der Eigentümer-Manager im Vergleich zum Ausgangskontrakt relativ hohe (geringe) Zahlungen an die Wertpapierinhaber leistet, wenn die Unternehmensrückflüsse in t_2 relativ hoch (gering) sind.

Die Vermutung liegt nahe, dass der Spielraum zur Steigerung des Erwartungsnutzens erst dann beseitigt ist, wenn der Grenznutzen des Eigentümer-Managers in allen Umweltzuständen - d.h. für alle möglichen Rückflussrealisationen - übereinstimmt. Dies ist jedoch nur dann der Fall, wenn das Endvermögen des Eigentümer-Managers konstant ist, was eine vollständige Abtretung der stochastischen Rückflusskomponente an die Kapitalmarktakteure verlangt. Unter den getroffenen Annahmen ist dies für den Eigentümer-Manager nicht optimal, weil er den Wertpapierinhabern dann einen unnötig hohen Erwartungswert der Rückflüsse gewährt.

Die oben aufgestellte Vermutung berücksichtigt nicht, dass der Eigentümer-Manager in einigen Umweltzuständen keine Zahlungen an die Wertpapierinhaber leistet. In all denjenigen Umweltzuständen, in denen der Eigentümer-Manager den Kapitalmarktakteuren positive Zahlungen verspricht, muss der Grenznutzen des Eigentümer-Managers jedoch konstant sein - und damit auch sein Endvermögen. Andernfalls ließe sich der Erwartungsnutzen des Eigentümer-Managers steigern, indem er einen Teil der Zahlungen an die Wertpapierinhaber, die in Zuständen mit hohem Grenznutzen zu leisten sind, auf diejenigen Umweltzustände umschichtet, in denen der Eigentümer-Manager einen relativ geringen Grenznutzen besitzt. Ein Potential zur Steigerung des Erwartungsnutzens besteht auch dann, wenn der Grenznutzen des Eigentümer-Managers in denjenigen Zuständen, in denen er auf Zahlungen an die Wertpapierinhaber verzichtet, geringer ist als der (konstante) Grenznutzen des Eigentümer-Managers in denjenigen Zuständen, in denen er positive Zahlungen an die Wertpapierinhaber leistet. Um dieses Potential zu nutzen, hat der Eigentümer-Manager die in den Zuständen mit (hohem) konstanten Grenznutzen zu erbringenden Zahlungen teilweise auf diejenigen Zustände umzuschichten, in denen er bisher auf Zahlungen verzichtet; die Umschichtung ist dabei so vorzunehmen, dass der Erwartungswert der Rückflüsse an die Wertpapierinhaber nicht verändert wird. Deshalb kann nur ein solcher Finanzkontrakt den Erwartungsnutzen des Eigentümer-Managers maximieren, bei dem der Grenznutzen (das Endvermögen) des Eigentümer-Managers in den durch Zahlungsverzicht gekennzeichneten Umweltzuständen nicht geringer (größer) ist als der konstante Grenznutzen (das konstante Endvermögen), den (das) der Eigentümer-Manager in den Zuständen mit positiven Zahlungen an die Kapitalmarktakteure erreicht. Dies ist nur möglich, wenn der Eigentümer-Manager unterhalb eines Schwellenwerts $x_2^{\theta *}$ Zahlungen an die Wertpapierinhaber unterlässt und bei Überschreiten von $x_2^{\theta *}$ positive Zahlungen an die Wertpapierinhaber leistet. Darüber hinaus muss das Endvermögen des Eigentümer-Managers für alle $x_2 \geq x_2^{\theta *}$ konstant sein. Dies ist dann der Fall, wenn der Eigentümer-Manager die Differenz zwischen der (höheren) Rückflussrealisation x_2 und dem Schwellenwert $x_2^{\theta *}$ vollständig an die Wertpapierinhaber auszahlt. Genau diese Eigenschaften spiegelt das in Lemma 5.2 aufgeführte und in Abb. 5.1 visualisierte optimale Rückzahlungsprofil der Wertpapiere wider.

Teil (ii) von Lemma 5.2 ist unmittelbar einleuchtend: Erwirbt der Eigentümer-Manager in t_1 sämtliche Wertpapiere zurück, die er in t_{02} zur Finanzierung von I_0 emittiert hat, dann partizipiert nur er an den riskanten Unternehmensrückflüssen in t_2. Denn die Kapitalmarktakteure werden bereits zum Zeitpunkt t_1 mit einer sicheren Zahlung in Höhe des Erwartungswerts der Rückflüsse, die auf die ausgegebenen Wertpapiere entfallen, abgefunden. Sie sind deshalb nicht mehr an den riskanten Unternehmensrückflüssen zum Zeitpunkt t_2 beteiligt. Dies hat zur Konsequenz, dass der Eigentümer-Manager das Risiko der Unternehmensrückflüsse auch nicht über eine geschickte Gestaltung des Auszahlungsprofils der Wertpapiere zumindest zum Teil an die Kapitalmarktakteure abwälzen kann. Folglich präferiert er kein bestimmtes Auszahlungsprofil der auszugebenden Wertpapiere. Im Falle des Rückerwerbs aller neu ausgegebenen Wertpapiere ist der Eigentümer-Manager somit indifferent gegenüber all denjenigen Finanzkontrakten, welche die Finanzierungs-, die Liquiditäts- sowie die Nichtnegativitätsrestriktion erfüllen.

Ausgehend von einem gegebenen Finanzkontrakt $s^{\theta}(\cdot)$ ist nun die optimale Anzahl α^{θ} der in t_1 zurückzuerwerbenden Wertpapiere zu bestimmen. Hierzu ist das folgende Optimierungsprogramm zu lösen:

$$\max_{\alpha^{\theta}} \int_0^{\overline{x}_2} U\left(x_1 - \alpha^{\theta} c + x_2 + v_2 - (1 - \alpha^{\theta})\, s^{\theta}(x_2)\right) f(x_2, \theta)\, dx_2$$

unter den Nebenbedingungen

$$1 - \alpha^{\theta} \geq 0 \qquad \alpha^{\theta} \geq 0.$$

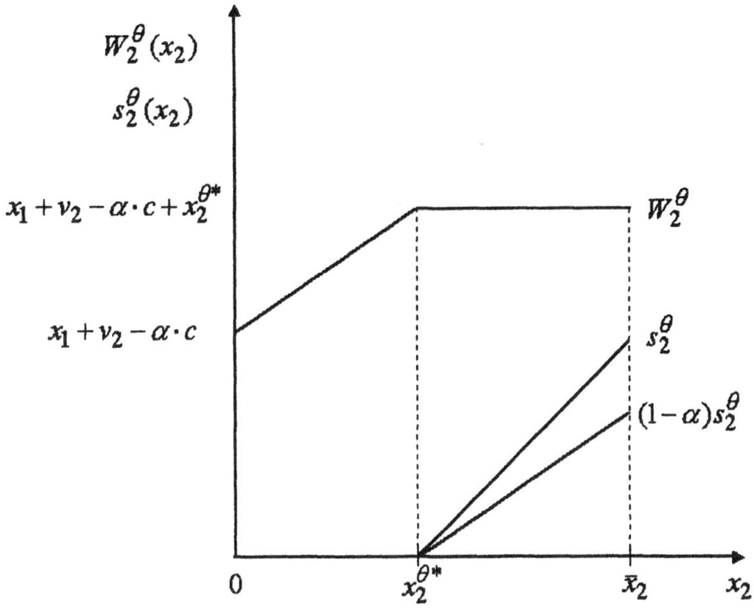

Abbildung 5.1: Optimales Rückzahlungsprofil eines Wertpapiers im First-best-Fall bei gegebener Zahl in t_1 zurückzuerwerbender Wertpapiere und resultierendes Manager-Endvermögen

Die zugehörige Lagrangefunktion $\mathcal{L}$ lautet

$$\begin{aligned}\mathcal{L}(\alpha^\theta,\lambda) &= \int_0^{\overline{x}_2} U\left(x_1-\alpha^\theta c+x_2+v_2-(1-\alpha^\theta)\,s^\theta(x_2)\right)\, f(x_2,\theta)\,dx_2 \\ &\quad +\lambda\,(1-\alpha^\theta)\end{aligned}$$

und führt auf die folgenden Kuhn-Tucker-Bedingungen, denen der Lösungsvektor (α^θ,λ) zu genügen hat:

$$\frac{\partial\mathcal{L}(\alpha^\theta,\lambda)}{\partial\alpha^\theta} = -\int_0^{\overline{x}_2} U'(W_2^\theta)\,(c-s^\theta(x_2))\,f(x_2,\theta)\,dx_2-\lambda\le 0 \quad (5.25)$$

$$\frac{\partial\mathcal{L}(\alpha^\theta,\lambda)}{\partial\alpha^\theta}\cdot\alpha^\theta = 0 \quad (5.26)$$

$$\frac{\partial\mathcal{L}(\alpha^\theta,\lambda)}{\partial\lambda} = 1-\alpha^\theta\ge 0 \quad (5.27)$$

$$\frac{\partial\mathcal{L}(\alpha^\theta,\lambda)}{\partial\lambda}\cdot\lambda = 0 \quad (5.28)$$

$$\alpha^\theta,\lambda \ge 0. \quad (5.29)$$

Lemma 5.3 *Der Eigentümer-Manager von θ verzichtet auf einen Wertpapierrückerwerb in t_1: $\alpha^\theta=0$.*

Beweis: Die Behauptung wird in zwei Schritten bewiesen.

Schritt 1. Zunächst wird durch Widerspruch gezeigt, dass kein $\alpha^\theta\in(0,1)$ existiert, welches die Kuhn-Tucker-Bedingungen erfüllt. Angenommen, $0<\alpha^\theta<1$. Dies impliziert $\lambda=0$. Bedingung (5.25), die wegen $\alpha^\theta>0$ und (5.26) bindend ist, lässt sich dann wie folgt schreiben:

$$\frac{\partial\mathcal{L}(\alpha^\theta,\lambda)}{\partial\alpha^\theta} = -\int_0^{\overline{x}_2} U'(W_2^\theta(x_2))\cdot(c-s^\theta(x_2))f(x_2,\theta)dx_2=0. \quad (5.30)$$

Aus der Gestalt der für gegebenes α^θ optimalen Auszahlungsfunktion

$$s^\theta(x_2) = \begin{cases} 0 & 0\le x_2\le x_2^{\theta*} \\ \frac{1}{1-\alpha^\theta}\,(x_2-x_2^{\theta*}) & x_2^{\theta*}<x_2\le\overline{x}_2\end{cases}$$

folgt für das zustandsabhängige Vermögen $W_2^\theta(x_2)$ des Eigentümer-Managers

$$W_2^\theta(x_2) = x_1 - \alpha^\theta c + x_2 + v_2 \leq W_2^\theta(x_2^{\theta *}) \quad \forall x_2 \leq x_2^{\theta *}$$

$$\begin{aligned} W_2^\theta(x_2) &= x_1 - \alpha^\theta c + x_2 + v_2 - (1-\alpha^\theta)\left(\frac{1}{1-\alpha^\theta}(x_2 - x_2^{\theta *})\right) \\ &= W_2^\theta(x_2^{\theta *}) \quad \forall x_2 > x_2^{\theta *}. \end{aligned}$$

Für das zustandsabhängige Endvermögen gilt somit:

$$\begin{aligned} W_2^\theta(x_2) < W_2^\theta(x_2^{\theta *}) \quad \forall x_2 < x_2^{\theta *} \\ W_2^\theta(x_2) = W_2^\theta(x_2^{\theta *}) \quad \forall x_2 \geq x_2^{\theta *}. \end{aligned}$$

Aufgrund der Konkavität der Nutzenfunktion des Eigentümer-Managers erhält man

$$\begin{aligned} U'(W_2^\theta(x_2)) > U'(W_2^\theta(x_2^{\theta *})) \quad \forall x_2 < x_2^{\theta *} \\ U'(W_2^\theta(x_2)) = U'(W_2^\theta(x_2^{\theta *})) \quad \forall x_2 \geq x_2^{\theta *}. \end{aligned} \tag{5.31}$$

Bedingung (5.30) lässt sich nun wie folgt schreiben:

$$\begin{aligned} &- \int_0^{x_2^{\theta *}} U'(W_2^\theta(x_2)) \cdot c \cdot f(x_2, \theta)\, dx_2 \\ &- \int_{x_2^{\theta *}}^{\overline{x}_2} U'(W_2^\theta(x_2^{\theta *})) \cdot (c - s^\theta(x_2))\, f(x_2, \theta)\, dx_2 = 0. \end{aligned}$$

Nach einer Umformung resultiert

$$\begin{aligned} - \int_0^{x_2^{\theta *}} U'(W_2^\theta(x_2)) \cdot c \cdot f(x_2, \theta)\, dx_2 - U'(W_2^\theta(x_2^{\theta *})) \cdot c \cdot \int_{x_2^{\theta *}}^{\overline{x}_2} f(x_2, \theta)\, dx_2 \\ + U'(W_2^\theta(x_2^{\theta *})) \int_{x_2^{\theta *}}^{\overline{x}_2} s^\theta(x_2) f(x_2, \theta)\, dx_2 = 0. \end{aligned}$$

Wegen $s^\theta(x_2) = 0 \ \forall x_2 \leq x_2^{\theta *}$ kann das Integral in der letzten Zeile wie folgt umgeformt werden:

$$\int_{x_2^{\theta *}}^{\overline{x}_2} s^\theta(x_2) f(x_2, \theta)\, dx_2 = \int_0^{\overline{x}_2} s^\theta(x_2) f(x_2, \theta)\, dx_2 = E[s^\theta(\tilde{x}_2^\theta)] = c.$$

Damit verbleibt

$$L \equiv -\int_0^{x_2^{\theta*}} U'(W_2^\theta(x_2)) \cdot c \cdot f(x_2,\theta)\, dx_2 - U'(W_2^\theta(x_2^{\theta*})) \cdot c \cdot \int_{x_2^{\theta*}}^{\overline{x}_2} f(x_2,\theta)\, dx_2$$
$$+U'(W_2^\theta(x_2^{\theta*})) \cdot c = 0. \tag{5.32}$$

Unter Verwendung von (5.31) und $f(x_2,\theta) > 0$ $(\forall x_2)$ sowie $x_2^{\theta*} > 0$ lässt sich die linke Seite L von (5.32) wie folgt abschätzen:

$$\begin{aligned} L &< -U'(W_2^\theta(x_2^{\theta*})) \cdot c \int_0^{x_2^{\theta*}} f(x_2,\theta)\, dx_2 - U'(W_2^\theta(x_2^{\theta*})) \cdot c \int_{x_2^{\theta*}}^{\overline{x}_2} f(x_2,\theta)\, dx_2 \\ &\quad +U'(W_2^\theta(x_2^{\theta*})) \cdot c \\ &= -U'(W_2^\theta(x_2^{\theta*})) \cdot c \int_0^{\overline{x}_2} f(x_2,\theta)\, dx_2 + U'(W_2^\theta(x_2^{\theta*})) \cdot c \\ &= 0, \end{aligned}$$

d.h. $L < 0$, was im Widerspruch zu (5.32) steht. Folglich existiert kein $\alpha^\theta \in (0,1)$, das die Kuhn-Tucker-Bedingungen erfüllt. Deshalb muss im Optimum entweder $\alpha^\theta = 0$ oder $\alpha^\theta = 1$ gelten.

Schritt 2. Es wird gezeigt, dass der Eigentümer-Manager von θ bei Wahl von $\alpha^\theta = 0$ ein höheres Niveau des Erwartungsnutzens als bei Wahl von $\alpha^\theta = 1$ erreicht. Im Falle von $\alpha^\theta = 1$ vereinnahmt der Eigentümer-Manager ein zustandsabhängiges Endvermögen von $W_2^\theta(x_2; s^\theta, 1) = x_1 - c + x_2 + v_2$, was auf einen Erwartungsnutzen von

$$V(\theta, s^\theta, 1, a) = \int_0^{\overline{x}_2} U(x_1 - c + x_2 + v_2) f(x_2,\theta)\, dx_2$$

führt. Für $\alpha^\theta = 0$ beträgt das zustandsabhängige Endvermögen des Eigentümer-Managers für ein beliebiges Rückzahlungsprofil $\hat{s}^\theta(\cdot)$ allgemein $W_2^\theta(x_2; \hat{s}^\theta, \alpha^\theta = 0) = x_1 + x_2 + v_2 - \hat{s}^\theta(x_2)$. Bei Wahl von $\hat{s}^\theta(x_2) = c$ $(\forall x_2)$ erhält er ein zustandsabhängiges Endvermögen von $W_2^\theta(x_2; \hat{s}^\theta = c, \alpha^\theta = 0) = x_1 + x_2 + v_2 - c$, das mit dem für $\alpha^\theta = 1$ resultierenden in allen Umweltzuständen übereinstimmt. Dies hat $V(\theta, \hat{s}^\theta = c, 0, a) = V(\theta, s^\theta, 1, a)$ zur Konsequenz. Aufgrund von Lemma 5.2 kann eine konstante Rückzahlung $\hat{s}^\theta(x_2) = c$ $(\forall x_2)$ an die Wertpapierinhaber für $\alpha^\theta = 0$ jedoch nicht optimal sein. Folglich existiert eine Rückzahlungsfunktion $s^{\theta*}(\cdot)$, für die $V(\theta, s^{\theta*}, 0, a) > V(\theta, \hat{s}^\theta = c, 0, a)$ gilt. Dies impliziert

$$V(\theta, s^{\theta*}, 0, a) > V(\theta, s^\theta, 1, a).$$

Wählt der Eigentümer-Manager $\alpha^\theta = 0$ und die dazu korrespondierende optimale Rückzahlungsfunktion $s^{\theta*}(\cdot)$, dann erreicht er einen höheren Erwartungsnutzen als bei Wahl von $\alpha^\theta = 1$. Im Optimum verzichtet der Eigentümer-Manager somit auf Wertpapierrückkäufe: $\alpha^\theta = 0$. ■

Als ausschlaggebend für den Verzicht des Eigentümer-Managers auf Wertpapierrückkäufe erweist sich, dass der Rückerwerbspreis eines Wertpapiers dem in t_1 gebildeten Erwartungswert der hierauf entfallenden Rückflüsse entspricht. Da der eingetretene Umweltzustand erst in t_2 enthüllt wird, ändert sich der Informationsstand der Akteure zwischen t_0 und t_1 nicht. Folglich stimmt der in t_1 gebildete Erwartungswert der Wertpapierrückflüsse mit dem in t_0 gebildeten überein, so dass der Rückerwerbspreis bereits zum Zeitpunkt t_0 bekannt und sicher ist. Da der Eigentümer-Manager von θ in t_0 auch die Anzahl α^θ der zurückzuerwerbenden Wertpapiere ankündigt, ist der Gesamtbetrag $\alpha^\theta c$ der Zahlungen, die in t_1 an die Wertpapierinhaber geleistet werden, schon in t_0 bekannt und unabhängig davon, welcher Umweltzustand eintritt. Deshalb entspricht der Wertpapierrückerwerb einer sicheren Zahlung an die Wertpapierinhaber in t_1. Aufgrund des unterstellten risikolosen Kapitalmarktzinssatzes von $i = 0$, zu dem der Eigentümer-Manager thesaurierte Mittel von t_1 bis t_2 anlegt, ist dies äquivalent zu einer in t_2 erbrachten sicheren Zahlung an die Wertpapierinhaber in Höhe von $\alpha^\theta c$. Deshalb führt ein Wertpapierrückerwerb zu einem zustandsabhängigen Endvermögen des Eigentümer-Manager, das er auch dann erreicht, wenn er auf einen Wertpapierrückerwerb verzichtet und stattdessen in t_2 eine sichere Teilzahlung von $\alpha^\theta c$ an die Wertpapierinhaber leistet. Aus Lemma 5.2 und der daran anschließenden Diskussion folgt, dass eine zustandsunabhängige sichere Zahlungskomponente in t_2 aus der Perspektive des Eigentümer-Managers nicht optimal sein kann.[16] Dies muss dann aber auch für einen Wertpapierrückerwerb gelten. Folglich wird der Eigentümer-Manager im First-best-Fall auf einen solchen verzichten.

Kombiniert man Lemma 5.2 mit Lemma 5.3, erhält man das optimale Design $s^{\theta*}(\cdot)$ der zur Finanzierung von I_0 auszugebenden Wertpapiere sowie die optimale Anzahl $\alpha^{\theta*}$ dieser Wertpapiere, die in t_1 zurückzuerwerben sind.

---

[16]Ursächlich hierfür ist nicht zuletzt Annahme 5.2, die $E[\tilde{x}_2^\theta] > c$ ($\forall\theta \in \{L, H\}$) vorgibt. Dadurch erweist es sich für den Eigentümer-Manager von θ als nicht lohnend, die gesamte stochastische Rückflusskomponente an die Kapitalmarktakteure abzutreten. Dagegen würde der Eigentümer-Manager von θ im Falle von $E[\tilde{x}_2^\theta] \leq c$ die gesamten stochastischen Rückflüsse an die Wertpapierinhaber übertragen. Da diese jedoch erwartete Rücklüsse in Höhe von c fordern, hätte er ihnen im Falle von $E[\tilde{x}_2^\theta] < c$ eine zustandsunabhängige sichere Zahlung in Höhe von $c - E[\tilde{x}_2^\theta]$ zu gewähren.

Proposition 5.1 *Das Wertpapier, das der Eigentümer-Manager von θ im First-best-Fall zur Finanzierung von Investitionsprojekt I_0 emittiert, besitzt das folgende Auszahlungsprofil in t_2:*

$$s^{\theta*}(x_2) = \begin{cases} 0 & \text{für } 0 \leq x_2 \leq x_2^{\theta*} \\ x_2 - x_2^{\theta*} & \text{für } x_2^{\theta*} < x_2 \leq \overline{x}_2 \end{cases}$$

Der Schwellenwert $x_2^{\theta*} > 0$ ergibt sich dabei aus

$$\int_{x_2^{\theta*}}^{\overline{x}_2} \left(x_2 - x_2^{\theta*}\right) f(x_2, \theta)\, dx_2 = c. \tag{5.33}$$

Der Eigentümer-Manager verzichtet auf Wertpapierrückkäufe in t_1: $\alpha^{\theta*} = 0$.

Beweis: Der Rückerwerbsverzicht ergibt sich unmittelbar aus Lemma 5.3. Die optimale Auszahlungsfunktion $s^{\theta*}(\cdot)$ des emittierten Wertpapiers folgt aus Teil (i) von Lemma 5.2 unter Berücksichtigung von $\alpha^{\theta*} = 0$. ■

Aus Abb. ?? wird ersichtlich, dass das Auszahlungsprofil eines emittierten Wertpapiers einer Kaufoption auf die stochastischen Unternehmensrückflüsse mit Ausübungspreis $x_2^{\theta*}$ entspricht: $s^{\theta*}(x_2) = \max[x_2 - x_2^{\theta*}, 0]$.

Somit räumt der Eigentümer-Manager den Kapitalmarktakteuren als Gegenleistung für die Finanzierung von I_0 die Option ein, die Realisation der stochastischen Komponente der Unternehmensrückflüsse in t_2 zu einem Kaufpreis von $x_2^{\theta*}$ zu übernehmen. Interpretiert man den in t_2 realisierten Wert von x_2 als Barwert der zukünftigen, d.h. ab t_2 anfallenden Rückflüsse einer Menge von Investitionsprojekten, die bereits vor t_0 realisiert wurden und aus dem Verbund der bestehenden Projekte herausgelöst werden können, dann besitzen die Kapitalmarktakteure die Option, einen Teilbetrieb aus dem bestehenden Unternehmen abzuspalten. Das vom Eigentümer-Manager emittierte Wertpapier lässt sich somit auch als Kaufoption auf einen Teilbetrieb des Unternehmens auffassen.

Abschließend ist zu prüfen, ob es sich für den Eigentümer-Manager eines Unternehmens vom Typ $\theta \in \{L, H\}$ im First-best-Fall als lohnend erweist, Investitionsprojekt I_0 zu realisieren. Hierzu ist der Erwartungsnutzen $V(\theta, 0, 0, na)$ des Eigentümer-Managers bei Verzicht auf I_0 dem Erwartungsnutzen $V(\theta, s^{\theta*}, 0, a)$ gegenüberzustellen, den der Eigentümer-Manager bei Durchführung von I_0 erreicht. Für Letzteren gilt unter Verwendung von Pro-

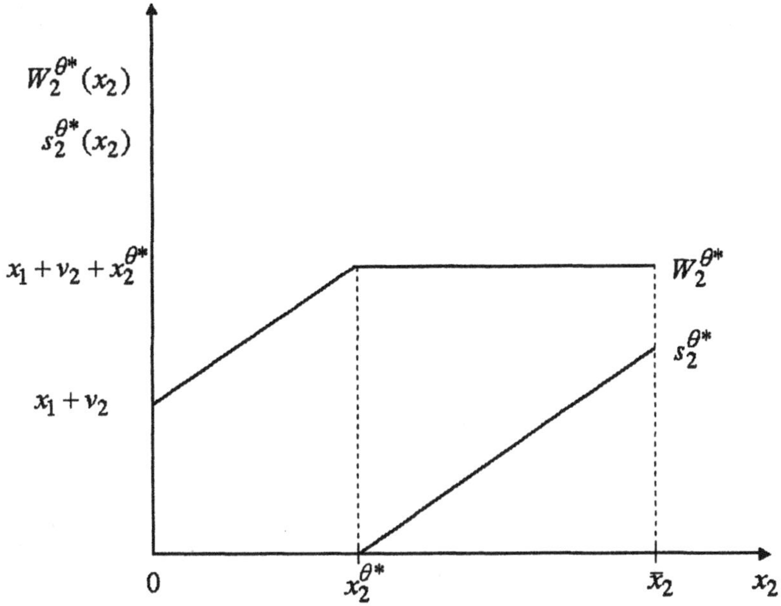

Abbildung 5.2: Optimales Auszahlungsprofil eines Wertpapiers im First-best-Fall und resultierendes Manager-Endvermögen

position 5.1

$$\begin{aligned} V(\theta, s^{\theta *}, 0, a) &= \int_0^{\overline{x}_2} U(x_1 + x_2 + v_2 - s^{\theta *}(x_2)) f(x_2, \theta)\, dx_2 \\ &> \int_0^{\overline{x}_2} U(x_1 + x_2 + v_2 - c) f(x_2, \theta) dx_2 \equiv \overline{V}. \end{aligned}$$

Da I_0 einen positiven Kapitalwert besitzt, ist $v_2 > c$ erfüllt. Deshalb erhält man

$$\overline{V} > \int_0^{\overline{x}_2} U(x_1 + x_2) f(x_2, \theta) dx_2 = V(\theta, 0, 0, na),$$

was $V(\theta, s^{\theta *}, 0, a) > V(\theta, 0, 0, na)$ impliziert. Die Realisation von I_0 ist somit vorteilhaft für den Eigentümer-Manager eines Unternehmens vom Typ $\theta \in \{L, H\}$.

Zusammenfassend bleibt festzuhalten, dass der Eigentümer-Manager im First-best-Fall Investitionsprojekt I_0 realisiert und dieses durch Ausgabe einer Kaufoption auf die stochastische Komponente der Unternehmensrückflüsse finanziert. Auf einen Rückerwerb der emittierten Optionskontrakte verzichtet der Eigentümer-Manager. Damit zeigt sich, dass eine Finanzierung von I_0 im Wege einer – in Abschnitt 4.2 exogen vorgegebenen – klassischen Beteiligungsfinanzierung für den Eigentümer-Manager suboptimal ist: Wenn er Finanzkontrakte mit beliebigem Auszahlungsprofil abschließen kann, dann wird er im First-best-Fall zur Finanzierung von I_0 *keine Aktien* ausgeben.

5.4 Optimale Finanzkontrakte bei Informationsasymmetrie – der Second-best-Fall

5.4.1 Das Problem der Negativauslese bei Emission der First-best-Kontrakte

Wie in Abschnitt 4.3.2 aufgezeigt, ist mit einer Finanzierung von Investitionsprojekt I_0 im Wege einer Kapitalerhöhung die Gefahr der Negativauslese verknüpft, wenn der Eigentümer-Manager gegenüber den Kapitalmarktakteuren über einen Informationsvorsprung im Hinblick auf den Typ seines Unternehmens verfügt. Ursächlich hierfür ist der Anreiz des Eigentümer-Managers von L, sein Unternehmen als vom Typ H auszugeben, um den Kapitalmarktakteuren als Gegenleistung für die Finanzierung von I_0 eine geringere Beteiligungsquote als im First-best-Fall gewähren zu müssen. Da der auf diese Beteiligungsquote entfallende Barwert der Rückflüsse eines Unternehmens vom Typ L den Ausgabebetrag der Aktien unterschreitet, würden die Kapitalmarktakteure im Falle der Akzeptanz einer solchen Offerte einen erwarteten Vermögensverlust erleiden. Sie werden deshalb die Aktien eines als Typ H präsentierten Unternehmens grundsätzlich nur zu einem Ausgabepreis übernehmen, der den erwarteten Rückfluss pro Aktie eines Unternehmens vom Typ H unterschreitet. Dies hat jedoch zur Konsequenz, dass der Eigentümer-Manager von H keinen Ausgabepreis für die zu emittierenden Aktien erzielen kann, der ihrem fairen Wert entspricht. Zehrt der daraus resultierende Vermögensverlust den Kapitalwert von I_0 vollständig auf, so verzichtet der Eigentümer-Manager von H auf die Finanzierung von I_0 im Wege einer Kapitalerhöhung. Für eine solche Finanzierung entscheidet sich dann nur der Eigentümer-Manager von L, der damit auch den Typ seines Unternehmens enthüllt.

Ob diese Gefahr der adversen Selektion auch dann bestehen bleibt, wenn der Eigentümer-Manager zur Finanzierung von I_0 anstelle von Aktien Kaufoptionen auf die stochastische Komponente der Unternehmensrückflüsse emittiert, wird im Folgenden geklärt. Im Gegensatz zu Aktien sind die im First-best-Fall optimalen Kaufoptionen dadurch charakterisiert, dass sie den Inhabern nicht in jedem Umweltzustand positive Rückflüsse versprechen. Der Eigentümer-Manager eines Unternehmens vom Typ θ leistet vielmehr nur dann positive Zahlungen an die Optionsinhaber, sofern die Realisation x_2 des stochastischen Rückflusses $\tilde{x}_2^\theta$ in t_2 den Schwellenwert $x_2^{\theta*}$ übersteigt. Falls die im First-best-Fall emittierten Optionskontrakte aufgrund von $x_2^{L*} = x_2^{H*}$ für beide Unternehmenstypen übereinstimmen, besitzt der Eigentümer-Manager von L keinen Anreiz, sein Unternehmen als vom Typ H auszugeben. Voraussetzung hierfür ist

$$\int_{x_2^{H*}}^{\overline{x}_2} (x_2 - x_2^{H*})\, f(x_2, L)\, dx_2 = \int_{x_2^{H*}}^{\overline{x}_2} (x_2 - x_2^{H*})\, f(x_2, H)\, dx_2 = c.$$

Aufgrund von Annahme 5.1 ist diese Bedingung dann erfüllt, wenn die Werte der Verteilungsfunktionen von L und H für alle $x_2 \geq x_2^{H*}$ identisch sind:

$$F(x_2, L) = F(x_2, H) \quad \forall x_2 \geq x_2^{H*}. \tag{5.34}$$

Hinreichend hierfür ist $f(x_2, H) = f(x_2, L)\ \forall x_2 \geq x_2^{H*}$. Damit die Annahme der stochastischen Dominanz erster Ordnung von $F(x_2, H)$ gegenüber $F(x_2, L)$ nicht verletzt ist, muss ein $\hat{x}_2 < x_2^{H*}$ existieren, für das $F(\hat{x}_2, L) > F(\hat{x}_2, H)$ gilt.

Als *Zwischenergebnis* bleibt festzuhalten: Es sind Verteilungsfunktionen für die stochastische Komponente der Unternehmensrückflüsse von L und H denkbar, welche dazu führen, dass die Eigentümer-Manager beider Unternehmenstypen im First-best-Fall identisch ausgestaltete Optionskontrakte mit typunabhängigem Auszahlungsprofil emittieren. Da sich diese Kontrakte auch im Second-best-Fall ohne weiteres durchsetzen lassen, ist die Gefahr einer adversen Selektion für solche Verteilungsfunktionen der Unternehmensrückflüsse gebannt, welche die in (5.34) beschriebene Eigenschaft aufweisen.

Wird diese Eigenschaft von den Verteilungsfunktionen der Unternehmensrückflüsse nicht erfüllt, dann ist die Kaufoption auf die stochastische Komponente der Unternehmensrückflüsse, die der Eigentümer-Manager von H im First-best-Fall zur Finanzierung von I_0 ausgibt, mit einem höheren Ausübungspreis ausgestattet als die Kaufoption, welche der Eigentümer-Manager von L im First-best-Fall emittiert: $x_2^{H*} > x_2^{L*}$. Dies ergibt sich aus

Lemma 5.4 *Angenommen, es existiert eine nicht degenerierte Teilmenge $K \subseteq [x_2^{H*}, \overline{x}_2)$, so dass $F(x_2, L) > F(x_2, H)$ $\forall x_2 \in K$ gilt. Dann ist $x_2^{H*} > x_2^{L*}$ erfüllt.*

Beweis: Die Kaufoption, die der Eigentümer-Manager von H im First-best-Fall ausgibt, besitzt das Auszahlungsprofil $\max[x_2 - x_2^{H*}, 0]$. Dabei ist der Ausübungspreis x_2^{H*} so zu wählen, dass

$$\int_{x_2^{H*}}^{\overline{x}_2} (x_2 - x_2^{H*})\, f(x_2, H)\, dx_2 \;=\; c$$

erfüllt ist. Sei

$$\Delta \;=\; \int_{x_2^{H*}}^{\overline{x}_2} (x_2 - x_2^{H*}) f(x_2, H)\, dx_2 - \int_{x_2^{H*}}^{\overline{x}_2} (x_2 - x_2^{H*}) f(x_2, L)\, dx_2.$$

Nach einer partiellen Integration erhält man unter Verwendung von $F(\overline{x}_2, \theta) = 1$

$$\begin{aligned}
\Delta \;=\; & (x_2 - x_2^{H*})F(x_2, H)\Big|_{x_2^{H*}}^{\overline{x}_2} - \int_{x_2^{H*}}^{\overline{x}_2} F(x_2, H)\, dx_2 \\
& -(x_2 - x_2^{H*})F(x_2, L)\Big|_{x_2^{H*}}^{\overline{x}_2} + \int_{x_2^{H*}}^{\overline{x}_2} F(x_2, L)\, dx_2 \\
=\; & (\overline{x}_2 - x_2^{H*}) - (\overline{x}_2 - x_2^{H*}) - \int_{x_2^{H*}}^{\overline{x}_2} [F(x_2, H) - F(x_2, L)]\, dx_2 \\
=\; & \int_{x_2^{H*}}^{\overline{x}_2} (F(x_2, L) - F(x_2, H))\, dx_2.
\end{aligned}$$

Aufgrund von Annahme 5.1 gilt $F(x_2, L) \geq F(x_2, H)\ \forall x_2$. Folglich kann der Integrand niemals negativ sein. Darüber hinaus existiert annahmegemäß eine nicht degenerierte Teilmenge $K \subseteq [x_2^{H*}, \overline{x}_2)$, so dass $F(x_2, L) > F(x_2, H)$ $\forall x_2 \in K$ erfüllt ist. Über diese Teilmenge nimmt der Integrand einen strikt positiven Wert an, weshalb auch das Integral positiv ist. Somit gilt $\Delta > 0$, was

$$c \ > \ \int_{x_2^{H*}}^{\overline{x}_2} (x_2 - x_2^{H*}) f(x_2, L)\, dx_2$$

impliziert. Sei

$$Q(x_2^*) \ = \ \int_{x_2^*}^{\overline{x}_2} (x_2 - x_2^*) f(x_2, L)\, dx_2.$$

Da sich der Schwellenwert x_2^{L*} aus $Q(x_2^{L*}) = c$ ergibt, gilt $Q(x_2^{L*}) > Q(x_2^{H*})$. Wegen

$$\frac{dQ}{dx_2^*} \ = \ -(x_2^* - x_2^*) f(x_2^*, L) - \int_{x_2^*}^{\overline{x}_2} f(x_2, L)\, dx_2 = -\int_{x_2^*}^{\overline{x}_2} f(x_2, L)\, dx_2 < 0$$

ist $Q(x_2^*)$ streng monoton fallend in x_2^* (für $x_2^* < \overline{x}_2$). Folglich muss $x_2^{H*} > x_2^{L*}$ erfüllt sein. ■

Wenn der Eigentümer-Manager von L die Kapitalmarktakteure über den wahren Typ seines Unternehmens täuschen und den First-best-Finanzkontrakt $s^{H*}(\cdot)$ des Eigentümer-Managers von H ausgeben könnte, hätte er auf dem Intervall $[x_2^{L*}, x_2^{H*}]$ keine Zahlungen und auf dem Intervall $(x_2^{H*}, \overline{x}_2]$ geringere Zahlungen an die Wertpapierinhaber zu leisten als bei Ausgabe seines First-best-Kontrakts. Die vom Eigentümer-Manager von L an die Wertpapierinhaber zu entrichtenden Zahlungen wären bei Emission des First-best-Finanzkontrakts des Eigentümer-Managers von H niemals höher und mit positiver Wahrscheinlichkeit geringer als die Zahlungen, die der Eigentümer-Manager von L bei Ausgabe seines First-best-Kontrakts zu erbringen hat. Dies hätte nicht nur – wie im Beweis von Lemma 5.4 demonstriert – eine Verminderung des Erwartungswerts der Zahlungen an die Wertpapierinhaber, sondern auch einen Anstieg des Erwartungsnutzens des Eigentümer-Managers von L zur Konsequenz.

Proposition 5.2 *Angenommen, es existiert eine nicht degenerierte Teilmenge $K \subseteq [x_2^{H*}, \overline{x}_2)$, so dass $F(x_2, L) > F(x_2, H)\ \forall x_2 \in K$ gilt. Dann erreicht der Eigentümer-Manager von L ein höheres Niveau des Erwartungsnutzens, wenn* *er anstelle seines First-best-Kontrakts $s^{L*}(\cdot)$ den First-best-Kontrakt $s^{H*}(\cdot)$ des Eigentümer-Managers von H emittieren könnte:*

$$V(L, s^{H*}, 0, a) > V(L, s^{L*}, 0, a).$$

Beweis: Zunächst ist festzuhalten, dass aus der in der Proposition getroffenen Annahme $x_2^{H*} > x_2^{L*}$ folgt; dies ergibt sich aus Lemma 5.4. Wählt der Eigentümer-Manager von L den First-best-Kontrakt $s^{\theta*}(x_2) = \max[x_2 - x_2^{\theta*}, 0]$ ($\theta \in \{L, H\}$), erreicht er einen Erwartungsnutzen von

$$\begin{aligned} V(L, s^{\theta*}, 0, a) &= \int_0^{\overline{x}_2} U\left(x_1 + x_2 + v_2 - s^{\theta*}(x_2)\right) f(x_2, L)\, dx_2 \\ &= \int_0^{x_2^{\theta*}} U(x_1 + x_2 + v_2) f(x_2, L)\, dx_2 \\ &\quad + \int_{x_2^{\theta*}}^{\overline{x}_2} U\left(x_1 + x_2^{\theta*} + v_2\right) f(x_2, L)\, dx_2. \end{aligned}$$

Differenziert man den Erwartungsnutzen partiell nach $x_2^{\theta*}$, resultiert

$$\begin{aligned} \frac{\partial V(L, s^{\theta*}, 0, a)}{\partial x_2^{\theta*}} &= U(x_1 + x_2^{\theta*} + v_2) f(x_2^{\theta*}, L) - U\left(x_1 + x_2^{\theta*} + v_2\right) f(x_2^{\theta*}, L) \\ &\quad + U'\left(x_1 + x_2^{\theta*} + v_2\right) \int_{x_2^{\theta*}}^{\overline{x}_2} f(x_2, L)\, dx_2 \\ &= U'\left(x_1 + x_2^{\theta*} + v_2\right)\left(1 - F(x_2^{\theta*})\right) > 0, \end{aligned}$$

d.h. der Erwartungsnutzen ist streng monoton steigend in $x_2^{\theta*}$ (für $0 < x_2^{\theta*} < \overline{x}_2$). Aufgrund von $x_2^{H*} > x_2^{L*}$ gilt folglich $V(L, s^{H*}, 0, a) > V(L, s^{L*}, 0, a)$. ■

Der Eigentümer-Manager von L besitzt somit einen Anreiz, den wahren Typ seines Unternehmens gegenüber dem Kapitalmarkt zu verbergen und diesem ein Unternehmen vom Typ H vorzuspiegeln. Deshalb werden die Kapitalmarktakteure der bloßen Behauptung eines Eigentümer-Managers, sein Unternehmen sei vom Typ H, kein Vertrauen schenken und den First-best-Finanzkontrakt s^{H*} aufgrund der damit verbundenen Verlustgefahr nicht akzeptieren. Dies hat zur Konsequenz, dass der Eigentümer-Manager von H im Second-best-Fall nicht mehr ohne weiteres seinen First-best-Kontrakt s^{H*} ausgeben kann – vorausgesetzt die Verteilungsfunktionen der Investitionsrückflüsse von L und H genügen nicht der Bedingung $F(x_2, L) = F(x_2, H)\ \forall x_2 \geq x_2^{H*}$. Ein separierendes Gleichgewicht, in dem der Eigentümer-Manager von L den Finanzkontrakt s^{L*} und derjenige von H den Finanzkontrakt s^{H*} emittiert, kann somit nicht existieren. Beschränkt man die Menge der zulässigen Kontrakte auf Kaufoptionen mit unterschiedlichen Ausübungspreisen x_2^*, dann sind in Abhängigkeit von der zugrunde liegenden Parameterkonstellation zwei Gleichgewichtstypen denkbar:

1. **Pooling-Gleichgewicht**. Ein solches Gleichgewicht ist dadurch charakterisiert, dass die Eigentümer-Manager beider Unternehmenstypen das Investitionsvorhaben I_0 realisieren und zur Finanzierung identische Optionskontrakte ausgeben. Der Ausübungspreis x_2^* eines solchen Optionskontrakts ergibt sich aus

$$\pi_L \cdot \int_{x_2^*}^{\overline{x}_2} (x_2 - x_2^*) f(x_2, L) dx_2 + \pi_H \cdot \int_{x_2^*}^{\overline{x}_2} (x_2 - x_2^*) f(x_2, H) dx_2 \quad = \quad c.$$

   Er genügt der Bedingung $x_2^{L*} < x_2^* < x_2^{H*}$.

2. **Separierendes Gleichgewicht**. Ein solches Gleichgewicht ist dadurch charakterisiert, dass der Eigentümer-Manager von L zur Finanzierung von I_0 seinen First-best-Kontrakt s^{L*} emittiert und der Eigentümer-Manager von H auf die Realisation von I_0 verzichtet.

Es sei nochmals darauf hingewiesen, dass die Gefahr einer adversen Selektion bei Emission der First-best-Kontrakte überhaupt nur dann besteht, wenn die Verteilungsfunktionen der stochastischen Investitionsrückflüsse $F(\cdot, L)$ und $F(\cdot, H)$ der nachfolgenden Bedingung genügen, die den weiteren Ausführungen zugrunde gelegt wird.

Annahme 5.3 *Es existiert eine nicht degenerierte Teilmenge $K \subseteq [x_1^{H*}, \overline{x}_2)$, so dass gilt:*

$$F(x_2, L) > F(x_2, H) \quad \forall x_2 \in K.$$

Da der Eigentümer-Manager von H im Pooling-Gleichgewicht Investitionsprojekt I_0 realisiert, ist das *Problem der Negativauslese*, das sich in einem Investitionsverzicht des Eigentümer-Managers von H manifestiert, lediglich in einem separierenden Gleichgewicht präsent. Unter welcher Voraussetzung ein solches separierendes Gleichgewicht existiert, wird im nächsten Abschnitt analysiert.

5.4.2 Der Investitionsverzicht des Eigentümer-Managers eines unterbewerteten Unternehmens – ein separierendes Gleichgewicht

Gesucht ist das separierende Gleichgewicht eines Finanzierungsspiels, in dem die beiden Eigentümer-Manager Investitionsprojekt I_0 ausschließlich mit Hilfe der Emission eines Kaufoptionskontrakts finanzieren können; ein späterer Rückerwerb der ausgegebenen Wertpapiere sei ausgeschlossen. Das Auszahlungsprofil $s(\cdot)$ der Optionskontrakte besitzt dabei folgende allgemeine Struktur:

$$s(x_2) = \begin{cases} 0 & \text{für } x_2 \leq x_2^* \\ x_2 - x_2^* & \text{für } x_2 > x_2^*. \end{cases}$$

Den Eigentümer-Managern verbleibt somit die Festlegung des Ausübungspreises x_2^* $(0 \leq x_2^* < \overline{x}_2)$. Da der Kapitalmarkt – unabhängig vom zugrunde liegenden Unternehmenstyp – jeden Optionskontrakt mit einem Ausübungspreis von $x_2^* \leq x_2^{L*}$ akzeptiert und beide Eigentümer-Manager den Ausübungspreis x_2^{L*} gegenüber einem Ausübungspreis $x_2^* < x_2^{L*}$ präferieren, können alle Optionskontrakte, welche mit einem Ausübungspreis von $x_2^* < x_2^{L*}$ ausgestattet sind, vernachlässigt werden. Darüber hinaus werden die Kapitalmarktakteure jeden Optionskontrakt mit einem Ausübungspreis von $x_2^* > x_2^{H*}$ ablehnen, so dass die Eigentümer-Manager bei Wahl eines solchen Kontrakts dieselbe Auszahlung wie im Falle eines Investitionsverzichts erhalten. Deshalb können alle Finanzkontrakte mit einem Ausübungspreis von $x_2^* > x_2^{H*}$ ignoriert werden. Folglich lässt sich die Menge der zulässigen Ausübungspreise von vornherein auf das Intervall $[x_2^{L*}, x_2^{H*}]$ einschränken. Die Intervallgrenzen ergeben sich dabei aus

$$\int_{x_2^{\theta*}}^{\overline{x}_2} (x_2 - x_2^{\theta*})\, f(x_2, \theta)\, dx_2 = c \quad \forall \theta \in \{L, H\}. \tag{5.35}$$

Das Finanzierungsspiel besitzt drei Akteure: den Eigentümer-Manager von L, denjenigen von H und den Kapitalmarkt. Der *Eigentümer-Manager* von θ $(\theta \in \{L, H\})$ hat im Rahmen seiner Strategie

$$x_2^*(\theta) \in X_2^* = \{\overline{x}\} \cup \overline{X}_2^* \equiv [x_2^{L*}, x_2^{H*}]$$

zu entscheiden, ob er I_0 realisiert (Investitionsverzicht: $x_2^*(\theta) \equiv \overline{x}$) und wenn ja, mit welchem Ausübungspreis $x_2^*(\theta) \in \overline{X}_2^*$ er den zur Finanzierung auszugebenden Optionskontrakt versieht. Der *Kapitalmarkt* muss nun jedem Finanzierungsangebot $x_2^* \in \overline{X}_2^*$ eine Reaktion $r(x_2^*)$ zuordnen, die entweder in einer

Annahme ($r(x_2^*) = a$) oder in einer Ablehnung ($r(x_2^*) = na$) von x_2^* bestehen kann. Darüber hinaus revidiert der Kapitalmarkt mit der Ankündigung der Finanzierungsofferte x_2^* sein Wahrscheinlichkeitsurteil $\mu(\cdot|x_2^*)$ über den Typ des zugrunde liegenden Unternehmens. Wird ihm eine gleichgewichtige Finanzierungsofferte x_2^{**} unterbreitet, greift der Kapitalmarkt zur Revision seiner Vermutungen auf den Satz von Bayes zurück:

$$\mu(\theta|x_2^{**}) = \begin{cases} 0 & \text{für } x_2^{**}(\theta) \neq x_2^{**} \\ \dfrac{\pi_\theta}{\sum_{\theta:x_2^{**}(\theta)=x_2^{**}} \pi_\theta} & \text{sonst} \end{cases} \tag{5.36}$$

Dabei repräsentiert $x_2^{**}(\theta)$ das gleichgewichtige Finanzierungsangebot des Eigentümer-Managers von θ.

Annahme 5.4 *Sieht sich der Kapitalmarkt einem ungleichgewichtigen Finanzkontrakt x_2^* gegenüber, ordnet er diesen mit Wahrscheinlichkeit $\mu(L|x_2^*) =$ 1 einem Unternehmen vom Typ L zu.*

Der Kapitalmarkt ordnet eine ungleichgewichtige Finanzierungsofferte also immer demjenigen Unternehmenstyp zu, der bei gegebenem Finanzkontraktdesign die geringsten Zahlungen an den Kapitalmarkt zu leisten hat. Die Ungleichgewichtsvermutungen des Kapitalmarkts sind damit sehr vorsichtig formuliert. Die erwartete Auszahlung des Eigentümer-Managers von θ lässt sich in Abhängigkeit vom gewählten Finanzierungskontrakt x_2^* und der korrespondierenden Reaktion $r(x_2^*)$ des Kapitalmarkts wie folgt formulieren:

$$\begin{aligned} & V(\theta, x_2^*, r) \\ = & \begin{cases} \int_0^{\overline{x}_2} U(x_1 + x_2)\, f(x_2, \theta)\, dx_2 & \text{für } x_2^* = \overline{x} \text{ oder } r = na \\ \int_0^{x_2^*} U(x_1 + x_2 + v_2)\, f(x_2, \theta)\, dx_2 \\ \quad + \int_{x_2^*}^{\overline{x}_2} U(x_1 + x_2^* + v_2)\, f(x_2, \theta)\, dx_2 & \text{für } x_2^* \in \overline{X}_2^* \text{ und } r = a. \end{cases} \end{aligned} \tag{5.37}$$

Die erwartete Auszahlung des risikoneutralen Kapitalmarkts ergibt sich aus

$$\begin{aligned} & G(x_2^*, r, \mu) \\ = & \begin{cases} 0 & \text{für } x_2^* = \overline{x} \text{ oder } r = na \\ \sum_{\theta \in \Theta} \mu(\theta|x_2^*) \int_{x_2^*}^{\overline{x}_2} (x_2 - x_2^*) f(x_2, \theta)\, dx_2 \; - c & \text{für } x_2^* \in \overline{X}_2^* \text{ und } r = a. \end{cases} \end{aligned} \tag{5.38}$$

Ein *perfektes Bayes-Nash-Gleichgewicht* des Finanzierungsspiels ist eine Kombination aus den Finanzkontrakten (x_2^{L**}, x_2^{H**}) der Eigentümer-Manager, der

Reaktionsfunktion $r^*(x_2^*)$ des Kapitalmarkts und den revidierten Vermutungen $\mu(\cdot|x_2^*)$, so dass folgende Bedingungen erfüllt sind:

(1) Der Finanzkontrakt $x_2^{**}(\theta)$ des Eigentümer-Managers von θ maximiert (5.37):

$$x_2^{**}(\theta) \;=\; \arg\max_{x_2^* \in X_2^*} V(\theta, x_2^*, r^*(x_2^*)).$$

(2) Die Reaktion $r^*(x_2^*)$ des Kapitalmarkts auf den Finanzkontrakt x_2^* maximiert (5.38):

$$r^*(x_2^*) \;=\; \arg\max_{r \in \{a,na\}} G(x_2^*, r(x_2^*), \mu)$$

(3) Sieht sich der Kapitalmarkt einem gleichgewichtigen Finanzkontrakt x_2^{**} gegenüber, verwendet er zur Revision seiner Vermutungen (5.36). Eine ungleichgewichtige Finanzierungsofferte ordnet der Kapitalmarkt gemäß Annahme 5.4 einem Unternehmen vom Typ L zu.

Ein *separierendes Bayes-Nash-Gleichgewicht* des Finanzierungsspiels lässt sich nun wie folgt definieren:

(1) Der Eigentümer-Manager von L realisiert Investitionsprojekt I_0 und offeriert dem Kapitalmarkt den Finanzkontrakt $x_2^{**}(L) = x_2^{L*}$.

(2) Der Eigentümer-Manager von H verzichtet auf die Durchführung von I_0, d.h. $x_2^{**}(H) = \overline{x}$.

(3) Der Kapitalmarkt akzeptiert den Finanzkontrakt x_2^{L*} des Eigentümer-Managers von L und lehnt alle anderen Finanzierungsofferten ab:

$$r^*(x_2^*) \;=\; \begin{cases} a & \text{für } x_2^* = x_2^{L*} \\ na & \text{für } x_2^* \in \overline{X}_2^* \setminus \{x_2^{L*}\}. \end{cases}$$

(4) Der Kapitalmarkt vermutet mit Wahrscheinlichkeit $\mu(L|x_2^{L*}) = 1$, dass der Finanzkontrakt x_2^{L*} vom Eigentümer-Manager eines Unternehmens vom Typ L stammt. Er geht mit Wahrscheinlichkeit $\mu(H|\overline{x}) = 1$ davon aus, dass der Eigentümer-Manager von H auf die Realisation von I_0 verzichtet.

Für welche Konstellationen ein solches separierendes Gleichgewicht existiert, ergibt sich aus

Proposition 5.3 *Ein separierendes Bayes-Nash-Gleichgewicht des Finanzierungsspiels existiert genau dann, wenn die Bedingung*

$$\int_0^{\overline{x}_2} U(x_1+x_2)\,f(x_2,H)\,dx_2 \;\geq\; \int_0^{x_2^{L*}} U(x_1+x_2+v_2)f(x_2,H)\,dx_2 + U(x_1+x_2^{L*}+v_2)\,(1-F(x_2^{L*},H)) \tag{5.39}$$

erfüllt ist.

Beweis: Es ist zu zeigen, dass Bedingung (5.39) notwendig und hinreichend für die Existenz des separierenden Gleichgewichts ist.

Hinreichende Bedingung. Es ist nachzuweisen, dass kein Spieler einen Anreiz besitzt, von seiner als gleichgewichtig betrachteten Strategie abzuweichen, wenn die jeweils anderen Spieler ihre gleichgewichtigen Strategien spielen und der Kapitalmarkt seine Vermutungen in konsistenter Weise revidiert.

(a) *Vermutungsrevision des Kapitalmarkts.* Angenommen, der Eigentümer-Manager von L wählt die als gleichgewichtig betrachtete Finanzierungsofferte x_2^{L*}, und der Eigentümer-Manager von H verzichtet auf die Realisation von I_0, d.h. $x_2^{**}(H) = \overline{x}$. Dann ergibt sich für die mit Hilfe des Satzes von Bayes (5.36) revidierten Vermutungen des Kapitalmarkts:

$$\mu(L|x_2^{L*}) = \frac{\pi_L}{\pi_L+0} = 1 \qquad \mu(H|x_2^{L*}) = \frac{0}{\pi_L+0} = 0$$
$$\mu(L|\overline{x}) = \frac{0}{0+\pi_H} = 0 \qquad \mu(H|\overline{x}) = \frac{\pi_H}{0+\pi_H} = 1.$$

Folglich sind die revidierten Vermutungen des Kapitalmarkts konsistent mit den als gleichgewichtig angenommenen Strategien der beiden Eigentümer-Manager.

(b) *Beste Antworten des Kapitalmarkts auf alternative Finanzierungsofferten.* Wird dem Kapitalmarkt der Kontrakt x_2^{L*} präsentiert, ordnet er diesen mit Wahrscheinlichkeit $\mu(L|x_2^{L*}) = 1$ dem Eigentümer-Manager von L zu. Im Falle einer Akzeptanz dieser Offerte ($r^*(x_2^{L*}) = a$) erreicht er eine Auszahlung von

$$G(x_2^{L*}, r^*(x_2^{L*}) = a, \mu) = \int_{x_2^{L*}}^{\overline{x}_2} (x_2 - x_2^{L*})f(x_2,L)\,dx_2 - c = 0,$$

wobei (5.35) verwendet wird. Weist er die Offerte zurück ($r(x_2^{L*}) = na$), vereinnahmt er

$$G(x_2^{L*}, r(x_2^{L*}) = na, \mu) = 0.$$

Folglich hat er keinen Anreiz, die Finanzierungsofferte x_2^{L*} abzulehnen. Sieht sich der Kapitalmarkt einer als ungleichgewichtig betrachteten Finanzierungsofferte $x_2^* \in (x_2^{L*}, x_2^{H*}]$ gegenüber, vermutet er mit Wahrscheinlichkeit $\mu(L|x_2^*) = 1$, dass eine solche Offerte vom Eigentümer-Manager eines Unternehmens vom Typ L stammt. Im Falle einer Ablehnung ($r^*(x_2^*) = na$) erhält der Kapitalmarkt eine Auszahlung von $G(x_2^*, r^*(x_2^*) = na, \mu) = 0$. Nimmt er die Offerte x_2^* an ($r(x_2^*) = a$), erwartet er eine Auszahlung in Höhe von

$$G(x_2^*, r(x_2^*) = a, \mu) \quad = \quad \int_{x_2^*}^{\overline{x}_2} (x_2 - x_2^*)\, f(x_2, L)\, dx_2 - c.$$

Sei

$$\hat{G}(\hat{x}_2^*) \quad = \quad \int_{\hat{x}_2^*}^{\overline{x}_2} (x_2 - \hat{x}_2^*)\, f(x_2, L)\, dx_2 - c$$

die Auszahlung des Kapitalmarkts bei Annahme der Finanzierungsofferte $\hat{x}_2^*$. Aufgrund von

$$\begin{aligned} \frac{\partial \hat{G}}{\partial \hat{x}_2^*} \quad &= \quad -(\hat{x}_2^* - \hat{x}_2^*) f(\hat{x}_2^*, L) \\ &\quad - \int_{\hat{x}_2^*}^{\overline{x}_2} f(x_2, L)\, dx_2 = -(1 - F(\hat{x}_2^*, L)) < 0 \text{ für } 0 \leq \hat{x}_2^* < \overline{x}_2 \end{aligned}$$

ist die Auszahlung des Kapitalmarkts streng montonon fallend in $\hat{x}_2^*$. Wegen $x_2^{L*} < x_2^*$ erhält man

$$G(x_2^*, r(x_2^*) = a, \mu) < G(x_2^{L*}, r^*(x_2^{L*}) = a, \mu) = 0 = G(x_2^*, r^*(x_2^*) = na, \mu).$$

Folglich stellt $r^*(x_2^*) = na$ eine beste Antwort auf eine ungleichgewichtige Finanzierungsofferte $x_2^* \in (x_2^{L*}, x_2^{H*}]$ dar. Der Kapitalmarkt hat somit keinen Anreiz, von der unter (3) charakterisierten Strategie abzuweichen.

(c) *Gleichgewichtige Finanzierungsofferte des Eigentümer-Managers von L.* Wählt der Eigentümer-Manager von L den als gleichgewichtig betrachteten Finanzkontrakt x_2^{L*}, der vom Kapitalmarkt akzeptiert wird und diesem eine zustandsabhängige Auszahlung in Höhe von $s^{L*}(x_2) = \max[x_2 - x_2^{L*}, 0]$ verspricht, erreicht er einen Erwartungsnutzen von

$$V(L, x_2^{L*}, r^*(x_2^{L*}) = a) \;=\; \int_0^{\overline{x}_2} U(x_1 + x_2 + v_2 - s^{L*}(x_2))\, f(x_2, L)\, dx_2.$$

Aus Proposition 5.1 folgt, dass ein solcher Optionskontrakt $s^{L*}(\cdot)$ den Erwartungsnutzen des Eigentümer-Managers von L unter der Voraussetzung maximiert, dass das zugrunde liegende Unternehmen vom Kapitalmarkt als Typ L klassifiziert wird. Der Eigentümer-Manager von L präferiert s^{L*} im First-best-Fall insbesondere gegenüber einem risikolosen Kreditvertrag $s(x_2) = c$, der dem Kapitalmarkt in jedem Umweltzustand eine sichere Rückzahlung in Höhe von c verspricht:[17] Dies impliziert

$$V(L, x_2^{L*}, r^*(x_2^{L*}) = a) > \int_0^{\overline{x}_2} U(x_1 + x_2 + v_2 - c)\, f(x_2, L)\, dx_2 \equiv \hat{V}(L, s = c).$$

Aufgrund von $v_2 > c$ gilt überdies

$$\hat{V}(L, s = c) > \int_0^{\overline{x}_2} U(x_1 + x_2)\, f(x_2, L)\, dx_2.$$

Verzichtet der Eigentümer-Manager auf eine Realisation von I_0 ($x_2^* = \overline{x}$) oder gibt er eine vom Kapitalmarkt abgelehnte Ungleichgewichtsofferte $x_2^* \neq \overline{x}, x_2^{L*}$ ab, erreicht er eine Auszahlung von

$$\begin{aligned} V(L, \overline{x}, r^*(\overline{x}) = na, \mu) &= V(L, x_2^*, r^*(x_2^*), \mu) \\ &= \int_0^{\overline{x}_2} U(x_1 + x_2)\, f(x_2, L)\, dx_2 \\ &< \hat{V}(L, s = c) < V(L, x_2^{L*}, r^*(x_2^{L*}) = a). \end{aligned}$$

Folglich maximiert die Finanzierungsofferte x_2^{L*} die Auszahlung des Eigentümer-Managers von L; er besitzt somit keinen Anreiz, von x_2^{L*} abzuweichen.

(d) *Gleichgewichtige Finanzierungsofferte des Eigentümer-Managers von H.* Verzichtet der Eigentümer-Manager von H auf die Durchführung von I_0, erreicht er einen Erwartungsnutzen von

$$V(H, \overline{x}, r^*(\overline{x}) = na, \mu) \;=\; \int_0^{\overline{x}_2} U(x_1 + x_2)\, f(x_2, H)\, dx_2.$$

[17] Wegen $x_1 + x_2 + v_2 \geq x_1 + v_2 > c$ führt der Kreditvertrag niemals – d.h. für keine Realisation von $\tilde{x}_2^\theta$ – zu einer Verletzung der Liquiditätsrestriktion. Darüber hinaus erfüllt er auch die Finanzierungsrestriktion.

Gibt er eine ungleichgewichtige Finanzierungsofferte $x_2^* \neq \overline{x}, x_2^{L*}$ ab, die vom Kapitalmarkt mit Wahrscheinlichkeit eins abgelehnt wird, erhält er eine Auszahlung von

$$V(H, x_2^*, r^*(x_2^*) = na, \mu) \;=\; \int_0^{\overline{x}_2} U(x_1 + x_2)\, f(x_2, H)\, dx_2.$$

Folglich besteht für den Eigentümer-Manager kein Anreiz, von $x_2^{**}(H) = 0$ auf x_2^* abzuweichen. Wählt der Eigentümer-Manager von H den Finanzkontrakt x_2^{L*}, vereinnahmt er

$$\begin{aligned} & V(H, x_2^{L*}, r^*(x_2^{L*}) = a, \mu) \\ = & \int_0^{x_2^{L*}} U(x_1 + x_2 + v_2) f(x_2, H)\, dx_2 + \int_{x_2^{L*}}^{\overline{x}_2} U(x_1 + x_2^{L*} + v_2)\, f(x_2, H)\, dx_2 \\ = & \int_0^{x_2^{L*}} U(x_1 + x_2 + v_2) f(x_2, H)\, dx_2 + U(x_1 + x_2^{L*} + v_2)\,(1 - F(x_2^{L*}, H)). \end{aligned}$$

Aufgrund von Bedingung (5.39), die

$$\begin{aligned} \int_0^{\overline{x}_2} U(x_1 + x_2)\, f(x_2, H)\, dx_2 \;\geq\; & \int_0^{x_2^{L*}} U(x_1 + x_2 + v_2) f(x_2, H)\, dx_2 \\ & + U(x_1 + x_2^{L*} + v_2)\,(1 - F(x_2^{L*}, H)) \end{aligned}$$

verlangt, gilt

$$V(H, \overline{x}, r^*(\overline{x}) = na, \mu) \;\geq\; V(H, x_2^{L*}, r^*(x_2^{L*}) = a, \mu). \qquad (5.40)$$

Folglich ist es für den Eigentümer-Manager von L nicht lohnend, von $x_2^{**}(H) = \overline{x}$ auf x_2^{L*} überzuwechseln. Der Eigentümer-Manager von H besitzt somit keinen Anreiz, von einem Investitionsverzicht ($x_2^{**}(H) = \overline{x}$) abzuweichen.

Wenn (5.39) erfüllt ist, sind die Strategien der Akteure wechselseitig optimal. Darüber hinaus revidiert der Kapitalmarkt seine Vermutungen in konsistenter Weise. Bedingung (5.39) ist somit hinreichend für die Existenz des separierenden Gleichgewichts.

Notwendige Bedingung. Angenommen, Bedingung (5.39) ist verletzt:

$$\begin{aligned} \int_0^{\overline{x}_2} U(x_1 + x_2)\, f(x_2, H)\, dx_2 \;<\; & \int_0^{x_2^{L*}} U(x_1 + x_2 + v_2) f(x_2, H)\, dx_2 \\ & + U(x_1 + x_2^{L*} + v_2)\,(1 - F(x_2^{L*}, H)). \end{aligned}$$

Dies hat

$$V(H, \overline{x}, r^*(\overline{x}) = na, \mu) \quad < \quad V(H, x_2^{L*}, r^*(x_2^{L*}) = a, \mu) \tag{5.41}$$

zur Konsequenz. Folglich präferiert der Eigentümer-Manager von H den First-best-Kontrakt x_2^{L*} des Eigentümer-Managers von L gegenüber einem Investitionsverzicht $x_2^{**}(H) = \overline{x}$. Der Eigentümer-Manager von H hat deshalb einen Anreiz, von seiner als gleichgewichtig betrachteten Strategie $x_2^{**}(H) = 0$ abzuweichen. Somit bleibt festzuhalten: Wenn (5.39) nicht erfüllt ist, bricht das separierende Gleichgewicht zusammen. ■

Aus Bedingung (5.39) ist ersichtlich, dass das separierende Gleichgewicht dann und nur dann existiert, wenn der Eigentümer-Manager von H einen Investitionsverzicht gegenüber einer Durchführung von I_0 und einer Finanzierung der anfallenden Anschaffungsauszahlung mit Hilfe des First-best-Kontrakts x_2^{L*} des Eigentümer-Managers von L (schwach) präferiert. Um zu verstehen, für welche Parameterkonstellationen Restriktion (5.39) tendenziell erfüllt ist, muss man folgende Überlegung anstellen: Angenommen, ein Unternehmen vom Typ L generiert mit relativ hoher Wahrscheinlichkeit relativ geringe Rückflüsse x_2, so dass $E[\tilde{x}_2^L] = c$ erfüllt ist.[18] Aufgrund von

$$\int_{x_2^{L*}}^{\overline{x}_2} s^{L*}(x_2) f(x_2, L)\, dx_2 = \int_{x_2^{L*}}^{\overline{x}_2} (x_2 - x_2^{L*}) f(x_2, L)\, dx_2 = c$$

erhält man in diesem Fall für den Schwellenwert, bei dessen Überschreiten Zahlungen an den Kapitalmarkt zu entrichten sind, $x_2^{L*} = 0$. Dann reduziert sich (5.39) zu

$$\int_0^{\overline{x}_2} U(x_1 + x_2)\, f(x_2, H)\, dx_2 \quad \geq \quad U(x_1 + v_2).$$

Diese Bedingung ist tendenziell unter folgenden Voraussetzungen erfüllt: (1) Ein Unternehmen vom Typ H erwirtschaftet mit relativ großer Wahrscheinlichkeit relativ hohe Rückflüsse x_2, und der Ertragswert v_2 von I_0 ist im Vergleich zu hohen Werten von x_2 relativ klein. (2) Der Grad der Risikoaversion des Eigentümer-Managers ist nicht zu hoch.

Insbesondere im Falle eines separierenden Gleichgewichts, das die adverse Selektion in Reinform widerspiegelt, hat der Eigentümer-Manager von H im

[18] Dieser Grenzfall ist wegen Annahme 5.2 grundsätzlich ausgeschlossen.

Vergleich zum First-best-Fall gegebenenfalls erhebliche Nutzeneinbußen hinzunehmen. Ursächlich für den Investitionsverzicht des Eigentümer-Managers von H in einem solchen Gleichgewicht sind nicht zuletzt die beiden folgenden Annahmen: (1) Investitionsprojekt I_0 kann nur mit Hilfe von Optionskontrakten finanziert werden und (2) ein Rückerwerb der Optionskontrakte in t_1 ist unzulässig. Hebt man diese Annahmen auf, lässt sich das Unterinvestitionsproblem des Eigentümer-Manager von H gegebenenfalls beseitigen. Denn dann stehen ihm Signale zur Verfügung, mit denen er den Typ seines Unternehmens glaubwürdig an die Kapitalmarktakteure übermitteln kann. Deshalb werden im nächsten Abschnitt separierende Gleichgewichte untersucht, in denen der Eigentümer-Manager von H Investitionsprojekt I_0 realisiert und den Typ seines Unternehmens mit Hilfe eines geeigneten Wertpapierdesigns – gegebenenfalls in Verbindung mit einem Rückerwerb der emittierten Finanzkontrakte – signalisiert.

5.4.3 Signalling-Gleichgewichte – eine Lösung des Unterinvestitionsproblems

5.4.3.1 Charakterisierung von Signalling-Gleichgewichten

Um den Typ seines Unternehmens glaubwürdig zu signalisieren, stehen dem Eigentümer-Manager von H im zugrunde liegenden Modellkontext zwei Instrumente zur Verfügung:

- das **Auszahlungsprofil** $s(\cdot)$ der zur Finanzierung von I_0 auszugebenden Wertpapiere und

- der **Rückerwerb** von α Stück der emittierten Wertpapiere zum Börsenkurs in t_1.

Eine Kombination (s, α) aus diesen beiden Instrumenten wird wiederum als Finanzierungsofferte bezeichnet. Zulässig ist eine Finanzierungsofferte genau dann, wenn der zugrunde liegende Finanzkontrakt der Nichtnegativitätsrestriktion genügt, die Anzahl der zurückzuerwerbenden Wertpapiere zwischen null und eins liegt und die Liquiditätsrestriktionen in t_1 und t_2 erfüllt sind. Die Definition der Menge zulässiger Finanzierungsofferten ist im vorliegenden Fall mit Schwierigkeiten behaftet, weil sie nicht unabhängig von den (revidierten) Vermutungen des Kapitalmarkts im Hinblick auf den zugrunde liegenden Unternehmenstyp formuliert werden kann. Ursächlich hierfür ist, dass der

Börsenkurs eines Wertpapiers in t_1 davon abhängt, welchem Unternehmenstyp der Kapitalmarkt die zugehörige Finanzierungsofferte zuordnet. Dadurch wird die Auszahlung, die aus einer mit einem Wertpapierrückerwerb versehenen Finanzierungsofferte in t_1 resultiert, von den Vermutungen des Kapitalmarkts hinsichtlich des zugrunde liegenden Unternehmenstyps beeinflusst. Im Folgenden wird der Einfachheit halber unterstellt, dass der Kapitalmarkt eine Finanzierungsofferte entweder mit Wahrscheinlichkeit eins dem Eigentümer-Manager von L oder mit Wahrscheinlichkeit eins dem Eigentümer-Manager von H zuweist. Da die Menge der zulässigen Finanzierungsofferten von den Vermutungen des Kapitalmarkts abhängt, lässt sich jedoch keine Funktion definieren, die jeder zulässigen Finanzierungsofferte einen Unternehmenstyp zuordnet. Deshalb wird zunächst eine von den Vermutungen des Kapitalmarkts unabhängige Menge Z der Finanzierungsofferten definiert, die auch unzulässige Finanzkontrakte enthält:

$$Z = \{(s, \alpha) \in S \times A\},$$

wobei $S = \{s : [0, \overline{x}_2] \to \mathbb{R} | \forall x_2 \in [0, \overline{x}_2] : 0 \leq s(x_2) \leq x_1 + x_2 + v_2\}$ und $A = [0, 1]$. Jeder Finanzierungsofferte aus dieser Menge wird nun vom Kapitalmarkt mit Wahrscheinlichkeit eins ein Unternehmenstyp zugewiesen, $\theta : Z \to \{L, H\}$. Eine Finanzierungsofferte $(s, \alpha) \in Z$ heißt zulässig, wenn sie die folgenden beiden Liquiditätsrestriktionen erfüllt:

$$x_1 - \alpha \int_0^{\overline{x}_2} s(x_2)\, f(x_2, \theta(s, \alpha)) \geq 0 \tag{5.42}$$

$$x_1 - \alpha \int_0^{\overline{x}_2} s(x_2)\, f(x_2, \theta(s, \alpha)) + x_2 + v_2 - (1 - \alpha)s(x_2) \geq 0 \quad \forall x_2 \in [0, \overline{x}_2]. \tag{5.43}$$

Die Menge F der zulässigen Finanzierungsofferten ist somit Teilmenge von Z und lässt sich wie folgt definieren:

$$F = \{(s, \alpha) \in Z | (s, \alpha) \text{ erfüllt } (5.42) \text{ und } (5.43)\}.$$

Unter Verwendung dieser Definitionen lässt sich ein Signalling-Gleichgewicht – ein separierendes Bayes-Nash-Gleichgewicht – wie folgt charakterisieren:

(1) Der Eigentümer-Manager von L realisiert I_0 und finanziert die anfallende Anschaffungsauszahlung mit Hilfe seiner First-best-Finanzierungsofferte

$(s^{L*}, 0) \in F$, d.h. $\alpha^L = 0$ und

$$s^{L*}(x_2) \;=\; \begin{cases} 0 & \text{für } 0 \le x_2 \le x_2^{L*} \\ x_2 - x_2^{L*} & \text{für } x_2 > x_2^{L*}. \end{cases}$$

Der Schwellenwert x_2^{L*} ergibt sich dabei aus

$$\int_{x_2^{L*}}^{\overline{x}_2} \left(x_2 - x_2^{L*}\right) dx_2 \;=\; c.$$

(2) Der Eigentümer-Manager von H realisiert I_0 und signalisiert den Typ seines Unternehmens mit Hilfe der Finanzierungsofferte $(s^H, \alpha^H) \in F$, welche sich von der First-best-Offerte $(s^{L*}, 0)$ des Eigentümer-Managers von L unterscheidet.

(3) Der Kapitalmarkt akzeptiert sowohl die Finanzierungsofferte (s^H, α^H) des Eigentümer-Managers von H als auch die Finanzierungsofferte $(s^{L*}, 0)$ des Eigentümer-Managers von L:

$$r^*(s^H, \alpha^H) = r(s^{L*}, 0) = a.$$

Eine ungleichgewichtige Finanzierungsofferte

$$(s, \alpha) \in F_{ug} \equiv F \setminus \{(s^H, \alpha^H), (s^{L*}, 0)\}$$

nimmt der Kapitalmarkt genau dann an, wenn sie ihm – ausgehend von seinen revidierten Vermutungen $\mu(\cdot|s, \alpha)$ – einen erwarteten Rückfluss in Höhe von mindestens c verspricht.

(4) Der Kapitalmarkt vermutet mit Wahrscheinlichkeit $\mu(L|s^{L*}, 0) = 1$, dass die Finanzierungsofferte $(s^{L*}, 0)$ dem Eigentümer-Manager eines Unternehmens vom Typ L zuzuordnen ist. Sieht er sich der Finanzierungsofferte (s^H, α^H) gegenüber, dann betrachtet er das zugrunde liegende Unternehmen mit Wahrscheinlichkeit $\mu(H|s^H, \alpha^H) = 1$ als vom Typ H. Die out-of-equilibrium beliefs des Kapitalmarkts werden wie folgt spezifiziert:

Annahme 5.5 *Wird dem Kapitalmarkt eine ungleichgewichtige Finanzierungsofferte (s, α) präsentiert, geht er mit Wahrscheinlichkeit $\mu(\theta^*|s, \alpha) = 1$ davon aus, dass die Offerte vom Eigentümer-Manager eines Unternehmens vom Typ*

$$\theta^* \equiv \arg \min_{\theta \in \{L,H\}} \int_0^{\overline{x}_2} s(x_2) f(x_2, \theta)\, dx_2 - c \tag{5.44}$$

stammt.

Der Kapitalmarkt ordnet also eine ungleichgewichtige Finanzierungsofferte mit Wahrscheinlichkeit eins dem Eigentümer-Manager desjenigen Unternehmens θ^* zu, von dem der Kapitalmarkt einen geringeren Rückfluss zu erwarten hat.[19] Es wird damit unterstellt, dass der Kapitalmarkt seine Vermutungen auf sehr vorsichtige bzw. mißtrauische Weise revidiert.

Die separierende Finanzierungsofferte (s^H, α^H) des Eigentümer-Managers von H hat einer Reihe von Bedingungen zu genügen, die im Folgenden entwickelt werden. Zunächst ist sicherzustellen, dass der Kapitalmarkt (s^H, α^H) akzeptiert. Deshalb muss die separierende Finanzierungsofferte (s^H, α^H), welche mit Wahrscheinlichkeit $\mu(H|s^H, \alpha^H) = 1$ einem Unternehmen vom Typ H zugeordnet wird, dem Kapitalmarkt einen erwarteten Rückfluss in Höhe von mindestens c versprechen:

$$\alpha^H\, E[s^H(\tilde{x}_2^H)] + \int_0^{\overline{x}_2} (1-\alpha^H)\, s^H(x_2)\, f(x_2, H)\, dx_2$$
$$= \int_0^{\overline{x}_2} s^H(x_2)\, f(x_2, H)\, dx_2 \;\geq\; c. \qquad (5.45)$$

Der Börsenkurs p_1^H in t_1, zu dem der Wertpapierrückerwerb durchgeführt wird, entspricht dabei dem erwarteten Barwert der Rückflüsse, die auf das emittierte Wertpapier entfallen: $p_1^H = E[s^H(\tilde{x}_2^H)]$ – dies ergibt sich aus der Annahme einer vollkommenen Konkurrenz unter den risikoneutralen Kapitalmarktakteuren. Darüber hinaus darf die Anzahl der Wertpapiere, die der Eigentümer-Manager von H in t_1 zurückzuerwerben beabsichtigt, nicht negativ und nicht größer als die Zahl der insgesamt emittierten Wertpapiere sein:

$$0 \leq \alpha^H \leq 1. \qquad (5.46)$$

Weiterhin muss gewährleistet sein, dass die Zahlungen an den Kapitalmarkt niemals negativ und immer aus den Unternehmensrückflüssen finanzierbar sind:

$$x_1 \geq \alpha^H\, E[s^H(\tilde{x}_2^H)]. \qquad (5.47)$$

$$x_1 - \alpha^H\, E[s^H(\tilde{x}_2^H)] + x_2 + v_2 - (1-\alpha^H) s^H(x_2) \geq 0 \quad \forall x_2 \qquad (5.48)$$

[19] Die revidierten Vermutungen sind somit dergestalt spezifiziert, dass der Kapitalmarkt eine Finanzierungsofferte entweder mit Wahrscheinlichkeit eins dem Eigentümer-Manager von H oder mit Wahrscheinlichkeit eins dem Eigentümer-Manager von L zuordnet. Folglich ist die Vermutungsrevision konsistent mit der Annahme, die der Definition der Menge zulässiger Finanzkontrakte vorausgestellt wurde.

$$s^H(x_2) \geq 0 \quad \forall x_2. \tag{5.49}$$

Schließlich muss die separierende Finanzierungsofferte $(s^H(\cdot), \alpha^H)$ des Eigentümer-Managers von H drei *Anreizbedingungen* genügen, welche im Folgenden aufgestellt werden. *Erstens* darf es sich für den Eigentümer-Manager von L als nicht lohnend erweisen, von seiner im First-best-Fall optimalen Offerte $(s^{L*}, 0)$ auf (s^H, α^H) abzuweichen:

$$\begin{aligned} & V(L, s^{L*}, 0, a) \\ = & \int_0^{\overline{x}_2} U\left(x_1 + x_2 + v_2 - s^{L*}(x_2)\right) f(x_2, L)\, dx_2 \\ \geq & \int_0^{\overline{x}_2} U\left(x_1 - \alpha^H\, E[s^H(\tilde{x}_2^H)] + x_2 + v_2 - (1-\alpha^H)\, s^H(x_2)\right) f(x_2, L)\, dx_2. \end{aligned} \tag{5.50}$$

Zweitens darf der Eigentümer-Manager von H keinen Anreiz besitzen, anstelle der Signalkombination (s^H, α^H) die First-best-Offerte $(s^{L*}, 0)$ des Eigentümer-Managers von L zu wählen:

$$\begin{aligned} & \int_0^{\overline{x}_2} U\left(x_1 - \alpha^H\, E[s^H(\tilde{x}_2^H)] + x_2 + v_2 - (1-\alpha^H)\, s^H(x_2)\right) f(x_2, H)\, dx_2 \\ \geq & \int_0^{\overline{x}_2} U\left(x_1 + x_2 + v_2 - s^{L*}(x_2)\right) f(x_2, H)\, dx_2 = V(H, s^{L*}, 0, a). \end{aligned} \tag{5.51}$$

Drittens darf eine als ungleichgewichtig betrachtete Finanzierungsofferte $(s, \alpha) \in F_{ug}$ – hierzu gehört auch der Investitionsverzicht $(s, \alpha) = (0, 0)$ – weder für den Eigentümer-Manager von H noch für denjenigen von L gegenüber der jeweils als gleichgewichtig angenommenen Finanzierungsofferte vorteilhaft sein. Ob sich ein Abweichen auf $(s, \alpha) \in F_{ug}$ lohnt, hängt nicht zuletzt davon ab, wie der Kapitalmarkt auf eine ungleichgewichtige Finanzierungsofferte reagiert. Akzeptiert der Kapitalmarkt die Offerte $(s, \alpha) \in F_{ug}$, die er aufgrund von Annahme 5.5 mit Wahrscheinlichkeit $\mu(\theta^*|s, \alpha) = 1$ einem Unternehmen vom Typ θ^* zuweist, erwartet er eine Auszahlung in Höhe von

$$\begin{aligned} G(s, \alpha, r(s, \alpha) = a, \mu) &= \alpha\, E[s(\tilde{x}_2^{\theta^*})] + \int_0^{\overline{x}_2} (1-\alpha)\, s(x_2) f(x_2, \theta^*)\, dx_2 - c \\ &= \int_0^{\overline{x}_2} s(x_2) f(x_2, \theta^*)\, dx_2 - c. \end{aligned}$$

Der Kapitalmarkt wird $(s, \alpha) \in F_{ug}$ annehmen, wenn der erwartete Rückfluss aus einer solchen Finanzierungsofferte die Anschaffungsauszahlung von I_0 nicht unterschreitet; andernfalls wird er sie ablehnen:

$$r^*(s,\alpha) = \begin{cases} a & \text{für } G(s,\alpha,a,\mu) \geq 0 \\ na & \text{für } G(s,\alpha,a,\mu) < 0. \end{cases} \tag{5.52}$$

Im Folgenden wird mit

$$F_{ug}^{a} = \{(s,\alpha) \in F_{ug} | r^*(s,\alpha) = a\}$$

die Menge aller ungleichgewichtigen Finanzierungsofferten bezeichnet, die der Kapitalmarkt annimmt, und mit

$$F_{ug}^{na} = \{(s,\alpha) \in F_{ug} | r^*(s,\alpha) = na\}$$

die Menge all jener Offerten, die er zurückweist. Legt man die in (5.52) wiedergegebene Reaktion des Kapitalmarkts zugrunde, kann sich der Eigentümer-Manager von L niemals besser stellen, wenn er von $(s^{L*}, 0)$ auf eine als ungleichgewichtig betrachteten Finanzierungsofferte $(s, \alpha) \in F_{ug}$ abweicht. Da er eine mit $(s^{L*}, 0)$ finanzierte Realisation von I_0 einem Investitionsverzicht vorzieht, führt eine vom Kapitalmarkt abgelehnte Finanzierungsofferte $(s, \alpha) \in F_{ug}^{na}$ auf einen geringeren Erwartungsnutzen des Eigentümer-Managers von L als seine First-best-Offerte. Gibt er eine vom Kapitalmarkt akzeptierte Offerte $(s, \alpha) \in F_{ug}^{a}$ ab, hat er an den Kapitalmarkt eine erwartete Auszahlung zu leisten, welche die Anschaffungskosten c des Investitionsprojekts niemals unterschreitet. Aus der Menge der Kontrakte, welche die Finanzierung von I_0 gewährleisten und dem Kapitalmarkt eine erwartete Auszahlung von (mindestens) c versprechen, maximiert jedoch der First-best-Kontrakt $(s^{L*}, 0)$ den Erwartungsnutzen des Eigentümer-Managers von L. Deshalb kann er bei Wahl einer als ungleichgewichtig betrachtete Finanzierungsofferte $(s, \alpha) \in F_{ug}^{a}$, welche der Kapitalmarkt mit Wahrscheinlichkeit eins annimmt, niemals ein höheres Niveau des Erwartungsnutzens als bei Wahl seines First-best-Kontrakts erreichen. Folglich hat der Eigentümer-Manager von L keinen Anreiz, anstelle seiner First-best-Offerte $(s^{L*}, 0)$ eine als ungleichgewichtig betrachtete Offerte $(s, \alpha) \in F_{ug}$ abzugeben.

Wählt der Eigentümer-Manager von H eine vom Kapitalmarkt akzeptierte, als ungleichgewichtig betrachtete Finanzierungsofferte $(s, \alpha) \in F_{ug}^{a}$, vereinnahmt er einen Erwartungsnutzen von

$$\begin{aligned} & V(H, s, \alpha, a) \\ = & \int_0^{\overline{x}_2} U(x_1 - \alpha\, E[s(\tilde{x}_2^{\theta^*})] + x_2 + v_2 - (1-\alpha) s(x_2))\, f(x_2, H)\, dx_2. \end{aligned} \tag{5.53}$$

Aufgrund von (5.52) beträgt der Erwartungswert der Zahlungen, die der Eigentümer-Manager von H bei Abgabe einer solchen Offerte an den Kapitalmarkt leisten muss, mindestens c:

$$\begin{aligned} & \alpha\, E[s(\tilde{x}_2^{\theta^*})] + \int_0^{\overline{x}_2} (1-\alpha) s(x_2)\, f(x_2, H)\, dx_2 \\ \geq \; & \alpha\, E[s(\tilde{x}_2^{\theta^*})] + \int_0^{\overline{x}_2} (1-\alpha) s(x_2)\, f(x_2, \theta^*)\, dx_2 \geq c. \end{aligned} \tag{5.54}$$

Entscheidet sich der Eigentümer-Manager von H für eine ungleichgewichtige Offerte $(s, \alpha) \in F_{ug}^{na}$, die von den Kapitalmarktakteuren mit Wahrscheinlichkeit eins abgelehnt wird, erhält er

$$V(H, s, \alpha, na) \;=\; \int_0^{\overline{x}_2} U(x_1 + x_2) f(x_2, H)\, dx_2. \tag{5.55}$$

Der Eigentümer-Manager von H präferiert $(s, \alpha) \in F_{ug}$ dann nicht gegenüber (s^H, α^H), wenn die Bedingung

$$\begin{aligned} & \int_0^{\overline{x}_2} U\left(x_1 - \alpha^H\, E[s(\tilde{x}_2^H)] + x_2 + v_2 - (1-\alpha^H) s^H(x_2)\right) f(x_2, H)\, dx_2 \\ & \geq \max\left[V(H, s^*, \alpha^*, a), V(H, s, \alpha, na)\right] \equiv \overline{V}^H \end{aligned} \tag{5.56}$$

erfüllt ist. Dabei wird mit $(s^*, \alpha^*) \in \hat{F}^a$ diejenige Finanzierungsofferte bezeichnet, welche die Auszahlung des Eigentümer-Managers von H unter der Voraussetzung maximiert, dass (1) jede zulässige Finanzierungsofferte $(s, \alpha) \in \hat{F}^a$ einem Unternehmen vom Typ

$$\theta^* \equiv \arg \min_{\theta \in \{L,H\}} \int_0^{\overline{x}_2} s(x_2) f(x_2, \theta)\, dx_2 - c$$

zugeordnet und (2) vom Kapitalmarkt akzeptiert wird. Besonders hervorzuheben ist, dass im Lösungsraum dieses Optimierungsproblems gegebenenfalls auch die *gleichgewichtigen* Finanzierungsofferten der Eigentümer-Manager von H und L enthalten sind. Dies hat zur Konsequenz, dass der Wert von $\max[V(H,s^*,\alpha^*,a), V(H,s,\alpha,na)]$ unabhängig davon ist, welche Finanzierungsofferte der Eigentümer-Manager von H im Gleichgewicht wählt.

Zusammenfassend kann festgehalten werden: Alle Finanzierungsofferten $(s^H,\alpha^H) \neq (s^{L*},0)$ des Eigentümer-Managers von H, welche die folgenden Restriktionen erfüllen, führen jeweils auf ein Signalling-Gleichgewicht:

$$V(L,s^{L*},0,a) - \int_0^{\overline{x}_2} U\left(x_1 - \alpha^H\, E[s^H(\tilde{x}_2^H)] + x_2 + v_2 \right. \\ \left. -(1-\alpha^H)\, s^H(x_2)\right) f(x_2,L)\, dx_2 \;\geq\; 0 \qquad (5.57)$$

$$\int_0^{\overline{x}_2} U\left(x_1 - \alpha^H\, E[s(\tilde{x}_2^H)] + x_2 + v_2 - (1-\alpha^H)s^H(x_2)\right) f(x_2,H)\, dx_2 \\ - \max\left[\overline{V}^H, V(H,s^{L*},0,a)\right] \;\geq\; 0 \qquad (5.58)$$

$$\int_0^{\overline{x}_2} s^H(x_2)\, f(x_2,H)\, dx_2 \;\geq\; c \qquad (5.59)$$

$$x_1 \geq \alpha^H\, E[s^H(\tilde{x}_2^H)] \qquad (5.60)$$

$$x_1 - \alpha^H\, E[s^H(\tilde{x}_2^H)] + x_2 + v_2 - (1-\alpha^H)s^H(x_2) \geq 0 \quad \forall x_2 \qquad (5.61)$$

$$s^H(x_2) \geq 0 \quad \forall x_2 \qquad (5.62)$$

$$0 \leq \alpha^H \leq 1. \qquad (5.63)$$

Bisher wurde die Existenz eines Signalling-Gleichgewichts implizit vorausgesetzt. Diese ist jedoch nur dann gewährleistet, wenn sich (mindestens) eine Finanzierungsofferte $(s^H,\alpha^H) \neq (s^{L*},0)$ finden lässt, welche den oben aufgeführten Restriktionen genügt. Die Frage, unter welchen Voraussetzungen ein solches Signalling-Gleichgewicht existiert, wird jedoch erst an späterer Stelle beantwortet. Der nächste Abschnitt widmet sich einer Charakterisierung der Eigenschaften solcher separierender Signalling-Gleichgewichte, welche dem Intuitiven Kriterium von *Cho/Kreps* (1987) genügen.[20] Dabei wird von der Annahme ausgegangen, dass die Existenz eines solchen Signalling-Gleichgewichts sichergestellt ist.

---

[20] Vgl. hierzu auch Abschnitt 3.4.6.

5.4.3.2 Eigenschaften ausgewählter Signalling-Gleichgewichte

Aus der Menge der Signalkombinationen (s^H, α^H), welche auf ein separierendes Bayes-Nash-Gleichgewicht führen, erfüllen nur solche das Intuitive Kriterium von *Cho/Kreps* (1987), welche Lösungen des nachfolgenden Optimierungsprogramms darstellen:

$$\max_{s^H(\cdot),\alpha^H} \int_0^{\overline{x}_2} U\left(x_1 - \alpha^H\, E[s^H(\tilde{x}_2^H)] + x_2 + v_2 - (1-\alpha^H)s^H(x_2)\right) f(x_2, H)\, dx_2$$

unter den Nebenbedingungen

$$\int_0^{\overline{x}_2} s^H(x_2) f(x_2, H) dx_2 - c \;\geq\; 0$$

$$V(L, s^{L*}, 0, a) - \int_0^{\overline{x}_2} U\left(x_1 - \alpha^H\, E[s^H(\tilde{x}_2^H)] + x_2 + v_2 - (1-\alpha^H)s^H(x_2)\right) f(x_2, L)\, dx_2 \;\geq\; 0$$

$$\int_0^{\overline{x}_2} U\left(x_1 - \alpha^H\, E[s^H(\tilde{x}_2^H)] + x_2 + v_2 - (1-\alpha^H)s^H(x_2)\right) f(x_2, H)\, dx_2 - \max\left[\overline{V}^H, V(H, s^{L*}, 0, a)\right] \;\geq\; 0 \tag{5.64}$$

$$x_1 \geq \alpha^H\, E[s^H(\tilde{x}_2^H)]$$

$$x_1 - \alpha^H\, E[s^H(\tilde{x}_2^H)] + x_2 + v_2 - (1-\alpha^H)\, s^H(x_2) \geq 0 \quad \forall x_2$$

$$s^H(x_2) \geq 0 \quad \forall x_2$$

$$0 \leq \alpha^H \leq 1.$$

Da der Zielfunktionsterm mit dem ersten Term auf der linken Seite von Restriktion (5.64) übereinstimmt, geht eine Maximierung der Zielfunktion mit einer Maximierung der linken Seite von (5.64) einher. Folglich wird die Lösung des reduzierten Optimierungsprogramms, das bei einer Vernachlässigung von (5.64) resultiert, zu keiner Verletzung von Restriktion (5.64) führen, sofern der Lösungsraum des ursprünglichen Optimierungsprogramms nicht leer ist. Deshalb wird (5.64) ignoriert. Dann entsteht das folgende vereinfachte Optimierungsprogramm $\mathcal{P}_1$:

$$\max_{s^H(\cdot),\alpha^H} \int_0^{\overline{x}_2} U\left(x_1 - \alpha^H\, E[s^H(\tilde{x}_2^H)] + x_2 + v_2 - (1-\alpha^H)s^H(x_2)\right) f(x_2, H)\, dx_2$$

unter den Nebenbedingungen

$$\int_0^{\overline{x}_2} s^H(x_2) f(x_2, H)\, dx_2 - c \;\geq\; 0$$

$$V(L, s^{L*}, 0, a) - \int_0^{\overline{x}_2} U\left(x_1 - \alpha^H\, E[s^H(\tilde{x}_2^H)] + x_2 \right.$$
$$\left. + v_2 - (1-\alpha^H)s^H(x_2)\right) f(x_2, L)\, dx_2 \;\geq\; 0$$

$$x_1 - \alpha^H\, E[s^H(\tilde{x}_2^H)] \geq 0$$

$$x_1 - \alpha^H\, E[s^H(\tilde{x}_2^H)] + x_2 + v_2 - (1-\alpha^H)\cdot s^H(x_2) \geq 0 \quad \forall x_2$$

$$s^H(x_2) \geq 0 \quad \forall x_2$$

$$0 \leq \alpha^H \leq 1.$$

In einem ersten Schritt wird der Frage nachgegangen, ob es sich für den Eigentümer-Manager von H als lohnend erweist, den Typ seines Unternehmens mit Hilfe eines Wertpapierrückerwerbs zu signalisieren. Eine Antwort hierauf gibt

Proposition 5.4 *Wenn ein separierendes, dem Intuitiven Kriterium genügendes Bayes-Nash-Gleichgewicht existiert, in dem der Eigentümer-Manager von H ein Wertpapier mit Auszahlungsprofil $\hat{s}^H(\cdot)$ emittiert und eine positive Anzahl $\hat{\alpha}^H$ dieser Wertpapiere zurückerwirbt ($0 < \hat{\alpha}^H \leq 1$), dann existiert auch ein solches Gleichgewicht, in dem der Eigentümer-Manager von H den Typ seines Unternehmens allein durch eine geeignete Gestaltung des Auszahlungsprofils $s^H(\cdot)$ der emittierten Wertpapiere signalisiert ($\alpha^H = 0$). Wertpapierrückkäufe sind als Signale überflüssig.*

Beweis: Ausgangspunkt ist die Annahme, dass die Finanzierungsofferte $(\hat{s}^H(\cdot), \hat{\alpha}^H)$ auf ein dem Intuitiven Kriterium genügendes Signalling-Gleichgewicht $\mathcal{G}_1$ führt, in dem der Eigentümer-Manager von H eine positive Zahl von Wertpapieren zurückerwirbt: $\hat{\alpha}^H > 0$.

Schritt 1. Es wird gezeigt, dass eine Finanzierungsofferte $(s^H(\cdot), 0)$ konstruiert werden kann, welche für jede Rückflussrealisation x_2 dasselbe Manager-Endvermögen wie die Finanzierungsofferte $(\hat{s}^H(\cdot), \hat{\alpha}^H)$ erzeugt.[21] Das aus $(\hat{s}^H(\cdot), \hat{\alpha}^H)$ resultierende Endvermögen des Eigentümer-Managers wird somit durch $(s^H(\cdot), 0)$ dupliziert. Bei Wahl von $(\hat{s}^H(\cdot), \hat{\alpha}^H)$ erhält der Eigentümer-Manager ein zustandsabhängiges Endvermögen von

$$\hat{W}_2(x_2) \quad = \quad x_1 - \hat{\alpha}^H \, E[\hat{s}^H(\tilde{x}_2^H)] + x_2 + v_2 - (1 - \hat{\alpha}^H)\hat{s}^H(x_2).$$

Betrachtet wird nun eine Finanzierungsofferte $(s^H(\cdot), 0)$. Das Auszahlungsprofil $s^H(\cdot)$ des zugrunde liegenden Wertpapiers besitzt dabei folgende Gestalt: $s^H(x_2) = \hat{\alpha}^H \, E[\hat{s}^H(\tilde{x}_2^H)] + (1 - \hat{\alpha}^H)\hat{s}^H(x_2)$. Der Eigentümer-Manager erreicht in diesem Fall ein zustandsabhängiges Endvermögen von

$$W_2(x_2) \quad = \quad x_1 + x_2 + v_2 - \hat{\alpha}^H \, E[\hat{s}^H(\tilde{x}_2^H)] - (1 - \hat{\alpha}^H)\hat{s}^H(x_2).$$

Dies impliziert $W_2(x_2) = \hat{W}_2(x_2) \; \forall x_2$, d.h. die Finanzierungsofferten $(s^H(\cdot), 0)$ und $(\hat{s}^H(\cdot), \hat{\alpha}^H)$ generieren für jede Realisation x_2 dasselbe Manager-Endvermögen, *sofern* die Finanzierungsofferte $(s^H(\cdot), 0)$ ebenfalls auf ein Signalling-Gleichgewicht führt.

Schritt 2. Demonstriert wird, dass die Finanzierungsofferte $(\hat{s}^H(\cdot), \hat{\alpha}^H)$ dem Eigentümer-Manager von H denselben Erwartungsnutzen wie die Signalkombination $(s^H(\cdot), 0)$ verspricht, wenn diese ebenfalls auf ein Signalling-Gleichgewicht führt. Aufgrund von $W_2(x_2) = \hat{W}(x_2) \; \forall x_2$ gilt $U(W_2(x_2)) = U(\hat{W}_2(x_2))$ $\forall x_2$. Multipliziert man dies mit $f(x_2, H)$ und integriert man über alle $x_2 \in X_2$, resultiert das gewünschte Ergebnis:

$$\begin{aligned} V(H, s^H(\cdot), 0, a) &= \int_0^{\overline{x}_2} U(W_2(x_2)) f(x_2, H) \, dx_2 \\ &= \int_0^{\overline{x}_2} U(\hat{W}_2^H(x_2)) f(x_2, H) \, dx_2 = V(H, \hat{s}^H(\cdot), \hat{\alpha}^H, a). \end{aligned}$$

[21] Es wird dabei unterstellt, dass die Finanzierungsofferte $(s^H(\cdot), 0)$ des Eigentümer-Managers von H vom Kapitalmarkt akzeptiert wird und auf ein Signalling-Gleichgewicht $\mathcal{G}_2$ führt. Dass dies unter den getroffenen Annahmen in der Tat der Fall ist, wird in *Schritt 3* demonstriert.

Schritt 3. Es verbleibt nachzuweisen, dass die Finanzierungsofferte $(s^H(\cdot), 0)$ auf ein Signalling-Gleichgewicht führt. Hierzu ist zu zeigen, dass $(s^H(\cdot), 0)$ keine der Restriktionen verletzt, welche in einem separierenden Signalling-Gleichgewicht erfüllt sein müssen.

(1) *Finanzierungsrestriktion* (5.45) bzw. (5.59): Der erwartete Rückfluss an die Kapitalmarktakteure muss mindestens c betragen. Da die Ausgangsofferte $(\hat{s}^H(\cdot), \hat{\alpha}^H)$, die annahmegemäß auf ein Signalling-Gleichgewicht führt, Bedingung (5.59) erfüllt, muss dies auch für die Offerte $(s^H(\cdot), 0)$ gelten. Dies ergibt sich aus

$$\begin{aligned} c &\leq E[\hat{s}^H(\tilde{x}_2^H)] = \int_0^{\overline{x}_2} \hat{s}^H(x_2) f(x_2, H)\, dx_2 \\ &= \int_0^{\overline{x}_2} \left(\hat{\alpha}^H\, E[\hat{s}^H(\tilde{x}_2^H)] + (1-\hat{\alpha}^H)\hat{s}^H(x_2)\right) f(x_2, H)\, dx_2 \\ &= \int_0^{\overline{x}_2} s^H(x_2) f(x_2, H) dx_2 = E[s^H(\tilde{x}_2^H)]. \end{aligned}$$

(2) *Nichtnegativitätsrestriktion* (5.62): Aufgrund von $\hat{s}^H \geq 0\ \forall x_2$ und $0 < \hat{\alpha}^H \leq 1$ gilt $s^H(x_2) = \hat{\alpha}^H\, E[\hat{s}^H(\tilde{x}_2^H)] + (1-\hat{\alpha}^H)\, \hat{s}^H(x_2) \geq 0\ (\forall x_2)$, d.h. auch die Signalkombination $(s^H, 0)$ erfüllt (5.62).

(3) *Liquiditätsrestriktion* (5.60): Diese Bedingung wird durch $(s^H(\cdot), 0)$ niemals verletzt, weil in t_1 keine Wertpapierrückkäufe durchgeführt werden.

(4) *Liquiditätsrestriktion* (5.61): Diese Liquiditätsrestriktion ist nicht verletzt, wenn die Signalkombination $(s^H(\cdot), 0)$ für keine Realisation von $\tilde{x}_2^H$ auf ein negatives Endvermögen des Eigentümer-Managers führt. Wie in *Schritt 1* gezeigt, erzeugen beide Signalkombinationen dasselbe zustandsabhängige Endvermögen des Eigentümer-Managers. Da $(\hat{s}^H(\cdot), \hat{\alpha}^H)$ als gleichgewichtige Signalkombination (5.61) annahmegemäß erfüllt, muss dies auch für $(s^H(\cdot), 0)$ gelten.

(5) *Anreizbedingung* (5.57): Wie in *Schritt 1* gezeigt, gilt für die zustandsabhängigen Endvermögen, die sich aus den beiden Signalkombinationen $(s^H(\cdot), 0)$ und $(\hat{s}^H(\cdot), \hat{\alpha}^H)$ ergeben, $W_2(x_2) = \hat{W}_2(x_2)\ \forall x_2$. Dies impliziert $U(W_2(x_2)) = U(\hat{W}_2(x_2))\ \forall x_2$. Nach einer Multiplikation mit $f(x_2, L)$ und einer Integration über alle x_2 resultiert

$$\begin{aligned} V(L, s^H(\cdot), 0, a) &= \int_0^{\overline{x}_2} U(W_2(x_2)) f(x_2, L) dx_2 \\ &= \int_0^{\overline{x}_2} U(\hat{W}_2(x_2)) f(x_2, L) dx_2 = V(L, \hat{s}^H(\cdot), \hat{\alpha}^H, a). \end{aligned}$$

Da $(\hat{s}^H(\cdot), \hat{\alpha}^H)$ annahmegemäß auf ein Signalling-Gleichgewicht führt, muss Bedingung (5.57) erfüllt sein: $V(L, s^{L*}(\cdot), 0, a) - V(L, \hat{s}^H(\cdot), \hat{\alpha}^H, a) \geq 0$. Folglich wird (5.57) auch durch $(s^H(\cdot), 0)$ nicht verletzt.

(6) *Anreizbedingung* (5.58): Da $(\hat{s}^H(\cdot), \hat{\alpha}^H)$ annahmegemäß eine gleichgewichtige Finanzierungsofferte darstellt, erfüllt sie (5.58):

$$\overbrace{\int_0^{\overline{x}_2} U\left(x_1 - \alpha^H\, E[\hat{s}^H(\tilde{x}_2^H)] + x_2 - (1 - \hat{\alpha}^H)\, \hat{s}^H(x_2)\right) f(x_2, H)\, dx_2}^{V(H, \hat{s}^H(\cdot), \hat{\alpha}^H, a)} \\ - \max\left[\overline{V}^H, V(H, s^{L*}(\cdot), 0, a)\right] \;\geq\; 0$$

Wegen $V(H, s^H(\cdot), 0, a) = V(H, \hat{s}^H(\cdot), \hat{\alpha}^H, a)$ – dies ergibt sich aus *Schritt 2* – und der Tatsache, dass der Wert von $\max[\overline{V}^H, V(H, s^{L*}(\cdot), 0, a)]$ unabhängig von der als gleichgewichtig betrachteten Finanzierungsofferte des Eigentümer-Managers von H ist, muss auch $(s^H(\cdot), 0)$ Restriktion (5.58) genügen.

(7) *Realisierbarkeitsrestriktion des Wertpapierrückerwerbs (5.63).* Wegen $a^H = 0$ ist Restriktion (5.63) erfüllt.

Somit bleibt *festzuhalten*: Wenn die Finanzierungsofferte $(\hat{s}^H(\cdot), \hat{\alpha}^H)$ auf ein Signalling-Gleichgewicht führt, dann erzeugt auch die Finanzierungsofferte $(s^H(\cdot), 0)$ – bei korrekt angepassten Vermutungen des Kapitalmarkts – ein solches Gleichgewicht. Darüber hinaus verspricht $(s^H(\cdot), 0)$ dem Eigentümer-Manager von H dieselbe erwartete Auszahlung wie $(\hat{s}^H(\cdot), \hat{\alpha}^H)$. Wenn also $(\hat{s}^H(\cdot), \hat{\alpha}^H)$ die Auszahlung des Eigentümer-Managers von H maximiert und deshalb auf ein dem Intuitiven Kriterium genügendes Gleichgewicht führt, dann muss dies auch für die Finanzierungsofferte $(s^H(\cdot), 0)$ gelten, welche nicht mit einem Angebot zum Wertpapierrückkauf ausgestattet ist. Mit Hilfe von Wertpapierrückkäufen kann der Eigentümer-Manager von H das Niveau seines Erwartungsnutzens nicht erhöhen; Wertpapierrückkäufe sind somit als Signale überflüssig. ■

Proposition 5.4 ist Resultat der folgenden Argumentationskette: Zunächst ist festzuhalten, dass mit einem Wertpapierrückerwerb eine sichere Auszahlung in Höhe von $\hat{\alpha}^H\, E[\hat{s}^H(\tilde{x}_2^H)]$ an die Wertpapierinhaber in t_1 verknüpft ist. Folglich wird das Vermögen des Eigentümer-Managers in t_2 für alle möglichen Realisationen x_2 der stochastischen Rückflussvariablen ceteris paribus um diesen (mit dem sicheren Zinssatz $i = 0$ aufgezinsten) Ausschüttungsbetrag gemindert. Dieselbe Reduzierung des Manager-Endvermögens lässt sich erreichen, wenn anstelle eines Wertpapierrückerwerbs in t_1 eine sichere Teilzahlung s_1^H an die Wertpapierinhaber in t_2 geleistet wird, deren Höhe dem Rückerwerbsvolumen in t_1 entspricht: $s_1^H = \hat{\alpha}^H \, E[\hat{s}^H(\tilde{x}_2^H)]$. Erwirbt der Eigentümer-Manager in t_1 nicht alle Wertpapiere zurück ($\hat{\alpha}^H < 1$), hat er in t_2 zustandsabhängige Zahlungen an die Inhaber der verbleibenden Wertpapiere in Höhe von $(1 - \hat{\alpha}^H)\hat{s}^H(x_2)$ zu entrichten. Erbringt der Eigentümer-Manager im Falle eines Rückerwerbsverzichts zusätzlich zur sicheren Auszahlung von s_1^H eine Zahlung $s_2^H(x_2)$, die mit $(1-\hat{\alpha}^H)\hat{s}^H(x_2)$ für alle Rückflussrealisationen x_2 übereinstimmt, dann weicht das Vermögen des Eigentümer-Managers bei Wahl von $(s^H, 0)$ in keinem Umweltzustand von dem ab, das er im Falle einer Wahl von $(\hat{s}^H, \hat{\alpha}^H)$ erhält. Folglich ändern sich weder der Erwartungsnutzen des Eigentümer-Managers von H noch der Imitierungsnutzen des Eigentümer-Managers von L. Dies hat Folgendes zur Konsequenz: (1) Wenn die durch einen Wertpapierrückerwerb gekennzeichnete Signalkombination $(\hat{s}^H, \hat{\alpha}^H)$ die Anreizbedingungen (5.57) und (5.58) erfüllt, dann genügt auch die Signalkombination $(s^H, 0)$, die auf Wertpapierrückkäufe verzichtet, diesen Bedingungen. (2) Der Eigentümer-Manager von H zieht die Signalkombination $(\hat{s}^H, \hat{\alpha}^H)$ nicht der Signalkombination $(s^H, 0)$ vor.

Die aus dem Finanzkontrakt $\hat{s}^H$ in Verbindung mit dem Wertpapierrückerwerb $\hat{\alpha}^H$ resultierende Struktur der Zahlungen an den Kapitalmarkt weicht von derjenigen ab, die sich aus dem modifizierten Finanzkontrakt s^H ergibt. Während sich die mit s^H verbundenen Rückflüsse auf den Zeitpunkt t_2 konzentrieren, sind mit der Finanzkonstruktion $(\hat{s}^H, \hat{\alpha}^H)$ auch Zahlungen an die Wertpapierinhaber in t_1 verknüpft - diese resultieren aus dem Wertpapierrückerwerb. Die Signalkombination $(s^H, 0)$ ist somit nicht in der Lage, die mit der Signalkombination $(\hat{s}^H, \hat{\alpha}^H)$ einhergehenden Rückflüsse an die Kapitalmarktakteure zu duplizieren. Dennoch sind die Kapitalmarktakteure indifferent zwischen $(\hat{s}^H, \hat{\alpha}^H)$ und $(s^H, 0)$. Da sich die beiden Signalkombinationen allein im Hinblick auf den zeitlichen Anfall der sicheren Rückflusskomponente $\hat{\alpha}^H \, E[\hat{s}^H(\tilde{x}_2^H)]$ unterscheiden, führen beide auf denselben Erwartungswert der Rückflüsse an die Kapitalmarktakteure. Sofern diese die Offerte $(\hat{s}^H, \hat{\alpha}^H)$ akzeptieren, werden sie auch $(s^H, 0)$ annehmen. Anders formuliert: Wenn die Kapitalaufbringungsrestriktion (5.59) für $(\hat{s}^H, \hat{\alpha}^H)$ erfüllt ist, dann ist sie dies auch für $(s^H, 0)$. Wie leicht einzusehen ist, gilt Analoges für die Nichtnegativitätsrestriktion (5.62) und die Liquiditätsrestriktionen (5.60) und (5.61).

Somit bleibt festzuhalten: Wenn die Signalkombination $(\hat{s}^H, \hat{\alpha}^H)$ alle Bedingungen erfüllt, welche ein Signalling-Gleichgewicht konstituieren, dann genügt auch die Signalkombination $(s^H, 0)$ diesen Restriktionen. Darüber hinaus erreicht der Eigentümer-Manager von H mit beiden Signalkombinationen dasselbe Niveau des Erwartungsnutzens. Dies lässt folgenden Schluss zu: Wenn die Signalkombination $(\hat{s}^H, \hat{\alpha}^H)$ auf ein dem Intuitiven Kriterium genügendes Bayes-Nash-Gleichgewicht führt, dann erzeugt auch $(s^H, 0)$ ein solches Gleichgewicht. Der Wertpapierrückerwerb ist im zugrunde liegenden Modellkontext als überflüssiges Signal aufzufassen, weil mit seinem Einsatz keine Verbesserung der Nutzenposition des Eigentümer-Managers von H erreicht werden kann. Folglich muss das Optimierungsprogramm $\mathcal{P}_1$ immer eine Lösung besitzen, die durch einen Verzicht auf Wertpapierrückkäufe ($\alpha^H = 0$) gekennzeichnet ist.[22] Um diese zu ermitteln, können Wertpapierrückkäufe vernachlässigt werden, d.h. $\alpha^H = 0$. Dann erhält man folgendes Optimierungsprogramm $\mathcal{P}_2$:

$$\max_{s(\cdot)} \int_0^{\overline{x}_2} U\left(x_1 + x_2 + v_2 - s^H(x_2)\right) f(x_2, H)\, dx_2$$

unter den Nebenbedingungen

$$\int_0^{\overline{x}_2} s^H(x_2) f(x_2, H)\, dx_2 - c \;\geq\; 0$$

$$V(L, s^{L*}, 0, a) - \int_0^{\overline{x}_2} U\left(x_1 + x_2 + v_2 - s^H(x_2)\right) f(x_2, L)\, dx_2 \;\geq\; 0$$

$$x_1 + x_2 + v_2 - s^H(x_2) \geq 0 \quad \forall x_2$$

$$s^H(x_2) \geq 0 \quad \forall x_2.$$

Bevor $\mathcal{P}_2$ gelöst wird, sei nochmals darauf hingewiesen, dass Proposition 5.4 lediglich die Redundanz des Signals Wertpapierrückerwerb postuliert. Die Existenz von separierenden, dem Intuitiven Kriterium genügenden Bayes-Nash-Gleichgewichten, in denen der Eigentümer-Manager von H den Typ seines Unternehmens zumindest teilweise mit Hilfe von Wertpapierrückkäufen signalisiert, kann dagegen nicht ausgeschlossen werden. Eine solche Aussage lässt sich jedoch dann treffen, wenn das bei Vernachlässigung von Wertpapierrückkäufen resultierende optimale Auszahlungsprofil $s^H(\cdot)$ dadurch charakterisiert ist, dass

[22] Dies setzt natürlich voraus, dass der Lösungsraum des Optimierungsprogramms nicht leer ist.

auf einer nicht degenerierten Teilmenge $K \subseteq [0, \overline{x}_2]$ keine Auszahlungen an die Wertpapierinhaber geleistet werden: $s^H(x_2) = 0 \; \forall x_2 \in K$. Da das optimale Auszahlungsprofil $s^H(\cdot)$ in diesem Fall keine sichere Zahlungskomponente enthält, kann das resultierende Endvermögen des Eigentümer-Managers nicht für jede Realisation x_2 durch einen von s^H abweichenden Finanzkontrakt $\hat{s}^H$ in Verbindung mit einem Wertpapierrückerwerb ($0 < \hat{\alpha}^H \leq 1$) nachgebildet werden. Dies hat zur Konsequenz, dass der Erwartungsnutzen des Eigentümer-Managers von H nicht maximiert wird, wenn er eine positive Anzahl von Wertpapieren zurückerwirbt ($\hat{\alpha}^H > 0$). Dann kann eine Signalkombination $(\hat{s}^H, \hat{\alpha}^H)$ dem Intuitiven Kriterium nicht genügen.

Das optimale Auszahlungsprofil $s^H(\cdot)$ des Wertpapiers, das der Eigentümer-Manager von H in einem dem Intuitiven Kriterium genügenden Signalling-Gleichgewicht emittiert, wird mit Hilfe der Variationsrechnung bestimmt. Hierzu ist zunächst die Lagrangefunktion $\mathcal{F}$ aufzustellen:

$$\begin{aligned}\mathcal{F} \;=\;& U\left(x_1 + x_2 + v_2 - s^H(x_2)\right) f(x_2, H) + \lambda\, s^H(x_2) f(x_2, H) \\ & -\mu \cdot U\left(x_1 + x_2 + v_2 - s^H(x_2)\right) f(x_2, L) \\ & +\nu(x_2) \cdot s^H(x_2) + \eta(x_2) \cdot (x_1 + x_2 + v_2 - s^H(x_2)),\end{aligned}$$

wobei mit λ der Lagrange-Multiplikator der Kapitalaufbringungsrestriktion, mit μ derjenige der Anreizbedingung (5.57), mit $\nu(x_2)$ der zustandsabhängige Lagrange-Multiplikator der Nichtnegativitätsrestriktion sowie mit $\eta(x_2)$ derjenige der Liquiditätsrestriktion (5.61) bezeichnet werden.[23] Notwendige Bedingung für ein Optimum ist

$$\mathcal{F}_{s^H} = 0 \quad \forall x_2.$$

Das Subskript gibt dabei die Ableitung von $\mathcal{F}$ nach s^H wieder. Differenziert man die Lagrangefunktion nach s^H, erhält man folgende notwendige Bedingung:

$$\begin{aligned}-U'(W_2(x_2)) \cdot f(x_2, H) + \lambda \cdot f(x_2, H) + \mu\, U'(W_2(x_2)) f(x_2, L) & \\ +\nu(x_2) - \eta(x_2) \;=\;& 0 \; \forall x_2.\end{aligned} \tag{5.65}$$

Darüber hinaus sind die aus den Restriktionen des Optimierungsprogramms resultierenden (Kuhn-Tucker) Bedingungen

$$\int_0^{\overline{x}_2} s^H(x_2) f(x_2, H)\, dx_2 - c \;\geq\; 0 \tag{5.66}$$

[23] Es handelt sich wiederum um ein isoperimetrisches Problem.

$$\lambda \cdot \left[\int_0^{\overline{x}_2} s^H(x_2) f(x_2, H)\, dx_2 - c \right] \;=\; 0 \tag{5.67}$$

$$V(L, s^{L*}, 0, a) - \int_0^{\overline{x}_2} U\left(x_1 + x_2 + v_2 - s^H(x_2)\right) f(x_2, L) dx_2 \;\geq\; 0 \tag{5.68}$$

$$\mu \left[V(L, s^{L*}, 0, a) - \int_0^{\overline{x}_2} U\left(x_1 + x_2 + v_2 - s^H(x_2)\right) f(x_2, L)\, dx_2 \right] \;=\; 0 \tag{5.69}$$

$$x_1 + x_2 + v_2 - s^H(x_2) \geq 0 \quad \forall x_2 \tag{5.70}$$

$$\eta(x_2) \cdot \left[x_1 + x_2 + v_2 - s^H(x_2)\right] = 0 \quad \forall x_2 \tag{5.71}$$

$$\nu(x_2) \cdot s^H(x_2) = 0 \quad \forall x_2 \tag{5.72}$$

$$s^H(x_2), \nu(x_2), \eta(x_2) \geq 0 \quad \forall x_2 \tag{5.73}$$

$$\lambda, \mu \;\geq\; 0 \tag{5.74}$$

zu beachten.

Proposition 5.5 *In einem separierenden Bayes-Nash-Gleichgewicht, das dem Intuitiven Kriterium genügt, legt der Eigentümer-Manager von H das Auszahlungsprofil $s^H(\cdot)$ des Finanzkontrakts so fest, dass die Anreizbedingung (5.68) des Eigentümer-Managers von L bindend ist ($\mu > 0$).*

Beweis: Die Aussage wird durch ein Widerspruchsargument bewiesen. Angenommen, $\mu = 0$. Dann vereinfacht sich (5.65) wie folgt:

$$-U'(W_2(x_2)) \cdot f(x_2, H) + \lambda \cdot f(x_2, H) + \nu(x_2) - \eta(x_2) = 0 \quad \forall x_2.$$

Damit Restriktion (5.66) nicht verletzt ist, sind auf einer nicht degenerierten Teilmenge $K \subseteq [0, \overline{x}_2]$ positive Zahlungen an die Wertpapierinhaber zu leisten: $s^H(x_2) > 0 \; \forall x_2 \in K$. Dies impliziert $\nu(x_2) = 0 \; \forall x_2 \in K$, was

$$-U'(W_2(x_2)) \cdot f(x_2, H) + \lambda \cdot f(x_2, H) - \eta(x_2) = 0 \quad \forall x_2 \in K$$

zur Konsequenz hat. Division durch $f(x_2, H) > 0$ und Umstellen führt auf

$$U'(W_2(x_2)) = \lambda - \eta(x_2)/f(x_2, H) > 0 \quad \forall x_2 \in K,$$

wobei das Ungleichheitszeichen aus $U'(W_2(x_2)) > 0$ folgt. Wegen $\eta(x_2) \geq 0$ $\forall x_2$ impliziert dies $\lambda > 0$. Restriktion (5.66) ist somit bindend:

$$\int_0^{\overline{x}_2} s^H(x_2) f(x_2, H) dx_2 - c \;=\; 0 \tag{5.75}$$

Im Folgenden wird gezeigt, dass $\eta(x_2) = 0 \; \forall x_2$ gelten muss.

(1) Angenommen, $\eta(x_2) > 0 \; \forall x_2$. Dann ist (5.70) für alle x_2 bindend:

$$s^H(x_2) = x_1 + x_2 + v_2 \quad \forall x_2.$$

Der erwartete Rückfluss an die Wertpapierinhaber beläuft sich in diesem Fall auf

$$E[s^H(\tilde{x}_2^H)] \;=\; x_1 + E[\tilde{x}_2^H] + v_2 > c,$$

was im Widerspruch zu (5.75) steht.

(2) Angenommen, $\eta(\hat{x}_2) > 0 \; \forall \hat{x}_2 \in Q$ und $\eta(x_2) = 0 \; \forall x_2 \in \overline{Q}$. Dabei seien Q und $\overline{Q}$ nicht leer; ferner gelte $Q \cup \overline{Q} = [0, \overline{x}_2]$. Im Falle von $\eta(\hat{x}_2) > 0$ resultiert $\nu(\hat{x}_2) = 0$. Bedingung (5.65) wird dann zu

$$-U'(W_2(\hat{x}_2)) \cdot f(\hat{x}_2, H) + \lambda \cdot f(\hat{x}_2, H) - \eta(\hat{x}_2) = 0 \quad \forall \hat{x}_2 \in Q.$$

Wegen $\eta(\hat{x}_2) > 0$ muss dann auch

$$U'(W_2(\hat{x}_2)) < \lambda \quad \forall \hat{x}_2 \in Q \tag{5.76}$$

erfüllt sein. Im Falle von $\eta(x_2) = 0$ (und $\mu = 0$) lautet (5.65)

$$-U'(W_2(x_2)) \cdot f(x_2, H) + \lambda \cdot f(x_2, H) + \nu(x_2) = 0 \quad \forall x_2 \in \overline{Q}.$$

Wegen $\nu(x_2) \geq 0$ gilt dann

$$U'(W_2(x_2)) \geq \lambda \quad \forall x_2 \in \overline{Q}. \tag{5.77}$$

Aufgrund von $U'(.) > 0$ und $U''(.) < 0$ folgt aus (5.76) und (5.77)

$$W_2(\hat{x}_2) > W_2(x_2) \quad \forall \hat{x}_2 \in \hat{Q}_2, x_2 \in \overline{Q}_2. \tag{5.78}$$

Wegen

$$W_2(\hat{x}_2) = x_1 + \hat{x}_2 + v_2 - s^H(\hat{x}_2) = 0 \leq W_2(x_2)$$

ergibt sich jedoch ein Widerspruch zu (5.78).

Folglich muss $\eta(x_2) = 0$ für alle x_2 erfüllt sein; die Liquiditätsrestriktion (5.70) kann deshalb vernachlässigt werden. Dann vereinfachen sich die Bedingungen erster Ordnung wie folgt:[24]

$$-U'(W_2(x_2)) \cdot f(x_2, H) + \lambda \cdot f(x_2, H) + \nu(x_2) = 0 \quad \forall x_2$$

$$\int_0^{\overline{x}_2} s^H(x_2) f(x_2, H)\, dx_2 - c \;=\; 0 \tag{5.79}$$

$$\nu(x_2) \cdot s^H(x_2) = 0 \quad \forall x_2 \tag{5.80}$$

$$s^H(x_2), \nu(x_2) \geq 0 \quad \forall x_2, \tag{5.81}$$

wobei $\lambda > 0$. Diese Bedingungen stimmen mit den Bedingungen (5.16)-(5.19) für $\alpha^H = 0$ überein, d.h. im Falle von $\mu = 0$ sind die Bedingungen erster Ordnung des Second-best-Falls mit den im First-best-Fall für $\alpha^H = 0$ resultierenden identisch. Folglich ist Teil (i) von Lemma 5.2 anwendbar. Die optimale Auszahlungsfunktion $s^H(\cdot)$ muss damit folgende Gestalt besitzen:

$$s^H(x_2) \;=\; \begin{cases} 0 & \text{für } 0 \leq x_2 \leq x_2^{H*} \\ x_2 - x_2^{H*} & \text{für } x_2^{H*} < x_2 \leq \overline{x}_2, \end{cases}$$

wobei sich der Schwellenwert x_2^{H*} aus

$$\int_{x_2^{H*}}^{\overline{x}_2} (x_2 - x_2^{H*}) f(x_2, H)\, dx_2 \;=\; c$$

ergibt. Substituiert man diese Auszahlungsfunktion in die linke Seite von (5.68), erhält man

$$\begin{aligned} LHS \;\equiv\; & V(L, s^{L*}, 0, a) - \int_0^{x_2^{H*}} U(x_1 + x_2 + v_2)\, f(x_2, L)\, dx_2 \\ & - \int_{x_2^{H*}}^{\overline{x}_2} U\left(x_1 + x_2^{H*} + v_2\right) f(x_2, L)\, dx_2. \end{aligned}$$

Unter Verwendung von

$$\begin{aligned} V(L, s^{L*}, 0, a) \;=\; & \int_0^{x_2^{L*}} U(x_1 + x_2 + v_2)\, f(x_2, L)\, dx_2 \\ & + \int_{x_2^{L*}}^{\overline{x}_2} U\left(x_1 + x_2^{L*} + v_2\right) f(x_2, L)\, dx_2 \end{aligned}$$

[24] Dabei wird berücksichtigt, dass die Finanzierungsrestriktion (5.66) – wie soeben gezeigt – bindend sein muss.

resultiert

$$
\begin{aligned}
LHS &= -\int_{x_2^{L*}}^{x_2^{H*}} \left[U\left(x_1+x_2+v_2\right)-U\left(x_1+x_2^{L*}+v_2\right)\right] f(x_2,L)\,dx_2 \\
&\quad -\int_{x_2^{H*}}^{\overline{x}_2} \left[U\left(x_1+x_2^{H*}+v_2\right)-U\left(x_1+x_2^{L*}+v_2\right)\right] f(x_2,L)\,dx_2,
\end{aligned}
$$

wobei aufgrund von Annahme 5.3 in Verbindung mit Lemma 5.4 $x_2^{H*} > x_2^{L*}$ gilt. Wegen

$$U\left(x_1+x_2+v_2\right)-U\left(x_1+x_2^{L*}+v_2\right)=0 \quad \text{für } x_2=x_2^{L*}$$

$$U\left(x_1+x_2+v_2\right)-U\left(x_1+x_2^{L*}+v_2\right)>0 \quad \text{für } x_2^{L*}<x_2\leq x_2^{H*}$$

$$U\left(x_1+x_2^{H*}+v_2\right)-U\left(x_1+x_2^{L*}+v_2\right)>0 \quad \text{für } x_2>x_2^{H*}$$

nehmen sowohl das erste Integral von LHS als auch das zweite einen positiven Wert an. Dies hat $LHS < 0$ zur Konsequenz, was im Widerspruch zu (5.68) steht. Folglich muss im Optimum $\mu > 0$ gelten. Dies impliziert eine bindende Anreizbedingung (5.68). ■

Proposition 5.5 erscheint unmittelbar plausibel. Aufgrund der Problematik adverser Selektion kann der Eigentümer-Manager von H den Typ seines Unternehmens nur dann glaubwürdig signalisieren, wenn er das Auszahlungsprofil des Finanzkontrakts so entwirft, dass die Anreizbedingung (5.68) des Eigentümer-Managers von L erfüllt ist. Dies verlangt notwendigerweise ein gegenüber dem First-best-Fall abweichendes Wertpapierdesign. Folglich hat der Eigentümer-Manager von H im Second-best-Fall Nutzeneinbußen hinzunehmen. Würde er im Second-best-Fall jedoch ein Auszahlungsprofil wählen, das der Anreizbedingung (5.68) als Ungleichung genügt, nähme er vermeidbare Nutzeneinbußen in Kauf. Denn dann könnte er auch einen leicht modifizierten Finanzkontrakt emittieren, dessen Auszahlungsprofil dem im First-best-Fall optimalen näher kommt und ihm dadurch einen höheren Erwartungsnutzen verspricht. Zwar ist mit einem solchen Finanzkontrakt regelmäßig ein Anstieg des Imitierungsnutzens des Eigentümer-Managers von L verbunden; die Anreizbedingung (5.68) wird jedoch nicht verletzt, wenn das Auszahlungsprofil gegenüber dem Ausgangskontrakt nur wenig variiert wird. Dies ist immer möglich, weil sich das Auszahlungsprofil des Finanzkontrakts beliebig fein justieren lässt. Folglich muss das Design eines Finanzkontrakts, das den Erwartungsnutzen des Eigentümer-Managers von H maximiert, so gestaltet sein, dass die Anreizbedingung (5.68) des Eigentümer-Managers von L als Gleichung erfüllt ist.

Die relativ schwachen Annahmen im Hinblick auf die Auszahlungsprofile der zur Wahl stehenden Finanzkontrakte und hinsichtlich der typabhängigen Wahrscheinlichkeitsverteilungen der stochastischen Rückflusskomponente haben zur Konsequenz, dass über Proposition 5.5 hinausgehende Modellaussagen nicht ohne weiteres getroffen werden können. Es bietet sich deshalb an, etwas strengere Modellannahmen zu formulieren, um weitergehende Erkenntnise gewinnen zu können. Hierbei lassen sich zwei Wege beschreiten: Zum einen kann die Menge der zulässigen Finanzkontrakte beschränkt werden, indem eine bestimmte Struktur des Auszahlungsprofils vorgegeben wird – beispielsweise die Auszahlungsstruktur einer Aktie oder eines (gegebenenfalls riskanten) Bonds.[25] Dieser Ansatz wurde bereits in Kapitel 4 gewählt – dort wurden zur Finanzierung von I_0 lediglich eine Aktienemission sowie die Ausgabe risikoloser Bonds zugelassen – und soll deshalb an dieser Stelle nicht weiter verfolgt werden. Zum anderen können strengere Annahmen im Hinblick auf den Verlauf der Dichte- bzw. Verteilungsfunktionen der stochastischen Rückflusskomponente unterstellt werden. Genau dieser Weg wird im Folgenden eingeschlagen.

Annahme 5.6 *Der Quotient $f(x_2, H)/f(x_2, L)$ ist streng monoton steigend in x_2 ($\forall x_2$), d.h. es wird eine monoton wachsende Likelihood Ratio unterstellt:*

$$\frac{d}{dx_2}\left(\frac{f(x_2, H)}{f(x_2, L)}\right) > 0 \quad \forall x_2.$$

Die Annahme einer monotonen Likelihood Ratio wurde von *Milgrom* (1981) in die informationsökonomische Literatur eingeführt und daraufhin im Rahmen einer Vielzahl von formalen Agency- und Signalling-Modellen verwendet.[26] Sie besagt, dass die Wahrscheinlichkeit, eine Rückflusshöhe x_2 mit einem Unternehmen vom Typ H zu erreichen, relativ zur Wahrscheinlichkeit, eine solche Rückflusshöhe mit einem Unternehmen vom Typ L zu erzielen, mit wachsendem x_2 monoton ansteigt. Anders formuliert: Je höher x_2, desto höher ist die Wahrscheinlichkeit, dass das zugrunde liegende Unternehmen vom Typ H ist. Die Prämisse einer monotonen Likelihood Ratio hat – vereinfacht formuliert

[25] Eine solche Vorgehensweise wird beispielsweise von *Leland/Pyle* (1977), *deMeza/Webb* (1990) und *Noe* (1988) gewählt.

[26] Vgl. hierzu beispielsweise *Innes* (1990), *Freixas/Rochet* (1997), S. 109 f., *Hubert* (2000), S. 162, *Seward/Hausch* (1993).

– zur Konsequenz, dass kleine Werte von x_2 mit einer relativ hohen Wahrscheinlichkeit von L und große Werte von x_2 mit einer relativ hohen Wahrscheinlichkeit von H realisiert werden. Eine solche Prämisse kann jedoch nur dann eingeführt werden, wenn sie mit den Annahmen 5.1 und 5.3 vereinbar ist; ansonsten wäre der Bestand der bisher abgeleiteten Modellergebnisse nicht gewährleistet. Wie im Folgenden gezeigt wird, resultiert aus der Annahme einer monoton steigenden Likelihood Ratio $f(x_2, H)/f(x_2, L)$ sowohl die stochastische Dominanz erster Ordnung von $F(\cdot, H)$ gegenüber $F(\cdot, L)$ als auch die Existenz des Problems adverser Selektion.

Lemma 5.5 *Angenommen,* $f(x_2, \theta) > 0$ *für alle* θ *und alle* $x_2 \in [0, \overline{x}_2]$. *Darüber hinaus sei* $f(x_2, H)/f(x_2, L)$ *streng monoton steigend in* x_2 *für alle* $x_2 \in [0, \overline{x}_2]$. *Dann gilt*

$$F(x_2, H) < F(x_2, L) \quad \forall x_2 \in (0, \overline{x}_2),$$

d.h. $F(\cdot, H)$ *dominiert* $F(\cdot, L)$ *im Sinne der stochastischen Dominanz erster Ordnung. Annahme 5.3 ist erfüllt.*

Beweis:[27] Da $f(x_2, H)/f(x_2, L)$ monoton steigend in x_2 ist, muss

$$\frac{f(\hat{x}_2, H)}{f(\hat{x}_2, L)} > \frac{f(x_2, H)}{f(x_2, L)} \quad \forall \hat{x}_2 > x_2$$

erfüllt sein. Nach einer Umstellung erhält man

$$\frac{f(\hat{x}_2, H)}{f(x_2, H)} > \frac{f(\hat{x}_2, L)}{f(x_2, L)} \quad \forall \hat{x}_2 > x_2. \tag{5.82}$$

Sei $0 < x_2^* < \overline{x}_2$. Für $x_2 \leq x_2^*$ führt eine Integration von (5.82) über alle $\hat{x}_2 > x_2^*$ auf

$$\int_{\hat{x}_2 > x_2^*}^{\overline{x}_2} \frac{f(\hat{x}_2, H)}{f(x_2, H)} \, d\hat{x}_2 \quad > \quad \int_{\hat{x}_2 > x_2^*}^{\overline{x}_2} \frac{f(\hat{x}_2, L)}{f(x_2, L)} \, d\hat{x}_2,$$

was sich auch wie folgt schreiben lässt:

$$\frac{\int_{\hat{x}_2 > x_2^*}^{\overline{x}_2} f(\hat{x}_2, H) \, d\hat{x}_2}{f(x_2, H)} \quad > \quad \frac{\int_{\hat{x}_2 > x_2^*}^{\overline{x}_2} f(\hat{x}_2, L) \, dx_2}{f(x_2, L)}.$$

[27] Die Beweisführung erfolgt analog zu *Milgrom* (1981), S. 583.

Dies ist äquivalent zu

$$\frac{1 - F(x_2^*, H)}{f(x_2, H)} > \frac{1 - F(x_2^*, L)}{f(x_2, L)}.$$

Nimmt man den Kehrwert beider Brüche, resultiert

$$\frac{f(x_2, H)}{1 - F(x_2^*, H)} < \frac{f(x_2, L)}{1 - F(x_2^*, L)}.$$

Integration über alle $x_2 \leq x_2^*$ liefert

$$\int_0^{x_2^*} \frac{f(x_2, H)}{1 - F(x_2^*, H)} dx_2 < \int_0^{x_2^*} \frac{f(x_2, L)}{1 - F(x_2^*, L)} dx_2$$

bzw.

$$\frac{\int_0^{x_2^*} f(x_2, H) dx_2}{1 - F(x_2^*, H)} < \frac{\int_0^{x_2^*} f(x_2, L) dx_2}{1 - F(x_2^*, L)}.$$

Dieser Ausdruck ist identisch mit

$$\frac{F(x_2^*, H)}{1 - F(x_2^*, H)} < \frac{F(x_2^*, L)}{1 - F(x_2^*, L)},$$

was $F(x_2^*, H) < F(x_2^*, L)\ \forall x_2^* \in (0, \overline{x}_2)$ impliziert. Daraus folgt unmittelbar, dass Annahme 5.3 erfüllt ist. ■

Unter Verwendung von Annahme 5.6 lässt sich nun folgende Aussage gewinnen.

Proposition 5.6 *In einem separierenden Bayes-Nash-Gleichgewicht, das dem Intuitiven Kriterium genügt, ist die Kapitalaufbringungsrestriktion (5.66) mit Gleichheit erfüllt ($\lambda > 0$), d.h. der Eigentümer-Manager von H verzichtet auf Underpricing der zur Finanzierung von I_0 auszugebenden Wertpapiere.*

Beweis: siehe Abschnitt 5.6, S. 468.

Die Gründe für den Verzicht des Eigentümer-Managers von H auf *Underpricing* der zur Finanzierung von I_0 auszugebenden Wertpapiere liegen nicht unmittelbar auf der Hand. Zunächst ist anzumerken, dass der Eigentümer-Manager von H aufgrund seiner Risikoaversion eine Vermögensverteilung anstrebt, die bei gegebenem Erwartungswert des Endvermögens durch eine möglichst geringe Streuung charakterisiert ist. Der Wunsch des Eigentümer-Managers von H nach möglichst vollständiger Versicherung wird im First-best-Fall durch einen

Optionskontrakt erfüllt, bei dem der Eigentümer-Manager nur dann Zahlungen an die Wertpapierinhaber zu leisten hat, wenn die Realisation der stochastischen Rückflussvariablen einen Schwellenwert x_2^{H*} übersteigt. Die Kapitalgeber besitzen in diesem Fall einen Anspruch auf die gesamte Differenz zwischen dem realisierten Investitionsrückfluss und dem (niedrigeren) Schwellenwert: $s^{H*}(x_2) = \max[x_2^H - x_2^{H*}, 0]$.

Im Falle einer asymmetrischen Informationsverteilung zwischen Eigentümer-Manager und Kapitalmarktakteuren im Hinblick auf den Typ des zugrunde liegenden Unternehmens wird der First-best-Finanzkontrakt des Eigentümer-Managers von H nicht mehr akzeptiert. Deshalb muss der Eigentümer-Manager von H zur Finanzierung von I_0 einen Finanzkontrakt entwerfen, dessen Auszahlungsprofil von dem des First-best-Kontrakts abweicht. Ein solcher Second-best-Finanzkontrakt hat in einem Signalling-Gleichgewicht, das dem Intuitiven Kriterium genügt, unter anderem die folgenden beiden Bedingungen kostenminimal – d.h. mit einer gegenüber dem First-best-Fall geringstmöglichen Nutzeneinbuße – zu erfüllen:

(1) Der Erwartungsnutzen, den der Eigentümer-Manager von L bei Wahl eines solchen Finanzkontrakts erreicht, entspricht genau seinem First-best-Nutzen – dies ergibt sich aus Proposition 5.5.

(2) Der erwartete Rückfluss an die Kapitalgeber darf die Anschaffungskosten des Investitionsprojekts I_0 nicht unterschreiten.

Angenommen, der Eigentümer-Manager von H hat lediglich Bedingung (1) zu beachten. Dann entscheidet er sich für einen Finanzkontrakt mit folgendem Auszahlungsprofil: Sofern die Realisation der stochastischen Rückflussvariablen einen Schwellenwert $\hat{x}_2$ unterschreitet, überträgt der Eigentümer-Manager von H sein gesamtes Vermögen an die Wertpapierinhaber. Falls die Realisation der stochastischen Rückflusskomponente den Schwellenwert $\hat{x}_2$ übersteigt, leistet er keine Zahlungen an die Wertpapierinhaber. Der Schwellenwert $\hat{x}_2$ ist dabei so zu bestimmen, dass die Anreizbedingung des Eigentümer-Managers von L mit Gleichheit erfüllt ist. Eine solche Finanzierungspolitik erweist sich für den Eigentümer-Manager von H als besonders günstig, weil die Wahrscheinlichkeit geringer Investitionsrückflüsse bei einem Unternehmen vom Typ L höher als bei einem Unternehmen vom Typ H ist – dies ergibt sich aus Annahme 5.6. Folglich hat der Eigentümer-Manager von L mit höherer Wahrscheinlichkeit Zahlungen an die Wertpapierinhaber zu leisten als der Eigentümer-Manager von H. Der Erwartungswert der Zahlungen, welche der Eigentümer-Manager von H bei Wahl eines solchen Finanzkontrakts an die Wertpapierinhaber zu entrichten hat, wird in der Regel geringer sein als der Erwartungswert der Zahlungen, die der Eigentümer-Manager von L aufbringen muss. Da der Schwellenwert $\hat{x}_2$ so gewählt wird, dass der Imitierungsnutzen des Eigentümer-Managers von L mit dessen First-best-Nutzen übereinstimmt, muss der Erwartungswert der von ihm zu leistenden Zahlungen die Anschaffungskosten von I_0 unterschreiten. Denn jeder Finanzkontrakt, der vom First-best-Kontrakt des Eigentümer-Managers von L abweicht und den Kapitalgebern einen erwarteten Rückfluss von mindestens c verspricht, stiftet dem Eigentümer-Manager von L einen geringeren Erwartungsnutzen als sein First-best-Kontrakt. Somit wird auch der Erwartungswert der Zahlungen, die der Eigentümer-Manager von H an die Wertpapierinhaber zu entrichten hat, geringer als die Anschaffungskosten von I_0 sein. Dann ist jedoch Bedingung (2) verletzt.

Als Zwischenergebnis bleibt festzuhalten: Wenn der Eigentümer-Manager von H die Kapitalaufbringungsrestriktion ignorieren könnte und lediglich den Eigentümer-Manager von L von einer Imitierungspolitik abzuhalten hätte, würde er möglichst hohe Auszahlungen im Falle sehr geringer Rückflussrealisationen $x_2 \in [0, \hat{x}_2]$ leisten, die mit relativ hoher Wahrscheinlichkeit bei einem Unternehmen vom Typ L und mit relativ geringer Wahrscheinlichkeit bei einem Unternehmen vom Typ H eintreten. Im Ergebnis minimiert der Eigentümer-Manager von H die erwarteten Rückflüsse an die Kapitalgeber unter der Nebenbedingung, dass der Eigentümer-Manager von L keinen Anreiz besitzt, von seiner First-best-Politik abzuweichen. Es liegt auf der Hand, dass eine solche Finanzierungspolitik die Kapitalaufbringungsrestriktion des Eigentümer-Managers von H verletzt.

Der Eigentümer-Manager von H könnte nun den Schwellenwert $\hat{x}_2$, bei dessen Unterschreiten er sein gesamtes Vermögen den Wertpapierinhabern überlässt, so lange erhöhen, bis die Finanzierungsrestriktion bindet. In diesem Fall wäre die Anreizbedingung des Eigentümer-Managers von L jedoch als Ungleichung erfüllt.[28] Darüber hinaus wäre ein solcher Finanzkontrakt $\tilde{s}^H$ durch eine extreme Streuung des Manager-Endvermögens gekennzeichnet: Wenn der Schwellenwert überschritten würde, erhielte der Eigentümer-Manager die gesamten Unternehmensrückflüsse; andernfalls ginge er leer aus. Da der Eigentümer-Manager von H aufgrund seiner Risikoaversion eine möglichst geringe Streuung des Endvermögens anstrebt, wird er das Auszahlungsprofil des Finanzkontrakts $\tilde{s}^H$ wie folgt modifizieren. Er wird die für kleine x_2 zu leistenden

[28]Dass dies nicht optimal sein kann, ergibt sich bereits aus Proposition 5.5.

Zahlungen an die Wertpapierinhaber reduzieren und im Gegenzug auch für solche x_2 Zahlungen entrichten, welche den bisherigen Schwellenwert übersteigen. Die Umverteilung der Zahlungen von unten nach oben hat dabei so zu erfolgen, dass der Erwartungswert der Rückflüsse an die Kapitalgeber unverändert c beträgt. Da eine solche erwartungswertneutrale Umverteilung nicht nur den Erwartungsnutzen des Eigentümer-Managers von H, sondern auch den Imitierungsnutzen des Eigentümer-Managers L erhöht, ist das Umverteilungspotential dann vollständig genutzt, wenn die Anreizbedingung des Eigentümer-Managers von L mit Gleichheit erfüllt ist. Im Gleichgewicht müssen deshalb sowohl die Anreizbedingung als auch die Kapitalaufbringungsrestriktion bindend sein.

Proposition 5.7 *In einem separierenden Gleichgewicht, das dem Intuitiven Kriterium genügt, signalisiert der Eigentümer-Manager von H den Typ seines Unternehmens mit Hilfe von Wertpapieren, deren Auszahlungsprofil $s^H(\cdot)$ sich wie folgt charakterisieren lässt:*

(i) Das Auszahlungsprofil $s^H(\cdot)$ ist stetig.

(ii) Auf einer nicht degenerierten Menge $K_2 \subseteq [0, \overline{x}_2]$ – d.h. mit positiver Wahrscheinlichkeit – sind weder die Liquiditätsrestriktion (5.70) noch die Nichtnegativitätsrestriktion $s^H(x_2) \geq 0$ bindend:

$$0 < s^H(x_2) < x_1 + x_2 + v_2 \quad \forall x_2 \in K_2.$$

Für alle $x_2 \in K_2$ ergibt sich $s^H(x_2)$ implizit aus

$$U'(x_1 + x_2 + v_2 - s^H(x_2))\,(1 - \mu/g(x_2)) = \lambda \quad \forall x_2 \in K_2,$$

wobei $g(x_2) \equiv f(x_2, H)/f(x_2, L)$. Ist das Auszahlungsprofil auf einem Intervall von K_2 differenzierbar, gilt

$$s^{H\prime}(x_2) \;=\; 1 + \frac{U'(W_2(x_2))\mu \cdot g'(x_2)/g(x_2)}{U''(W_2(x_2)) \cdot (g(x_2) - \mu)} < 1,$$

d.h. die Auszahlung $s^H(x_2)$ steigt in diesem Bereich mit zunehmendem x_2 niemals proportional oder überproportional an.

(iii) In einem (möglicherweise leeren) Bereich $K_3 \equiv [0, \overline{k}]$ geringer Rückflussrealisationen x_2 überträgt der Eigentümer-Manager von H sein gesamtes Vermögen an die Wertpapierinhaber:

$$s^H(x_2) = x_1 + x_2 + v_2 \quad \forall x_2 \in K_3.$$

Wenn die Liquiditätsrestriktion bindend ist, dann ist sie dies für alle Werte von x_2, die einen Schwellenwert $\overline{k}$ nicht überschreiten.

(iv) Ist der Bereich K_3 nicht leer, dann schließt an diesen Bereich ein nicht degenerierter Bereich $\hat{K}_2 \subseteq K_2$ an, in welchem weder die Liquiditätsrestriktion noch die Nichtnegativitätsrestriktion bindend sind:

$$0 < s^H(x_2) < x_1 + x_2 + v_2 \quad \forall x_2 \in \hat{K}_2$$

Auf (mindestens) einem Teilintervall $\hat{X}_2 \subseteq \hat{K}_2$ verläuft die optimale Auszahlungsfunktion $s^H(\cdot)$ streng monoton fallend.

<u>Beweis:</u> siehe Abschnitt 5.6, S. 481.

Das gleichgewichtige Auszahlungsprofil der Wertpapiere, die der Eigentümer-Manager von H zur Finanzierung von I_0 emittiert, lässt sich nur noch relativ allgemein beschreiben. Ursächlich hierfür sind die vergleichsweise schwachen Annahmen im Hinblick auf die Gestalt der Nutzenfunktion des Eigentümer-Managers und den Verlauf der typabhängigen Dichtefunktionen der Investitionsrückflüsse $\tilde{x}_2^{\theta}$. Dennoch lassen sich aus Proposition 5.7 einige interessante Einsichten gewinnen. Zunächst ist festzuhalten, dass die optimale Auszahlungsfunktion $s^H(\cdot)$ über den gesamten Definitionsbereich $X_2 = [0, \overline{x}_2]$ stetig ist und deshalb keine Sprungstellen aufweist. Ungleichgewichtig sind somit alle Bang-Bang-Auszahlungsprofile, bei denen der Eigentümer-Manager von H für eine bestimmte Menge von Realisationen $Q \subset [0, \overline{x}_2]$ sein gesamtes Vermögen den Wertpapierinhabern überlässt und auf dem Komplement $\overline{Q} = X_2 \setminus Q$ keine Auszahlungen an die Wertpapierinhaber leistet. Ausgeschlossen ist folglich auch dasjenige Auszahlungsprofil, bei dem der Eigentümer-Manager von H unterhalb eines Schwellenwerts $\hat{x}_2$ sein gesamtes Vermögen an die Wertpapierinhaber überträgt und oberhalb des Schwellenwerts Zahlungen an die Wertpapierinhaber unterlässt.[29]

Da sich Bang-Bang-Auszahlungsprofile als ungleichgewichtig erweisen und die optimale Auszahlungsfunktion auch nicht über den gesamten Definitionsbereich X_2 entlang der Liquiditätsrestriktion oder der Nichtnegativitätsrestriktion verlaufen kann, muss mindestens ein (nicht degeneriertes) Intervall $\hat{K}_2$ existieren, auf dem das optimale Auszahlungsprofil weder die Liquiditäts- noch die Nichtnegativitätsrestriktion berührt. Innerhalb eines solchen Intervalls kann

[29]Warum ein solches Auszahlungsprofil suboptimal ist, wurde bereits im Rahmen der Diskussion von Proposition 5.6 erläutert.

die Auszahlung an die Wertpapierinhaber mit zunehmenden Rückflüssen x_2 niemals proportional oder überproportional steigen. Möglich ist allein eine unterproportionale Zunahme oder gar eine Abnahme der Rückflüsse an die Wertpapierinhaber. Im Folgenden soll ein Erklärungsversuch hierfür gegeben werden: Ein überproportionaler Anstieg der Zahlungen an die Wertpapierinhaber hätte zur Konsequenz, dass das Endvermögen des Eigentümer-Managers von H mit zunehmendem x_2 sinkt. Da er aufgrund seiner Risikoaversion eine gleichmäßige Vermögensverteilung anstrebt, präferiert er grundsätzlich einen proportionalen Anstieg der Zahlungen an die Wertpapierinhaber; diese Präferenz spiegelt sich auch im Auszahlungsprofil des First-best-Kontrakts wider. Allerdings muss der Eigentümer-Manager von H im Second-best-Fall den Finanzkontrakt so entwerfen, dass sich für den Eigentümer-Manager von L eine Imitierung der Finanzierungspolitik von H als nicht lohnend erweist. Aufgrund der Annahme einer monoton steigenden Likelihood Ratio $f(x_2, H)/f(x_2, L)$ erleidet der Eigentümer-Manager von L im Vergleich zu demjenigen von H umso höhere Einbußen des Erwartungsnutzens, je kleiner die Rückflussrealisationen x_2 sind, für die eine Auszahlung an die Wertpapierinhaber erfolgt. Um dem Eigentümer-Manager von L den Anreiz zur Imitierung der Finanzierungspolitik von H zu nehmen, wären deshalb möglichst hohe Zahlungen für sehr geringe x_2 günstig: Unterhalb eines Schwellenwerts $\hat{x}_2$ übertrüge der Eigentümer-Manager von H die gesamten Unternehmensrückflüsse an die Wertpapierinhaber; ansonsten würde er keine Zahlungen leisten. Wie bereits im Rahmen der Diskussion von Proposition 5.6 ausgeführt, verletzt ein solcher Finanzkontrakt die Kapitalaufbringungsrestriktion des Eigentümer-Managers von H. Deshalb wird er die an die Wertpapierinhaber zu erbringenden Zahlungen etwas gleichmäßger über den Definitionsbereich X_2 verteilen und bei Erreichen eines Schwellenwerts für x_2 nur noch einen Teil des Unternehmensvermögens den Wertpapierinhabern überlassen. Da die gleichgewichtige Auszahlungsfunktion auf eine bindende Anreizbedingung des Eigentümer-Managers von L führen muss, dient jede an die Wertpapierinhaber ausgezahlte Geldeinheit auch der Beseitung von Imitierungsanreizen für den Eigentümer-Manager von L. Dies wird im Bereich einer nicht bindenden Liquiditätsrestriktion ceteris paribus zu Auszahlungen an die Wertpapierinhaber führen, welche mit zunehmendem x_2 tendenziell sinken. Dem steht das Streben des Eigentümer-Managers nach einer möglichst gleichmäßigen Endvermögensverteilung entgegen, was ceteris paribus durch einen proportionalen Anstieg der Auszahlungen an die Wertpapierinhaber erreicht wird. Verknüpft man diese beiden Zwecksetzungen, welche die optimale

Auszahlungsfunktion zu erfüllen hat, kann niemals ein proportionaler oder überproportionaler Anstieg des optimalen Auszahlungsprofils im Bereich einer nicht bindenden Liquiditätsrestriktion resultieren.[30]

Nicht ohne weiteres klären lässt sich die Frage nach der Existenz eines nicht leeren Intervalls $K_3 \subset X_2$, auf dem der Eigentümer-Manager von H die gesamten in t_2 anfallenden Unternehmensrückflüsse an die Wertpapierinhaber auszahlt. Wenn ein solches Intervall jedoch existiert, dann muss es alle Werte für x_2 beinhalten, welche einen Schwellenwert $\overline{k}$ nicht überschreiten: $\hat{K}_3 = [0, \overline{k}]$. Der Grund hierfür wurde bereits oben beleuchtet und ist in der Annahme einer monoton steigenden Likelihood Ratio $f(x_2, H)/f(x_2, L)$ zu sehen. Diese Prämisse hat zur Konsequenz, dass der Eigentümer-Manager von L im Falle von solchen Auszahlungen, die für sehr kleine x_2 erfolgen, wesentlich höhere Erwartungsnutzeneinbußen hinzunehmen hat als der Eigentümer-Manager von H; die resultierende Differenz der erwarteten Nutzeneinbußen ist dabei umso höher, je kleiner die Werte für x_2 sind. Der Anreiz zur Imitierung der Finanzierungspolitik von H, den der Eigentümer-Manager von L grundsätzlich besitzt, lässt sich aus der Perspektive des Eigentümer-Managers von H deshalb besonders günstig durch möglichst hohe Zahlungen für sehr kleine x_2 beseitigen; dies kann dann eine bindende Liquiditätsrestriktion zur Folge haben.

Abbildung 5.3 gibt solche Auszahlungsverläufe wieder, welche die in Proposition 5.7 aufgeführten Eigenschaften aufweisen. Praktisch alle abgebildeten Auszahlungsprofile sind in der Realität nicht beobachtbar.[31] Sie lassen sich auch nicht unmittelbar durch eine Kombination real verfügbarer Finanzierungsinstrumente wie Anleihen, Aktien oder Optionen erzeugen. Ursächlich

---

[30] Nicht ausschließen lässt sich ein – in der Realität in der Regel nicht beobachtbarer – fallender Verlauf der optimalen Auszahlungsfunktion. Wenn man einen solchen Verlauf zu vermeiden wünscht, wäre dem Optimierungsprogramm $\mathcal{P}_2$ eine Monotoniebedingung der Gestalt $s^{H\prime}(x_2) \geq 0 \; \forall x_2$ hinzuzufügen. Dann hätte man allerdings ein nicht degeneriertes Problem der Variationsrechnung bzw. der Kontrolltheorie zu lösen. Vgl. zu solchen Problemen bspw. *Fudenberg/Tirole* (1995), S. 303-306, und *Levin* (2002), S. 13.

[31] Zu einem ähnlichen Ergebnis gelangt die formale Agency-Literatur, die sich dem Problem der Bestimmung optimaler Anreizverträge im Rahmen von Prinzipal-Agenten-Beziehungen annimmt. Die resultierenden optimalen Anreizkontrakte weisen in der Regel ein – empirisch kaum zu beobachtendes – nichtlineares und nichtmonotones Auszahlungsprofil auf; die Modelle von *Holmström* (1979) und *Shavell* (1979) sind hierfür prominente Beispiele. Anknüpfend an ein relativ allgemein gehaltenes dynamisches Prinzipal-Agenten Modell, gelingt es jedoch *Holmström/Milgrom* (1987), die Optimalität eines linearen Anreizvertrags nachzuweisen. Vgl. hierzu auch die Arbeiten von *Schättler/Sung* (1995) sowie *Hellwig/Schmidt* (2002).

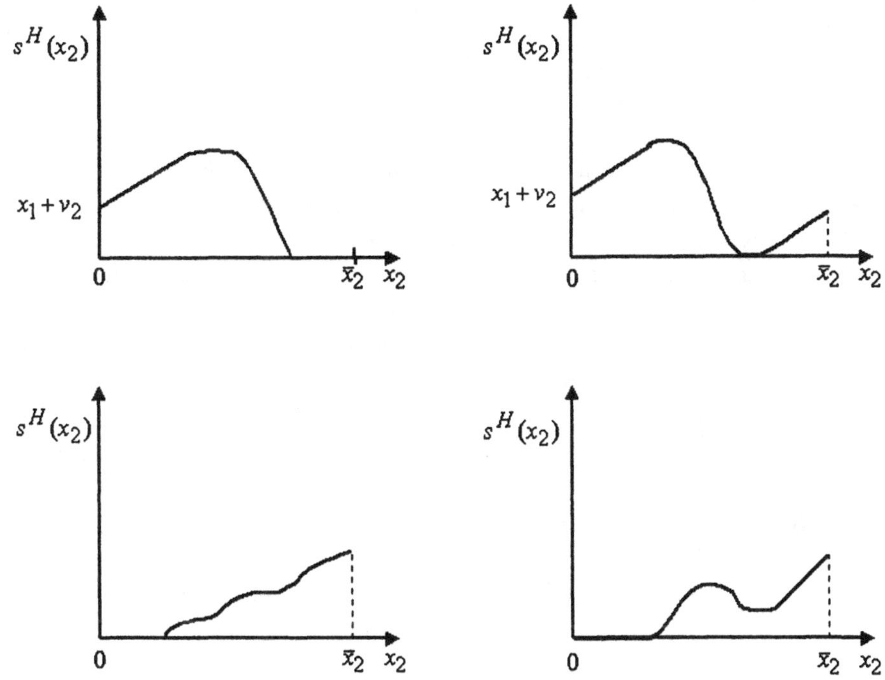

Abbildung 5.3: Auszahlungsprofile, welche die in Proposition 5.7 aufgeführten Eigenschaften aufweisen

hierfür ist, dass die am Markt gehandelten Finanzierungsinstrumente regelmäßig durch eine stückweise lineare Auszahlungsfunktion gekennzeichnet sind, während die als gleichgewichtig ermittelten Auszahlungsprofile zumindest abschnittsweise nichtlinear und in der Regel auch nicht monoton verlaufen. Die bisher aufgeführten Ergebnisse wurden unter der Hypothese gewonnen, dass die Existenz des Signalling-Gleichgewichts gewährleistet ist. Unter welcher Voraussetzung dies in der Tat der Fall ist, wird im nächsten Abschnitt analysiert.

5.4.3.3 Existenz des Signalling-Gleichgewichts

Zum Nachweis der Existenz eines Signalling-Gleichgewichts ist zu zeigen, unter welchen Bedingungen die Menge der Finanzierungsofferten $(s^H(\cdot), \alpha^H) \neq (s^{L*}(\cdot), 0)$, welche den Restriktionen (5.57)-(5.63) genügen, nicht leer ist. Ignoriert man die Anreizbedingung (5.58) des Eigentümer-Managers von H, reduziert sich dieses Ungleichungssystem zum System der Nebenbedingungen von Optimierungsproblem $\mathcal{P}_1$. Beschränkt man zusätzlich die Menge der zulässigen Finanzierungsofferten auf solche, die keine Wertpapierrückkäufe beinhalten, dann erhält man die Restriktionen des Optimierungsprogramms $\mathcal{P}_2$. Der Lösungsraum von $\mathcal{P}_2$ ist deshalb eine Teilmenge des Lösungsraums von $\mathcal{P}_1$. Wie bereits kurz ausgeführt, werden die Restriktionen von $\mathcal{P}_2$ beispielsweise durch einen Kreditvertrag $(\overline{s}^H(\cdot), 0)$ mit Auszahlungsprofil $\overline{s}^H(x_2) = c$ $(\forall x_2 \in X_2)$ erfüllt, d.h. die Lösungsmenge von $\mathcal{P}_2$ ist nicht leer – und damit auch der Lösungsraum von $\mathcal{P}_1$. Im Folgenden wird gezeigt, dass *immer* eine Finanzierungsofferte $(s^H(\cdot), 0)$ des Eigentümer-Managers von H existiert, welche nicht nur die Restriktionen des Optimierungsproblems $\mathcal{P}_2$, sondern auch die Anreizbedingung (5.58) erfüllt. Diese Restriktion ist nicht verletzt, wenn die separierende Finanzierungsofferte $(s^H(\cdot), 0)$ dem Eigentümer-Manager von H keinen geringeren Erwartungsnutzen stiftet als

(1) eine vom Kapitalmarkt abgelehnte ungleichgewichtige Finanzierungsofferte $(s(\cdot), \alpha) \in F_{ug}^{na}$ (*Investitionsverzicht*),

(2) eine vom Kapitalmarkt akzeptierte ungleichgewichtige Finanzierungsofferte $(s(\cdot), \alpha) \in F_{ug}^{a}$,

(3) die First-best-Offerte $(s^{L*}(\cdot), 0)$ des Eigentümer-Managers von L.

In einem ersten Schritt wird gezeigt, dass ein Investitionsverzicht für den Eigentümer-Manager von H niemals optimal sein kann.

Lemma 5.6 *Ein risikoloser Kreditkontrakt $(\overline{s}^H(\cdot), 0)$, bei dem der Eigentümer-Manager von H unabhängig von der Rückflussrealisation x_2 einen konstanten Betrag $\overline{s}^H(x_2) = c$ $\forall x_2$ an den Kapitalmarkt in t_2 entrichtet, genügt den Restriktionen von $\mathcal{P}_2$ und wird vom Kapitalmarkt immer akzeptiert – unabhängig davon, welchem Unternehmenstyp der Kreditkontrakt vom Kapitalmarkt zugewiesen wird. Der risikolose Kreditkontrakt verspricht dem Eigentümer-Manager von H eine strikt höhere Auszahlung als ein Investitionsverzicht bzw. eine vom Kapitalmarkt abgelehnte Finanzierungsofferte $(s, \alpha) \in F_{ug}^{na}$.*

Beweis: Wie bereits im Rahmen von *Schritt 3* des Beweises von Proposition 5.6 ausgeführt, genügt ein risikoloser Kreditkontrakt $\overline{s}^H(x_2) = c \;\forall x_2$ den Nebenbedingungen des Optimierungsprogramms $\mathcal{P}_2$:

(a) *Kapitalaufbringungsrestriktion (5.66).* Aufgrund von

$$\int_0^{\overline{x}_2} \overline{s}^H(x_2) f(x_2, H)\, dx_2 = \int_0^{\overline{x}_2} c \cdot f(x_2, H)\, dx_2 = c$$

ist die Kapitalaufbringungsrestriktion erfüllt.

(b) *Anreizbedingung (5.68).* Die Anreizbedingung des Eigentümer-Managers von L ist dann nicht verletzt, wenn der Kreditkontrakt $(\overline{s}^H, 0)$ dem Eigentümer-Manager von L keinen höheren Erwartungsnutzen als sein First-best-Kontrakt $(s^{L*}, 0)$ stiftet. Um dies nachzuweisen, wird zunächst gezeigt, dass der Kreditkontrakt $(\overline{s}^H, 0)$ die Nebenbedingungen des im First-best-Fall resultierenden Optimierungsprogramms erfüllt. (1) Wegen

$$\int_0^{\overline{x}_2} \overline{s}^H(x_2) f(x_2, L)\, dx_2 = \int_0^{\overline{x}_2} c \cdot f(x_2, L)\, dx_2 = c$$

genügt $(\overline{s}^H, 0)$ der Kapitalaufbringungsrestriktion (5.13) des Eigentümer-Managers von L. (2) Aufgrund von $\overline{s}^H(x_2) = c > 0 \;\forall x_2$ ist die Nichtnegativitätsrestriktion (5.14) immer erfüllt. (3) Die Liquiditätsrestriktion des Eigentümer-Managers von L ist wegen $v_2 > c$ sowie $x_1 \geq c$ niemals verletzt:

$$x_1 + x_2 + v_2 \geq x_1 + v_2 > c.$$

(4) Darüber hinaus erfüllt der Kreditkontrakt $(\overline{s}^H, 0)$ wegen $\overline{\alpha}^H = 0$ die Realisierbarkeitsrestriktion des Wertpapierrückerwerbs.

Festzuhalten bleibt somit, dass der Kreditkontrakt $(\overline{s}^H, 0)$ den Nebenbedingungen des Optimierungsprogramms genügt, das der Eigentümer-Manager von L im First-best-Fall zu lösen hat. Da der im First-best-Fall optimale Kontrakt $(s^{L*}(\cdot), 0)$ auf einer nicht degenerierten Teilmenge von $X_2 = [0, \overline{x}_2]$, d.h. mit positiver Wahrscheinlichkeit, von $\overline{s}^H(\cdot)$ abweicht, stimmen $s^{L*}(\cdot)$ und $\overline{s}^H(\cdot)$ nicht überein. Deshalb stiftet $(s^{L*}, 0)$ dem Eigentümer-Manager von L keinen geringeren Erwartungsnutzen als $(\overline{s}^H(\cdot), 0)$:

$$V(H, s^{L*}(\cdot), 0, a) \geq V(H, \overline{s}^H(\cdot), 0, a).$$

Folglich genügt $(\overline{s}^H(\cdot), 0)$ der Anreizbedingung (5.68) des Eigentümer-Managers von L.

(c) *Nichtnegativitätsrestriktion.* Aufgrund von $\overline{s}^H(x_2) = c > 0 \; \forall x_2$ führt der Kreditkontrakt niemals zu negativen Zahlungen an die Kapitalgeber; die Nichtnegativitätsrestriktion ist somit immer erfüllt.

(d) *Liquiditätsrestriktion (5.70).* Wegen $v_2 > c$ und $x_1 \geq c$ gilt

$$x_1 + x_2 + v_2 \geq x_1 + v_2 > c \quad \forall x_2,$$

d.h. der Kreditkontrakt $s^H(x_2) = c \; \forall x_2$ genügt der Liquiditätsrestriktion.[32]

Als Zwischenergebnis kann somit festgehalten werden: Der Kreditkontrakt ohne Ausfallrisiko $\overline{s}^H(x_2) = c$ ($\forall x_2$) erfüllt die Restriktionen des Optimierungsprogramms $\mathcal{P}_2$ und ist deshalb im Lösungsraum von $\mathcal{P}_2$ und damit auch im Lösungsraum von $\mathcal{P}_1$ enthalten. Aufgrund von

$$\begin{aligned}
\int_0^{\overline{x}_2} \overline{s}^H(x_2) f(x_2, H)\, dx_2 &= \int_0^{\overline{x}_2} c \cdot f(x_2, H)\, dx_2 \\
&= c \\
&= \int_0^{\overline{x}_2} c \cdot f(x_2, L)\, dx_2 \\
&= \int_0^{\overline{x}_2} \overline{s}^H(x_2) f(x_2, L)\, dx_2
\end{aligned}$$

wird der Kreditkontrakt vom Kapitalmarkt unabhängig davon akzeptiert, ob er einem Unternehmen vom Typ L oder H zugewiesen wird. Finanziert der Eigentümer-Manager von H Investitionsprojekt I_0 mit Hilfe eines solchen – vom Kapitalmarkt akzeptierten – Kreditvertrags, erreicht er in Abhängigkeit von der Rückflussrealisation x_2 ein Endvermögen von

$$W_2(x_2; \overline{s}^H, 0) = x_1 + x_2 + v_2 - \overline{s}^H(x_2) = x_1 + x_2 + v_2 - c \quad \forall x_2.$$

Verzichtet er auf die Realisation von I_0 oder wählt er einen vom Kapitalmarkt zurückgewiesenen Finanzkontrakt $(s, \alpha) \in F_{ug}^{na}$, verbleibt ihm ein Endvermögen von

$$W_2(x_2; s, \alpha) = x_1 + x_2 \quad \forall x_2.$$

Da I_0 einen positiven Kapitalwert aufweist, gilt $v_2 > c$. Dies impliziert

$$W_2(x_2; \overline{s}^H, 0) > W_2^H(x_2; s, \alpha) \; \forall x_2$$

---

[32] Da $(\overline{s}^H(\cdot), 0)$ keinen Wertpapierrückerwerb beinhaltet, ist auch die – in $\mathcal{P}_2$ nicht aufgeführte – Liquiditätsrestriktion (5.47) nicht verletzt.

und damit

$$V(H,\bar{s}^H,0,a) = \int_0^{\bar{x}_2} U(x_1 + x_2 + v_2 - c) f(x_2,H)\, dx_2$$
$$> \int_0^{\bar{x}_2} U(x_1 + x_2) f(x_2,H)\, dx_2 = V(H,s,\alpha,na).$$

Folglich erreicht der Eigentümer-Manager von H gegenüber einem Investitionsverzicht (bzw. gegenüber einer vom Kapitalmarkt abgelehnten Finanzierungsofferte) ein strikt höheres Niveau des Erwartungsnutzens, wenn er I_0 realisiert und durch einen Kreditkontrakt finanziert. ∎

Lemma 5.6 stützt sich auf folgendes Argument: Da der Eigentümer-Manager in der Gestaltung des Auszahlungsprofils der zur Finanzierung von I_0 auszugebenden Wertpapiere grundsätzlich frei ist, kann er in t_0 auch eine Nullkupon-Anleihe ausgeben, die durch einen konstanten Rückzahlungsbetrag c gekennzeichnet ist. Die Annahme hinreichend hoher sicherer Investitionsrückflüsse hat zur Folge, dass der Rückzahlungsbetrag eines solchen Zerobonds von den Eigentümer-Managern beider Unternehmenstypen für alle möglichen Realisationen der stochastischen Rückflusskomponente aufgebracht werden kann. Der Zerobond besitzt deshalb kein Ausfallrisiko – unabhängig davon, welcher Eigentümer-Manager ihn emittiert. Da die Anleihe den Kapitalmarktakteuren einen sicheren Rückfluss in Höhe von c verspricht, sind sie zu ihrer Zeichnung bereit, ohne Kenntnis vom Typ des zugrunde liegenden Unternehmens zu besitzen. Ein Zerobond ohne Ausfallrisiko ist somit nicht der Gefahr einer adversen Selektion ausgesetzt.

Angenommen, der Eigentümer-Manager von H emittiert einen risikolosen Zerobond zur Finanzierung von I_0. Dann besitzt der Eigentümer-Manager von L keinen Anreiz, die Kapitalmarktakteure im Hinblick auf den Typ seines Unternehmens zu täuschen. Ursächlich hierfür ist, dass der Eigentümer-Manager von L einen solchen Zerobond ohne Ausfallrisiko auch dann ausgeben kann, wenn er den Typ seines Unternehmens *wahrheitsgemäß* berichtet. Denn die risikolose Nullkuponanleihe ist in der Menge der Finanzkontrakte enthalten, die der Eigentümer-Manager von L im First-best-Fall emittieren kann. Da das Auszahlungsprofil des Zerobonds jedoch von dem des First-best-Kontrakts abweicht, stiftet dieser dem Eigentümer-Manager von L einen höheren Erwartungsnutzen. Folglich wird der Eigentümer-Manager von L niemals – auch nicht im Second-best-Fall – eine risikolose Nullkuponanleihe zur Finanzierung von I_0 verwenden. Dies hat zur Konsequenz, dass der Eigentümer-Manager von

H mit der Wahl eines Zerobonds ohne Ausfallrisiko den Typ seines Unternehmens glaubwürdig signalisieren kann. Da die Rückflüsse v_2 des Investitionsprojekts I_0 sicher sind und den Rückzahlungsbetrag des Zerobonds übersteigen ($v_2 > c$), verspricht dem Eigentümer-Manager eine durch den Zerobond finanzierte Realisation von I_0 ein Endvermögen, welches das aus einem Investitionsverzicht resultierende für alle möglichen Realisationen der stochastischen Rückflusskomponente übersteigt. Folglich erreicht der Eigentümer-Manager von H im Falle einer auf diese Weise finanzierten Realisation von I_0 ein höheres Niveau des Erwartungsnutzens als bei einem Investitionsverzicht. Deshalb erweist sich eine Durchführung von I_0 für den Eigentümer-Manager von H bereits dann als vorteilhaft, wenn er die anfallenden Anschaffungskosten mit Hilfe einer risikolosen Nullkuponanleihe aufbringt. Dies ist erst recht der Fall, wenn er den im Second-best-Fall optimalen Finanzkontrakt wählt, der durch die in Proposition 5.7 aufgeführten Eigenschaften charakterisiert ist und dessen Auszahlungsprofil regelmäßig von dem eines Zerobonds ohne Ausfallrisiko abweicht.

Lemma 5.7 *Sei $(s^H, 0)$ eine vom Kapitalmarkt als separierend betrachtete Finanzierungsofferte des Eigentümer-Managers von H (d.h. $\mu(H|s^H, 0) = 1$) und $(s^*, \alpha^*) \in F_{ug}$ diejenige ungleichgewichtige Finanzierungsofferte, welche dem Eigentümer-Manager von H die höchste Auszahlung aller ungleichgewichtigen Finanzierungsofferten verspricht. Weiter sei unterstellt, dass der Eigentümer-Manager von H bei Wahl von $(s^*, \alpha^*) \in F_{ug}$ eine strikt höhere Auszahlung als bei Wahl der First-best-Offerte $(s^{L*}, 0)$ des Eigentümer-Managers von L erhält:*

$$V(H, s^*, \alpha^*, r(s^*, \alpha^*)) > V(H, s^{L*}, 0, a).$$

Dann existiert eine Offerte $(s^H, 0)$, welche die Restriktionen von $\mathcal{P}_2$ erfüllt und dem Eigentümer-Manager von H keine geringere Auszahlung als (s^*, α^*) verspricht.

Beweis: Zunächst sei angenommen, dass der Kapitalmarkt eine Finanzierungsofferte $(s, \alpha) \in F$ mit Wahrscheinlichkeit $\mu(\theta^*|(s(\cdot), \alpha) = 1$ einem Unternehmen vom Typ

$$\theta^* = \arg \min_{\theta \in \{L,H\}} \int_0^{\overline{x}_2} s(x_2) f(x_2, \theta)\, dx_2 - c \tag{5.83}$$

zuordnet. Damit wird faktisch unterstellt, dass der Kapitalmarkt *jede* zulässige Finanzierungsofferte – d.h. auch $(s^H, 0)$ und $(s^{L*}, 0)$ – als ungleichgewichtig betrachtet.[33] Eine Offerte $(s, \alpha) \in F$ wird vom Kapitalmarkt unter dieser Voraussetzung genau dann akzeptiert, wenn

$$\begin{aligned} G(s, \alpha, a, \mu) &= \alpha\, E[s(\tilde{x}_2^{\theta^*})] + \int_0^{\overline{x}_2} (1-\alpha)\, s(x_2) f(x_2, \theta^*)\, dx_2 - c \\ &= \int_0^{\overline{x}_2} s(x_2) f(x_2, \theta^*)\, dx_2 - c \geq 0 \end{aligned}$$

erfüllt ist. Mit

$$F^a = \{(s, \alpha) \in F | G(s, \alpha, a, \mu) \geq 0\}$$

wird im Folgenden die Menge aller Finanzierungsofferten bezeichnet, welche vom Kapitalmarkt angenommen werden. Das Komplement

$$F^{na} = \{(s, \alpha) \in F | G(s, \alpha, a, \mu) < 0\}$$

gibt dann die Menge der Offerten wieder, die der Kapitalmarkt zurückweist. Sei $(\hat{s}^*(\cdot), \hat{\alpha}^*) \in F$ diejenige Finanzierungsofferte, welche die Auszahlung des Managements von H unter der Nebenbedingung (5.83) maximiert. Aufgrund von

$$L = \arg \min_{\theta \in \{L, H\}} \int_0^{\overline{x}_2} s^{L*}(x_2) f(x_2, \theta)\, dx_2 - c$$

und

$$\int_0^{\overline{x}_2} s^{L*}(x_2) f(x_2, L)\, dx_2 - c = 0$$

wird die First-best-Offerte des Eigentümer-Managers von L auch dann einem Unternehmen vom Typ L zugeordnet, wenn $(s^{L*}, 0)$ als ungleichgewichtig betrachtet wird. Folglich ändert sich die Auszahlung, die der Eigentümer-Manager von H bei Wahl von $(s^{L*}, 0)$ erhält, nicht dadurch, dass diese Offerte faktisch als ungleichgewichtig betrachtet wird. Aus der Annahme, dass der Eigentümer-Manager von H bei Wahl der ungleichgewichtigen Offerte $(s^*, \alpha^*) \in F_{ug}$ eine strikt höhere Auszahlung als bei Wahl der First-best-Offerte $(s^{L*}, 0)$ des Eigentümer-Managers von L erreicht, folgt dann

$$V(H, \hat{s}^*, \hat{\alpha}^*, r(\hat{s}^*, \hat{\alpha}^*)) > V(H, s^{L*}, 0, a)$$

[33]Vgl. hierzu auch Annahme 5.5.

und damit $(\hat{s}^*, \hat{\alpha}^*) \neq (s^{L*}, 0)$.

Angenommen, $(\hat{s}^*(\cdot), \hat{\alpha}^*) \in F^{na}$. Dann darf kein Finanzkontrakt existieren, welcher vom Kapitalmarkt akzeptiert wird und dem Eigentümer-Manager von H eine strikt höhere Auszahlung als $(\hat{s}^*(\cdot), \hat{\alpha}^*) \in F^{na}$ verspricht. Betrachtet wird nun ein risikoloser Kreditkontrakt $(\overline{s}, 0)$ mit $\overline{s}(x_2) = c \;\forall x_2$. Ein solcher Kreditkontrakt ist zulässig, weil er die Liquiditätsrestriktionen in t_1 und in t_2 sowie die Nichtnegativitätsrestriktion erfüllt, d.h. $(\overline{s}, 0) \in F$. Aufgrund von

$$\begin{aligned}
\int_0^{\overline{x}_2} \overline{s}(x_2) f(x_2, H)\, dx_2 - c &= c \int_0^{\overline{x}_2} f(x_2, H)\, dx_2 - c \\
&= c \int_0^{\overline{x}_2} f(x_2, L)\, dx_2 - c \\
&= 0 \\
&= \int_0^{\overline{x}_2} \overline{s}(x_2) f(x_2, L)\, dx_2 - c
\end{aligned}$$

und Bedingung (5.83) kann $\overline{\theta}^* = H$ gesetzt werden. Wegen $G(\overline{s}, 0, a, \mu) = 0$ akzeptiert der Kapitalmarkt den Kreditkontrakt. Aus Lemma 5.6 folgt dann, dass der Kreditkontrakt dem Eigentümer-Manager von H eine strikt höhere Auszahlung gewährt als eine vom Kapitalmarkt zurückgewiesene Finanzierungsofferte bzw. ein Investitionsverzicht. Deshalb kann $(\hat{s}^*(\cdot), \hat{\alpha}^*)$ entgegen der eingangs getroffenen Annahme nicht in F^{na} enthalten sein. Dies impliziert $(\hat{s}^*(\cdot), \hat{\alpha}^*) \in F^a$.

Nun wird Folgendes gezeigt: Wenn die Offerte $(\hat{s}^*(\cdot), \hat{\alpha}^*) = (\hat{s}, \hat{\alpha}) \in F^a$ mit einem Angebot zum Wertpapierrückerwerb ausgestattet ist ($\hat{\alpha} > 0$), dann lässt sich auch eine realisierbare und vom Kapitalmarkt akzeptierte Finanzierungsofferte $(\tilde{s}, 0)$ konstruieren, welche ohne Wertpapierrückkäufe auskommt und dem Management von H dieselbe Auszahlung wie $(\hat{s}, \hat{\alpha})$ verspricht:

$$V(H, \tilde{s}, 0, a) = V(H, \hat{s}, \hat{\alpha}, a).$$

Betrachtet wird ein Finanzkontrakt $(\tilde{s}, 0)$ mit folgendem Rückzahlungsprofil:

$$\tilde{s}(x_2) = \hat{\alpha}\, E[\hat{s}(\tilde{x}_2^{\hat{\theta}^*})] + (1 - \hat{\alpha})\hat{s}(x_2) \quad \forall x_2,$$

wobei mit

$$\hat{\theta}^* = \arg \min_{\theta \in \{L,H\}} \int_0^{\overline{x}_2} \hat{s}(x_2) f(x_2, \theta)\, dx_2 - c$$

der Unternehmenstyp bezeichnet wird, dem der Kapitalmarkt die Finanzierungsofferte $(\hat{s}, \hat{\alpha})$ zuweist. Der Finanzkontrakt $(\tilde{s}, 0)$ beinhaltet mit $\hat{\alpha}\, E[\hat{s}(\tilde{x}_2^{\hat{\theta}^*})]$

eine sichere Rückflusskomponente und mit $(1-\hat{\alpha})\hat{s}(x_2)$ eine zustandsabhängige Rückflusskomponente. Zunächst wird geprüft, ob $(\tilde{s}, 0)$ realisierbar ist, d.h. den Liquiditätsrestriktionen und der Nichtnegativitätsrestriktion genügt. Aufgrund der Tatsache, dass $(\tilde{s}, 0)$ keinen Wertpapierrückerwerb beinhaltet, kann die Liquiditätsbedingung (5.47) nicht verletzt sein. Da $(\hat{s}, \hat{\alpha}) \in F^a$ annahmegemäß realisierbar ist, muss

$$x_1 + x_2 + v_2 - \tilde{s}(x_2) = x_1 - \hat{\alpha}\, E[\hat{s}(\tilde{x}_2^{\hat{\theta}^*})] + x_2 + v_2 - (1-\hat{\alpha})\, \hat{s}(x_2) \geq 0 \quad \forall x_2$$

gelten, so dass $(\tilde{s}, 0)$ die Liquiditätsrestriktion (5.70) erfüllt. Wegen $\hat{\alpha}\, E[\hat{s}(\tilde{x}_2^{\hat{\theta}^*})] \geq 0$ und $\hat{s}(x_2) \geq 0\, \forall x_2$ – dies ergibt sich aus der Realisierbarkeit von $(\hat{s}, \hat{\alpha})$ – resultiert $\tilde{s}(x_2) \geq 0\, \forall x_2$, weshalb auch die Nichtnegativitätsrestriktion erfüllt ist. Folglich ist $(\tilde{s}, 0)$ realisierbar. Wegen

$$\begin{aligned}
\hat{\theta}^* &= \arg \min_{\theta \in \{L,H\}} \int_0^{\overline{x}_2} \hat{s}(x_2) f(x_2, \theta)\, dx_2 - c \\
&= \arg \min_{\theta \in \{L,H\}} \left(\hat{\alpha} \cdot E[\hat{s}(\tilde{x}_2^{\hat{\theta}^*})] + (1-\hat{\alpha}) \cdot \int_0^{\overline{x}_2} \hat{s}(x_2) f(x_2, \theta)\, dx_2 \right) - c \\
&= \arg \min_{\theta \in \{L,H\}} \int_0^{\overline{x}_2} \tilde{s}(x_2) f(x_2, \theta)\, dx_2 - c
\end{aligned}$$

resultiert $\hat{\theta}^* = \tilde{\theta}^*$, wobei mit $\tilde{\theta}^*$ der Unternehmenstyp bezeichnet wird, dem der Kapitalmarkt die Finanzierungsofferte $(\tilde{s}, 0)$ zuordnet. Da $(\hat{s}, \hat{\alpha})$ annahmegemäß vom Kapitalmarkt angenommen wird, muss auch $(\tilde{s}, 0)$ vom Kapitalmarkt akzeptiert werden:

$$\begin{aligned}
\int_0^{\overline{x}_2} \tilde{s}(x_2) f(x_2, \tilde{\theta}^*)\, dx_2 &= \int_0^{\overline{x}_2} \tilde{s}(x_2) f(x_2, \hat{\theta}^*)\, dx_2 \\
&= \hat{\alpha}\, E[\hat{s}(\tilde{x}_2^{\hat{\theta}^*})] + \int_0^{\overline{x}_2} (1-\hat{\alpha}) \hat{s}(x_2) f(x_2, \hat{\theta}^*)\, dx_2 \geq c
\end{aligned}$$

vom Kapitalmarkt akzeptiert werden. Aufgrund von

$$\begin{aligned}
V(H, \tilde{s}, 0, a) &= \int_0^{\overline{x}_2} U\left(x_1 + x_2 + v_2 - \tilde{s}(x_2)\right) f(x_2, H)\, dx_2 \\
&= \int_0^{\overline{x}_2} U\left(x_1 - \hat{\alpha}\, E[\hat{s}(\tilde{x}_2^{\hat{\theta}^*})] + x_2 + v_2 - (1-\hat{\alpha})\hat{s}(x_2)\right) \\
&\quad \cdot f(x_2, H)\, dx_2 \\
&= V(H, \hat{s}, \hat{\alpha}, a)
\end{aligned}$$

erhält der Eigentümer-Manager von H bei Wahl von $(\tilde{s}, 0)$ dieselbe Auszahlung wie bei Wahl von $(\hat{s}, \hat{\alpha})$. Da $(\hat{s}, \hat{\alpha})$ annahmegemäß die Auszahlung des Eigentümer-Managers von H unter der Voraussetzung (5.83) maximiert, muss auch $(\tilde{s}, 0)$ die Auszahlung des Managements von H maximieren. Dann muss aber auch $(\tilde{s}, 0) \neq (s^{L*}, 0)$ gelten.

Angenommen, der Kapitalmarkt betrachtet $(\tilde{s}, 0)$ nun nicht mehr als ungleichgewichtige, sondern als gleichgewichtige separierende Finanzierungsofferte des Eigentümer-Managers von H, d.h. $\mu(H|\tilde{s}, 0) = 1$. Wegen

$$\begin{aligned} c &\leq \int_0^{\overline{x}_2} \tilde{s}(x_2)\, f(x_2, \tilde{\theta}^*)\, dx_2 \\ &= \hat{\alpha}\, E[\hat{s}(\tilde{x}_2^{\hat{\theta}^*})] + \int_0^{\overline{x}_2} (1-\hat{\alpha})\, \hat{s}(x_2) f(x_2, \tilde{\theta}^*)\, dx_2 \\ &\leq \hat{\alpha}\, E[\hat{s}(\tilde{x}_2^{\theta^*})] + \int_0^{\overline{x}_2} (1-\hat{\alpha}) \hat{s}(x_2) f(x_2, H)\, dx_2 \end{aligned}$$

akzeptiert der Kapitalmarkt auch dann die Finanzierungsofferte $(\tilde{s}, 0)$, wenn sie nicht dem Eigentümer-Manager von $\tilde{\theta}^*$, sondern dem Eigentümer-Manager von H zugewiesen wird. Folglich erfüllt $(\tilde{s}, 0)$ für $\mu(H|\tilde{s}, 0) = 1$ die Kapitalaufbringungsrestriktion (5.66). Darüber hinaus genügt $(\tilde{s}, 0)$ für $\mu(H|\tilde{s}, 0) = 1$ auch der Anreizbedingung (5.68): Diese ist dann erfüllt, wenn der Eigentümer-Manager von L bei Wahl seiner First-best-Offerte $(s^{L*}, 0)$ keinen geringeren Erwartungsnutzen als bei Wahl von $(\tilde{s}, 0)$ erreicht. Zunächst wird gezeigt, dass $(\tilde{s}, 0)$ im Lösungsraum des First-best-Optimierungprogramms des Eigentümer-Managers von L enthalten ist. Wie bereits gezeigt, erfüllt $(\tilde{s}, 0)$ die Liquiditätsrestriktionen und die Nichtnegativitätsbedingung. Wegen

$$\begin{aligned} \int_0^{\overline{x}_2} \tilde{s}(x_2) f(x_2, L)\, dx_2 &= \hat{\alpha}\, E[\hat{s}(\tilde{x}_2^{\hat{\theta}^*})] + \int_0^{\overline{x}_2} (1-\hat{\alpha}) \hat{s}(x_2) f(x_2, L)\, dx_2 \\ &\geq \hat{\alpha}\, E[\hat{s}(\tilde{x}_2^{\hat{\theta}^*})] + \int_0^{\overline{x}_2} (1-\hat{\alpha})\, \hat{s}(x_2) f(x_2, \tilde{\theta}^*)\, dx_2 \\ &\geq c \end{aligned}$$

genügt $(\tilde{s}, 0)$ auch der Finanzierungsrestriktion (5.13) des Eigentümer-Managers von L. Folglich ist $(\tilde{s}, 0)$ im Lösungsraum des First-best-Optimierungsprogramms enthalten. Deshalb kann diese Offerte dem Eigentümer-Manager von L keinen höheren Erwartungsnutzen als die First-best-Offerte $(s^{L*}, 0)$ stiften. Somit erfüllt $(\tilde{s}, 0)$ die Anreizbedingung (5.68) des Eigentümer-Managers von L. Festzuhalten bleibt: Unter der Annahme $\mu(H|\tilde{s}, 0) = 1$ genügt

$(\tilde{s}, 0)$ sowohl der Kapitalaufbringungsrestriktion (5.66) als auch der Anreizbedingung (5.68). Wie bereits ausgeführt, erfüllt $(\tilde{s}, 0)$ darüber hinaus die Liquiditätsrestriktionen (5.47) und (5.70) sowie die Nichtnegativitätsrestriktion $\tilde{s}(x_2) \geq 0 \; \forall x_2$. Deshalb stellt $(\tilde{s}, 0)$ eine zulässige Lösung von $\mathcal{P}_2$ dar.

Die Auszahlung, die das Management von H bei Wahl von $(\tilde{s}, 0)$ erhält, beläuft sich auf

$$V(H, \tilde{s}, 0, a) = \int_0^{\overline{x}_2} U\left(x_1 + x_2 + v_2 - \tilde{s}(x_2)\right) f(x_2, H) \, dx_2$$

– unabhängig davon, ob die Offerte mit Wahrscheinlichkeit $\mu(\tilde{\theta}^* | \tilde{s}, 0) = 1$ einem Unternehmen vom Typ $\tilde{\theta}^*$ oder mit Wahrscheinlichkeit $\mu(H | \tilde{s}, 0) = 1$ einem Unternehmen vom Typ H zugeordnet wird. Die mit $(\tilde{s}, 0)$ verknüpfte Auszahlung hängt also nicht davon ab, ob sie als gleichgewichtig oder als ungleichgewichtig betrachtet wird. Sofern *alle* Finanzierungsofferten als ungleichgewichtig betrachtet werden ($F = F_{ug}$), maximiert $(\tilde{s}, 0)$ die Auszahlung des Eigentümer-Managers von H. Wenn nun $(\tilde{s}, 0)$ die gleichgewichtige separierende Offerte des Eigentümer-Managers von H und $(s^{L*}, 0)$ die gleichgewichtige Finanzierungsofferte des Eigentümer-Managers von L sind, dann existiert keine ungleichgewichtige Offerte $(s, \alpha) \in F_{ug} = F \setminus \{(\tilde{s}, 0), (s^{L*}, 0)\}$, welche dem Eigentümer-Manager von H eine höhere Auszahlung als $(\tilde{s}, 0)$ verspricht:

$$V(H, \tilde{s}, 0, a) \geq V(H, s, \alpha, r(s, \alpha)) \quad \forall (s, \alpha) \in F_{ug}$$

bzw.

$$V(H, \tilde{s}, 0, a) \geq V(H, s^*, \alpha^*, r(s^*, \alpha^*)).$$

Unter der Voraussetzung, dass eine ungleichgewichtige Offerte existiert, die dem Eigentümer-Manager von H eine höhere Auszahlung als die First-best-Offerte $(s^{L*}, 0)$ des Eigentümer-Managers von L gewährt – dies impliziert $(\tilde{s}, 0) \neq (s^{L*}, 0)$ und $V(H, \tilde{s}, 0, a) > V(H, s^{L*}, 0, a)$ –, lässt sich immer eine als separierend angenommene Offerte $(s^H, 0) = (\tilde{s}, 0)$ konstruieren, die dem Eigentümer-Manager von H keine geringere Auszahlung als die beste Ungleichgewichtsofferte (s^*, α^*) verspricht und den Restriktionen von $\mathcal{P}_2$ genügt. ■

Unter Verwendung dieser Ergebnisse lässt sich nun eine Bedingung angeben, welche hinreichend für die Existenz eines Signalling-Gleichgewichts ist.

Proposition 5.8 *Wenn die Restriktion*

$$\int_0^{\overline{x}_2} U(x_1 + x_2)\, f(x_2, H)\, dx_2 \;\geq\; \int_0^{x_2^{L*}} U(x_1 + x_2 + v_2) f(x_2, H)\, dx_2 + U(x_1 + x_2^{L*} + v_2)\,(1 - F(x_2^{L*}, H)) \tag{5.84}$$

erfüllt ist, existiert (mindestens) ein Signalling-Gleichgewicht, in dem der Eigentümer-Manager von H den Typ seines Unternehmens mit Hilfe der separierenden Finanzierungsofferte $(s^H, 0)$ enthüllt.

Beweis: Folgendes ist zu zeigen: Wenn Restriktion (5.84) erfüllt ist, existiert eine den Bedingungen (5.57)-(5.63) genügende Finanzierungsofferte $(s^H(\cdot), 0)$. Restriktion (5.84) stellt sicher, dass der Eigentümer-Manager von H einen Investitionsverzicht bzw. eine vom Kapitalmarkt abgelehnte Finanzierungsofferte $(s(\cdot), \alpha) \in F_{ug}^{na}$ gegenüber der First-best-Offerte $(s^{L*}(\cdot), 0)$ des Eigentümer-Managers von L präferiert. Aus Lemma 5.6 folgt, dass der Eigentümer-Manager von H eine Finanzierung von I_0 mit Hilfe eines – vom Kapitalmarkt akzeptierten – risikolosen Kreditkontrakts $(\overline{s}^H, 0)$ (mit $\overline{s}^H(x_2) = c\ \forall x_2$) einem Investitionsverzicht bzw. einer vom Kapitalmarkt zurückgewiesenen Finanzierungsofferte strikt vorzieht. Dies impliziert

$$V(H, \overline{s}^H, 0, a) > V(H, s^{L*}, 0, a). \tag{5.85}$$

Angenommen, $(\overline{s}^H, 0)$ sei die vom Kapitalmarkt als separierend betrachtete Finanzierungsofferte des Eigentümer-Managers von H, d.h. $\mu(H|\overline{s}^H, 0) = 1$. Dann sind zwei Fälle zu unterscheiden:

Fall 1. Es existiert keine ungleichgewichtige Finanzierungsofferte $(s, \alpha) \in F_{ug}$, welche dem Eigentümer-Manager eine höhere Auszahlung als $(\overline{s}^H, 0)$ gewährt.[34] Dann ergibt sich unter Berücksichtigung von (5.85)

$$V(H, \overline{s}^H, 0, a) \geq \max\left[V(H, s^*, \alpha^*, a), V(H, s^{L*}, 0, a)\right],$$

wobei mit $(s^*, \alpha^*) \in F_{ug}$ diejenige Ungleichgewichtsofferte bezeichnet wird, die dem Eigentümer-Manager von H die höchste Auszahlung aller Ungleichgewichtsofferten verspricht. Folglich erfüllt $(\overline{s}^H, 0)$ die Anreizbedingung (5.58) des Eigentümer-Managers von H. Da $(\overline{s}^H, 0)$ wegen Lemma 5.6 darüber hinaus

[34] Diese Bedingung wird regelmäßig jedoch nicht erfüllt sein.

den Restriktionen von $\mathcal{P}_2$ und damit auch denen von $\mathcal{P}_1$ genügt, führt $(\bar{s}^H, 0)$ auf ein Signalling-Gleichgewicht, in dem der Eigentümer-Manager von H den Typ seines Unternehmens mit Hilfe des Kreditkontrakts $(s^H, 0) = (\bar{s}^H, 0)$ signalisiert.

Fall 2. Es existiert eine ungleichgewichtige Finanzierungsofferte $(s, \alpha) \in F_{ug}$, die dem Eigentümer-Manager von H eine höhere Auszahlung als $(\bar{s}^H, 0)$ gewährt. Dann hat der Eigentümer-Manager von H einen Anreiz, von $(\bar{s}^H, 0)$ auf (s^*, α^*) abzuweichen. Folglich kann $(\bar{s}^H, 0)$ entgegen der eingangs getroffenen Annahme nicht separierend sein. Fasst man $(\bar{s}^H, 0)$ jedoch als ungleichgewichtige Finanzierungsofferte auf, existiert wegen (5.85) ein ungleichgewichtiger Finanzkontrakt, der dem Eigentümer-Manager von H eine höhere Auszahlung als $(s^{L*}, 0)$ verspricht. Da dann die Anwendungsvoraussetzung von Lemma 5.7 erfüllt ist, lässt sich ein vom Kapitalmarkt als separierend betrachteter Finanzkontrakt $(s^H, 0)$ konstruieren, welcher dem Eigentümer-Manager von H keine geringere Auszahlung als der beste ungleichgewichtige Finanzkontrakt (s^*, α^*) gewährt. Da der Eigentümer-Manager von H auch keinen Anreiz besitzt, von $(s^H, 0)$ auf $(s^{L*}, 0)$ abzuweichen, folgt

$$V(H, s^H, 0, a) \geq \max\left[V(H, s^*, \alpha^*, a), V(H, s^{L*}, 0, a)\right],$$

d.h. die Anreizbedingung (5.58) wird durch $(s^H, 0)$ erfüllt. Aus Lemma 5.7 folgt darüber hinaus, dass $(s^H, 0)$ den Restriktionen von $\mathcal{P}_2$ und damit auch denen von $\mathcal{P}_1$ genügt. Folglich führt $(s^H, 0)$ auf ein Signalling-Gleichgewicht.

Somit kann festgehalten werden: Wenn die Bedingung (5.84) erfüllt ist, lässt sich immer eine separierende Offerte des Eigentümer-Managers von H finden, welche auf ein Signalling-Gleichgewicht führt. ■

Im Signalling-Gleichgewicht realisiert der Eigentümer-Manager von H – ebenso wie derjenige von L – alle Investitionsprojekte I_0, welche einen positiven Kapitalwert aufweisen. Da Restriktion (5.84) mit Bedingung (5.39) übereinstimmt, ist die Existenz des Signalling-Gleichgewichts immer dann gewährleistet, wenn auch das separierende, durch eine Unterinvestition des Eigentümer-Managers von H gekennzeichnete Gleichgewicht des Finanzierungsspiels aus Abschnitt 5.4.2 existiert.[35] Das Problem der adversen Selektion, das sich in einem Investitionsverzicht des Eigentümer-Managers von H äußert und ein gesamtwirtschaftlich zu geringes Investitionsvolumen zur Konsequenz hat (*Unterinvesti-*

[35] Dieses ist dadurch charakterisiert, dass die Eigentümer-Manager lediglich die im First-best-Fall optimalen Kaufoptionskontrakte zur Finanzierung von I_0 emittieren können.

tion), lässt sich mit Hilfe eines geeigneten Designs der zur Finanzierung von I_0 auszugebenden Wertpapiere *immer* lösen.

Zusammenfassend bleibt festzuhalten: Unterliegen die Eigentümer-Manager – abgesehen von der Nichtnegativitäts- und der Liquiditätsbedingung – keinen Restriktionen hinsichtlich der Gestaltung des Auszahlungsprofils der zur Finanzierung von I_0 auszugebenden Wertpapiere, dann kann der Eigentümer-Manager von H den Typ seines Unternehmens mit Hilfe eines geeignet konstruierten Auszahlungsprofils glaubwürdig signalisieren. Die dabei anfallenden Signalisierungskosten, die sich aus einer im Vergleich zum First-best-Fall riskanteren Verteilung des Endvermögens ergeben, zehren für keine relevante Parameterkonstellation den aus dem positiven Kapitalwert von I_0 resultierenden Nutzenzuwachs auf. Ein Unterinvestitionsproblem, das durch den Verzicht des Eigentümer-Managers von H auf die Realisation von Investitionsprojekten mit positivem Kapitalwert gekennzeichnet ist, kann im zugrunde liegenden Modell nicht auftreten.

5.5 Zusammenfassung und Diskussion der Modellergebnisse

Die nachfolgende Liste stellt die wichtigsten Erkenntnise zusammen, die aus den in Kapitel 5 analysierten Modellen gewonnen werden konnten.

1. Wenn der risikoaverse Eigentümer-Manager Wertpapiere mit beliebigem Rückzahlungsprofil emittieren kann, wird er zur Finanzierung des profitablen Investitionsprojekts I_0 keinesfalls im First-best-Fall und in der Regel auch nicht im Second-best-Fall Aktien im Wege einer Kapitalerhöhung an die risikoneutralen Kapitalmarktakteure ausgeben.

2. Im *First-best-Fall* verzichtet der Eigentümer-Manager auf *Underpricing* der Wertpapiere, die zur Finanzierung des profitablen Investitionsvorhabens I_0 ausgegeben werden. Der Erwartungswert der Rückflüsse, die auf die emittierten Wertpapiere entfallen, entspricht somit den Anschaffungskosten des Investitionsvorhabens.

3. Der optimale Finanzkontrakt, den der risikoaverse Eigentümer-Manager im *First-best-Fall* emittiert, besitzt das Auszahlungsprofil einer *Kaufoption:* Danach hat der Eigentümer-Manager nur dann Zahlungen an

die Wertpapierinhaber zu leisten, wenn die Realisation der stochastischen Komponente der Investitionsrückflüsse einen (endogen bestimmten) Schwellenwert überschreitet. Die Wertpapierinhaber erhalten dann die Differenz zwischen der Rückflussrealisation und dem niedrigeren Schwellenwert. Ein solcher Optionskontrakt gewährt dem Eigentümer-Manager die *größtmögliche Versicherung* gegenüber den bestehenden Rückflussrisiken unter der Voraussetzung, dass der Eigentümer-Manager von einem Underpricing der auszugebenden Wertpapiere absieht.

4. Der Eigentümer-Manager *verzichtet* im First-best-Fall auf einen Rückerwerb der emittierten Optionskontrakte.

5. Die First-best-Finanzkontrakte der Eigentümer-Manager von L und H stimmen dann überein, wenn die – grundsätzlich typabhängigen – Dichtefunktionen der Investitionsrückflüsse oberhalb einer (hinreichend kleinen) Rückflussrealisation identisch verlaufen. In diesem Falle kann der Eigentümer-Manager von H selbst bei asymmetrischer Informationsverteilung zwischen Eigentümer-Manager und Kapitalmarkt Investitionsprojekt I_0 mit Hilfe des First-best-Kontrakts finanzieren; es besteht somit keine Gefahr der adversen Selektion.

6. Unterscheiden sich die Verläufe der typabhängigen Dichtefunktionen der Investitionsrückflüsse für hinreichend große Rückflussrealisationen, stimmen die First-best-Optionskontrakte der Eigentümer-Manager von L und H nicht überein. In diesem Fall existiert das Problem der adversen Selektion – ein Investitionsverzicht des Eigentümer-Managers von H – genau dann, wenn der Eigentümer-Manager von H einen Investitionsverzicht gegenüber einer Realisation von I_0 und einer Finanzierung der anfallenden Anschaffungskosten durch Ausgabe des First-best-Kontrakts des Eigentümer-Managers von L präferiert.

7. Immer dann, wenn das Problem der adversen Selektion bei Emission der First-best-Optionskontrakte besteht, existiert (mindestens) ein *Signalling-Gleichgewicht*, in dem der Eigentümer-Manager von H Investitionsprojekt I_0 realisiert und den Typ seines Unternehmens mit Hilfe eines geeignet gewählten Wertpapierdesigns glaubwürdig enthüllen kann. Das mit der Negativauslese verknüpfte *Unterinvestitionsproblem* lässt sich somit *vollständig* lösen.

8. Die *Ankündigung eines Wertpapierrückerwerbs* als Signal zur Übermittlung des wahren Unternehmenstyps ist in einem effizienten – d.h. dem Intuitiven Kriterium genügenden – Signalling-Gleichgewicht zumindest überflüssig. Es lässt sich *immer* ein Finanzkontrakt entwerfen, dessen Auszahlungsprofil zu einer Nachbildung des aus einem Wertpapierrückerwerb resultierenden zustandsabhängigen Manager-Endvermögens führt.

9. Im effizienten Signalling-Gleichgewicht entwirft der Eigentümer-Manager von H das Auszahlungsprofil des Finanzkontrakts genau so, dass der Eigentümer-Manager von L *indifferent* ist zwischen seinem First-best-Kontrakt und dem effizienten separierenden Finanzkontrakt des Eigentümer-Managers von H.

10. Sofern die typabhängigen Dichtefunktionen der Investitionsrückflüsse der monotonen Likelihood Ratio genügen, *verzichtet* der Eigentümer-Manager von H im effizienten Signalling-Gleichgewicht auf *Underpricing* der zur Finanzierung von I_0 auszugebenden Wertpapiere.

11. Das Auszahlungsprofil des Wertpapiers, das der Eigentümer-Manager von H im effizienten Signalling-Gleichgewicht emittiert, weist folgende Eigenschaften auf: (1) Das Auszahlungsprofil ist stetig. (2) Sofern die Realisation x_2 der stochastischen Rückflusskomponente einen Schwellenwert $\overline{k}$ nicht übersteigt, wird der Gesamtbetrag $x_1 + x_2 + v_2$ der Investitionsrückflüsse an den Kapitalmarkt ausgezahlt (*bindende Liquiditätsrestriktion*). Die Menge K_3 der Rückflussrealisationen, für welche sich die Liquiditätsrestriktion als bindend erweist, ist möglicherweise jedoch leer. (3) Wenn K_3 nicht leer ist, dann grenzt an dieses Intervall ein nicht degeneriertes Intervall von Rückflussrealisationen, auf dem positive Zahlungen an den Kapitalmarkt geleistet werden, die nur einen Teil der Investitionsrückflüsse aufzehren. In diesem Bereich steigen die Zahlungen an den Kapitalmarkt mit zunehmendem x_2 niemals proportional oder überproportional an. (4) Wenn K_3 nicht leer ist, dann verläuft das Auszahlungsprofil auf einem Teilbereich von X_2 monoton fallend.

Aus einer Gegenüberstellung der in den Kapiteln 4 und 5 gewonnenen Modellergebnisse lassen sich einige interessante Schlüsse ziehen. Erweitert man die Menge der zulässigen Finanzkontrakte auf solche mit (weitgehend) beliebigem Auszahlungsprofil, dann erweist sich die in Kapitel 4 zugrunde gelegte

Beteiligungsfinanzierung nicht nur im Second-best-, sondern bereits im First-best-Fall grundsätzlich als suboptimal. Ursächlich hierfür ist, dass der risikoaverse Eigentümer-Manager die bestehenden Rückflussrisiken im Wege einer Beteiligungsfinanzierung nur unvollkommen auf den risikoneutralen Kapitalmarkt überwälzen kann. Als überlegene Risikoteilungsregel kristallisiert sich im First-best-Fall vielmehr ein Kaufoptionskontrakt auf die stochastische Komponente der Unternehmensrückflüsse heraus; der Eigentümer-Manager nimmt dabei eine Stillhalterposition ein. Nicht ohne weiteres klären lässt sich die Frage, ob die in Kapitel 4 ermittelte optimale Strategie des Eigentümer-Managers von H, Investitionsprojekt I_0 im Wege einer Aktienemission zu finanzieren und den zugrunde liegenden Unternehmenstyp mit Hilfe eines Aktienrückerwerbs zu signalisieren, auch dann Bestandteil eines Signalling-Gleichgewichts sein kann, wenn die Menge der zulässigen Finanzkontrakte nicht nur auf Aktien beschränkt wird.[36] Auf ein *effizientes* Signalling-Gleichgewicht wird eine solche Strategie des Eigentümer-Managers von H im verallgemeinerten Modell jedoch nicht führen, weil sich das in Proposition 5.7 charakterisierte Auszahlungsprofil des optimalen Finanzkontrakts $s^H(\cdot)$ regelmäßig nicht durch eine Aktienemission in Verbindung mit einem Aktienrückerwerb in t_1 nachbilden lässt. Deshalb wird der Eigentümer-Manager von H einen höheren Erwartungsnutzen erhalten, wenn er I_0 mit Hilfe des Finanzkontrakts $s^H(\cdot)$ finanziert und auf eine Beteiligungsfinanzierung – verknüpft mit einem Aktienrückerwerb – verzichtet. Die mit $s^H(\cdot)$ einhergehenden Signalisierungskosten sind somit geringer. Daraus kann jedoch noch nicht geschlossen werden, dass der Eigentümer-Manager von H im effizienten Signalling-Gleichgewicht des allgemeinen Modells (Signalling-Gleichgewicht II) einen höheren Erwartungsnutzen als im effizienten Signalling-Gleichgewicht des Kapitels 4 (Signalling-Gleichgewicht I) erreicht. Da der Eigentümer-Manager von L jedoch in beiden Signalling-Gleichgewichten jeweils seinen First-best-Erwartungsnutzen erhält, stellt er sich im Signalling-Gleichgewicht II besser. Folglich ist dort auch der Erwartungsnutzen höher, den der Eigentümer-Manager von L bei Wahl einer Imitierungspolitik maximal erhalten darf, ohne dass er von seiner First-best-Offerte abweicht. Deshalb genügt dem Eigentümer-Manager von H im Signalling-Gleichgewicht II eine mit geringeren Kosten befrachtete Signalisierungspolitik, um den Eigentümer-Manager von L von einer Imitierungspolitik abzuhalten. Dies legt

[36]Gegebenenfalls stellt sich der Eigentümer-Manager von H besser, wenn er auf eine im Gleichgewicht nicht präsentierte, vom Kapitalmarkt jedoch akzeptierte Finanzierungsofferte abweicht.

folgenden Schluss nahe: Nicht nur der Eigentümer-Manager von L, sondern auch derjenige von H erreicht im Signalling-Gleichgewicht II ein höheres Niveau des Erwartungsnutzens als im Signalling-Gleichgewicht I. Dieses erweist sich gegenüber dem Signalling-Gleichgewicht II als *Pareto-inferior.*

Auch wenn der in diesem Kapitel präsentierte generalisierte Modellrahmen dem in Kapitel 4 analysierten überlegen erscheint, stößt der Erklärungsgehalt der ermittelten Gleichgewichte doch auf Grenzen. Ursächlich hierfür ist nicht zuletzt die Ignorierung der (positiven oder negativen) Anreizwirkungen, die vom Design der Finanzkontrakte auf den Arbeitseinsatz des Eigentümer-Managers ausgehen können. So wurde die Optimalität des Kaufoptionskontrakts als Kapitalüberlassungsvertrag bei symmetrischer Informationsverteilung unter der (impliziten) Prämisse abgeleitet, dass der Eigentümer-Manager keinen Einfluss auf die Wahrscheinlichkeitsverteilung der Investitionsrückflüsse nehmen kann. Geht man jedoch davon aus, dass

(1) der Eigentümer-Manager durch eine höhere Arbeitsanstrengung e die Eintrittswahrscheinlichkeit hoher Investitionsrückflüsse steigern und diejenige geringer Investitionsrückflüsse vermindern kann,[37]

(2) der Eigentümer-Manager durch die Abgabe von Arbeitsanstrengung ceteris paribus Nutzeneinbußen erleidet und

(3) die Arbeitsanstrengung des Eigentümer-Managers nicht kontrahierbar ist,

dann schafft der Optionskontrakt tendenziell *negative* Leistungsanreize. Ursächlich hierfür ist, dass der maximale Rückfluss an den Eigentümer-Manager durch den Ausübungspreis des Optionskontrakts $x_2^{\theta *}$ nach oben begrenzt wird:

$$W_2^{\theta}(x_2) = \begin{cases} x_1 + x_2 + v_2 & \text{für } x_2 \leq x_2^{\theta *} \\ x_1 + x_2^{\theta *} + v_2 & \text{für } x_2 > x_2^{\theta *}. \end{cases}$$

Wenn der Eigentümer-Manager nun durch eine größere Arbeitsanstrengung die Eintrittswahrscheinlichkeit von solchen Investionsrückflüssen erhöht, welche den Schwellenwert $x_2^{\theta *}$ überschreiten, dann profitiert hiervon auch der Kapitalmarkt. Die Kosten des höheren Arbeitseinsatzes in Gestalt von Nutzeneinbußen hat jedoch allein der Eigentümer-Manager zu tragen. Dies wird in der

[37]Dies lässt sich über eine monoton in x_2 steigende Likelihood Ratio $f(x_2, e_1, \theta)/(f(x_2, e_2, \theta)$ $(\forall e_1 > e_2)$ formalisieren. Der Verlauf der Dichtefunktion $f(\cdot, e, \theta)$ hängt dabei von der Arbeitsanstrengung e und dem Unternehmenstyp θ ab. Vgl. hierzu auch *Holmström* (1979), S. 77, *Petersen* (1989), S. 54, sowie die nachfolgenden Ausführungen.

Regel dazu führen, dass der Eigentümer-Manager seinen Arbeitseinsatz mit zunehmenden Zahlungsverpflichtungen an den Kapitalmarkt reduziert. Genauer formuliert: Je kleiner der Schwellenwert $x_2^{\theta *}$, desto geringer ist das Niveau der Arbeitsanstrengung des Eigentümer-Managers. Aus welcher Annahmenmenge dieses Ergebnis folgt, ergibt sich aus

Proposition 5.9 *Angenommen, der Eigentümer-Manager von θ besitzt eine additiv separable Nutzenfunktion mit folgender Gestalt:*

$$V(W_2^{\theta}, e) = U(W_2^{\theta}) - c(e),$$

wobei $0 < U(W_2) < \infty$ für alle W_2. Die Abgabe der Arbeitsanstrengung $e \in [0, \overline{e}]$ stiftet dem Eigentümer-Manager einen Disnutzen von $c(e)$. Die Disnutzenfunktion $c(\cdot)$ sei zweimal stetig differenzierbar mit den Ableitungen $c'(\cdot) > 0$ und $c''(\cdot) > 0$, wobei $c'(0) = 0$ und $c'(\overline{e}) \to \infty$. Darüber hinaus hängt der Verlauf der Dichtefunktion $f(\cdot, e, \theta)$ von der Arbeitsanstrengung e des Eigentümer-Managers ab; die Dichte f sei bezüglich e zweimal differenzierbar mit den Ableitungen $f_e(x_2, e, \theta)$ und $f_{ee}(x_2, e, \theta)$. Für alle $e_1 > e_2$ sei der Quotient $f(x_2, e_1, \theta)/f(x_2, e_2, \theta)$ streng monoton wachsend in x_2 (monoton wachsende Likelihood Ratio). Für die zur Dichte $f(\cdot, e, \theta)$ zugehörige Verteilungsfunktion $F(\cdot, e, \theta)$ gelte darüber hinaus $F_{ee}(x_2, e, \theta) \geq 0 \ \forall x_2, e$ (Convexity of the Distribution Function Condition). Dann reduziert der Eigentümer-Manager seine optimale Arbeitsanstrengung, wenn der Ausübungspreis $x_2^{\theta *}$ des First-best-Optionskontrakts mit Auszahlungsprofil $\max[x_2 - x_2^{\theta *}, 0]$ reduziert wird: $de/dx_2^{\theta *} > 0$.

Beweis: Das Endvermögen $W_2^{\theta}(x_2)$ des Eigentümer-Managers in Abhängigkeit von der Rückflussrealisation x_2 ergibt sich aus

$$W_2^{\theta}(x_2) = \begin{cases} x_1 + x_2 + v_2 & \text{für } 0 \leq x_2 \leq x_2^{\theta *} \\ x_1 + x_2^{\theta *} + v_2 & \text{für } x_2^{\theta *} < x_2 \leq \overline{x}_2 \end{cases}$$

Der Eigentümer-Manager legt nun die Arbeitsanstrengung so fest, dass sein Erwartungsnutzen

$$\begin{aligned} EV(e) &= \int_0^{x_2^{\theta *}} U(x_1 + x_2 + v_2) f(x_2, e, \theta)\, dx_2 \\ &\quad + \int_{x_2^{\theta *}}^{\overline{x}_2} U(x_1 + x_2^{\theta *} + v_2) f(x_2, e, \theta)\, dx_2 - c(e) \end{aligned}$$

maximiert wird. Zu lösen ist somit folgendes Optimierungsprogramm:

$$\max_{e\in[0,\overline{e}]} EV(e).$$

Als notwendige Bedingung für ein Maximum erhält man[38]

$$\begin{aligned} EV_e(e^*) &= \int_0^{x_2^{\theta*}} U(x_1+x_2+v_2) f_e(x_2,e^*,\theta)\,dx_2 + \int_{x_2^{\theta*}}^{\overline{x}_2} U(x_1+x_2^{\theta*}+v_2) \\ &\quad f_e(x_2,e^*,\theta)\,dx_2 - c'(e^*) = 0, \end{aligned} \tag{5.86}$$

wobei die optimale Arbeitsanstrengung e^* der Bedingung $0 < e^* < \overline{e}$ genügt. Die hinreichende Bedingung für ein Maximum verlangt

$$\begin{aligned} EV_{ee}(e^*) &= \int_0^{x_2^{\theta*}} U(x_1+x_2+v_2) f_{ee}(x_2,e^*,\theta)\,dx_2 + \int_{x_2^{\theta*}}^{\overline{x}_2} U(x_1+x_2^{\theta*}+v_2) \\ &\quad f_{ee}(x_2,e^*,\theta)\,dx_2 - c''(e^*) < 0. \end{aligned} \tag{5.87}$$

Um zu zeigen, dass diese Bedingung erfüllt ist, wird zunächst die linke Seite von (5.87) partiell integriert:

$$\begin{aligned} EV_{ee}(e^*) &= [U(x_1+x_2+v_2)\cdot F_{ee}(x_2,e^*,\theta)]_0^{x_2^{\theta*}} \\ &\quad -\int_0^{x_2^{\theta*}} U'(x_1+x_2+v_2)F_{ee}(x_2,e^*,\theta)\,dx_2 \\ &\quad +U(x_1+x_2^{\theta*}+v_2)\cdot[F_{ee}(x_2,e^*,\theta)]_{x_2^{\theta*}}^{\overline{x}_2} - c''(e^*) \\ &= -U(x_1+v_2)\cdot F_{ee}(0,e^*,\theta) + U(x_1+x_2^{\theta*}+v_2)\cdot F_{ee}(x_2^{\theta*},e^*,\theta) \\ &\quad -\int_0^{x_2^{\theta*}} U'(x_1+x_2+v_2)F_{ee}(x_2,e^*,\theta)\,dx_2 - U(x_1+x_2^{\theta*}+v_2) \\ &\quad \cdot F_{ee}(x_2^{\theta*},e^*,\theta) + U(x_1+x_2^{\theta*}+v_2)\cdot F_{ee}(\overline{x}_2,e^*,\theta) - c''(e^*) \\ &= -U(x_1+v_2)\cdot F_{ee}(0,e^*,\theta) \\ &\quad -\int_0^{x_2^{\theta*}} U'(x_1+x_2+v_2)F_{ee}(x_2,e^*,\theta)\,dx_2 \\ &\quad +U(x_1+x_2^{\theta*}+v_2)\cdot F_{ee}(\overline{x}_2,e^*,\theta) - c''(e^*). \end{aligned} \tag{5.88}$$

Aufgrund von $F(0,e,\theta) = 0$ für alle e folgt $F_e(0,e,\theta) = 0$ für alle e und $F_{ee}(0,e,\theta) = 0$ für alle e. Wegen $F(\overline{x}_2,e,\theta) = 1$ für alle e gilt darüber hinaus

[38]Die Annahmen im Hinblick auf den Verlauf von $c(e)$ sind hinreichend für eine innere Lösung.

$F_e(\overline{x}_2, e, \theta) = 0$ für alle e und $F_{ee}(\overline{x}_2, e, \theta) = 0$ für alle e. Damit vereinfacht sich $EV_{ee}(e^*)$ zu

$$EV_{ee}(e^*) \;=\; -\int_0^{x_2^{\theta*}} U'(x_1 + x_2 + v_2) F_{ee}(x_2, e^*, \theta)\, dx_2 - c''(e^*).$$

Unter Berücksichtigung von $U'(.) > 0$ und $F_{ee}(x_2, e, \theta) \geq 0$ $(\forall x_2, e)$ sowie $c''(e^*) > 0$ resultiert $EV_{ee}(e^*) < 0$, so dass die hinreichende Bedingung für ein Maximum erfüllt ist.

Die Totalableitung von (5.86) nach $x_2^{\theta*}$ lautet

$$EV_{ee}(e^*) \frac{de^*}{dx_2^{\theta*}} + EV_{ex_2^{\theta*}}(e^*) = 0.$$

Nach einer Umformung resultiert

$$\frac{de^*}{dx_2^{\theta*}} = -\frac{EV_{ex_2^{\theta*}}(e^*)}{EV_{ee}(e^*)}, \tag{5.89}$$

wobei

$$\begin{aligned} EV_{ex_2^{\theta*}}(e^*) &= \int_{x_2^{\theta*}}^{\overline{x}_2} U'(x_1 + x_2^{\theta*} + v_2) f_e(x_2, e^*, \theta)\, dx_2 \\ &= U'(x_1 + x_2^{\theta*} + v_2) \int_{x_2^{\theta*}}^{\overline{x}_2} f_e(x_2, e^*, \theta)\, dx_2. \end{aligned} \tag{5.90}$$

Integration von (5.90) führt auf

$$\begin{aligned} EV_{ex_2^{\theta*}}(e^*) &= U'(x_1 + x_2^{\theta*} + v_2) \left(F_e(\overline{x}_2, e^*, \theta) - F_e(x_2^{\theta*}, e^*, \theta)\right) \\ &= -U'(x_1 + x_2^{\theta*} + v_2) \cdot F_e(x_2^{\theta*}, e^*, \theta). \end{aligned} \tag{5.91}$$

Aus der Annahme einer monoton in x_2 steigenden Likelihood Ratio $f(x_2, e_1, \theta) / f(x_2, e_2, \theta)$ (für alle $e_1 > e_2$) folgt unter Verwendung von Lemma 5.5 $F(x_2, e_1, \theta) < F(x_2, e_2, \theta)$ für alle $e_1 > e_2$ und $x_2 \in (0, \overline{x}_2)$. Dies impliziert $F_e(x_2, e, \theta) < 0$ für alle $x_2 \in (0, \overline{x}_2)$ und alle e. Wegen $0 < x_2^{\theta*} < \overline{x}_2$ erhält man $F_e(x_2^{\theta*}, e^*, \theta) < 0$, was $U_{ex_2^{\theta*}}(e^*) > 0$ zur Konsequenz hat. Unter Berücksichtigung von $EV_{ee}(e^*) < 0$ folgt aus Gleichung (5.89) schließlich $de^*/dx_2^{\theta*} > 0$, was zu beweisen war. ■

Somit bleibt festzuhalten: Ein Optionskontrakt als Kapitalüberlassungsvertrag erweist sich selbst bei symmetrischer Informationsverteilung zwischen Eigentümer-Manager und Kapitalmarkt nur dann als optimal, wenn man die Kapitalüberlassungsbeziehung allein im Hinblick auf das Ziel einer möglichst günstigen Risikoallokation gestaltet und die mit dem Optionskontrakt einhergehenden adversen Leistungsanreize für den Eigentümer-Manager ignoriert. Dies mag ein Grund dafür sein, warum Optionskontrakte als Kapitalüberlassungsverträge empirisch relativ selten zu beobachten sind. Wenn jedoch bereits die praktische Implementierung des relativ einfach strukturierten Auszahlungsprofils des First-best-Optionskontrakts mit Schwierigkeiten behaftet ist, dann gilt dies erst recht für den im Second-best-Fall optimalen Finanzkontrakt des Eigentümer-Managers von H. Aufgrund der hohen Komplexität des Auszahlungsprofils dieses Finanzkontrakts ist überhaupt nicht mehr abzusehen, welche Leistungsanreize er entfaltet. Dies nährt die Vermutung, dass eine – wohlfahrtstheoretisch überlegene – Signalisierung mit Hilfe komplexer Wertpapierdesigns aufgrund der intransparenten Anreizwirkungen nicht praktikabel ist. Vor diesem Hintergrund erscheint die an einen späteren Aktienrückerwerb gekoppelte Aktienemission als relativ robuste und noch durchschaubare Finanzkonstruktion, um das mit einer asymmetrischen Informationsverteilung verknüpfte Problem der adversen Selektion bei der Finanzierung von Investitionsvorhaben zu lösen.

5.6 Beweise

Beweis von Proposition 5.6

Die Beweisführung erfolgt mit Hilfe eines Widerspruchsarguments. Angenommen, die Kapitalaufbringungsrestriktion (5.66) ist als strikte Ungleichung erfüllt, was $\lambda = 0$ zur Folge hat. Dann vereinfacht sich (5.65) wie folgt:

$$\begin{aligned} -U'(W_2(x_2)) \cdot f(x_2, H) + \mu \cdot U'(W_2(x_2)) f(x_2, L) & \\ +\nu(x_2) - \eta(x_2) &= 0 \quad \forall x_2. \end{aligned} \tag{5.92}$$

Der mögliche Verlauf der Auszahlungsfunktion $s^H(\cdot)$ lässt sich in drei Bereiche einteilen: (1) $\nu(x_2) > 0, \eta(x_2) = 0$: Die Nichtnegativitätsrestriktion für die Auszahlungen an den Kapitalmarkt ist bindend: $s^H(x_2) = 0$. (2) $\nu(x_2) = \eta(x_2) = 0$: Weder die Nichtnegativitätsrestriktion $s^H(x_2) \geq 0$ noch die Liquiditätsrestriktion (5.70) sind *strikt* bindend. (3) $\nu(x_2) = 0, \eta(x_2) > 0$: Die Liquiditätsrestriktion (5.70) ist bindend, d.h. es werden positive Auszahlungen an den Kapitalmarkt geleistet. Dementsprechend sind drei Fälle zu unterscheiden:

(1) $\nu(x_2) > 0$. Dies impliziert $s^H(x_2) = 0$ und damit $\eta(x_2) = 0$. Restriktion (5.92) wird dann zu

$$-U'(W_2(x_2)) \cdot f(x_2, H) + \mu \cdot U'(W_2(x_2))f(x_2, L) + \nu(x_2) = 0,$$

was sich wegen $\nu(x_2) > 0$ wie folgt schreiben lässt:

$$-U'(W_2(x_2)) \cdot f(x_2, H) + \mu \cdot U'(W_2(x_2))f(x_2, L) < 0.$$

Diese Ungleichung kann nur dann erfüllt sein, wenn

$$\mu \quad < \quad f(x_2, H)/f(x_2, L) \tag{5.93}$$

nicht verletzt ist.

(2) $\nu(x_2) = 0$ und $\eta(x_2) = 0$. Dann vereinfacht sich (5.92) zu

$$-U'(W_2(x_2)) \cdot f(x_2, H) + \mu \cdot U'(W_2(x_2))f(x_2, L) = 0,$$

was sich zu

$$\mu \quad = \quad f(x_2, H)/f(x_2, L) \tag{5.94}$$

umformen lässt.

(3) $\eta(x_2) > 0$. Dies impliziert $s^H(x_2) = x_1 + x_2 + v_2 \geq x_1 + v_2$ und damit $\nu(x_2) = 0$. Für die First-order Bedingung (5.92) erhält man dann

$$-U'(W_2(x_2)) \cdot f(x_2, H) + \mu \cdot U'(W_2(x_2))f(x_2, L) - \eta(x_2) = 0,$$

weshalb

$$-U'(W_2(x_2)) \cdot f(x_2, H) + \mu \cdot U'(W_2(x_2))f(x_2, L) > 0$$

und damit auch

$$\mu > f(x_2, H)/f(x_2, L) \tag{5.95}$$

erfüllt sein müssen.

Sei $g(x_2) \equiv f(x_2, H)/f(x_2, L)$. Aufgrund von Annahme 5.6 gilt dann $g'(x_2) > 0 \ \forall x_2$. Folglich kann höchstens ein x_2 existieren, für das $\mu = g(x_2)$ erfüllt ist. Deshalb kann $\nu(x_2) = \eta(x_2) = 0$ für höchstens ein x_2 und somit nur auf einer degenerierten Teilmenge von $[0, \overline{x}_2]$ erfüllt sein. Fall (2) kann somit nur mit Wahrscheinlichkeit null eintreten und deshalb ignoriert werden. Zu einer Verletzung der Finanzierungsrestriktion (5.66) führt $\nu(x_2) > 0\ \forall x_2$ wegen $s^H(x_2) = 0\ \forall x_2$. Für $\eta(x_2) > 0\ \forall x_2$ resultiert $W_2(x_2) = 0\ \forall x_2$. Dann ist die Anreizbedingung (5.68) als Ungleichung erfüllt, was im Widerspruch zu Proposition 5.5 steht. Folglich muss die optimale Auszahlungsfunktion $s^H(\cdot)$ *sowohl* im Bereich (1) *als auch* im Bereich (3) verlaufen. Unter Verwendung von (5.93), (5.94) und (5.95) sowie $g'(x_2) > 0\ \forall x_2$ resultiert

$$\begin{array}{lll}\text{Bereich (3):} & \mu > \frac{f(x_2,H)}{f(x_2,L)} & \text{für } x_2 < \check{x}_2^{**}\\ \text{Bereich (2):} & \mu = \frac{f(x_2,H)}{f(x_2,L)} & \text{für } x_2 = \check{x}_2^{**}\\ \text{Bereich (1):} & \mu < \frac{f(x_2,H)}{f(x_2,L)} & \text{für } x_2 > \check{x}_2^{**}.\end{array}$$

Dies impliziert das folgende Auszahlungsprofil für den optimalen Finanzkontrakt:

$$s^H(x_2) \quad = \quad \begin{cases} x_1 + x_2 + v_2 & \text{für } x_2 < \check{x}_2^{**} \\ \text{unbestimmt} & \text{für } x_2 = \check{x}_2^{**} \\ 0 & \text{für } x_2 > \check{x}_2^{**}. \end{cases}$$

Da die Kapitalaufbringungsrestriktion annahmegemäß als Ungleichung erfüllt ist, muss der Schwellenwert $\check{x}_2^{**}$ folgende Bedingung erfüllen:

$$E[s^H(\tilde{x}_2^H)] \equiv \int_0^{\check{x}_2^{**}} (x_1 + x_2 + v_2) f(x_2, H)\, dx_2 \quad > \quad c. \tag{5.96}$$

Der Erwartungsnutzen des Eigentümer-Managers von H beläuft sich auf

$$\begin{aligned} V(H, s^H(\cdot), 0, a) \quad &= \quad \int_0^{\check{x}_2^{**}} U(0) f(x_2, H) dx_2 \\ &\quad + \int_{\check{x}_2^{**}}^{\overline{x}_2} U(x_1 + x_2 + v_2) f(x_2, H)\, dx_2. \end{aligned} \tag{5.97}$$

Die weitere Beweisführung erfolgt in fünf Schritten:

Schritt 1. Zunächst wird gezeigt, dass die erwartete Auszahlung

$$E[s(\tilde{x}_2^H); x_2^{**}] = \int_0^{x_2^{**}} (x_1 + x_2 + v_2) f(x_2, H)\, dx_2 \tag{5.98}$$

an den Kapitalmarkt sinkt, wenn der Schwellenwert x_2^{**} verringert wird.[39] Hierzu ist die linke Seite von (5.98) partiell nach x_2^{**} zu differenzieren:

$$\frac{\partial E[s^H(\tilde{x}_2^H); x_2^{**}]}{\partial x_2^{**}} = (x_1 + x_2^{**} + v_2) f(x_2^{**}, H) \quad > \quad 0,$$

[39] Das zu x_2^{**} korrespondierende Auszahlungsprofil wird mit s bezeichnet.

was zu zeigen war. Sei mit $\hat{x}_2^{**}$ derjenige Schwellenwert bezeichnet, der (5.66) mit Gleichheit erfüllt:

$$E[\hat{s}^H(\tilde{x}_2^H)] \equiv \int_0^{\hat{x}_2^{**}} (x_1 + x_2 + v_2) f(x_2, H) dx_2 \;=\; c, \tag{5.99}$$

wobei $\hat{s}^H(\cdot)$ das zu $\hat{x}^{**}$ korrespondierende Auszahlungsprofil darstellt. Da der erwartete Rückfluss an die Wertpapierinhaber mit zunehmendem x_2^{**} steigt, gilt $\hat{x}_2^{**} < \check{x}_2^{**}$.

Schritt 2. Es wird gezeigt, dass der Erwartungsnutzen des Eigentümer-Managers von H steigt, wenn der Schwellenwert x_2^{**} vermindert wird. Hierzu ist

$$V(H, s(\cdot), 0, a) = \int_0^{x_2^{**}} U(0) f(x_2, H) dx_2 + \int_{x_2^{**}}^{\overline{x}_2} U(x_1 + x_2 + v_2) f(x_2, H)\, dx_2$$

partiell nach x_2^{**} abzuleiten. Unter Verwendung der Leibniz-Regel erhält man

$$\frac{\partial V(H, s^H(\cdot), 0, a)}{\partial x_2^{**}} = U(0) f(x_2^{**}, H) - U(x_1 + x_2^{**} + v_2) f(x_2^{**}, H) \;<\; 0 \tag{5.100}$$

und damit das gewünschte Ergebnis. Für $\hat{x}_2^{**} < \check{x}_2^{**}$ resultiert dann

$$V(H, \hat{s}^H(\cdot), 0, a) > V(H, s^H(\cdot), 0, a). \tag{5.101}$$

Der Eigentümer-Manager von H würde somit den Finanzkontrakt

$$\hat{s}^H(x_2) \;=\; \begin{cases} x_1 + x_2 + v_2 & \text{für } x_2 \leq \hat{x}_2^{**} \\ 0 & \text{für } x_2 > \hat{x}_2^{**} \end{cases}$$

gegenüber dem als optimal betrachteten Finanzkontrakt $s^H(\cdot)$ präferieren, *wenn* ein solcher Finanzkontrakt zulässig wäre, d.h. den Eigentümer-Manager von L von einer Imitierungspolitik abhielte.

Schritt 3. Betrachtet wird nun der Finanzkontrakt $\overline{s}^H(x_2) = c \;\forall x_2$, welcher einem risikolosen Wertpapier – also einem Kredit mit Ausfallwahrscheinlichkeit null – entspricht. Zunächst wird gezeigt, dass ein solcher Finanzkontrakt den Restriktionen (5.66), (5.68), (5.70) und $\overline{s}^H(x_2) \geq 0$ ($\forall x_2$) genügt und somit im Lösungsraum des Optimierungsprogramms $\mathcal{P}_2$ enthalten ist. Aufgrund von $x_1 > 0$, $x_2 \geq 0$ und $v_2 > c$ sowie $c > 0$ verletzt ein solcher Finanzkontrakt weder die Liquiditätsrestriktion noch die Nichtnegativitätsrestriktion:

$$x_1 + x_2 + v_2 - \overline{s}^H(x_2) = x_1 + x_2 + v_2 - c > 0 \quad \forall x_2$$

$$\overline{s}^H(x_2) = c > 0 \quad \forall x_2.$$

Darüber hinaus erfüllt der risikolose Kreditvertrag die Kapitalaufbringungsrestriktion (5.66). Dies ergibt sich aus

$$\int_0^{\overline{x}_2} c\, f(x_2, H)\, dx_2 = c \int_0^{\overline{x}_2} f(x_2, H)\, dx_2 = c.$$

Abschließend bleibt nachzuweisen, dass der Kreditvertrag $\overline{s}^H(x_2) = c$ auch der Anreizbedingung (5.68) genügt. Hierzu wird zunächst gezeigt, dass $\overline{s}^H(\cdot)$ die Restriktionen erfüllt, welche das Optimierungsprogramm des Eigentümer-Managers von L im First-best-Fall kennzeichnen. Wegen $\overline{s}^H(x_2) = c > 0\ \forall x_2$ sowie $x_1 + x_2 + v_2 - c > 0\ \forall x_2$ genügt $\overline{s}^H(x_2) = c$ sowohl der Liquiditäts- als auch der Nichtnegativitätsrestriktion. Aufgrund von

$$\int_0^{\overline{x}_2} c \cdot f(x_2, L)\, dx_2 = c \int_0^{\overline{x}_2} f(x_2, L)\, dx_2 = c$$

erfüllt $\overline{s}^H(x_2) = c$ auch die Kapitalaufbringungsrestriktion des Eigentümer-Managers von L im First-best-Fall. Folglich ist der Kreditvertrag $\overline{s}^H(x_2) = c$ im Lösungsraum des First-best-Optimierungsproblems enthalten. Da er vom optimalen Finanzkontrakt $s^{L*}(\cdot)$ auf einer nicht degenierten Teilmenge von $[0, \overline{x}_2]$ abweicht, kann der Kreditvertrag für den Eigentümer-Manager von L im First-best-Fall nicht optimal sein, d.h. er stiftet einen kleineren Erwartungsnutzen als der First-best-Vertrag $s^{L*}(\cdot)$:

$$V(L, s^{L*}(\cdot), 0, a) \geq V(L, \overline{s}^H(\cdot), 0, a).$$

Dies hat zur Konsequenz, dass der Kreditvertrag $\overline{s}^H(x_2) = c$ die Anreizbedingung (5.68) als erfüllt. Er genügt somit den Restriktionen des Optimierungsprogramms $\mathcal{P}_2$ des Eigentümer-Managers von H, was zu zeigen war.

Schritt 4. Es wird demonstriert, dass der risikolose Kreditvertrag $\overline{s}^H$ dem Eigentümer-Manager von H keinen geringeren Erwartungsnutzen stiftet als der Finanzkontrakt $\hat{s}^H$: $V(H, \overline{s}^H(\cdot), 0, a) \geq V(H, \hat{s}^H(\cdot), 0, a)$. Zu zeigen ist also

$$\begin{aligned}\int_0^{\overline{x}_2} U(x_1 + x_2 + v_2 - c)\, f(x_2, H)\, dx_2 \;\; \geq \;\; & \int_0^{\hat{x}_2^{**}} U(0) f(x_2, H)\, dx_2 \\ & + \int_{\hat{x}_2^{**}}^{\overline{x}_2} U(x_1 + x_2 + v_2)\, f(x_2, H)\, dx_2.\end{aligned}$$

Zunächst ist festzuhalten, dass beide Finanzkontrakte aufgrund von $E[\bar{s}^H(\tilde{x}_2^H)] = c = E[\hat{s}^H(\tilde{x}_2^H)]$ auf einen identischen Erwartungswert des Vermögens des Eigentümer-Managers von H führen:

$$E[W_2(\tilde{x}_2^H)|\bar{s}^H] = x_1 + E[\tilde{x}_2^H] + v_2 - c = E[W_2(\tilde{x}_2^H)|\hat{s}^H].$$

In Abhängigkeit von der Realisation der stochastischen Rückflussvariablen $\tilde{x}_2^H$ beläuft sich das Endvermögen des Eigentümer-Managers von H bei Wahl von $\hat{s}^H$ auf[40]

$$W_2(x_2;\hat{s}^H) = \begin{cases} 0 & \text{für } 0 \leq x_2 \leq \hat{x}_2^{**} \\ x_1 + x_2 + v_2 & \text{für } \hat{x}_2^{**} < x_2 \leq \overline{x}_2. \end{cases}$$

Entscheidet sich der Eigentümer-Manager von H für $\bar{s}^H$, erhält er

$$W_2(x_2; s^H) = x_1 + x_2 + v_2 - c \quad \text{für } 0 \leq x_2 \leq \overline{x}_2.$$

Im Folgenden werden die aus $\bar{s}^H$ bzw. $\hat{s}^H$ resultierenden Wahrscheinlichkeitsverteilungen über das *Endvermögen* des Eigentümer-Managers von H ermittelt. Im Anschluss daran wird gezeigt, dass die aus $\bar{s}^H$ hervorgehende Verteilungsfunktion des Endvermögens $G(\cdot; H, \bar{s}^H)$ die aus $\hat{s}^H$ resultierende Verteilungsfunktion $G(\cdot; H, \hat{s}^H)$ im Sinne der stochastischen Dominanz zweiter Ordnung dominiert.

In einem ersten Schritt sind die Dichtefunktionen $g(W_2; H, \bar{s}^H)$ und $g(W_2; H, \hat{s}^H)$ auf dem Intervall $X_2 = [0, x_1 + \overline{x}_2 + v_2]$, welches das gesamte Spektrum der erreichbaren Werte für das Endvermögen widerspiegelt, zu bestimmen. Unproblematisch ist die Definition von $g(W_2; H, \bar{s}^H)$: Unter Verwendung von $x_2 = W_2 + c - x_1 - v_2$ und $f(x_2, H) = f(W_2 + c - x_1 - v_2, H)$ erhält man

$$g(W_2; H, \bar{s}^H) = \begin{cases} 0 & \text{für } 0 \leq W_2 < x_1 + v_2 - c \\ f(W_2 + c - x_1 - v_2, H) & \text{für } x_1 + v_2 - c \leq W_2 \leq x_1 + \overline{x}_2 + v_2 - c \\ 0 & \text{für } x_1 + \overline{x}_2 + v_2 - c < W_2 \leq x_1 + \overline{x}_2 + v_2. \end{cases}$$

Der Erwartungswert des Endvermögens des Eigentümer-Managers von H bei Wahl von $\bar{s}^H$ lässt sich unter Verwendung von $\overline{W}_2 = x_1 + \overline{x}_2 + v_2$ wie folgt

[40] An der Stelle $x_2 = \hat{x}_2^{**}$ ist die Auszahlungsfunktion $\hat{s}^H(\cdot)$ unbestimmt. Es wird deshalb (willkürlich) angenommen, dass die Auszahlungsfunktion an dieser Stelle den Wert null annimmt: $\hat{s}^H(\hat{x}_2^{**}) = 0$.

definieren:

$$\begin{aligned} E[W_2(\tilde{x}_2^H)|\overline{s}^H)] &= \int_0^{x_1+\overline{x}_2+v_2} W_2 \cdot g(W_2; H, \overline{s}^H)\, dW_2 \\ &= \int_0^{\overline{W}_2} W_2 \cdot g(W_2; H, \overline{s}^H)\, dW_2 \\ &= x_1 + E[\tilde{x}_2^H] + v_2 - c. \end{aligned} \tag{5.102}$$

Bei der Definition der Dichtefunktion $g(\cdot; H, \hat{s}^H)$ ist zu beachten, dass sie an der Stelle $W_2 = 0$ keinen endlichen Wert annehmen kann. Denn die Wahrscheinlichkeit, dass der Eigentümer-Manager bei Wahl des Finanzkontrakts $\hat{s}^H$ ein Endvermögen von $W_2 = 0$ erreicht, ist größer als null; sie beläuft sich auf

$$\text{Prob}(W_2 = 0; H, \hat{s}^H) \equiv \int_0^{\hat{x}_2^{**}} f(x_2, H)\, dx_2 = F(\hat{x}_2^{**}, H).$$

Deshalb wird eine „Rest"-Dichtefunktion auf dem Intervall $(0, x_1 + \overline{x}_2 + v_2]$ definiert:

$$\text{Prob}(W_2 = 0; H, \hat{s}^H) = F(\hat{x}_2^{**}, H) \quad \text{für } W_2 = 0$$

$$\begin{aligned} & g(W_2; H, \hat{s}^H) \\ = & \begin{cases} 0 & \text{für } 0 < W_2 \leq x_1 + \hat{x}_2^{**} + v_2 \\ f(W_2 - x_1 - v_2, H) & \text{für } x_1 + \hat{x}_2^{**} + v_2 < W_2 \leq x_1 + \overline{x}_2 + v_2. \end{cases} \end{aligned}$$

Der Erwartungswert des Endvermögens bei Wahl von $\hat{s}^H(\cdot)$ ergibt sich nun aus

$$\begin{aligned} E[W_2(\tilde{x}_2^H)|\hat{s}^H)] &= \text{Prob}(W_2 = 0; H, \hat{s}^H) \cdot 0 + \int_{W_2>0}^{x_1+\overline{x}_2+v_2} W_2 \cdot g(W_2; H, \hat{s}^H) dW_2 \\ &= \int_{x_1+\hat{x}_2^{**}+v_2}^{x_1+\overline{x}_2+v_2} W_2 \cdot g(W_2; H, \hat{s}^H)\, dW_2 \\ &= x_1 + E[\tilde{x}_2^H] + v_2 - c. \end{aligned} \tag{5.103}$$

Die Verteilungsfunktionen des Endvermögens lauten wie folgt:

$$\begin{aligned} & G(W_2; H, \overline{s}^H) \\ = & \begin{cases} 0 & \text{für } 0 \leq W_2 \leq x_1 + v_2 - c \\ F(W_2 + c - x_1 - v_2, H) & \text{für } x_1 + v_2 - c < W_2 < x_1 + \overline{x}_2 + v_2 - c \\ 1 & \text{für } x_1 + \overline{x}_2 + v_2 - c \leq W_2 \leq x_1 + \overline{x}_2 + v_2 \end{cases} \end{aligned}$$

$$G(W_2; H, \hat{s}^H) = \begin{cases} F(\hat{x}_2^{**}, H) & \text{für } 0 \le W_2 \le x_1 + \hat{x}_2^{**} + v_2 \\ F(W_2 - x_1 - v_2, H) & \text{für } x_1 + \hat{x}_2^{**} + v_2 < W_2 < x_1 + \overline{x}_2 + v_2 \\ 1 & \text{für } W_2 = x_1 + \overline{x}_2 + v_2 \end{cases}$$

Für die Differenz der Verteilungsfunktionen erhält man im Falle von $\hat{x}_2^{**} < \overline{x}_2 - c$

$$G(W_2; H, \overline{s}^H) - G(W_2; H, \hat{s}^H) = \begin{cases} -F(\hat{x}_2^{**}, H) < 0 & \text{für } 0 \le W_2 \le x_1 + v_2 - c \\ F(W_2 + c - x_1 - v_2, H) - F(\hat{x}_2^{**}, H) < 0 & \text{für } x_1 + v_2 - c < W_2 < x_1 + \hat{x}_2^{**} + v_2 - c \\ F(\hat{x}_2^{**}, H) - F(\hat{x}_2^{**}, H) = 0 & \text{für } W_2 = x_1 + \hat{x}_2^{**} + v_2 - c \\ F(W_2 + c - x_1 - v_2, H) - F(\hat{x}_2^{**}, H) > 0 & \text{für } x_1 + \hat{x}_2^{**} + v_2 - c < W_2 \le x_1 + \hat{x}_2^{**} + v_2 \\ F(W_2 + c - x_1 - v_2, H) - F(W_2 - x_1 - v_2, H) > 0 & \text{für } x_1 + \hat{x}_2^{**} + v_2 < W_2 < x_1 + \overline{x}_2 + v_2 - c \\ 1 - F(W_2 - x_1 - v_2, H) > 0 & \text{für } x_1 + \overline{x}_2 + v_2 - c \le W_2 < x_1 + \overline{x}_2 + v_2 \\ 1 - 1 = 0 & \text{für } W_2 = x_1 + \overline{x}_2 + v_2. \end{cases}$$

Für $\hat{x}_2^{**} \ge \overline{x}_2 - c$ resultiert

$$G(W_2; H, \overline{s}^H) - G(W_2; H, \hat{s}^H) = \begin{cases} -F(\hat{x}_2^{**}, H) < 0 & \text{für } 0 \le W_2 \le x_1 + v_2 - c \\ F(W_2 + c - x_1 - v_2, H) - F(\hat{x}_2^{**}, H) < 0 & \text{für } x_1 + v_2 - c < W_2 < x_1 + \hat{x}_2^{**} + v_2 - c \\ F(\hat{x}_2^{**}, H) - F(\hat{x}_2^{**}, H) = 0 & \text{für } W_2 = x_1 + \hat{x}_2^{**} + v_2 - c \\ F(W_2 + c - x_1 - v_2, H) - F(\hat{x}_2^{**}, H) > 0 & \text{für } x_1 + \hat{x}_2^{**} + v_2 - c < W_2 < x_1 + \overline{x}_2 + v_2 - c \\ 1 - F(\hat{x}_2^{**}, H) > 0 & \text{für } x_1 + \overline{x}_2 + v_2 - c \le W_2 \le x_1 + \hat{x}_2^{**} + v_2 \\ 1 - F(W_2 - x_1 - v_2, H) > 0 & \text{für } x_1 + \hat{x}_2^{**} + v_2 < W_2 < x_1 + \overline{x}_2 + v_2 \\ 1 - 1 = 0 & \text{für } W_2 = x_1 + \overline{x}_2 + v_2. \end{cases}$$

Die nachfolgend geführte Argumentation ist jedoch unabhängig davon, ob $\hat{x}_2^{**} < \overline{x}_2 - c$ oder $\hat{x}_2^{**} \ge \overline{x}_2 - c$ erfüllt ist. Die Verteilung $G(\cdot; H, \overline{s}^H)$ dominiert $G(\cdot; H, \hat{s}^H)$ im Hinblick auf das Kriterium der stochastischen Dominanz zweiter Ordnung, wenn gilt:[41]

$$\int_0^{W_2} \left(G(z; H, \overline{s}^H) - G(z; H, \hat{s}^H)\right) \, dz \le 0 \quad \forall W_2 \in [0, x_1 + \overline{x}_2 + v_2]. \tag{5.104}$$

Aufgrund von $G(W_2; H, \overline{s}^H) - G(W_2; H, \hat{s}^H) < 0$ für $0 \le W_2 < x_1 + \hat{x}_2^{**} + v_2 - c \equiv \hat{W}_2^{**}$ in Verbindung mit $G(\hat{W}_2^{**}; H, \overline{s}^H) - G(\hat{W}_2^{**}; H, \hat{s}^H) = 0$ resultiert

$$\int_0^{W_2} \left(G(z; H, \overline{s}^H) - G(z; H, \hat{s}^H)\right) \, dz < 0 \quad \text{für } 0 \le W_2 \le \hat{W}_2^{**},$$

[41]Vgl. *Kruschwitz* (2002), S. 128.

d.h. Bedingung (5.104) ist für alle $W_2 \leq \hat{W}_2^{**}$ erfüllt. An der Stelle $W_2 = \hat{W}_2^{**}$ stimmen die Werte der beiden Verteilungsfunktionen überein:

$$G(\hat{W}_2^{**}; H, \bar{s}^H) = G(\hat{W}_2^{**}; H, \hat{s}^H) = F(\hat{x}_2^{**}, H). \tag{5.105}$$

Für alle größeren Vermögenswerte ist die Differenz der beiden Verteilungsfunktionen niemals negativ und für $\hat{W}_2^{**} < W_2 < x_1 + \bar{x}_2 + v_2$ strikt positiv:

$$G(W_2; H, \bar{s}^H) - G(W_2; H, \hat{s}^H) \geq 0 \quad \text{für } W_2 > \hat{W}_2^{**} \tag{5.106}$$

$$G(W_2; H, \bar{s}^H) - G(W_2; H, \hat{s}^H) > 0 \quad \text{für } \hat{W}_2^{**} < W_2 < x_1 + \bar{x}_2 + v_2. \tag{5.107}$$

Integriert man (5.106) von $z > \hat{W}_2^{**}$ bis W_2, erhält man unter Berücksichtigung von (5.107)

$$\int_{z>\hat{W}_2^{**}}^{W_2} \left(G(z; H, \bar{s}^H) - G(z; H, \hat{s}^H)\right) \, dz > 0.$$

Wegen (5.106) und (5.107) wird die linke Seite dieser Ungleichung maximal, wenn als Integralobergrenze $\overline{W}_2 = x_1 + \bar{x}_2 + v_2$ gewählt wird. Um zu zeigen, dass (5.104) für alle W_2 erfüllt ist, genügt es somit nachzuweisen, dass

$$\int_0^{x_1+\bar{x}_2+v_2} \left(G(W_2; H, \bar{s}^H) - G(W_2; H, \hat{s}^H)\right) \, dW_2 \leq 0 \tag{5.108}$$

gilt. Dann ist (5.104) auch für jedes $W_2 < x_1 + \bar{x}_2 + v_2 = \overline{W}_2$ erfüllt. Unter Verwendung von $G(W_2; H, \hat{s}^H) = F(\hat{x}_2^{**}, H) = const$ für $0 \leq W_2 \leq \hat{W}_2^{**}$ lässt sich die linke Seite von (5.108) schreiben als

$$\begin{aligned} \Delta &\equiv \int_0^{\overline{W}_2} \left(G(W_2; H, \bar{s}^H) - G(W_2; H, \hat{s}^H)\right) \, dW_2 \\ &= \int_0^{\hat{W}_2^{**}} G(W_2; H, \bar{s}^H) dW_2 - F(\hat{x}^{**}, H) \int_0^{\hat{W}_2^{**}} 1 \, dW_2 \\ &\quad + \int_{\hat{W}_2^{**}}^{\overline{W}_2} \left(G(W_2; H, \bar{s}^H) - G(W_2; H, \hat{s}^H)\right) \, dW_2 \end{aligned}$$

Partielle Integration führt auf

$$
\begin{aligned}
\Delta &= W_2 \cdot G(W_2; H, \overline{s}^H)\Big|_0^{\hat{W}_2^{**}} \\
&\quad - \int_0^{\hat{W}_2^{**}} W_2 \cdot g(W_2; H, \overline{s}^H)\, dW_2 - F(\hat{x}_2^{**}, H) \cdot W_2\Big|_0^{\hat{W}_2^{**}} \\
&\quad + W_2 \cdot \left(G(W_2; H, \overline{s}^H) - G(W_2; H, \hat{s}^H)\right)\Big|_{\hat{W}_2^{**}}^{\overline{W}_2} \\
&\quad - \int_{\hat{W}_2^{**}}^{\overline{W}_2} W_2 \cdot \left(g(W_2; H, \overline{s}^H) - g(W_2; H, \hat{s}^H)\right)\, dW_2 \\
&= \hat{W}_2^{**} \cdot G(\hat{W}_2^{**}; H, \overline{s}^H) - F(\hat{x}_2^{**}, H) \cdot \hat{W}_2^{**} - \int_0^{\hat{W}_2^{**}} W_2 \cdot g(W_2; H, \overline{s}^H)\, dW_2 \\
&\quad - \hat{W}_2^{**} \cdot \left(G(\hat{W}_2^{**}; H, \overline{s}^H) - G(\hat{W}_2^{**}; H, \hat{s}^H)\right) \\
&\quad - \int_{\hat{W}_2^{**}}^{\overline{W}_2} W_2 \cdot \left(g(W_2; H, \overline{s}^H) - g(W_2; H, \hat{s}^H)\right)\, dW_2.
\end{aligned}
$$

Aufgrund von $G(\hat{W}_2^{**}; H, \overline{s}^H) = G(\hat{W}_2^{**}; H, \hat{s}^H) = F(\hat{x}_2^{**}, H)$ vereinfacht sich dies zu

$$
\begin{aligned}
\Delta &= -\int_0^{\hat{W}_2^{**}} W_2 \cdot g(W_2; H, \overline{s}^H)\, dW_2 \\
&\quad - \int_{\hat{W}_2^{**}}^{\overline{W}_2} W_2 \cdot \left(g(W_2; H, \overline{s}^H) - g(W_2; H, \hat{s}^H)\right)\, dW_2 \\
&= -\int_0^{\overline{W}_2} W_2 \cdot g(W_2; H, \overline{s}^H)\, dW_2 + \int_{\hat{W}_2^{**}}^{\overline{W}_2} W_2 \cdot g(W_2; H, \hat{s}^H)\, dW_2.
\end{aligned}
$$

Aus (5.102) und (5.103) folgt, dass der erste Integralterm dem erwarteten Endvermögen des Eigentümer-Managers von H bei Wahl von $\overline{s}^H$ und der zweite Integralterm dem erwarteten Endvermögen des Eigentümer-Managers von H bei Wahl von $\hat{s}^H$ entspricht. Da beide Erwartungswerte übereinstimmen, gilt

$$
\begin{aligned}
\Delta &= -\int_0^{\overline{W}_2} W_2 \cdot g(W_2; H, \overline{s}^H)\, dW_2 + \int_{\hat{W}_2^{**}}^{\overline{W}_2} W_2 \cdot g(W_2; H, \hat{s}^H)\, dW_2 \\
&= -E[W_2(\tilde{x}_2^H)|\overline{s}^H] + E[W_2(\tilde{x}_2^H)|\hat{s}^H)] = 0,
\end{aligned}
$$

d.h.

$$
\int_0^{x_1 + \overline{x}_2 + v_2} \left(G(W_2; H, \overline{s}^H) - G(W_2; H, \hat{s}^H)\right)\, dW_2 = 0.
$$

Folglich ist

$$\int_0^{W_2} \left(G(z; H, \overline{s}^H) - G(z; H, \hat{s}^H)\right) dz \leq 0 \quad \forall W_2 \in [0, x_1 + \overline{x}_2 + v_2] \tag{5.109}$$

erfüllt, weshalb $G(\cdot; H, \overline{s}^H)$ die Verteilung $G(\cdot; H, \hat{s}^H)$ nach dem Kriterium der stochastischen Dominanz zweiter Ordnung dominiert.

Abschließend bleibt nachzuweisen, dass der Eigentümer-Manager von H $G(\cdot; H, \overline{s}^H)$ gegenüber $G(\cdot; H, \hat{s}^H)$ (schwach) präferiert:

$$V(H, \overline{s}^H, 0, a) \geq V(H, \hat{s}^H, 0, a).$$

Zu zeigen ist also

$$\begin{aligned} \Delta_1 \quad &\equiv \quad \int_0^{\overline{W}_2} U(W_2) g(W_2; H, \overline{s}^H)\, dW_2 - \Bigg[U(0) \cdot Prob(W_2 = 0; H, \hat{s}^H) \\ &\qquad + \int_{W_2 > 0}^{\overline{W}_2} U(W_2) g(W_2; H, \hat{s}^H)\, dW_2\Bigg] \geq 0. \end{aligned}$$

Unter Verwendung von $g(W_2; H, \hat{s}^H) = 0$ für $0 < W_2 < x_1 + v_2 - c = \hat{W}_2$ erhält man für die Differenz der beiden Erwartungsnutzen

$$\begin{aligned} \Delta_1 \quad &= \quad \int_0^{\overline{W}_2} U(W_2) g(W_2; H, \overline{s}^H)\, dW_2 - \Bigg[U(0) \cdot Prob(W_2 = 0; H, \hat{s}^H) \\ &\qquad + \int_{\hat{W}_2}^{\overline{W}_2} U(W_2) g(W_2; H, \hat{s}^H)\, dW_2\Bigg]. \end{aligned}$$

Partielles Integrieren ergibt

$$\begin{aligned} \Delta_1 \quad &= \quad U(W_2) G(W_2; H, \overline{s}^H)\Big|_0^{\overline{W}_2} - \int_0^{\overline{W}_2} U'(W_2) G(W_2; H, \overline{s}^H)\, dW_2 \\ &\qquad - U(0) \cdot Prob(W_2 = 0; H, \hat{s}^H) - U(W_2) \cdot G(W_2; H, \hat{s}^H)\Big|_{\hat{W}_2}^{\overline{W}_2} \\ &\qquad + \int_{\hat{W}_2}^{\overline{W}_2} U'(W_2) G(W_2; H, \hat{s}^H)\, dW_2. \end{aligned}$$

Unter Berücksichtigung von $G(0; H, \overline{s}^H) = 0$, $G(\overline{W}_2; H, \overline{s}^H) = G(\overline{W}_2; H, \hat{s}^H) = 1$ sowie

$$G(\hat{W}_2; H, \hat{s}^H) = F(\hat{x}_2^{**}; H) = Prob(W_2 = 0; H, \hat{s}^H)$$

vereinfacht sich dies zu

$$\begin{aligned}\Delta_1 &= -\int_0^{\overline{W}_2} U'(W_2)G(W_2;H,\overline{s}^H)\,dW_2 - U(0)\cdot G(\hat{W}_2;H,\hat{s}^H) \\ &\quad +U(\hat{W}_2)\cdot G(\hat{W}_2;H,\hat{s}^H) + \int_{\hat{W}_2}^{\overline{W}_2} U'(W_2)G(W_2;H,\hat{s}^H)\,dW_2.\end{aligned} \tag{5.110}$$

Aufgrund von

$$\begin{aligned}\int_0^{\hat{W}_2} U'(W_2)\cdot G(W_2;H,\hat{s}^H)\,dW_2 &= F(\hat{x}_2^{**},H)\int_0^{\hat{W}_2} U'(W_2)\,dW_2 \\ &= F(\hat{x}_2^{**},H)\left(U(\hat{W}_2)-U(0)\right) \\ &= G(\hat{W}_2;H,\hat{s}^H)\left(U(\hat{W}_2)-U(0)\right)\end{aligned}$$

lässt sich (5.110) auch schreiben als

$$\begin{aligned}\Delta_1 &= -\int_0^{\overline{W}_2} U'(W_2)G(W_2;H,\overline{s}^H)\,dW_2 + \int_0^{\overline{W}_2} U'(W_2)G(W_2;H,\hat{s}^H)\,dW_2 \\ &= -\int_0^{\overline{W}_2} U'(W_2)\left(G(W_2;H,\overline{s}^H) - G(W_2;H,\hat{s}^H)\right)\,dW_2.\end{aligned}$$

Nach einer weiteren partiellen Integration erhält man[42]

$$\begin{aligned}\Delta_1 &= -U'(W_2)\int_0^{W_2}\left(G(y;H,\overline{s}^H)-G(y;H,\hat{s}^H)\right)\,dy\Big|_0^{\overline{W}_2} \\ &\quad + \int_0^{\overline{W}_2} U''(W_2)\left[\int_0^{W_2}\left(G(y;H,\overline{s}^H)-G(y;H,\hat{s}^H)\right)\,dy\right]\,dW_2.\end{aligned}$$

Aufgrund von $\int_0^0 G(y;H,\overline{s}^H)\,dy = \int_0^0 G(y;H,\hat{s}^H)\,dy = 0$ reduziert sich dies zu

$$\begin{aligned}\Delta_1 &= -U'(\overline{W}_2)\int_0^{\overline{W}_2}\left(G(y;H,\overline{s}^H)-G(y;H,\hat{s}^H)\right)\,dy \\ &\quad + \int_0^{\overline{W}_2} U''(W_2)\left[\int_0^{W_2}\left(G(y;H,\overline{s}^H)-G(y;H,\hat{s}^H)\right)\,dy\right]\,dW_2.\end{aligned}$$

[42]Der verbleibende Teil der Beweisführung ist Standard. Vgl. hierzu *Laffont* (1989), S. 32 f.

Wegen (5.109) und $U'(.) > 0$ sowie $U''(.) < 0$ sind beide Terme nicht negativ. Dies impliziert

$$\Delta_1 = V(H, \bar{s}^H, 0, a) - V(H, \hat{s}^H, 0, a) \geq 0,$$

was zu zeigen war. Folglich präferiert der Eigentümer-Manager von H die aus dem Kreditvertrag resultierende Vermögensverteilung $G(\cdot; H, \bar{s}^H)$ gegenüber $G(\cdot; H, \hat{s}^H)$.

Schritt 5. Wie in *Schritt 3* demonstriert, ist der Kreditvertrag $\bar{s}^H$ im Lösungsraum des Optimierungsprogramms $\mathcal{P}_2$ enthalten. Aus *Schritt 4* ergibt sich, dass der Eigentümer-Manager von H den Kreditvertrag $\bar{s}^H$ dem (nicht zulässigen) Finanzkontrakt $\hat{s}^H$ (schwach) vorzieht, weil $\bar{s}^H$ keinen geringeren Erwartungsnutzen als $\hat{s}^H$ stiftet: $V(H, \bar{s}^H 0, a) \geq V(H, \hat{s}^H, 0, a)$. Aus *Schritt 2* folgt, dass der Eigentümer-Manager den Finanzkontrakt $\hat{s}^H$ gegenüber dem im Falle von $\lambda = 0$ als optimal betrachteten Finanzkontrakt s^H strikt präferiert: $V(H, \hat{s}^H, 0, a) > V(H, s^H, 0, a)$. Dies impliziert $V(H, \bar{s}^H, 0, a) > V(H, s^H, 0, a)$, was im Widerspruch zur Optimalität von s^H steht.

Zusammenfassend bleibt festzuhalten: Wenn der Lösungsvektor von $\mathcal{P}_2$ $\lambda = 0$ beinhaltet, dann muss das Auszahlungsprofil des optimalen Finanzkontrakts mit $s^H(\cdot)$ übereinstimmen. Es lässt sich jedoch ein Finanzkontrakt $\bar{s}^H$ konstruieren, welcher im Lösungsraum von $\mathcal{P}_2$ enthalten ist und dem Eigentümer-Manager einen Erwartungsnutzen stiftet, welcher den aus s^H resultierenden übersteigt. Dies widerspricht der Optimalität von s^H. Folglich führt die Annahme $\lambda = 0$ auf einen Widerspruch. Im Optimum muss somit $\lambda > 0$ erfüllt sein, was eine bindende Kapitalaufbringungsrestriktion (5.66) zur Folge hat. ■

Beweis von Proposition 5.7

Zunächst ist festzuhalten, dass sich aus den Propositionen 5.5 und 5.6 $\mu > 0$ und $\lambda > 0$ ergibt. Bedingung (5.65) lautet dann

$$\begin{aligned} -U'(W_2(x_2)) \cdot f(x_2, H) + \lambda \cdot f(x_2, H) & \\ +\mu \cdot U'(W_2(x_2)) \cdot f(x_2, L) + \nu(x_2) - \eta(x_2) &= 0 \; \forall x_2. \end{aligned} \tag{5.111}$$

Der mögliche Verlauf der Auszahlungsfunktion $s^H(\cdot)$ lässt sich in drei Bereiche einteilen: (1) Die Nichtnegativitätsrestriktion ist bindend: $s^H(x_2) = 0$ $(\nu(x_2) \geq 0, \eta(x_2) = 0)$. (2) Weder die Liquiditätsrestriktion (5.70) noch die Nichtnegativitätsrestriktion sind bindend $(\nu(x_2) = 0, \eta(x_2) = 0)$. (3) Die Liquiditätsrestriktion (5.70) ist bindend: $s^H(x_2) = x_1 + x_2 + v_2$ $(\eta(x_2) \geq 0, \nu(x_2) = 0)$. Folglich sind drei Bereiche zu betrachten:

Bereich 1: $s^H(x_2) = 0$. Dies impliziert $\nu(x_2) \geq 0$ und $\eta(x_2) = 0$. Bedingung (5.111) vereinfacht sich in diesem Fall zu

$$-U'(W_2(x_2))f(x_2, H) + \lambda \cdot f(x_2, H) + \mu \cdot U'(W_2(x_2))f(x_2, L) + \nu(x_2) = 0.$$

Wegen $\nu(x_2) \geq 0$ muss dann auch

$$-U'(W_2(x_2))f(x_2, H) + \lambda \cdot f(x_2, H) + \mu \cdot U'(W_2(x_2))f(x_2, L) \leq 0$$

erfüllt sein, was sich zu

$$U'(W_2(x_2)) \left(1 - \mu \cdot \frac{f(x_2, L)}{f(x_2, H)}\right) \geq \lambda \tag{5.112}$$

umformen lässt. Die Menge aller x_2, für welche die Nichtnegativitätsrestriktion bindend ist, wird mit K_1 bezeichnet: $K_1 = \{x_2 \in X_2 | s^H(x_2) = 0\}$.

Bereich 2: $0 < s^H(x_2) < x_1 + x_2 + v_2$. Dies impliziert $\nu(x_2) = \eta(x_2) = 0$. Dann reduziert sich (5.111) zu

$$-U'(W_2(x_2))f(x_2, H) + \lambda \cdot f(x_2, H) + \mu \cdot U'(W_2(x_2))f(x_2, L) = 0,$$

was sich in

$$U'(W_2(x_2)) \left(1 - \mu \cdot \frac{f(x_2, L)}{f(x_2, H)}\right) = \lambda \tag{5.113}$$

überführen lässt. Die Menge aller x_2, für welche weder die Liquiditätsrestriktion noch die Nichtnegativitätsrestriktion bindend sind, wird mit K_2 bezeichnet:

$$K_2 = \{x_2 \in X_2 | 0 < s^H(x_2) < x_1 + x_2 + v_2\}.$$

Bereich 3: $s^H(x_2) = x_1 + x_2 + v_2$. Dies impliziert $\nu(x_2) = 0$, $\eta(x_2) \geq 0$. Restriktion (5.111) vereinfacht sich in diesem Fall wie folgt:

$$-U'(W_2(x_2))f(x_2,H) + \lambda \cdot f(x_2,H) + \mu \cdot U'(W_2(x_2))f(x_2,L) - \eta(x_2) = 0.$$

Wegen $\eta(x_2) \geq 0$ muss dann auch

$$U'(W_2(x_2))\left(1 - \mu \cdot \frac{f(x_2,L)}{f(x_2,H)}\right) \leq \lambda \tag{5.114}$$

erfüllt sein. Die Menge aller x_2, für welche die Liquiditätsrestriktion bindend ist, wird mit K_3 bezeichnet: $K_3 = \{x_2 \in X_2 | s^H(x_2) = x_1 + x_2 + v_2\}$.

Sei $g(x_2) \equiv f(x_2,H)/f(x_2,L)$. Aufgrund von Annahme 5.6 gilt $g'(x_2) > 0 \ \forall x_2$.

Behauptung 1. Angenommen, K_2 und K_3 sind nicht leer. Dann gilt:

$$\forall k_2 \in K_2, \forall k_3 \in K_3: \quad k_2 > k_3.$$

Beweis: Die Behauptung wird durch Widerspruch belegt. Angenommen, es existiert (mindestens) ein $\hat{k}_2 \in K_2$ und ein $\hat{k}_3 \in K_3$, so dass gilt: $\hat{k}_3 > \hat{k}_2$. Aufgrund von (5.113) und (5.114) muss

$$U'(W_2(\hat{k}_3))\left(1 - \frac{\mu}{g(\hat{k}_3)}\right) \leq \lambda = U'(W_2(\hat{k}_2))\left(1 - \frac{\mu}{g(\hat{k}_2)}\right) \tag{5.115}$$

erfüllt sein. Für alle $k_3 \in K_3$ ist die Liquiditätsrestriktion bindend, d.h. $W_2(k_3) = 0$. Für alle $k_2 \in K_2$ gilt $x_1 + k_2 + v_2 > s^H(k_2)$, was $W_2(k_2) > 0$ zur Konsequenz hat. Dies impliziert $W_2(\hat{k}_3) = 0 < W_2(\hat{k}_2)$ und damit $U'(W_2(\hat{k}_3)) > U'(W_2(\hat{k}_2))$. Aufgrund von $g'(\cdot) > 0$ und $\hat{k}_3 > \hat{k}_2$ gilt darüber hinaus $g(\hat{k}_3) > g(\hat{k}_2)$. Wegen $\lambda > 0$ ergibt sich aus (5.115) überdies $1 - \mu/g(\hat{k}_2) > 0$. Aufgrund von $\mu > 0$ ist dann die Beziehung $1 - \mu/g(\hat{k}_3) > 1 - \mu/g(\hat{k}_2) > 0$ erfüllt. Dies hat jedoch

$$U'(W_2(\hat{k}_3))\left(1 - \mu/g(\hat{k}_3)\right) > U'(W_2(\hat{k}_2))\left(1 - \mu/g(\hat{k}_2)\right)$$

zur Konsequenz, was (5.115) widerspricht. Q.E.D.

Behauptung 2. Angenommen, K_1 und K_3 sind nicht leer. Dann gilt:

$$\forall k_1 \in K_1, \forall k_3 \in K_3: \quad k_1 > k_3.$$

Beweis: Die Behauptung wird durch Widerspruch belegt. Angenommen, es existiert (mindestens) ein $\hat{k}_1 \in K_1$ und ein $\hat{k}_3 \in K_3$, so dass gilt: $\hat{k}_1 < \hat{k}_3$. Aufgrund von (5.112) und (5.114) muss

$$U'(W_2(\hat{k}_3))\left(1 - \mu/g(\hat{k}_3)\right) \leq \lambda \leq U'(W_2(\hat{k}_1))\left(1 - \mu/g(\hat{k}_1)\right) \qquad (5.116)$$

erfüllt sein. Für alle $k_3 \in K_3$ ist die Liquiditätsrestriktion bindend, d.h. $W_2(\hat{k}_3) = 0 < W_2(\hat{k}_1)$. Dies impliziert $U'(W_2(\hat{k}_3)) > U'(W_2(\hat{k}_1))$. Aufgrund von $g'(\cdot) > 0$ gilt darüber hinaus $g(\hat{k}_3) > g(\hat{k}_1)$. Wegen $\lambda > 0$ ergibt sich aus (5.112) überdies $1 - \mu/g(\hat{k}_1) > 0$. Aufgrund von $\mu > 0$ ist dann die Beziehung $1 - \mu/g(\hat{k}_3) > 1 - \mu/g(\hat{k}_1) > 0$ erfüllt. Dies hat jedoch

$$U'(W_2(\hat{k}_3))\left(1 - \mu/g(\hat{k}_3)\right) > U'(W_2(\hat{k}_1))\left(1 - \mu/g(\hat{k}_1)\right)$$

zur Konsequenz, was (5.116) widerspricht. Q.E.D.

Behauptung 3. Angenommen, K_1 und K_3 sind nicht leer. Dann existiert ein nicht degeneriertes Intervall $\hat{K}_2 \subseteq K_2$, so dass gilt:

$$\forall k_1 \in K_1,\ \forall k_2 \in \hat{K}_2,\ \forall k_3 \in K_3 : k_1 > k_2 > k_3.$$

Beweis: Da K_1 und K_3 als nicht leer angenommen werden, sind die Anwendungsvoraussetzungen für Behauptung 2 erfüllt. Folglich gilt:

$$\forall k_1 \in K_1,\ \forall k_3 \in K_3 :\ k_1 > k_3.$$

Behauptung 2 ist mit den folgenden drei Fällen vereinbar:

(1) Es existiert *kein* $k_2 \in K_2$, so dass gilt: $\forall k_1 \in K_1$, $\forall k_3 \in K_3$: $k_1 > k_2 > k_3$, d.h. $\hat{K}_2 = \emptyset$.

(2) Es existiert *genau ein* $\hat{k}_2 \in K_2$, so dass gilt: $\forall k_1 \in K_1$, $\forall k_3 \in K_3$: $k_1 > \hat{k}_2 > k_3$, d.h. $\hat{K}_2 = \{\hat{k}_2\}$.

(3) Es existiert ein nicht degeneriertes Intervall $\hat{K}_2 \subseteq K_2$, so dass gilt:

$$\forall k_1 \in K_1,\ \forall k_2 \in \hat{K}_2,\ \forall k_3 \in K_3 : k_1 > k_2 > k_3.$$

Behauptung 3 ist nur mit Fall (3) vereinbar. Die Fälle (1) und (2) werden nun mit Hilfe eines Widerspruchsarguments eliminiert.

ad (1): Angenommen, $\hat{K}_2 = \emptyset$. Drei Unterfälle sind zu differenzieren:[43]

(1.1) K_3 und $\hat{K}_1 \subseteq K_1$ sind nicht degeneriert: $K_3 = [0, \overline{k}]$ und $\hat{K}_1 = (\overline{k}, \hat{k}_1] \subseteq K_1$.[44] Dann ist folgende Grenzbetrachtung möglich: (a) Bildung des linksseitigen Grenzwerts der linken Seite von (5.114) für x_2 gegen $\overline{k}$. Wegen $x_2 \leq \overline{k}$ $\forall x_2 \in K_3$ ist eine solche Grenzwertbildung zulässig:

$$\lim_{x_2 \uparrow \overline{k}} U'(0)\,(1 - \mu/g(x_2)) = U'(0)\,\big(1 - \mu/g(\overline{k})\big) \leq \lambda,$$

wobei aufgrund der Stetigkeit von $g(\cdot)$ $\lim_{x_2 \uparrow \overline{k}} g(x_2) = g(\overline{k})$ gilt. (b) Bildung des rechtsseitigen Grenzwerts der linken Seite von (5.112) für x_2 gegen $\overline{k}$:

$$\lim_{x_2 \downarrow \overline{k}} U'(x_1 + x_2 + v_2)\,(1 - \mu/g(x_2)) = U'(x_1 + \overline{k} + v_2)\,\big(1 - \mu/g(\overline{k})\big) \geq \lambda. \tag{5.117}$$

Auch diese Grenzwertbildung ist zulässig, weil $\hat{K}_1$ nicht degeneriert ist, d.h. alle $x_2 > \overline{k}$ in der Umgebung rechts von $\overline{k}$ zu K_1 gehören. Aufgrund von $U'(x_1 + \overline{k} + v_2) < U'(0)$ und $1 - \mu/g(\overline{k}) > 0$ (wegen $\lambda > 0$ und (5.117)) folgt

$$\lim_{x_2 \uparrow \overline{k}} U'(0)\,(1 - \mu/g(x_2)) > \lim_{x_2 \downarrow \overline{k}} U'(x_1 + x_2 + v_2)\,(1 - \mu/g(x_2))\,,$$

was im Widerspruch zu (5.112) und (5.114) steht, die

$$U'(0)\,(1 - \mu/g(k_3)) \leq U'(x_1 + k_1 + v_2)\,(1 - \mu/g(k_1)) \quad \forall k_1 \in K_1, \forall k_3 \in K_3$$

verlangen.

(1.2) K_3 ist degeneriert: $K_3 = \{0\}$; $\hat{K}_1$ ist nicht degeneriert: $\hat{K}_1 = (0, \hat{k}_1]$. An der Stelle $x_2 = 0$ nimmt die linke Seite von (5.114) folgenden Wert an:

$$U'(0)\,(1 - \mu/g(0)) \leq \lambda.$$

Bildet man den rechtsseitigen Grenzwert von (5.112) für x_2 gegen 0, resultiert

$$\lim_{x_2 \downarrow 0} U'(x_1 + x_2 + v_2)\,(1 - \mu/g(x_2)) = U'(x_1 + v_2)\,(1 - \mu/g(0)) \geq \lambda. \tag{5.118}$$

---

[43]Der Fall, dass sowohl K_3 als auch $\hat{K}_1 \subseteq K_1$ degeneriert, d.h. Punktmengen sind ($K_3 = \{0\}$, $\hat{K}_1 = \{\hat{k}\}$), führt unmittelbar auf einen Widerspruch, denn in diesem Fall kann $\hat{K}_2$ nicht leer sein.

[44]Der Wert des Zielfunktionals wird nicht dadurch beeinflusst wird, dass der Schwellenwert $\overline{k}$ der Menge K_3 oder der Menge $\hat{K}_1$ zugeordnet wird. Deshalb wird $\overline{k}$ willkürlich der Menge K_3 zugewiesen. Analoges gilt für den Schwellenwert $\hat{k}_1$.

Wegen $U'(0) > U'(x_1 + v_2)$ und $1 - \mu/g(0) > 0$ (aufgrund von $\lambda > 0$ und (5.118)) erhält man

$$\begin{aligned} U'(0)\,(1-\mu/g(0)) &> \lim_{x_2 \downarrow 0} U'(x_1+x_2+v_2)\,(1-\mu/g(x_2)) \\ &= U'(x_1+v_2)\,(1-\mu/g(0))\,, \end{aligned}$$

was im Widerspruch zu (5.112) und (5.114) steht.

(1.3) K_3 ist nicht degeneriert: $K_3 = [0, \overline{k})$; K_1 ist degeneriert: $\hat{K}_1 = \{\overline{k}\}$. An der Stelle $x_2 = \overline{k}$ nimmt die linke Seite von (5.112) folgenden Wert an:

$$U'(x_1 + \overline{k} + v_2)\left(1 - \mu/g(\overline{k})\right) \geq \lambda. \tag{5.119}$$

Der linksseitige Grenzwert der linken Seite von (5.114) beläuft sich auf

$$\lim_{x_2 \uparrow \overline{k}} U'(0)\,(1-\mu/g(x_2)) = U'(0)\left(1-\mu/g(\overline{k})\right) \leq \lambda.$$

Wegen $U'(0) > U'(x_1 + \overline{k} + v_2)$ und $1 - \mu/g(\overline{k}) > 0$ (wegen $\lambda > 0$ und (5.119)) ergibt sich

$$\lim_{x_2 \uparrow \overline{k}} U'(0)\,(1-\mu/g(x_2)) > U'(x_1+\overline{k}+v_2)\left(1-\mu/g(\overline{k})\right),$$

was (5.112) und (5.114) widerspricht.

ad (2): Angenommen, $\hat{K}_2 = \{\overline{k}\}$. Dann sind $\hat{K}_1$ und K_3 nicht degeneriert: $K_3 = [0, \overline{k})$ und $\hat{K}_1 = (\overline{k}, \hat{k}_1]$. Somit lassen sich die folgenden Grenzwerte bilden: (a) linksseitiger Grenzwert der linken Seite von (5.114) für x_2 gegen $\overline{k}$:

$$\lim_{x_2 \uparrow \overline{k}} U'(0)\,(1-\mu/g(x_2)) = U'(0)\left(1-\mu/g(\overline{k})\right) \leq \lambda,$$

wobei aufgrund der Stetigkeit von $g(\cdot)$ $lim_{x_2 \uparrow \overline{k}} g(x_2) = g(\overline{k})$ gilt. (b) Bildung des rechtsseiten Grenzwerts der linken Seite von (5.112) für x_2 gegen $\overline{k}$:

$$\lim_{x_2 \downarrow \overline{k}} U'(x_1+x_2+v_2)\,(1-\mu/g(x_2)) = U'(x_1+\overline{k}+v_2)\left(1-\mu/g(\overline{k})\right) \geq \lambda \tag{5.120}$$

Aufgrund von $U'(x_1 + \overline{k} + v_2) < U'(0)$ und $1 - \mu/g(\overline{k}) > 0$ (wegen $\lambda > 0$ und (5.120)) folgt

$$\lim_{x_2 \uparrow \overline{k}} U'(0)\,(1-\mu/g(x_2)) > \lim_{x_2 \downarrow \overline{k}} U'(x_1+x_2+v_2)\,(1-\mu/g(x_2))\,,$$

was im Widerspruch zu (5.112) und (5.114) steht, die

$$U'(0)\,(1-\mu/g(k_3)) \leq U'(x_1+k_1+v_2)\,(1-\mu/g(k_1)) \quad \forall k_1 \in K_1,\, \forall k_3 \in K_3$$

verlangen.

Folglich kann $\hat{K}_2$ – wie behauptet – nicht leer bzw. nicht degeneriert sein, wenn K_1 und K_3 nicht leer sind. Q.E.D.

Behauptung 4. K_2 ist nicht leer bzw. nicht degeneriert, d.h. die optimale Auszahlungsfunktion $s^H(\cdot)$ verläuft mit positiver Wahrscheinlichkeit im Bereich 2:

$$\int_{x_2 \in K_2} f(x_2, H)\, dx_2 > 0.$$

Beweis: Die Behauptung wird durch Widerspruch bewiesen. Angenommen, K_2 ist degeneriert bzw. leer: $\int_{x_2 \in K_2} f(x_2, H)\, dx_2 = 0$. Die optimale Auszahlungsfunktion verläuft somit nicht bzw. mit Wahrscheinlichkeit null im Bereich 2. Dann muss die optimale Auszahlungsfunktion $s^H(\cdot)$ mit Wahrscheinlichkeit eins im Bereich 1 und/oder im Bereich 3 verlaufen: $\int_{x_2 \in K_1 \cup K_3} f(x_2, H)\, dx_2 = 1$. Wenn $s^H(\cdot)$ mit Wahrscheinlichkeit eins im Bereich 1 verläuft, d.h.

$$\int_{x_2 \in K_1} f(x_2, H)\, dx_2 = 1,$$

werden wegen $s^H(x_2) = 0\ \forall x_2 \in K_1$ mit Wahrscheinlichkeit eins keine Zahlungen an die Wertpapierinhaber geleistet. Folglich ist die Kapitalaufbringungsrestriktion (5.66) verletzt. Wenn $s^H(\cdot)$ mit Wahrscheinlichkeit eins im Bereich (3) verläuft ($\int_{x_2 \in K_3} f(x_2, H) dx_2 = 1$), erhält der Eigentümer-Manager aufgrund von $W_2(x_2) = 0\ \forall x_2 \in K_3$ mit Wahrscheinlichkeit eins ein Endvermögen von null, so dass die Anreizbedingung (5.68) als Ungleichung erfüllt ist; dies steht im Widerspruch zu Proposition 5.5. Deshalb verbleibt nur noch die Möglichkeit, dass die optimale Auszahlungsfunktion sowohl in Bereich 1 als auch in Bereich 3 mit positiver Wahrscheinlichkeit verläuft:

$$\int_{x_2 \in K_1} f(x_2, H) dx_2 > 0$$

$$\int_{x_2 \in K_3} f(x_2, L) dx_2 > 0$$

und

$$\int_{x_2 \in K_1 \cup K_3} f(x_2, H) dx_2 = 1.$$

Da in diesem Fall K_1 und K_3 nicht leer sind, folgt jedoch aus Behauptung 3, dass K_2 nicht leer und nicht degeneriert ist. Somit kann K_2 in keinem Fall degeniert bzw. leer sein, d.h. $\int_{x_2 \in K_2} f(x_2, H) dx_2 > 0$. Q.E.D.

Behauptung 5. Angenommen, $K_3 \neq \emptyset$. Dann verläuft die optimale Auszahlungsfunktion $s^H(\cdot)$ beim Übergang von Bereich 3 in Bereich 2 stetig.

Beweis: Da K_3 als nicht leer angenommen wird, existiert aufgrund von den Behauptungen 1, 3, und 4 genau ein $\overline{k} \geq 0$ und eine nicht degenerierte Menge $\hat{K}_2 \subseteq K_2$, so dass gilt:[45]

$$K_3 = [0, \overline{k}] \quad \hat{K}_2 = (\overline{k}, \hat{k}_2].$$

Damit grenzt K_3 unmittelbar an $\hat{K}_2$ und liegt links davon. Zu zeigen ist, dass $s^H(x_2)$ an der Stelle $x_2 = \overline{k}$ stetig ist:

$$\lim_{x_2 \uparrow \overline{k}} s^H(x_2) = s^H(\overline{k}) = \lim_{x_2 \downarrow \overline{k}} s^H(x_2).$$

Der linksseitige Grenzwert kann dabei nur gebildet werden, wenn K_3 nicht degeneriert ist; andernfalls ist nur die rechtsseitige Stetigkeit zu untersuchen. Verläuft die optimale Auszahlungsfunktion im Bereich 3, muss

$$U'(0)\,(1 - \mu/g(x_2)) \leq \lambda \quad \forall x_2 \in K_3$$

erfüllt sein, wobei

$$W_2(x_2) \;\; = \;\; x_1 + x_2 + v_2 - s^H(x_2) = 0.$$

An der Stelle $\overline{k} \in K_3$ stimmt der Wert der linken Seite dieser Bedingung mit dem linksseitigen Grenzwert überein:[46]

$$U'(0)\left(1 - \mu/g(\overline{k})\right) = \lim_{x_2 \uparrow \overline{k}} U'(0)\,(1 - \mu/g(x_2)) \leq \lambda. \tag{5.121}$$

[45]Dabei kann die Intervallgrenze $\overline{k}$ sowohl $\hat{K}_2$ als auch K_3 zugeordnet werden, ohne dass dies eine Auswirkung auf den Wert des Zielfunktionals besitzt. Deshalb wird $\overline{k}$ willkürlich der Menge K_3 zugewiesen.

[46]Der linksseitige Grenzwert kann und muss nur für $\overline{k} > 0$ gebildet werden.

Sofern K_3 nicht degeneriert ist, sind $W_2(x_2) = 0$ und $s^H(x_2) = x_1 + x_2 + v_2$ an der Stelle $x_2 = \overline{k}$ damit linksseitig stetig. Verläuft die optimale Auszahlungsfunktion im Bereich 2, muss

$$U'(W_2(x_2))\,(1 - \mu/g(x_2)) = \lambda \quad \forall x_2 \in K_2$$

erfüllt sein. Bildet man den rechtsseitigen Grenzwert an der Stelle $x_2 = \overline{k}$, resultiert[47]

$$\lim_{x_2 \downarrow \overline{k}} U'(W_2(x_2))\,(1 - \mu/g(x_2)) = \left(1 - \mu/g(\overline{k})\right) \cdot \lim_{x_2 \downarrow \overline{k}} U'(W_2(x_2)) = \lambda. \quad (5.122)$$

Wegen $\lambda > 0$ und $U'(\cdot) > 0$ muss $(1 - \mu/g(\overline{k})) > 0$ gelten. Ersetzt man in Ungleichung (5.121) λ durch den mittleren Ausdruck von (5.122), erhält man

$$U'(0)\left(1 - \mu/g(\overline{k})\right) \leq \left(1 - \mu/g(\overline{k})\right) \lim_{x_2 \downarrow \overline{k}} U'(W_2(x_2)).$$

Nach einer Division durch $1 - \mu/g(\overline{k}) > 0$ verbleibt

$$U'(0) \leq \lim_{x_2 \downarrow \overline{k}} U'(W_2(x_2)).$$

Aufgrund von $W_2(x_2) \geq 0$ $(\forall x_2)$ sowie $U'(W_2) > 0$ und $U''(W_2) < 0$ kann diese Ungleichung nur für

$$\lim_{x_2 \downarrow \overline{k}} W_2(x_2) = 0$$

erfüllt sein. Dann ist $W_2(x_2)$ an der Stelle $x_2 = \overline{k}$ stetig – und damit auch $s^H(x_2)$, denn

$$\lim_{x_2 \uparrow \overline{k}} s^H(x_2) = s^H(\overline{k}) = x_1 + \overline{k} + v_2 = \lim_{x_2 \downarrow \overline{k}} s^H(x_2),$$

was zu zeigen war. Q.E.D.

Behauptung 6. (i) Angenommen, $\hat{K}_1 \subseteq K_1$ sei nicht leer. Darüber hinaus existiere ein nicht degeneriertes Intervall $\overline{K}_2 \subseteq K_2$ und genau ein $\overline{k}$, so dass gilt:

$$x_2 < \overline{k} \quad \forall x_2 \in \overline{K}_2$$
$$x_2 \geq \overline{k} \quad \forall x_2 \in \hat{K}_1.$$

---

[47] Wegen $-\infty < \lim_{x_2 \downarrow \overline{k}}(1 - \mu/g(x_2)) = 1 - \mu/g(\overline{k}) < \infty$ und $0 < \lim_{x_2 \downarrow \overline{k}} U'(W(x_2)) < \infty$ ist Theorem V in *Chiang* (1984), S. 146, anwendbar.

Dann muss die optimale Auszahlungsfunktion $s^H(\cdot)$ an der Stelle $x_2 = \overline{k}$ stetig bzw. linksseitig stetig – sofern $\hat{K}_1$ eine Punktmenge ist – verlaufen. (ii) Angenommen, $\hat{K}_1 \subseteq K_1$ sei nicht leer und nicht degeneriert. Darüber hinaus existiere eine Punktmenge $\overline{K}_2 = \{\overline{k}\} \subseteq K_2$, so dass gilt: $\hat{K}_1 = (\overline{k}, \hat{k}_1]$. Dann muss die optimale Auszahlungsfunktion $s^H(\cdot)$ an der Stelle $x_2 = \overline{k}$ (rechtsseitig) stetig verlaufen.

Beweis: *ad (i)*: Zu zeigen ist

$$\lim_{x_2 \uparrow \overline{k}} s^H(x_2) = s^H(\overline{k}) = 0 = \lim_{x_2 \downarrow \overline{k}} s^H(x_2).$$

Der rechtsseitige Grenzwert ist dabei nur dann zu bilden, wenn $\hat{K}_1$ nicht degeneriert ist. Wegen $s^H(x_2) = 0$ für alle $x_2 \in K_1$ und $\overline{k} \in \hat{K}_1 \subseteq K_1$ folgt sofort

$$0 = s^H(\overline{k}) = \lim_{x_2 \downarrow \overline{k}} s^H(x_2).$$

Somit verbleibt Folgendes zu demonstrieren:

$$\lim_{x_2 \uparrow \overline{k}} s^H(x_2) = 0.$$

An der Stelle $x_2 = \overline{k}$ verläuft die optimale Auszahlungsfunktion im Bereich $\hat{K}_1$, so dass

$$U'(x_1 + \overline{k} + v_2)\left(1 - \mu/g(\overline{k})\right) \geq \lambda \tag{5.123}$$

zu gelten hat.Wenn die optimale Auszahlungsfunktion im Bereich $\overline{K}_2 \subseteq K_2$ verläuft, muss

$$U'(W_2(x_2))\,(1 - \mu/g(x_2)) = \lambda \quad \forall x_2 \in \overline{K}_2$$

erfüllt sein. Bildet man den linksseitigen Grenzwert für x_2 gegen $\overline{k}$, resultiert[48]

$$\lim_{x_2 \uparrow \overline{k}} U'(W_2(x_2))\,(1 - \mu/g(x_2)) = \left(1 - \mu/g(\overline{k})\right) \lim_{x_2 \uparrow \overline{k}} U'(W_2(x_2)) = \lambda. \tag{5.124}$$

Verknüpft man (5.123) und (5.124), erhält man

$$U'(x_1 + \overline{k} + v_2)\left(1 - \mu/g(\overline{k})\right) \geq \left(1 - \mu/g(\overline{k})\right) \lim_{x_2 \uparrow k} U'(W_2(x_2)).$$

[48]Es wird wiederum Theorem V aus *Chiang* (1984), S. 146, verwendet.

Nach einer Division durch $1 - \mu/g(\overline{k}) > 0$ verbleibt

$$U'(x_1 + \overline{k} + v_2) \geq \lim_{x_2 \uparrow \overline{k}} U'(W_2(x_2)). \tag{5.125}$$

Wegen $x_1 + x_2 + v_2 \geq x_1 + x_2 + v_2 - s^H(x_2) = W_2(x_2)$ sowie $U'(W_2) > 0$ und $U''(W_2) < 0$ ist (5.125) nur dann nicht verletzt, wenn $x_1 + \overline{k} + x_2 = \lim_{x_2 \uparrow \overline{k}} W_2(x_2)$ gilt; (5.125) ist dann mit Gleichheit erfüllt. Dies impliziert

$$0 = s^H(\overline{k}) = \lim_{x_2 \uparrow \overline{k}} s^H(x_2),$$

d.h. $s^H(x_2)$ ist an der Stelle $x_2 = \overline{k}$ (linksseitig) stetig.

ad (ii): Zu zeigen ist

$$s^H(\overline{k}) = \lim_{x_2 \downarrow \overline{k}} s^H(x_2).$$

Wegen $s^H(x_2) = 0$ für alle $x_2 \in K_1$ resultiert sofort:

$$\lim_{x_2 \downarrow \overline{k}} s^H(x_2) = 0.$$

Somit verbleibt Folgendes zu demonstrieren:

$$s^H(\overline{k}) = 0.$$

An der Stelle $x_2 = \overline{k}$ verläuft die optimale Auszahlungsfunktion im Bereich $\hat{K}_2$, so dass

$$U'(W_2(\overline{k}))\left(1 - \mu/g(\overline{k})\right) = \lambda \tag{5.126}$$

erfüllt sein muss. Wenn die optimale Auszahlungsfunktion im Bereich $\hat{K}_1$ verläuft, gilt:

$$U'(x_1 + x_2 + v_2)\,(1 - \mu/g(x_2)) \geq \lambda.$$

Bildet man den rechtsseitigen Grenzwert für x_2 gegen $\overline{k}$, resultiert

$$\lim_{x_2 \downarrow \overline{k}} U'(x_1 + x_2 + v_2)\,(1 - \mu/g(x_2)) = U'(x_1 + \overline{k} + v_2) \cdot \left(1 - \mu/g(\overline{k})\right) \geq \lambda. \tag{5.127}$$

Verknüpft man (5.126) und (5.127), erhält man

$$U'(x_1 + \overline{k} + v_2) \cdot \left(1 - \mu/g(\overline{k})\right) \geq U'(W_2(\overline{k}))\left(1 - \mu/g(\overline{k})\right).$$

Nach einer Division durch $1 - \mu/g(\overline{k}) > 0$ verbleibt

$$U'(x_1 + \overline{k} + v_2) \geq U'(W_2(\overline{k})). \tag{5.128}$$

Wegen $x_1 + \overline{k} + v_2 \geq x_1 + \overline{k} + v_2 - s^H(\overline{k}) = W_2(\overline{k})$ sowie $U'(W_2) > 0$ und $U''(W_2) < 0$ ist (5.128) nur dann nicht verletzt, wenn $W_2(\overline{k}) = x_1 + \overline{k} + v_2$ gilt; (5.128) ist dann mit Gleichheit erfüllt. Dies impliziert

$$s^H(\overline{k}) = \lim_{x_2 \downarrow \overline{k}} s^H(x_2) = 0,$$

d.h. $s^H(x_2)$ ist an der Stelle $x_2 = \overline{k}$ rechtsseitig stetig. Q.E.D.

Behauptung 7. (i) Angenommen, $\hat{K}_1 \subseteq K_1$ sei nicht leer. Darüber hinaus existiere ein nicht degeneriertes Intervall $\overline{K}_2 \subset K_2$ und genau ein $\overline{k}$, so dass gilt:

$$x_2 \leq \overline{k} \quad \forall x_2 \in \hat{K}_1$$
$$x_2 > \overline{k}_2 \quad \forall x_2 \in \overline{K}_2.$$

Dann muss die optimale Auszahlungsfunktion $s^H(\cdot)$ an der Stelle $x_2 = \overline{k}$ (rechtsseitig) stetig sein. (ii) Angenommen, $\hat{K}_1 \subseteq K_1$ sei nicht leer und nicht degeneriert. Darüber hinaus existiere eine Punktmenge $\overline{K}_2 = \{\overline{k}\} \subset K_2$, so dass gilt: $\hat{K}_1 = [\hat{k}_1, \overline{k})$. Dann muss die optimale Auszahlungsfunktion $s^H(\cdot)$ an der Stelle $x_2 = \overline{k}$ (linksseitig) stetig sein.

Beweis: *ad (i)*: Zu zeigen ist

$$\lim_{x_2 \uparrow \overline{k}} s^H(x_2) = s^H(\overline{k}) = 0 = \lim_{x_2 \downarrow \overline{k}} s^H(x_2),$$

wobei der linksseitige Grenzwert nur gebildet werden kann, wenn $\hat{K}_1$ nicht degeneriert ist. Aufgrund von $s^H(x_2) = 0$ für alle $x_2 \in \hat{K}_1$ und $\overline{k} \in \hat{K}_1$ gilt – für nicht degeneriertes $\hat{K}_1$ –

$$\lim_{x_2 \uparrow \overline{k}} s^H(x_2) = s^H(\overline{k}) = 0.$$

Zu demonstrieren verbleibt deshalb nur noch die rechtsseitige Stetigkeit von $s^H(x_2)$ an der Stelle $x_2 = \overline{k}$. Da die optimale Auszahlungsfunktion an der Stelle $\overline{k}$ im Bereich $\hat{K}_1 \subseteq K_1$ verläuft, muss

$$U'(x_1 + \overline{k} + v_2) \cdot \left(1 - \mu/g(\overline{k})\right) \geq \lambda \tag{5.129}$$

erfüllt sein. Verläuft die optimale Auszahlungsfunktion im Bereich $\hat{K}_2$, muss

$$U'(W_2(x_2)) \cdot (1 - \mu/g(x_2)) = \lambda.$$

gelten. Für den rechtsseitigen Grenzwert an der Stelle $x_2 = \overline{k}$ erhält man:

$$\lim_{x_2 \downarrow \overline{k}} U'(W_2(x_2)) \cdot (1 - \mu/g(x_2)) = \left(1 - \mu/g(\overline{k})\right) \lim_{x_2 \downarrow \overline{k}} U'(W_2(x_2)) = \lambda. \quad (5.130)$$

Verknüpft man (5.129) und (5.130), resultiert

$$U'(x_1 + \overline{k} + x_2) \cdot \left(1 - \mu/g(\overline{k})\right) \geq \left(1 - \mu/g(\overline{k})\right) \lim_{x_2 \downarrow \overline{k}} U'(W_2(x_2)).$$

Nach einer Division durch $1 - \mu/g(\overline{k}) > 0$ verbleibt

$$U'(x_1 + \overline{k} + x_2) \geq \lim_{x_2 \downarrow \overline{k}} U'(W_2(x_2)).$$

Diese Bedingung ist wegen $U'(W_2) > 0$ und $U''(W_2) < 0$ nur dann nicht verletzt, wenn $x_1 + \overline{k} + v_2 \leq \lim_{x_2 \downarrow \overline{k}} W_2(x_2)$ erfüllt ist. Dies ist jedoch nur mit

$$\lim_{x_2 \downarrow \overline{k}} W_2(x_2) = x_1 + \overline{k} + v_2$$

vereinbar, was $\lim_{x_2 \downarrow \overline{k}} s^H(x_2) = 0$ impliziert. Folglich ist $s^H(x_2)$ an der Stelle $x_2 = \overline{k}$ (rechtsseitig) stetig.

ad (ii): Zu zeigen ist

$$s^H(\overline{k}) = \lim_{x_2 \uparrow \overline{k}} s^H(x_2).$$

Aufgrund von $s^H(x_2) = 0$ für alle $x_2 \in \hat{K}_1$ gilt

$$\lim_{x_2 \uparrow \overline{k}} s^H(x_2) = 0.$$

Zu demonstrieren verbleibt deshalb nur noch $s^H(\overline{k}) = 0$. Da die optimale Auszahlungsfunktion an der Stelle $\overline{k}$ im Bereich $\hat{K}_2$ verläuft, muss

$$U'(W_2(\overline{k})) \cdot \left(1 - \mu/g(\overline{k})\right) = \lambda. \quad (5.131)$$

erfüllt sein. Verläuft die optimale Auszahlungsfunktion im Bereich $\hat{K}_1$, gilt

$$U'(x_1 + x_2 + v_2) \cdot (1 - \mu/g(x_2)) \geq \lambda. \quad (5.132)$$

Für den linksseitigen Grenzwert an der Stelle $x_2 = \overline{k}$ erhält man

$$\lim_{x_2 \uparrow \overline{k}} U'(W_2(x_2)) \cdot (1 - \mu/g(x_2)) = \left(1 - \mu/g(\overline{k})\right) U'(x_1 + \overline{k} + v_2) \geq \lambda. \quad (5.133)$$

Verknüpft man (5.131) und (5.133), resultiert

$$U'(x_1 + \overline{k} + x_2) \cdot \left(1 - \mu/g(\overline{k})\right) \geq \left(1 - \mu/g(\overline{k})\right) U'(W_2(\overline{k})).$$

Nach einer Division durch $1 - \mu/g(\overline{k}) > 0$ verbleibt

$$U'(x_1 + \overline{k} + x_2) \geq U'(W_2(\overline{k})).$$

Diese Bedingung ist wegen $U'(W_2) > 0$ und $U''(W_2) < 0$ nur dann nicht verletzt, wenn $W_2(\overline{k}) = x_1 + \overline{k} + v_2 \leq W_2(\overline{k}) = x_1 + \overline{k} + v_2 - s^H(\overline{k})$ erfüllt ist. Dies ist jedoch nur mit

$$W_2(\overline{k}) = x_1 + \overline{k} + v_2$$

vereinbar, was $s^H(\overline{k}) = 0$ impliziert. Folglich ist $s^H(x_2)$ an der Stelle $x_2 = \overline{k}$ linksseitig stetig. Q.E.D.

Behauptung 8. Die optimale Auszahlungsfunktion $s^H(\cdot)$ ist stetig auf dem Intervall $X_2 = [0, \overline{x}_2]$.

Beweis: Seien $\hat{K}_1 \subseteq K_1$, $\hat{K}_2 \subseteq K_2$, $\hat{K}_3 \subseteq K_3$ (offene oder geschlossene) Intervalle oder Punktmengen. Zunächst wird gezeigt, dass die optimale Auszahlungsfunktion $s^H(\cdot)$ auf einem (nicht degenerierten) Intervall $\hat{K}_2$ stetig ist. Da die Auszahlungsfunktion in diesem Falle im Bereich 2 verläuft, muss

$$U'(W_2(x_2)) \cdot (1 - \mu/g(x_2)) = \lambda \quad \forall x_2 \in \hat{K}_2$$

erfüllt sein. Daraus resultiert

$$U'(W_2(x_2)) = \frac{\lambda \cdot g(x_2)}{g(x_2) - \mu} \quad \forall x_2 \in \hat{K}_2. \quad (5.134)$$

Da die Grenznutzenfunktion $U'(\cdot)$ wegen $U''(\cdot) < 0$ über den gesamten Definitionsbereich stetig und streng monoton fallend ist, existiert die Umkehrfunktion $U'^{-1}(\cdot)$, die ebenfalls stetig ist. Somit lässt sich (5.134) umformen zu:

$$W_2(x_2) = U'^{-1}\left(\frac{\lambda \cdot g(x_2)}{g(x_2) - \mu}\right) \quad \forall x_2 \in \hat{K}_2,$$

wobei $g(x_2) - \mu > 0 \; \forall x_2 \in \hat{K}_2$. Aufgrund der Stetigkeit von $g(x_2)$ auf dem Intervall $\hat{K}_2$ ist auch $g(x_2)/(g(x_2) - \mu)$ stetig.[49] Da auch $U'^{-1}(\cdot)$ stetig ist, gilt dies auch für die verkettete Funktion

$$W_2(x_2) = U'^{-1}\left(\frac{\lambda \cdot g(x_2)}{g(x_2) - \mu}\right) \quad \forall x_2 \in \hat{K}_2.$$

Wegen $s(x_2) = x_1 + x_2 + v_2 - W_2(x_2)$ ($\forall x_2 \in \hat{K}_2$) ist dann auch die Auszahlungsfunktion $s^H(\cdot)$ auf dem Intervall $\hat{K}_2$ stetig.

Offensichtlich ist, dass die optimale Auszahlungsfunktion auf nicht degenerierten Intervallen $\hat{K}_1 \subset K_1$ und $\hat{K}_3 \subset K_3$ der Bereiche 1 und 3 stetig ist. Es verbleibt deshalb nachzuweisen, dass die optimale Auszahlungsfunktion an den Rändern, d.h. beim Übergang von einem Bereich in einen anderen, einen stetigen Verlauf besitzt. Grundsätzlich sind sechs Übergänge denkbar:

(1) Übergang von Bereich 1 ($\hat{K}_1$) in Bereich 3 ($\hat{K}_3$): Es existiert genau ein $\overline{k}$, so dass entweder

$$\begin{aligned} k_1 &\leq \overline{k} \quad \forall k_1 \in \hat{K}_1 \\ k_3 &> \overline{k} \quad \forall k_3 \in \hat{K}_3 \end{aligned}$$

oder

$$\begin{aligned} k_1 &< \overline{k} \quad \forall k_1 \in \hat{K}_1 \\ k_3 &\geq \overline{k} \quad \forall k_3 \in \hat{K}_3. \end{aligned}$$

erfüllt ist. Aufgrund von Behauptung 2 gilt jedoch: $\forall k_1 \in K_1$, $\forall k_3 \in K_3$: $k_1 > k_3$. Folglich muss K_3 links von K_1 liegen. Die optimale Auszahlungsfunktion geht deshalb niemals von Bereich 1 ($\hat{K}_1$) in Bereich 3 ($\hat{K}_3$) über.

(2) Übergang von Bereich 2 ($\hat{K}_2$) in Bereich 3 ($\hat{K}_3$): Es existiert genau ein $\overline{k}$, so dass entweder

$$\begin{aligned} k_2 &< \overline{k} \quad \forall k_2 \in \hat{K}_2 \\ k_3 &\geq \overline{k} \quad \forall k_3 \in \hat{K}_3 \end{aligned}$$

oder

$$\begin{aligned} k_2 &\leq \overline{k} \quad \forall k_2 \in \hat{K}_2 \\ k_3 &> \overline{k} \quad \forall k_3 \in \hat{K}_3. \end{aligned}$$

erfüllt ist. Aufgrund von Behauptung 1 gilt jedoch: $\forall k_2 \in K_2$, $\forall k_3 \in K_3$: $k_2 > k_3$. Folglich muss K_3 links von K_2 liegen. Die optimale Auszahlungsfunktion geht deshalb niemals von Bereich 2 ($\hat{K}_2$) in Bereich 3 ($\hat{K}_3$) über.

[49]Dies folgt aus Satz 1 in *Bosch* (1991), S. 51.

(3) Übergang von Bereich 3 ($\hat{K}_3$) in Bereich 1 ($\hat{K}_1$): Es existiert genau ein $\overline{k}$, so dass entweder

$$k_3 < \overline{k} \quad \forall k_3 \in \hat{K}_3$$
$$k_1 \geq \overline{k} \quad \forall k_1 \in \hat{K}_1$$

oder

$$k_3 \leq \overline{k} \quad \forall k_3 \in \hat{K}_3$$
$$k_1 > \overline{k} \quad \forall k_1 \in \hat{K}_1.$$

Aufgrund von Behauptung 3 existiert jedoch ein nicht degeneriertes Intervall $\hat{K}_2 \subseteq K_2$, so dass gilt: $\forall k_1 \in K_1$, $\forall k_2 \in \hat{K}_2$, $\forall k_3 \in K_3$: $k_1 > k_2 > k_3$. Die optimale Auszahlungsfunktion geht deshalb niemals von Bereich 3 ($\hat{K}_3$) in Bereich 1 ($\hat{K}_1$) über.

(4) Übergang von Bereich 3 ($\hat{K}_3$) in Bereich 2 ($\hat{K}_2$): Es existiert genau ein $\overline{k}$, so dass entweder

$$k_3 \leq \overline{k} \quad \forall k_3 \in \hat{K}_3$$
$$k_2 > \overline{k} \quad \forall k_2 \in \hat{K}_2$$

oder

$$k_3 < \overline{k} \quad \forall k_3 \in \hat{K}_3$$
$$k_2 \geq \overline{k} \quad \forall k_2 \in \hat{K}_2$$

erfüllt ist. Aufgrund von Behauptung 5 verläuft die optimale Auszahlungsfunktion bei einem Übergang von Bereich 3 ($\hat{K}_3$) in Bereich 2 ($\hat{K}_2$) stetig.

(5) Übergang von Bereich 2 ($\hat{K}_2$) in Bereich 1 ($\hat{K}_1$): Es existiert genau ein $\overline{k}$, so dass entweder

$$k_2 < \overline{k} \quad \forall k_2 \in \hat{K}_2$$
$$k_1 \geq \overline{k} \quad \forall k_1 \in \hat{K}_1$$

oder

$$k_2 \leq \overline{k} \quad \forall k_2 \in \hat{K}_2$$
$$k_1 > \overline{k} \quad \forall k_1 \in \hat{K}_1$$

erfüllt ist. Aufgrund von Behauptung 6 verläuft die optimale Auszahlungsfunktion bei einem Übergang von $\hat{K}_2$ in $\hat{K}_1$ stetig.

(6) Übergang von Bereich 1 ($\hat{K}_1$) in Bereich 2 ($\hat{K}_2$): Es existiert genau ein $\overline{k}$, so dass entweder

$$k_1 < \overline{k} \quad \forall k_1 \in \hat{K}_1$$
$$k_2 \geq \overline{k} \quad \forall k_2 \in \hat{K}_2$$

oder

$$k_1 \leq \overline{k} \quad \forall k_1 \in \hat{K}_1$$
$$k_2 > \overline{k} \quad \forall k_2 \in \hat{K}_2$$

erfüllt ist. Aufgrund von Behauptung 7 verläuft die optimale Auszahlungsfunktion bei einem Übergang von Bereich 1 ($\hat{K}_1$) in Bereich 2 ($\hat{K}_2$) stetig. Q.E.D.

Behauptung 9. Verläuft die optimale Auszahlungsfunktion $s^H(\cdot)$ innerhalb des Bereichs 2 und ist sie differenzierbar, dann gilt

$$s^{H\prime}(x_2) \equiv \frac{ds^H(x_2)}{dx_2} = 1 + \frac{U'(W_2)\,\mu\, g'(x_2)/g(x_2)}{U''(W_2)\,(g(x_2)-\mu)}. \tag{5.135}$$

Die Steigung der Auszahlungsfunktion $s^H(\cdot)$ innerhalb des Bereichs 2 ist kleiner als eins: $s^{H\prime}(x_2) < 1$.

Beweis: Differenziation der First-order Bedingung (5.113)

$$U'(x_1 + x_2 + v_2 - s^H(x_2))\,(1 - \mu/g(x_2)) = \lambda \tag{5.136}$$

nach x_2 führt auf

$$U''(W_2(x_2))\left(1 - s^{H\prime}(x_2)\right)\,(1 - \mu/g(x_2)) + U'(W_2(x_2))\,\mu\,\frac{g'(x_2)}{g(x_2)^2} = 0$$

Auflösen nach $s^{H\prime}(x_2)$ ergibt

$$\begin{aligned} s^{H\prime}(x_2) &= 1 + \frac{U'(W_2(x_2))\,\mu\, g'(x_2)}{U''(W_2(x_2))\, g(x_2)^2\,(1 - \mu/g(x_2))} \\ &= 1 + \frac{U'(W_2(x_2))\mu\, g'(x_2)/g(x_2)}{U''(W_2(x_2))\,(g(x_2)-\mu)}. \end{aligned} \tag{5.137}$$

Nach einer Multiplikation von (5.136) mit $g(x_2)$ und einer Umformung resultiert

$$g(x_2) - \mu = \frac{\lambda\, g(x_2)}{U'(W_2(x_2))} > 0,$$

d.h. $g(x_2) - \mu > 0$ für alle $x_2 \in K_2$. Aufgrund von $g'(x_2) > 0$, $g(x_2) > 0$, $\mu > 0$, $U'(W_2) > 0$ sowie $U''(W_2) < 0$ erhält man

$$\frac{U'(W_2(x_2))\,\mu\,g'(x_2)/g(x_2)}{U''(W_2(x_2))\,(g(x_2) - \mu)} < 0.$$

Dies impliziert $s^{H\prime}(x_2) < 1$. Q.E.D.

Behauptung 10. Sei $K_3 \neq \emptyset$ und

$$\hat{K}_2 = \{k_2 \in K_2 | \forall k_1 \in K_1,\, \forall k_3 \in K_3 :\; k_1 > k_2 > k_2\}.$$

Dann existiert (mindestens) ein Intervall $\hat{X}_2 \subseteq \hat{K}_2$, auf dem die optimale Auszahlungsfunktion $s^H(\cdot)$ streng monoton fallend verläuft, d.h. für alle $k_1 < k_2$ ($k_1,\, k_2 \in \hat{X}_2$) gilt $s^H(k_1) > s^H(k_2)$.

Beweis: Aus Behauptung 8 folgt, dass die optimale Auszahlungsfunktion $s^H(\cdot)$ stetig ist. Die Behauptungen 3 und 4 implizieren Folgendes: Wenn K_3 nicht leer ist, existiert eine nicht degenerierte Menge (ein Intervall) $\hat{K}_2 \subseteq K_2$, so dass gilt:

$$\forall k_1 \in K_1,\, \forall k_2 \in \hat{K}_2,\, \forall k_3 \in K_3 :\; k_1 > k_2 > k_3. \tag{5.138}$$

Zunächst wird Folgendes gezeigt: Wenn K_3 nicht leer ist, dann verläuft die optimale Auszahlungsfunktion $s^H(\cdot)$ auf einem (nicht degenerierten) Intervall $\hat{X}_2 \subset X_2$ streng monoton fallend: Für alle $k_1,\, k_2 \in \hat{X}_2$ und alle $k_1 < k_2$ gilt $s^H(k_1) > s^H(k_2)$. Hierzu wird ein Widerspruchsargument verwendet: Angenommen, $s^H(k_1) \leq s^H(k_2)\ \forall k_1 < k_2$ ($k_1,\, k_2 \in X_2$). Aus Bedingung (5.138) und aus der Voraussetzung resultiert $\{0\} \subseteq K_3$. Dies impliziert $s^H(0) = x_1 + v_2$. Wegen $s^H(k_1) \leq s^H(k_2)$ für alle $k_1 < k_2$ ergibt sich $s^H(x_2) \geq s^H(0)$ für alle $x_2 > 0$. Somit gilt

$$\int_0^{\overline{x}_2} s^H(x_2) f(x_2, H)\, dx_2 \geq \int_0^{\overline{x}_2} s^H(0) f(x_2, H)\, dx_2 = s^H(0) = x_1 + v_2 > c,$$

was im Widerspruch zu Proposition 5.6 steht, die

$$\int_0^{\overline{x}_2} s^H(x_2) f(x_2, H)\, dx_2 = c$$

verlangt. Folglich existiert (mindestens) ein Intervall $\hat{X}_2 \subset X_2$, so dass gilt: $s^H(k_1) > s^H(k_2)\ \forall k_1 < k_2$ ($k_1,\, k_2 \in \hat{X}_2$). Die optimale Auszahlungsfunktion $s^H(\cdot)$ kann nur im Bereich 2 – auf der Menge K_2 – fallend verlaufen, d.h.

$\hat{X}_2 \subseteq K_2$. Zu zeigen verbleibt $\hat{X}_2 \subseteq \hat{K}_2$. Hierzu wird wiederum ein Widerspruchsargument konstruiert: Angenommen, $\hat{X}_2 \nsubseteq \hat{K}_2$. Im Falle von $K_1 = \emptyset$ resultiert $X_2 \setminus K_3 = K_2 = \hat{K}_2$. Wegen $\hat{X}_2 \subseteq K_2$ ergibt sich hieraus unmittelbar ein Widerspruch. (2) Im Falle von $K_1 \neq \emptyset$ muss $s^H(\cdot)$wegen $s^H(x_2) = 0$ $\forall x_2 \in K_1$ und $s^H(0) = x_1 + v_2 > 0$ sowie der Stetigkeit von $s^H(x_2)$ auf mindestens einer Teilmenge $\hat{X}_2 \subseteq \hat{K}_2$ streng monoton fallend verlaufen. Somit erhält man ebenfalls einen Widerspruch. Folglich gilt $\hat{X}_2 \subseteq \hat{K}_2$. Q.E.D.

Die in Proposition 5.7 formulierten Aussagen ergeben sich nun unmittelbar aus den Behauptungen 1 bis 10: Teil (i) der Proposition folgt aus Behauptung 8; Teil (ii) aus den Behauptungen 4 und 9 sowie Gleichung (5.136). Teil (iii) ergibt sich aus den Behauptungen 1 und 2, Teil (iv) aus den Behauptungen 3, 4 und 10. ■

Kapitel 6

Zusammenfassung

Mit der Erweiterung des § 71 Abs. 1 AktG um eine Nr. 8 im Rahmen des KonTraG steht nun auch deutschen Aktiengesellschaften die Möglichkeit offen, den freien Cashflow im Wege eines Aktienrückerwerbs anstelle einer Dividendenzahlung an die Anteilsinhaber auszukehren. Bisher zeigt sich jedoch, dass das Ausschüttungsinstrument Aktienrückerwerb von deutschen Gesellschaften – ebenso wie von U.S.-amerikanischen – relativ selten in Anspruch genommen wird. Erstaunlich erscheinen darüber hinaus die in empirischen Studien belegten signifikant positiven Aktienkursreaktionen, die von der Ankündigung eines Aktienrückerwerbs ausgelöst werden. Dies legt die Vermutung nahe, dass der Kapitalmarkt von der Bekanntgabe eines Aktienrückerwerbs auf eine Unterbewertung des zugrunde liegenden Unternehmens schließt. Um diese empirischen Beobachtungen zum Aktienrückerwerb und die daraus gewonnene Hypothese vom positiven Informationsgehalt der Ankündung eines Aktienrückerwerbs theoretisch zu untermauern, müssen Antworten auf eine Reihe von Fragen gefunden werden:

1. Ist die Dominanz von Dividendenzahlungen gegenüber Aktienrückkäufen darauf zurückzuführen, dass der Anteilsrückerwerb ein ineffizientes Ausschüttungsinstrument darstellt?

2. Über welche Mechanismen kann das Management mit der Bekanntgabe eines Aktienrückerwerbs eine Unterbewertung des zugrunde liegenden Unternehmens glaubhaft enthüllen?

3. Gibt die Unternehmensleitung mit der Ankündigung eines Aktienrückerwerbs ihren Informationsvorsprung im Hinblick auf die zukünftigen

Unternehmensrückflüsse ungewollt preis oder signalisiert sie diesen bewusst?

4. Welche Motive können das Management dazu bewegen, den wahren Unternehmenswert mit Hilfe eines Aktienrückerwerbs glaubhaft zu signalisieren?

5. Wie effizient ist ein Aktienrückerwerb als Signalisierungsinstrument?

Zielsetzung der vorliegenden Arbeit ist es, modelltheoretisch fundierte Antworten auf diese Fragen zu geben. Die Arbeit soll damit einen Beitrag zur theoretischen Erklärung der empirischen Befunde zum Aktienrückerwerb leisten. Ausgehend von einer asymmetrischen Informationsverteilung zwischen Management und Aktionären werden hierzu in den Kapiteln drei und vier zwei grundlegend verschiedene Modellansätze entwickelt.

Das im *dritten Kapitel* entwickelte spieltheoretische Modell stellt die mit einem Aktienrückerwerb bei asymmetrischer Informationsverteilung verknüpften Kosten der adversen Selektion als mögliche Ursache für die Dominanz von Dividendenausschüttungen gegenüber Aktienrückkäufen heraus. Die verwendete Modellstruktur lässt sich wie folgt skizzieren: Betrachtet wird ein Unternehmen, das über einen freien Cashflow und ein bereits initiiertes Investitionsprogramm verfügt. Dessen Wert hängt von der Qualität des Unternehmens – dem Unternehmenstyp – ab. Ein Unternehmen guter Qualität (Unternehmenstyp H) besitzt dabei ein wertvolleres Investitionsprogramm als ein Unternehmen schlechter Qualität (Unternehmenstyp L). Das Management des Unternehmens kann den freien Cashflow (partiell) thesaurieren oder (partiell) im Wege eines Aktienrückerwerbs an die Anteilsinhaber auskehren. Annahmegemäß besteht aus der Perspektive der Aktionäre die beste Verwendungsmöglichkeit des freien Cashflows in einer Ausschüttung. Des Weiteren verfügt das Management gegenüber den Kleinaktionären über einen Informationsvorsprung hinsichtlich der Höhe der zukünftigen Rückflüsse, die aus den bereits realisierten Investitionsprojekten resultieren: Während das Management den Typ des Unternehmens kennt, besitzen die Kleinaktionäre (a priori) lediglich Kenntnis von der Wahrscheinlichkeitsverteilung über die beiden Unternehmenstypen. Schließlich agiert das Management im Interesse derjenigen Aktionäre, die auf eine Veräußerung ihrer Aktien im Rahmen des Rückerwerbsprogramms verzichten. Aus der Perspektive des Managements erscheint dies individuell rational, weil die im Zuge des Aktienrückerwerbs nicht aus dem Kreis der Anteilsinhaber ausscheidenden Aktionäre über Bestellung und Entlohnung des Managements in der Zeit nach Durchführung des Aktienrückerwerbs zu entscheiden haben. Sofern das Management noch nicht ausübbare Aktienoptionen besitzt oder Aktien des Unternehmens im Privatvermögen hält und aufgrund von Sperrfristen keine Anteile zum Rückerwerb anbieten darf, führt die zugrunde gelegte Zielfunktion zu einer Maximierung des Vermögens der Unternehmensleitung.

Ausgehend von diesem Prämissenrahmen lässt sich der Grundgedanke des Modells wie folgt erläutern: Da das Management über den Unternehmenswert besser als die Aktionäre informiert ist und im Interesse derjenigen Aktionäre handelt, die auf eine Teilnahme am Rückerwerb verzichten, ist ein Aktienrückerwerb besonders attraktiv für das Management eines unterbewerteten Unternehmens (Unternehmenstyp H). Denn in diesem Fall bewirkt ein Aktienrückerwerb zum Börsenkurs einen Vermögenstransfer der veräußernden Aktionäre an die am Rückerwerb nicht teilnehmenden Anteilsinhaber. Erwirbt dagegen ein überbewertetes Unternehmen (Unternehmenstyp L) Aktien zum Börsenkurs zurück, leisten die nicht am Rückerwerbsprogramm partizipierenden Aktionäre einen Vermögenstransfer an die veräußernden Aktionäre. Da das Management eines überbewerteten Unternehmens diese Vermögensverschiebung zu Lasten der am Rückerwerb nicht teilnehmenden Aktionäre zu vermeiden wünscht, wird es gegebenenfalls den freien Cashflow ganz oder teilweise thesaurieren. Dies geht allerdings mit einer Verminderung des Gesamtwerts des Aktionärsvermögens einher, weil der thesaurierte Teilbetrag des freien Cashflows im Unternehmen nicht mehr profitabel investiert werden kann. Diese Kosten einer Thesaurierung haben auch diejenigen Aktionäre zu tragen, welche auf eine Teilnahme am Aktienrückerwerb verzichten. Um die aus der Perspektive dieser Aktionärsgruppe optimale Rückerwerbsofferte zu bestimmen, muss das Management eines überbewerteten Unternehmens unter Beachtung der rationalen Tenderstrategien der grundsätzlich veräußerungswilligen Aktionäre zwei Kostenarten gegeneinander abwägen: Die Kosten einer *Vermögensvernichtung* aufgrund einer (partiellen) Thesaurierung des freien Cashflows und die Kosten einer *Vermögensverschiebung* zu Lasten der am Rückerwerb nicht partizipierenden Aktionäre.

Welche Rückerwerbsstrategie sich für das Management eines überbewerteten Unternehmens (Unternehmenstyp L) als gleichgewichtig erweist, hängt von der zugrunde liegenden Parameterkonstellation und der Spezifikation der so genannten Ungleichgewichtsvermutungen der Aktionäre ab. Nachweisen lässt sich die Existenz dreier unterschiedlicher Gleichgewichtstypen. In einem *Pooling-Gleichgewicht* wählen die Unternehmensleitungen von L und H übereinstimmende Rückerwerbsofferten, die von den Kleinaktionären vollständig gezeichnet werden. Das resultierende Ausschüttungsvolumen ist deshalb effizient. Die nicht am Rückerwerbsprogramm teilnehmenden Aktionäre eines Unternehmens vom Typ L leisten jedoch einen Vermögenstransfer an die veräußernden Anteilsinhaber. In einem *Semi-Pooling-Gleichgewicht* randomisiert das Management von H über das im First-best-Fall optimale Rückerwerbsangebot und eine davon abweichende Offerte z, die mit Wahrscheinlichkeit eins auch vom Management eines Unternehmens vom Typ L gewählt wird. Damit ist z eine gepoolte Offerte. Da sie von den Kleinaktionären nur teilweise gezeichnet wird, kann der freie Cashflow nicht vollständig ausgekehrt werden. Es resultiert ein *Unterausschüttungsproblem.* Darüber hinaus erleiden die auf eine Teilnahme am Aktienrückerwerb verzichtenden Aktionäre von L eine Vermögenseinbuße, weil ein Teil ihres Vermögens auf die veräußernden Aktionäre übertragen wird. Ein *separierendes Gleichgewicht* ist dadurch charakterisiert, dass das Management von H seine First-best-Offerte und das Management von L eine davon abweichende Rückerwerbsofferte abgeben. In einem solchen Gleichgewicht realisiert das Management von L immer ein zu geringes und daher ineffizientes Ausschüttungsvolumen (Unterausschüttungsproblem). Die Gefahr einer Vermögensverschiebung zu Lasten der am Rückerwerb nicht teilnehmenden Aktionäre eines Unternehmens vom Typ L ist dagegen nicht präsent, weil der separierende Rückerwerbspreis den wahren Wert einer Aktie von L reflektiert. In Abhängigkeit von der Festlegung der Ungleichgewichtsvermutungen der Kleinaktionäre können eine Vielzahl von separierenden Gleichgewichten existieren. Dasjenige separierende Gleichgewicht, in dem das Management von L den größtmöglichen „Nutzen" erreicht, wird als effizientes separierendes Gleichgewicht bezeichnet. In keinem anderen separierenden Gleichgewicht kann das Management von L ein höheres Ausschüttungsvolumen als im effizienten separierenden Gleichgewicht realisieren; dieses minimiert somit die aus einer Unterausschüttung resultierenden Wohlfahrtsverluste. Darüber hinaus zeigt sich, dass nur das effiziente separierende Gleichgewicht sowie das Pooling-Gleichgewicht dem so genannten Intuitiven Kriterium von *Cho/Kreps* (1987) genügen. Dieses stellt ein Kriterium zur Eliminierung solcher Gleichgewichte dar, die auf unplausibel pessimistischen Ungleichgewichtsvermutungen der Kleinaktionäre beruhen.

Aus dem Modell ergibt sich, dass die Bekanntgabe einer separierenden Offerte eine stärkere positive Aktienkursreaktion als die Ankündigung einer gepoolten Rückerwerbsofferte auslöst. Interpretiert man eine gepoolte Rückerwerbsofferte als Offenmarktrückerwerb und eine separierende Rückerwerbsofferte als Festpreisangebot, steht dies völlig in Einklang mit den Ergebnissen empirischer Untersuchungen. Aus dem Modell folgt darüber hinaus, dass die Ankündigung einer separierenden Offerte einen umso stärkeren dauerhaften Aktienkursanstieg bewirkt, je höher der zugrunde liegende Rückerwerbspreis ist. Auch dieser Effekt lässt sich empirisch nachweisen. Somit bleibt festzuhalten: Das im dritten Kapitel präsentierte Modell liefert eine mit den empirischen Fakten in Einklang stehende Begründung dafür, warum eine Ausschüttung im Wege eines Aktienrückerwerbs mit Kosten der adversen Selektion befrachtet ist und zu einem gesamtwirtschaftlich ineffizienten Ausschüttungsvolumen führen kann. Da bei einer Dividendenausschüttung das mit einer asymmetrischen Informationsverteilung verknüpfte Problem der adversen Selektion nicht präsent ist, erhält man darüber hinaus eine mögliche Erklärung für die Dominanz der – steuerlich gegenüber Aktienrückkäufen in der Regel nachteiligen – Dividendenausschüttungen.

Gerade weil ein Aktienrückerwerb für diejenigen Anteilsinhaber eines *überbewerteten* Unternehmens, die auf eine Veräußerung ihrer Aktien im Rahmen des Rückerwerbsprogramms verzichten, mit Vermögenseinbußen verbunden ist, ermöglicht dieser den daran nicht teilnehmenden Anteilsinhabern eines *unterbewerteten* Unternehmens, den wahren Wert ihres Unternehmens glaubwürdig zu *signalisieren*. Damit offenbart sich eine Eigenschaft des Aktienrückerwerbs, der im Schrifttum bisher keine Beachtung geschenkt wurde: Der Aktienrückerwerb kann genau deshalb Signalkraft entfalten und zur *Lösung* von mit Wohlfahrtsverlusten verbundenen Problemen der adversen Selektion beitragen, weil er als Ausschüttungsinstrument – bei isolierter Betrachtung – selbst die Gefahr einer adversen Selektion heraufbeschört und zu Wohlfahrtsverlusten führt. Diese Facette des Aktienrückerwerbs wird im *vierten* Kapitel elaboriert. Das hierzu entwickelte Signalling-Modell bietet zugleich eine Lösung für das – von *Myers/Majluf* (1984) entdeckte – Problem der adversen Selektion, das bei einer Finanzierung von profitablen Investitionsprojekten mit Hilfe einer Kapitalerhöhung im Wege einer freien Aktienemission besteht.

Das spieltheoretisch formulierte Grundmodell, welches die Gefahr einer Negativauslese bei einer Kapitalerhöhung aufgreift, unterscheidet sich in einigen Details vom *Myers/Majluf*-Modell. Es lässt sich durch folgende Kernannahmen charakterisieren: Betrachtet wird ein Unternehmen in der Rechtsform einer Aktiengesellschaft, das über ein bereits realisiertes Investitionsprogramm und ein profitables, noch nicht initiiertes Investitionsvorhaben I_0 verfügt. Da das Unternehmen keine liquiden Mittel besitzt, sollen die Anschaffungskosten des Investitionsvorhabens durch Ausgabe junger Aktien aufgebracht werden. Andere Finanzkontrakte stehen (zunächst) nicht zur Verfügung. Die zu den zukünftigen Zeitpunkten anfallenden Rückflüsse aus den bereits durchgeführten Investitionsprojekten sind stochastisch. Ihre Höhe hängt darüber hinaus von der Qualität des Unternehmens – dem Unternehmenstyp – ab: Es wird unterstellt, dass ein Unternehmen vom Typ H in jedem Umweltzustand höhere Rückflüsse als ein Unternehmen vom Typ L erwirtschaftet. Die Einzahlungsüberschüsse, welche das Investitionsvorhaben I_0 im Falle einer Realisation erwirtschaftet, sind dagegen unabhängig vom Unternehmenstyp und können als sicher aufgefasst werden, ohne dadurch die Modellergebnisse zu beeinflussen.

Das Unternehmen wird von einem risikoaversen Eigentümer-Manager geführt, der über seine Beteiligung am Unternehmen hinaus kein weiteres Vermögen besitzt und deshalb an der Kapitalerhöhung nicht teilnimmt. Der Eigentümer-Manager hat nun in t_0 darüber zu entscheiden, ob das Investitionsvorhaben realisiert werden soll und wenn ja, wie viele Anteile im Wege der Kapitalerhöhung ausgegeben werden. Er legt diese Handlungsvariablen so fest, dass der Erwartungsnutzen seines Endvermögens maximiert wird. Die risikoneutralen Kapitalmarktakteure – diese werden der Einfachheit halber als Kapitalmarkt bezeichnet – haben dann über Annahme oder Ablehnung der Kapitalerhöhungsofferte zu befinden. Im Hinblick auf den Informationsstand der Akteure wird folgende Annahme getroffen: Während der Eigentümer-Manager Kenntnis vom Typ des Unternehmens besitzt, ist dem Kapitalmarkt (a priori) lediglich die Wahrscheinlichkeitsverteilung über die beiden Unternehmenstypen bekannt.

Die Intuition des Grundmodells lässt sich nun wie folgt erläutern: Um den Kapitalmarkt bei symmetrischer Informationsverteilung zu einer Finanzierung des Investitionsvorhabens zu bewegen, muss der Eigentümer-Manager von L dem Kapitalmarkt eine höhere Beteiligungsquote am Unternehmen gewähren als der Eigentümer-Manager von H. Bei asymmetrischer Informationsverteilung hat der Eigentümer-Manager von L deshalb einen Anreiz, sein Unternehmen als vom Typ H zu präsentieren, um dem Kapitalmarkt lediglich die geringere Beteiligungsquote des Eigentümer-Managers von H einräumen zu müssen. Da der rationale Kapitalmarkt im Falle der Akzeptanz einer solchen Kapitalerhöhungsofferte einen Vermögensverlust zu erwarten hätte, wird er nur dann zur Aufbringung der Anschaffungskosten des Investitionsvorhabens bereit sein, wenn er eine höhere Beteiligungsquote als diejenige erhält, die ihm der Eigentümer-Manager von H bei symmetrischer Informationsverteilung zu gewähren hat. Dies hat zur Konsequenz, dass der Eigentümer-Manager von H im Falle einer Durchführung der Aktienemission *immer* einen Vermögenstransfer an den Kapitalmarkt leistet. Der Wert des Anteilsbesitzes des Eigentümer-Managers von H wird somit verwässert.

Ob der Eigentümer-Manager von H auf die Durchführung des Investitionsvorhabens verzichtet oder nicht, hängt von der zugrunde liegenden Parameterkonstellation und der Spezifikation der Ungleichgewichtsvermutungen des Kapitalmarkts ab. Zwei Gleichgewichtstypen werden identifiziert: ein Pooling-Gleichgewicht und ein separierendes Gleichgewicht. Im *Pooling-Gleichgewicht* realisieren beide Eigentümer-Manager das profitable Investitionsvorhaben I_0 und finanzieren es mit Hilfe einer übereinstimmenden Kapitalerhöhungsofferte, die vom Kapitalmarkt akzeptiert wird. Das resultierende Investitionsvolumen ist somit gesamtwirtschaftlich effizient. Das *separierende Gleichgewicht* ist dadurch charakterisiert, dass lediglich der Eigentümer-Manager von L Investitionsprojekt I_0 durchführt, während der Eigentümer-Manager von H hierauf verzichtet. Die asymmetrische Informationsverteilung zwischen Eigentümer-Manager und Kapitalmarkt bewirkt in diesem Fall eine gesamtwirtschaftlich allokationsineffiziente *Unterinvestition* seitens des Eigentümer-Managers von H. Es lässt sich überdies nachweisen, dass die Ankündigung einer Kapitalerhöhung in diesem Gleichgewicht von einer *negativen Aktienkursreaktion* begleitet wird.

Das Problem der Negativauslese bei einer Finanzierung von Investitionen im Wege einer Aktienemission fußt auf der Annahme, dass es dem Eigentümer-Manager von H nicht gelingt, die ex ante bestehende Informationsasymmetrie im Hinblick auf den Unternehmenswert zu überwinden. Die Gefahr einer Unterinvestition ließe sich jedoch vermeiden, wenn der Eigentümer-Manager von H den wahren Unternehmenswert glaubwürdig *signalisieren* könnte. Dass dies in der Tat möglich ist, wird mit Hilfe eines Signalling-Modells nachgewiesen, das auf dem Grundmodell aufbaut und dem Eigentümer-Manager von H die Möglichkeit einräumt, den wahren Unternehmenswert mit Hilfe eines *Aktienrückerwerbs* über die Börse und/oder einem *Underpricing* der neu ausgegebenen Anteile glaubhaft zu enthüllen. Die Struktur des Grundmodells wird hierzu wie folgt erweitert: In t_0 gibt der Eigentümer-Manager bekannt, wie viele Aktien er im Wege der Kapitalerhöhung zu emittieren bereit ist, um das Investitionsvorhaben zu finanzieren. Sofern die erwarteten Rückflüsse, welche auf die neu ausgegebenen Anteile entfallen, die Anschaffungskosten des Investitionsvorhabens überschreiten, liegt Underpricing vor. Zeitgleich mit der Kapitalerhöhung kündigt der Eigentümer-Manager unwiderruflich an, zu einem späteren Zeitpunkt - in t_1 - eine bereits in t_0 festgelegte Anzahl von Aktien über die Börse zurückzuerwerben. Dabei verpflichtet sich der Eigentümer-Manager, keine Aktien aus seinem persönlichen Bestand zum Rückerwerb anzubieten. Praktisch lässt sich diese Selbstverpflichtung durch die Vereinbarung einer Sperrfrist für die Veräußerung der Anteile implementieren. Der angekündigte Aktienrückerwerb wird dann in t_1 durchgeführt und aus den zu diesem Zeitpunkt anfallenden Investitionsrückflüssen finanziert.

Im First-best-Fall sieht der Eigentümer-Manager von Underpricing und Aktienrückkäufen ab, weil der Einsatz dieser Instrumente mit Kosten befrachtet ist. Underpricing entspricht einem „Verschenken" von Unternehmensanteilen an die Neuaktionäre und bewirkt deshalb eine Vermögenseinbuße beim Eigentümer-Manager. Aktienrückkäufe lösen zwei Teileffekte aus, die das Erwartungsnutzenniveau des Eigentümer-Managers beeinflussen. Der *Risikoübernahmeeffekt* resultiert aus der Annahme, dass der Eigentümer-Manager am Aktienrückerwerb nicht teilnimmt. Dadurch hält er nach Durchführung des Aktienrückerwerbs eine höhere Beteiligung am Unternehmen und partizipiert in größerem Umfang an der stochastischen Komponente der Unternehmensrückflüsse. Aufgrund der Risikoaversion des Eigentümer-Managers schlägt sich dies in einem Erwartungsnutzenrückgang nieder. Der *Vermögensübertragungseffekt* ist dann präsent, wenn der Rückerwerbskurs nicht mit dem inneren Wert einer zurückerworbenen Aktie übereinstimmt. Sofern der Kapitalmarkt vermutet, dass lediglich der Eigentümer-Manager von H einen Aktienrückerwerb ankündigt und durchführt, reflektiert der Börsenkurs zum Rückerwerbszeitpunkt den inneren Wert der Aktie eines Unternehmens vom Typ H. Dann löst die Durchführung des Aktienrückerwerbs beim Eigentümer-Manager von H keine Vermögenswirkungen aus. Dagegen leistet der Eigentümer-Manager von L im Falle der Durchführung eines Aktienrückerwerbs einen Vermögenstransfer an die veräußernden Aktionäre, weil er auf eine Teilnahme am Aktienrückerwerb verzichtet und der innere Wert einer Aktie des Unternehmenstyps L den Rückerwerbskurs unterschreitet. Dadurch erleidet er einen Erwartungsnutzenrückgang. Für den Eigentümer-Manager von L ist die Durchführung eines Aktienrückerwerbs deshalb mit besonders hohen Kosten befrachtet. Im Signalling-Gleichgewicht realisiert dann nur der Eigentümer-Manager von H einen Rückerwerb, so dass sich die eingangs unterstellte Vermutung des Kapitalmarkts als konsistent mit den von den Eigentümer-Managern gewählten Strategien erweist.

In Abhängigkeit von der Spezifikation der Ungleichgewichtsvermutungen des Kapitalmarkts können eine Vielzahl von Signalling-Gleichgewichten existieren, in denen der Eigentümer-Manager von H das Investitionsvorhaben realisiert und den Typ seines Unternehmens mit jeweils unterschiedlichen Kombinationen aus Underpricing und Aktienrückkäufen offenbart. Die meisten dieser Gleichgewichte basieren jedoch auf unplausibel pessimistischen „out-of-equilibrium beliefs" des Kapitalmarkts. Lediglich das effiziente Signalling-Gleichgewicht – d.h. dasjenige separierende Gleichgewicht, in dem der Eigentümer-Manager von H das höchste Niveau des Erwartungsnutzens erreicht – genügt dem Intuitiven Kriterium von *Cho/Kreps* (1987). In diesem Gleichgewicht signalisiert der Eigentümer-Manager von H den Typ seines Unternehmens *ausschließlich* im Wege eines *Aktienrückerwerbs* und *verzichtet* auf *Underpricing* der neu auszugebenden Anteile. Die Existenz eines solchen Signalling-Gleichgewichts ist grundsätzlich nicht für alle Parameterkonstellationen gewährleistet. Es lässt sich jedoch nachweisen, dass sich ein Signalling-Gleichgewicht immer dann konstruieren lässt, wenn das durch einen Investitionsverzicht des Eigentümer-Managers von H gekennzeichnete separierende Gleichgewicht des Grundmodells existiert. Da der Eigentümer-Manager von H im Signalling-Gleichgewicht das profitable Investitionsvorhaben realisiert, lässt sich das von *Myers/Majluf* identifizierte Unterinvestitionsproblem – zumindest im zugrunde liegenden Modellkontext – mit Hilfe des Signals Aktienrückerwerb *vollständig* beseitigen.

Bemerkenswert ist die Erkenntnis, dass sich ein Aktienrückerwerb gegenüber einem Underpricing der neu ausgegebenen Anteile – und zumindest auch gegenüber einer (unversteuerten) Dividendenausschüttung – als effizienteres Signal erweist. Räumt man dem Eigentümer-Manager allerdings die Möglichkeit ein, die Anschaffungskosten des Investitionsvorhabens durch Ausgabe eines risikolosen Bonds zu finanzieren, steht ihm ein Finanzkontrakt zur Verfügung, welcher der Gefahr einer adversen Selektion *nicht* ausgesetzt ist. Da der Eigentümer-Manager jedoch als risikoavers angenommen wird, präferiert er grundsätzlich eine Beteiligungsfinanzierung gegenüber einer Emission von risikolosen Anleihen. Unter gewissen Annahmen lässt sich nun zeigen, dass der Eigentümer-Manager von H *indifferent* ist zwischen einer Signalisierung des wahren Unternehmenswertes mit Hilfe einer teilweisen Kreditfinanzierung des Investitionsvorhabens und einer – an eine reine Beteiligungsfinanzierung gekoppelten

– Signalisierung des wahren Unternehmenswerts im Wege eines Aktienrückerwerbs. Durch eine Erweiterung des Spektrums zulässiger Finanzkontrakte um einen risikolosen Bond gibt man dem Eigentümer-Manager von H somit kein Signalisierungsinstrument zur Hand, mit dem er das Problem der adversen Selektion bei einer Aktienemission auf effizientere Weise als mit einem Aktienrückerwerb lösen kann.

Vor diesem Hintergrund liegt nun die Untersuchung einer wesentlich allgemeineren Fragestellung nahe: Wie ändert sich das Finanzgebaren der Eigentümer-Manager, wenn zur Finanzierung des Investitionsvorhabens nicht nur Aktien oder risikolose Bonds, sondern Wertpapiere mit grundsätzlich *beliebigem* Rückzahlungsprofil emittiert werden können und ein *Rückerwerb* dieser Wertpapiere zulässig ist? Eine Antwort auf diese Fragestellung gibt das fünfte Kapitel, in dem zunächst das optimale Rückzahlungsprofil desjenigen Wertpapiers bestimmt wird, das der Eigentümer-Manager im First-best-Fall – d.h. bei *symmetrischer Informationsverteilung* – zur Finanzierung des Investitionsprojekts an den Kapitalmarkt ausgibt. Beschränkt man die Menge der zulässigen Finanzkontrakte auf solche mit nicht negativem Rückzahlungsprofil, dann weist der optimale Finanzkontrakt das Auszahlungsprofil einer Kaufoption auf die stochastische Komponente der Unternehmensrückflüsse auf: Der Eigentümer-Manager leistet nur dann Zahlungen an den Kapitalmarkt, wenn die Realisation der stochastischen Komponente der Investitionsrückflüsse einen (endogen bestimmten) Schwellenwert – den Ausübungspreis der Option – überschreitet. Die Höhe der zu erbringenden Zahlung beläuft sich in diesem Falle auf die Differenz zwischen der Rückflussrealisation und dem niedrigeren Schwellenwert. Dieser wird dabei so bestimmt, dass der Erwartungswert der Zahlungen an den Kapitalmarkt den Anschaffungskosten des Investitionsvorhabens entspricht. Besonders hervorzuheben ist, dass der Eigentümer-Manager das Investitionsvorhaben im First-best-Fall *niemals* im Wege einer Kapitalerhöhung durch Ausgabe junger Aktien finanzieren wird, wenn die Emission von Wertpapieren mit grundsätzlich beliebiger Rückzahlungsstruktur zulässig ist. Des Weiteren lässt sich nachweisen, dass der Eigentümer-Manager im First-best-Fall auf einen *Rückerwerb* der emittierten Wertpapiere *verzichtet.*

Die First-best-Finanzkontrakte der Eigentümer-Manager von L und H stimmen dann überein, wenn die – grundsätzlich vom Unternehmenstyp abhängigen – Dichtefunktionen der Investitionsrückflüsse oberhalb einer hinreichend kleinen Rückflussrealisation identisch verlaufen. Dann kann der Eigentümer-Manager von H selbst bei *asymmetrischer Informationsverteilung* im Hinblick auf den Typ des zugrunde liegenden Unternehmens das Investitionsvorhaben durch Emission seines First-best-Finanzkontrakts finanzieren – die Gefahr einer adversen Selektion ist in diesem Fall *nicht* präsent. Sofern sich jedoch die Verläufe der typabhängigen Dichtefunktionen für hinreichend große Rückflussrealisationen unterscheiden, stimmen die First-best-Optionskontrakte der Eigentümer-Manager von L und H nicht mehr überein. Der Schwellenwert, bei dessen Überschreiten der Eigentümer-Manager Zahlungen an den Kapitalmarkt zu leisten hat, ist dann bei einem Unternehmen vom Typ H höher als bei einem Unternehmen vom Typ L. Bei asymmetrischer Informationsverteilung besitzt der Eigentümer-Manager von L deshalb einen Anreiz, sein Unternehmen als vom Typ H auszugeben, um den für ihn noch günstigeren First-best-Optionskontrakt des Eigentümer-Managers von H emittieren zu können. Wird ein solches Wertpapier jedoch nicht nur vom Eigentümer-Manager von H, sondern auch von demjenigen von L ausgegeben, dann hat der Kapitalmarkt im Falle einer Zeichnung des Wertpapiers einen Vermögensverlust hinzunehmen. Er wird deshalb den First-best-Kontrakt des Eigentümer-Managers von H zurückweisen und bei asymmetrischer Informationsverteilung nur solche Optionskontrakte akzeptieren, die mit einem geringeren Ausübungspreis als der First-best-Optionskontrakt des Eigentümer-Managers von H ausgestattet sind. Dies hat jedoch zur Folge, dass der Eigentümer-Manager von H im Falle einer Realisation des Investitionsvorhabens und bei Beschränkung der Menge der zulässigen Finanztitel auf Optionskontrakte *immer* einen Vermögenstransfer an den Kapitalmarkt leistet.

Ob sich die Durchführung des Investitionsvorhabens für den Eigentümer-Manager von H im Second-best-Fall als lohnend erweist oder nicht, hängt insbesondere von der zugrunde liegenden Parameterkonstellation ab. Es lässt sich nun eine Parameterrestriktion identifizieren, welche notwendig und hinreichend für die Existenz eines *separierenden Gleichgewichts* ist, in dem der Eigentümer-Manager von L das Investitionsvorhaben realisiert und die anfallenden Anschaffungskosten mit Hilfe seines First-best-Optionskontrakts aufbringt, während der Eigentümer-Manager von H auf die Durchführung des Investitionsvorhabens verzichtet. Somit kann das mit einer *Unterinvestition* des Eigentümer-Managers von H einhergehende Problem der adversen Selektion auch dann existieren, wenn zur Finanzierung des Investitionsvorhabens lediglich Kaufoptionskontrakte zur Verfügung stehen.

Mitverantwortlich für den Investitionsverzicht des Eigentümer-Managers von H ist die implizit getroffene Annahme der *Nichtabbaubarkeit* des *Informa-*

tionsvorsprungs, den der Eigentümer-Manager gegenüber dem Kapitalmarkt im Hinblick auf den zugrunde liegenden Unternehmenstyp besitzt. Lässt man zur Finanzierung des Investitionsvorhabens jedoch nicht nur Optionskontrakte, sondern Wertpapiere mit grundsätzlich beliebiger Rückzahlungsstruktur zu und räumt man dem Eigentümer-Manager darüber hinaus die Möglichkeit eines späteren Rückerwerbs der emittierten Wertpapiere ein, dann gibt man ihm *zwei potenzielle Signale* zur Hand, mit denen er den wahren Typ seines Unternehmens enthüllen und die ex ante bestehende Informationsasymmetrie überwinden kann. Es zeigt sich nun, dass ein Signalling-Gleichgewicht, in dem der Eigentümer-Manager von *H* das Investitionsprojekt realisiert und den Typ seines Unternehmens mit Hilfe eines geeignet gewählten Wertpapierdesigns offenbart, immer dann existiert, wenn das Problem der Negativauslese bei Emission der First-best-Optionskontrakte besteht. Die Gefahr einer Unterinvestition seitens des Eigentümer-Managers von *H* lässt sich mit den verfügbaren Finanzkontrakten *vollständig* beseitigen.

In Abhängigkeit von der zugrunde liegenden Parameterkonstellation und der Spezifikation der Ungleichgewichtsvermutungen des Kapitalmarkts können grundsätzlich (unendlich) viele Signalling-Gleichgewichte existieren, in denen der Eigentümer-Manager von *H* den Typ seines Unternehmens mit jeweils unterschiedlich ausgestalteten Rückzahlungsprofilen der emittierten Wertpapiere – gegebenenfalls gekoppelt an einen späteren Wertpapierrückerwerb – enthüllt. Dem Intuitiven Kriterium von *Cho/Kreps* (1987) genügt jedoch allein ein *effizientes* Signalling-Gleichgewicht. Es zeigt sich, dass die Ankündigung eines Wertpapierrückerwerbs in einem solchen Gleichgewicht ein *überflüssiges* Signal zur Übermittlung des wahren Unternehmenswerts darstellt. Damit erhält man ein bemerkenswertes Ergebnis: Während sich der Aktienrückerwerb im Falle einer Beschränkung der Menge verfügbarer Finanzkontrakte auf Aktien als effizientes Instrument zur Lösung des Unterinvestitionsproblems herauskristallisiert, besitzt die generalisierte Form des Aktienrückerwerbs – der Wertpapierrückerwerb – als Signalisierungsinstrument keinerlei Bedeutung, wenn man den Raum zulässiger Wertpapiere auf solche mit beliebiger Auszahlungsstruktur ausdehnt.

Das im fünften Kapitel charakterisierte effiziente Signalling-Gleichgewicht (SG V), in dem der Eigentümer-Manager von *H* den Typ seines Unternehmens mit Hilfe eines geeignet gewählten Wertpapierdesigns enthüllt, ist dem im vierten Kapitel ermittelten effizienten Signalling-Gleichgewicht (SG IV), in dem der Eigentümer-Manager von *H* seinen Unternehmenstyp im Wege eines an eine Aktienemission gekoppelten späteren Aktienrückerwerbs offenbart, wohlfahrtstheoretisch überlegen: Sowohl der Eigentümer-Manager von *H* als auch derjenige von *L* erreichen im SG V regelmäßig ein höheres Erwartungsnutzenniveau als im SG IV. Dies hat folgende Konsequenz: Dehnt man die Menge der Finanzkontrakte, die zur Finanzierung des Investitionsvorhabens – und damit auch für Signalisierungszwecke – zur Verfügung stehen, auf solche mit weitgehend beliebigem Rückzahlungsprofil aus, dann erweist sich der mit einer Beteiligungsfinanzierung verbundene spätere Aktienrückerwerb in der Regel nicht mehr als effizientes Signalisierungsinstrument. Weitergehende Erkenntnisse im Hinblick auf die Eigenschaften des SG V lassen sich nur noch unter strengeren Annahmen gewinnen: Genügen die typabhängigen Dichtefunktionen der Investitionsrückflüsse der von *Milgrom* (1981) eingeführten monotonen Likelihood Ratio, dann verzichtet der Eigentümer-Manager von *H* in einem effizienten Signalling-Gleichgewicht auf *Underpricing* der emittierten Wertpapiere. Deren Rückzahlungsprofil lässt sich allerdings selbst unter Verwendung der Annahme einer monoton steigenden Likelihood Ratio nur noch relativ allgemein charakterisieren; in der Regel wird das Rückzahlungsprofil jedoch nicht linear und nicht monoton verlaufen.

Die Komplexität der optimalen Rückzahlungsfunktion weckt erhebliche Zweifel an ihrer praktischen Implementierbarkeit. Vor diesem Hintergrund erscheint die an einen späteren Aktienrückerwerb gekoppelte Aktienemission als relativ robuste und noch durchschaubare Finanzkonstruktion, um das mit einer asymmetrischen Informationsverteilung verknüpfte Problem der adversen Selektion bei der Finanzierung von Investitionsvorhaben zu lösen.

Literaturverzeichnis

Allen, F./Bernardo, A./Welch, I. (2000): A theory of dividends based on tax clienteles, in: Journal of Finance (56), S. 2499-2536.

Allen, F./Gale, D. (1992): Measurement distortions and missing contigencies in optimal contracts, in: Economic Theory (2), S. 1-26.

Allen, F./Faulhaber, G. R. (1989): Signalling by underpricing in the IPO market, in: Journal of Financial Economics (23), S. 303-324.

Allen, F./Winton, A. (1995): Corporate financial structure, incentives and optimal contracting, in: Jarrow, R. A./Maksimovic, V./Ziemba, W. T.: Finance, North-Holland Handbooks of Operations Research and Management Science, Amsterdam 1995, S. 693-720.

Akerlof, G. (1970): The market for „lemons": Quality uncertainty and the market mechanism, in: Quarterly Journal of Economics (84), S. 488-500.

Ambarish, R./John, K./Williams, J. (1987): Efficient signaling with dividends and investments, in: Journal of Finance (42), S. 321-343.

Arnold, M. C./Gillenkirch, R. M. (2002): Aktienoptionen als Anreizinstrumente und Dividendenpolitik, Arbeitspapier, Universität Frankfurt.

Arrow, K. J. (1971): The theory of risk aversion, in: Arrow, K. J. (Hrsg.): Essays in the theory of risk-bearing, Amsterdam 1971, S. 90-120.

Asquith, P./Mullins, D. W. (1986): Equity issues and offering dilution, in: Journal of Financial Economics (15), S. 61-89.

Bagnoli, M./Gordon, R./Lipman, B. L.: Stock repurchase as a takeover defense, in: Review of Financial Studies (2), S. 423-443.

Bagwell, L. S. (1991): Share repurchase and takeover deterrence, in: Rand Journal of Economics (22), S. 72-88.

Bagwell, L. S. (1992): Dutch auction repurchase: An analysis of shareholder heterogenity, in: Journal of Finance (47), S. 71-105.

Bagwell, L. S./Shoven, J. (1989): Cash distributions to shareholders, in: Journal of Economic Perspectives (3), S. 129-140.

Banks, J./Sobel, J. (1987): Equilibrium selection in signalling games, in: Econometrica (55), S. 647-662.

Barclay, M. J./Smith, C. W. Jr. (1988): Corporate payout policy – cash dividends versus open-market repurchases, in: Journal of Financial Economics (22), S. 61-82.

Benckendorff, A. (1998): Erwerb eigener Aktien im deutschen und US-amerikanischen Recht, Baden-Baden.

Bernheim, B. D. (1991): Tax policy and the dividend puzzle, in: Rand Journal of Economics (22), S. 455-476.

Bernheim, B.D./Redding, L. S. (2001): Optimal money burning: Theory and application to corporate dividends, in: Journal of Economics and Management Strategy (4), S. 463-507.

Bhattacharya, S. (1979): Imperfect information, dividend policy, and the "bird in the hand" fallacy, in: Bell Journal of Economics (10), S. 259-270.

Bhattacharya, S. (1980): Nondissipative signaling structures and dividend policy, in: Quarterly Journal of Economics (95), S. 1-24.

Bingham, N. H./Kiesel, R. (1998): Risk neutral valuation: Pricing and hedging of financial derivatives, London u.a.

Bosch, K. (1991): Mathematik für Wirtschaftswissenschaftler, 7. Aufl., München/Wien.

Bradley, M./Wakeman, L. M. (1983): The wealth effects of targeted share repurchases, in: Journal of Financial Economics (11), S. 301-328.

Brennan, M. J./Kraus, A. (1987): Efficient financing under asymmetric information, in: Journal of Finance (42), S. 1225-1243.

Brennan, M. J./Thakor, A. V. (1990): Shareholder preferences and dividend policy, in: Journal of Finance (45), S. 993-1019.

Chiang, A. (1984): Fundamental methods of mathematical economics, 3. Aufl., Auckland u.a.

Chiang, A. (1992): Elements of dynamic optimization, New York u.a.

Cho, I.-K./Kreps, D. M. (1987): Signaling games and stable equilibria, in: Quarterly Journal of Economics (102), S. 179-221.

Chowdhry, B./Nanda, V. (1994): Repurchase premia as a reason for dividends: A dynamic model of corporate payout policies, in: Review of Financial Studies (7), S. 321-350.

Comment, R./Jarrell, G. A. (1991): The relative signalling power of dutch-auction and fixed-price self-tender-offers and open-market repurchases, in: Journal of Finance (46), S. 1243-1271.

Constantinides, G./Grundy, B. (1989): Optimal investment with stock repurchase and financing as signals, in: Review of Financial Studies (2), S. 445-466.

Cooney, J./Kalay, A. (1993): Positive information from equity issue announcements, in: Journal of Financial Economics (33), S. 149-172.

Copeland, T. E./Weston, J. F. (1988): Financial theory and corporate policy, 3. Aufl., Reading/Mass. u.a.

Daniel, K./Titman, S. (1995): Financing investment under asymmetric information, in: Jarrow, R.A/Maksimovic, V./Ziemba, W. T. (Hrsg.): Finance, North-Holland Handbooks of Operations Research and Management Science, Amsterdam 1995, S. 721-766.

Dann, L. Y. (1981): Common stock repurchases, in: Journal of Financial Economics (9), S. 113-138.

Dann, L. Y./DeAngelo, H. (1983): Standstill agreements, privately negotiated stock repurchases, and the market for corporate control, in: Journal of Financial Economics (11), S. 275-300.

Dann, L. Y./Masulis, R. W./Myers, D. (1991): Repurchase tender offers and earnings information, in: Journal of Accounting and Economics (14), S. 217-251.

Dann, L. Y./Mikkelson, W. (1984): Convertible debt issuance, capital structure change and financing-related information: Some new evidence, in: Journal of Financial Economics (13), 157-186.

DeMarzo, P./Duffie, J. D. (1999): A liquidity-based model of security design, in: Econometrica (67), S. 65-90.

de Meza, D./Webb, D. C. (1990): Risk, adverse selection and capital market failure, in: Economic Journal (100), S. 206-214.

Duffie, J. D./Rahi, R. (1995): Financial innovation and security design, in: Journal of Economic Theory (65), S. 1-42.

Eisele, W. (2002): Technik des betrieblichen Rechnungswesens, 7. Aufl., München.

Freixas, X./Rochet, J.-C. (1997): Microeconomics of banking, Cambridge/Mass.

Fudenberg, D./Tirole, J. (1991): Perfect bayesian equilibrium and sequential equilibrium, in: Journal of Economic Theory, S. 236-260.

Fudenberg, D./Tirole, J. (1995): Game theory, 5. Nachdruck, Cambridge/Mass.

Gay, G. D./Kale, J. R./Noe, T. H. (1996): (Dutch) auction share repurchases, in: Economica (63), S. 57-80.

Gay, G. D./Kale, J. R./Noe, T. H. (1991): Share repurchase mechanisms – a comparative analysis of efficacy, shareholder wealth, and corporate control effects, in: Financial Management (20), S. 44-59.

Giammarino, R. M./Lewis, T. (1988): A theory of negotiated equity financing, in: Review of Financial Studies (1), S. 265-288.

Gintis, H. (2000): Game theory evolving: A problem-centered introduction to modeling strategic interaction, Princeton.

Grinblatt, M./Huang, C. Y. (1989): Signalling and the pricing of new issues, in: Journal of Finance (44), S. 393-420.

Grossman, S. J./Perry, M. (1986): Perfect sequential equilibria, in: Journal of Economic Theory (39), S.97-119.

Guay, W./Harford, J. (2000): The cash-flow permanence and information content of dividend increases versus repurchases, in Journal of Financial Economics (57), S. 385-415.

Günther, T./Muche, T./White, M. (1998): Zulässigkeit des Rückkaufs eigener Aktien in den USA und Deutschland – vor und nach KonTraG, in: Recht der internationalen Wirtschaft (44), S. 337-343.

Hampel, V. (1994): Erwerb eigener Aktien und Unternehmenskontrolle, Frankfurt.

Harris, M./Raviv, A. (1988): Corporate control contests and capital structure, in: Journal of Financial Economics (20), S. 55-86.

Harris, M./Raviv, A. (1992): The theory of security design: A survey, in: Laffont, J. J. (Hrsg.): Advances in Economic Theory, Cambridge 1992.

Hartmann-Wendels, T. (1986): Dividendenpolitik bei asymmetrischer Informationsverteilung, Wiesbaden.

Hausch, D. B./Seward, J.K. (1993): Signaling with dividends and share repurchases: A choice between deterministic and stochastic cash disbursements, in: Review of Financial Studies (6), S. 121-154.

Heider, F. (2001): Signalling with debt and equity: A unifying approach and its implications for the pecking order hypothesis and competitive credit rationing, working paper, London School of Economics.

Heider, K. (2000): § 1 AktG, in: Kropff, B./ Semler, J. (Hrsg.): Münchner Kommentar zum Aktiengesetz, Band I, §§ 1-53 AktG, 2. Aufl., München 2000.

Hellwig, M./Schmidt, K. M. (2002): Discrete time approximation of the Holmström-Milgrom brownian motion model of intertemporal incentive provision, erscheint in: Econometrica.

Hess, A./Baghat, S. (1986): Size effects of seasoned stock issues: Empirical evidence, in: Journal of Business (59), S. 567-584.

Holmström, B. (1979): Moral hazard and observability, in: Bell Journal of Economics (10), S. 74-91.

Holmström, B./Milgrom, P. R. (1987): Aggregation and linearity in the provision of intertemporal incentives, in: Econometrica (55), S. 303-328.

Howe, K. M./He, J./Kao, G. W. (1992): One-time cash flow announcements and free cash flow theory: Share repurchases and special dividends, in: Journal of Finance (47), S. 1963-1975.

Hubert, F. (2000): Optimale Finanzkontrakte, Investitionspolitik und Wettbewerbskraft, Heidelberg.

Hüffer, U. (2002): Aktiengesetz, 5. Aufl., München.

Ikenberry, D. L./Vermaelen, T. (1996): The option to repurchase stock, in: Financial Management (25), S. 9-26.

Innes, R. D. (1990): Limited liability and incentive contracting, in: Journal of Economic Theory (52), S. 45-67.

Jagannathan, M./Stephens, C. P./Weisbach, M. S. (2000): Financial flexibility an the choice between dividends and stock repurchases, in: Journal of Financial Economics (57), S. 355-384.

Jensen, M. (1986): Agency costs of free cash flow, corporate finance, and takeovers, in: American Economic Review (76), S. 323-329.

John, K./Williams, J. (1985): Dividends, dilution, and taxes: A signaling equilibrium, in: Journal of Finance (40), S. 1053-1070.

Jung, K./Kim, Y.-C./Stulz, R. M. (1996): Timing, investment opportunities, managerial discretion, and the security issue decision, in: Journal of Financial Economics (42), S. 159-185.

Kale, J. R./Noe, T. H./Gay, G. D. (1989): Share repurchase trough transferable put rights, in: Journal of Financial Economics (25), S. 141-160.

Kamien, M. I./Schwartz, N. L. (1991): Dynamic optimization: the calculus of variations and optimal control in economics and management, 2. Aufl., Amsterdam.

Kim, S./Rui, M. (1999): Self-tender offers: Free cash flow or signaling? In: Research in Finance (17), S. 153-171.

Kolodny, R./Suhler, D. (1985): Changes in capital structure, new equity issues, and scale effects, in: Journal of Financial Research (8), S. 127-136.

Kopp, J. (1996): Erwerb eigener Aktien: ökonomische Analyse vor dem Hintergrund von Unternehmensverfassung und Informationseffizienz des Kapitalmarkts, Wiesbaden.

Korwar, A. (1981): The effect of new issues of equity: An empirical examination, working paper, University of California, Los Angeles.

Krasker, W. S. (1986): Stock price movements in response to stock issues under asymmetric information, in: Journal of Finance (41), 93-105.

Kreps, D. M. (1990): A course in microeconomic theory, New York u.a.

Kreps, D. M./Sobel, J. (1994): Signalling, in: Aumann, R. J./Hart, S.: Handbook of Game Theory, Volume 2, Amsterdam 1994, S. 849-867.

Kreps, D. M./Wilson, R. (1982): Sequential equilibria, in: Econometrica (50), S. 863-894.

Kruschwitz, L. (2002): Finanzierung und Investition, 3. Aufl., München.

Kumar, P. (1988): Shareholder-manager conflict and the information content of dividends, in: Review of Financial Studies (1), S. 111-136.

Laffont, J. J. (1989): The economics of uncertainty and information, Cambridge/Mass.

Lakonishok, J./Vermaelen, T. (1990): Anomalous price behaviour around repurchase tender offers, in: Journal of Finance (45), S. 455-477.

Laux, H. (1998): Entscheidungstheorie, 4. Aufl., Berlin u.a.

Leland, H. E./Pyle, D. H. (1977): Informational asymmetries, financial structure, and financial intermedation, in: Journal of Finance (32), S. 371-387.

Levin, J. (2002): Relational incentive contracts, working paper, Stanford University.

Lucas, D. J./McDonald, R. L. (1998): Shareholder heterogenity, adverse selection, and payout policy, in: Journal of Financial and Quantitative Analysis (33), S. 233-253.

Lutter, M. (1988): § 71 AktG, in: Kölner Kommentar zum Aktiengesetz, Band 1, §§ 1-75 AktG, 2. Aufl., Köln u.a

Lutter, M. (1995): § 237 AktG, in: Kölner Kommentar zum Aktiengesetz, Band 5/1, §§ 170-240 AktG, 2. Aufl., Köln u.a.

Lutter, M./Zöllner, W. (1988): § 53a AktG, in: Kölner Kommentar zum Aktiengesetz, Band 1, §§ 1-75 AktG, 2. Aufl., Köln 1988.

Lutz, P. (1993): Feindliche Unternehmensübernahmen: Beeinflussung des Managerverhaltens und das Trittbrettfahrer-Problem, Frankfurt/Main.

Mailath, G. J./Okuno-Fujiwara, M./Postlewaite, A. (1993): Belief-based refinements in signalling-games, in: Journal of Economic Theory (60), S. 241-276.

Martens, K.-P. (1997): Eigene Aktien und Stock Options, in: Die Aktiengesellschaft, Sonderheft: Die Aktienrechtsreform 1997, S. 83-90.

Mas-Colell, A./Winston, M. D./Green, J. R. (1995): Microeconomic theory, New York.

Masulis, R. W. (1980): Stock repurchase by tender offer: An analysis of the causes of common stock price changes, in: Journal of Finance (35), S. 305-321.

Masulis, R. W./Korwar, A. (1986): Seasoned equity offerings: An empirical investigation, in: Journal of Financial Economics (15), S. 91-118.

McNally, W. J. (1999a): Open market stock repurchase signaling, in: Financial Management (28), S. 55-67.

McNally, W. J. (1999b): Multi-dimensional signaling with fixed-price repurchase offers, in: Managerial and Decision Economics (20), S. 131-150.

Mikkelson, W./Partch, M. (1986): Valuation effects of security offerings and the issuance process, in: Journal of Financial Economics (15), S. 31-60.

Milgrom, P. R. (1981): Good news and bad news: representation theorems and applications, in: Bell Journal of Economics (12), S. 380-391.

Milgrom, P. R./Roberts, J. (1986): Price and advertising signals of product quality, in: Journal of Political Economy (94), S. 796-821.

Miller, M. H./Modigliani, F. (1961): Dividend policy, growth and the valuation of shares, in: Journal of Business (34), S. 411-433.

Miller, M. H./Rock, K. (1985): Dividend policy under asymmetric information, in: Journal of Finance (40), S. 1031-1051.

Myers, S. C. (1984): The capital structure puzzle, in: Journal of Finance (39), S. 575-592.

Myers, S. C./Majluf, N. S. (1984): Corporate financing and investment decisions when firms have information that investors do not have, in: Journal of Financial Economics (13), S. 187-221.

Nachman, D. C./Noe, T. H. (1994): Optimal design of securites under asymmetric information, in: Review of Financial Studies (7), S. 1-44.

Nash, J. F. (1950): Equilibrium points in n-person games, in: Proceedings of the National Academy of Sciences (36), S. 48-49.

Nathan, C. M./Sobel, M. (1980): Corporate stock repurchases in the context of unsolicited takeover bids, in: Business Lawyer (35), S. 1545-1566.

Noe, T. H. (1988): Capital structure and signaling game equilibria, in: Review of Financial Studies (1), S. 335-355.

Nohel, T./Tarhan, V. (1988): Share repurchase and firm performance: new evidence on the agency costs of free cash flow, in: Journal of Financial Economics (49), S. 187-222.

Ofer, A. R./Thakor, A. V. (1987): A theory of stock price responses to alternative corporate cash disbursement methods – stock repurchases and dividends, in: Journal of Finance (42), S. 365-394.

Olfert, K. /Körner, W./Langenbeck, J. (1994): Sonderbilanzen, 4. Aufl., Ludwigshafen.

Pellens, B./Schremper, R. (2000): Theorie und Praxis der Aktienrückkäufe in den USA und in Deutschland, in: Betriebswirtschaftliche Forschung und Praxis (52), S. 132-156.

Persons, J. C. (1995): Signalling and takeover deterrence with stock repurchases: Dutch auctions versus fixed price tender offers, in: Journal of Finance (49), S. 1373-1402.

Persons, J. C. (2000): Fully revealing equilibria with suboptimal investment, in: Journal of Corporate Finance (6), S. 331-344.

Petersen, T. (1989): Optimale Anreizsysteme, Wiesbaden.

Pratt, J. W. (1964): Risk aversion in the small and in the large, in: Econometrica (32), S. 122-136.

Rahi, R. (1996): Adverse selection and security design, in: Review of Economic Studies (63), S. 287-300.

Ramey, G. (1996): D1 signalling equilibria with multiple signals and a continuum of types, in: Journal of Economic Theory (69), S. 508-531.

Rasmusen, E. B. (1995): Games and information, 2. Aufl., Cambridge/Mass.

Rebello, M. J. (1995): Adverse selection costs and the firm's financing and insurance decisions, in: Journal of Financial Intermediation (4), S. 21-47.

Renner, W. (1999): Die Publikums-Aktiengesellschaft im Spannungsfeld von Markt- und Anreizstrukturen, Wiesbaden.

Riley, J. (2001): Silver signals: Twenty-five years of screening and signaling, in: Journal of Economic Literature (39), S. 432-478.

Talmor, E. (1981): Asymmetric information, signaling and optimal corporate financial decisions, in: Journal of Financial and Quantitative Analysis (16), S. 413-438.

Schürmann, C. (2000): Im Dunkeln verborgen, in: die Wirtschaftswoche vom 28.9.2000, S. 271.

Schättler, H./Sung, J. (1995): The first-order approach to the continous-time principal-agent problem with exponential utility, in: Journal of Economic Theory (61), S. 331-371.

Schmidt, K. (2001): Manuskript zur Vorlesung „Spieltheorie", Universität München.

Schremper, R. (2002): Aktienrückkauf und Kapitalmarkt: eine theoretische und empirische Analyse deutscher Aktienrückkaufprogramme, Frankfurt/Main u.a.

Selten, R. (1965): Spieltheoretische Behandlung eines Oligopolmodells mit Nachfrageträgheit, in: Zeitschrift für die gesamte Staatswissenschaft (121), S. 301-324.

Shavell, S. (1979): Risk sharing and incentives in the principal agent relationship, in: Bell Journal of Economics (10), S. 55-73.

Sinha, S. (1991): Share repurchase as a takeover defense, in: Journal of Financial and Quantitative Analysis (26), S. 233-244.

Smith, C. (1986): Investment banking and the capital aquisition process, in: Journal of Financial Economics (15), S. 3-29.

Spence, M. A. (1973): Job market signaling, in: Quaterly Journal of Economics (87), S. 355-374.

Spence, M. A. (1974a): Market signaling: Informational transfer in hiring and related processes, Cambridge.

Spence, M. A. (1974b): Competitive and optimal responses to signals, analysis of efficiency and distribution, in: Journal of Economic Theory (7), S. 296-332.

Stephens, M. J./Weisbach, C. P. (1998): Actual share reaquisitions in open market repurchase programs, in: Journal of Finance (53), S. 313-334.

Stiglitz, J. E. (1974): On the irrelevance of financial policy, in: American Economic Review (64), S. 851-866.

Stulz, R. M. (1988): Managerial discretion and optimal financing policies, in: Journal of Financial Economics (20), S. 25-54.

Stulz, R. M. (1990): Managerial control of voting rights – financing policies and the market for corporate control, in: Journal of Financial Economics (26), S. 3-28.

Swoboda, P. (1994): Betriebliche Finanzierung, 3. Aufl., Heidelberg.

Troßmann, E. (1998): Investition, Stuttgart.

Vermaelen, T. (1981): Common stock repurchases and market signalling, in: Journal of Financial Economics (9), S. 139-183.

Vermaelen, T. (1984): Repurchase tender offers, signalling, and managerial incentives, in: Journal of Financial and Quantitative Analysis (19), S. 163-181.

von Neumann, J./Morgenstern, O. (1953): Spieltheorie und wirtschaftliches Verhalten, Würzburg.

Wade Hands, D. (1991): Introductory mathematical economics, Lexington/Mass.

Welch, I. (1989): Seasoned offerings, imitation costs, and the underpricing of initial public offerings, in: Journal of Finance (44), 421-449.

Williams, J. (1988): Efficient signalling with dividends, investment, and stock repurchases, in: Journal of Finance (51), S. 737-747.

Wilson, R. (1968): The theory of syndicates, in: Econometrica (36), S. 119-132.

Zwiebel, J. (1996): Dynamic capital structure under managerial entrenchment, in: American Economic Review (86), S. 1197-1215.

Kolibri 360 GmbH
Ferdinand-Jühlke-Straße 7
99095 Erfurt, Deutschland
produktsicherheit@kolibri360.de

Druck:
CPI Druckdienstleistungen GmbH
im Auftrag der
Kolibri 360 GmbH
Ferdinand-Jühlke-Str. 7
99095 Erfurt